职业教育·汽车类专业教材

汽车构造与拆装

（第2版）

黄仕利　陈　瑜　主　编
黄靖淋　胡竹娅　副主编
袁　杰　主　审

人民交通出版社
北　京

内 容 提 要

本教材为职业教育汽车类专业教材。本教材主要包括四部分:第一部分为安全与素养(包括防火安全与素养训练一个项目);第二部分为汽车发动机(包括发动机基本工作原理与总体构造,曲柄连杆机构,配气机构,燃料供给系统,冷却与润滑系统,进、排气系统,点火系统七个项目);第三部分为汽车底盘(包括传动系统,行驶系统,转向系统,制动系统四个项目);第四部分为汽车电气设备(包括电源系统,起动系统,照明和信号系统,仪表与报警系统,车身辅助电器系统,空调系统六个项目)。每个项目又分多个学习任务,按照行动导向的方法驱动学生学习。

本教材可作为职业院校汽车运用与维修专业的教材,也可作为对口升学考试的辅导教材。

*** 为便于教学,本教材配有多媒体教学课件,任课教师可通过加入"QQ 群(教师专用):111799784"获取。**

图书在版编目(CIP)数据

汽车构造与拆装/黄仕利,陈瑜主编. —2 版.

北京:人民交通出版社股份有限公司,2025.4.

ISBN 978-7-114-20364-0

Ⅰ. U463;U472

中国国家版本馆 CIP 数据核字第 2025SQ6925 号

Qiche Gouzao yu Chaizhuang

书　　名:汽车构造与拆装(第 2 版)

著 作 者:黄仕利　陈　瑜

责任编辑:李佳蔚

责任校对:龙　雪

责任印制:张　凯

出版发行:人民交通出版社

地　　址:(100011)北京市朝阳区安定门外外馆斜街 3 号

网　　址:http://www.ccpcl.com.cn

销售电话:(010)85285911

总 经 销:人民交通出版社发行部

经　　销:各地新华书店

印　　刷:北京市密东印刷有限公司

开　　本:880 × 1230　1/16

印　　张:24

字　　数:554 千

版　　次:2022 年 6 月　第 1 版

2025 年 4 月　第 2 版

印　　次:2025 年 4 月　第 2 版　第 1 次印刷　总第 6 次印刷

书　　号:ISBN 978-7-114-20364-0

定　　价:59.00 元

PREFACE

前言

本教材自2022年首次出版以来，多次重印，被全国多所职业院校选为汽车运用与维修专业教学用书，受到了广大师生的好评。

为了体现现代职业教育理念，贴近汽车运用与维修专业实际教学目标，促进"教、学、做"更好地结合，突出对学生技能的培养，使之成为技能型人才，根据教育部相关要求，对本书第1版进行修订。

本次教材的修订工作，是以本教材第1版为基础，根据行业企业的迭代升级，吸收了企业专家和院校教师反馈的意见和建议，在修订方案和《四川省普通高校对口招生职业技能考试大纲（汽车类）》的指导下完成的。修订内容主要体现在以下几个方面：

（1）新增安全与素养篇，提升读者安全、环保、规范等职业素养。

（2）在汽车电器设备篇中，增加了汽车仪表与报警系统、车身辅助电器系统、汽车空调系统等内容。

（3）将第1版中汽车电器设备篇中点火系统内容调整到汽车发动机篇，使教材内容能更好地对接实际教学要求。

（4）在专业知识和技能中融入安全、环保、规范、劳动精神和工匠精神等内容，根据知识点和技能点融入思政内容，并将学习目标调整成三维目标。

（5）调整自我检测题，并将第1版的技能操作模拟题修改为技能操作题，为教师学习和学生练习指明方向。

（6）在相关知识点增配二维码链接的数字资源。

(7)进一步修正教材的不足之处,并配有习题答案、课件和教案等教学资源。

本书由四川交通运输职业学校黄仕利、陈瑜担任主编;四川交通运输职业学校黄靖淋、胡竹娅担任副主编;四川交通运输职业学校刘婷婷、莫晓波、张川、税发莲、万宏、李莉,贵州电子科技职业学院张梅,四川申蓉广谷汽车销售服务有限公司陈超和成都温江华星名仕汽车销售服务有限公司贵涛参编。四川交通职业技术学院袁杰教授担任全书主审。

限于编者水平,书中难免有疏漏和错误之处,恳请广大读者提出宝贵建议,以便进一步修改和完善。

作　者

2024 年 12 月

CONTENTS

目录

第一篇　安全与素养

第二篇　汽车发动机

第三篇　汽 车 底 盘

第四篇 汽车电气设备

第一篇　安全与素养

项目一

安全与素养训练

在汽车拆装及维修过程中，工作人员的安全与素养不仅关乎人身安全、汽车安全，更影响着维修质量、维修效率等。本项目主要介绍防火安全与环境保护意识和相关的技术标准与规范等。

学习任务一　防火安全与环境保护意识训练

学习目标

知识目标：

1. 了解火灾的基本概念及种类；
2. 了解常见灭火器的种类；
3. 了解汽车车用油、液的储存要求与方法；
4. 了解汽车固体废弃物及废弃油、液的处置方法；
5. 掌握火灾防范及扑救常识。

技能目标：

能正确检查及使用各种灭火器。

素养目标：

1. 树立安全意识和自我保护意识，提高自我保护能力；
2. 培养积极参与灭火工作的责任感和使命感。

任务描述

现有一家汽车维修企业需要接受相关部门消防安全检查，企业组织员工先自查，请根据任务清单完成防火安全与环保意识训练。

一、资料收集

引导问题 1：什么是火灾，是如何分类的？

火灾就是在时间和空间上失去控制的燃烧所造成的灾害。根据国家标准《火灾分类》

(GB/T 4968—2008),根据可燃物的类型和燃烧特性规定将火灾分为A、B、C、D、E、F六大类,如图1-1所示。

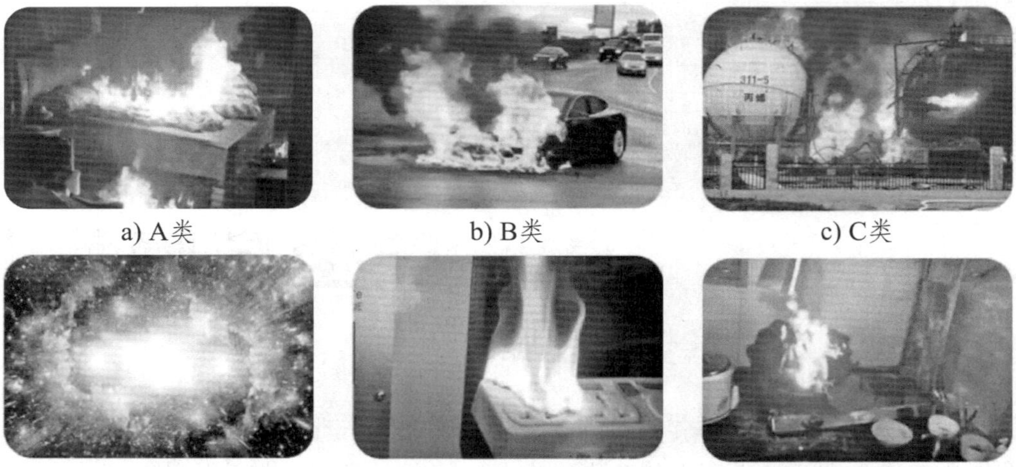

a) A类　b) B类　c) C类

d) D类　e) E类　f) F类

图1-1　火灾的分类

A类火灾:指固体物质火灾。这种物质通常具有有机物质性质,一般在燃烧时能产生灼热的余烬。如木材、干草、煤炭、棉、毛、麻、纸张、塑料(燃烧后有灰烬)等火灾。

B类火灾:指液体或可熔化的固体物质火灾。如煤油、柴油、原油、甲醇、乙醇、沥青、石蜡等火灾。

C类火灾:指气体火灾。如煤气、天然气、甲烷、乙烷、丙烷、氢气等火灾。

D类火灾:指金属火灾。如钾、钠、镁、钛、锆、锂、铝镁合金等火灾。

E类火灾:指带电火灾。物体带电引起燃烧的火灾。

F类火灾:指烹饪器具内的烹饪物(如动植物油脂)火灾。

引导问题2:火灾等级是怎样划分的?

根据2007年6月26日公安部下发的《关于调整火灾等级标准的通知》,新的火灾等级标准由原来的特大火灾、重大火灾、一般火灾三个等级调整为特别重大火灾、重大火灾、较大火灾和一般火灾四个等级。

(1)特别重大火灾:指造成30人以上死亡,或者100人以上重伤,或者1亿元以上直接财产损失的火灾。

(2)重大火灾:指造成10人以上30人以下死亡,或者50人以上100人以下重伤,或者5000万元以上1亿元以下直接财产损失的火灾。

(3)较大火灾:指造成3人以上10人以下死亡,或者10人以上50人以下重伤,或者1000万元以上5000万元以下直接财产损失的火灾。

(4)一般火灾:指造成3人以下死亡,或者10人以下重伤,或者1000万元以下直接财产损失的火灾。

注:“以上”包括本数,“以下”不包括本数。

引导问题3:常见灭火器有哪些?分别适用于哪类火灾?

灭火器是用来扑灭火灾的设备,根据灭火剂的不同,常见的灭火器种类包括干粉灭火器、二氧化碳灭火器、泡沫灭火器、水灭火器和气体灭火器等。

1. 干粉灭火器

干粉灭火器(图 1-2)是最常见的一种灭火器,适用于 A、B、C 类火灾,即可用于扑灭固体、液体和气体火灾。干粉具有覆盖、窒息和化学反应的多种灭火作用,它可以降低火焰的温度,控制火焰的蔓延,并抑制火灾的氧化反应。

2. 二氧化碳灭火器

二氧化碳灭火器(图 1-3)是一种常见的灭火器,适用于 B、C 类火灾。它以液态二氧化碳为灭火剂,通过喷射高浓度的二氧化碳使火灾区域降低氧浓度,从而熄灭火焰。二氧化碳灭火器适用于灭火区域密闭或局部密闭的场所,如机房、实验室等。

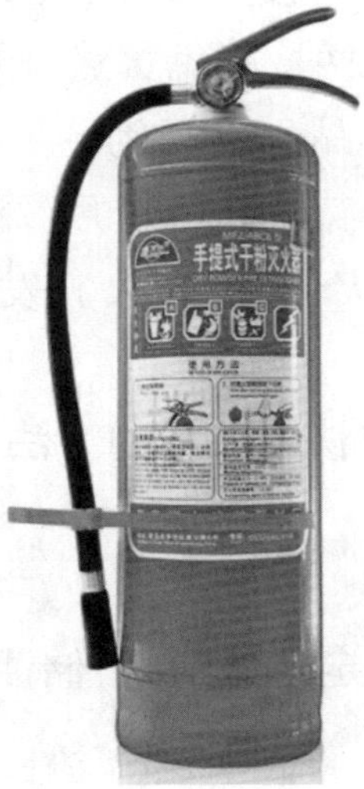

图 1-2　干粉灭火器

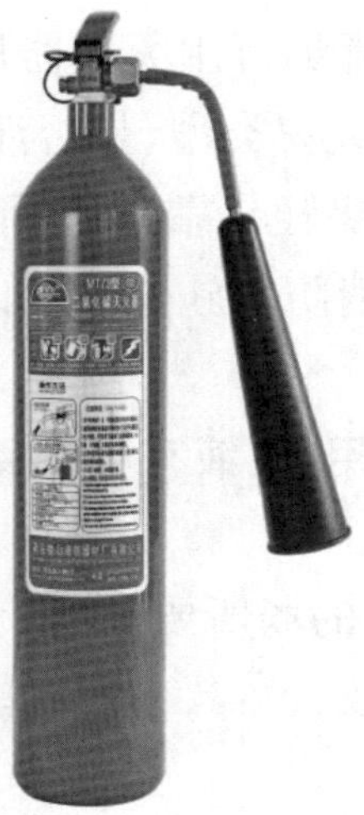

图 1-3　二氧化碳灭火器

3. 泡沫灭火器

泡沫灭火器是一种用泡沫浓缩剂扑灭火灾的装置,适用于 A、B 类火灾。泡沫灭火器的使用原理是通过灭火泡沫的扑灭、覆盖和隔离作用,使火焰失去燃烧条件,达到灭火的目的。泡沫灭火器适用于易燃液体和固体火灾,如汽油、油漆、油脂等。

4. 水灭火器

水灭火器是最常见的一种灭火器,适用于 A 类火灾。水具有冷却、吸热和覆盖作用,可以有效地控制火焰蔓延,冷却燃烧物体,降低火灾扩大的风险。水灭火器适用于固体物质的火灾,如木材、纸张等。

5. 气体灭火器

气体灭火器利用一氧化碳、氮气、惰性气体等作为灭火剂,适用于 B、C 类火灾。气体灭火器主要通过抑制氧气从而达到灭火的效果,不会损害贵重设备或电气设备。气体灭火器适用于电子设备、计算机机房、电气控制室等场所。

引导问题 4:关于火灾防范有哪些常识呢? 发生火灾应该怎样扑救?

1. 火灾防范常识

(1)电气设备管理:定期检查举升机、电焊机、充电设备等线路,避免绝缘层破损或短路;汽油、机油、清洗剂等易燃液体需单独存放于防爆柜,远离热源和明火;沾油棉纱、废机油等废弃物应及时清理,严禁堆积在作业区。进行焊接、切割工作前清理周围可燃物,配备灭火毯和灭火器;拆装燃油系统时先排空残余燃油,断开蓄电池负极防止火花引燃。

(2)车辆自身防火检查:定期检查电路是否老化、油路是否泄漏;避免随意加装大功率电器(如音响、灯光),防止电路过载;电动汽车维修时严格遵循高压电操作规范,断电后静置10min以上再作业。

(3)环境与设施保障:设置醒目的禁烟标识,定期维护通风系统,防止油气聚集;保持安全通道畅通,每月检查应急照明和疏散标识。

2. 火灾扑救常识

(1)初期扑救:一旦发现汽车冒烟或起火,应立即停车,迅速撤离车内人员,并拨打火警电话119。若火势较小,可使用车载灭火器灭火,禁止直接用水扑救,二氧化碳灭火器可以扑救电气火灾。发动机舱冒烟可用灭火器从缝隙向内喷射,避免贸然打开发动机舱盖。

(2)紧急报警:说明火灾类型、是否涉及危险化学品(如电池)。

(3)火灾扑灭后:不要轻易靠近车辆,以防复燃。待确认安全后,配合消防人员调查火灾原因。维修人员应熟悉消防设施位置,如消火栓、灭火器等,在火灾发生时能迅速取用并组织扑救。

引导问题5:汽车车用油、液有哪些储存要求?应该用怎样的方法去储存?

1. 储存场所

选择存放车用油、液的场所要远离火源,例如明火、静电等。最好选择通风良好、远离人群或火源的室外场所存放,也可将油液储存在符合规定的储油桶、储油罐或保险柜等防火设施内。

2. 容器材料

存放油、液的容器必须符合国家相关标准,并具有抗压、耐腐蚀、耐腐烂、防爆、防静电和不漏油的特性。常用的容器有铁罐、塑料桶、橡胶桶等,应选择容积合适的密封容器。

3. 标识

储存时应把容器内装液体的种类、规格、批号等信息标识清楚,以便于管理。油、液存放点应有专人管理,并制订具体的操作规程和安全措施,确保存储、搬运、使用等过程安全可控,防止泄漏等事故发生。在存放点设立“易燃易爆”等警示牌和标志,引导人员正确使用和维护容器和设备,避免违规操作和事故发生。仓库标识如图1-4所示。

图1-4 仓库标识

4. 防火、防爆措施

汽车车用油、液存放点是易燃易爆的重要危险点,必须严格采取防火、防爆措施,确保生产和生活环境安全。首先,容器和存放点必须保持清洁干燥,避免油污、杂物等物质积聚。其次,存放点内应设置防火、防爆设备,如灭火器、泄漏报警器、静电接地装置、爆炸安全排气孔等,确保在发生火灾或泄漏事故时,能够及时有效地采取应急措施。

引导问题6:汽车固体废弃物及废弃油、液的处置方法有哪些?

1. 固体废弃物处置

固体废弃物是指人类在生产、消费、生活等活动中产生的固体和半固体废物。在汽车修理过程中,产生的固体废物包括废旧轮胎、废电池等,需要对产生的固体废物进行分类处理。我国对于固体废弃物有压实法、分选技术、破碎技术、焚化和热解技术、生物处理技术等处理方式。

2. 废弃油、液处置

1)废油的处理

废油的处理采用物理和化学方法相结合的方式。物理方法包括过滤、离心、蒸馏等,可以将废油中的杂质和水分去除,从而提高其再利用价值。化学方法则是通过化学反应将废油中的有害物质转化成无害物质,例如利用酸碱中和将废油中的酸性物质中和掉。这样处理后的废油可以用于工业生产用油或生物柴油,实现资源的再利用,废油的专业处理设备如图1-5所示。

2)废液的处理

废液的处理采用生物降解和化学处理相结合的方式。生物降解是利用微生物将废液中的有机物分解成无害物质,这种方法对于有机废液处理效果显著。化学处理则是利用化学剂将废液中的有害物质进行分解或沉淀,例如利用氧化剂将废液中的有机物氧化成无害物质。这样处理后的废液可以经过严格的处理达到排放标准,不会对环境造成污染。

图1-5 废油的专业处理设备

二、计划与实施

引导问题7:完成本任务,需要使用的工具、量具及检测设备有哪些?

在表1-1中填写本任务所需要使用的工具、量具。

工具、量具名称及型号 表1-1

名称	型号

引导问题8:如何正确使用灭火器?

灭火器检查及使用

1. 常见灭火器的结构组成

常见灭火器一般由罐体、胶管、喷嘴、压力表和把手组成,如图1-6所示。

2. 灭火器常规检查

1)检查灭火器压力表

灭火器压力表是灭火器安全使用的重要部件之一,用于指示灭火器内部压力是否正常。在使用灭火器之前,务必检查压力表是否处于绿色区域,如果指针指向红色区域,则表明压力不足,需要充气,如图1-7所示。

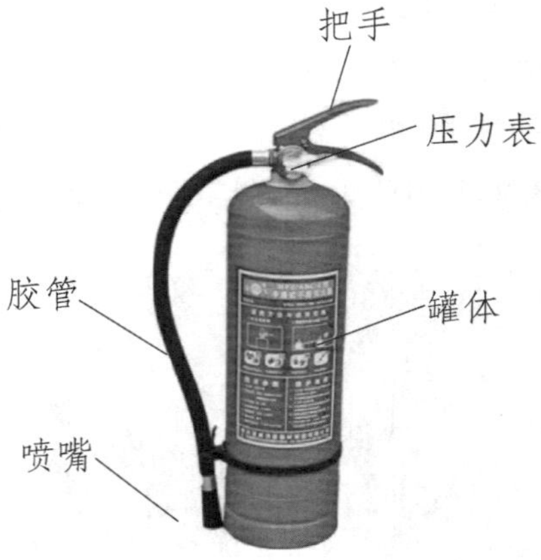

图1-6　常见灭火器的结构组成

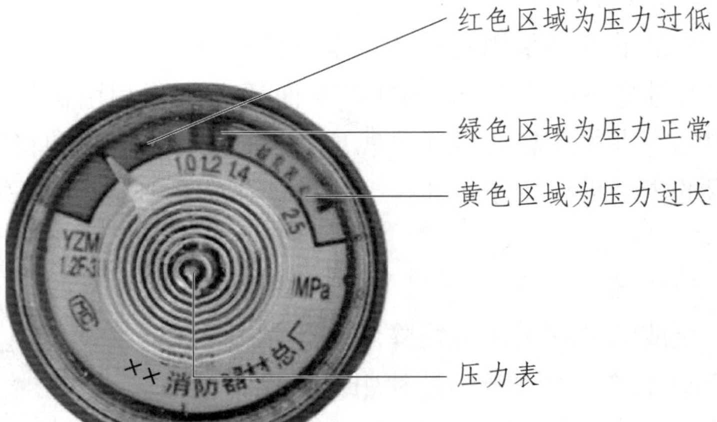

图1-7　灭火器压力表检查

2)检查灭火器喷嘴

灭火器喷嘴是喷射灭火剂的关键部件,喷嘴堵塞或损坏会导致灭火剂无法正常喷射。因此,在使用灭火器之前,应检查喷嘴是否畅通,如有堵塞情况应及时清理。

3)检查灭火器安全销

灭火器安全销是防止意外触碰灭火器开关的重要部件。在使用灭火器之前,应检查安全销是否完好无损,如发现损坏应及时更换。

4)检查灭火器罐体

灭火器罐体是存放灭火剂的容器,罐体损坏或锈蚀会严重影响灭火器的使用寿命和安全性。在使用灭火器之前,应检查罐体是否有损坏或锈蚀情况,如发现问题应及时处理。

3. 正确使用灭火器

灭火器的操作方法包括四个步骤:提、拔、压、瞄,如图1-8所示。

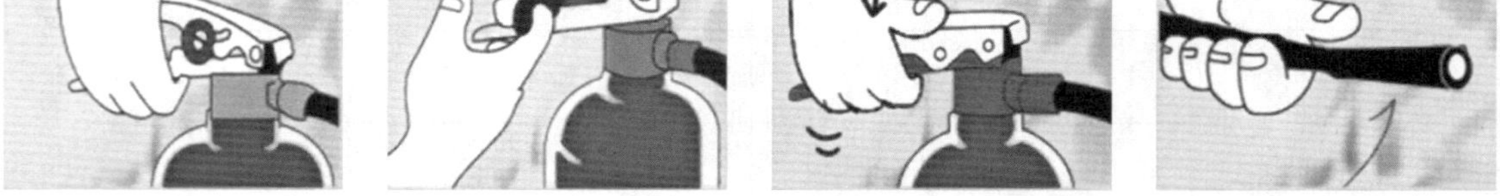

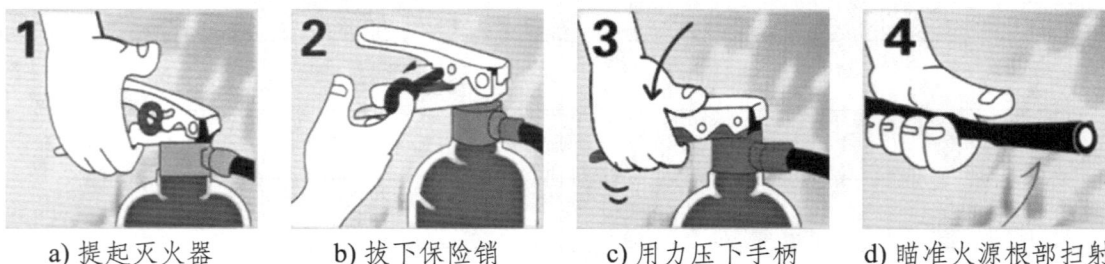

a)提起灭火器　b)拔下保险销　c)用力压下手柄　d)瞄准火源根部扫射

图1-8　灭火器的使用方法

(1)提:提起灭火器,握住灭火器把手,保持灭火器处于水平垂直状态。

(2)拔:拔出灭火器的保险销,通常是一个金属环或小铁片,需要轻轻一拔即可。

(3)压:压下灭火器的开关或压把,让灭火剂喷出。在喷射时,应保持稳定的姿势和方向,确保灭火剂能够准确、均匀地喷洒在火源上。

(4)瞄:将灭火器的喷管瞄准火源,并且需要在距离火焰3~5m处瞄准,即在灭火器的有效射程内瞄准。此时,用一只手握住喷管的最前端,控制好喷管喷射的方向,而另一只手提起灭火器提把。

4. 灭火器使用注意事项

(1)在使用之前要检查灭火器压力表。正常情况下,指针应指在绿色区域,红色区域代表压力不足,黄色代表压力过高。

(2)手提干粉灭火器必须竖立使用。

(3)保险销拔掉后,喷管口禁止对人,以防伤害。

(4)灭火时,操作者必须处于上风向操作。

(5)注意控制灭火点的有效距离和使用时间。

三、评价反馈

通过学习,按照任务要求完成相应的工作任务,并通过任务提高自己解决问题的能力。学生和教师展开评价,任务评价表见表1-2。

任务评价表 表1-2

序号	评价标准	分值(分)	自评(分)	互评(分)	师评(分)
1	是否服从组长安排,无迟到、早退和旷工	5			
2	着装是否符合标准	5			
3	能否完成小组分派的任务	10			
4	能否积极主动与小组成员沟通,发表自己意见	5			
5	语言表达准确,沟通顺畅	5			
6	能否大胆地在同学们面前展示自己学习的成果	5			
7	是否有工作岗位的责任心	5			
8	小组学习中能否主动与其他成员合作	5			
9	能否正确对待他人提出的肯定和否定意见	5			
10	是否合理规范使用灭火器	10			
11	是否能描述不同的灭火器使用场景	15			
12	描述作用是否准确,表达是否清晰	15			
13	能否按照安全和规范的规程操作	5			
14	是否保持现场干净整洁	5			
合计		100			

学习任务二　查阅技术标准与规范

学习目标

知识目标：

1. 了解《机动车运行安全技术条件》(GB 7258—2017)的相关要求；

2. 了解《汽油车污染物排放限值及测量方法(双怠速法及简易工况法)》(GB 18285—2018)；

3. 了解《重型柴油车污染物排放限值及测量方法(中国第六阶段)》(GB 17691—2018)。

技能目标：

能正确查阅技术标准与规范，检查操作流程和质量。

素养目标：

1. 遵守国家及行业的法规；

2. 培养获取信息、组织协调和持续学习的能力。

任务描述

一辆汽车进场维修后需要竣工检查，请根据《机动车运行安全技术条件》(GB 7258—2017)及《汽油车污染物排放限值及测量方法(双怠速法及简易工况法)》(GB 18285—2018)或《重型柴油车污染物排放限值及测量方法(中国第六阶段)》(GB 17691—2018)执行检查。

一、资料收集

引导问题1：《机动车运行安全技术条件》(GB 7258—2017)主要内容和相关要求有哪些？

《机动车运行安全技术条件》(GB 7258—2017)是我国机动车运行安全管理最基本的技术标准，主要内容如图1-9所示。

《机动车运行安全技术条件》(GB 7258—2017)规定了机动车辆的整车及主要总成、安全防护装置、照明与信号装置、制动系统、行驶系统、车身安全等基本技术要求和检验方法；重点强化了制动等技术要求、新能源汽车高压电气安全防护，规范了车辆识别代号(VIN)、反光标识和防护装置等管理，全面提升了车辆运行安全技术要求。

引导问题2：汽油车污染物排放限值是什么？

1.《汽油车污染物排放限值及测量方法(双怠速法及简易工况法)》(GB 18285—2018)制定的目的

为贯彻《中华人民共和国环境保护法》和《中华人民共和国大气污染防治法》，防治机动车和非道路移动机械排气对环境的污染，批准《汽油车污染物排放限值及测量方法(双怠速法及简易工况法)》(GB 18285—2018)为国家环境保护标准,并由生态环境部与国家市场监督管理总局联合发布。

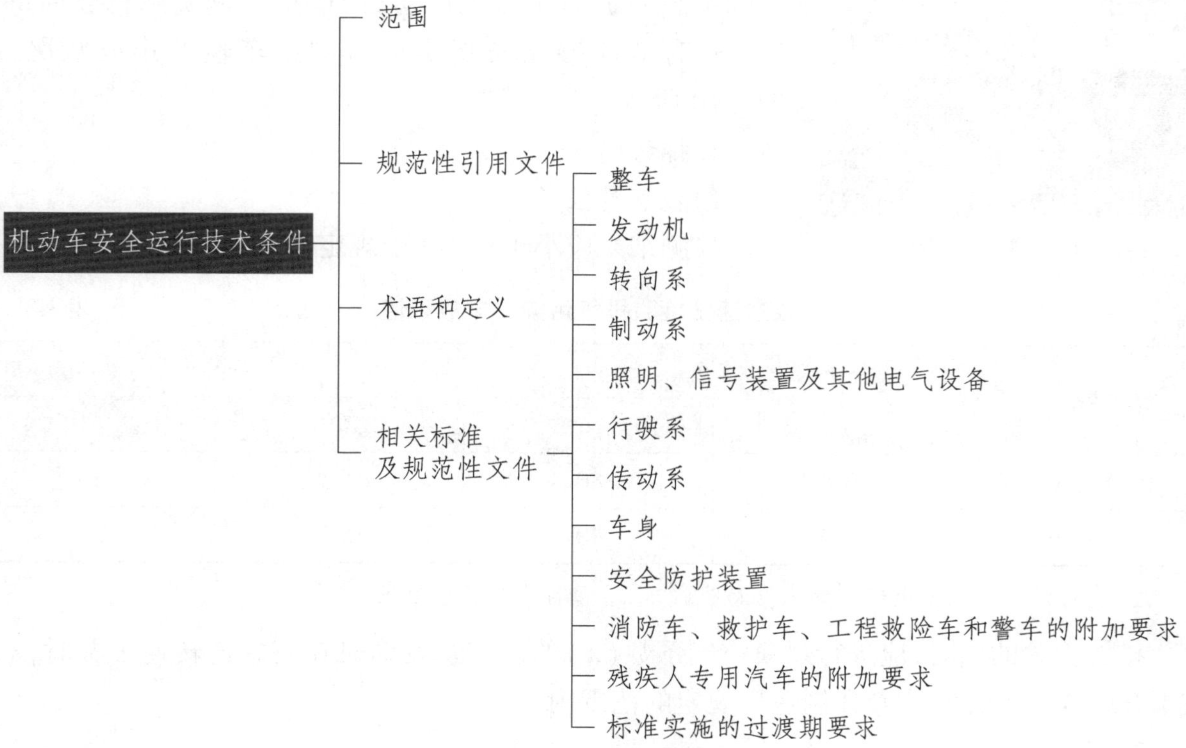

图 1-9 《机动车运行安全技术条件》的主要内容

2.《汽油车污染物排放限值及测量方法(双怠速法及简易工况法)》(GB 18285—2018)的内容

《汽油车污染物排放限值及测量方法(双怠速法及简易工况法)》(GB 18285—2018)规定了汽油车在双怠速工况和简易工况法下的污染物排放限值及测量方法,适用于新车注册登记、在用车辆定期检验及监督抽测。标准明确了 CO(一氧化碳)、HC(碳氢化合物)和 NO_x(氮氧化物)等污染物的限值要求,并详细规定了双怠速法(高怠速和怠速状态)及简易工况法(如稳态工况法 ASM、瞬态工况法 VMAS 等)的测试流程、设备要求及数据处理方法,旨在控制汽油车尾气污染,促进排放检测的规范化和环保技术的提升。

3. 双怠速法及简易工况法

1)双怠速法(怠速工况与高怠速工况)

(1)怠速工况指汽车发动机最低稳定转速工况,即离合器处于接合位置、变速器处于空挡位置(对于自动变速器的车应处于“停车”或“P”挡位);加速踏板处于完全松开位置。

(2)高怠速工况指满足上述(除最后一项)条件,用加速踏板将发动机转速稳定控制在标准规定的高怠速转速下。标准中将轻型汽车的高怠速转速规定为 2500r/min ± 200r/min,重型车的高怠速转速规定为 1800r/min ± 200r/min;如不适用的,按照制造厂技术文件中规定的高怠速转速。

2)简易工况法

简易工况法是指对车辆的排放情况进行检测的一种方法,包括稳态加载工况法(ASM)

图1-10　简易工况法

和瞬态工况法(VMAS)。采用简易工况法检测时,被检车辆被置于底盘测功机上,由测功机给车辆施加一定的载荷,让车辆按照一定的车速工况运行,模拟车辆实际行驶时的车况。这时就能够比较真实地检测出车辆的排放状况,如图1-10所示。

4.排放标准

1)双怠速法

检测结果应小于表1-3中规定的排放限值。

双怠速法检验排气污染物排放限值　　表1-3

类别	怠速		高怠速	
	CO(%)	HC①(10^{-6})	CO(%)	HC①(10^{-6})
限值a	0.6	80	0.3	50
限值b	0.4	40	0.3	30

注:①对以天然气为燃料点燃式发动机汽车,该项目为推荐性要求。

排放检验的同时,应进行过量空气系数(λ)的测定。发动机在高怠速转速工况时,λ应在1.00±0.05之间,或者在制造厂规定的范围内。

2)稳态工况法

检测结果应小于表1-4中规定的排放限值。

稳态工况法检验排气污染物排放限值　　表1-4

类别	ASM5025			ASM2540		
	CO(%)	HC①(10^{-6})	NO(10^{-6})	CO(%)	HC①(10^{-6})	NO(10^{-6})
限值a	0.50	90	700	0.40	80	650
限值b	0.35	47	420	0.30	44	390

注:①对于装用以天然气为燃料点燃式发动机汽车,该项目为推荐性要求。

排放检验的同时,应进行过量空气系数(λ)的测定。

3)瞬态工况法

检测结果应小于表1-5中规定的排放限值,表中g/km是衡量车辆每行驶1km所排放对应污染物的质量的单位。

瞬态工况法检验排气污染物排放限值　　表1-5

类别	CO(g/km)	HC+NO_x(g/km)
限值a	3.5	1.5
限值b	2.8	1.2

排放检验的同时,应进行过量空气系数(λ)的测定。

4)简易瞬态工况法

检测结果应小于表1-6中规定的排放限值。

瞬态工况法检验排气污染物排放限值

表1-6

类别	CO(g/km)	HC①(g/km)	NO_x(g/km)
限值a	8.0	1.6	1.3
限值b	5.0	1.0	0.7

注:①对于装用以天然气为燃料点燃式发动机汽车,该项目为推荐性要求。

排放检验的同时,应进行过量空气系数(λ)的测定。

引导问题3:《重型柴油车污染物排放限值及测量方法(中国第六阶段)》(GB 17691—2018)是什么?

1.《重型柴油车污染物排放限值及测量方法(中国第六阶段)》(GB 17691—2018)制定的目的

为贯彻《中华人民共和国环境保护法》和《中华人民共和国大气污染防治法》,防治机动车和非道路移动机械排气对环境的污染,改善空气质量,制定《重型柴油车污染物排放限值及测量方法(中国第六阶段)》(GB 17691—2018)。

2.《重型柴油车污染物排放限值及测量方法(中国第六阶段)》(GB 17691—2018)的内容

《重型柴油车污染物排放限值及测量方法(中国第六阶段)》(GB 17691—2018)是国家针对重型柴油车(包括燃气车)制定的最新排放标准,适用于总重量超过3.5t的车辆。该标准大幅加严了污染物限值,主要控制一氧化碳(CO)、碳氢化合物(HC)、氮氧化物(NO_x)、颗粒物(PM)等有害排放,并新增了对颗粒物数量(PN)的限制。测试方法包括实验室台架试验和实际道路行驶排放(RDE)测试,确保车辆不仅在实验室达标,在真实道路上也要符合要求。标准分6a和6b两阶段实施,6b阶段比6a更严格,旨在推动柴油车技术升级,减少空气污染。

3.排放标准

1)发动机标准循环排放限值

检测结果应小于表1-7中规定的排放限值。

发动机标准循环排放限值

表1-7

试验	CO [mg/(kW·h)]	THC [mg/(kW·h)]	NMHC [mg/(kW·h)]	CH_4 [mg/(kW·h)]	NO_x [mg/(kW·h)]	NH_3 (ppm)	PM [mg/(kW·h)]	PN [mg/(kW·h)]
WHSC工况(CI①)	1500	130	—	—	400	10	10	8.0×10^{11}
WHTC工况(CI①)	4000	160	—	—	460	10	10	6.0×10^{11}

续上表

试验	CO [mg/(kW·h)]	THC [mg/(kW·h)]	NMHC [mg/(kW·h)]	CH_4 [mg/(kW·h)]	NO_x [mg/(kW·h)]	NH_3 (ppm)	PM [mg/(kW·h)]	PN [mg/(kW·h)]
WHTC 工况(PI②)	4000	—	160	500	460	10	10	6.0×10^{11}

注:①CI = 压燃式发动机。

②PI = 点燃式发动机。

其中,ppm 表示排气中 NH_3 的体积浓度,例如,10ppmNH_3 表示每百万体积的废气中含有 10 体积的 NH_3;mg/(kW·h)是衡量发动机每输出 1kW·h 的功所排放污染物的质量。

2)发动机非标准循环排放限值

检测结果应小于表 1-8 中规定的排放限值。

稳态工况法检验排气污染物排放限值　　表 1-8

试验	CO (mg/kW·h)	THC (mg/kW·h)	NO_x (mg/kW·h)	PM (mg/kW·h)
WNTE 工况	2000	220	600	16

3)整车试验排放限值

检测结果应小于表 1-9 整车试验排放限值中规定的排放限值。

整车试验排放限值①　　表 1-9

发动机类型	CO (mg/kW·h)	THC (mg/kW·h)	NO_x (mg/kW·h)	PN② (mg/kW·h)
压燃式	6000	—	690	1.2×10^{12}
点燃式	6000	240(LPG) 750(NG)	690	—
双燃料	6000	1.5×WHTC 限值	690	1.2×10^{12}

注:①应在同一次试验中同时测量 CO_2 并同时记录。

②PN 限值从 6b 阶段开始实施。

二、计划与实施

引导问题 4:完成本学习任务,需要使用的工具、量具及检测设备有哪些?

在表 1-10 中填写本学习任务所需要使用的工具、量具。

工具、量具名称及型号 表 1-10

名称	型号

引导问题 5:如何正确查阅技术标准与规范?

1. 明确标准类型与来源

明确标准类型与来源,如国际标准与区域/国家标准等。

2. 确定查阅渠道

国家标准全文公开系统可查阅国家标准。全国标准信息公共服务平台提供标准检索和备案信息。除此以外还可以通过政府官网、机构数据库、行业协会官网等查询。

3. 查找关键信息

(1)明确查阅目标。明确查询的内容为技术参数、测试方法、安全要求、合规条款等。

(2)定位核心章节。一个标准的典型结构包括:章节(内容重点)、前言(版本变更说明)、范围(标准适用对象)、规范性引用文件(相关配套标准)、术语定义(关键概念解释)、技术要求(核心参数/指标)、试验方法(检测操作步骤)、附录(补充数据/示例)。示例:查安全标准时,可跳转"技术要求"章节。

(3)善用搜索功能。电子版可用"Ctrl + F"搜索关键词(如"简易工况法");纸质版可在查阅目录后快速翻页。搜索时,应重点关注表格和图示,技术标准中的表格通常是核心要求的汇总。

三、评价反馈

通过学习,是否按照任务要求完成相应的工作任务,并通过任务提高自己解决问题的方法和能力。任务评价表见表 1-11。

任务评价表 表 1-11

序号	评价标准	分值(分)	自评(分)	互评(分)	师评(分)
1	是否服从组长安排,无迟到、早退和旷工	5			
2	着装是否符合标准	5			
3	能否完成小组分派的任务	10			
4	能否积极主动与小组成员沟通,发表自己意见	5			
5	语言表达准确,沟通顺畅	5			

续上表

序号	评价标准	分值(分)	自评(分)	互评(分)	师评(分)
6	能否大胆地在同学们面前展示自己学习的成果	5			
7	是否有工作岗位的责任心	5			
8	小组学习中能否主动与其他成员合作	5			
9	能否正确对待他人提出的肯定和否定意见	5			
10	是否通过正确的渠道找到相应的国家、行业标准或规范	10			
11	是否能在标准或规范中检索出需要的内容	15			
12	能否正确理解并使用检索的内容	15			
13	能否按照正确的步骤操作	5			
14	是否保持现场干净整洁	5			
合计		100			

自我检测

专业知识题

一、单选题(下列各题的四个备选答案中只有一个是符合题意的正确答案,请做出选择)

1. 下列灭火剂中,扑救精密仪器火灾的最佳选择是(　　)。

A. 二氧化碳灭火剂　　B. 干粉灭火剂

C. 泡沫灭火剂　　D. 以上均可

2. 通过过滤、沉淀、蒸馏等方法,将废油中的杂质和水分滤除,使废油得到净化属于(　　)方法。

A. 物理　　B. 化学　　C. 生化处理　　D. 深埋处理

3. 木材、煤、棉、毛、麻、纸张等造成的火灾属于(　　)类火灾。

A. A　　B. B　　C. C　　D. D

4. 某公司发生火灾,造成三人死亡。本次火灾属于(　　)。

A. 特别重大火灾　　B. 重大火灾

C. 较大火灾　　D. 一般火灾

二、判断题(请对下列各题判断正误,正确的打"√",错误的打"×")

1. 火灾是指在时间或空间上失去控制的燃烧所造成的灾害。(　　)

2. GB 18285—2018 中规定了汽油车双怠速法,稳态工况法、瞬态工况法和简易瞬态工况法排气污染物排放限值及测量方法。(　　)

3. 电器着火时,最好用清水灭火器来进行灭火。(　　)

4. 燃烧的条件包括可燃物、氧气、温度、自由基的链式反应。(　　)

三、多选题(下列各题的四个备选答案中有两个或两个以上符合题意的正确答案,请做出选择,错选、多选或漏选均不给分)

1.《机动车运行安全技术条件》(GB 7258—2017)是我国机动车运行安全管理最基本的技术标准,是进行(　　)的主要技术依据。

A. 注册登记检验、在用机动车检验、机动车查验

B. 机动车新车定型强制性检验、新车出厂检验

C. 进口机动车检验

D. 事故车检验

2. 火灾的预防措施有(　　)。

A. 加强消防设备的维护　　B. 严格管控明火

C. 注意用电安全　　D. 加强安全宣传教育

3. 汽车固体废弃物包括(　　)。

A. 废轮胎　　B. 废旧蓄电池　　C. 废油　　D. 废涂料和溶剂

4. 常见的灭火器包括(　　)。

A. 干粉灭火器　　B. 清水灭火器　　C. 二氧化碳灭火器　　D. 泡沫灭火器

第二篇　汽车发动机

项目二

发动机基本工作原理与总体构造

发动机是汽车的动力来源，是汽车的心脏，在汽车上发挥着非常重要的作用。发动机是将某一种形式的能量转换为机械能的机器，其作用是将液体或气体的化学能通过燃烧转化为热能，再把热能通过膨胀转化为机械能，并对外输出动力。发动机是由许多结构和系统组成的复杂机器，其结构类型多种多样，但由于基本工作原理相同，所以发动机的基本结构也大同小异。本项目主要介绍汽油发动机的分类、工作原理、总体构造以及其总成附件的拆装等。

学习任务一　发动机总体构造认识

学习目标

知识目标：

1. 了解发动机的类型和发动机的总体构造；
2. 掌握发动机的基本术语。

技能目标：

能正确识别发动机各零部件。

素养目标：

1. 通过反复描述训练提高表达能力；
2. 任务完成后养成现场7S管理的习惯。

任务描述

现需对一辆丰田卡罗拉汽车的发动机进行拆检与维修，在拆检前需要认识汽车总体构造、发动机零部件等，请根据任务清单完成对丰田卡罗拉汽车整体构造与发动机总体构造的认识。

一、资料收集

引导问题1：发动机有哪些分类方式？是如何分类的？

发动机的分类方法很多，按照不同的分类方法可以将其分成不同的类型。

(1)按活塞运动方式分为往复活塞式发动机(图2-1)和转子式发动机(图2-2)。往复活塞式发动机在工作时,活塞在汽缸内做往复直线运动,利用曲柄连杆机构,将活塞的直线运动转化为曲轴的旋转运动。转子式发动机的活塞相当于三角形的转子,在壳体内做偏心回转运动,直接将可燃混合气的燃烧膨胀转化为发动机的输出转矩。

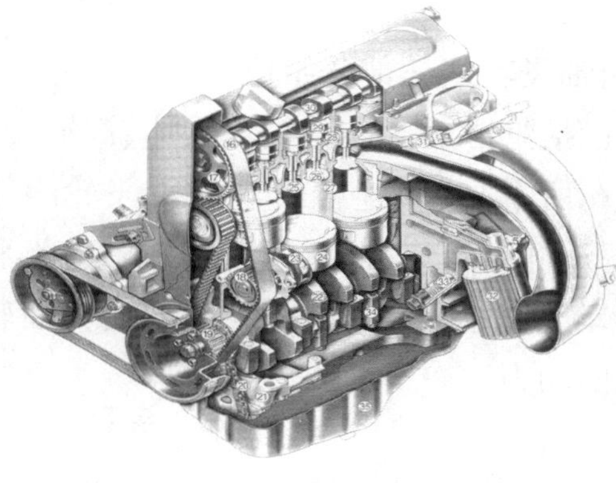

图2-1　往复活塞式发动机

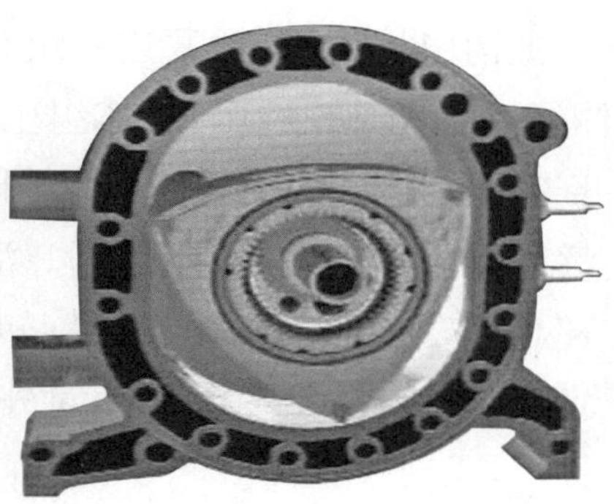

图2-2　转子式发动机

(2)按照所用燃料方式分为柴油发动机、汽油发动机以及使用代用燃料,如压缩天然气(CNG)、甲醇、乙醇、液化石油气(LPG)的发动机。

(3)按照行程分为四冲程发动机、二冲程发动机。曲轴旋转两圈(720°),活塞在汽缸内做往复直线运动,共四个行程,完成一个工作循环的内燃机称为四冲程内燃机;曲轴旋转一圈(360°),活塞在汽缸内做往复直线运动,共两个行程,完成一个工作循环的内燃机称为二冲程内燃机。

发动机类型
(按行程数分类)

(4)按照冷却方式分为水冷式发动机和风冷式发动机。现代汽车的发动机大多采用水冷方式,并且用冷却液作为冷却介质。

(5)按照汽缸数目分为单缸发动机和多缸发动机。

(6)按照汽缸排列方式分为单列式(也称直列式)和多列式(图2-3)。若两列之间的夹角<180°(一般为90°),称为V型发动机;若两列之间的夹角=180°,称为对置式发动机(图2-4);若发动机汽缸排列成四列,每列之间有一定夹角,称为W型发动机。

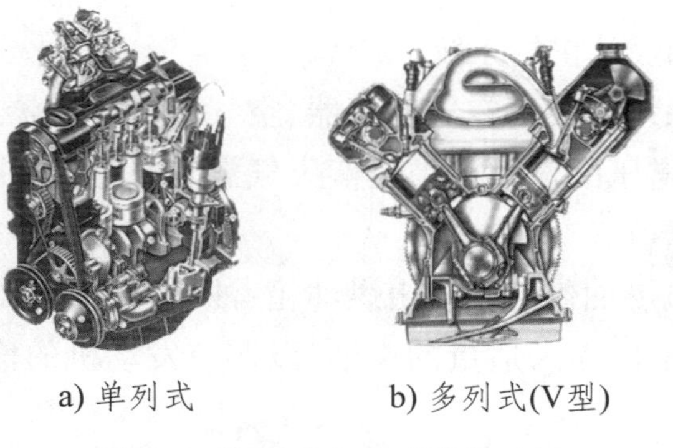

a) 单列式　　b) 多列式(V型)

图2-3　单列式和多列式发动机

图2-4　对置式发动机

(7)按照进气系统是否采用增压方式分为自然吸气发动机和增压发动机。

(8)按混合气着火方式分为点燃式发动机和压燃式发动机。汽油发动机采用点燃式,柴油发动机采用压燃式。

发动机类型
(按着火方式分类)

引导问题2:发动机由哪些零部件组成?“两大机构、五大系统”分别指什么?

发动机总体构成

汽油发动机主要由“两大机构、五大系统”组成。“两大机构”指曲柄连杆机构和配气机构,“五大系统”指燃油供给系统、点火系统、冷却系统、润滑系统和起动系统。柴油发动机采用压燃方式,所以柴油发动机没有点火系统。

1. 曲柄连杆机构

曲柄连杆机构由机体组、活塞连杆组和曲轴飞轮组三部分组成。

(1)机体组。如图2-5所示,机体组主要包括汽缸盖、汽缸垫、汽缸体、汽缸套和油底壳。

(2)活塞连杆组和曲轴飞轮组。如图2-6所示,活塞连杆组和曲轴飞轮组主要包括活塞、活塞环、活塞销、连杆、曲轴、飞轮等。活塞连杆组在汽缸中做往复直线运动,将热能转化成机械能传递给曲轴。曲轴飞轮组做旋转运动,将连杆的往复直线运动变为曲轴的旋转运动,并通过飞轮将动力传递出去,从而对外输出动力。

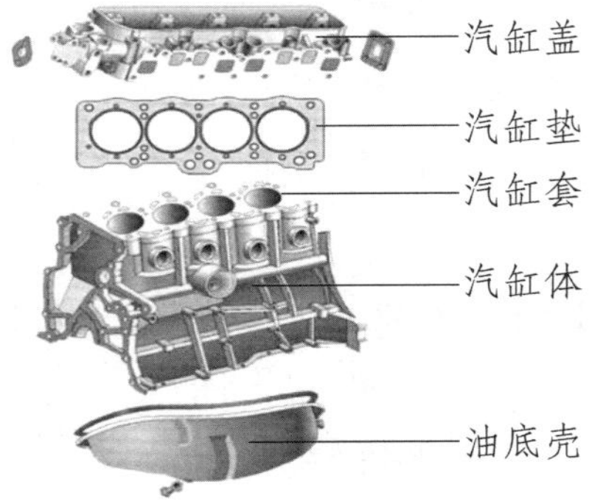

图2-5 机体组

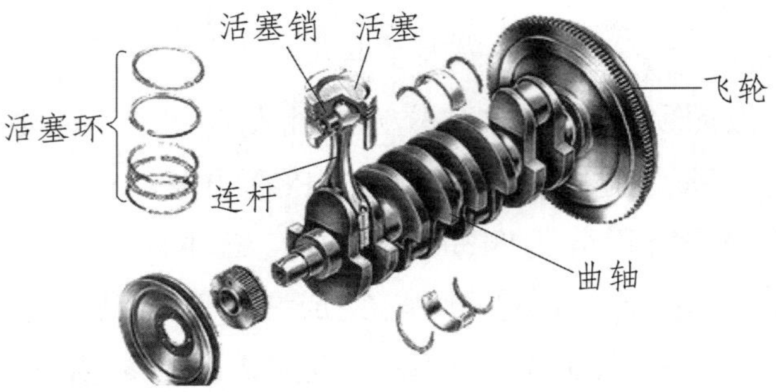

图2-6 活塞连杆组和曲轴飞轮组

2. 配气机构

配气机构根据发动机工作过程和各缸的工作顺序,定时地打开和关闭进、排气门,使空气及时充入汽缸,并及时从汽缸内排出废气。其主要由气门组和气门传动组两部分组成。由于凸轮轴所处位置不同,配气机构的零部件也有所不同。图2-7所示为凸轮轴上置式配气机构。

3. 燃油供给系统

柴油发动机燃油供给系统分为空气供给系统和燃油供给系统。

(1)空气供给系统。如图2-8所示,空气供给系统主要由空气滤清器、空气流量传感器、进气管、节气门总成、进气歧管等组成,带废气涡轮增压的发动机中还有废气涡轮机总成、中冷器。

(2)燃油供给系统。如图2-9所示,柴油发动机燃油供给系统由燃油箱、油泵、燃油分配管、喷油器等组成。其作用是根据发动机工况向汽缸内喷入适量的柴油,以调节发动机的输出功率和转矩。

4. 点火系统

点火系统的作用是根据发动机的工作状态,按照发动机的工作顺序,在适当的时刻供给火花塞足够能量的高压电,使其电极间产生火花,确保能点燃混合气,使发动机做功。图2-10所示为电控点火系统。

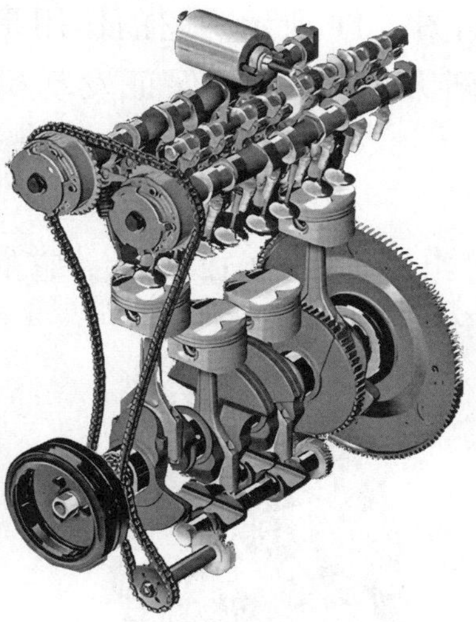

图2-7 凸轮轴上置式配气机构

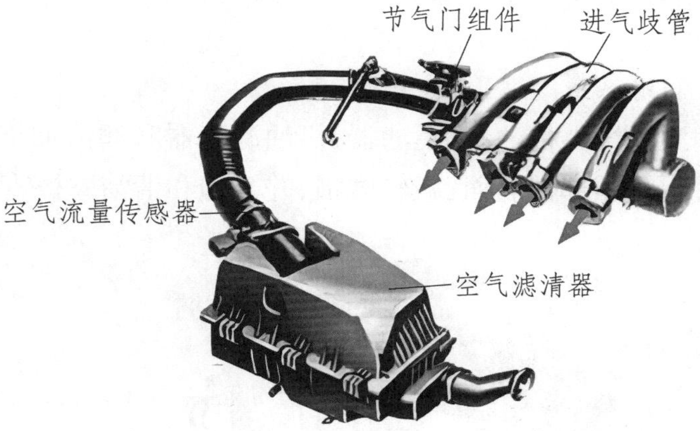

图2-8 空气供给系统

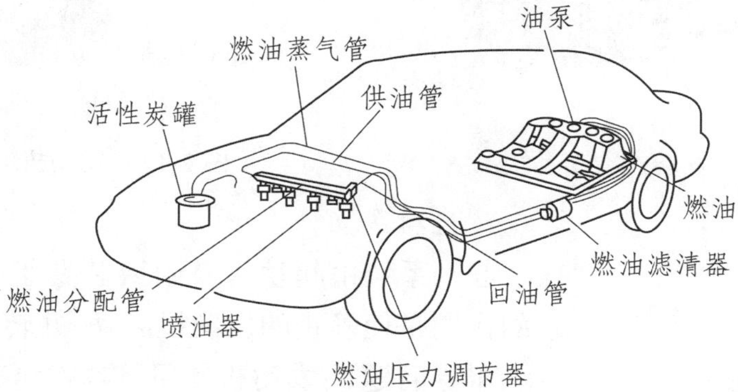

图2-9 燃油供给系统

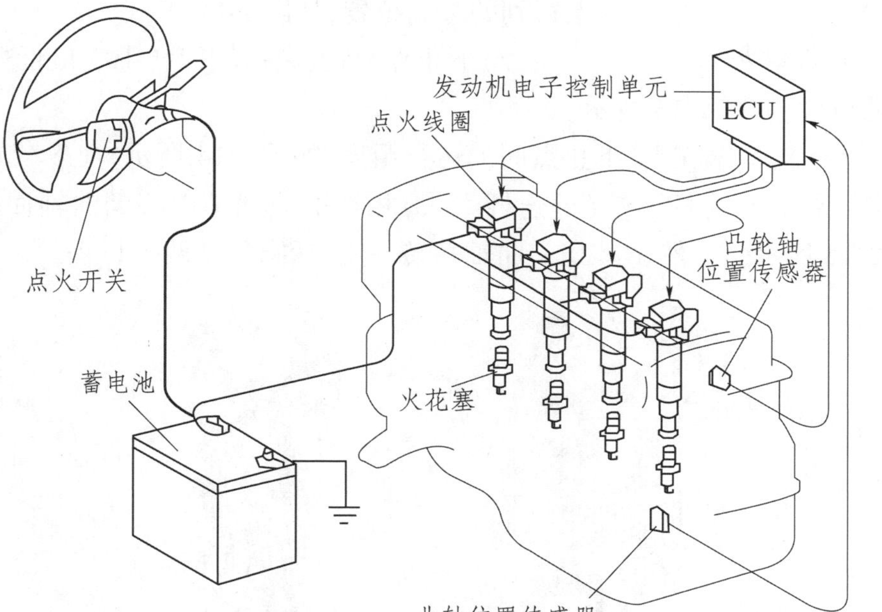

图2-10 电控点火系统

5. 冷却系统

冷却系统有水冷式和风冷式两种。现代汽车一般采用水冷式。水冷式冷却系统主要由水泵、散热器、节温器、风扇、水套和冷却水管等组成,如图2-11所示。它的作用是冷却高温零部件,通过冷却液循环流动,将吸收的热量散发到大气中去,以保证发动机正常工作。

6. 润滑系统

润滑系统由机油泵、集滤器、机油滤清器和润滑油道等组成,如图2-12所示。它的作用是润滑运动零部件表面,减轻磨损,并冷却和清洁摩擦零部件。

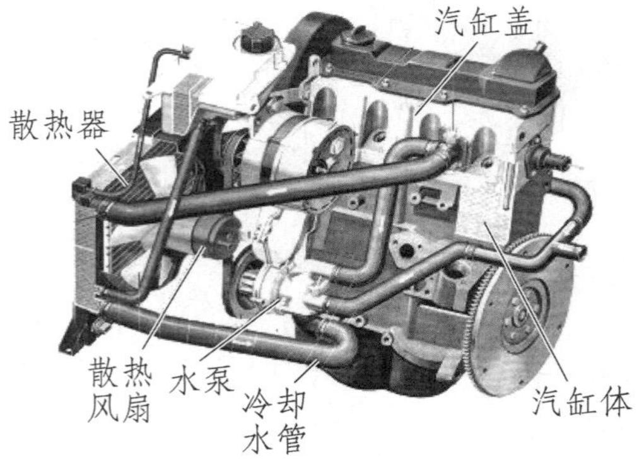

图2-11　发动机冷却系统

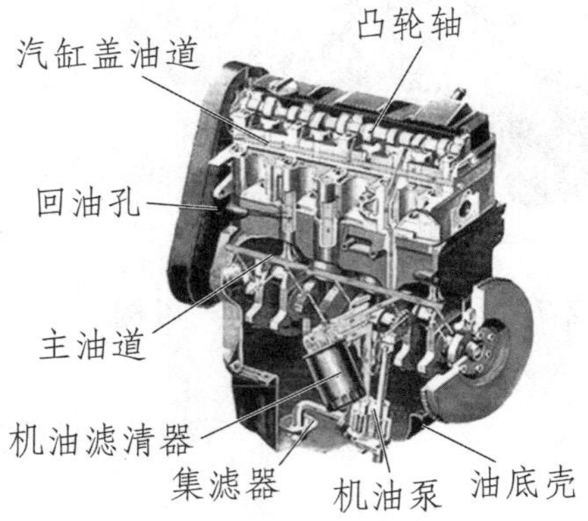

图2-12　发动机润滑系统

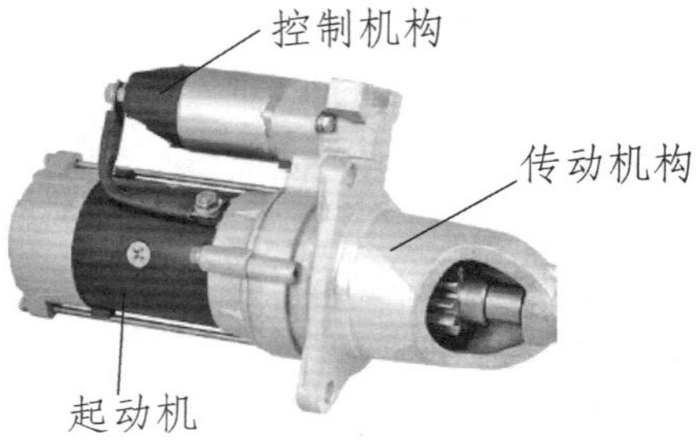

图2-13　发动机起动系统

7. 起动系统

起动系统由起动机及附属装置组成,如图2-13所示。它的作用是使静止的发动机起动,并转入自行运转。

引导问题3:发动机常用基本术语有哪些?

(1)上止点:活塞离曲轴回转中心最远处,一般指活塞上行到的最高位置,如图2-14所示。

(2)下止点:活塞离曲轴回转中心最近处,一般指活塞下行到的最低位置,如图2-14所示。

(3)活塞行程S:活塞在上、下止点间的运行距离,如图2-14所示。

(4)曲柄半径R:与连杆下端(即连杆大头)相连的曲柄销中心到曲轴回转中心的距离(mm),如图2-15所示。显然,$S=2R$。曲轴每转一周,活塞移动两个行程。

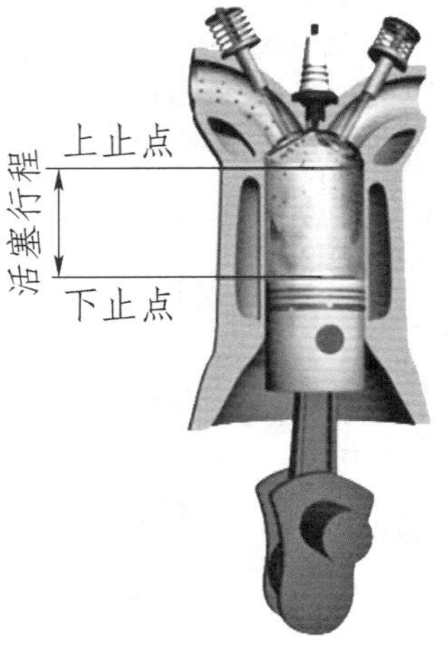

图2-14　活塞上、下止点和行程

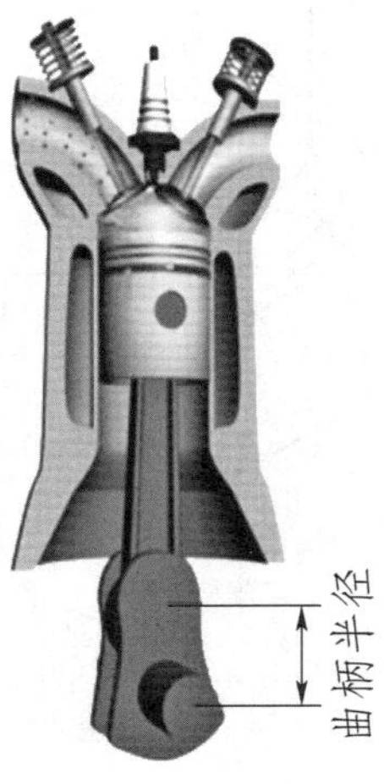

图2-15　曲柄半径

发动机基本名词术语

(5)汽缸工作容积 V_h:活塞从上止点到下止点所让出的空间容积(L),如图 2-16 所示。

$$V_h = \frac{\pi D^2}{4} S \times 10^{-6} \tag{2-1}$$

式中:D——汽缸直径,mm。

(6)发动机排量 V_L:发动机所有汽缸工作容积之和(L)。设发动机的汽缸数为 i,则:

$$V_L = V_h i \tag{2-2}$$

式中:i——汽缸数目。

(7)燃烧室容积 V_c:活塞在上止点时,活塞上方的空间叫燃烧室,它的容积叫燃烧室容积(L),如图 2-17 所示。

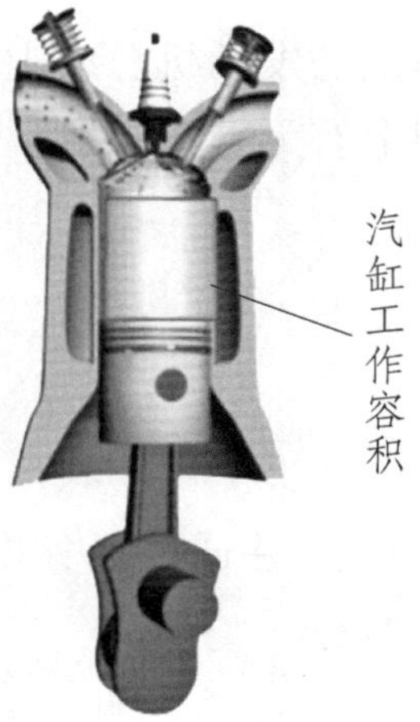

图 2-16 汽缸工作容积

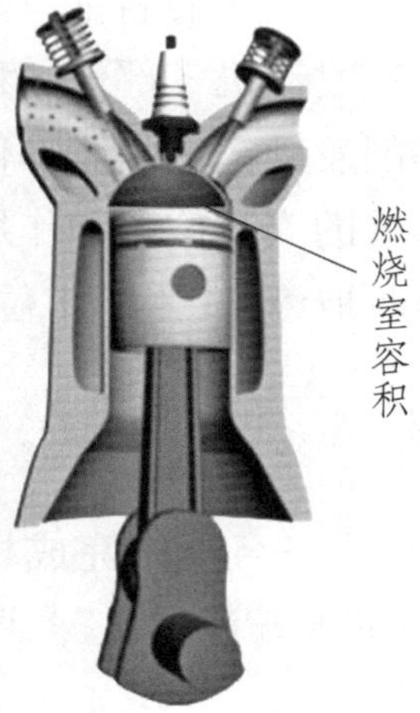

图 2-17 燃烧室容积

(8)汽缸总容积 V_a:活塞在下止点时,活塞上方的容积称为汽缸总容积(L),如图 2-18 所示。它等于汽缸工作容积与燃烧室容积之和,即:

$$V_a = V_h + V_c \tag{2-3}$$

(9)压缩比 ε:汽缸总容积与燃烧室容积的比值,如图 2-18 所示,即:

$$\varepsilon = \frac{V_a}{V_c} = 1 + \frac{V_h}{V_c} \tag{2-4}$$

压缩比表示活塞由下止点运行到上止点时,汽缸内气体被压缩的程度。压缩比越大,压缩终了时汽缸内的气体压力和温度就越高,一般柴油发动机的压缩比为 16~22。

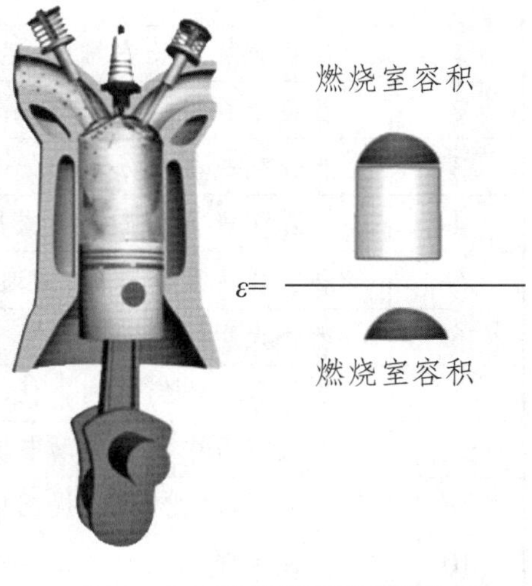

图 2-18 总容积和压缩比

二、计划与实施

引导问题 4:完成本学习任务,需要使用的工具、量具及检测设备有哪些?

在表 2-1 中填写本学习任务所需要使用的工具、量具。

工具、量具名称及型号　　表2-1

名称	型号

引导问题5:如何认识发动机总体构造?

(1)讨论并认识发动机结构图。

(2)从结构图上找到相应的名称,写在粘贴纸上。

(3)将粘贴纸上的发动机零部件名称粘贴在解剖的发动机总成上。

(4)注意观察解剖发动机上的零部件与结构图上有无差别。

(5)描述该零部件的安装位置和作用。

(6)认识完毕后收取纸条,恢复工位。

三、评价反馈

通过学习,按照学习任务要求完成相应的工作任务,并通过任务提高自己解决问题的方法和能力。学生和教师展开评价,任务评价表见表2-2。

任务评价表　　表2-2

序号	评价标准	分值(分)	自评(分)	互评(分)	师评(分)
1	是否服从组长安排,无迟到、早退和旷工	5			
2	着装是否符合标准	5			
3	能否完成小组分派的任务	10			
4	能否积极主动与小组成员沟通,发表自己意见	5			
5	语言表达是否准确,沟通是否顺畅	5			
6	能否大胆地在同学们面前展示自己学习的成果	5			
7	是否有工作岗位的责任心	5			
8	小组学习中能否主动与其他成员合作	5			
9	能否正确对待他人提出的肯定和否定意见	5			
10	是否合理规范使用工具和设备	10			
11	是否能根据结构图找到零件在整车上的准确位置	15			
12	描述作用是否准确,表达是否清晰	15			
13	能否按照安全和规范的规程操作	5			
14	是否保持现场干净整洁	5			
合计		100			

四、学习拓展

现有一台康明斯柴油发动机，请你判别康明斯柴油发动机构造并找出各部分零部件位置，说出该发动机与丰田卡罗拉汽车的发动机在结构上有何不同。

学习任务二　发动机外部附件拆装

学习目标

知识目标：

1. 了解四冲程汽油发动机的工作原理；
2. 掌握四冲程柴油发动机与四冲程汽油发动机的工作原理异同。

技能目标：

1. 能根据编制规则识别国产内燃机型号；
2. 会按正确步骤规范地拆装发动机各附件。

素养目标：

1. 在任务实施过程中养成规范检修的习惯；
2. 任务完成后养成现场7S管理的习惯。

任务描述

一辆汽车在使用过程中，因出现发动机烧机油及气门响等现象而需进行发动机大修，对发动机解体前需要对其外部附件进行拆卸，请完成附件的拆装工作。

一、资料收集

汽油发动机工作原理(四冲程)

引导问题1：四冲程发动机是如何工作的?

汽油发动机是将空气与汽油以一定的比例混合成良好的混合气，在进气行程被吸入汽缸，混合气经压缩点火后燃烧而产生热能，高温高压的气体作用于活塞顶部，推动活塞做往复直线运动，通过连杆、曲轴飞轮机构对外输出机械能。四冲程汽油发动机在进气行程、压缩行程、做功行程和排气行程内完成一个工作循环，如图2-19所示。

1. 进气行程

活塞在曲轴的作用下，从上止点向下止点运动，进气门打开，排气门关闭。在活塞移动的过程中，汽缸容积逐渐增大，汽缸内形成一定的真空度。空气和汽油的混合气通过进气门被吸入汽缸，并在汽缸内进一步混合形成可燃混合气。由于进气系统存在阻力，进气终点处，汽缸内气体压力小于大气压力 p_0，进气终点压力 $p_a = (0.80 \sim 0.90)p_0$，如果是带增压装置的发动机，压力会高。同时，受到残余废气和高温机件加热的影响，温度达到370～400K。

2. 压缩行程

活塞从下止点向上止点运动，进、排气门均关闭，容积不断减小，混合气被压缩。缸内混合气受压缩后,压力和温度不断升高,到达压缩终点时,其压力 p_c 可达 800 ~ 2000kPa,温度达 600 ~ 750K。

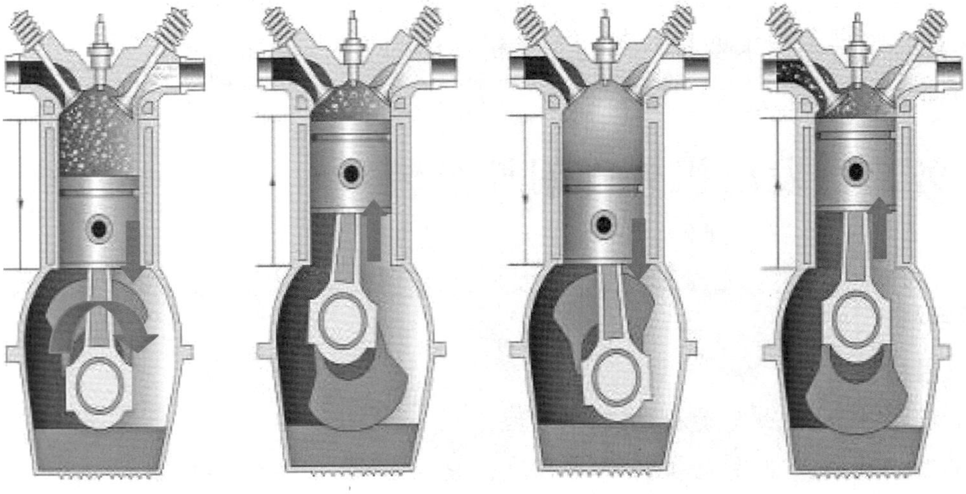

a) 进气行程　　b) 压缩行程　　c) 做功行程　　d) 排气行程

图 2-19　四冲程汽油发动机工作原理图

3. 做功行程

当活塞接近上止点时,由火花塞点燃可燃混合气,混合气燃烧释放大量热能,使汽缸内气体的压力和温度迅速提高。燃烧最高压力达 3000 ~ 6000kPa,温度达 2200 ~ 2800K。高温高压的燃气推动活塞从上止点向下止点运动,并通过曲柄连杆机构对外输出机械能。随着活塞下移,汽缸容积增加,气体压力和温度逐渐下降,在做功行程,进气门、排气门均关闭。

4. 排气行程

排气门打开,活塞由下止点向上止点运动,废气在自身的剩余压力和活塞的驱赶作用下排气。由于排气系统的阻力作用,排气上止点的压力稍高于大气压力,即 $p = (1.05 \sim 1.20)p_0$。排气终点温度 $T = 900 \sim 1100$K。

由此可见,在四冲程发动机的每一个工作循环中,只有一个行程是做功的,其余三个行程是为做功行程做准备的。因此,进气行程、压缩行程和排气行程被称为“辅助行程”。

引导问题 2:四冲程柴油发动机与四冲程汽油发动机的工作原理有哪些异同?

汽油发动机和柴油发动机的工作原理大体相同,工作循环都包括进气、压缩、做功、排气四个过程。它们的不同点如下:

(1)汽油发动机进气时吸入的是混合气,混合气在汽缸外部的进气歧管中形成,而柴油发动机进气时吸入的是纯空气,混合气在汽缸内部形成。

(2)汽油发动机是点燃,在压缩终了时,由火花塞强制点火,有独立的点火系统;而柴油发动机是压燃,压缩终了时高温高压混合气发生自燃,无点火系统。

(3)柴油发动机的压缩比高于汽油发动机;由于汽油发动机是点燃点火,柴油发动机是压燃点火,所以每个工作循环的压力和温度不一致。

引导问题 3:国产内燃机型号编制规则是怎样的?

1. 内燃机型号的编制规则

为了便于内燃机的生产管理、使用与维修,我国对内燃机产品名称和型号编制进行了重

新审定并颁布了《内燃机产品名称和型号编制规则》(GB/T 725—2008),主要内容如下:

(1)内燃机产品名称均按所采用的燃料命名,如汽油发动机、柴油发动机等。

(2)内燃机型号由阿拉伯数字(以下简称数字)、汉语拼音字母(以下简称字母)和国际通用的英文缩写字母组成。

(3)内燃机型号由以下四部分组成:

①第一部分由产品系列代号、换代符号和地方及企业代号组成。该部分由制造商根据需要,选择相应的字母表示,但需经行业标准化归口单位核准、备案。

②第二部分由汽缸数符号、汽缸布置形式符号、冲程符号和缸径符号组成。

③第三部分由结构特征符号、用途特征符号和燃料符号组成。必要时,其他结构及用途符号允许制造商选用,但不得与本标准规定的字母重复。

④第四部分为区分符号。同系列产品由于改进等需要区分时,允许制造商选用适当符号表示。第三部分与第四部分之间可用"—"分隔。

内燃机的型号较简明,第二部分、第三部分规定的符号必须标出,但第一部分和第四部分要视情况而定。由国外引进的内燃机产品,若保持原结构性能不变,允许保留原产品型号。

我国内燃机型号表示方法及其含义如图 2-20 所示。

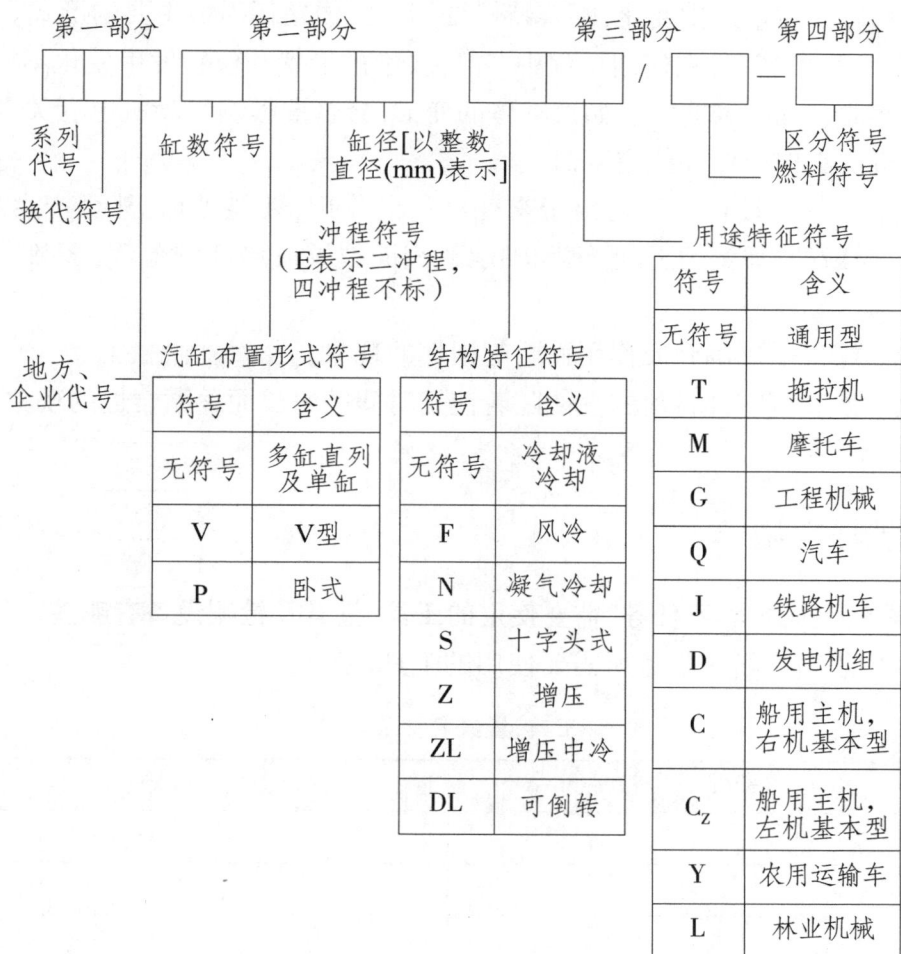

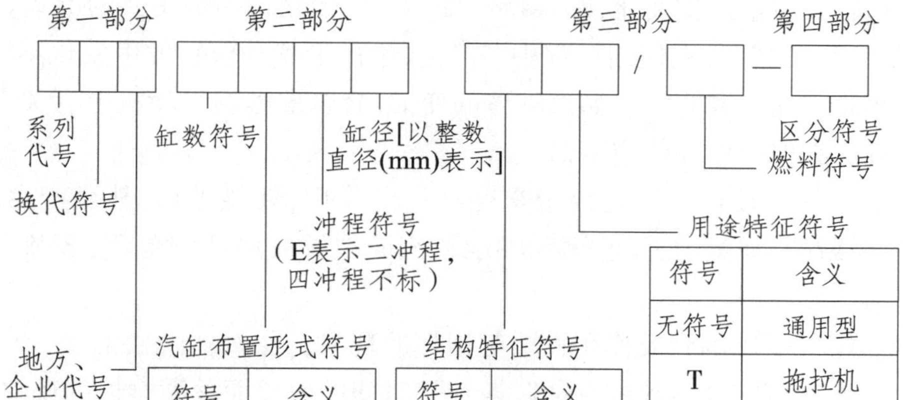

汽缸布置形式符号

符号	含义
无符号	多缸直列及单缸
V	V型
P	卧式

结构特征符号

符号	含义
无符号	冷却液冷却
F	风冷
N	凝气冷却
S	十字头式
Z	增压
ZL	增压中冷
DL	可倒转

用途特征符号

符号	含义
无符号	通用型
T	拖拉机
M	摩托车
G	工程机械
Q	汽车
J	铁路机车
D	发电机组
C	船用主机,右机基本型
C_Z	船用主机,左机基本型
Y	农用运输车
L	林业机械

图 2-20 内燃机型号表示方法及其含义

2. 内燃机型号示例

(1)汽油发动机型号示例。

①LE65F/P:单缸、二冲程、缸径65mm、风冷、通用型。

②462Q:四缸、直列、四冲程、缸径62mm、冷却液冷却、汽车用。

③CA6102:六缸、直列、四冲程、缸径102mm、冷却液冷却、通用型,CA表示系列符号。

④EQ6100—1:六缸、直列、四冲程、缸径100mm、冷却液冷却、通用型,1表示第一种改进产品,EQ表示系列符号。

(2)柴油发动机型号示例。

①195:单缸、四冲程、缸径95mm、冷却液冷却、通用型。

②495Q:四缸、直列、四冲程、缸径95mm、冷却液冷却、汽车用。

③YZ6102Q:六缸、直列、四冲程、缸径102mm、冷却液冷却、汽车用(YZ表示系列符号)。

④12VE230ZCZ:12缸、V型、二冲程、缸径230mm、冷却液冷却、增压、船用主机、左机基本型。

引导问题4:发动机零件的耗损形式有哪些?

发动机零件的耗损形式主要有磨损、变形、疲劳、腐蚀和老化。

(1)磨损。相互运动的零件,其接触表面之间的摩擦会造成零件表面的磨损,致使零件的尺寸、形状和表面质量发生变化,配合特性变坏。磨损是耗损最主要的形式。

(2)变形。发动机零件在使用过程中,零件要素的形状和位置发生变化不能自行恢复的现象,主要有弯曲、扭曲、翘曲等。如汽缸体的变形,会严重影响发动机上有关零件的装配关系,降低发动机的工作质量和使用寿命。

(3)疲劳。零件在较长时间内由于交变载荷的作用,性能破坏,甚至产生断裂的现象。如曲轴的裂纹与断裂、弹簧的折断、滚动轴承的表面裂纹或局部剥落等,多数是由于材料的疲劳引起的。

(4)腐蚀。零件受周围介质作用而引起损坏的现象。

(5)老化。发动机零件材料的性能随着使用时间的增长而逐渐衰退的现象,分自然老化和工作老化。

二、计划与实施

引导问题5:完成本学习任务,需要使用的工具、量具及检测设备有哪些?

在表2-3中填写本学习任务所需要使用的工具、量具。

工具、量具名称及型号 表2-3

名称	型号

引导问题 6:车辆的哪些信息需要记录?

车辆的以下信息需要记录(表 2-4)。

车辆相关信息 表 2-4

项目	内容	项目	内容
车辆品牌		车型	
VIN 号		发动机型号	
生产年份		行驶里程	

引导问题 7:怎样规范拆卸传动带?

(1)拆卸传动带前须先检查传动带,如目视检查传动带是否过度磨损,加强筋是否损坏等。如果发现任何损坏,则更换传动带。

(2)拆卸传动带前,须用记号笔标出旋转方向,如图 2-21 所示。若传动带沿错误方向旋转,可能导致传动带断裂。安装时,应确保传动带正确坐落在传动带轮槽内。

图 2-21 做发动机旋转记号

(3)松开发电机调整臂上的螺栓 A 和 B,松开螺栓 C(图 2-22),推动发电机,使传动带松开(图 2-23),然后拆下传动带(图 2-24)。

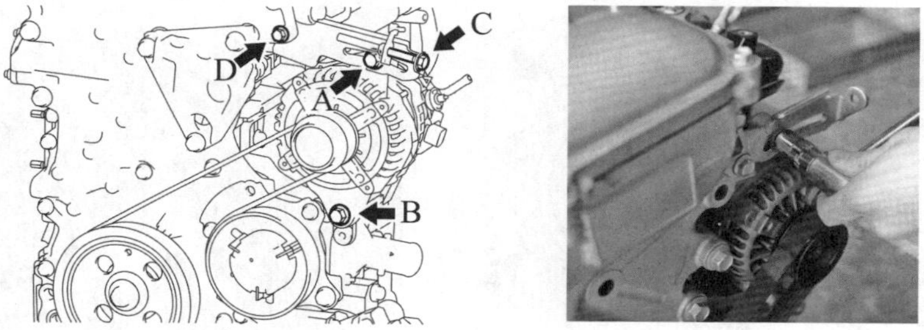

a) b)

图 2-22 拆卸传动带螺栓

图 2-23 推动发电机使传动带松开

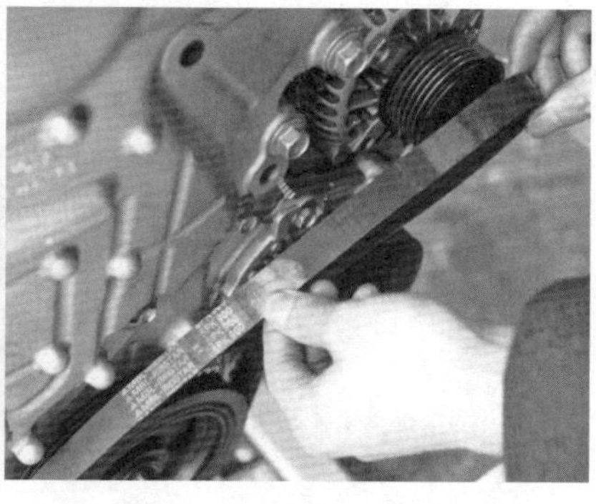

图 2-24 拆下传动带

注意:拆卸传动带时,要使传动带张力降到最低时取出,严禁在高张力的情况下,利用非专业工具硬撬下来,这样可能导致人员受伤和设备受损,要养成良好的安全意识。

引导问题8:如何规范拆卸发电机、水泵、机油滤清器支架?

(1)拆卸发电机安装螺栓,拆下发电机。

(2)拆卸曲轴带轮。

用SST(固定器)固定带轮就位并松开带轮螺栓(图2-25),取下带轮螺栓;用SST(拉器)拆下曲轴带轮(图2-26)。

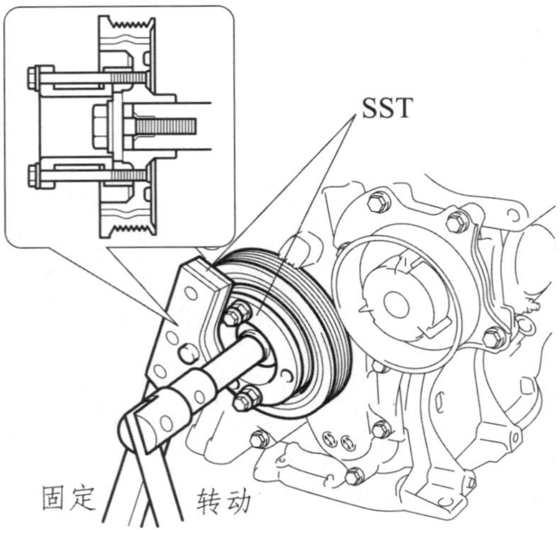

图2-25 用SST固定带轮

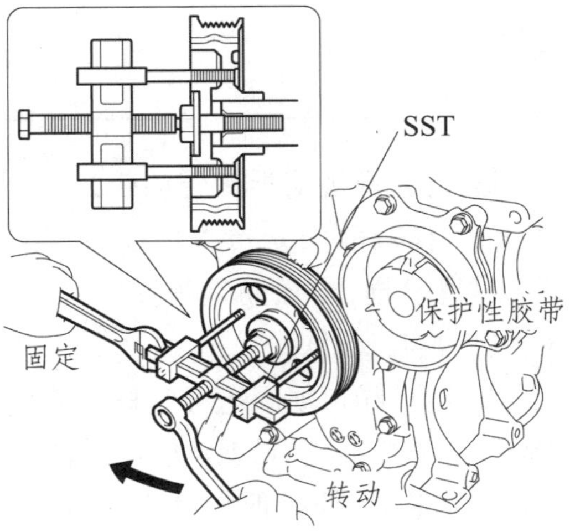

图2-26 用拉器拉出带轮

(3)拆下3个水泵螺栓[图2-27a)],取下水泵及衬垫[图2-27b)]。

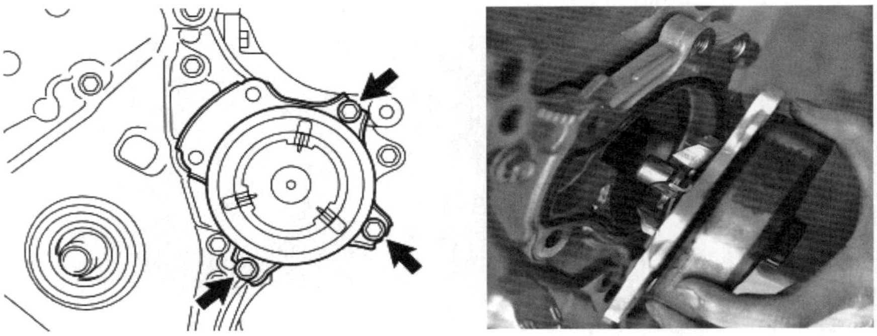

a) b)

图2-27 拆卸水泵螺栓

(4)拆卸机油滤清器支架螺栓[图2-28a)],取下机油滤清器支架[图2-28b)]。

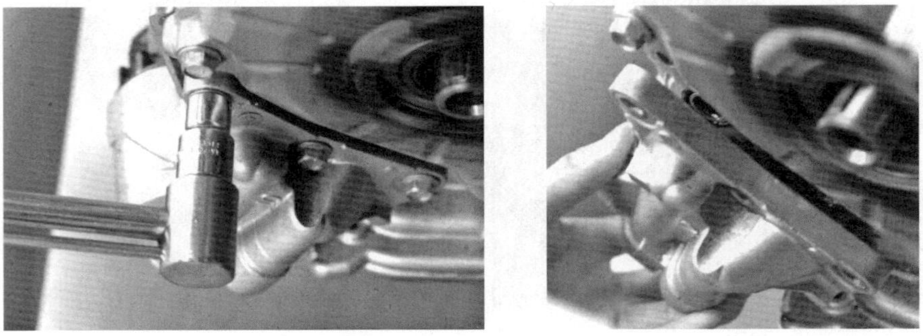

a) b)

图2-28 拆卸机油滤清器支架

引导问题9:如何规范拆卸进气歧管和排气歧管?

(1)拆下旁通水管,拆卸燃油分配管[图2-29a)],拆下进气歧管[图2-29b)]。

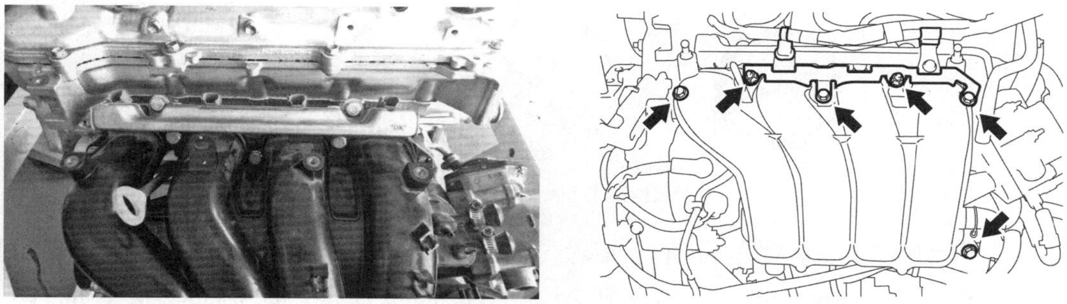

a)　　　　b)

图2-29　拆下进气歧管

(2)拆下排气歧管隔热罩螺栓,取下隔热罩(图2-30),拆下排气歧管支撑条(图2-31),按照图2-32中数字表示的顺序拆下排气歧管螺栓,取下排气歧管。

图2-30　拆下隔热罩

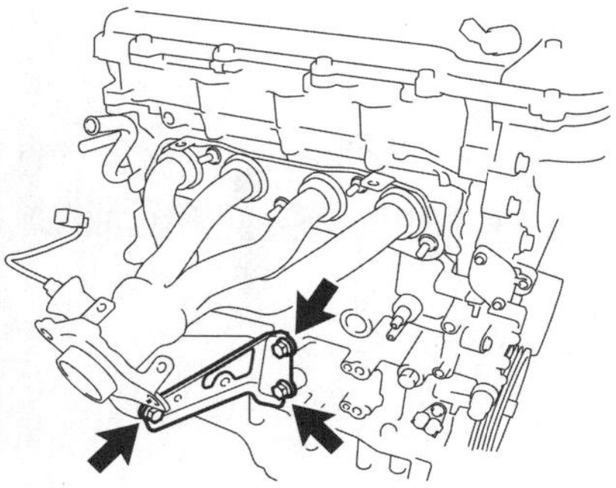

图2-31　拆下支撑条

引导问题10:如何规范安装发动机外部附件?

汽油发动机外部附件的安装,按拆卸时的相反顺序进行。

(1)安装新的排气歧管垫片,安装排气歧管,安装排气歧管支撑条,安装氧传感器,安装排气歧管隔热罩。

(2)安装新的进气歧管密封圈,安装进气歧管,安装旁通水管,安装通风软管。

图2-32　拆下排气歧管

(3)安装机油滤清器支架总成。

(4)安装水泵总成。

(5)安装曲轴带轮。

(6)安装发电机。

(7)安装传动带。注意传动带安装方向,套上传动带,安装时,应确保传动带正确坐落在传动带轮槽内(图2-33)。

(8)调整传动带。如图2-22所示,通过调整传动螺栓C来调节传动带的张紧力,随后紧固螺栓A和B,其中,螺栓A的力矩为19N·m,螺栓B的力矩为43N·m。

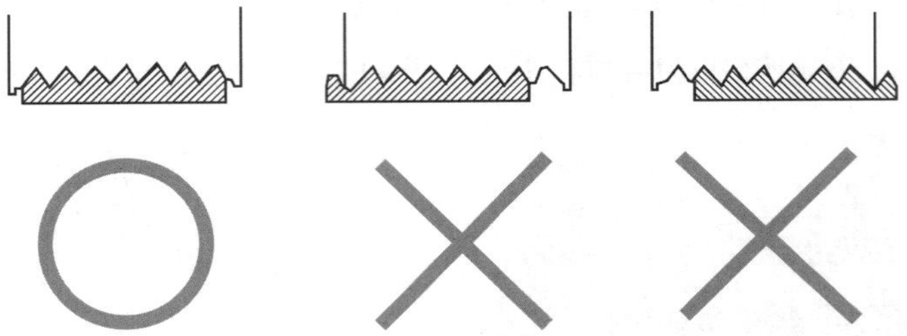

图2-33　传动带安装位置

(9)检查传动带的张紧度是否符合要求。有经验法和仪器法两种检查方法。经验法如图2-34所示,用手指以98N的压力按压传动带中部,使传动带产生适当挠度变形,用直尺量取变形量。仪器法如图2-35所示,旋转张力计上的重置杠杆来重置针阀,使指针归零,找到传动带张力度检测点,握紧张力计上的把手和手柄,将张力计安装到传动带上,将手松开后,指针指示值显示传动带张紧力的大小。

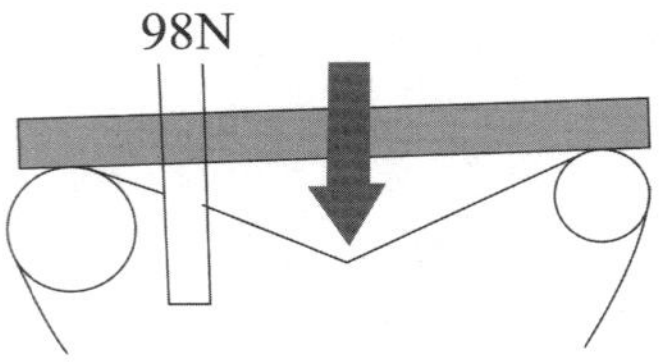

图2-34　经验法

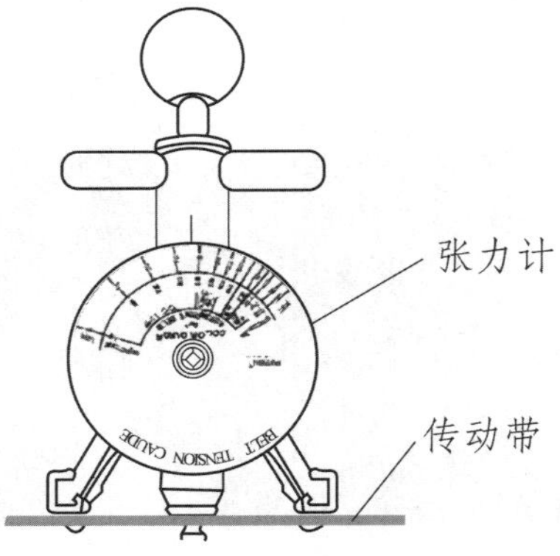

图2-35　仪器法

三、评价反馈

通过学习,按照学习任务要求完成相应的工作任务,并通过任务提高自己解决问题的方法和能力。任务评价表见表2-5。

任务评价表　　　　表2-5

序号	评价标准	分值(分)	自评(分)	互评(分)	师评(分)
1	是否服从组长安排,无迟到、早退和旷工	5			
2	着装是否符合标准	5			
3	能否完成小组分派的任务	5			
4	能否积极主动与小组成员沟通,发表自己意见	5			
5	语言表达是否准确,沟通是否顺畅	5			
6	小组学习中能否主动与其他成员合作	5			
7	是否合理规范使用工具和设备	10			

续上表

序号	评价标准	分值（分）	自评（分）	互评（分）	师评（分）
8	能否按照安全和规范的规程操作	5			
9	是否完成学习任务，并得到老师的确认	10			
10	能否正确拆装发电机	10			
11	能否正确拆装水泵和机油滤清器支架	10			
12	能否正确拆装进气歧管和排气歧管	10			
13	能否正确调整传动带张紧度	10			
14	是否保持现场干净整洁，做到现场7S管理	5			
合计		100			

四、学习拓展

一辆装载康明斯柴油发动机的汽车在使用过程中，因连杆异响等需进行发动机大修，对发动机进行解体前需要对其外部附件进行拆卸，请完成附件的拆装工作。

自我检测

专业知识题

一、单选题（下列各题的四个备选答案中只有一个是符合题意的正确答案，请做出选择）

1. 6135Q柴油发动机的缸径是（　　）。

A. 61mm　　B. 613mm　　C. 3mm　　D. 135mm

2. 活塞从上止点运动到下止点所让出的空间容积称（　　）。

A. 总容积　　B. 工作容积　　C. 燃烧室容积　　D. 发动机排量

3. 下列发动机组成中，柴油发动机中没有的是（　　）。

A. 冷却系统　　B. 起动系统　　C. 点火系统　　D. 润滑系统

4. 在进气行程中，缸外喷射的汽油发动机和柴油发动机分别吸入的是（　　）。

A. 纯空气和可燃混合气体　　B. 可燃混合气体和纯空气

C. 可燃混合气体和可燃混合气体　　D. 纯空气和纯空气

二、判断题（请对下列各题判断正误，正确的打"√"，错误的打"×"）

1. 由于柴油发动机的压缩比大于汽油发动机的压缩比，因此其在压缩终了时的压力及燃烧后产生的气体压力高于汽油机。（　　）

2. 活塞在汽缸里做往复直线运动时，活塞向上运动到的最高位置，称为上止点。（　　）

3. 活塞在汽缸内做往复直线运动两个行程，完成一个工作循环的内燃机称为二冲程内燃机。（　　）

4. 当压缩比过大时，柴油发动机、汽油发动机都可能产生爆燃。（　　）

三、多选题(下列各题的四个备选答案中有两个或两个以上符合题意的正确答案,请做出选择,错选、多选或漏选均不给分)

1. 四冲程汽油发动机的工作过程是一个复杂过程,它在一个工作循环中经历了(　　)。

A. 进气行程　　B. 压缩行程　　C. 做功行程　　D. 排气行程

2. 按活塞运动方式进行分类,发动机分为(　　)。

A. 往复活塞式发动机　　B. 四冲程发动机

C. 转子式发动机　　D. 二冲程发动机

3. 理论上,在进气行程中,活塞从上止点向下止点运动,此时(　　)。

A. 排气门关闭　　B. 进气门打开

C. 进、排气门均打开　　D. 进、排气门均关闭

4. 柴油发动机由“两大机构、四大系统”组成,以下属于柴油发动机四大系统的是(　　)。

A. 润滑系统　　B. 点火系统　　C. 燃油供给系统　　D. 冷却系统

项目三

曲柄连杆机构

曲柄连杆机构是往复活塞式发动机将热能转换为机械能的主要机构。曲柄连杆机构将燃料燃烧后产生的气体作用在活塞上的膨胀压力转变为曲轴旋转的转矩,对外不断输出动力。

曲柄连杆机构由机体组、活塞连杆组、曲轴飞轮组三部分组成。

学习任务一　机体组拆装及检测

学习目标

知识目标:

1. 掌握机体组的功用、组成;
2. 掌握汽缸盖、汽缸体和汽缸垫的功用。

技能目标:

1. 能正确规范地进行汽缸盖的拆卸与安装;
2. 会正确对汽缸盖、汽缸体进行检测。

素养目标:

1. 能够在工作过程中与小组成员合作完成任务,养成合作意识;
2. 通过对机体组的拆检,养成规范作业的良好工作习惯。

任务描述

汽车行驶一定时间或里程后,发动机在使用过程中动力严重不足。经维修人员检查,初步判定该车发动机的机体组出现了异常情况,需对机体组进行拆装与检查。

一、资料收集

引导问题1:机体组由哪些零部件组成?

发动机机体组是发动机的骨架,是发动机各机构、各系统主要零部件的装配基体。它主要由汽缸盖、汽缸体、汽缸垫、汽缸盖罩以及油底壳等组成,如图3-1所示。

引导问题2:汽缸体的功用是什么?汽缸体有哪些类型?

汽缸体(图3-2)是发动机各个机构和系统的装配基体,并由它来保持发动机各运动件相互之间的准确位置关系。汽缸体通常由铸铁或铝合金铸造而成，上部是用于安装活塞连杆的汽缸，内有润滑油道、冷却水套；下部是用于安装曲轴的曲轴箱。

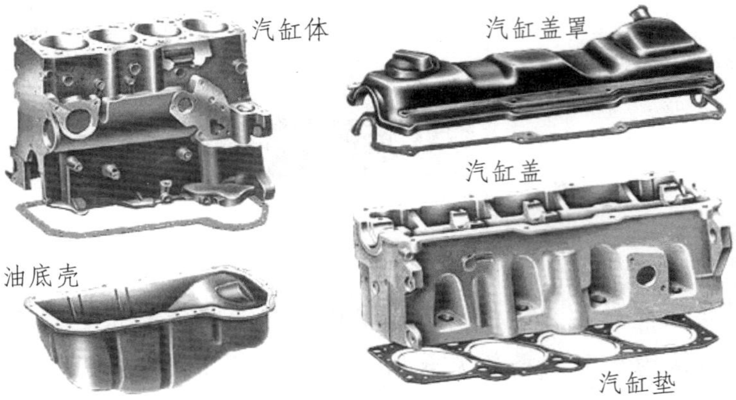

图3-1　机体组组成

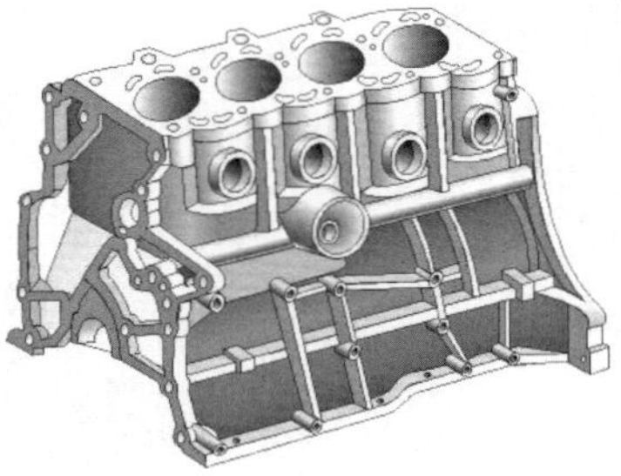

图3-2　汽缸体

汽缸体结构

整体式汽缸体可分为平分式、龙门式和隧道式三种，如图3-3所示。

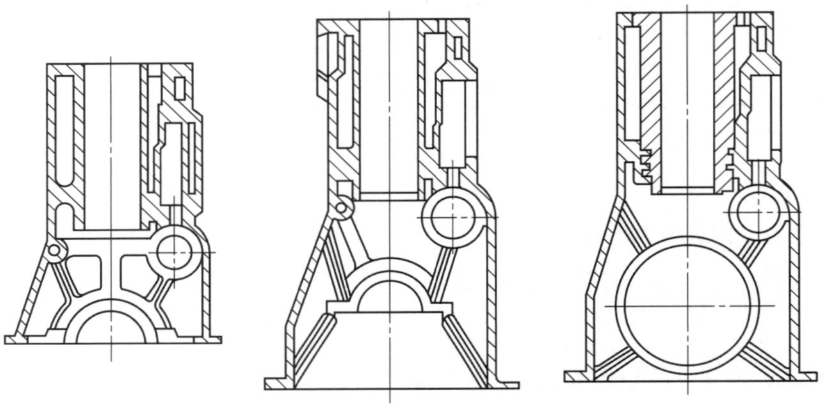

a) 平分式　　b) 龙门式　　c) 隧道式

图3-3　汽缸体结构分类

汽缸体按汽缸排列形式可分为直列式、V型和对置式。

引导问题3:汽缸盖的功用是什么？燃烧室有哪些类型？

汽缸盖用来封闭汽缸的上部，并与活塞顶、汽缸壁共同构成燃烧室。汽缸盖不仅有与汽缸体相通的冷却水套、油道，还有燃烧室、火花塞座孔（汽油发动机）或喷油器座孔（柴油发动机）、进气道、排气道等。

汽油发动机的燃烧室由活塞顶部及汽缸盖上相应凹部空间组成。汽油发动机燃烧室常见的形状有楔形燃烧室、盆形燃烧室和半球形燃烧室，如图3-4所示。

引导问题4:汽缸垫的功用是什么？汽缸垫有哪些类型？

汽缸垫（图3-5）安装在汽缸盖与汽缸体之间，作用是保证汽缸盖与汽缸体结合面之间的密封性，防止漏气、漏水、漏油等。目前市面上通常有金属—石棉衬垫、金属—复合材料衬垫和纯金属衬垫等多种形式的汽缸垫。发动机大修时，必须更换汽缸垫。

汽缸垫功用

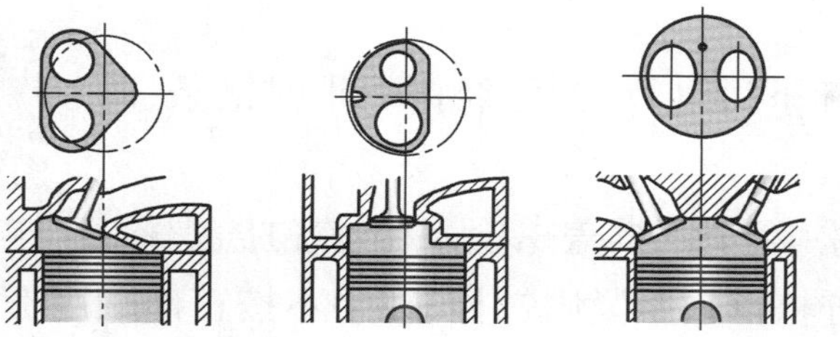

a) 楔形燃烧室　b) 盆形燃烧室　c) 半球形燃烧室

图 3-4　汽油机燃烧室

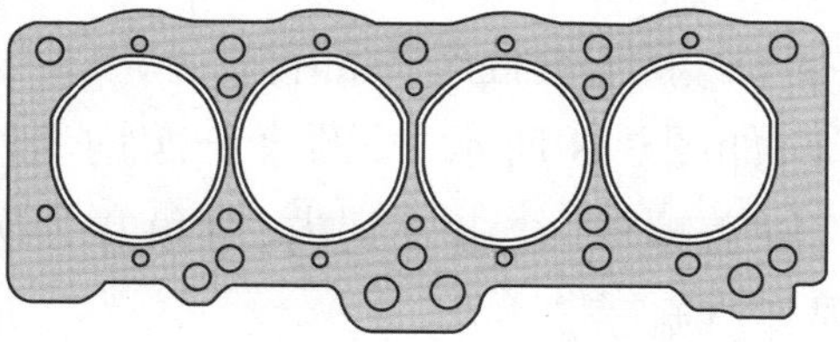

图 3-5　汽缸垫

引导问题 5:油底壳的功用是什么?

油底壳的作用是储存机油并封闭曲轴箱。油底壳一般由薄钢板冲压而成,其结构如图 3-6 所示。有的发动机为达到良好的散热效果,采用带有散热片的铝合金铸造而成的油底壳。为保证发动机纵向倾斜时机油泵仍能吸到机油,油底壳中部或后部较深。油底壳中还有挡油板,以减轻油面波动。底部装有磁性的放油螺塞,以吸附润滑油中的铁屑,减少发动机的磨损。

引导问题 6:汽缸套的功用是什么? 汽缸套的类型有哪些?

由于汽缸内表面受高温高压燃气的作用并与高速运动的活塞接触而极易磨损。汽缸套(图 3-7)安装在汽缸体内,从而提高汽缸体的耐磨性和延长汽缸体的使用寿命。汽缸套不仅应有足够的强度、刚度和耐热性能,还应具有较好的耐磨性能。

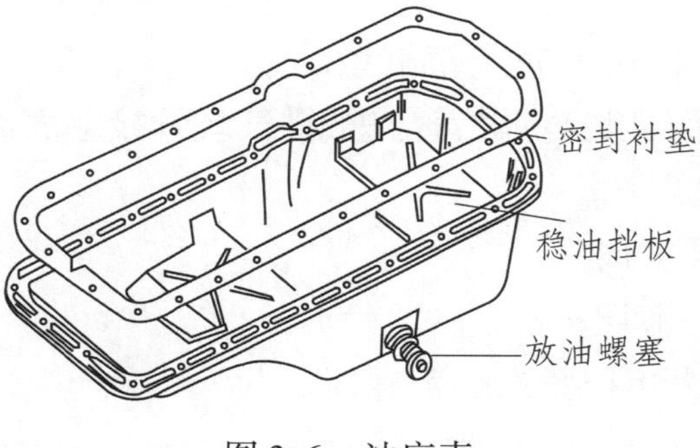

图 3-6　油底壳

图 3-7　汽缸套

常用的汽缸套可分为干式汽缸套和湿式汽缸套。干式汽缸套的壁厚为 1 ~ 3mm,其特点是汽缸套的外表面不与冷却液直接接触。湿式汽缸套的壁厚为 5 ~ 9mm,其外壁直接与冷却液相接触。

二、计划与实施

引导问题 7:完成本学习任务,需要使用的工具、量具及检测设备有哪些?

在表 3-1 中填写本学习任务所需要使用的工具、量具。

工具、量具名称及型号　　表 3-1

名称	型号

引导问题8:如何拆卸汽缸盖?

以下操作是将发动机总成从汽车上吊卸下后进行的,已经拆下正时链条、凸轮轴、摇臂、液压挺柱等零部件。

缸盖拆卸

(1)如图3-8所示,按顺序分次均匀拧松10个汽缸盖螺栓,取下汽缸盖螺栓。拆卸汽缸盖螺栓时,由外到内,对角并分次拧松汽缸盖紧固螺栓,如果不按正确顺序拆卸,有可能损坏汽缸盖。

(2)用吸棒取下汽缸盖紧固螺栓垫片并按顺序摆放整齐。

(3)用橡皮锤轻轻敲击汽缸盖两侧,从汽缸体上的定位销处撬起汽缸盖(图3-9)。

图3-8　汽缸盖螺栓拧松顺序

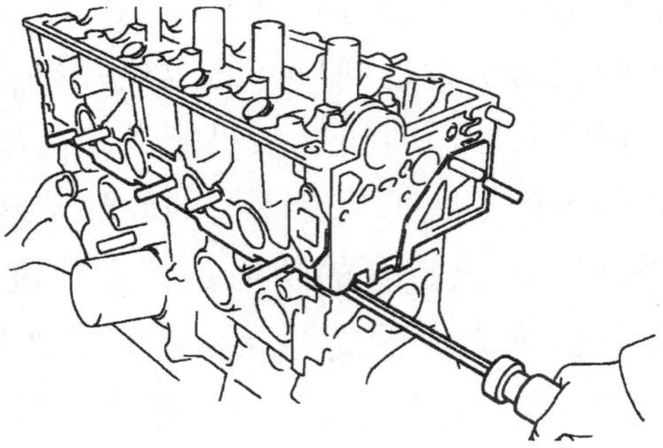

图3-9　撬起汽缸盖

(4)取下汽缸盖并将汽缸盖放置在长形木块上,拆下汽缸垫。

注意:不要损坏汽缸体和汽缸盖接触表面,以及汽缸盖与进、排气歧管接触表面。

引导问题9:如何安装汽缸盖?

缸盖安装

(1)在汽缸体上安装新汽缸垫,注意安装方向。

(2)安装前,在汽缸盖螺栓螺纹上涂上一薄层机油。

(3)如图3-10所示,按顺序分次以规定力矩拧紧汽缸盖螺栓。

(4)有些车型还需用油漆在汽缸盖螺栓做标记,按顺序再将汽缸盖螺栓分次拧紧90°、45°,如图3-11所示。

图3-10　汽缸盖螺栓拧紧顺序

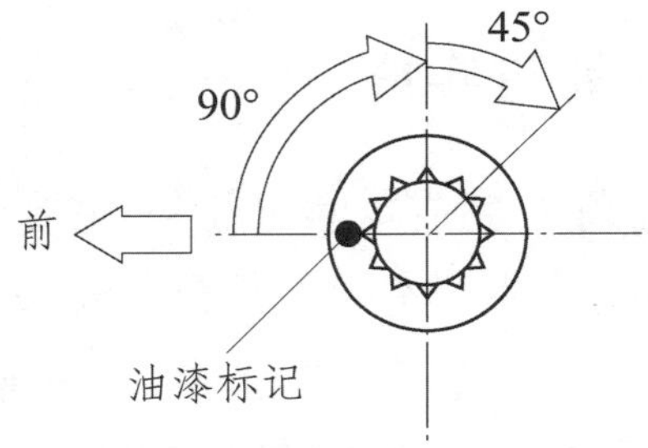

图3-11　汽缸盖螺栓的拧紧角度

引导问题10:如何清洁汽缸盖、汽缸体?

(1)去除汽缸盖和汽缸体上的衬垫材料。使用衬垫刮刀清除接触表面上所有衬垫材料。

注意:务必要小心,不要刮伤汽缸盖、汽缸体上的接合表面。

(2)清洗汽缸盖和汽缸体。用软刷和溶剂彻底清洗。

注意:清洗必须在45℃或更低温度下进行。

(3)用压缩空气吹去螺栓孔中的积炭和积液。

注意:在使用高压压缩空气时,注意保护眼睛。

(4)用干净抹布擦干。

引导问题11:如何检测汽缸盖、汽缸体的平面翘曲变形?

(1)检测量具的认识。

刀形直尺是用于测量零件平面度误差的测量器具,如图3-12所示。

厚薄规(图3-13)由薄钢片制成,并由若干片不同厚度的钢片组成,可以用来检查两结合面之间的缝隙,也称为塞尺。每片钢片上都标有钢片的厚度尺寸,单位为mm。

图3-12 刀形直尺

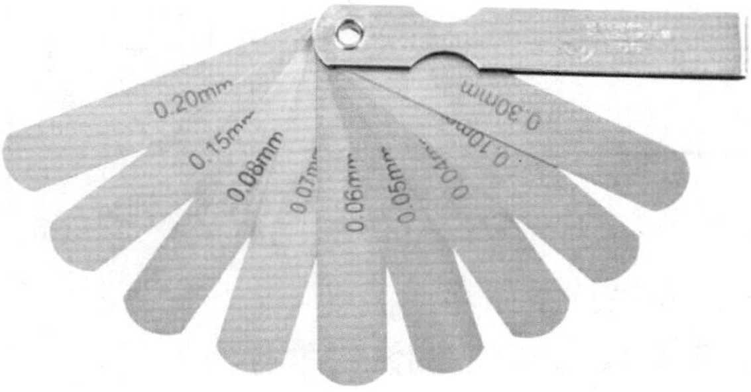

图3-13 厚薄规

(2)检测时,刀形直尺的刀刃口朝下,刀背朝上,并且把刀形直尺垂直地放在被检测的平面上,选择合适的厚薄规钢片插入刀形直尺与被测平面间有空隙(“漏光”)的位置中,如图3-14所示。

(3)如图3-15所示,将刀形直尺放在图中的6个位置(即图中直线位置)进行检测,检测时,观察刀形直尺与被测平面空隙,根据空隙大小放入适当厚度的厚薄规检查,要求厚薄规与被测面有轻微摩擦。

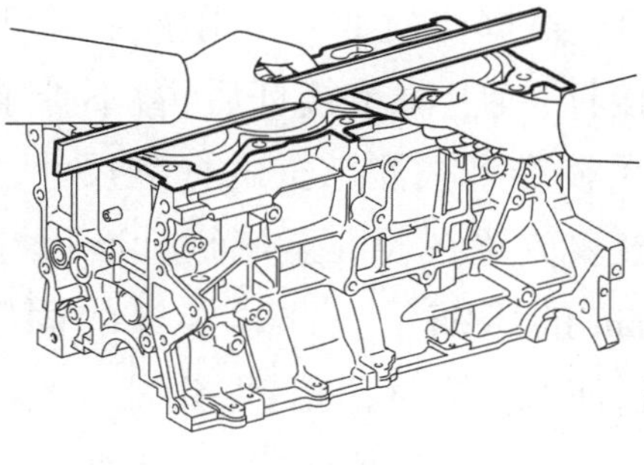

图3-14 检测平面翘曲变形

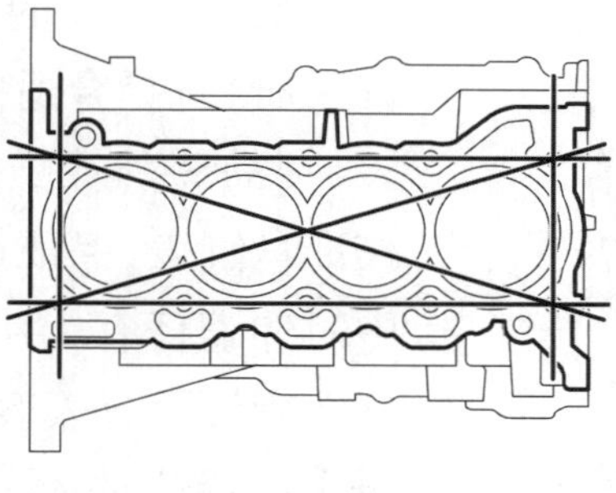

图3-15 检测汽缸盖与汽缸体结合平面

(4)还应检测部分发动机汽缸盖进、排气歧管接合面的平面度,检测时,只测对角线两个位置(即图中直线位置)。图3-16所示放置刀形直尺检测接合面平面度。

(5)按检测结果,记录汽缸体和汽缸盖每个位置的最大变形量,填入表3-2,并提出维修建议。

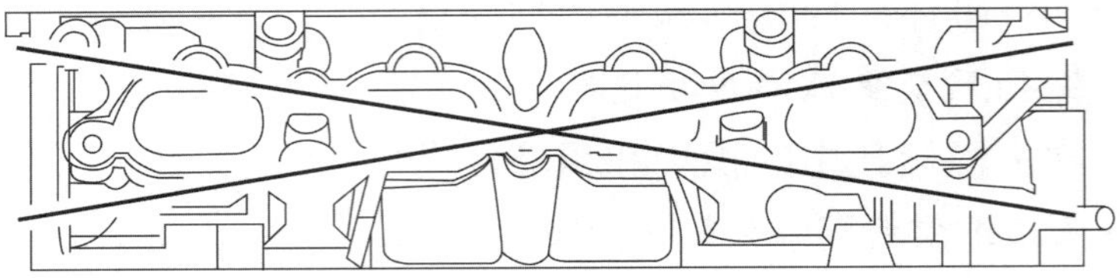

图 3-16　检测汽缸盖进气侧平面度

汽缸体和汽缸盖平面变形检测记录(单位:mm)　　表 3-2

变形量	方向							
	位置 1	位置 2	位置 3	位置 4	位置 5	位置 6	对角线 1	对角线 2
汽缸体平面							—	—
汽缸盖平面					—	—	—	—
进气歧管侧	—	—	—	—	—	—		
排气歧管侧	—	—	—	—	—	—		

查阅维修手册关于汽缸体和汽缸盖平面度的技术要求,判断所检测的汽缸体和汽缸盖平面度是否满足技术要求。

引导问题 12:如何检测汽缸磨损?

汽缸磨损检测

(1)检测量具的认识。

量缸表(图 3-17)由百分表和测量架、测量接杆等组成,百分表的表面上有 100 个小格,每小格为 0.01mm。表盘上的大指针旋转一圈(即表盘上小指针偏转一格)相当于 1mm。表盘可以转动,上面刻有“0”。

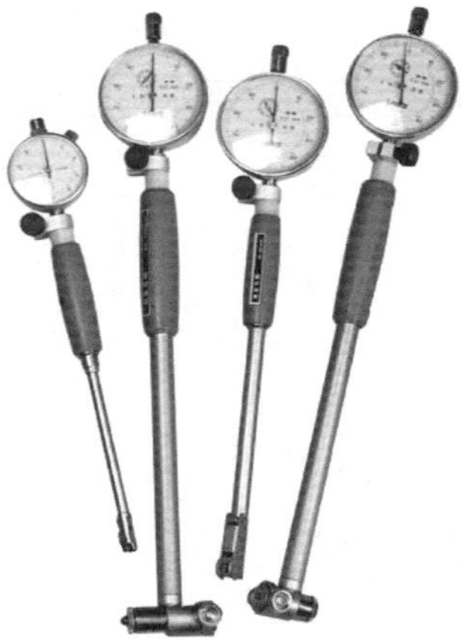

图 3-17　量缸表

游标卡尺(图 3-18)主要由主尺和游标尺组成,主尺上的每一小格为 1mm,游标尺可以移动,其测量长度时可以精确到 0.02mm。

外径千分尺(图 3-19)由固定刻度和可动刻度两部分构成,其测量长度时可以精确到 0.01mm。

(2)量缸表的装配,根据汽缸直径(用游标卡尺测量或查阅维修手册)选择合适的接杆,装上测量接杆后,暂不拧紧固定螺母。

(3)将外径千分尺校准到被测汽缸的标准尺寸。用外径千分尺校准量缸表,保证量缸表放置在校准至汽缸标准尺寸的外径千分尺中时伸缩杆有 1 ~ 2mm 的压缩量。拧紧接杆的固定螺母,固定接杆。旋转百分表表盘,使“0”位对正指针,记住小针指示毫米数,并再次进行校对。

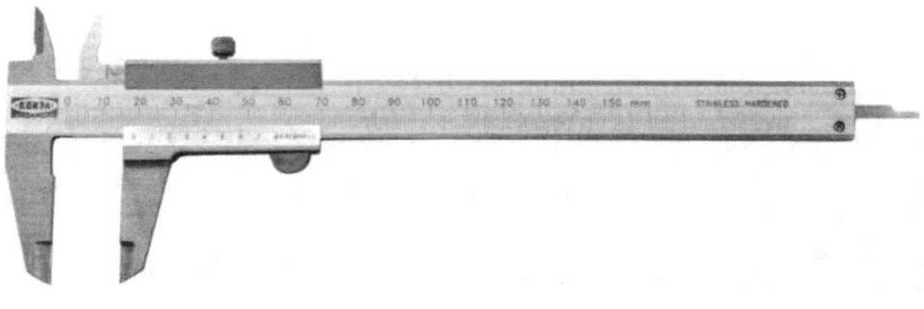

图 3-18　游标卡尺

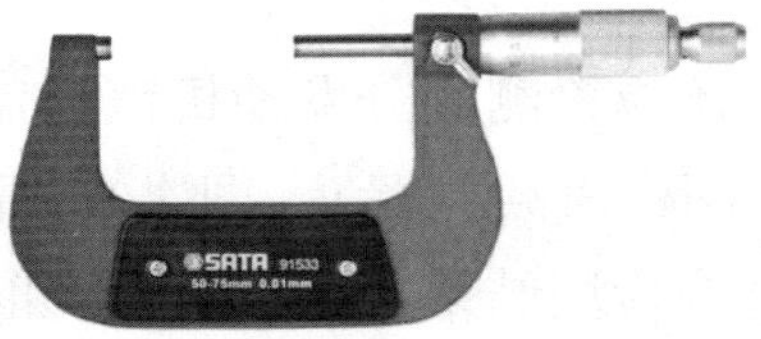

图 3-19　外径千分尺

(4)汽缸测量如图 3-20a)所示,测量时手应握住绝热套,把量缸表倾斜放入汽缸被测出,轻微摆动,使指针摆动相等,当指针逆时针摆动后要反相时,即为汽缸中心线与测杆垂直。读数时,视线要与表盘指针线垂直,确保读数精准,养成严谨细心、精益求精的工匠精神。

(5)汽缸测量位置的确定如图 3-20b)所示,在汽缸轴向上选取三个横截面 A、B、C,在同一横截面上进行纵向和横向测量,把数据填入表 3-3。

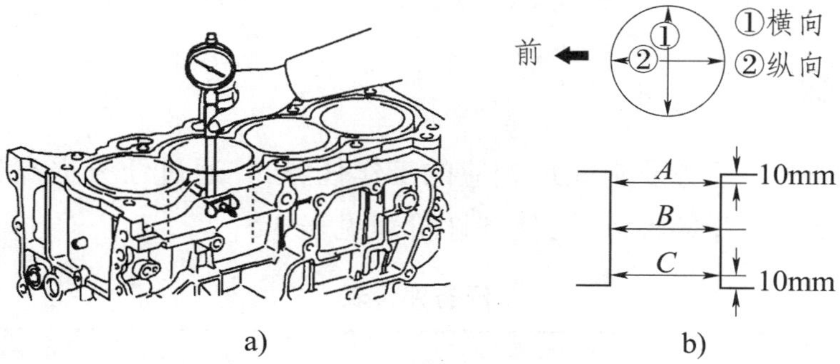

图 3-20 汽缸磨损检测

各截面的缸径记录表(单位:mm) 表 3-3

截面	汽缸							
	第一缸		第二缸		第三缸		第四缸	
	纵向直径	横向直径	纵向直径	横向直径	纵向直径	横向直径	纵向直径	横向直径
上截面 A								
中截面 B								
下截面 C								

(6)计算各缸的圆度值、圆柱度值和汽缸最大的磨损量。

$$\text{圆度误差} = \frac{\text{该缸同一平面最大直径} - \text{该缸同一平面最小直径}}{2} \tag{3-1}$$

$$\text{圆柱度误差} = \frac{\text{该缸最大直径} - \text{该缸最小直径}}{2} \tag{3-2}$$

$$\text{最大磨损量} = \text{该发动机最大汽缸直径} - \text{该发动机最小汽缸直径} \tag{3-3}$$

(7)根据所测数据,计算各缸的圆度、圆柱度及最大磨损量,并填写表 3-4。

汽缸的圆度、圆柱度及最大磨损量计算值(单位:mm) 表 3-4

项目	汽缸			
	第一缸	第二缸	第三缸	第四缸
同缸最大圆度值				
圆柱度值				
最大磨损量				
所有汽缸的最大圆度值				

续上表

项目	汽缸			
	第一缸	第二缸	第三缸	第四缸
所有汽缸的最大圆柱度值				
所有汽缸的最大磨损量				

部分发动机要求测量与汽缸体相配合的活塞直径,进而计算汽缸与活塞配合的油膜间隙。

三、评价反馈

通过学习,按照学习任务要求完成相应的工作任务,并通过任务提高自己解决问题的方法和能力,学生和教师展开各种评价,任务评价表见表3-5。

任务评价表 表3-5

序号	评价标准	分值(分)	自评(分)	互评(分)	师评(分)
1	是否服从组长安排,无迟到、早退和旷工	5			
2	着装是否符合标准	5			
3	能否完成小组分派的任务	5			
4	能否积极主动与小组成员沟通,发表自己意见	5			
5	语言表达是否准确,沟通是否顺畅	5			
6	能否大胆地在同学们面前展示自己学习的成果	5			
7	是否有工作岗位的责任心	5			
8	小组学习中能否主动与其他成员合作	5			
9	能否正确对待他人提出的肯定和否定意见	5			
10	是否合理规范使用工具和设备	5			
11	是否能正确拆卸汽缸盖	7			
12	是否能正确检测汽缸盖	10			
13	是否能正确检测汽缸磨损	15			
14	是否能正确安装汽缸盖	8			
15	是否保持现场干净整洁	5			
16	是否能按照安全和规范的规程操作	5			
合计		100			

四、学习拓展

现有一台科鲁兹汽车发动机,需要对其汽缸进行检测,请你根据科鲁兹汽车维修手册,制订汽缸检测的实施方案,注意科鲁兹汽车发动机汽缸检测与课堂内使用的发动机检测要求的不同之处。

学习任务二　活塞连杆组拆装及检测

学习目标

知识目标：

1. 掌握活塞连杆组的功用、组成；
2. 掌握活塞、活塞环、活塞销和连杆的功用。

技能目标：

1. 能正确规范地进行活塞连杆组的拆卸与安装；
2. 会正确使用量具检测活塞、活塞环。

素养目标：

1. 通过学习，养成团队合作和安全操作的意识；
2. 通过活塞连杆轴的拆检，养成认真严谨、精细精准的习惯。

任务描述

汽车行驶一定时间或里程后，发动机冷车起动时发出明显异响，热车后异响声减弱。经维修人员检查，初步判定该车发动机的活塞连杆组出现了异常情况，需对活塞连杆组进行拆装与检查。

一、资料收集

引导问题1：活塞连杆组由什么组成？

活塞连杆组主要由活塞、活塞环、活塞销和连杆等组成，如图3-21所示。

引导问题2：活塞的功用是什么？活塞有哪些类型？

活塞的主要功用是承受燃气压力，并将此力通过活塞销和连杆传给曲轴，推动曲轴旋转。活塞常采用铝合金材质制成，其基本结构分为顶部、头部和裙部，如图3-22所示。

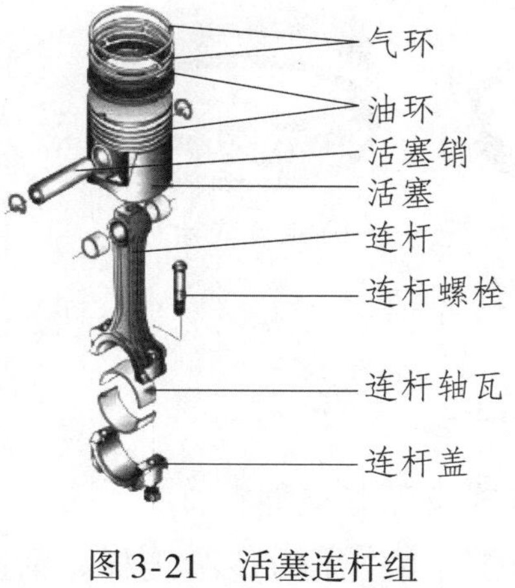

图3-21　活塞连杆组

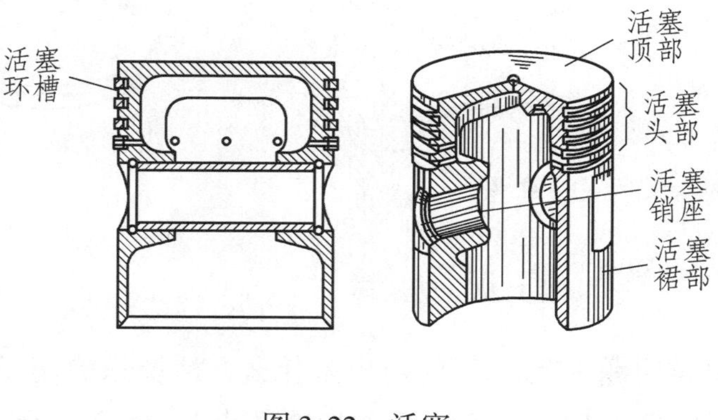

图3-22　活塞

活塞顶部承受气体压力，是燃烧室的组成部分。汽油发动机活塞顶部常见类型主要有平顶、凸顶、凹顶及成型顶四种类型,如图3-23所示。有些活塞顶上有各种记号,用以显示活塞及活塞销的安装方向,装配时,安装记号应该朝向发动机前方。

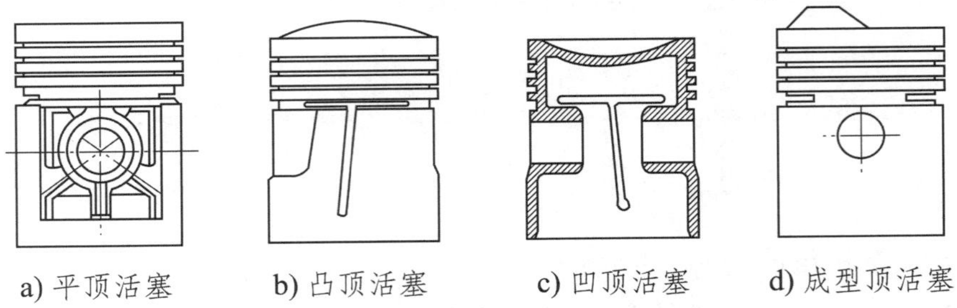

图3-23　活塞类型

活塞头部是指活塞油环槽至活塞顶部的部分。通常汽油机的活塞头部有3~4道活塞环槽,上面2~3道用于安装气环,最下面1道用于安装油环。在油环槽侧面通常开有槽或孔,这些槽或孔可以使被油环从汽缸壁上刮下来的多余机油流回到油底壳。

活塞裙部对活塞在汽缸内的往复运动起导向作用,同时承受侧压力。活塞裙部设有活塞销座孔,用于安装活塞销。

引导问题3:气环的功用是什么?气环有哪些类型?

活塞环是具有弹性的开口环,分为气环和油环,如图3-24所示。

气环的功用是保证汽缸壁与活塞之间的密封,防止汽缸中的气体窜入曲轴箱,同时将活塞头部的热量传给汽缸壁,再由冷却液或空气带走,还起刮油、布油的作用。汽油发动机的气环通常有2~3道,安装在活塞头部的环槽内。

气环的主要功用

引导问题4:油环的功用是什么?油环有哪些类型?

油环用作刮油和布油。当活塞下行时,油环将汽缸壁上多余的机油刮回到油底壳,防止机油窜入汽缸燃烧;当活塞上行时,油环在汽缸壁布上一层均匀的油膜,从而减少活塞、活塞环与汽缸壁的摩擦磨损。油环有整体式油环和组合式油环两种,如图3-25所示。

油环的主要功用

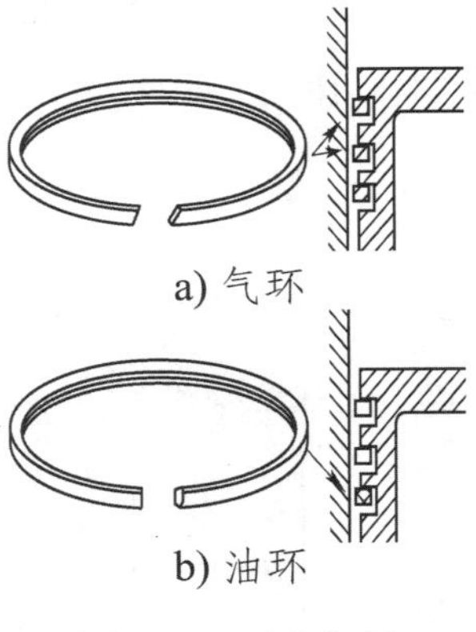

图3-24　活塞环

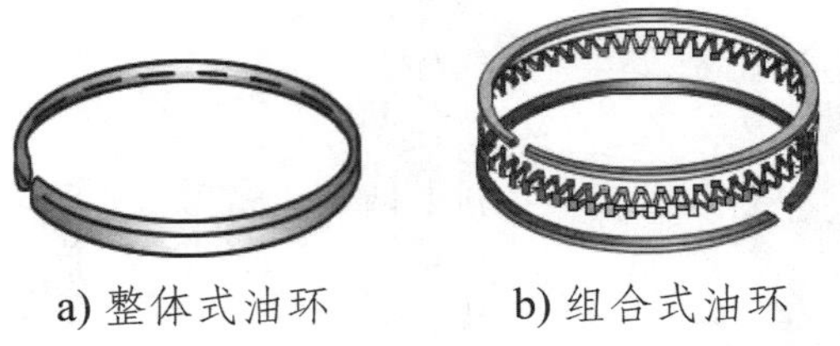

图3-25　油环

引导问题5:活塞销的功用是什么?活塞销的连接方式有哪些类型?

活塞销的功用是连接活塞与连杆小头,将活塞承受的气体作用力传给连杆。活塞销的连接方式主要有全浮式和半浮式两种,如图3-26所示。全浮式是指在发动机正常工作时,活塞销能在活塞销座孔与连杆衬套内自由转动，从而减少磨损。半浮式是指活塞销中部与连杆小头紧固连接，活塞只能在活塞销座孔内自由摆动的连接形式。

引导问题6：连杆的功用是什么？

连杆的功用是连接活塞与曲轴，并把活塞承受的气体压力传给曲轴，使得活塞的往复运动转变成曲轴的旋转运动。连杆小头通过活塞销与活塞相连，连杆大头与曲轴的连杆轴颈相连。

连杆主要由连杆小头、连杆杆身和连杆大头组成，如图3-27所示。连杆大头包括连杆螺栓、连杆盖、连杆轴承等。

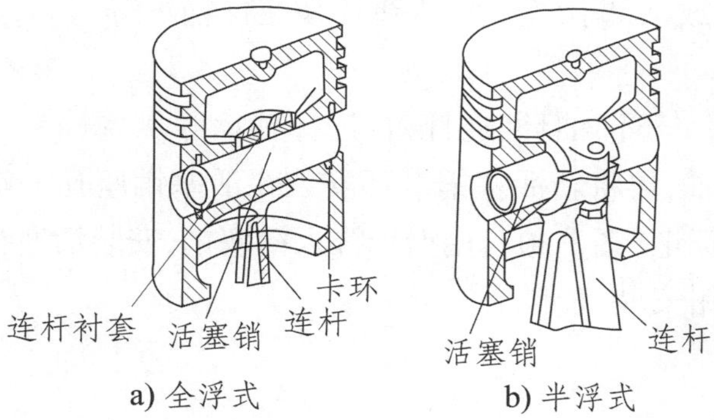

图3-26 活塞销的连接方式

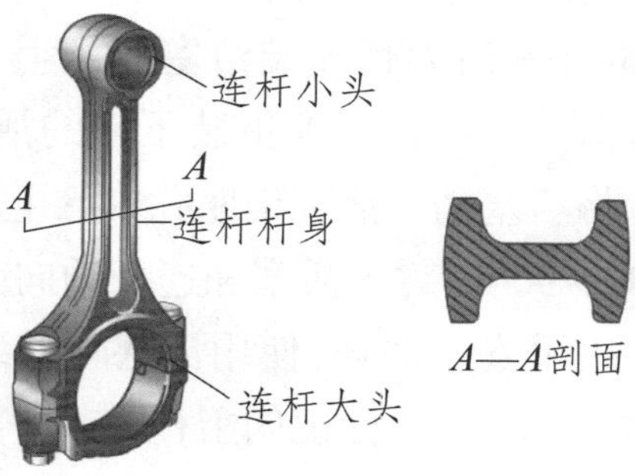

图3-27 连杆

二、计划与实施

引导问题7：完成本学习任务，需要使用的工具、量具及检测设备有哪些？

在表3-6中填写本学习任务所需要使用的工具、量具。

工具、量具名称及型号 表3-6

名称	型号

引导问题8：如何拆卸活塞连杆组？

活塞连杆组拆卸

(1)检查活塞顶、连杆大头的装配记号，若无记号，用油性笔做上记号。

(2)当2、3缸活塞位于下止点时，拆下连杆螺栓，如图3-28所示，取下连杆盖及轴承，并依次按顺序摆放整齐。用橡胶棒或木榔头手柄轻敲推出活塞连杆组。

(3)转动曲轴，使1、4缸活塞位于下止点，按以上步骤再取下1、4缸的活塞连杆组。为了避免安装时错装，应该把拆下来的同一缸活塞连杆组用连杆螺栓原样安装在一起，再有序摆放。

(4)用活塞环拆装钳拆下气环，如图3-29所示。用手拆下油环。

图3-28　拆下连杆螺栓

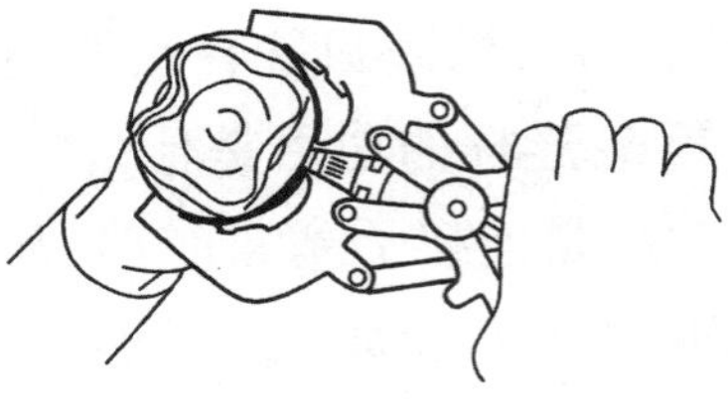

图3-29　拆卸气环

(5)拆下活塞销卡环,使用专用工具,从活塞中压出活塞销,拆下连杆,拆下连杆轴承。活塞和活塞销是配对的,按正确的顺序摆放活塞、活塞销、活塞环和连杆轴承等。

引导问题9:如何安装活塞连杆组?

(1)清洗并擦拭干净拆装下来的活塞、气环、油环、连杆盖、连杆轴承等。

(2)将活塞销与活塞销座孔内涂上机油,再将新活塞销卡环安装在活塞销座孔一端,加热活塞至80~90℃,对正活塞和连杆的向前标记(图3-30),用拇指推入活塞销,安装活塞销卡环。

(3)用手安装油环,使用活塞环拆装钳安装气环。

注意:气环上的标记向上(图3-31)。

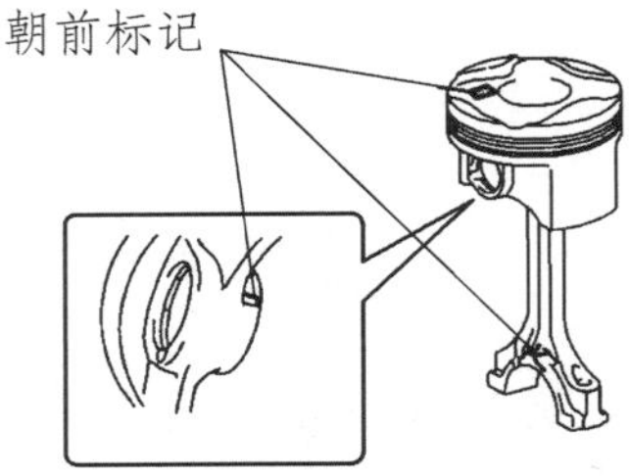

图3-30　活塞与连杆的安装标记

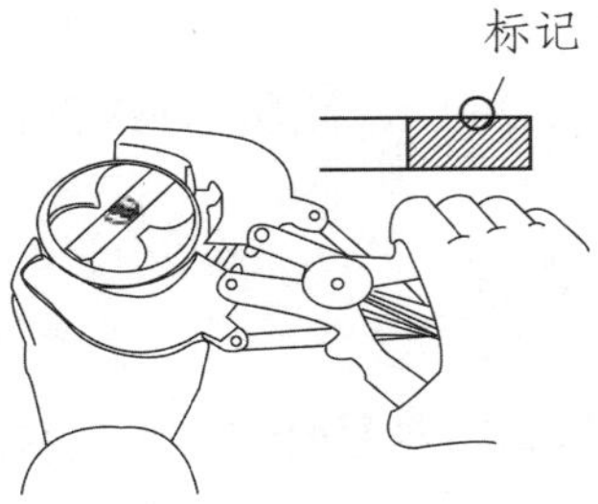

图3-31　安装气环

(4)各道活塞环的端口应按技术要求错开一定的角度,按图3-32所示布置活塞环端口。

(5)将连杆轴承安装到连杆和连杆盖中(图3-33)。

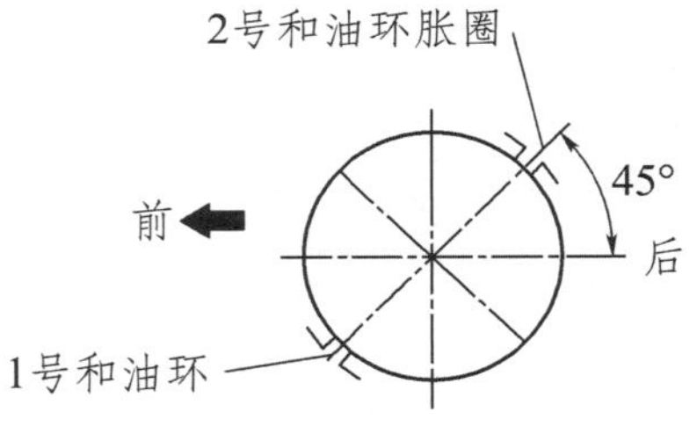

图3-32　活塞环端口的布置

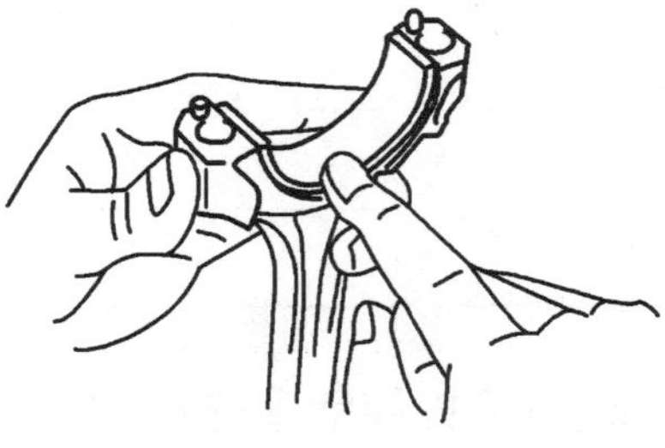

图3-33　安装连杆轴承

注意:不要在轴承背面与其接触的零件表面上涂抹机油。

(6)活塞连杆组装进汽缸前先在汽缸壁、活塞环、活塞、连杆轴颈等处涂上机油,安装时注意不要损坏汽缸内壁。使用活塞环卡箍,按正确的位置把活塞和连杆总成推入各自的汽缸,注意活塞上的朝前标记应朝前,如图3-34所示。

(7)按连杆盖和连杆的号码,安装连杆盖,注意连杆盖上的朝前标记(图3-35)。在连杆螺栓螺纹涂上一薄层机油,分次交替按规定力矩拧紧螺母,有些车型还需用油漆在螺母和连杆螺栓上做标记,再将螺母拧紧 90°(图 3-36)。

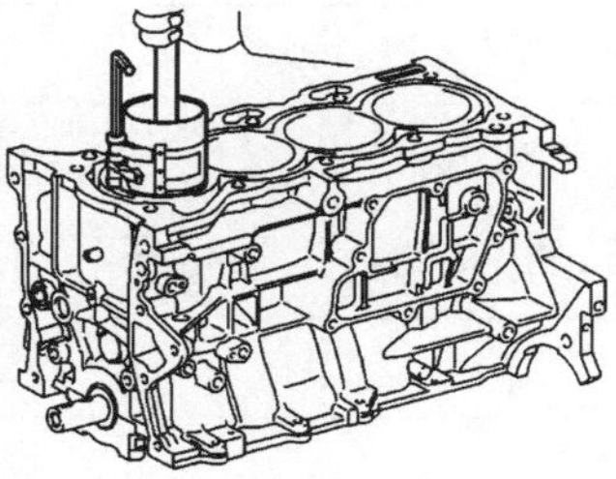

图 3-34　安装活塞连杆组

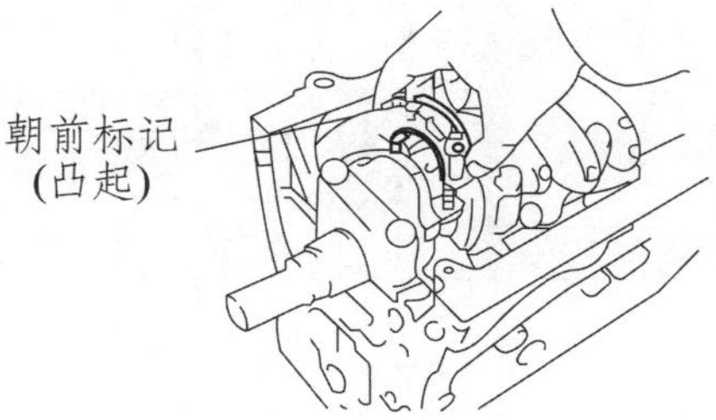

图 3-35　安装连杆盖

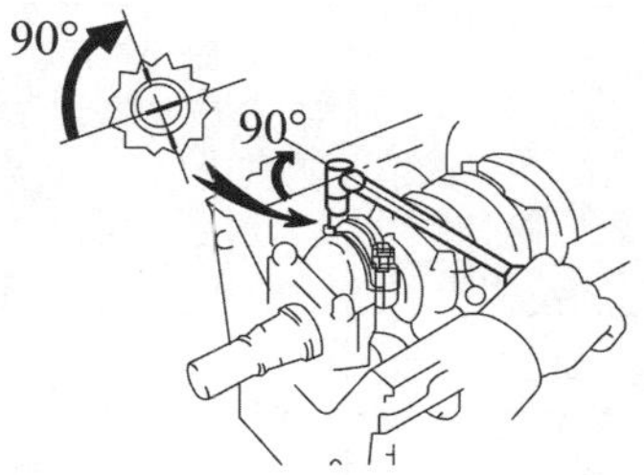

图 3-36　拧紧连杆螺栓

引导问题 10:如何清洁活塞?

(1)使用衬垫刮刀,将活塞顶部积炭清理掉。

(2)用一把带槽的清理工具或折断的气环,清理活塞环槽。

(3)用溶剂和刷子彻底清洗活塞。

注意:禁止使用钢丝刷清洁活塞。

引导问题 11:如何检测活塞环端隙?

(1)清洁活塞、活塞环与汽缸。

(2)将活塞环略压缩放进汽缸中,用倒置的活塞把活塞环推进汽缸中的规定位置,使活塞环处于水平,用厚薄规检测活塞环端隙,如图 3-37 所示。每道活塞环都要进行检测。

(3)把所测数据填入表 3-7 中。

(4)查阅维修手册,如果活塞环端隙过大或过小,则要重新选配活塞环。

引导问题 12:如何检测活塞环侧隙?

(1)清洁活塞与活塞环。

(2)如图 3-38 所示,检测时把活塞环放进对应环槽内,此时应感到有上下方向的间隙,把相应厚度的厚薄规插进活塞环与环槽之间进行检测。

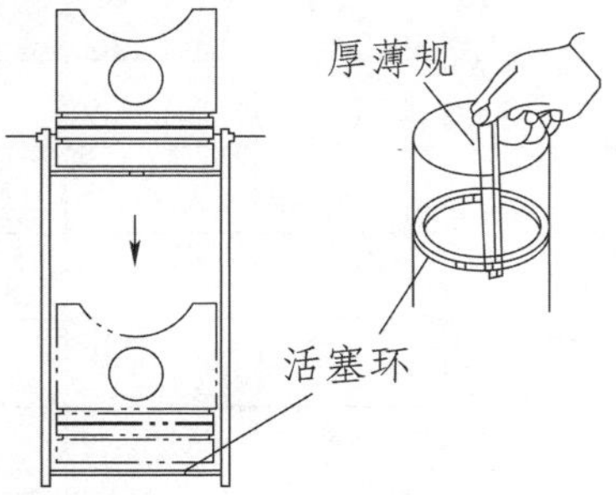

图 3-37　检测活塞环端隙

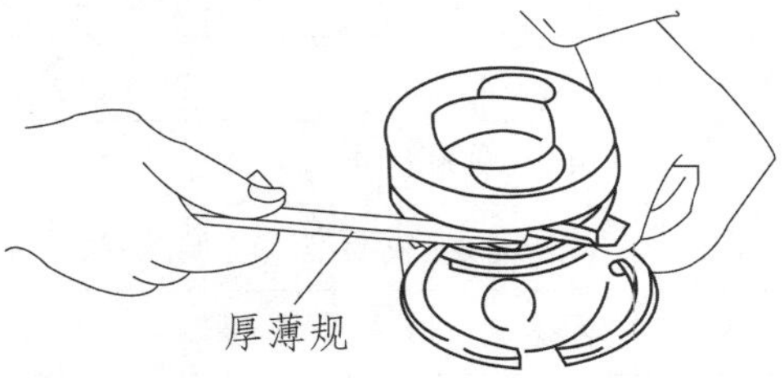

图 3-38　检测活塞环侧隙

(3)把所测数据填入表 3-7 中。

活塞环间隙检测数据(单位:mm)　　表 3-7

汽缸	间隙				
	第一道环端隙	第二道环端隙	油环刮油片端隙	第一道活塞环侧隙	第二道活塞环侧隙
一缸					
二缸					

续上表

汽缸	间隙				
	第一道环端隙	第二道环端隙	油环刮油片端隙	第一道活塞环侧隙	第二道活塞环侧隙
三缸					
四缸					

(4)查阅维修手册,若活塞环的侧隙过大容易导致窜油,若活塞环侧隙过小容易导致活塞环被卡在环槽中,使密封效能下降,均需要重新选配活塞环。

活塞检测

引导问题13:如何检测活塞直径?

(1)清洁活塞。

(2)查阅维修手册,确定活塞直径测量点的位置。

(3)如图3-39所示,用外径千分尺测量活塞裙部的直径。

(4)查阅维修手册,确定活塞直径,并判断是否选配活塞。

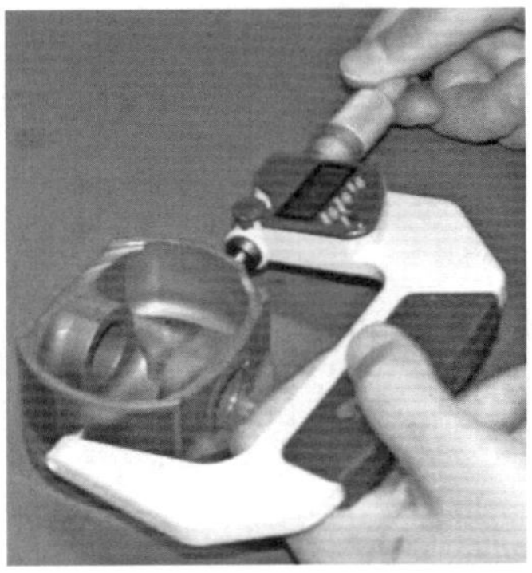

图3-39　检测活塞直径

三、评价反馈

通过学习,按照学习任务要求完成相应的工作任务,并通过任务提高自己解决问题的方法和能力,学生和教师展开各种评价,任务评价表见表3-8。

任务评价表　　表3-8

序号	评价标准	分值(分)	自评(分)	互评(分)	师评(分)
1	是否服从组长安排,无迟到、早退和旷工	5			
2	着装是否符合标准	5			
3	能否完成小组分派的任务	5			
4	能否积极主动与小组成员沟通,发表自己意见	5			
5	语言表达是否准确,沟通是否顺畅	5			
6	能否大胆地在同学们面前展示自己学习的成果	5			
7	是否有工作岗位的责任心	5			
8	小组学习中能否主动与其他成员合作	5			
9	是否能正确对待他人提出的肯定和否定意见	5			
10	是否合理规范使用工具和设备	5			
11	是否能正确拆卸活塞连杆组	10			
12	是否能正确检测活塞间隙	10			
13	是否能正确检测活塞直径	10			

续上表

序号	评价标准	分值(分)	自评(分)	互评(分)	师评(分)
14	是否能正确安装活塞连杆组	10			
15	是否保持现场干净整洁	5			
16	能否按照安全和规范的规程操作	5			
合计		100			

四、学习拓展

现有一台科鲁兹汽车发动机需要检修活塞连杆组,请你根据科鲁兹汽车维修手册,制订活塞连杆组的检修实施方案,注意科鲁兹汽车发动机活塞连杆组检修与课堂内使用的发动机检修要求的不同之处。

学习任务三　曲轴飞轮组拆装及检测

学习目标

知识目标:

1. 掌握曲轴飞轮组的功用、组成;
2. 掌握曲轴、飞轮的功用。

技能目标:

1. 能正确规范地进行曲轴、飞轮的拆卸与安装;
2. 能正确地进行曲轴检测。

素养目标:

1. 养成良好的沟通技巧,树立安全意识和勤俭节约意识;
2. 培养科学严谨的精益求精的职业作风。

任务描述

汽车行驶一定时间或里程后,在行驶过程中发动机曲轴箱发出噪声。经维修人员检查,初步判定该车发动机的曲轴飞轮组出现了异常情况,需对曲轴飞轮组进行拆装与检查。

一、资料收集

引导问题1:曲轴飞轮组由什么组成?

曲轴飞轮组主要由曲轴、飞轮、正时齿轮、曲轴带轮等组成,如图3-40所示。

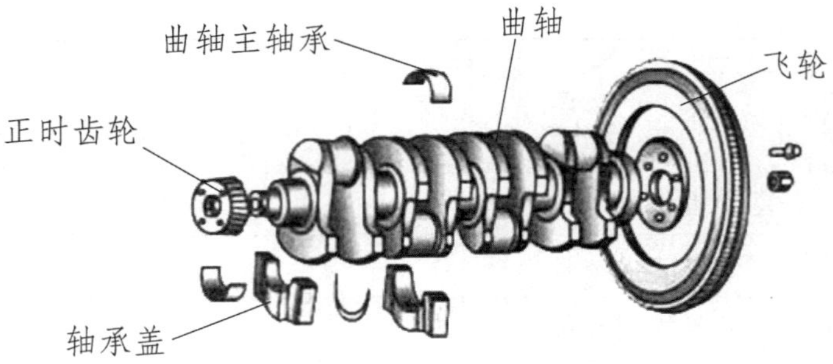

图 3-40　曲轴飞轮组

引导问题 2:曲轴的功用是什么? 曲轴由哪几部分组成?

曲轴的功用是把由活塞连杆组传来的气体压力转变为转矩,并对外输出转矩;同时驱动配气机构及其他附属装置。曲轴一般由主轴颈、连杆轴颈、曲柄、平衡块等组成,如图 3-41 所示。

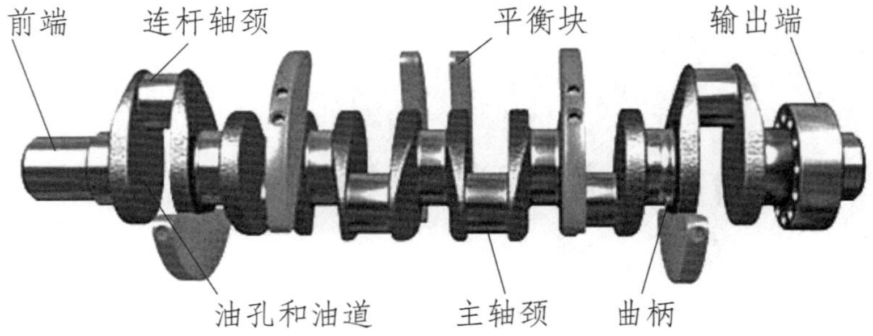

图 3-41　曲轴

主轴颈是曲轴的支承部分,通过主轴承支承在曲轴箱的主轴承座中。主轴承的数目不仅与发动机汽缸数目有关,还取决于曲轴的支承方式。曲轴的支承方式一般有两种,一种是全支承曲轴,另一种是非全支承曲轴。

(1)全支承曲轴:曲轴的主轴颈数比汽缸数多一个,即每一个连杆轴颈两边都有一个主轴颈。

(2)非全支承曲轴:曲轴的主轴颈数比汽缸数少或与汽缸数相等。

引导问题 3:曲拐是什么?

曲拐一般由一个连杆轴颈以及与该连杆轴颈相连接的左、右两个曲柄和左、右两个主轴颈构成。曲轴由多个曲拐组成。直列式发动机曲轴的曲拐数目等于汽缸数;V 型发动机曲轴的曲拐数等于汽缸数的一半。

引导问题 4:曲轴扭转减振器的功用是什么?

当发动机工作时,经连杆传给连杆轴颈的作用力的大小和方向均周期性变化,这种周期性变化的力作用在曲拐上,使曲拐旋转的瞬时速度也呈周期性变化。当曲轴扭转振动因共振而加剧时,发动机功率受到损失,正时齿轮或链条磨损增加,严重时甚至扭断曲轴。为了消除曲轴的扭转振动,部分发动机的曲轴前端装有曲轴扭转减振器(图 3-42)。

根据工作特性,汽车发动机常用的曲轴扭转减振器可以分为动力减振器、复合减振器、阻尼减振器三种类型。

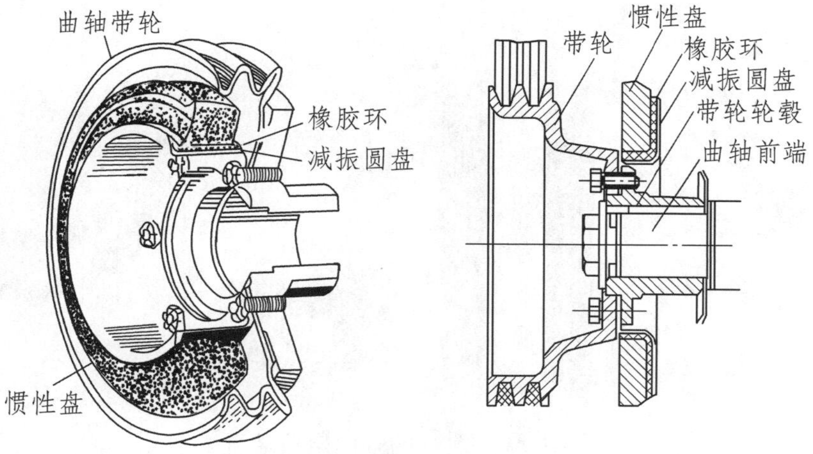

图 3-42　曲轴扭转减振器

引导问题 5:飞轮的功用是什么?

飞轮的主要功用是储存做功行程的能量,用于克服进气、压缩和排气行程的阻力和其他阻力,使曲轴能均匀地旋转。飞轮是一个很重的铸铁圆盘,如图 3-43 所示。在飞轮的边缘镶嵌有飞轮齿圈,发动机起动时,与起动机齿轮啮合,带动曲轴旋转。在飞轮上还刻有正时记号,用来校准汽油发动机的点火正时或柴油发动机的喷油正时。

飞轮功用

引导问题 6:曲轴轴承的功用是什么?

曲轴轴承安装在汽缸体与主轴承盖内,曲轴轴承通常为分开的滑动轴承,由钢背和减磨合金层组成。有的轴承上有一个定位凸起,轴承上加工有油槽和油孔,如图 3-44 所示。

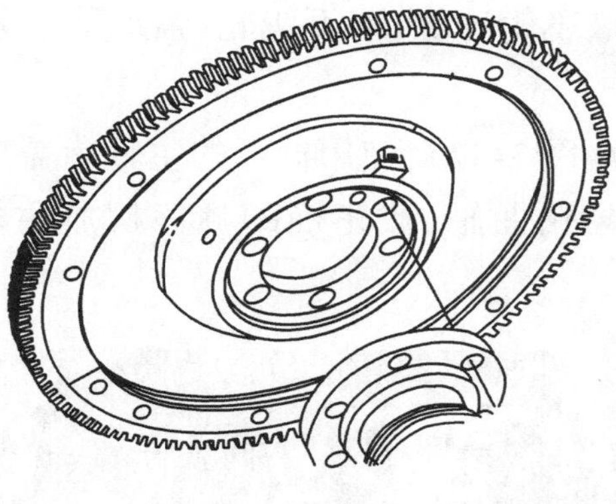

图 3-43　飞轮

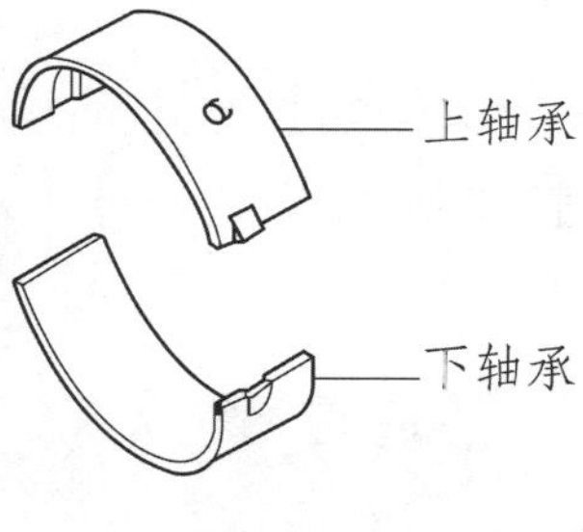

图 3-44　曲轴轴承

引导问题 7:为什么需要进行曲轴轴向定位?

发动机工作时,曲轴在运转过程中发生前后轴向移动(与曲轴轴线平行的运动),这种轴向移动将破坏曲柄连杆机构各零件的正确相对位置,因此必须对曲轴进行轴向定位。

曲轴的轴向定位装置有推力垫片、翻边推力轴承,而推力垫片又分为整体式推力垫片与分开式推力垫片,如图 3-45 所示。

二、计划与实施

引导问题 8:完成本学习任务,需要使用的工具、量具及检测设备有哪些?

在表 3-9 中填写本学习任务所需要使用的工具、量具。

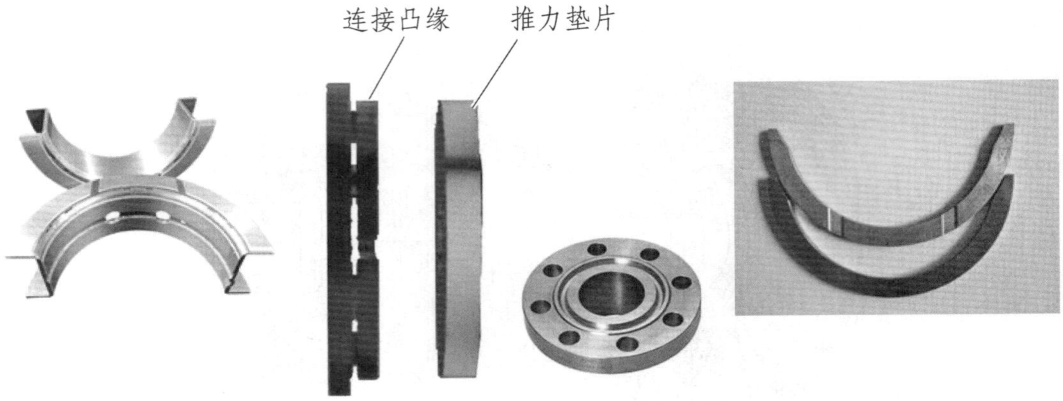

图3-45　曲轴的轴向定位装置

工具、量具名称及型号　　表3-9

名称	型号

引导问题9:如何进行曲轴飞轮组的拆卸?

曲轴拆卸

(1)如图3-46所示,用专用工具固定飞轮齿圈,按对角交叉的顺序,拧松飞轮的螺栓,取下螺栓,然后用橡皮锤均匀地轻敲飞轮边缘,取下飞轮,最后取下发动机后油封。

(2)按顺序分次均匀拧松主轴承盖螺栓(图3-47),使用拆下的主轴承盖螺栓,前后撬动并拆下主轴承盖和推力垫片(图3-48)。抬出曲轴,按正确的顺序摆放主轴承盖和推力垫片。

图3-46　拆下飞轮

图3-47　拆下主轴承盖螺栓

引导问题10:如何进行曲轴飞轮组的安装?

(1)清洗并擦拭干净拆装下来的曲轴、飞轮、轴承、轴承盖及垫片等。

(2)安装曲轴上轴承、下轴承,注意区分上、下轴承,如图3-49所示。

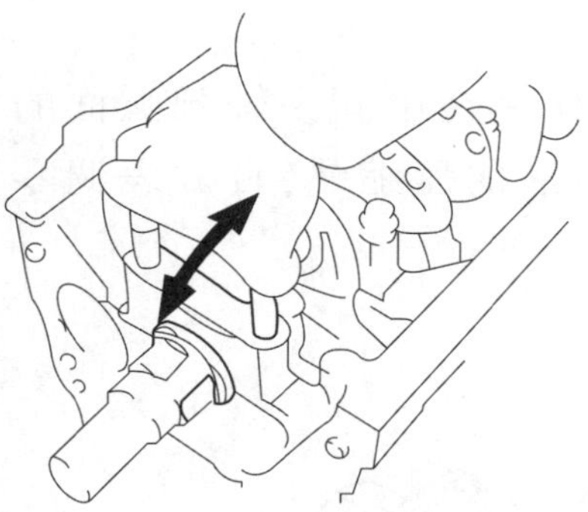

图 3-48　拆下主轴承盖

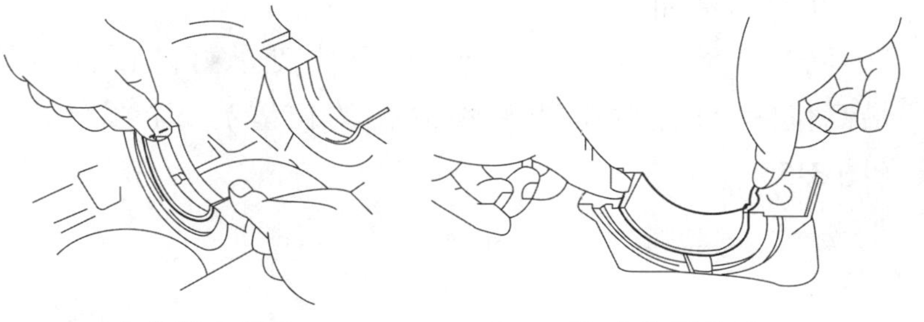

a) 安装上轴承　　b) 安装下轴承

图 3-49　安装曲轴轴承

注意：不要在轴承背面与其接触的零件表面上涂抹机油。

(3)在缸体上安装 2 个推力垫片，将曲轴放在缸体上，在对应的主轴承盖上安装 2 个推力垫片，带油槽的一面朝外，如图 3-50 所示。

(4)按顺序安装曲轴轴承盖，注意轴承盖有代号和向前标记(图 3-51)。在主轴盖螺栓的螺纹涂上一薄层机油，按顺序分次以规定力矩拧紧主轴承盖螺栓(图 3-52)，并检查曲轴转动是否灵活。

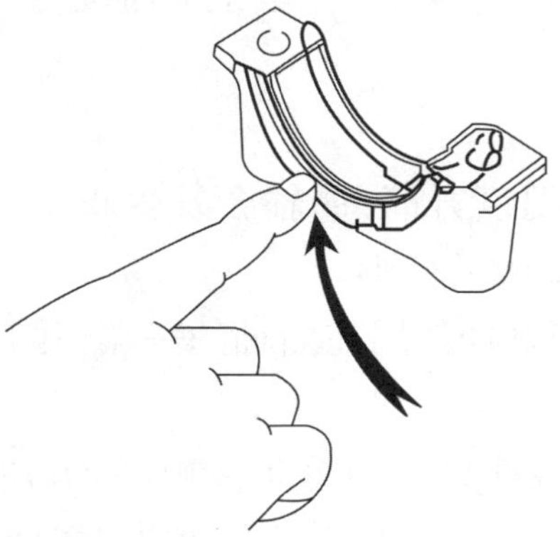

图 3-50　安装推力垫片

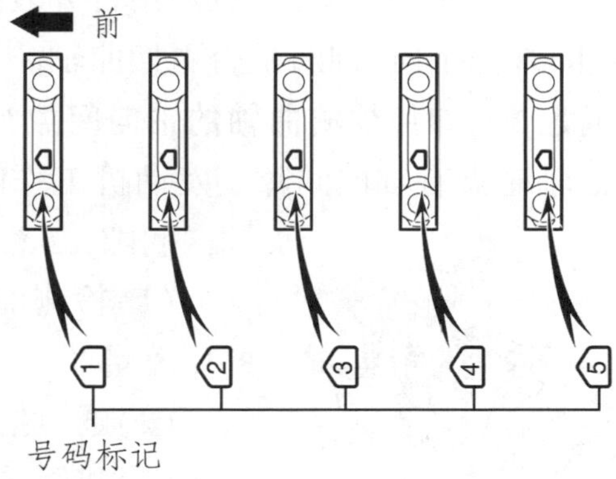

图 3-51　主轴承盖上的向前标记

(5)安装发动机后油封，在新的飞轮螺栓上涂抹黏合剂，依次按要求拧紧飞轮螺栓，如图 3-53 所示。

图 3-52　拧紧主轴承盖

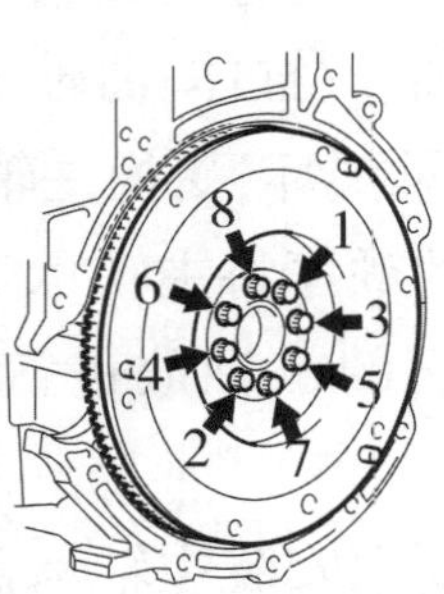

图 3-53　飞轮螺栓拧紧顺序

引导问题 11：如何检测曲轴的弯曲变形？

(1)检测曲轴弯曲的量具为支架百分表(图 3-54)，其由支架和百分表组成，百分表固定在支架上，检测时，百分表的触杆作用在被检测的表面。

曲轴检测

(2)清洁曲轴。

(3)检测时,曲轴两端用V形块支承好。百分表的触杆作用在中间主轴颈弧面的最高位置上(注意避开轴颈油孔的位置)。让百分表有约1mm的压缩量,百分表调零(图3-55)。

图3-54 支架百分表

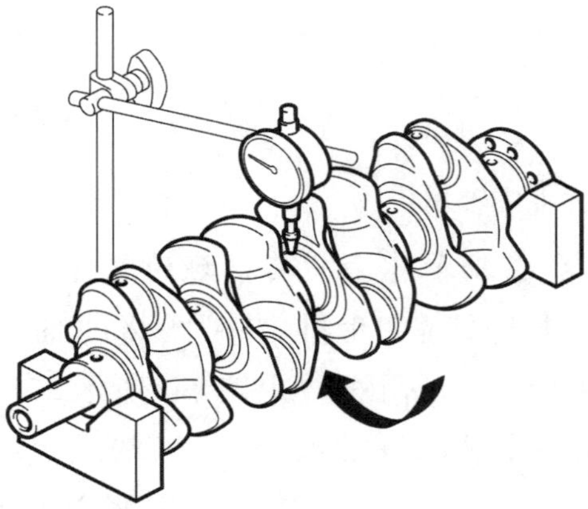
图3-55 曲轴弯曲变形检测

(4)缓慢转动曲轴一周,注意观察百分表指针指示的读数,读取其最大跳动值。

(5)查阅维修手册,判断是否更换曲轴。

引导问题12:如何检测曲轴的轴向间隙?

安装曲轴时需有轴向间隙。发动机工作时,由于温度升高,曲轴会发生膨胀,如果没有轴向间隙,必然会导致曲轴的变形。

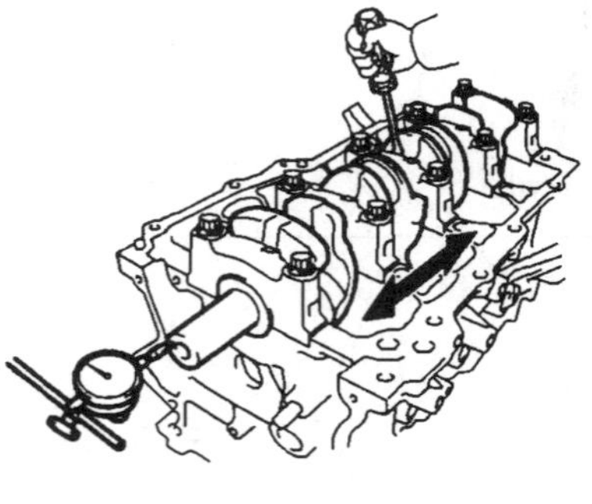
图3-56 检测曲轴轴向间隙

(1)检测前,百分表触杆作用在曲轴的一端,并有1~2mm的压缩量。

(2)通过撬棒把曲轴往另一端撬动,如图3-56所示。

(3)将百分表调零,再把曲轴往百分表的方向撬动,此时指针所指读数便是曲轴的轴向间隙。

(4)查阅维修手册,轴向间隙若不符合要求,可通过更换推力垫片等方法进行修理。

引导问题13:如何检测曲轴的油膜间隙?

(1)清洁曲轴、汽缸体、曲轴轴承、主轴承盖等。检查每个主轴颈和主轴承是否有麻点和划痕。如果主轴承损坏,更换主轴承。

(2)按正确的顺序将主轴承安装到对应的汽缸体主轴颈承孔、主轴承盖上。

(3)将清洁后的曲轴放进汽缸体上,在每个主轴颈处沿轴向方向放一段塑料间隙规(图3-57)。

(4)按规定要求安装主轴承盖,分几次均匀拧紧主轴承盖螺栓。

注意:不要转动曲轴。

(5)拆下主轴承盖,用规尺测量塑料间隙规,从而测出曲轴主轴颈的油膜间隙(图3-58)。

(6)填写表3-10中曲轴轴颈的油膜间隙检测数据,查阅维修手册,制订修复计划。

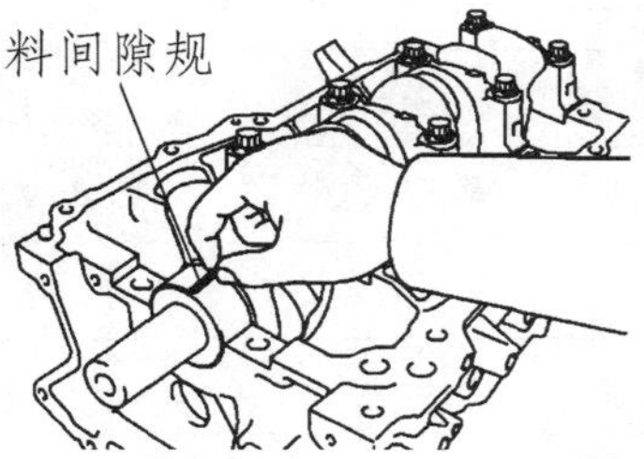

图 3-57 放置塑料间隙规

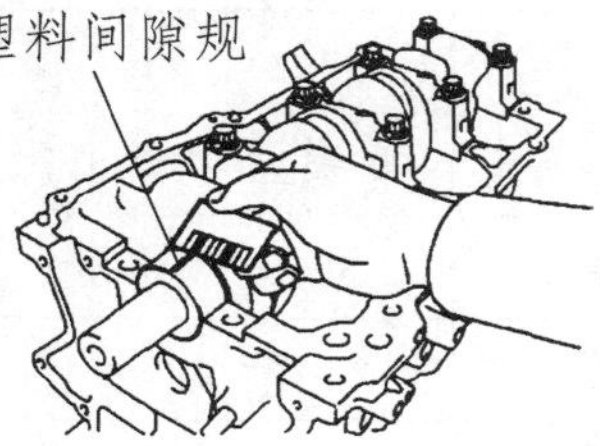

图 3-58 检测曲轴油膜间隙

曲轴轴颈油膜间隙检测数据及修复计划 表 3-10

发动机型号	曲轴标准油膜间隙(mm)	曲轴极限油膜间隙(mm)	该发动机曲轴最大油膜间隙(mm)	在以下合适选项中打"√"		
				更换轴承	更换曲轴	正常

引导问题 14:如何检测曲轴的磨损?

(1)清洁曲轴。

(2)选用合适的外径千分尺,分别检测每一个主轴颈和连杆轴颈的直径(图 3-59),以确定轴颈的磨损程度。

(3)检测时,分别检测每个轴颈的两个截面,在每个截面上检测两个直径(垂直与水平),即每个轴颈要测量四个直径(图 3-60)。

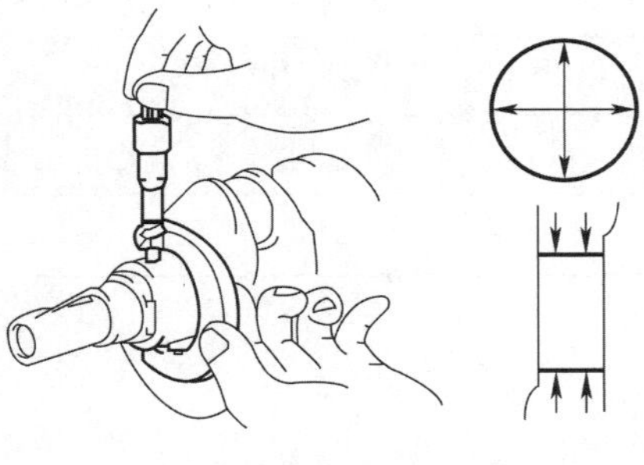
图 3-59 测量曲轴轴颈直径

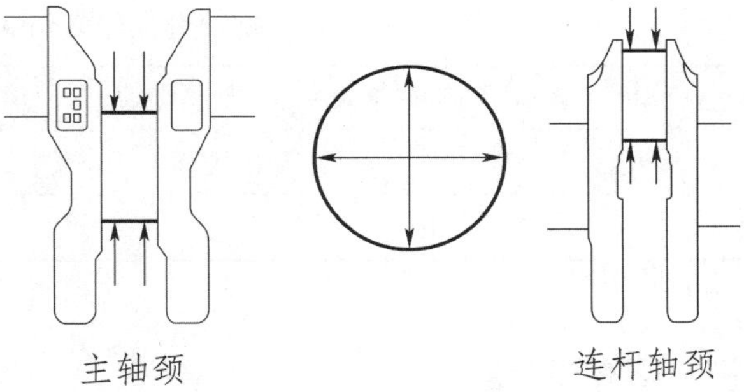

图 3-60 检测曲轴磨损情况

(4)把连杆轴颈和曲轴轴颈检测的数据填入表 3-11 和表 3-12。

连杆轴颈磨损检测数据(单位:mm) 表 3-11

截面	轴颈直径	连杆轴颈			
		第一连杆轴颈	第二连杆轴颈	第三连杆轴颈	第四连杆轴颈
第一截面	垂直直径				
	水平直径				
第二截面	垂直直径				
	水平直径				

曲轴主轴颈磨损检测数据(单位:mm)　　表3-12

截面	轴颈直径	主轴颈				
		第一主轴颈	第二主轴颈	第三主轴颈	第四主轴颈	第五主轴颈
第一截面	垂直直径					
	水平直径					
第二截面	垂直直径					
	水平直径					

(5)根据所测数据计算,并填入表3-13。

曲轴磨损检测数据处理(单位:mm)　　表3-13

最大磨损的轴颈		第(　)连杆轴颈	第(　)主轴颈
第一截面	垂直直径		
	水平直径		
第二截面	垂直直径		
	水平直径		
计算圆度值(ϕmax − ϕmin)/2(注:同一截面)			
计算圆柱度值(ϕmax − ϕmin)/2(注:所有截面)			

(6)查阅维修手册,制订曲轴磨损的修复计划,填写表3-14。

曲轴磨损修复计划(单位:mm)　　表3-14

该发动机曲轴轴颈圆度与圆柱度技术要求		在以下合适的选项下打"√"		
圆度值	圆柱度值	校正修复	可继续使用	更换曲轴

三、评价反馈

通过学习,按照学习任务要求完成相应的工作任务,并通过任务提高自己解决问题的方法和能力,学生和教师展开各种评价,任务评价表见表3-15。

任务评价表　　表3-15

序号	评价标准	分值(分)	自评(分)	互评(分)	师评(分)
1	是否服从组长安排,无迟到、早退和旷工	5			
2	着装是否符合标准	5			
3	能否完成小组分派的任务	5			
4	能否积极主动与小组成员沟通,发表自己意见	5			

续上表

序号	评价标准	分值（分）	自评（分）	互评（分）	师评（分）
5	语言表达是否准确，沟通是否顺畅	5			
6	能否大胆地在同学们面前展示自己学习的成果	5			
7	是否有工作岗位的责任心	5			
8	小组学习中能否主动与其他成员合作	5			
9	能否正确对待他人提出的肯定和否定意见	5			
10	是否合理规范使用工具和设备	5			
11	是否能正确拆装曲轴	10			
12	是否能正确检测曲轴磨损	10			
13	是否能正确检测曲轴弯曲	10			
14	是否能正确检测曲轴轴向间隙和油膜间隙	10			
15	是否保持现场干净整洁	5			
16	能否按照安全和规范的规程操作	5			
合计		100			

四、学习拓展

现有一台科鲁兹汽车发动机需要检修曲轴飞轮组，请你根据科鲁兹汽车维修手册，制订曲轴飞轮组的检修实施方案，注意科鲁兹汽车发动机曲轴飞轮组检修与课堂内使用的发动机曲轴飞轮组检修要求的不同之处。

自我检测

专业知识题

一、单选题（下列各题的四个备选答案中只有一个是符合题意的正确答案，请做出选择）

1. 活塞磨损最严重处多见于（　　）。

A. 第一道环对应的环槽　　B. 活塞销座孔

C. 活塞裙部　　D. 活塞头部

2. 曲轴上的平衡重一般设在（　　）。

A. 曲轴前端轴　　B. 曲轴后凸缘　　C. 曲柄　　D. 主轴颈

3. 发动机曲轴轴颈磨损量检查可用（　　）进行。

A. 外径千分尺　　B. 游标卡尺　　C. 百分表　　D. 厚薄规

4. 为了保证活塞能工常工作，冷态下常将其沿径向做成（　　）的椭圆形。

A. 长轴平行于活塞销方向　　B. 长轴垂直于活塞销方向

C. A、B 均可　　D. A、B 均不可

二、判断题(请对下列各题判断正误,正确的打"√",错误的打"×")

1. 汽缸盖变形将造成漏气、漏水,甚至冲坏汽缸垫。( )
2. 多缸发动机各缸磨损不均匀,主要是由腐蚀磨损造成的。( )
3. 汽缸的修理尺寸是根据汽缸的最小磨损直径与加工余量确定。( )
4. 活塞销的磨损将引起漏气和烧机油。( )
5. 连杆螺栓必须按规定力矩一次拧紧,并用防松胶或其他锁紧装置紧固。( )

三、多选题(下列各题的四个备选答案中有两个或两个以上符合题意的正确答案,请做出选择,错选、多选或漏选均不给分)

1. 曲柄连杆机构由( )组成。

A. 机体组　B. 气门传动组　C. 曲轴飞轮组　D. 活塞连杆组

2. 常温时,活塞的形状是( )。

A. 轴线方向呈上小下大圆锥形　B. 径向方向呈圆形

C. 轴线方向呈上小下大圆柱形　D. 径向方向呈椭圆形

3. 活塞销与销座及连杆小头的配合有( )。

A. 浮动式　B. 全浮式　C. 滚动式　D. 半浮式

4. 活塞环磨损后,将可能出现活塞环弹力下降、( )。

A. 拉缸　B. 密封性变差　C. 漏气　D. 功率下降

5. 测量发动机汽缸磨损需要使用( )量具。

A. 厚薄规　B. 外径千分尺　C. 量缸表　D. 游标卡尺

技能操作模拟题

一、机体组的拆装与检查

有一台某型号的发动机,发现冷却液中有机油,经专业技师初步检测诊断为缸体、缸盖须检查,其他拆装作业已完成,现需进行机体组的拆检作业,请根据你所掌握的相关知识和技能,回答以下问题。

该发动机维修手册提供的相关参数见表3-16。

发动机相关参数　表3-16

名称	参数	备注
型式	直列4缸	
汽缸直径	80.500～80.513mm	
点火顺序	1－3－4－2	
缸盖安装螺栓的拧紧力矩	49N·m,90°,45°	
缸盖、缸体接合面平面度误差	0.05mm	
缸盖进、排气道接合面平面度误差	0.10mm	

1. (单选题)确定汽缸体圆度超限的依据是( )。

A. 各缸所有测量面上圆度平均超限　B. 各缸圆度平均值的最大超限值

C. 各缸圆度最大值的平均超限值　D. 各缸中有任一截面的圆度超限

2.(单选题)测量汽缸直径时,当量缸表指示到(　　)时,即表示测杆垂直于汽缸轴线。

A. 最大读数　B. 最小读数　C. 中间值读数　D. 任一读数

3.(判断题)汽缸体(盖)变形将造成漏气、漏水,甚至冲坏汽缸垫。(　　)

A. 对　B. 错

4.(多选题)检查缸盖、缸体是否有变形需要的量具有(　　)。

A. 刀形直尺　B. 塞尺　C. 游标卡尺　D. 外径千分尺

5.(多选题)为防止缸盖变形,拧紧缸盖螺栓的步骤是(　　)。

A. 先中间、后四周　B. 先四周、后中间

C. 分次拧紧　D. 一次拧紧

二、活塞连杆组的拆装与检查

有一台某型号的发动机,工作时抖动严重,经专业技师初步检测诊断为三缸缸压不足,其他拆装作业已完成,现需进行三缸活塞连杆组的拆检作业,请根据你所掌握的相关知识和技能,完成以下问题。

该发动机维修手册提供的相关参数见表3-17。

发动机相关参数　表3-17

名称	参数	备注
型式	直列4缸	
汽缸直径	80.500~80.513mm	
点火顺序	1-3-4-2	
连杆螺栓的拧紧力矩	20N·m,90°	
活塞直径	80.461~80.471mm	
活塞销直径	20.004~20.013mm	

1.(单选题)关于发动机活塞环与活塞组装,甲说:“应注意活塞环的安装方向,各气环开口角度要均匀”;乙说:“装组合油环时一般先装中间衬环”;丙说:“组合油环上下刮片开口应开120°”。以上说法正确的是(　　)。

A. 甲　B. 乙　C. 丙　D. 甲和乙

2.(判断题)活塞销的磨损将引起漏气和烧机油。(　　)

A. 对　B. 错

3.(单选题)若连杆检验仪的量规的上测点与平板接触,下面两测点与平板存在相等的间隙,则表明连杆发生了(　　)。

A. 弯曲　B. 扭曲　C. 双重弯曲　D. 弯曲与扭曲

4.(单选题)下列为活塞连杆组的部分拆卸步骤:按照施工作业的先后顺序排序,正确的是(　　)。

①准备好活塞连杆组拆装专用设备、工量具和其他辅助用具。

②用抹布清洁三缸,并检查有无缸肩和积炭。

③将三缸活塞连杆旋转到上止点位置,检查连杆是否有明显弯曲现象。

④拆卸连杆螺母。

⑤将需要拆卸的连杆对应的活塞转到下止点。

⑥用塑料榔头轻轻敲击连杆盖,取下轴承盖,并将下轴承装入连杆盖内。

⑦用塑料或木质工具从汽缸体上面推出活塞、连杆总成及上轴承。

⑧将连杆轴承盖、螺栓、螺母按原位装回,并注意连杆的装配标记。

⑨活塞环的拆装与检查。

⑩清洁所有零部件。

A. ①-②-⑤-④-③-⑥-⑦-⑧-⑨-⑩

B. ①-②-③-④-⑤-⑦-⑥-⑧-⑨-⑩

C. ①-③-⑤-②-④-⑥-⑦-⑧-⑨-⑩

D. ①-③-②-⑤-④-⑦-⑥-⑧-⑨-⑩

5.(单选题)活塞环漏光度检验时,同一活塞环上漏光弧长所对应的圆心角总和不得超过(　　)。

A. 25°　　B. 45°　　C. 90°　　D. 30°

三、曲轴飞轮组的拆装与检查

有一台某型号的发动机,发现发动机曲轴箱位置有异响,经专业技师初步检测诊断为曲轴需检查,其他拆装作业已完成,现需进行曲轴飞轮组的拆检作业,请根据你所掌握的相关知识和技能,完成以下问题。

该发动机维修手册提供的相关参数见表3-18。

发动机相关参数　　表3-18

名称	参数	备注
型式	直列4缸	
汽缸直径	80.500~80.513mm	
点火顺序	1-3-4-2	
曲轴轴承盖安装螺栓的拧紧力矩	40N·m,90°	
曲轴最大径向跳动	0.03mm	
曲轴主轴颈直径	47.988~48.000mm	

1.(单选题)发动机曲轴轴颈磨损量检查可用(　　)进行。

A. 千分尺　　B. 游标卡尺　　C. 百分表　　D. 厚薄规

2.(单选题)曲轴弯曲常采用冷压校正法,校正后还应进行(　　)。

A. 时效处理　　B. 淬水处理　　C. 正火处理　　D. 表面热处理

3.(单选题)零件产生动不平衡的原因是(　　)。

A. 制造质量不均匀　　B. 零件材料强度不够

C. 零件材料硬度不符合要求　　D. 零件化学稳定性差

4.(单选题)检验发动机曲轴裂纹的最好方法是选用(　　)。

A.磁力探伤法或渗透法　　B.敲击法

C.检视法　　D.荧光探伤法

5.(判断题)曲轴主轴承响的原因之一,可能是由于润滑不良致使轴承合金烧毁或脱落。(　　)

A.对　　B.错

项目四

配气机构

配气机构是按照发动机每一汽缸内所进行的工作循环和点火顺序的要求,定时开启和关闭各汽缸的进、排气门,使新鲜充量进入汽缸,废气从汽缸排出;在压缩与做功行程中,保证燃烧室的密封。新鲜充量对于汽油发动机而言是汽油和空气的混合气,对于柴油发动机而言是纯空气。配气机构决定着发动机进、排气的开始及持续时间,它影响着发动机的工作性能。

学习任务一　正时链条拆装及检测

学习目标

知识目标:

1. 了解气门传动组的组成;
2. 掌握正时链条的功用。

技能目标:

使用设备和工具,按工艺规范对正时链条及检测作业。

素养目标:

遵守汽车维修安全规范,保证维修质量。

任务描述

一辆装载丰田1ZR发动机的汽车突然不能起动。经检查,初步判定该现象由正时链条跳齿导致,需要对正时链条进行拆装检修。

一、资料收集

引导问题1:每台发动机中配气机构的零部件都相同吗?

不同发动机的配气机构的零部件各有不同,因为零部件组成与气门位置、凸轮轴位置、气门驱动形式和凸轮轴驱动方式等有关。气门位置如图4-1所示,现代汽车发动机均采用顶置气门,即进、排气门置于汽缸盖内,如图4-1b)所示。

凸轮轴的位置有上置式、中置式和下置式三种类型,如图4-2所示。气门驱动形式则有摇臂驱动、摆臂驱动和直接驱动三种类型，凸轮轴的驱动方式有齿轮传动、链传动和带传动三种类型。

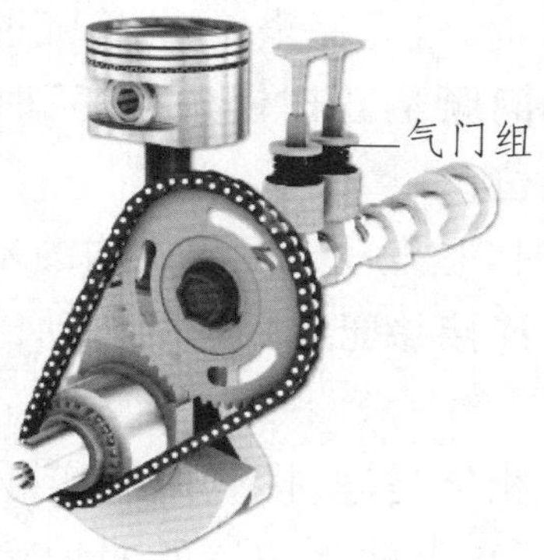

a) 气门侧置式

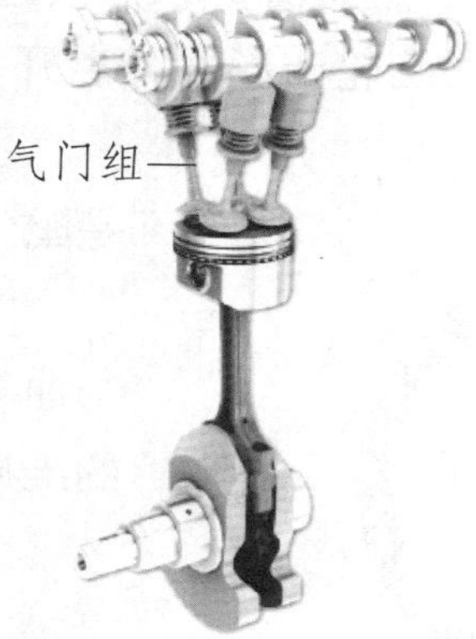

b) 气门顶置式

图 4-1　气门位置

a) 凸轮轴上置

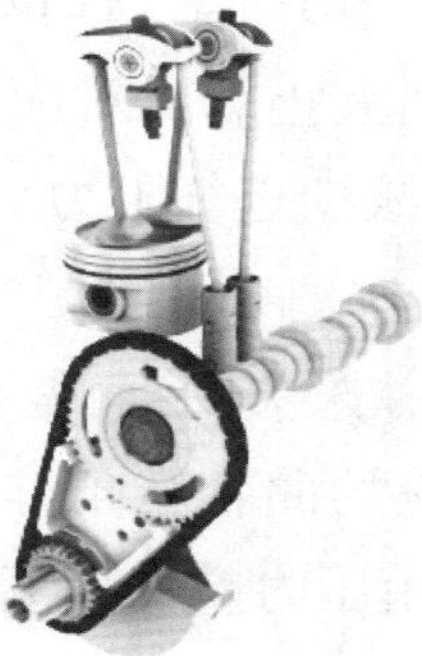
b) 凸轮轴中置

c) 凸轮轴下置

图 4-2　凸轮轴位置

引导问题 2：配气机构的组成有哪些？

配气机构如图 4-3 所示，其主要由两大部分组成：气门组和气门传动组。气门组由气门、气门导管、气门弹簧、气门锁片及气门弹簧等组成。气门传动组由正时链条、凸轮轴正时齿轮、曲轴正时齿轮、凸轮轴及摇臂等组成。

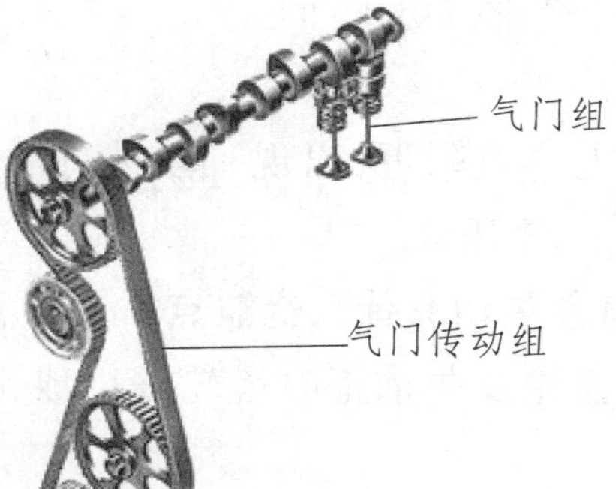

a) 上置式配气机构

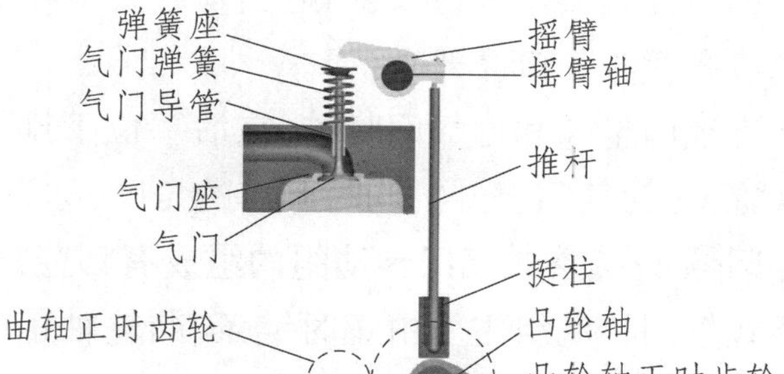

b) 下置式配气机构

图 4-3　配气机构的组成

发动机不工作时,气门处于关闭状态;发动机工作时,曲轴通过曲轴正时链轮、正时链条和凸轮轴正时链轮把力传到凸轮轴,并通过配气机构的传动路线把力传到摇臂,推开气门并压缩气门弹簧。凸轮凸起部分的顶点转过挺柱后,凸轮对挺柱的推力减小,气门在气门弹簧力的作用下逐渐关闭,凸轮凸起部分离开挺柱时,气门完全关闭,换气过程结束。

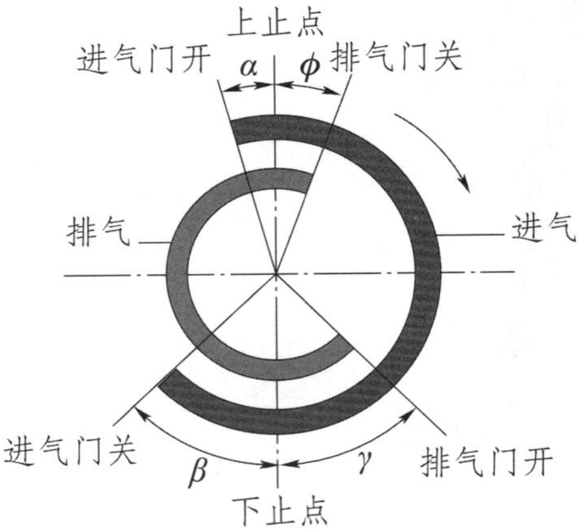

图4-4　配气相位图

引导问题3:正时链条的"正时"是什么意思?什么是配气相位?

"正时"是发动机配气机构的基本要求,凸轮轴通过与曲轴的连接并配合一定的传动比来保证进、排气时间的准确。

配气相位是进、排气门的实际开闭时刻,通常用相对于上、下止点曲拐位置的曲轴转角的环形图来表示,如图4-4所示。

1. 进气提前角

在排气行程接近完成时,活塞到达上止点之前,进气门便开始开启。从进气门开始开启到上止点所对应的曲轴转角称为进气提前角,用 α 表示。一般 α 为 $10° \sim 30°$。进气门早开,减少进气阻力。

2. 进气迟闭角

在进气行程到达下止点时,进气门并未关闭,而是在活塞上行一段距离后才关闭。从活塞位于下止点至进气门完全关闭时对应的曲轴转角称为进气迟闭角,用 β 表示。一般 β 为 $40° \sim 80°$。适当延迟关闭进气门,可利用压力差和气流惯性继续进气。

3. 排气提前角

在做功行程的后期,活塞到达下止点前,排气门便开始开启。从排气门开始开启到活塞到达下止点时所对应的曲轴转角称为排气提前角,用 γ 表示。一般 γ 为 $40° \sim 80°$。提前打开排气门,利用压差使高温废气迅速排出,还可防止发动机过热。

4. 排气迟闭角

排气门是在活塞到达上止点后,又开始下行一段距离时才关闭的。从活塞位于上止点到排气门完全关闭时所对应的曲轴转角称为排气迟闭角,用 Φ 表示。一般 Φ 为 $10° \sim 30°$。利用压差和惯性继续排气,排气门适当延迟关闭可使废气排得更干净。

5. 气门叠开与气门叠开角

由于进气门早开和排气门晚关,在活塞位于排气上止点附近,出现一段进、排气门同时开启的现象,称为气门叠开。同时开启的角度,称为气门叠开角。

引导问题4:链条式气门传动组的组成有哪些?链条传动有什么优缺点?

链条式气门传动组主要由正时链条、凸轮轴正时齿轮及曲轴正时齿轮等组成,如图4-5所示。

链条传动的优缺点主要有:

(1)优点:使用寿命长、故障率低。

(2)缺点:噪声大;阻力大,传动惯性大,从而增加油耗,降低性能。

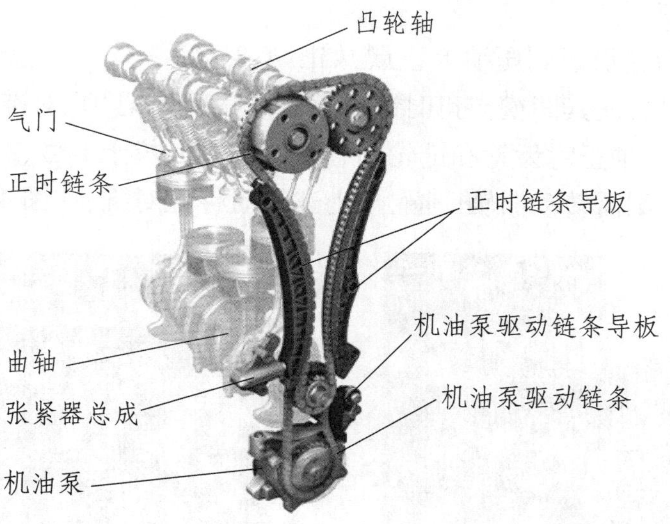

图 4-5　链条式气门传动组的组成

配气机构采用链条式驱动时，为使链条在工作时具有一定的张力而不致脱链，在正时链条上装有张紧器和导链板。

二、计划与实施

引导问题 5：完成本学习任务，需要使用的工具、量具及检测设备有哪些？

在表 4-1 中填写本学习任务所需要使用的工具、量具。

工具、量具名称及型号　　表 4-1

名称	型号

引导问题 6：怎样规范拆卸正时链条？

(1) 拆卸汽缸盖罩。

①拆下螺栓、密封垫圈和汽缸盖罩，如图 4-6 所示。

②从凸轮轴轴承盖上拆下衬垫，如图 4-7 所示。

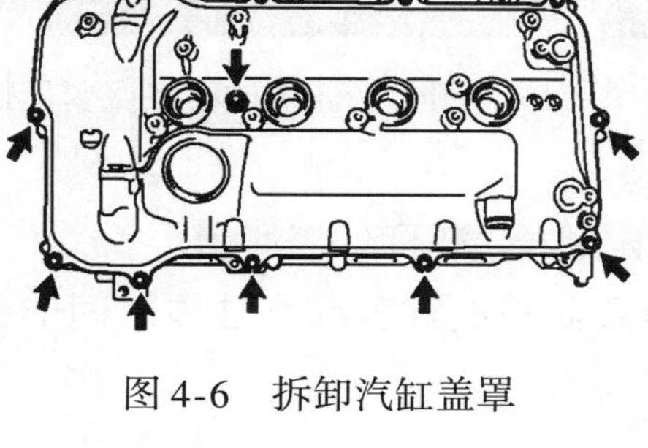

图 4-6　拆卸汽缸盖罩

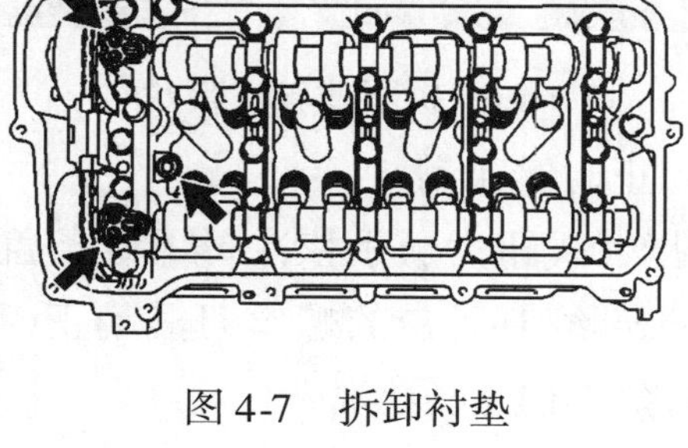

图 4-7　拆卸衬垫

(2)拆卸汽缸盖罩衬垫。

(3)将1号汽缸活塞设置到压缩上止点,如图4-8所示。

①转动曲轴皮带轮,使其凹槽与正时链条盖上的正时标记“0”对准。

②检查并确认凸轮轴正时齿轮和链轮的各正时标记和位于1号、2号轴承盖上的正时标记对准。若没有对准,则需转动曲轴一圈,使上述正时标记对准,如图4-9所示。

图4-8　对准标记

图4-9　确定标记位置

图4-10　拧松固定螺栓

(4)拆卸曲轴皮带轮。

①安装曲轴皮带轮拆装专用工具,并用螺栓固定,如图4-10所示。

②使用套筒、接杆、指针式扭力扳手拧松皮带轮固定螺栓。

③拆下曲轴皮带轮拆装专用工具,并按顺序摆放。同时取下曲轴皮带轮固定螺栓。

④安装曲轴皮带轮取出器,使用工具转动曲轴皮带轮取出器的推杆。曲轴皮带轮被拉出后,取下曲轴皮带轮取出器,并拆下曲轴皮带轮,如图4-11所示。

(5)拆卸1号链条张紧器,拆下螺母、托架、张紧器和衬垫,如图4-12所示。禁止在不使用链条张紧器的情况下转动曲轴。

图4-11　拆下曲轴皮带轮

图4-12　拆卸链条张紧器螺母

(6)拆卸正时链条盖。

①使用指针式扭力扳手依次拆下链条盖固定螺栓,如图4-13所示。

②使用头部缠有胶带的螺丝刀撬动正时链条盖和汽缸盖或汽缸体之间的部位,拆下正时链条盖,如图4-14所示。

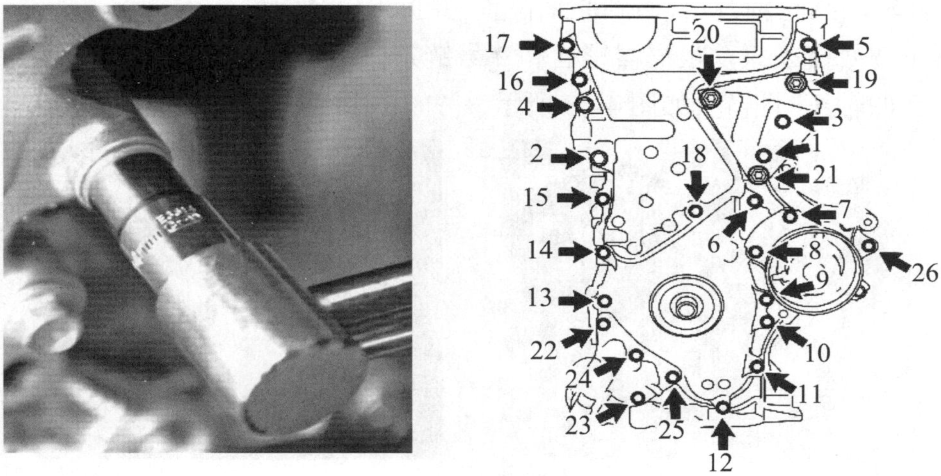

图 4-13　拆卸正时链条盖螺栓

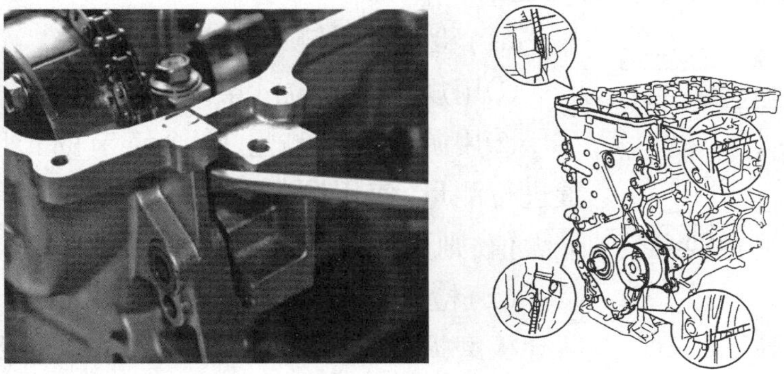

图 4-14　撬动正时链条盖

(7)拆卸正时链条张紧器导板。

(8)拆卸 1 号链条振动阻尼器,拆下螺栓和 1 号链条振动阻尼器,如图 4-15 所示。

(9)拆卸正时链条。

①用扳手固定住凸轮轴的六角头部分,并逆时针旋转凸轮轴正时齿轮总成,以松弛凸轮轴正时齿轮之间的链条,如图 4-16 所示。

图 4-15　拆卸链条振动阻尼器

图 4-16　松弛正时齿轮间的链条

②在链条松弛时,将链条从凸轮轴正时齿轮上松开,错开若干齿后仍放置在凸轮轴正时齿轮上。

③顺时针转动凸轮轴,使其回到原来位置,并拆下链条。

(10)拆下2号链条振动阻尼器螺栓和2号链条振动阻尼器,如图4-17所示。

(11)拆卸曲轴正时链轮,如图4-18所示。

图4-17 拆卸2号链条振动阻尼器

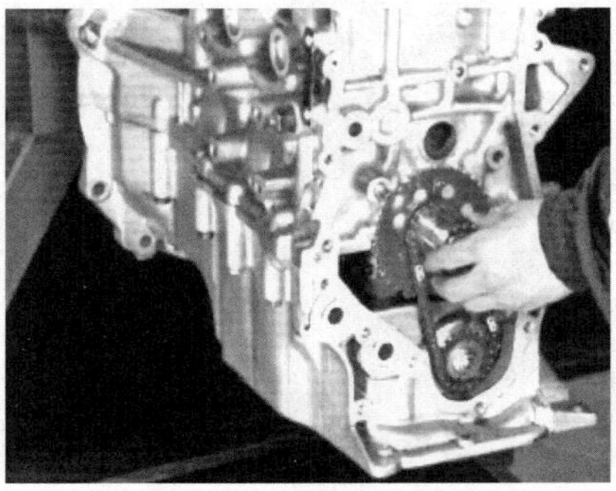

图4-18 拆卸曲轴正时链轮

引导问题7:怎样规范检测正时链条?

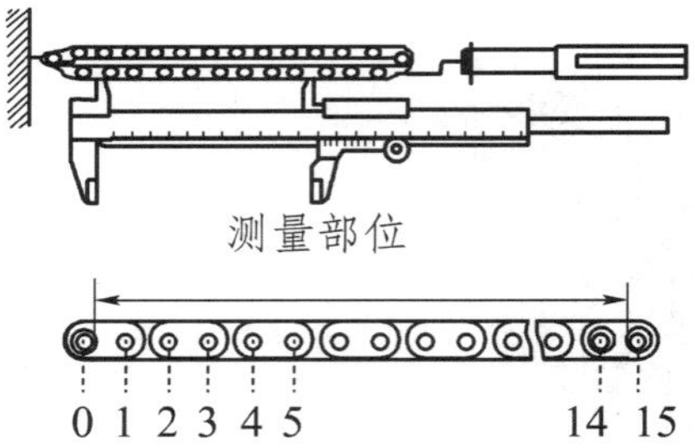

图4-19 测量15个链节的长度

(1)检查正时链条。

①用规定的力拉链条。

②用游标卡尺测量15个链节的长度。在任意3个位置进行测量,使用测量值的平均值。如果平均伸长率大于最大值,则更换链条,如图4-19所示。

(2)检查链条张紧器导板。用游标卡尺测量链条张紧器导板磨损量,如图4-20所示。如果磨损量大于最大值,则更换链条张紧器导板。

(3)检查链条振动阻尼器。用游标卡尺测量链条振动阻尼器磨损量,如图4-21所示。如果磨损量大于最大值,则更换链条振动阻尼器。

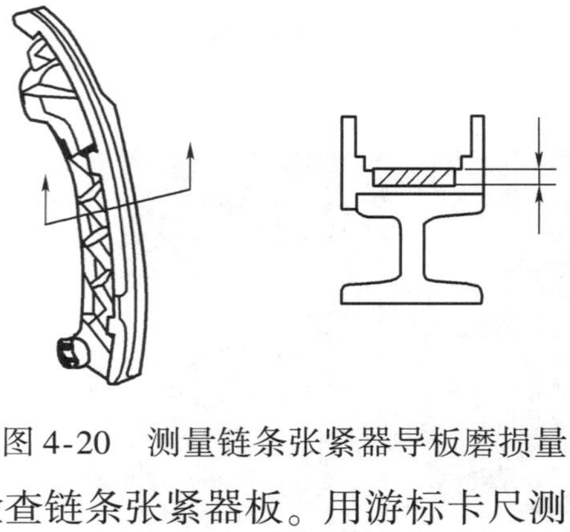

图4-20 测量链条张紧器导板磨损量

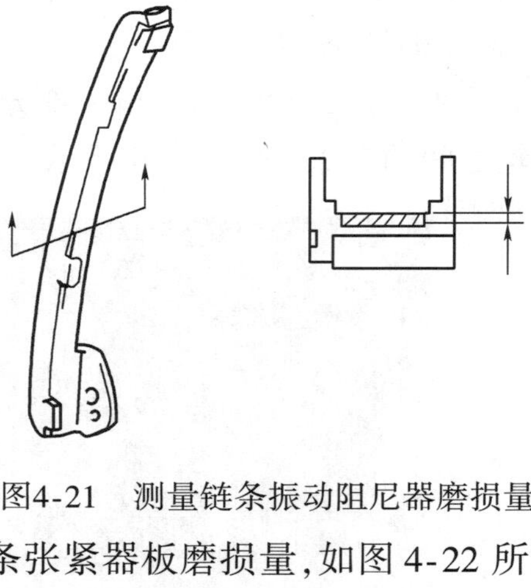

图4-21 测量链条振动阻尼器磨损量

(4)检查链条张紧器板。用游标卡尺测量链条张紧器板磨损量,如图4-22所示。如果磨损量大于最大值,则更换链条张紧器板。

(5)检查链条张紧器。

①用手指提起棘轮爪时,检查并确认柱塞移动平稳。

②松开棘轮爪,检查并确认棘轮爪,将柱塞锁止就位,且用手指推时不发生移动,如图4-23所示。

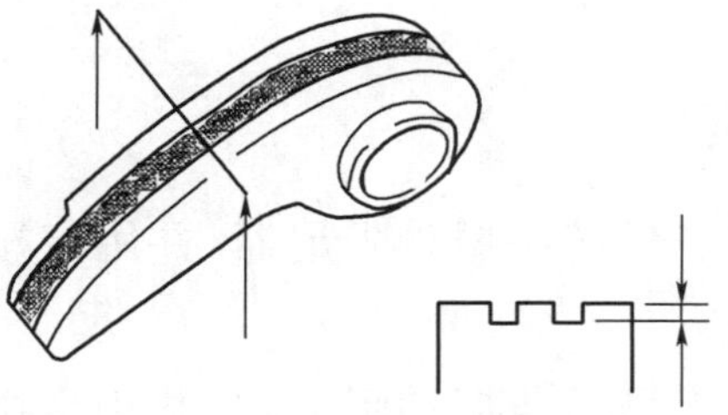

图 4-22　测量链条张紧器板磨损量

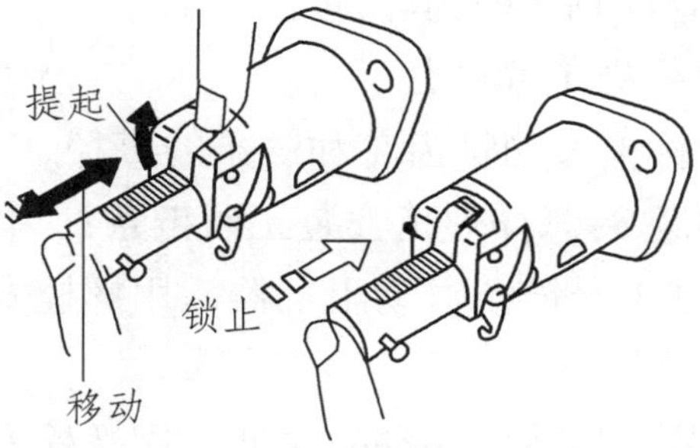

图 4-23　检查链条张紧器

(6)检查正时齿轮。

①检查凸轮轴正时齿轮总成。

②将链条绕在齿轮上。

③用游标卡尺测量齿轮和链条的直径,如图 4-24 所示。测量时,游标卡尺的卡钳必须与链轮接触。如果直径小于最小值,则更换链条和齿轮。

(7)检查凸轮轴正时齿轮控制机构。

①检查凸轮轴正时齿轮的锁止情况。

②清理和去除 1 号凸轮轴轴承盖进气侧上 VVT 机油孔内的油脂。

③用胶带或同等品将机油孔完全密封,以防止灰尘落入。

④在密封机油孔的胶带上刺一个孔,向孔内施加空气压力,以松开锁销,如图 4-25 所示。若空气泄漏,须重新用胶带密封。施加压缩空气时用抹布或布条盖住机油孔口,以防止机油飞溅。

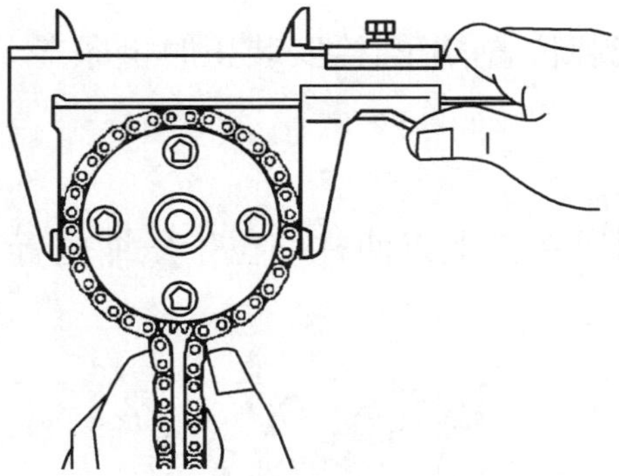

图 4-24　测量齿轮和链条的直径

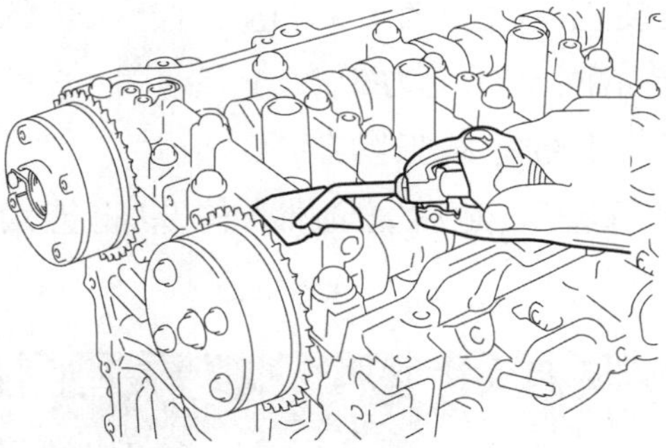

图 4-25　向孔内施加空气压力

⑤将进气凸轮轴正时齿轮朝正时提前方向(逆时针)转动。

⑥使用头部缠有胶带的螺丝刀,用力将排气凸轮轴朝延迟方向(逆时针)转动。

⑦在可移动范围内转动凸轮轴正时齿轮总成 2 ~ 3 次,但不要将其转到最大延迟(提前)位置。确保凸轮轴正时齿轮转动顺畅。

⑧从凸轮轴轴承盖上拆下胶带。

(8)检查排气凸轮轴正时齿轮总成。

①将链条绕在齿轮上。

②用游标卡尺测量齿轮和链条的直径。

(9)检查曲轴正时齿轮。

①将链条绕在齿轮上。

②用游标卡尺测量齿轮和链条的直径。

引导问题8:怎样规范安装正时链条?

(1)安装1号链条振动阻尼器。用螺栓安装1号链条振动阻尼器,并用定扭扳手紧固螺栓至规定力矩。

(2)安装2号链条振动阻尼器。用螺栓安装2号链条振动阻尼器,并用定扭扳手紧固螺栓至规定力矩。

(3)安装曲轴正时齿轮。安装时,曲轴正时齿轮上的键槽需对准曲轴上的正时齿轮键,并确保安装可靠。

(4)安装正时链条。

①将链条上橙色标记板和正时标记对准,并安装链条,使正时链条穿过1号链条振动阻尼器。确保标记板位于发动机前侧。禁止使链条缠绕在凸轮轴正时齿轮的链轮周围,只将其放置在链轮上。

②用扳手固定住凸轮轴的六角头部分,并逆时针旋转凸轮轴正时齿轮,使橙色标记板和正时标记对准。

③用扳手固定住凸轮轴的六角头部分,并顺时针旋转凸轮轴正时齿轮,以张紧链条,缓慢地顺时针旋转凸轮轴正时齿轮,防止链条错位。

④将正时链条黄色标记板和正时标记对准,并将链条安装至曲轴正时齿轮。在第一缸活塞压缩上止点时,重新检查每个正时标记,如图4-26所示。

(5)安装正时链条张紧器导板。

(6)安装正时链条盖。对准正时链条盖的安装位置,用螺栓安装正时链条盖。使用定扭扳手将螺栓紧固至规定力矩。

(7)安装1号链条张紧器。

①松开棘轮爪,然后完全推入柱塞,将挂钩固定在销上以使柱塞位于压缩位置,如图4-27所示。

图4-26 安装正时链条

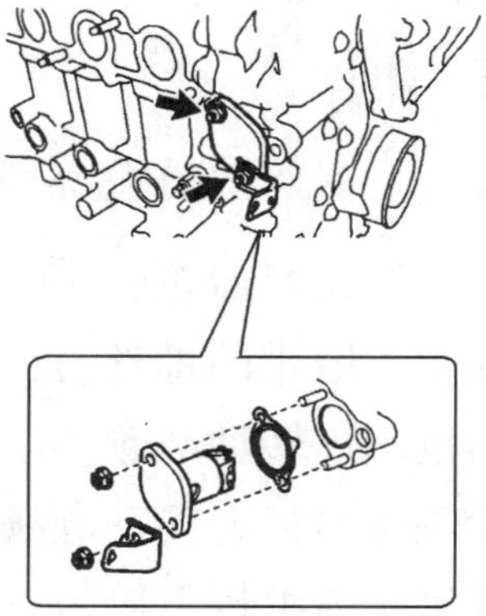

图4-27 安装正时链条张紧器

②用2个螺母安装1号链条张紧器,并用定扭扳手紧固螺母至规定力矩。如果安装链条张紧器时挂钩松开柱塞,则需重新固定挂钩。

③逆时针转动曲轴,然后从挂钩上断开柱塞锁销。

④顺时针转动曲轴,然后检查并确认柱塞伸出。

(8)安装曲轴皮带轮。

①将曲轴皮带轮定位键对准皮带轮上的键槽。

②用专用工具固定皮带轮就位,并拧紧螺栓至规定力矩。

(9)安装汽缸盖罩衬垫及汽缸盖罩。

①清除接触面所有机油,将衬垫安装至汽缸盖罩。

②将新衬垫安装至1号凸轮轴轴承盖。

③涂抹密封胶。

④用新密封垫圈和螺栓安装汽缸盖罩,螺栓紧固至规定力矩。

三、评价反馈

通过学习,按照学习任务要求完成相应的工作任务,并通过任务提高自己解决问题的方法和能力。学生和教师展开各种评价,任务评价表见表4-2。

任务评价表 表4-2

序号	评价标准	分值(分)	自评(分)	互评(分)	师评(分)
1	是否服从组长安排,无迟到、早退和旷工	5			
2	着装是否符合标准	5			
3	能否完成小组分派的任务	10			
4	能否积极主动与小组成员沟通,发表自己意见	5			
5	语言表达是否准确,沟通是否顺畅	5			
6	能否大胆地在同学们面前展示自己学习的成果	5			
7	是否有工作岗位的责任心	5			
8	小组学习中能否主动与其他成员合作	5			
9	能否正确对待他人提出的肯定和否定意见	5			
10	是否合理规范使用工具和设备	10			
11	是否会正确拆卸正时链条	5			
12	是否能规范检测正时链条、链轮及张紧器	15			
13	是否能正确安装正时链条	10			
14	能否按照安全和规范的规程操作	5			
15	是否保持现场干净整洁	5			
合计		100			

四、学习拓展

部分汽车发动机使用正时皮带,请拆卸该类发动机的正时传动机构,看看与正时链条的拆装步骤和注意事项是否不同。

学习任务二　气门传动组拆装及检测

学习目标

知识目标:

1. 了解气门传动组的作用和组成;
2. 了解不同类型的配气机构形式的优缺点;
3. 掌握气门传动组的工作原理。

技能目标:

使用设备和工具,按工艺规范对气门传动组进行拆装及检测作业。

素养目标:

1. 在实施任务过程中养成规范作业的习惯;
2. 养成科学严谨的精益求精的职业作风。

任务描述

一辆装载1ZR发动机的丰田卡罗拉汽车行驶时发出一种连续、有节奏且清脆的“哒、哒”声,响声随转速而变化,与发动机的温度无关。经检查,初步判定是挺柱或摇臂磨损,造成气门间隙过大。需要对气门传动组进行检修。

一、资料收集

引导问题1:气门传动组是由哪些组件构成的?

气门传动组由凸轮轴驱动件(包括正时齿轮、正时链条、正时皮带)、凸轮轴、气门挺杆、推杆、摇臂及摇臂轴总成等组成,如图4-28所示。

引导问题2:气门传动组是怎样工作的?

图4-29所示为气门传动组工作原理。

发动机工作时,曲轴正时齿轮根据不同的驱动方式带动凸轮轴正时齿轮旋转,凸轮轴就随着其正时齿轮一起旋转。当凸轮轴上的凸轮由基圆经缓冲段到工作段时,挺杆在凸轮的作用下推动推杆向上运动。推杆通过气门调整螺栓使摇臂摇摆,摇臂的摇摆克服气门弹簧的弹力将气门向下顶开。

随凸轮轴的继续旋转,挺杆逐渐从凸轮的工作段向缓冲段运动,这时推杆作用在摇臂上的推力逐渐减小,气门在气门弹簧的作用下逐渐关闭。当挺杆完全落到凸轮基圆时,气门完全关闭。

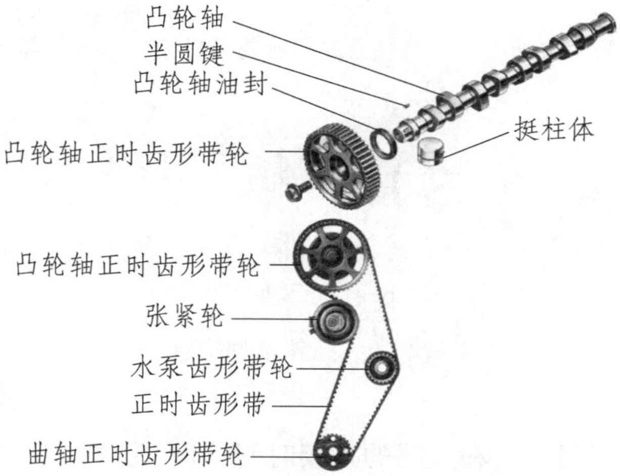

图 4-28 气门传动组的组成

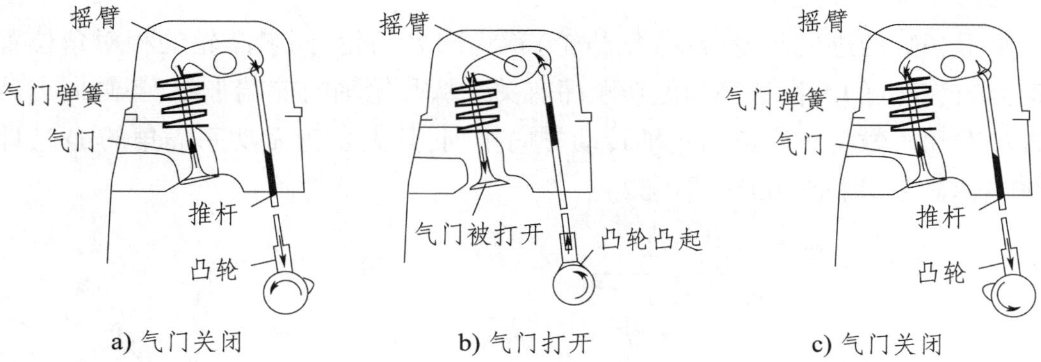

图 4-29 气门传动组工作原理

引导问题 3：凸轮轴的作用是什么？构造是怎样的？

1. 凸轮轴的作用

凸轮轴的作用是驱动和控制各缸气门的开启和关闭，使其符合发动机的工作顺序、配气相位及气门开度的变化规律等要求。

2. 凸轮轴的构造

凸轮轴分为进气凸轮轴和排气凸轮轴，主要由前端轴（安装正时齿轮）、凸轮、轴颈等组成，如图 4-30 所示。凸轮用来驱动气门的开启，轴颈对凸轮轴起支承作用。

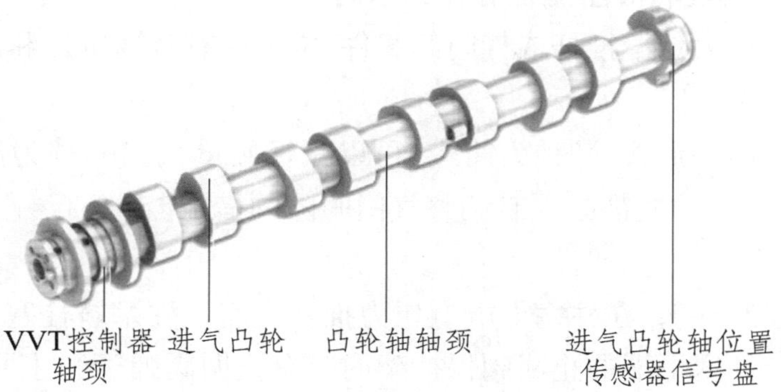

a) 进气凸轮轴

图 4-30

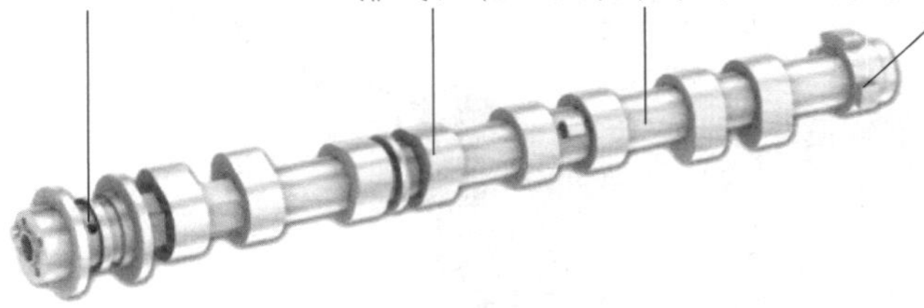

b) 排气凸轮轴

图 4-30　凸轮轴的构造

3. 凸轮的轮廓

凸轮的轮廓应保证气门开启和关闭的持续时间,符合配气相位的要求,且使气门有合适的升程和运动规律,对于每种型号的发动机,其凸轮具有不同的轮廓形状,如图 4-31 所示。

4. 凸轮的相对角位置

凸轮轴上各缸的进气凸轮(或排气凸轮)称为同名凸轮,同名凸轮的相对角位置与凸轮轴的转动方向、各缸的工作顺序和做功顺序有关。从凸轮轴的前端来看,各缸同名凸轮的相对角位置按发动机做功顺序逆凸轮轴转动方向排列,其夹角为做功间隔角的 1/2,即四缸发动机为 90°,六缸发动机为 60°(图 4-32)。

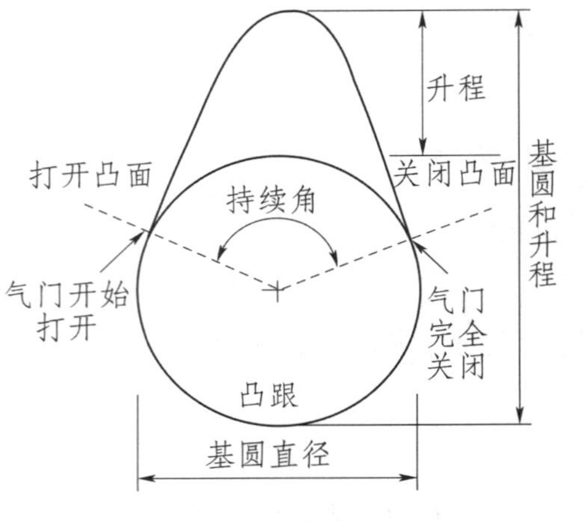

图 4-31　凸轮的轮廓

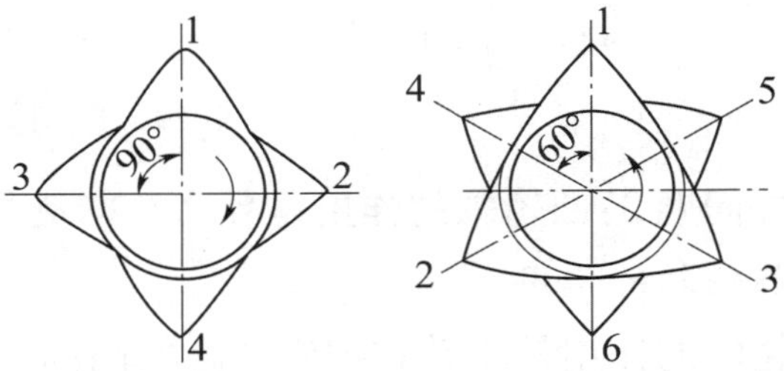

a) 四缸发动机　b) 六缸发动机

图 4-32　凸轮的相对角位置

引导问题 4:普通挺柱和液压挺柱有什么不同?

挺柱是将凸轮的推力传给推杆或气门的零件,常见的有普通挺柱和液压挺柱。

1. 普通挺柱

普通挺柱有以下两种形式,一种为筒式(可以减轻质量),另一种为滚轮式(可以减轻磨损)。以上两种挺柱的发动机都必须有调整气门间隙的措施。

2. 液压挺柱

液压挺柱体中装有柱塞,在柱塞上端有压力推杆支座。柱塞被柱塞弹簧向上推压,其极限位置由卡环限定。柱塞下端的止回阀保持架内装有止回阀弹簧和止回阀。发动机润滑系统中的机油经进油孔进入内油腔,并在机油压力的作用下推开止回阀充满高压腔。

当气门关闭时,在柱塞弹簧的作用下,柱塞与推杆支座一起上移,使气门及其传动件相互接触而无间隙。当凸轮顶起挺柱时，挺柱体上移，高压腔内的机油压力突然升高，使止回阀关闭，机油被封闭在高压腔内。由于机油不能压缩，因此液压挺柱如同机构挺柱一样向上移动，使气门开启。液压挺柱磨损后无法调整只能更换。液压挺柱工作过程如图4-33所示。

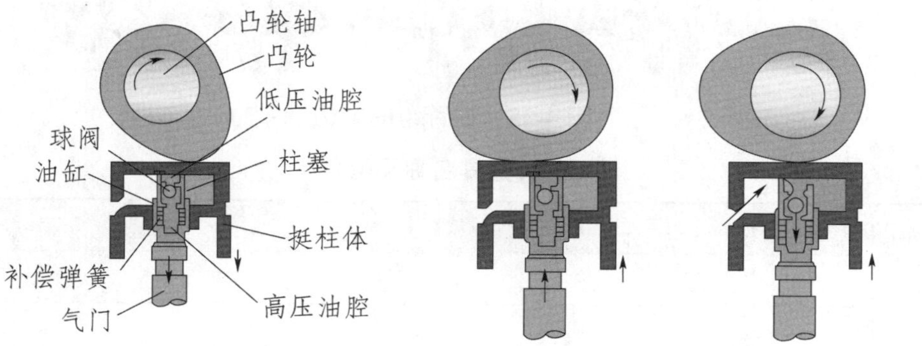

a) 气门打开过程　b) 气门关闭过程　c) 气门关闭以后

图4-33　液压挺柱工作过程

引导问题5：什么是推杆？

推杆的作用是将从凸轮轴经过挺杆传来的力传给摇臂，其被下置凸轮轴式配气机构采用。它是配气机构中最容易发生弯曲变形的零件，因此刚度要求较高。

如图4-34所示，推杆既可以是实心的，也可以是空心的，两端为尖形或球形端头。

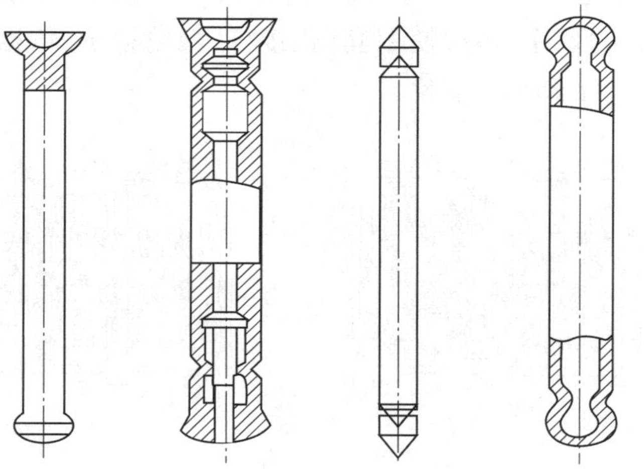

推杆功用

a) 实心结构　b) 空心结构　c) 尖形端头　d) 球形端头

图4-34　推杆的分类

引导问题6：摇臂组由哪些零部件组成？

摇臂组由摇臂、摇臂轴、摇臂轴支座及定位弹簧等组成(图4-35)。摇臂通过摇臂轴支承在摇臂轴支座上，摇臂轴支座安装在汽缸盖上，摇臂轴为空心管状结构。为防止摇臂的窜动，每两个摇臂之间都装有弹簧。

二、计划与实施

引导问题7：完成本学习任务，需要使用的工具、量具及检测设备有哪些？

在表4-3中填写本任务所需要使用的工具、量具。

图 4-35 摇臂组的结构

工具、量具名称及型号 表 4-3

名称	型号

引导问题 8:怎样规范拆卸凸轮轴?

1. 拆卸凸轮轴轴承盖

(1)曲轴的连杆轴颈处于水平状态时,按照图 4-36a)的顺序,使用套筒、接杆、棘轮扳手,依据从两边到中间的顺序,均匀地拧松并拆下轴承盖螺栓。

(2)按照图 4-36b)的顺序,再次使用套筒、接杆、棘轮扳手,依据从两边到中间的顺序,均匀拧松并拆下轴承盖螺栓。

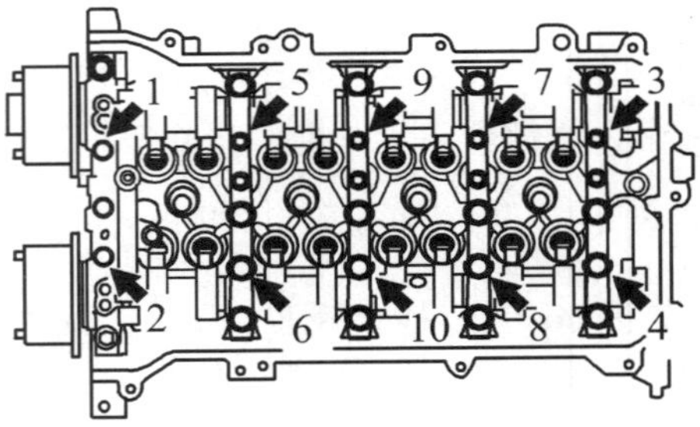

a)

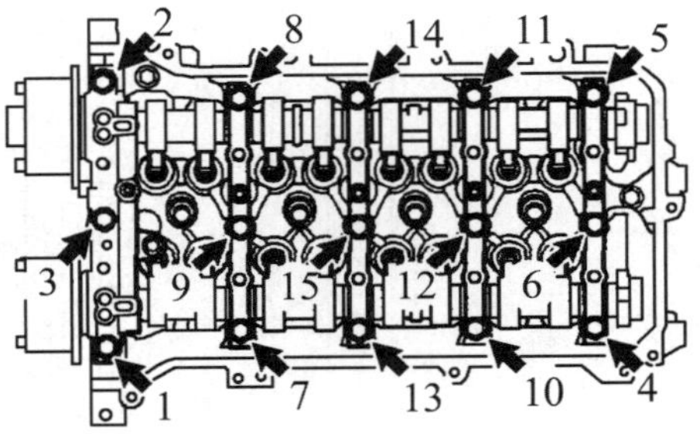

b)

图 4-36 拆卸轴承盖螺栓

(3)拆下轴承盖,并按正确的顺序摆放拆下的零件。

2. 拆卸凸轮轴

用手取下进、排气凸轮轴。

引导问题 9:怎样规范检测凸轮轴?

1. 检查凸轮轴

(1)检查凸轮轴的径向跳动。将凸轮轴放在 V 形块上,用百分表测量中心轴颈的径向跳动,如图 4-37 所示。如果径向跳动大于最大值,则更换凸轮轴。

(2)检查凸轮凸角。用外径千分尺测量凸轮凸角的高度,如图 4-38 所示。如果凸轮凸角高度小于最小值,则更换凸轮轴。

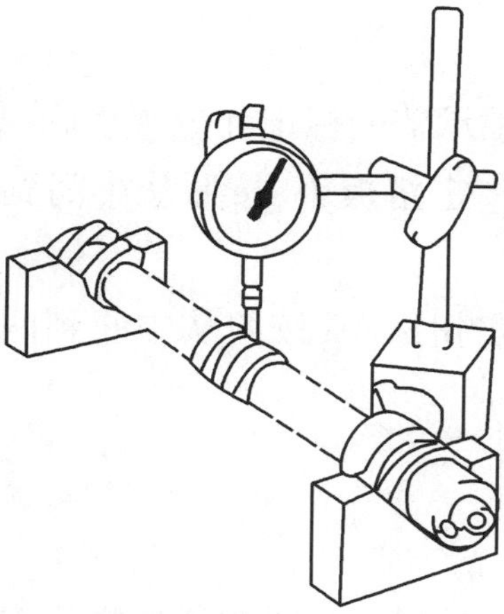

图 4-37　测量中心轴颈的径向跳动

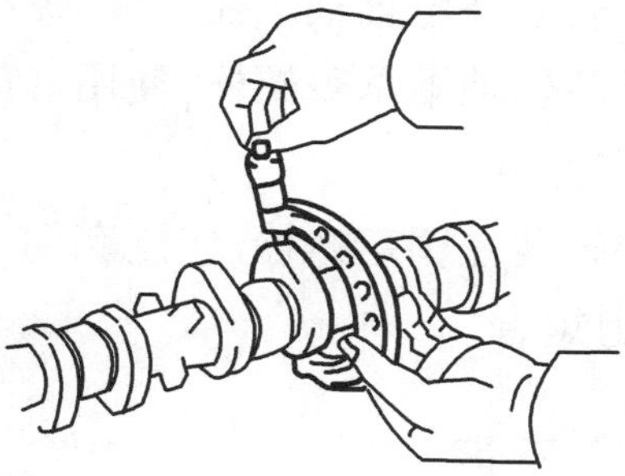

图 4-38　测量凸轮凸角的高度

(3)检查凸轮轴轴颈。用外径千分尺测量轴颈的直径。如果轴颈直径不符合规定,则检查油膜间隙。

2. 检查凸轮轴油膜间隙

(1)清洁轴承盖和凸轮轴轴颈。

(2)将凸轮轴放到凸轮轴壳上。

(3)将塑料间隙规摆放在各凸轮轴轴颈上。

(4)安装轴承盖。

(5)拆下轴承盖。

(6)测量塑料间隙规最宽处,如图 4-39 所示。如果油膜间隙大于最大值,则更换凸轮轴。如有必要,则更换汽缸盖。

凸轮轴轴颈磨损检查

3. 检查凸轮轴轴向间隙

(1)安装凸轮轴。

(2)来回移动凸轮轴的同时,用百分表测量轴向间隙,如图 4-40 所示。

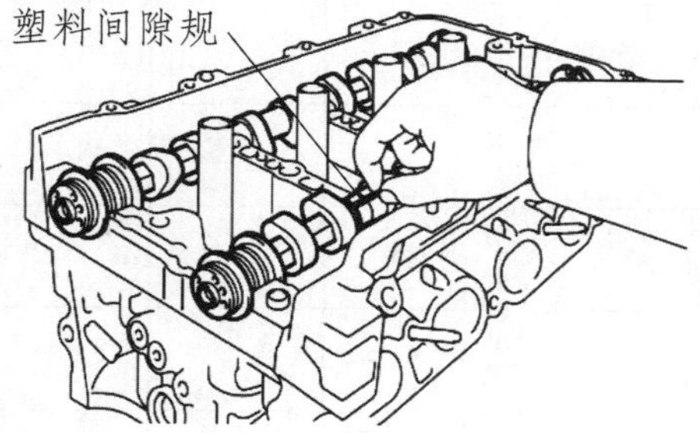

图 4-39　检查凸轮轴油膜间隙

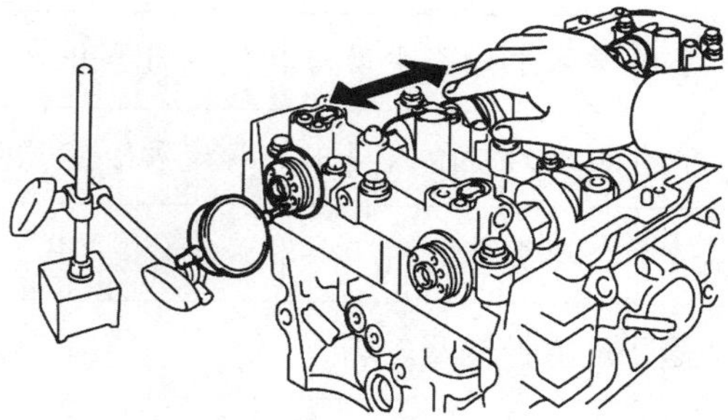

图 4-40　测量凸轮轴轴向间隙

如果轴向间隙大于最大值,则更换凸轮轴壳。如果止推面损坏,则更换凸轮轴。

引导问题 10:怎样规范安装凸轮轴?

1. 安装凸轮轴

(1)使用压缩空气清洁凸轮轴接触面。

(2)安装进、排气凸轮轴,并确保凸轮轴的锁销位置正确。

凸轮轴的安装

2. 安装凸轮轴轴承盖

(1)使用压缩空气清洁凸轮轴轴承盖。

(2)依次安装凸轮轴轴承盖,并确保凸轮轴轴承盖的标记和位置正确。

(3)安装凸轮轴轴承盖螺栓,使用套筒、接杆、定扭扳手,按照从中间到两边的顺序将螺栓紧固至规定力矩。

(4)安装轴承盖固定螺栓,使用套筒、接杆、定扭扳手,按照从中间到两边的顺序将螺栓紧固至规定力矩。

三、评价反馈

通过学习,按照学习任务要求完成相应的工作任务,并通过任务提高自己解决问题的方法和能力。学生和教师展开各种评价,任务评价表见表4-4。

任务评价表 表4-4

序号	评价标准	分值(分)	自评(分)	互评(分)	师评(分)
1	是否服从组长安排,无迟到、早退和旷工	5			
2	着装是否符合标准	5			
3	能否完成小组分派的任务	10			
4	能否积极主动与小组成员沟通,发表自己意见	5			
5	语言表达是否准确,沟通是否顺畅	5			
6	能否大胆地在同学们面前展示自己学习的成果	5			
7	是否有工作岗位的责任心	5			
8	小组学习中能否主动与其他成员合作	5			
9	能否正确对待他人提出的肯定和否定意见	5			
10	是否合理规范使用工具和设备	10			
11	是否正确拆卸凸轮轴	5			
12	是否能规范检查凸轮轴	15			
13	是否正确安装凸轮轴	10			
14	能否按照安全和规范的规程操作	5			
15	是否保持现场干净整洁	5			
合计		100			

学习任务三　气门组拆装及检测

学习目标

知识目标：

1. 了解发动机气门组的结构组成；
2. 掌握发动机气门组各个零件的作用。

技能目标：

1. 能够正确对发动机气门组进行拆卸；
2. 会对发动机气门组各零件做正确检查作业。

素养目标：

1. 养成自主学习能力、团队协作能力；
2. 养成自觉遵守汽修行业安全规程的习惯。

任务描述

一辆装载1ZR发动机的丰田卡罗拉汽车动力性能下降，经技师初步诊断，判定该现象由于气门组件出现磨损松旷、异常损伤等状况引起，需要规范拆卸气门组，并进行检修。

一、资料收集

引导问题1：发动机气门组是由哪些零件组成的？

气门组在配气机构中相当于一个阀门，其作用是准时接通和切断进、排气系统与汽缸之间的通道。气门组一般由气门、气门座、气门弹簧、气门导管、气门油封等组成，如图4-41所示。气门组的组成与配气机构的形式基本无关，结构大致相同。

引导问题2：气门的结构是怎么样的？

1. 气门的结构

汽车发动机的进、排气门均为菌形气门，由气门头部和气门杆两部分构成，剖面如图4-42所示。气门顶面有平顶、凹顶和凸顶等形状。目前应用最多的是平顶气门，其结构简单、制造方便、受热面积小，进、排气门都可采用。

气门与气门座或气门座圈之间靠锥面密封。气门锥面与气门顶面之间的夹角称为气门锥角，如图4-43所示。进、排气门的气门锥角一般均为45°，只有少数发动机的进气门锥角为30°。

气门杆有较高的加工精度和较低的粗糙度，其与气门导管保持较小的配合间隙，以减小磨损，并起到良好的导向和散热作用。气门尾端的形状取决于气门弹簧座的固定方式。气门组采用剖分成两半且外表面为锥面的气门锁片来固定气门弹簧座，如图4-44所示，其结构简单、工作可靠、拆装方便，因此得到了广泛的应用。

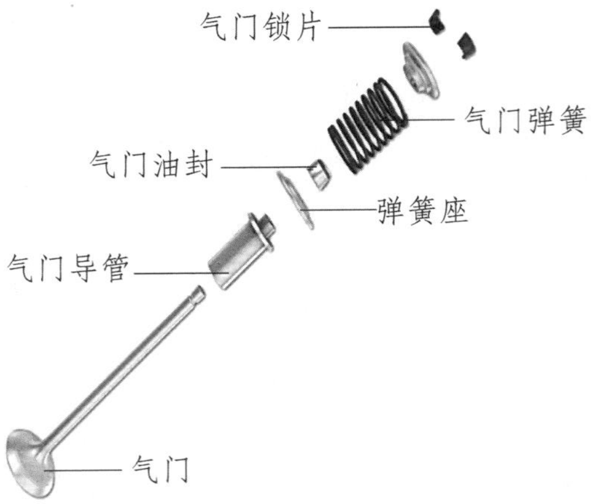

图 4-41　气门组的组成

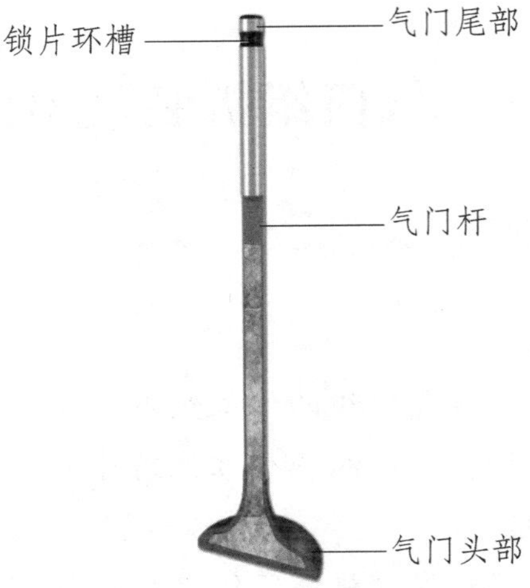

图 4-42　气门的结构

气门组组成

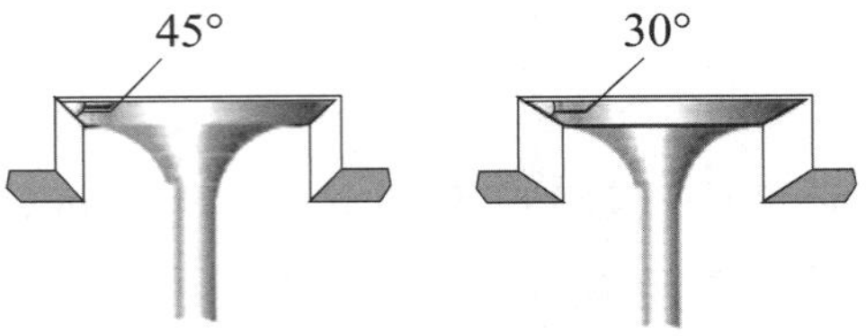

图 4-43　气门锥角

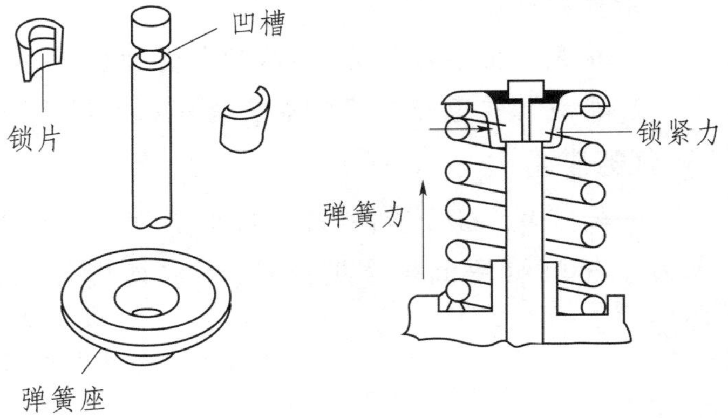

图 4-44　气门锁片及安装

2. 每缸气门数

现代高性能发动机普遍采用每缸 3 ~ 5 个气门,其中 4 气门发动机应用最广泛。进气门头部直径通常大于排气门头部直径,目的是增大进气门通过断面面积、减小进气阻力、增加进气量。很多发动机在气门头部做出凹坑或者特殊标记以区分进、排气门。

引导问题 3:气门座与气门座圈是一样的吗?

汽缸盖上与气门锥面相贴合的部位称气门座。气门座的温度很高,又承受频率极高的冲击载荷,容易磨损。因此,铝汽缸盖和大多数铸铁汽缸盖均镶嵌由耐磨材料制成的气门座圈,如图 4-45 所示。在汽缸盖上镶嵌气门座圈可以延长汽缸盖的使用寿命。也有一些铸铁汽缸盖不镶气门座圈,直接在汽缸盖上加工出气门座。

引导问题 4:气门导管的作用是什么?

气门导管与气门杆配合以气门为导向,同时起散热作用。气门导管安装在缸盖上的气门导管孔中,其结构为空心管状结构(图 4-46),伸入气道部分成锥形,后端装气门油封,部分带限位卡环,与座孔过盈配合,内孔与气门杆间隙配合。

引导问题 5:气门弹簧的作用是什么?

气门弹簧的作用是保证气门的回位;当气门开启时,保证气门不因运动时产生的惯性力而脱离凸轮。

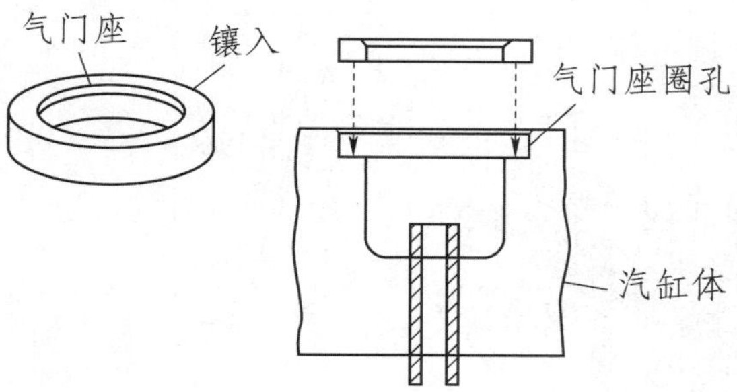

图 4-45　气门座圈及安装

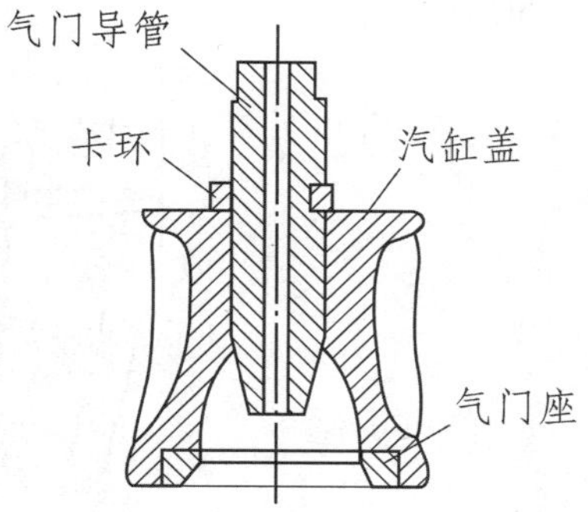

图 4-46　气门导管的结构

气门弹簧一般为等螺距圆柱形螺旋弹簧，如图 4-47a）。当气门弹簧的工作频率与其固有的振动频率相等或为其固有的振动频率的整数倍时，气门弹簧就会发生共振，共振时将使配气定时遭到破坏，气门发生反跳和冲击，甚至导致弹簧折断。为防止共振的发生，可采取变螺距、双弹簧等结构措施，如图 4-47b）、c）所示。

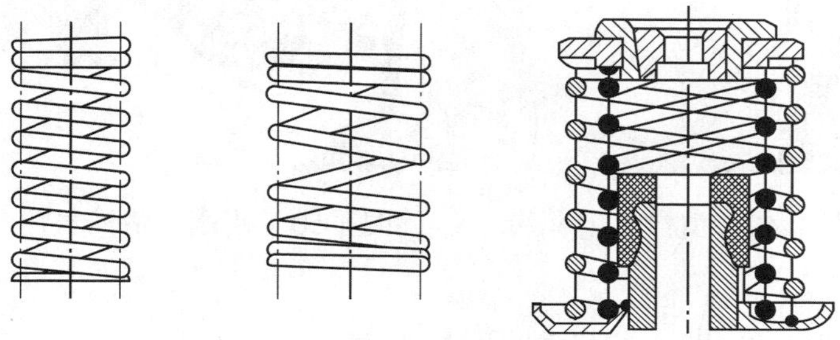

a) 等螺距弹簧　　b) 变螺距弹簧　　c) 双弹簧

图 4-47　气门弹簧类型

二、计划与实施

引导问题 6：完成本学习任务，需要使用的工具、量具及检测设备有哪些？

在表 4-5 中填写本学习任务所需要使用的工具、量具。

工具、量具名称及型号　　表 4-5

名称	型号

引导问题 7：怎样规范地检查气门？

1. 准备工作

（1）拆卸气门。气门弹簧的拆卸如图 4-48 所示。

（2）清洗气门，用衬垫刮刀将气门端部的积炭刮干净（图 4-49），并用刷子清

气门的安装

洁气门(图4-50)。

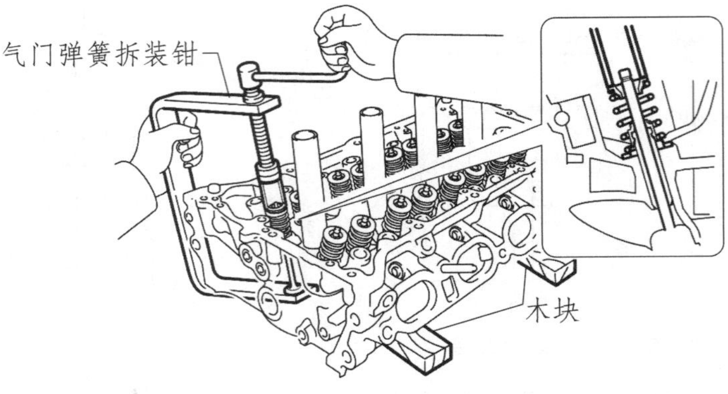

图4-48 拆卸气门弹簧

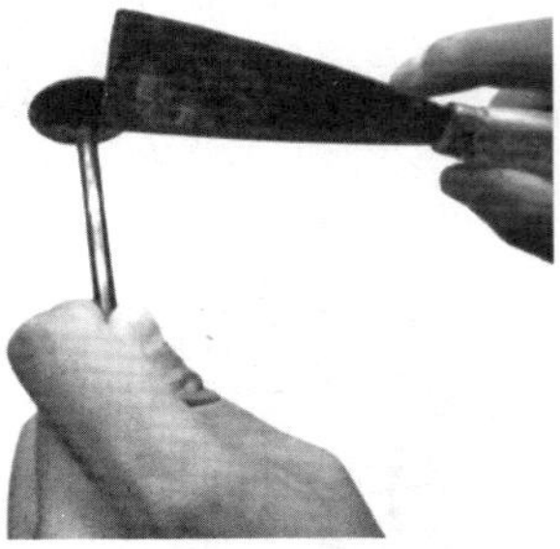

图4-49 清洁气门积炭

图4-50 用刷子清洁气门

2. 外观检验

如发现气门有裂纹、破损或溶蚀烧损时,应更换气门。

气门检查

3. 气门工作面磨损的检修

气门工作面磨损将破坏气门与气门座的密封性,而导致漏气,并改变气门间隙,因此必须进行认真检查。

检查气门工作面的磨损,主要观察气门工作面是否有斑点、烧蚀、刻痕和凹陷,损伤严重时予以更换。

气门经光磨修理后,其边缘逐渐变薄,工作时容易变形和烧蚀,气门头部最小边缘厚度(图4-51)不得低于最小允许极限,否则应更换气门。

4. 气门杆磨损的检查

气门杆磨损用外径千分尺测量,测量部位在气门杆上、中、下三个箭头所示部位,如图4-52所示。若测得的数值不符合规定,则检查油膜间隙。

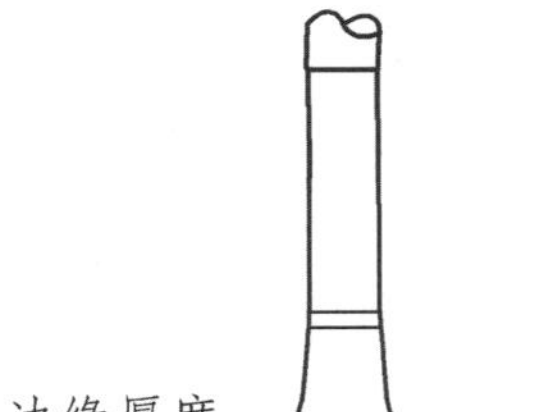

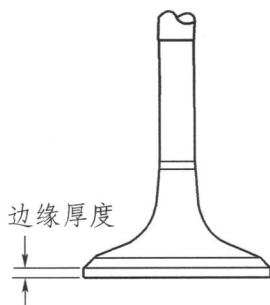

图4-51 气门边缘厚度

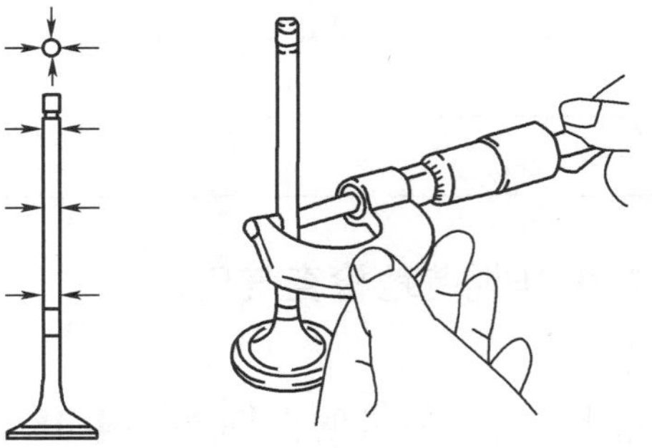

图4-52 测量气门杆位置

5. 气门杆端面磨损的检修

气门杆端面磨损,往往使端面不平。当气门顶起时,挺柱(或摇臂)的作用力将产生侧向力,使气门杆歪斜,气门关闭不严。

若气门长度小于最小值,则应更换气门。测量气门长度如图 4-53 所示。

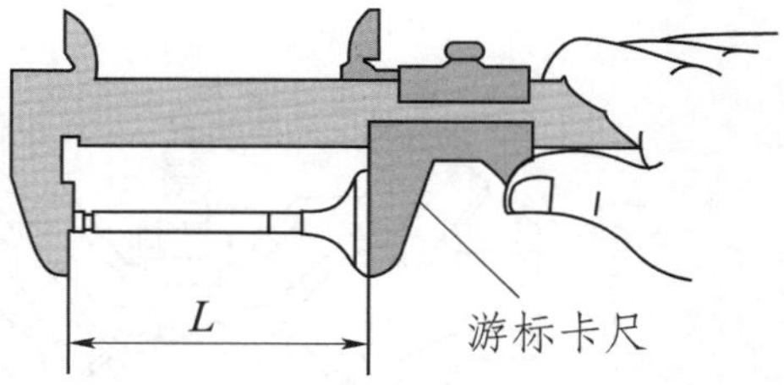

图 4-53 测量气门长度

6. 气门杆弯曲的检查

气门杆弯曲可用百分表来测定,操作方法如下:

(1)将气门支承在两个相距 100mm 的 V 形架上。

(2)将百分表触头抵在气门杆中间,转动气门杆一圈,百分表所示的最大与最小读数之差即为气门杆的弯曲度。

(3)将百分表触头抵住气门头平面,转动气门一圈,百分表最大与最小之差即为气门头部的倾斜度误差。

(4)若气门弯曲度或倾斜度误差超过标准值,应更换气门。

引导问题 8:怎样规范检测气门导管?

(1)用千分尺测量气门导管衬套的内径。

(2)用导管衬套内径测量值减去气门杆直径测量值。

(3)如果间隙大于最大值,则更换气门和导管衬套。

引导问题 9:怎样规范检测气门座?

1. 清洗气门座

用 45°碳化物陶瓷刀具将气门座重新刨光,去掉适量金属以清理气门座。

2. 检查气门座

在气门表面上涂抹薄薄一层普鲁士蓝(或铅白),轻压气门至气门座,不要转动气门,检查气门落座位置,如图 4-54 所示。若气门面的蓝色颜料绕着气门中心呈 360°,则表示气门同轴,否则应更换气门。若气门座上的蓝色颜料绕着气门座中心呈 360°,则表示导管与表面同轴,否则应更换气门。

3. 气门密封性检测

(1)在气门工作面上每隔 8mm 画一条线,如图 4-55 所示。

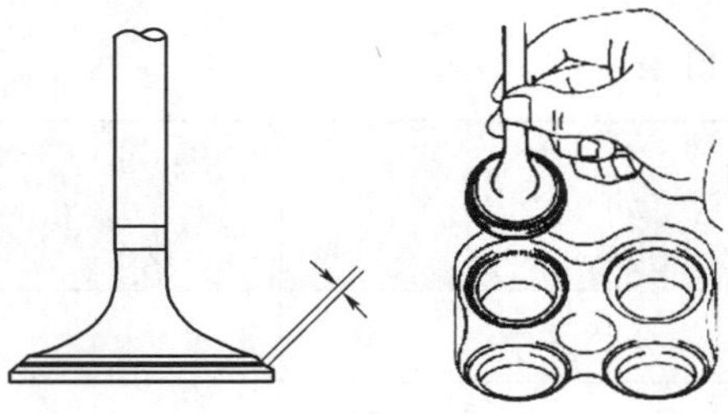

图 4-54 检查气门落座位置

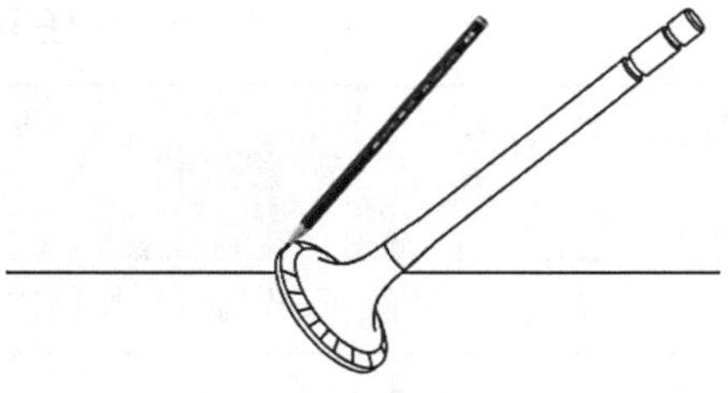

图 4-55 气门画线

(2)将气门插入气门导管内,旋转 1/4 圈,如图 4-56 所示。

(3)检查气门上所画线条,若线条全部切断,表示密封良好,若线条未全部切断,表示密封不良,如图 4-57 所示。

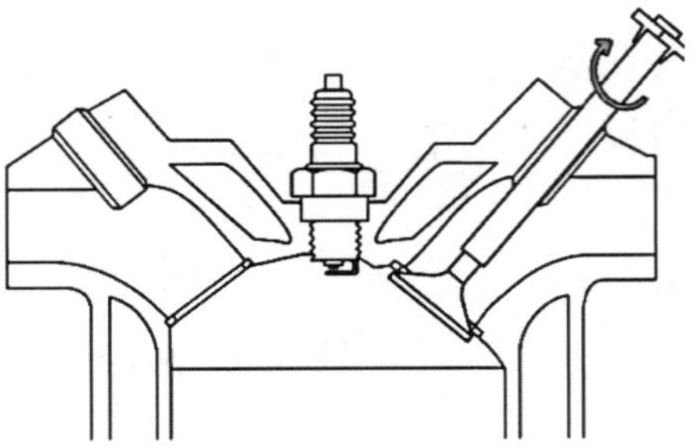

图 4-56　气门导管内转动气门

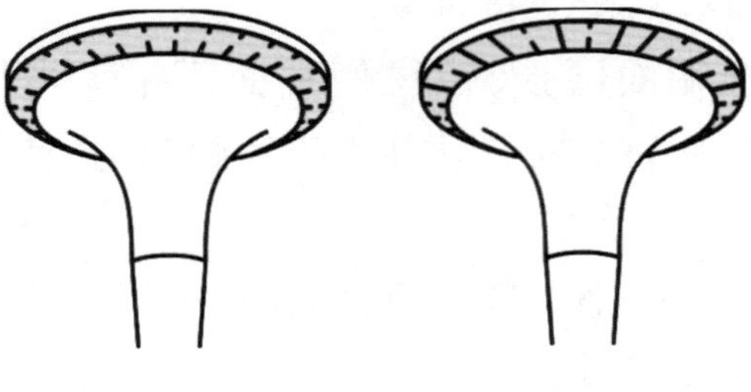

图 4-57　密封性判断

引导问题 10:怎样规范检测气门弹簧?

气门弹簧的检查

1. 气门弹簧自由长度的检查

使用游标卡尺测量气门弹簧的自由长度,如图 4-58 所示。如果自由长度不符合规定,则更换气门弹簧。

2. 气门弹簧偏移量的检查

用钢角尺测量气门弹簧的偏移量,如果偏移量不符合规定,则更换气门弹簧,如图 4-59 所示。

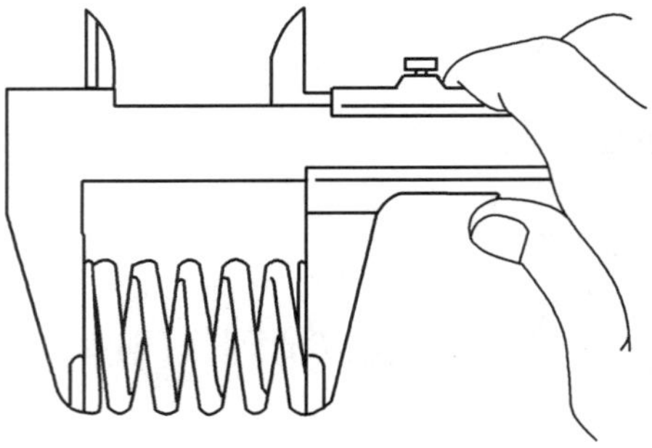

图 4-58　测量气门弹簧的自由长度

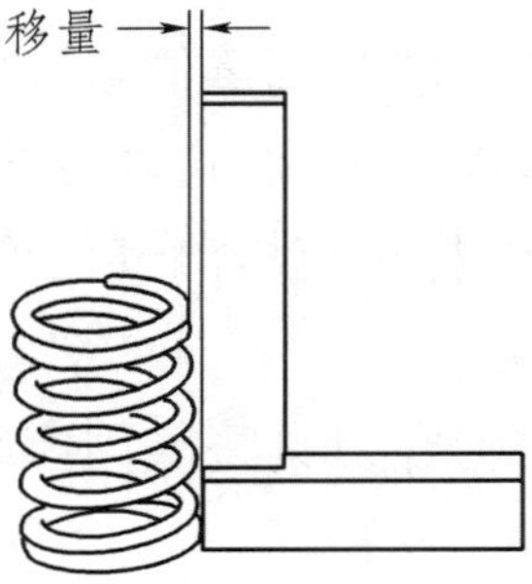

图 4-59　测量气门弹簧的偏移量

三、评价反馈

通过学习,按照学习任务要求完成相应的工作任务,并通过任务提高自己解决问题的方法和能力。学生和教师展开各种评价,任务评价表见表 4-6。

任务评价表　　　　表 4-6

序号	评价标准	分值(分)	自评(分)	互评(分)	师评(分)
1	是否服从组长安排,无迟到、早退和旷工	5			
2	着装是否符合标准	5			
3	能否完成小组分派的任务	10			
4	能否积极主动与小组成员沟通,发表自己意见	5			
5	语言表达是否准确,沟通是否顺畅	5			

续上表

序号	评价标准	分值（分）	自评（分）	互评（分）	师评（分）
6	能否大胆地在同学们面前展示自己学习的成果	5			
7	是否有工作岗位的责任心	5			
8	小组学习中能否主动与其他成员合作	5			
9	能否正确对待他人提出的肯定和否定意见	5			
10	是否合理规范使用工具和设备	10			
11	是否会正确拆装气门组	10			
12	是否能规范检查气门	5			
13	是否能规范检查气门导管	5			
14	是否能规范检查气门座	5			
15	是否能规范检查气门弹簧	5			
16	能否按照安全和规范的规程操作	5			
17	是否保持现场干净整洁	5			
合计		100			

自我检测

专业知识题

一、单选题（下列各题的四个备选答案中只有一个是符合题意的正确答案，请做出选择）

1. 四冲程发动机转速为2000r/min时，同一汽缸的进气门在1min内开闭的次数应该是（　　）。

A. 2000次　　B. 1000次　　C. 500次　　D. 4000次

2. 下面（　　）凸轮轴布置形式最适合于高速发动机。

A. 凸轮轴下置式　　B. 凸轮轴上置式　　C. 凸轮轴中置式　　D. 不确定

3. 四冲程四缸发动机配气机构凸轮轴上的同名凸轮中线间夹角是（　　）。

A. 180°　　B. 60°　　C. 90°　　D. 120°

二、判断题（请对下列各题判断正误，正确的打"√"，错误的打"×"）

1. 气门的关闭，靠气门弹簧压力实现。（　　）

2. 装配曲轴和凸轮轴时，必须将正时标记对准以保证正确的配气正时、点火正时。（　　）

3. 采用双气门弹簧时，两气门的旋向相反。（　　）

三、多选题（下列各题的四个备选答案中有两个或两个以上符合题意的正确答案，请做出选择）

1. 气门由（　　）等部分组成。

A. 头部　　B. 大头

C. 杆部　　D. 尾部

2. 气门弹簧座是通过安装在气门杆尾部的凹槽或圆孔中的(　　)固定的。

A. 锁片　　B. 锁销　　C. 锁块　　D. 锁环

3. 气门式配气机构由(　　)等部分组成。

A. 气门传动组　　B. 气门组　　C. 气门驱动组　　D. 配气正时

技能操作模拟题

一、气门传动组的拆装与检查

有一台某型号的发动机,在正常工作过程中发动机上部出现异响、车辆行驶无力和油耗增大的状况。经维修技师检查初步确认可能是发动机的凸轮轴磨损变形。现需要你对发动机凸轮轴进行拆装检查。发动机相关技术参数见表4-7。请根据你掌握的相关知识回答以下问题。

该发动机相关技术参数　　表4-7

名称	参数
型式	直列4缸
点火顺序	1－3－4－2
凸轮轴径向跳动允许的最大值	0.05mm
凸轮轴轴承盖螺栓固定力矩	16N·m
凸轮轴正时齿轮固定螺栓力矩	54N·m
凸轮轴高度	进气40.00mm
	排气39.45mm
凸轮轴高度磨损极限	0.15mm
凸轮轴轴径	23.00mm
凸轮轴轴径磨损极限	0.05mm

1. (单选题)下列为凸轮轴的部分拆卸步骤:按照施工作业的先后顺序排序,正确的是(　　)。

①准备好凸轮轴拆装设备、工量具和其他辅助用具。

②拆卸凸轮轴正时齿轮。

③按顺序分次拧松凸轮轴轴承盖螺栓。

④将凸轮轴轴承盖、螺栓按正确顺序摆放整齐。

⑤检查凸轮轴正时标记是否对准。

⑥按顺序预松凸轮轴轴承盖螺栓。

⑦清洁所有零部件。

A. ①－②－⑤－⑥－③－④－⑦

B. ①－②－⑤－③－⑥－④－⑦

C. ①－⑤－②－③－⑥－④－⑦

D. ①－⑤－②－⑥－③－④－⑦

2.(多选题)在凸轮轴安装过程中,可选用下列(　　)测量范围的扭力扳手。

A. 2 ~ 20N · m　　B. 10 ~ 50N · m　　C. 40 ~ 200N · m　　D. 70 ~ 350N · m

3.(判断题)凸轮轴由曲轴正时齿轮(链条)驱动,在安装时要对准正式记号,否则将导致配气相位错误,你认为上述说法是否正确(　　)。

A. 正确　　B. 错误

4.(单选题)如图 4-60 所示,安装凸轮轴轴承盖螺栓的顺序为(　　)。

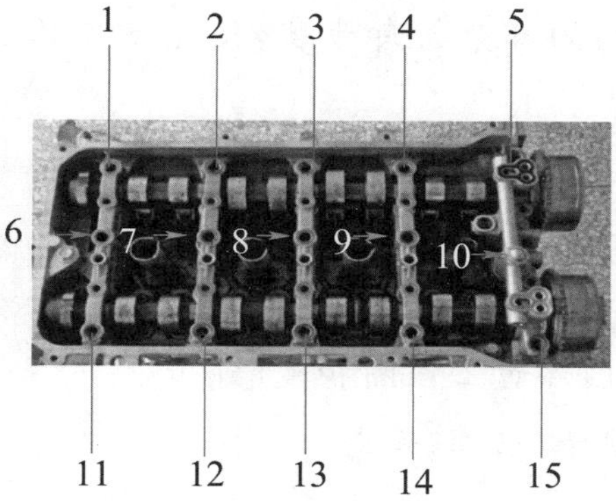

图 4-60　凸轮轴轴承盖螺栓

A. 1 – 11 – 6 – 5 – 15 – 10 – 2 – 7 – 12 – 4 – 14 – 9 – 4 – 8 – 13

B. 6 – 1 – 11 – 10 – 5 – 15 – 7 – 2 – 12 – 9 – 4 – 14 – 8 – 4 – 13

C. 8 – 4 – 14 – 9 – 4 – 14 – 7 – 2 – 12 – 10 – 5 – 15 – 6 – 1 – 11

D. 4 – 14 – 8 – 4 – 14 – 9 – 2 – 12 – 7 – 5 – 15 – 10 – 1 – 11 – 6

5.(多选题)李同学使用千分尺测量凸轮轴轴径(图 4-61),测量的结果为 22.985mm,关于李同学的测量过程,下列描述错误的有(　　)。

A. 量具选用错误,应该用游标卡尺进行测量

B. 此轴径不满足使用要求,更换凸轮轴

C. 凸轮轴需要水平放置在 V 形铁上

D. 此轴径满足使用要求,可继续使用

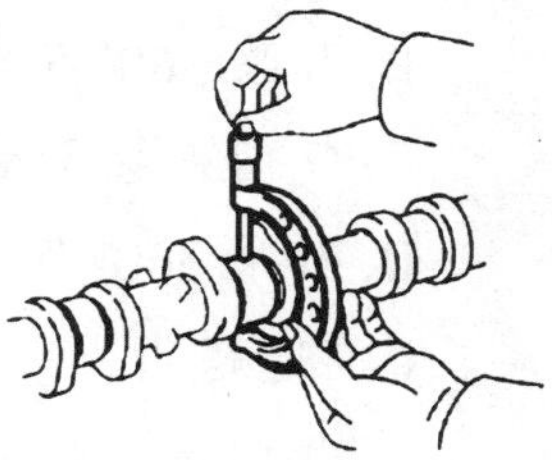

图 4-61　测量凸轮轴轴颈

二、气门组的拆装与检查

有一台某型号的发动机,在正常工作过程中发动机动力不足的情况。经维修技师检查初步确认可能是气门密封不严。现需要对发动机气门组进行拆装与检测,发动机相关技术参数见表 4-8,请根据所学内容回答以下问题。

该发动机相关技术参数　　表 4-8

名称	参数
型式	直列 4 缸
标准气门长度	109.34mm
最小气门长度	108.84mm
气门杆部直径允许范围	5.470 ~ 5.485mm
气门标准边缘厚度	1.0mm

续上表

名称	参数
气门最小边缘厚度	0.5mm
气门弹簧自由长度	53.36mm
气门弹簧最大偏移量	1.0mm
气门座接触面宽度	1.0～1.4mm

1.(单选题)下列为气门组的部分拆卸步骤:按照施工作业的先后顺序排序,正确的是(　　)。

①使用气门弹簧拆装钳压缩气门弹簧。

②用专用工具拆卸气门油封。

③使用吸棒和吹枪,吹气将气门弹簧下座吸出。

④拆下气门锁片,取下气门弹簧上座圈和气门。

⑤拆下的气门组件按照顺序和摆放整齐。

⑥清洁所有零部件。

A. ①－②－⑤－⑥－③－④　　B. ①－②－⑤－③－⑥－④

C. ①－④－②－③－⑤－⑥　　D. ①－④－③－②－⑤－⑥

2.(判断题)可以使用刮刀,刮除气门头部上的积炭。你认为上述说法是否正确(　　)。

A. 正确　　B. 错

3.(多选题)在气门座检查过程中,下列说法正确的是(　　)。

A. 需要气门锥面上涂抹一薄层普鲁士蓝,使气门锥面轻压气门导管

B. 如果360°气门锥面有3/4面积以上出现普鲁士蓝,则证明气门锥面是同心的

C. 气门座接触面宽度检测数据为0.8mm,表明可以继续使用

D. 如果360°气门锥面均出现普鲁士蓝,则气门锥面是同心的

4.(单选题)(　　)检测项目不属于气门组的拆装与检测。

A. 气门直径磨损度检测

B. 用30°和75°铰刀修整气门座

C. 气门外观目视检查

D. 气门导管衬套油膜间隙检查

5.(多选题)李同学测量一个气门杆部直径(图4-62),测量的结果填入表4-9,关于李同学的操作,下列描述错误的有(　　)。

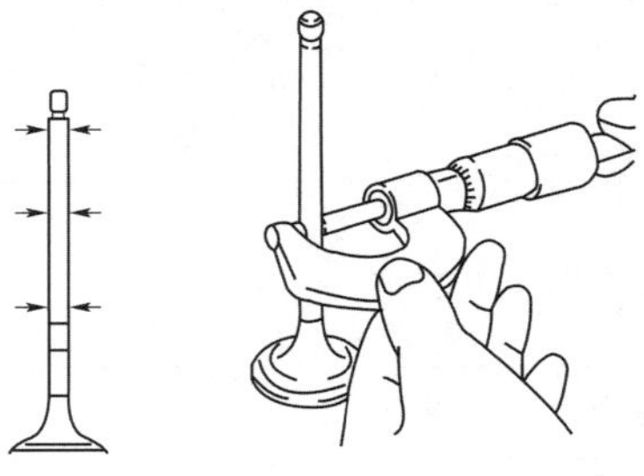

图4-62　测量气门杆部直径

气门杆部直径测量(单位:mm) 表4-9

测量位置	上	中	下
气门杆部直径	5.472	5.475	5.472

A. 采集数据不齐

B. 此量具选用错误,应该用游标卡尺进行测量

C. 测量数据填写不规范

D. 气门满足使用要求,无须更换气门

项目五
燃料供给系统

燃油供给系统按发动机的燃油不同分为:汽油机燃油供给系统、柴油机燃油供给系统。

汽油机燃油供给系统将经过雾化和汽化的汽油和空气按一定比例均匀混合成可燃混合气,再根据发动机各种不同工况的要求,向发动机汽缸内供给一定数量和浓度的可燃混合气,在临近压缩终了时点燃可燃混合气,燃气膨胀做功,最后将汽缸内废气排至大气中。

柴油机燃油供给系统不断将经过滤清的清洁空气供给发动机,根据不同工况的要求,将一定量的柴油以一定压力定时喷入燃烧室,使其与空气迅速混合并燃烧,做功后将汽缸内废气排至大气中。

燃油供给系统主要由燃油供给装置、空气供给装置、混合气形成装置和废气排出装置四部分组成。

学习任务一　汽油发动机电控燃油喷射系统认识

学习目标

知识目标:

1. 掌握汽油发动机电控燃油喷射系统的功用、组成;
2. 了解汽油发动机各工况对混合气的要求;
3. 掌握汽油泵、汽油滤清器、喷油器的结构与工作原理。

技能目标:

能正确认知汽油泵、汽油滤清器、喷油器等。

素养目标:

1. 在任务实施过程中养成规范操作的职业习惯;
2. 任务完成后养成现场7S管理的习惯。

任务描述

一辆搭载直列四缸电控发动机的手动挡轿车,使用过程中出现怠速不稳,急加速困难并伴有剧烈抖动,运行不畅的现象。维修人员对节气门体和空气滤清器进行清洁后,该故障仍然存在。初步判断为燃油供给系统存在异常情况,需对燃油供给系统进行拆装、检修。

一、资料收集

引导问题1:汽油发动机燃油供给系统的功用是什么?

汽油发动机燃油供给系统的功用是根据发动机各种工况的不同要求,提供一定数量和浓度的可燃混合气,并将其供入汽缸燃烧,最后将燃烧后的废气排入大气。

目前汽油发动机的燃油供给方式主要为汽油喷射方式。汽油喷射方式又分为机械控制喷射、机电混合控制喷射和电子控制喷射。轿车发动机燃油供给系统大多采用电子控制汽油喷射技术。

引导问题2:汽油发动机电控燃油喷射系统的组成有哪些?

电子控制汽油喷射系统主要由空气供给系统、燃油供给系统和电子控制系统等组成,如图5-1所示。电子控制汽油喷射系统的控制原则是以电子控制单元(ECU)为控制核心,将进气量和发动机转速作为控制基础,控制对象为喷油器,保证发动机在各种工况下获得最佳的混合气浓度,以满足发动机动力性、经济性和排放要求。

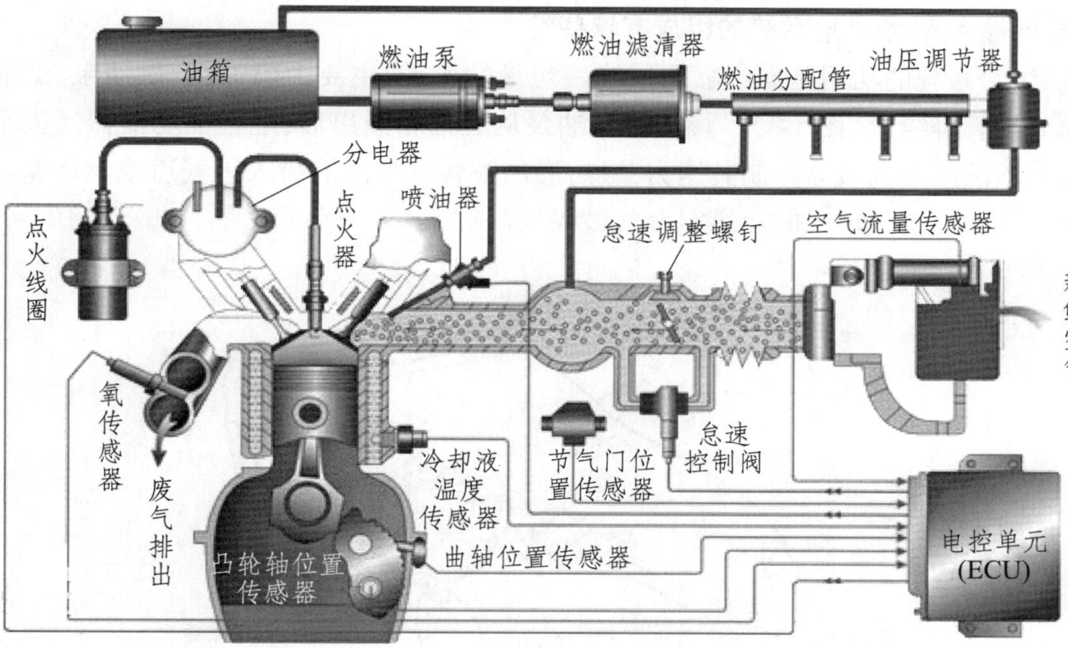

图5-1 电子控制汽油喷射系统组成

引导问题3:汽油发动机电控燃油喷射系统的类型有哪些?

1. 按喷射控制方式分类

按喷射控制方式分类,汽油喷射系统可分为同时喷射、分组喷射、顺序喷射。同时喷射是指将各汽缸的喷油器并联,所有喷油器由电脑的同一个指令控制,同时喷油、断油。分组喷射是指将各汽缸的喷油器分成几组,同一组喷油器同时喷油或断油。顺序喷射是指各喷油器由电脑分别控制,按发动机各汽缸的工作顺序喷油。喷射控制方式如图5-2所示。

2. 按空气量计量方式分类

按空气量的计量方式分类,汽油喷射系统可分为直接测量、间接测量。直接测量是用空气流量传感器检测进气歧管的空气流量,并将空气流量转换成电信号,输送给电控单元,电控单元根据空气量计算出每一循环的汽油喷射量。

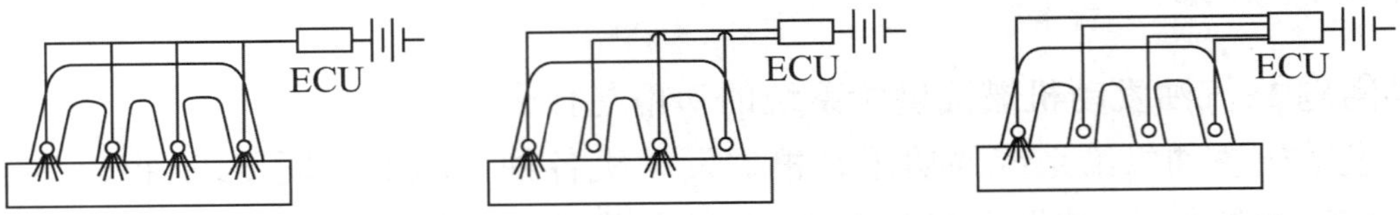

a) 同时喷射　　b) 分组喷射　　c) 顺序喷射

图5-2　喷射控制方式

间接测量是将进气歧管绝对压力、进气歧管空气温度和发动机转速经传感器输出给电控单元,由电控单元根据信号计算出进气量,再产生与之相应的喷油脉冲,控制喷油器喷射适量的汽油。

3. 按喷射安装位置分类

按喷射安装位置分类,汽油喷射系统可分为多点喷射、单点喷射。多点喷射系统是指每缸进气门处装有一个由ECU控制的喷油器的喷射系统。单点喷射系统是指在进气道节气门前方装有一个中央喷射装置的喷射系统,由1~2个喷油器集中喷油。

引导问题4:燃油供给系统的组成有哪些?

燃油供给系统的功用是向汽缸内供给一定量的燃油,主要由燃油箱、燃油泵、燃油滤清器、燃油分配管等组成(图5-3)。燃油被燃油泵从燃油箱吸出后,经燃油滤清器滤去杂质和水分后,由燃油压力调节器控制其压力,最后燃油被各缸喷油器喷入进气道或燃烧室。在进气行程时,燃油与空气形成的可燃混合气被吸入汽缸。

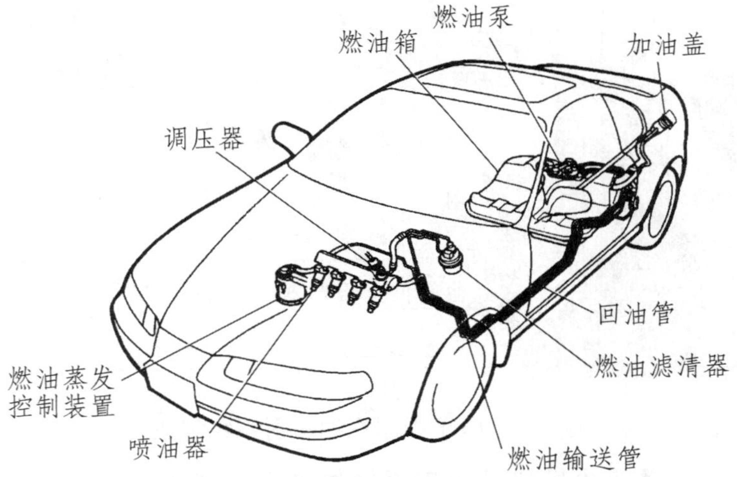

图5-3　燃油供给系统的组成

引导问题5:电动燃油泵的功用是什么?是如何工作的?

电动燃油泵(图5-4)连续不断地把燃油从燃油箱吸出,给燃油供给系统提供规定压力和流量的燃油。

电动燃油泵的结构如图5-5所示,其直流电动机通电后带动泵体旋转,燃油从进油口被吸入,流经电动燃油泵内部,再从出油口被压出,给燃油系统供油。进入燃油泵前,燃油要先经过燃油滤网,以过滤燃油中的杂质。燃油泵中的安全阀可以避免燃油管路出现阻塞时压力过高而造成油管破裂或燃油泵损坏。燃油泵中止回阀的设置是为了在发动机熄火后密封油路,在燃油管路中保持一定的压力,使发动机下次起动(特别是热起动)更加容易。

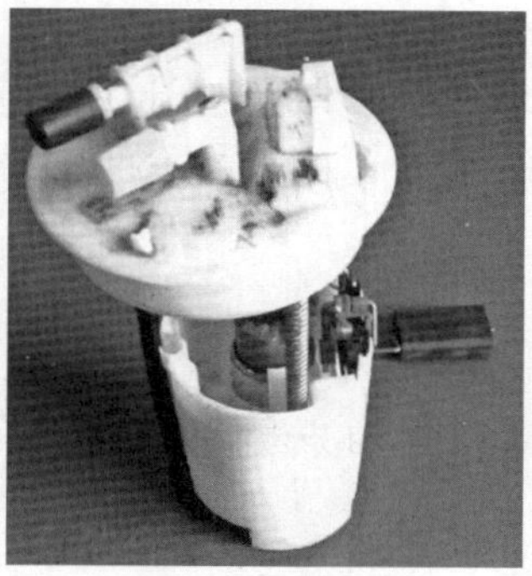

图 5-4　电动燃油泵总成

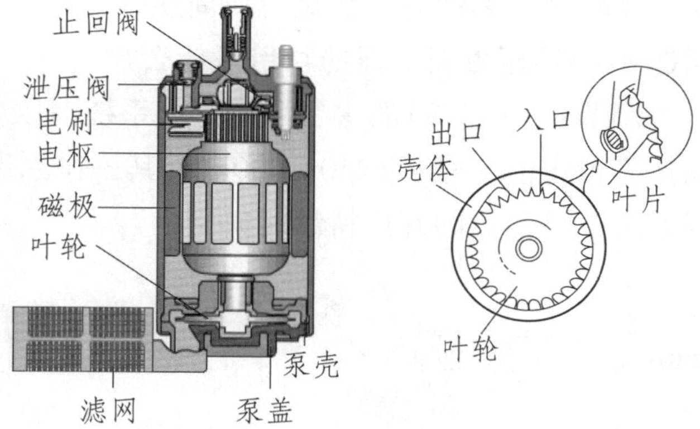

图 5-5　电动燃油泵结构

燃油泵运转时,燃油不断穿过泵轮和电机,泵轮及电机中的线圈、电刷、轴承等部位都靠燃油来润滑和冷却。绝对禁止在无油的情况下运转电动燃油泵,以避免烧坏电动燃油泵。定期清洗燃油泵的滤网,滤网太脏会使燃油系统压力降低,喷油器喷油量不足,导致汽车高速行驶或急加速时动力不足。如果燃油泵的滤网易堵塞,说明油箱中的沉积物或水分过多,最好拆下整个燃油箱后进行彻底清洗。

电动燃油泵根据安装位置可分为油箱外置型和油箱内置型。电动燃油泵根据泵体结构不同可以分为滚柱泵、齿轮泵和涡轮泵等。

引导问题 6:燃油箱的功用是什么?

燃油箱用来储备汽车运行所需的燃油。油箱通常位于汽车后部,如图 5-6 所示。燃油箱由薄钢板或塑料制成。油箱上的加油盖可以防止燃油从油箱中溅出,它可以释放燃油被发动机吸走时所产生的真空。它还可以在防止汽油蒸气直接进入大气,汽油蒸气通过管道进入活性炭罐,然后储存在那里。

引导问题 7:燃油滤清器的功用是什么?

燃油滤清器(图 5-7)串联在供油管路上。它的作用是在燃油进入燃油分配管前去除燃油中的水分和杂物,防止燃油系统堵塞(特别是喷油器)。

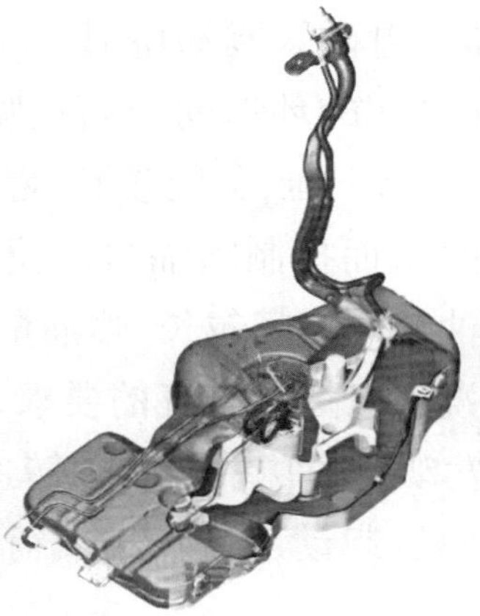

图 5-6　燃油箱

图 5-7　燃油滤清器

燃油滤清器为一次性使用零件,燃油滤清器阻塞会导致供油压力低、供油不足,影响发动机的动力性。一般每行驶3万~4万km或每两个二级维护作业周期更换一次燃油滤清器。使用含杂质较多的燃油时应缩短更换周期。

引导问题8:燃油压力调节器的功用是什么?

燃油压力调节器(图5-8)的主要功用是使系统油压(即供油总管内油压)与进气歧管内压力之差保持为恒定值,一般为250~300kPa,其工作原理如图5-9所示。这样,喷油器喷出的燃油量仅取决于喷油器的开启持续时间。

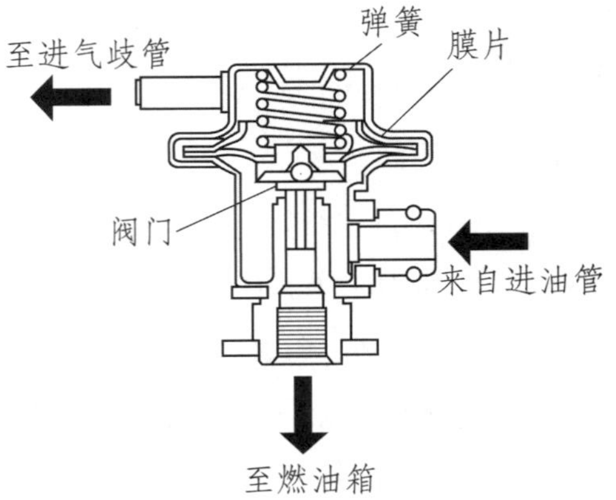

图5-8　燃油压力调节器

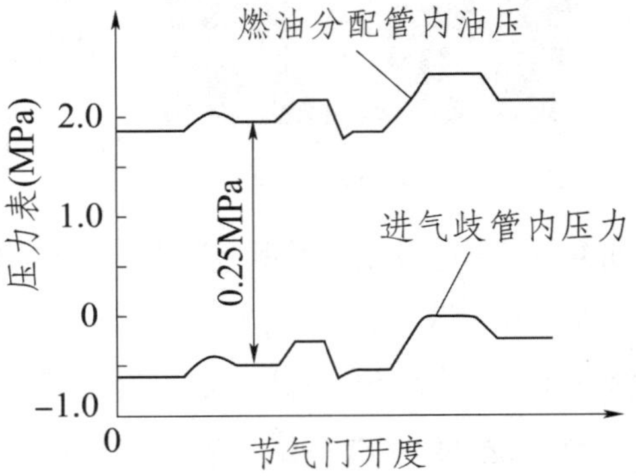

图5-9　燃油压力调节器工作原理

引导问题9:燃油分配管的功用是什么?

燃油分配管安装在进气歧管或汽缸盖上,它的作用是安装喷油器并将高压燃油输送给各喷油器。燃油分配管与喷油器之间用O形圈和卡环密封,O形圈可防止燃油渗漏,并具有隔热和隔振的作用。卡环将喷油器固定在燃油分配管上。大多数燃油分配管上都有燃油压力测试口,用于检查和释放油压。燃油压力调节器一般也安装在燃油分配管上。

引导问题10:喷油器的功用是什么?喷油器的工作原理是什么?

喷油器是电控燃油喷射系统中一个重要的执行元件,在ECU的控制下,将汽油呈雾状喷入进气歧管内或燃烧室内。

喷油器结构如图5-10所示。它的一端为进油口,与燃油分配管连接;另一端为喷油口,插入进气歧管或燃烧室,两端分别用O形密封圈密封。喷油器内部有一个电磁线圈,经线束与电脑连接。喷油器中的针阀与衔铁连接为一体。电磁线圈通电时产生吸力,将衔铁与针阀吸起,打开喷孔,燃油经针阀头部的轴针与喷孔之间的环形间隙高速喷出,并被粉碎成雾状。电磁线圈不通电时,磁力消失,弹簧将衔铁与针阀下压,关闭喷孔,停止喷油。电控单元利用电脉冲的宽度来控制喷油器每次喷油的时间,从而控制喷油量。喷油器每次喷油的时间一般为2~10ms,针阀升程为0.5mm左右。喷油持续时间越长,喷油量就越大。

引导问题11:什么是发动机工况?发动机工况对可燃混合气的要求是什么?

发动机工作状况简称为发动机工况,一般用发动机的功率与曲轴转速来表征,有时也可用负荷与曲轴转速来表征。发动机基本工况分别是:起动、怠速、小负荷、中等负荷、大负荷(全负荷)、加速工况、减速工况等。

混合气的浓度通常用空燃比来表示,空燃比是每一个工作循环充入汽缸的空气量与燃油量的质量比。根据化学反应,理论上可燃混合气完全燃烧,其空燃比为14.7。过量空气系数是汽缸内的实际空气量与喷入汽缸内的燃料完全燃烧所需的理论空气量的质量比。可燃混合气是指进入发动机汽缸的汽油、空气混合气。发动机在不同的工况下工作时需要不同浓度的混合气,发动机各工况对混合气浓度要求见表 5-1。

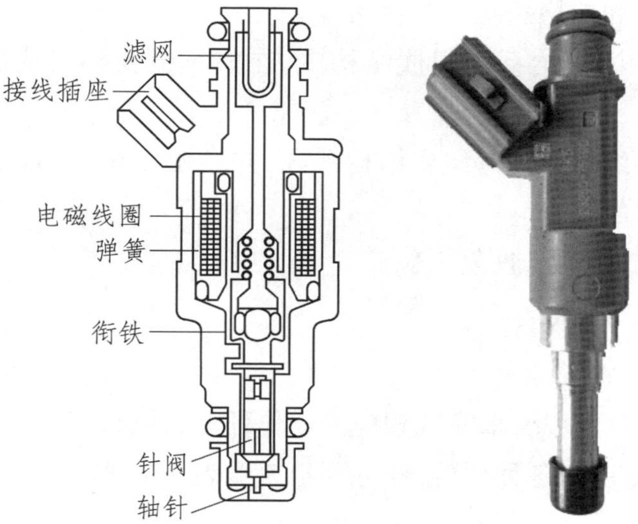

图 5-10 喷油器结构

发动机各工况对混合气浓度要求 表 5-1

发动机工况	空燃比(过量空气系数)
起动(0℃时)	约 2(0.2)
起动(20℃时)	约 5(0.4)
怠速	约 11(0.6 ~ 0.8)
小负荷	12 ~ 13(0.75 ~ 0.95)
中等负荷	15 ~ 18(1.0 ~ 1.15)
大负荷	12 ~ 13(0.85 ~ 0.95)
加速	8(0.4 ~ 0.6)

二、计划与实施

引导问题 12:完成本学习任务,需要使用的工具、量具及检测设备有哪些?

在表 5-2 中填写本学习任务所需要使用的工具、量具。

工具、量具名称及型号 表 5-2

名称	型号

引导问题13:如何认识发动机的燃油供给系统?

(1)车辆解锁,打开车门,安装车内五件套。

(2)释放发动机舱盖,打开发动机舱盖并有效支撑。

(3)安装翼子板布和前格栅布。

(4)根据发动机燃油供给系统组成结构图,在整车上找到对应的位置,并认真观察其结构。

(5)在剪裁好的小纸条上写好组成结构名称,并粘贴在相应的零部件上,便于教师检查核实学生掌握的情况。

(6)认识完毕后收取纸条,恢复工位。

三、评价反馈

通过学习,按照学习任务要求完成相应的工作任务,并通过任务提高自己解决问题的方法和能力。学生和教师展开各种评价,任务评价表见表5-3。

任务评价表 表5-3

序号	评价标准	分值(分)	自评(分)	互评(分)	师评(分)
1	是否服从组长安排,无迟到、早退和旷工	5			
2	着装是否符合标准	5			
3	能否完成小组分派的任务	10			
4	能否积极主动与小组成员沟通,发表自己意见	5			
5	语言表达是否准确,沟通是否顺畅	5			
6	能否大胆地在同学们面前展示自己学习的成果	5			
7	是否有工作岗位的责任心	5			
8	小组学习中能否主动与其他成员合作	5			
9	能否正确对待他人提出的肯定和否定意见	5			
10	是否合理规范使用工具和设备	5			
11	是否能根据结构图找到零件在整车上的准确位置	20			
12	描述作用是否准确,表达是否清晰	15			
13	能否按照安全和规范的规程操作	5			
14	是否保持现场干净整洁	5			
合计		100			

四、学习拓展

现有一辆帕萨特车辆,采用缸内直喷发动机技术,请你找找帕萨特燃油系统的各零部件位置,说明该发动机燃油系统与实习用车燃油系统的不同之处。

学习任务二　柴油发动机电控燃油喷射系统认识

学习目标

知识目标:

1. 了解柴油发动机燃油供给系统的功用、组成;
2. 掌握柴油发动机电控燃油喷射系统的功用、类型及组成。

技能目标:

能正确认识柴油发动机燃油供给系统的零部件。

素养目标:

1. 在任务实施过程中养成规范操作的习惯;
2. 任务完成后养成现场7S管理的习惯。

任务描述

一辆搭载直列四缸柴油发动机的福田奥铃汽车,使用过程中加速不良,喷油泵内有"唰"的呼声。经维修人员检查,确定喷油泵、燃油滤清器和喷油器故障。需要对柴油机燃油供给系统进行拆装检修。

一、资料收集

引导问题1:柴油机燃油供给系统的功用是什么?

柴油机燃油供给系统的功用是根据柴油机不同工况的要求,定时、定压、定量地把柴油按一定规律喷入汽缸,柴油与吸入汽缸内的清洁空气迅速混合和燃烧,并将燃烧后生成的废气排出。

引导问题2:柴油机燃油供给系统的组成有哪些?

柴油机燃油供给系统由燃油供给装置、空气供给装置、可燃混合气形成装置和废气排出装置组成。燃油供给装置由燃油箱、燃油滤清器、低压燃油泵、高压燃油泵和喷油器等组成。空气供给装置由空气滤清器、进气歧管和进气道组成。可燃混合气形成装置即燃烧室。废气排出装置由排气歧管、排气道和排气消音器等组成。

引导问题3:柴油发动机燃油供给系统的工作原理是什么?

柴油发动机燃油供给系统的组成如图5-11所示。柴油发动机工作时,柴油被低压燃油泵从燃油箱吸出,柴油压力被提高到0.15～0.30MPa,经过燃油滤清器滤去杂质后,最后被送至高压燃油泵,柴油压力进一步提高至10MPa以上,通过高压油轨到喷油器,柴油以雾状被喷入燃烧室,并与空气混合后进行燃烧。

引导问题4:喷油泵的功用是什么?喷油泵有哪些类型?

喷油泵结构如图5-12所示,是柴油发动机燃油供给系统中最重要的一个总成,它的功用是根据柴油发动机运行工况和汽缸工作顺序,将高压柴油定时、定压、定量地输送至喷油器。喷油泵一般固定在柴油发动机机体一侧的支架上,由柴油发动机曲轴通过齿轮驱动,齿轮轴和喷油泵的凸轮轴用联轴器连接,调速器安装在喷油泵的后端。喷油泵的结构形式较多,车用柴油发动机的喷油泵按作用原理不同可以分为柱塞式喷油泵(图5-13)、泵-喷油器和转子分配式喷油泵。

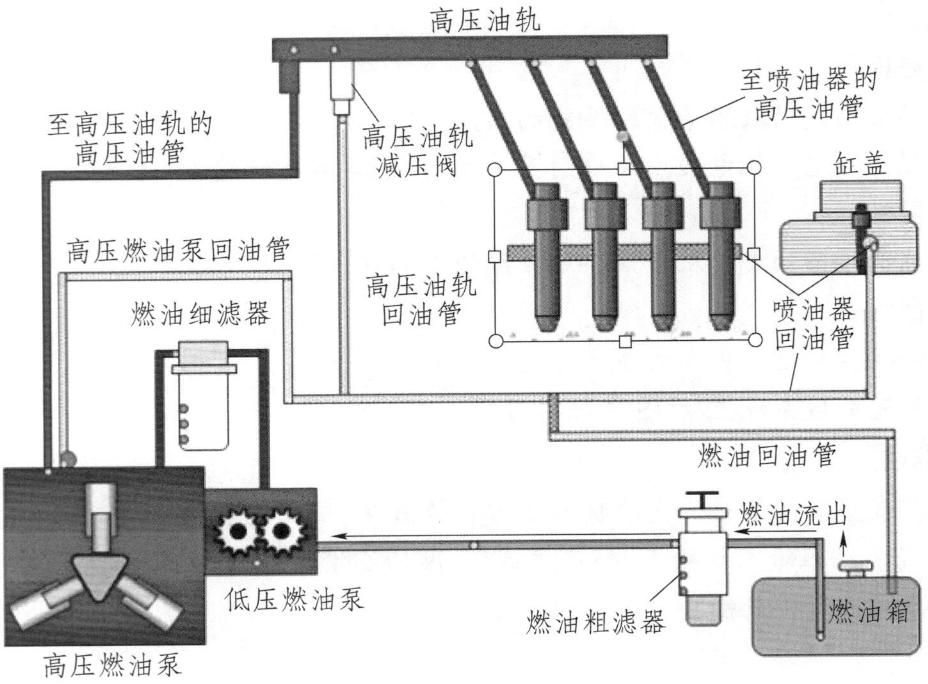

图5-11　柴油机燃油供给系统的组成

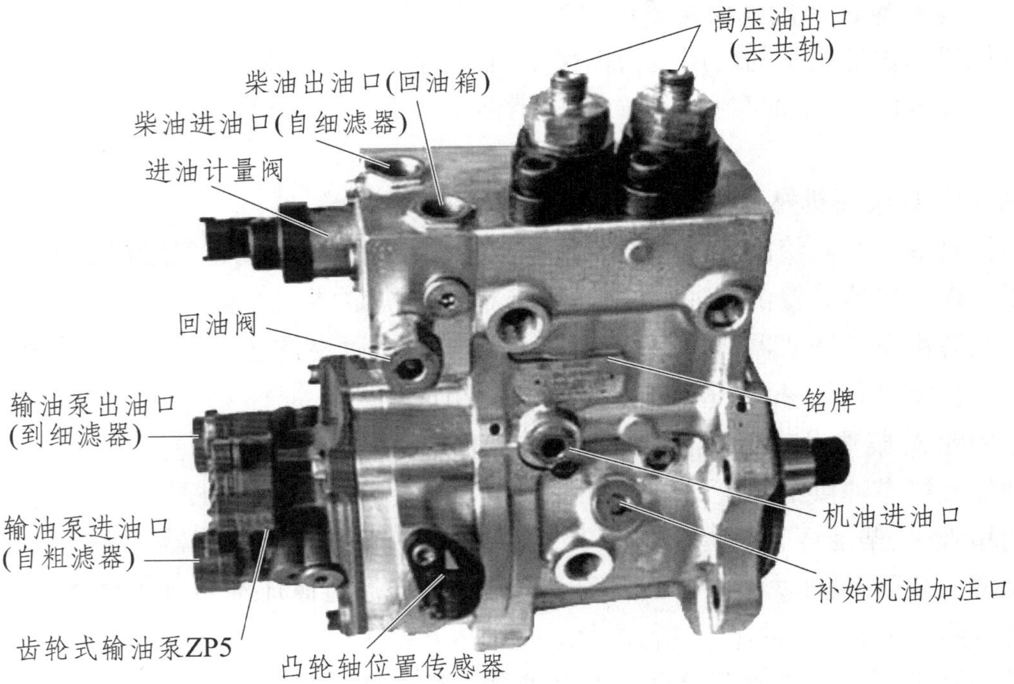

图5-12　喷油泵结构图

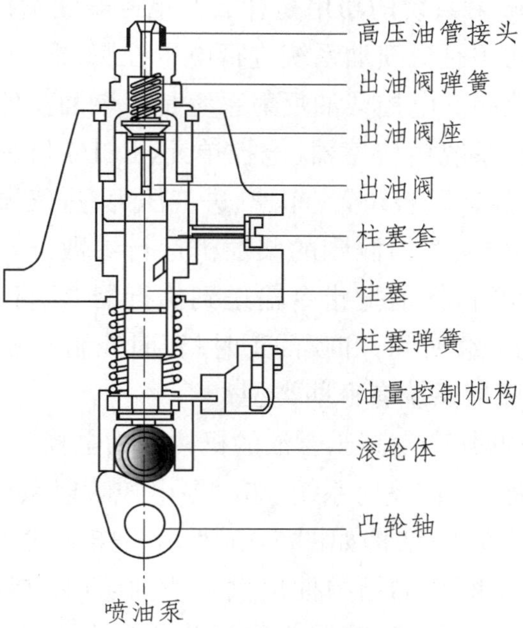

图 5-13　柱塞式喷油泵

引导问题 5:输油泵的功用是什么？输油泵有哪些类型？

输油泵的结构如图 5-14 所示,它的功用是克服燃油滤清器和管路中的阻力,保证低压油路中柴油的正常流动,并以一定压力向喷油泵输送足量的柴油。输油量应为柴油发动机全负荷最大喷油量的 3～4 倍。输油泵有活塞式、转子式、滑片式和齿轮式等几种。

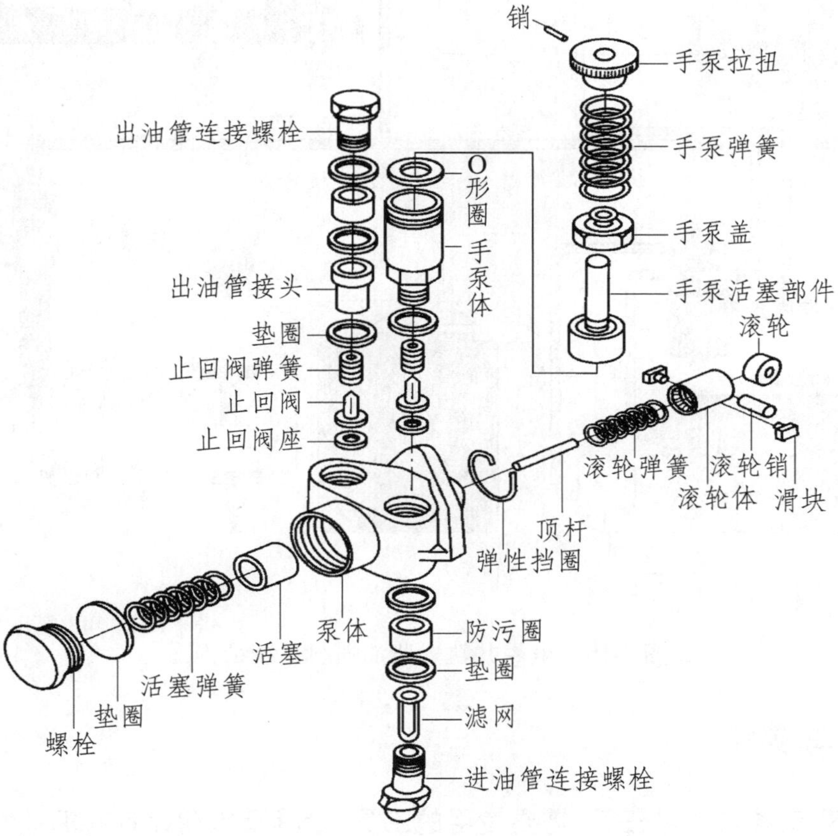

图 5-14　输油泵结构图

引导问题 6:电控柴油喷射系统的功用是什么?电控柴油喷射系统的工作原理是什么?

电控柴油喷射系统的功用是对喷油系统进行电子控制,根据发动机运行工况,实现对喷油量以及喷油定时的实时控制。电控柴油喷射系统是由燃油供给系统、电子控制系统、空气供给系统等组成。电子控制系统由传感器、电控单元(ECU)和执行器组成的。传感器包括用来检测柴油发动机转速、加速踏板位置、车速、进气压力、进气温度、燃油温度、冷却水温度等信号,ECU 根据各种传感器实时检测到的柴油机运行参数,与 ECU 中预先存储的参数相比较,按其最佳值或计算后的目标值把指令输送到执行器,执行器根据 ECU 指令控制喷油量(齿条位置或电磁阀关闭持续时间)和喷油正时(正时控制阀开闭或电磁阀关闭始点)。

引导问题 7:电控柴油喷射系统有哪些类型?

电控柴油喷射系统,根据其产生高压燃油的机构分为电控直列泵喷射系统、分配泵电控喷射系统、泵喷油器(泵喷嘴)电控喷射系统、单缸泵电控喷射系统和共轨式电控喷射系统。

电控共轨式柴油喷射系统的结构如图 5-15 所示。柴油发动机工作时,柴油被输油泵(图 5-15 中的燃油齿轮泵)不断从油箱中抽出供入喷油泵(图 5-15 中的高压泵),然后被喷油泵泵送到共轨管中。当共轨压力传感器检测到共轨管内柴油压力过低或过高时,电控单元发出指令,调节共轨管内的柴油量,使其压力保持恒定。当某缸需要喷油时,电控单元发出指令,该缸喷油器的电磁阀动作,开始喷油。

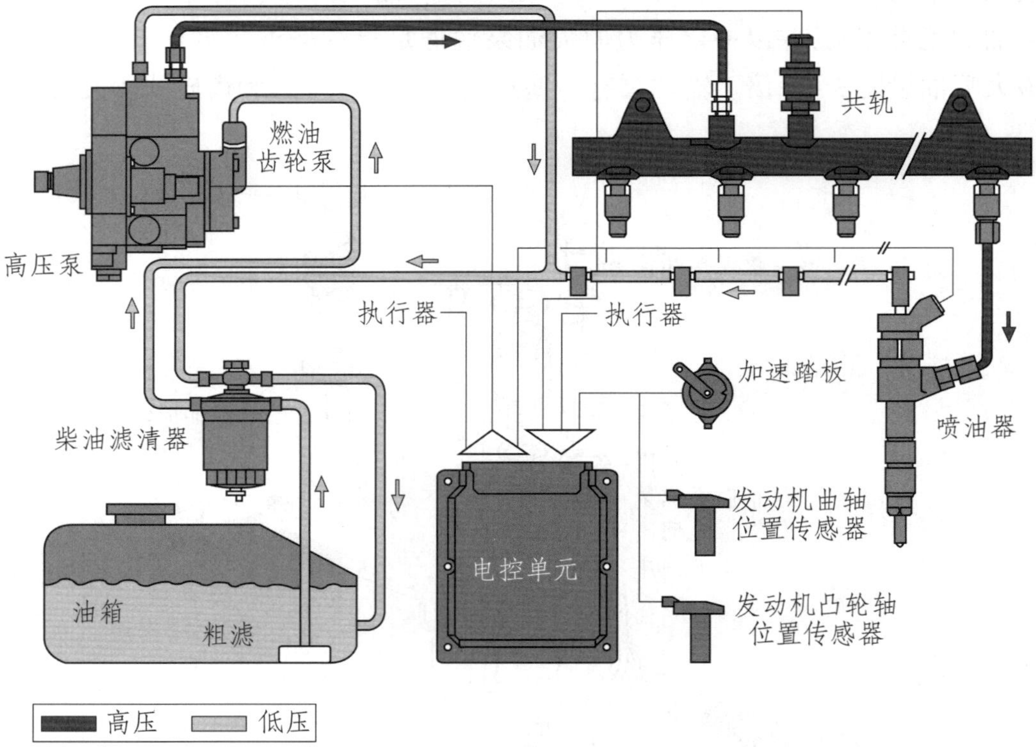

图 5-15　电控共轨式柴油喷射系统结构图

二、计划与实施

引导问题 8:完成本学习任务,需要使用的工具、量具及检测设备有哪些?

在表 5-4 中填写本学习任务所需要使用的工具、量具。

工具、量具名称及型号 表 5-4

名称	型号

引导问题 9:如何认识柴油发动机燃油供给系统?

(1)车辆解锁,打开车门,安装车内五件套。

(2)将汽车停放在候车地沟中央位置,拉紧驻车制动器操纵杆,并将变速杆置于空挡(N挡)位置。

(3)解除锁止,拆卸安全装置,翻转汽车驾驶室,并可靠支撑。

(4)根据柴油发动机燃油供给系统组成结构图,在整车上找到对应的位置,并认真观察其结构。

(5)在剪裁好的小纸条上写好组成结构名称,并粘贴在相应的零部件上,便于教师检查核实学生掌握的情况。

(6)认识完毕后收取纸条,恢复工位。

三、评价反馈

通过学习,按照学习任务要求完成相应的工作任务,并通过任务提高自己解决问题的方法和能力。学生和教师展开各种评价,任务评价表见表 5-5。

任务评价表 表 5-5

序号	评价标准	分值(分)	自评(分)	互评(分)	师评(分)
1	是否服从组长安排,无迟到、早退和旷工	5			
2	着装是否符合标准	5			
3	能否完成小组分派的任务	10			
4	能否积极主动与小组成员沟通,发表自己意见	5			
5	语言表达是否准确,沟通是否顺畅	5			
6	能否大胆地在同学们面前展示自己学习的成果	5			
7	是否有工作岗位的责任心	5			
8	小组学习中能否主动与其他成员合作	5			
9	能否正确对待他人提出的肯定和否定意见	5			
10	是否合理规范使用工具和设备	10			
11	是否能根据结构图找到零件在整车上的准确位置	15			

续上表

序号	评价标准	分值(分)	自评(分)	互评(分)	师评(分)
12	描述作用是否准确,表达是否清晰	15			
13	能否按照安全和规范的规程操作	5			
14	是否保持现场干净整洁	5			
合计		100			

四、学习拓展

现有一辆福田欧曼汽车,请你找找福田欧曼汽车柴油发动机燃油系统各零部件位置,看看该福田欧曼汽车柴油发动机燃油系统与福田奥铃汽车有何不同。

学习任务三　电控燃油喷射系统常用传感器认识

学习目标

知识目标:

1. 了解汽油发动机电控燃油喷射系统中的传感器的功用;
2. 掌握汽油发动机电控燃油喷射系统中的传感器的类型。

技能目标:

1. 能正确找到汽油发动机电控燃油喷射系统中的传感器的安装位置;
2. 能正确认识汽油发动机电控燃油喷射系统中的传感器。

素养目标:

1 在学习新技术中引导学生创新思维能力;

2. 任务完成后养成现场7S管理的习惯。

任务描述

当汽车行驶一定时间或里程后,发动机在运转过程中怠速转速不稳定。经维修人员检查,初步判定该车发动机电控燃油喷射系统中的传感器出现了异常情况,需对电控燃油喷射系统中的传感器进行拆装与检查。

一、资料收集

引导问题1:发动机电控系统的基本组成有哪些?

任何一种电子控制系统,其主要组成都可分为信号输入装置、电子控制单元(ECU)和执行元件三部分,如图5-16所示。

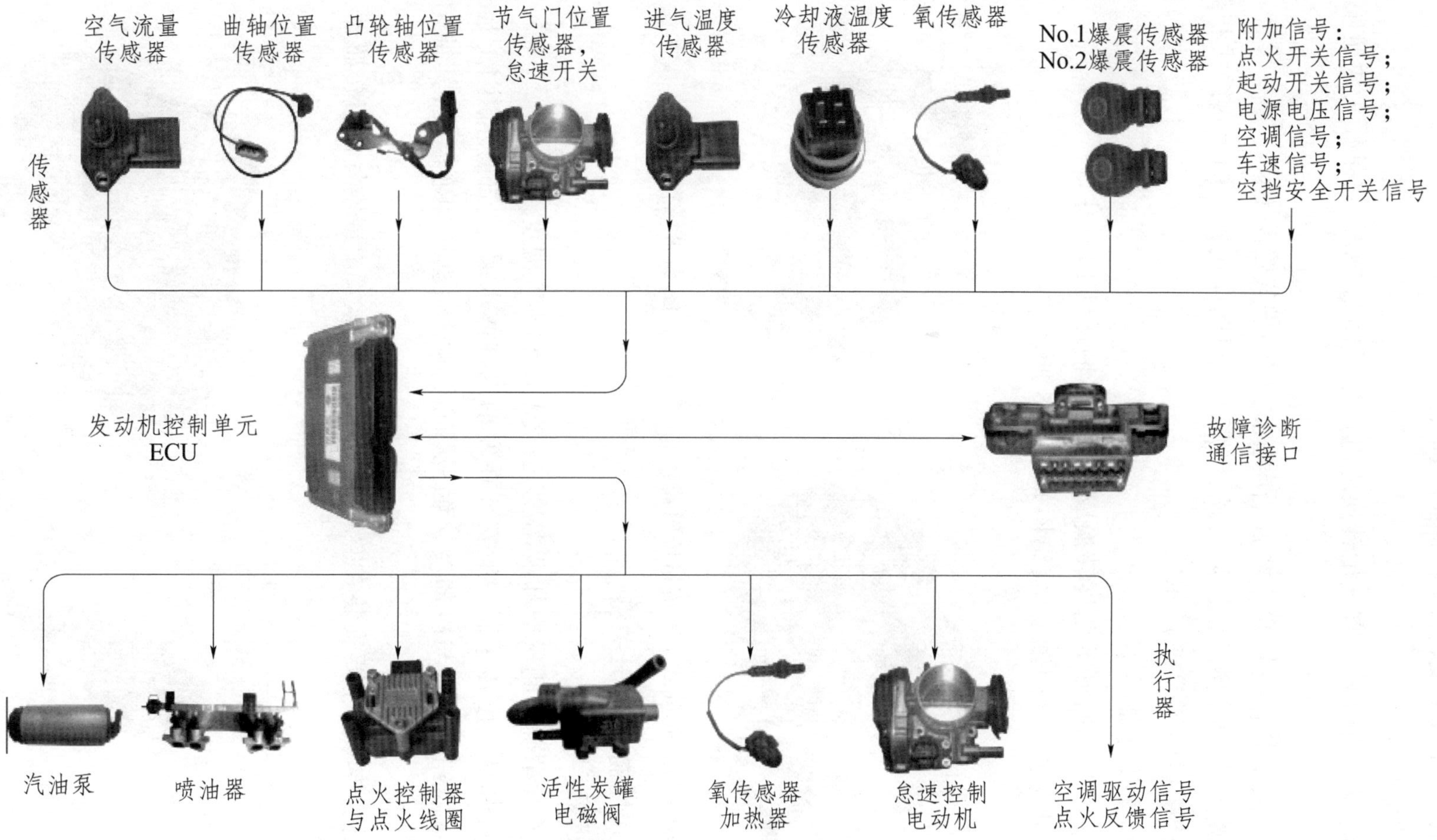
传感器
空气流量传感器
曲轴位置传感器
凸轮轴位置传感器
节气门位置传感器，怠速开关
进气温度传感器
冷却液温度传感器
氧传感器
No.1爆震传感器
No.2爆震传感器
附加信号：
点火开关信号；
起动开关信号；
电源电压信号；
空调信号；
车速信号；
空挡安全开关信号
发动机控制单元
ECU
故障诊断通信接口
执行器
汽油泵
喷油器
点火控制器与点火线圈
活性炭罐电磁阀
氧传感器加热器
怠速控制电动机
空调驱动信号
点火反馈信号

图 5-16　发动机电控系统的组成

引导问题2:电子控制汽油喷射系统常用传感器有哪些?

汽车上常用传感器的种类很多,主要有空气流量传感器、节气门位置传感器、氧传感器、进气温度传感器、冷却液温度传感器、曲轴位置传感器等。

1. 空气流量传感器

(1)作用:将发动机吸入的空气量转换成电信号反馈给ECU,它是作为决定喷油量的基本信号之一。

(2)位置:一般安装在空气滤芯之后、节气门之前的进气管路上。

(3)类型:翼片式、卡门漩涡式、热线式、热膜式。目前应用较广的为热线式和热膜式,热膜式空气流量传感器如图5-17所示。

节气门位置传感器功用

2. 节气门位置传感器

(1)作用:将节气门打开的角度转换成电压信号输送到ECU中。

(2)位置:安装在节气门轴上,其结构如图5-18所示。

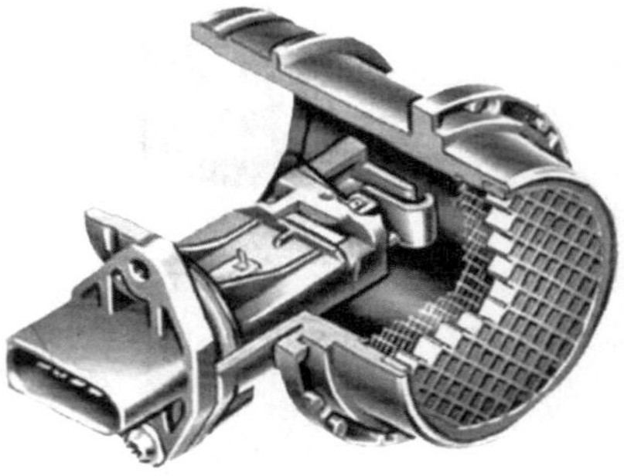

图5-17 热膜式空气流量传感器

图5-18 节气门体

(3)类型:线性输出型、开关型。

3. 温度传感器

(1)作用:连续精确地测量冷却液温度、进气温度和排气温度。

(2)位置:冷却液温度传感器一般安装在发动机缸体水道上、缸盖水道上、上出水管、发动机出水口、节温器前等处,与冷却液接触,从而检测发动机冷却液温度,其结构如图5-19所示。

(3)进气温度传感器主要安装在空气滤清器的进气软管上或空气流量传感器上,其结构如图5-20所示。

图5-19 冷却液温度传感器

图5-20 进气温度传感器

(4)排气温度传感器一般安装在三元催化转换器上。

(5)类型:应用较多的是绕线电阻式、热敏电阻式。

4. 曲轴、凸轮轴位置传感器

(1)作用:检测曲轴转角、转速和活塞上止点位置。

(2)位置:安装在飞轮处、分电器内以及曲轴或凸轮轴前端,因机型而异。

(3)类型:磁脉冲式、光电式、霍尔式。曲轴位置传感器一般采用磁脉冲式(图5-21),凸轮轴位置传感器一般采用霍尔式(图5-22)。

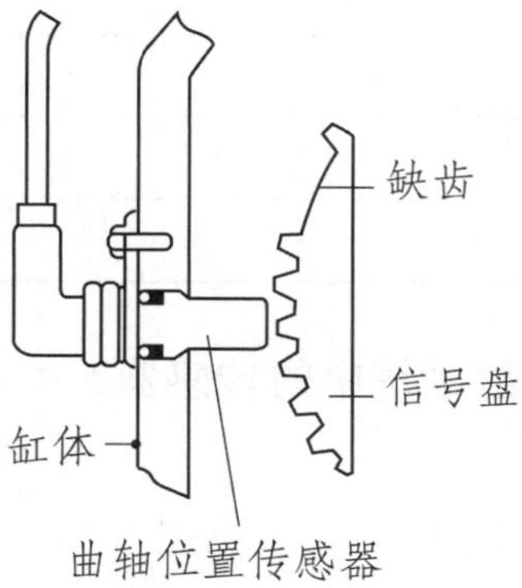

图5-21 磁脉冲式曲轴位置传感器

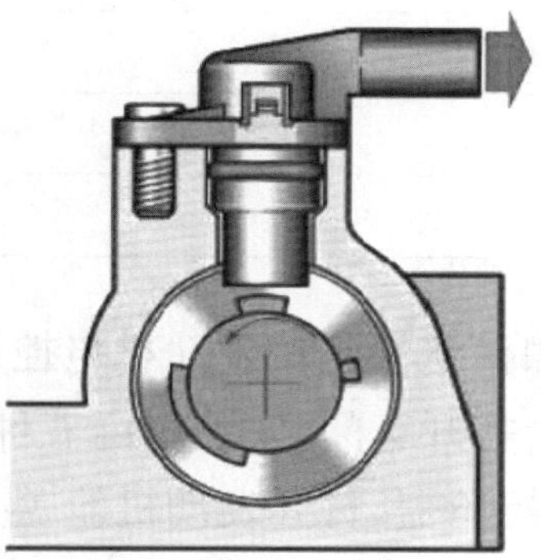

图5-22 霍尔式凸轮轴位置传感器

5. 氧传感器

(1)作用:根据尾气中的氧浓度监测空燃比,向ECU发出反馈信号,以控制空燃比趋于理论值,达到降低排气污染的目的。

(2)位置:安装在排气管上。

(3)类型:氧化锆式(图5-23)、氧化钛式、宽域型氧传感器(图5-24)。

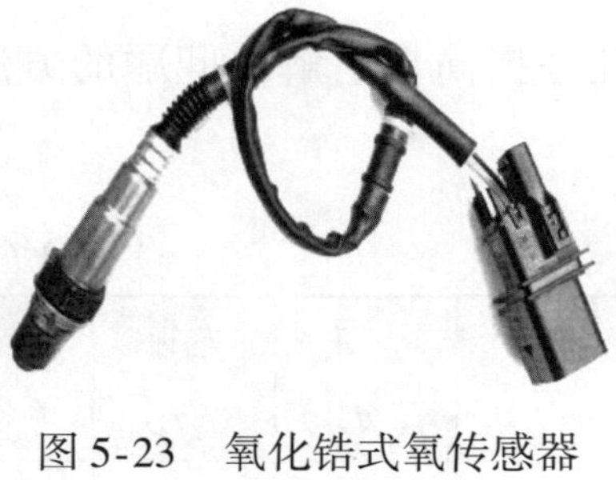

图5-23 氧化锆式氧传感器

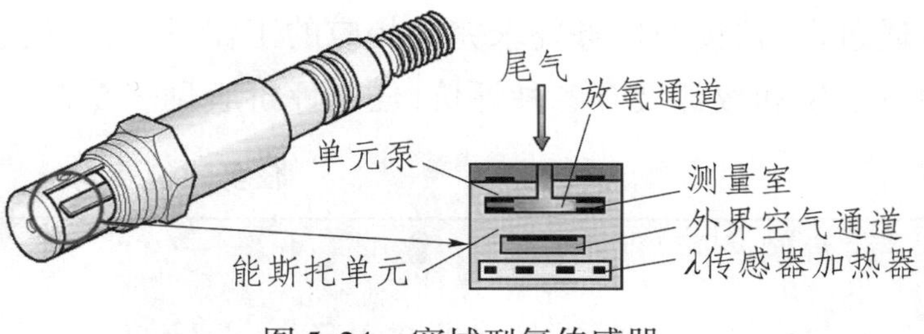

图5-24 宽域型氧传感器

6. 爆震传感器

(1)作用:测定发动机的抖动度,当发动机产生爆震时调整点火提前角。

(2)位置:安装在发动机缸体上(图5-25)。

(3)类型:爆震传感器有很多种,其中应用最早的为磁致伸缩式爆震传感器,现在压电式共振型传感器应用最多,利用压电效应把爆震时产生的机械振动转变为信号电压。

图5-25 爆震传感器位置

二、计划与实施

引导问题3:完成本学习任务,需要使用的工具、量具及检测设备有哪些?

在表5-6中填写本学习任务所需要使用的工具、量具。

工具、量具名称及型号 表5-6

名称	型号

引导问题4:如何认识汽油发动机电控燃油喷射系统中的传感器?

(1)车辆解锁,打开车门,安装车内五件套。

(2)释放发动机舱盖,打开发动机舱盖并有效支撑。

(3)安装翼子板布和前格栅布。

(4)根据电控燃油喷射系统组成结构图,在整车上找到各传感器的对应位置,并认真观察其结构。

(5)在剪裁好的小纸条上写好组成结构名称,并粘贴在相应的零部件上,便于教师检查核实学生掌握的情况。

(6)认识完毕后收取纸条,恢复工位。

三、评价反馈

通过学习,按照任务要求完成相应的工作任务,并通过任务提高自己解决问题的方法和能力。学生和教师展开各种评价,任务评价表见表5-7。

任务评价表 表5-7

序号	评价标准	分值(分)	自评(分)	互评(分)	师评(分)
1	是否服从组长安排,无迟到、早退和旷工	5			
2	着装是否符合标准	5			
3	能否完成小组分派的任务	10			
4	能否积极主动与小组成员沟通,发表自己意见	5			
5	语言表达是否准确,沟通是否顺畅	5			
6	能否大胆地在同学们面前展示自己学习的成果	5			
7	是否有工作岗位的责任心	5			
8	小组学习中能否主动与其他成员合作	5			

续上表

序号	评价标准	分值（分）	自评（分）	互评（分）	师评（分）
9	能否正确对待他人提出的肯定和否定意见	5			
10	是否合理规范使用工具和设备	10			
11	是否能根据维修手册中结构图找到各传感器在整车上的准确位置	15			
12	描述作用是否准确，表达是否清晰	15			
13	能否按照安全和规范的规程操作	5			
14	是否保持现场干净整洁	5			
合计		100			

四、学习拓展

现有一辆大众帕萨特汽车，请你找找大众帕萨特汽车发动机各传感器零件的位置，看看该发动机与学校实习发动机的传感器型号、位置和作用是否相同。

自我检测

专业知识题

一、单选题（下列各题的四个备选答案中只有一个是符合题意的正确答案，请做出选择）

1. 负温度系数热敏电阻的阻值随温度的升高而（　　）。

A. 升高　　B. 降低　　C. 不受影响　　D. 先高后低

2. 当节气门逐渐开大时，燃油分配管内油压（　　）。

A. 不变　　B. 降低　　C. 升高　　D. 先降低再升高

3. 将高压柴油以一定形式和分布面积，成雾状喷入燃烧室的工作件是柴油发动机的（　　）。

A. 输油泵　　B. 喷油器　　C. 调速器　　D. 喷油泵

4. 氧化锆式氧传感器只有在（　　）℃以上温度才能正常工作。

A. 600　　B. 500　　C. 300　　D. 90

二、判断题（请对下列各题判断正误，正确的打"√"，错误的打"×"）

1. 分组喷射方式是指发动机每一个工作循环中，各喷油器均喷射一次。（　　）

2. 相对于采用同时喷射的发动机而言，采用分组喷射的发动机在性能方面有所提高。（　　）

3. 热线式和热膜式空气流量传感器属于体积型空气流量传感器。（　　）

4. 霍尔式传感器的输出电压信号近似于方波信号，并且电压高低与被测物体的转速无关，需要外加电源。（　　）

5. 柴油发动机调速器的作用是维持发动机稳定转速和限制最高、最低转速。（　　）

三、多选题(下列各题的四个备选答案中有两个或两个以上符合题意的正确答案,请做出选择,错选、多选或漏选均不给分)

1. 在采用间歇喷射方式的多点电控燃油喷射系统中,按各缸喷油器的喷射顺序又可分为(　　)。

A. 同时喷射　　B. 分组喷射　　C. 顺序喷射　　D. 间歇喷射

2. 电控燃油喷射系统的功能是对(　　)进行控制。

A. 喷射正时　　B. 喷油量　　C. 燃油停供　　D. 燃油泵

3. 节气门位置传感器可分为(　　)。

A. 开关式　　B. 滑动电阻式　　C. 综合式　　D. 触点式

4. 凸轮轴位置传感器可分为(　　)类型。

A. 磁脉冲式　　B. 霍尔式　　C. 光电式　　D. 开关式

项目六

冷却与润滑系统

冷却系统是汽车发动机非常重要的系统。冷却系统承担着发动机“体温调节”的重要作用，它能及时散发受热零件吸收的部分热量，保证发动机在最适宜的温度状态下工作。

润滑系统主要承担着发动机“润滑调节”的作用，同时还具有冷却、清洁、密封、防腐等作用，它能够连续不断地把数量足够的洁净机油输送到全部传动件的摩擦表面，并在摩擦表面间形成油膜，实现液体摩擦，从而减小摩擦阻力、降低功率消耗、减轻机件磨损，以达到提高发动机工作可靠性和耐久性的目的。

学习任务一　发动机冷却系统功能检查

学习目标

知识目标：

1. 了解冷却系统的功用与组成；
2. 掌握散热器、风扇、水泵、蜡式节温器的结构与工作原理。

技能目标：

1. 能正确对发动机冷却系统进行检查；
2. 能正确认识汽油发动机电控燃油喷射系统中的传感器。

素养目标：

1. 通过规范检查养成严谨细致的工作作风；
2. 油水不落地等要求培养学生良好作业习惯。

任务描述

当汽车行驶一定时间或里程后，在运行中若冷却系统温度过高，会出现冷却液温度表指针指向红线，冷却液温度警示灯闪亮，甚至沸腾（俗称“开锅”）等现象，这时就应该对汽车发机动冷却系统进行检查，若冷却系统相关零部件的工作状况发生异常，应进行维修或更换，恢复其至正常工作状况。

一、资料收集

引导问题1:冷却系统功用是什么?是如何工作的?

冷却系统是将受热零件吸收的部分热量及时散发出去,保证发动机在最适宜的温度状态(80~90℃)下工作。

(1)发动机的冷却方式。

根据所用冷却介质不同,可分为风冷式和水冷式,如图6-1所示。

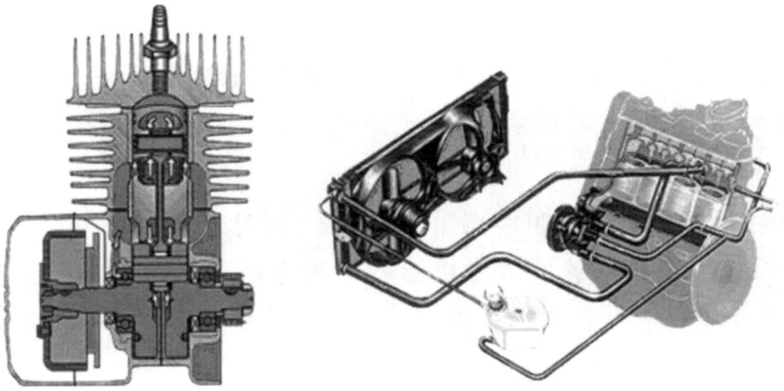

a) 风冷式　　b) 水冷式

图6-1　冷却方式

风冷式——以空气为冷却介质,高温零件的热量直接散入大气。

水冷式——以水为冷却介质,热量先由机件传给水,靠水的流动把热量带走而后散入大气中。散热后的水再重新流回到受热机件处。适当调节水路和冷却强度,就能保持发动机的正常工作温度。同时,还可用热水预热发动机,便于冬季起动。

(2)冷却系统的大、小循环。

发动机根据发动机温度进行调节,依据冷却液是否通过散热器进行散热,分为大循环和小循环,冷却系统的循环水路如图6-2所示。

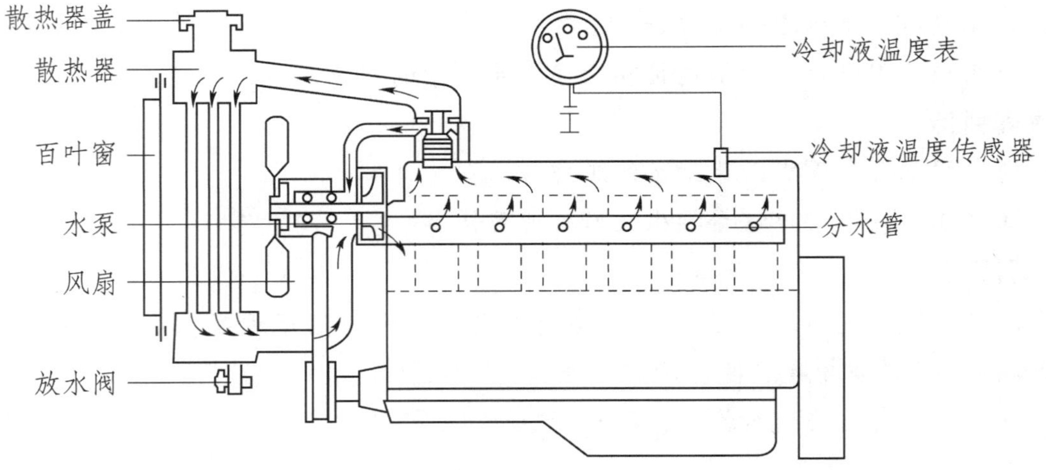

图6-2　冷却系统循环水路

大循环:散热器—水泵—分水管—汽缸体水套—汽缸盖水套—节温器—散热器。

小循环：散热器—水泵—分水管—汽缸体水套—汽缸盖水套—节温器—水泵（不再经过散热器散热）。

引导问题 2：发动机冷却系统由哪些零部件组成？各组成部分是如何工作的？

汽车发动机的冷却系统为强制循环水冷式冷却系统，即利用水泵提高冷却液的压力，强制冷却液在发动机中循环流动。强制循环水冷系统由水泵、散热器、风扇、节温器、补偿水箱、发动机机体和汽缸盖中的水套以及其他附属装置等组成，如图 6-3 所示。

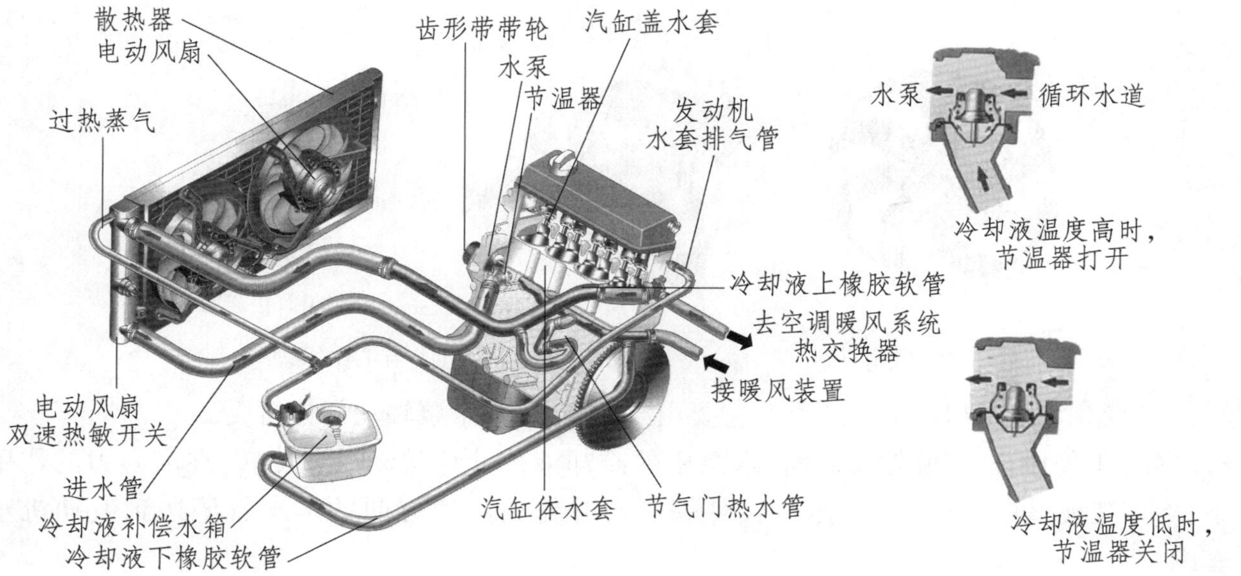

图 6-3　发动机冷却系统的组成

1. 散热器

（1）作用：散热器的作用是将冷却水在水套中所吸收的热量散发至外界大气，使水温下降。

（2）组成：散热器由上水室、下水室、散热器芯等组成。

（3）工作原理：冷却系统中的冷却液在散热器芯内流动，空气在散热器芯外通过。热的冷却液由于向空气散热而变冷，冷空气则因吸收冷却液散出的热量而升温。所以散热器就是利用外界空气降低散热器内来自发动机的冷却液温度。其结构如图 6-4 所示。

2. 散热器盖

（1）作用：散热器盖的作用是防止冷却液洒出、蒸发。

（2）组成：散热器盖（图 6-5）由压力阀和真空阀组成。

3. 补偿水箱

补偿水箱（图 6-6）的作用是密封冷却系统，减少冷却液的散失，使冷却系统内水、气分离，保持压力稳定，避免空气不断进入，造成冷却系统氧化、锈蚀。

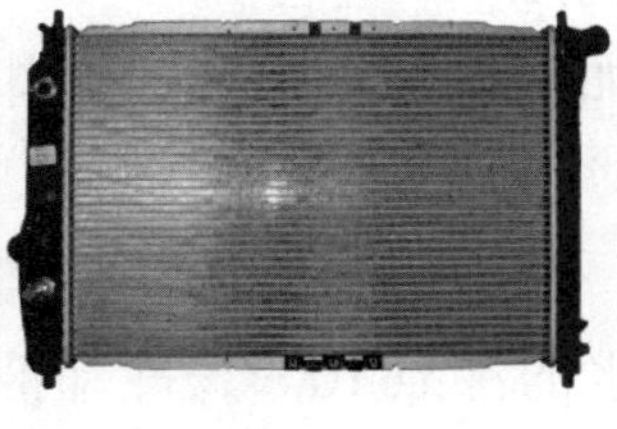

图 6-4　散热器

图 6-5　散热器盖

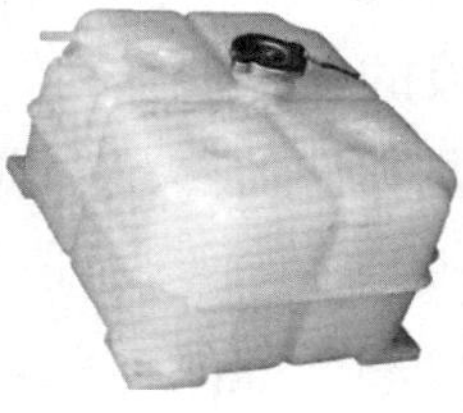

图 6-6　补偿水箱

4. 风扇

风扇(图6-7)的主要作用是提高流经散热器的空气流速和流量,以增强散热能力并冷却发动机附件。

5. 水泵

(1)作用:水泵(图6-8)的作用是对冷却液加压,使之在冷却系中加速循环流动,保证发动机冷却可靠。

图6-7　风扇

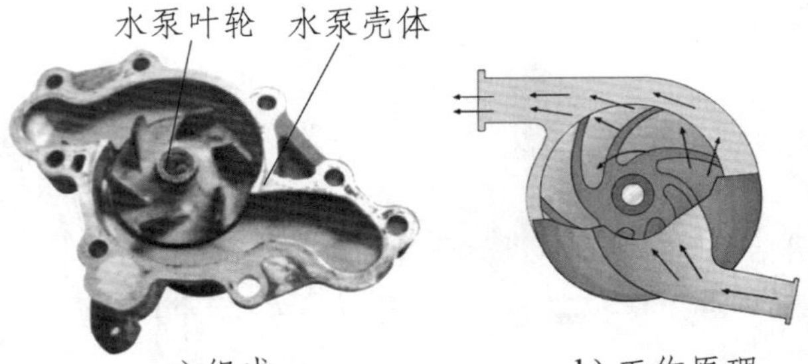

a) 组成　　b) 工作原理

图6-8　水泵的组成与工作原理

(2)组成:发动机的离心式水泵主要由泵体、叶轮和水泵轴三部分组成。

(3)工作原理:当叶轮旋转时,水泵中的冷却液被叶片带动一起旋转,在离心力的作用下,冷却液被甩向叶轮边缘,然后经外壳上与叶轮成切线方向的出水管压送到发动机水套内。

6. 蜡式节温器

(1)作用:随发动机负荷和冷却液温度变化而自动改变冷却液的流量和循环路线,保证发动机在适宜的温度下工作,减少燃油消耗和机件的磨损。其结构与工作原理如图6-9所示。

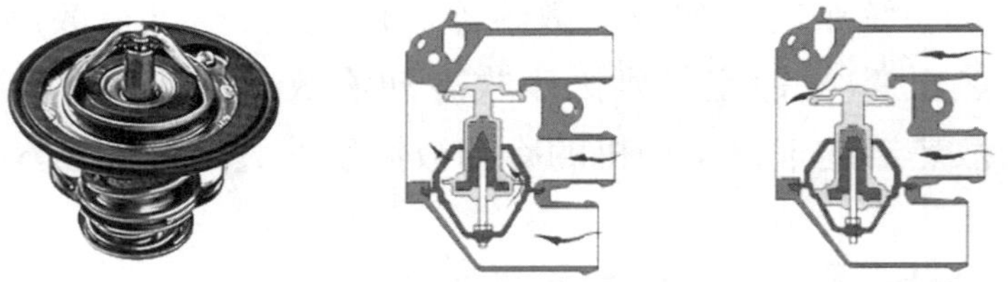

a) 实物　　b) 节温器阀关闭　　c) 节温器阀打开

图6-9　节温器的结构与工作原理

(2)组成:蜡式节温器由上支架、下支架、主阀门、副阀门、石蜡、感应体、中心杆、橡胶管和弹簧等组成。

引导问题3:冷却液主要作用是什么?冷却液有哪些类型?

冷却液的全称叫防冻冷却液,冷却液由水、防冻剂、添加剂三部分组成。冷却液的功用是带走高温零件的热量,还具有防锈、防垢、防腐蚀等功能。

1. 防沸

符合国家标准的冷却液,沸点通常都超过105℃,比起水的沸点100℃,冷却液能耐受更高的温度而不沸腾开锅,在一定程度上满足了高负荷工作时发动机的散热冷却需要。

2. 防冻

在温度过低的情况下，为保证车辆冷却系统不被冻坏，一般选用抗冻温度(冰点)为 -45 ~ -20℃的防冻冷却液，往往根据不同地域的实际需要合理选择，以满足使用要求。

3. 防锈

优质的防冻液可以避免发生冷却系统生锈的情况，如果冷却系统生锈会导致加速磨损和降低热传导的效率。

4. 防垢

由于冷却液所使用的是去离子水，因此可以避免结垢和沉淀的形成，从而保护发动机。

5. 防腐

冷却液最主要的功能是防腐蚀，冷却液中添加各种添加剂以防止各种腐蚀的产生。

目前，汽车广泛使用的冷却液是用乙二醇或丙三醇等化学物质与水按一定比例混合而成的混合液，还要加入腐蚀剂、清洁剂、阻垢剂和着色剂等添加剂。其中以乙二醇型防冻液使用居多。

乙二醇型防冻液采用乙二醇与软水按不同比例混合而成。纯净的乙二醇是无色、黏稠且有甜味的液体；乙二醇比水重，易溶于水和乙醇。乙二醇的冰点为 12.5℃，沸点则高达 197℃。其优点是配兑容易、溶液不易挥发、使用安全可靠；其缺点是当乙二醇的百分比浓度过低时，其对机件的腐蚀性就会增加。因而一般乙二醇型防冻液都会添加一定比例的防锈剂，以达到防锈除垢的作用。

我国汽车发动机冷却液现行执行标准是《机动车冷却液　第 1 部分：燃油 汽车发动机冷却液》(GB 29743.1—2022)。冷却液按冰点分为 -25 号、-30 号、-35 号、-40 号、-45 号和 -50 号六个型号。

一般冷却液的更换周期在 4 年或 6 万 km 左右，但在使用过程中应定期检查冷却液，当发现液面低于下限时，及时添加同一型号同一品牌的冷却液；当发现冷却液中有悬浮物、沉淀物或发臭时，则说明冷却液已经变质，应及时清洗冷却系统，并更换冷却液。注意不同型号不同品牌的冷却液不能混装混用。

二、计划与实施

引导问题 4：为完成本学习任务，需要使用的工具、量具及检测设备有哪些？

在表 6-1 中填写本任务所需要使用的工具、量具。

工具、量具名称及型号　　表 6-1

名称	型号

引导问题5:如何检查冷却液液位是否在规定范围内?

(1)释放发动机舱盖,打开发动机舱盖并有效支撑。

(2)安装翼子板布和前格栅布。

(3)检查发动机冷却液储液罐内的液位是否在规定的刻度范围内,即在高位(MAX)和低位(MIN)之间,如图6-10、图6-11所示。

图6-10 检查冷却液液位

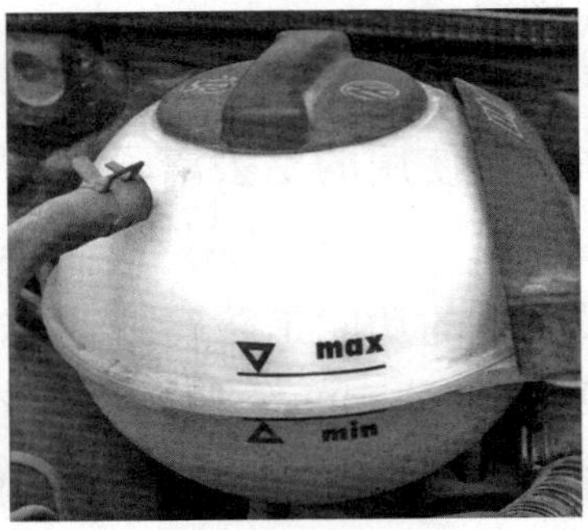

图6-11 冷却液刻度线

提示:冷却液储液罐是半透明的,目视检查冷却液是否在上限与下限之间,检查时不能晃动水箱。发动机很热的时候,切忌打开水箱盖。因为高温冷却液容易喷出,很危险。冷却液一般2年或4万km时更换。

冷却液冰点检查

引导问题6:如何检查冷却液冰点?

(1)校正零点。

①用吸管取纯净水数滴(图6-12),放在冰点计棱镜上(图6-13)。

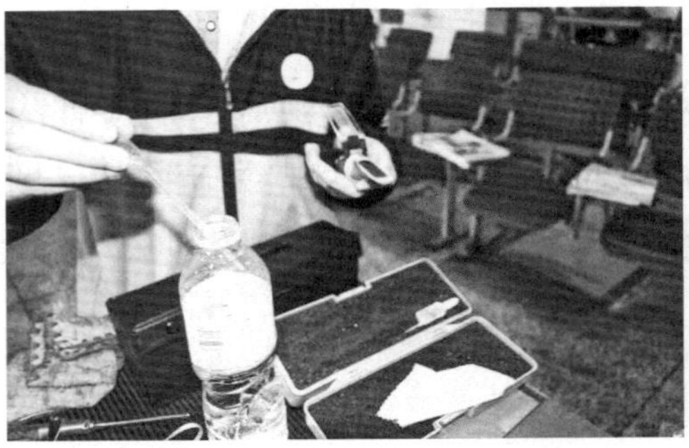

图6-12 取纯净水

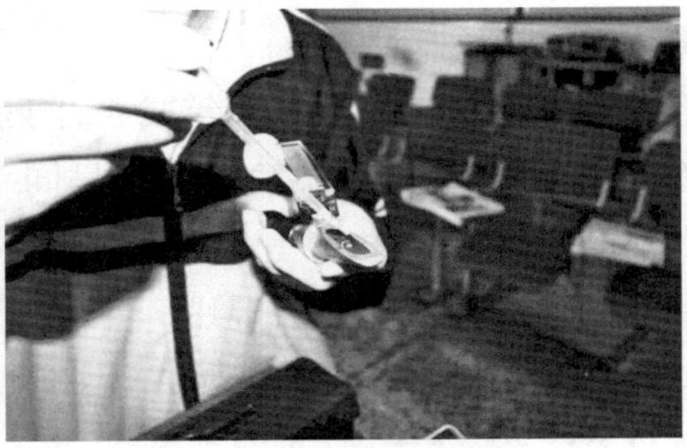

图6-13 滴在镜面上

②轻轻合上盖子,将仪器进光板对准光源或明亮处。

图6-14 冰点计校零

③通过目镜观察视场,轻轻转动零位调节螺栓,使分界线调至刻度0%位置,如图6-14所示。

④用软布擦净检测棱镜,为下一步检测做准备。

(2)检测冷却液冰点。

①用吸管从冷却液储液罐中取数滴冷却液,如图6-15所示。

②将取出的冷却液滴在检测棱镜上,如图6-16所示。

图 6-15　取出冷却液

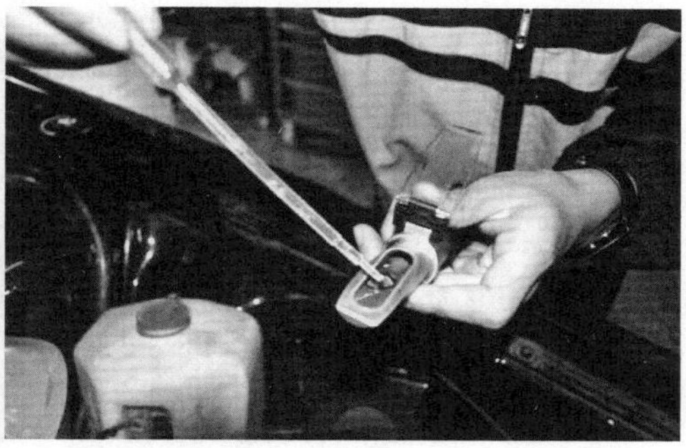

图 6-16　滴冷却液

③轻轻合上盖子,以免产生气泡,将仪器进光板对准光源或明亮处。

④通过目镜观察视场,轻轻转动目镜调节手轮,使视场中的蓝白分界线清晰,如图 6-17 所示,此分界线的刻度值即为冷却液的冰点温度。

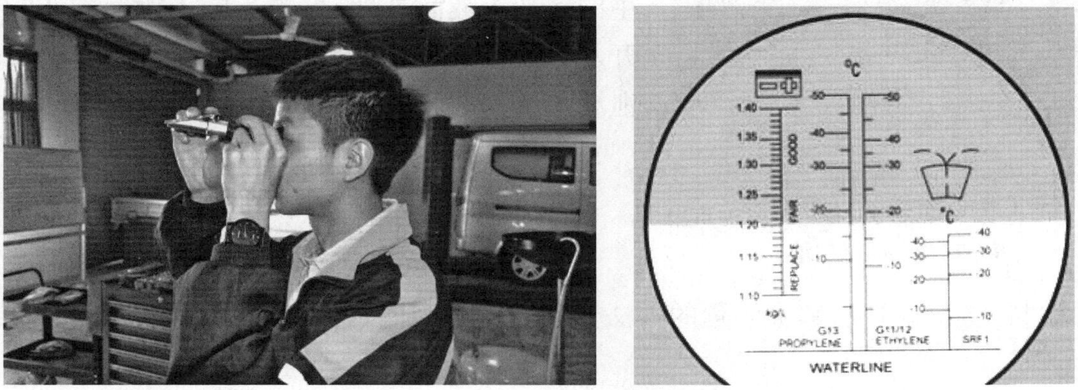

a)　　b)

图 6-17　观察冷却液冰点温度

引导问题 7:如何更换冷却液?

冷却液的更换

(1)慢慢旋转冷却液副水箱盖 2 ~ 3 转,释放冷却系统压力,如图 6-18 所示。

(2)举升车辆,便于拆卸操作位置锁止。

(3)拆卸车辆下护板,车辆下护板如图 6-19 所示。

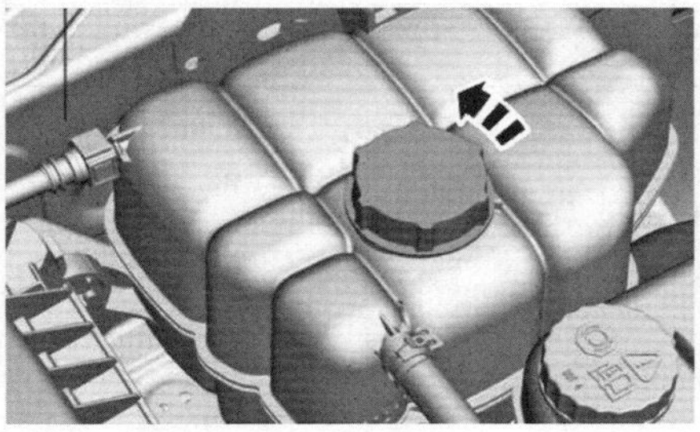

图 6-18　释放冷却系统压力

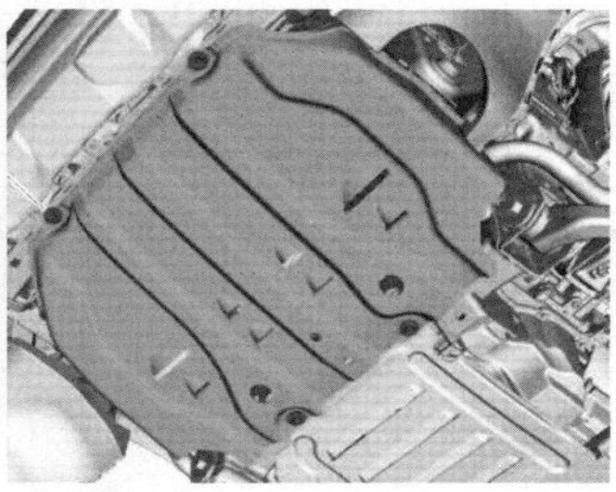

图 6-19　车辆下护板

(4)连接放水软管,便于冷却液流进准备的容器中,避免溅在地上,如图 6-20 所示。

(5)拧开散热器排放塞,然后排出冷却液,如图 6-21 所示。

(6)等待冷却液排放完,安装散热器排放塞,安装下护板,下降车辆。

(7)添加冷却液到规定刻度位置,如图 6-22 所示,安装水箱盖并拧紧。

图 6-20　连接放水软管

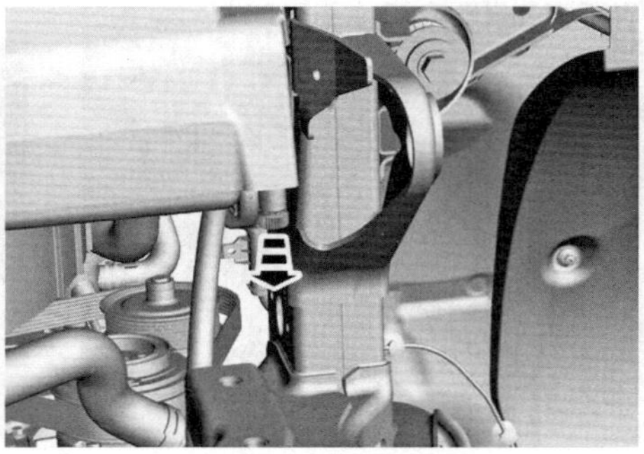

图 6-21　拧开散热器排放塞

冷却系统
渗漏检查

(8)排空气,目前很多车辆都是自动排空的。起动车辆怠速运转 5min,将发动机转速升至 2500r/min 并保持约 15min,再怠速运转发动机 5min,检查水箱中的冷却液液面高度,如果下降不满足要求,再次打开水箱盖添加到规定液面高度,检查冷却系统是否泄漏。

图 6-22　添加冷却液

三、评价反馈

通过学习,按照学习任务要求完成相应的工作任务,并通过任务提高自己解决问题的方法和能力,学生和教师展开各种评价,任务评价表见表 6-2。

任务评价表　　表 6-2

序号	评价标准	分值(分)	自评(分)	互评(分)	师评(分)
1	是否服从组长安排,无迟到、早退和旷工	5			
2	着装是否符合标准	5			
3	能否完成小组分派的任务	5			
4	能否积极主动与小组成员沟通,发表自己意见	5			
5	语言表达是否准确,沟通是否顺畅	5			
6	能否大胆地在同学们面前展示自己学习的成果	5			
7	是否有工作岗位的责任心	5			
8	小组学习中能否主动与其他成员合作	5			
9	能否正确对待他人提出的肯定和否定意见	5			
10	是否合理规范使用工具和设备	5			
11	是否正确地检查冷却液液面高度	5			
12	是否正确检查冷却液冰点	10			
13	是否能正确更换冷却液	10			

续上表

序号	评价标准	分值（分）	自评（分）	互评（分）	师评（分）
14	是否能正确检测发动机冷却系统的密封性	10			
15	是否保持现场干净整洁	5			
16	能否按照安全和规范的规程操作	10			
合计		100			

四、学习拓展

客户反映一辆丰田汽车行驶一定时间或里程后，出现冷却液温度表指针指向红线，冷却液温度警示灯闪亮的现象，经技师初步检测，该现象是冷却系统温度过高引起的，请对该汽车的冷却系统进行检测，看看检测方法和技术要求与丰田有何不同。

学习任务二　机油及机油滤清器更换

学习目标

知识目标：

1. 叙述润滑系统的组成、功用与润滑方式；
2. 描述出机油泵、机油滤清器的类型、结构及工作原理。

技能目标：

1. 能正确地选择机油及机油泄漏的检查；
2. 完成机油及机油滤清器的更换。

素养目标：

1. 通过规范检查养成严谨细致的工作作风；
2. 油水不落地等要求培养学生良好作业习惯。

任务描述

一辆北京现代汽车行驶了5000km，到4S店进行维护，需要对发动机机油是否有泄露进行检查，并更换机油和机油滤清器。

一、资料收集

引导问题1：润滑系统功用是什么？润滑方式有哪些？

1. 润滑系统的功用

当发动机工作时，各运动部件都必须用发动机润滑油（也称机油）来润滑。润滑系统的功用就是将机油输送到发动机各个需要润滑的部位，以达到提高发动机工作可靠性和耐久性的目的。其作用包括润滑作用、清洗作用、冷却作用、密封作用、防锈蚀作用、液压作用及减振缓冲作用。

2. 润滑系统的润滑方式

发动机的润滑方式主要有压力润滑[图6-23a)]、飞溅润滑[图6-23b)]和润滑脂润滑[图6-23c)]。

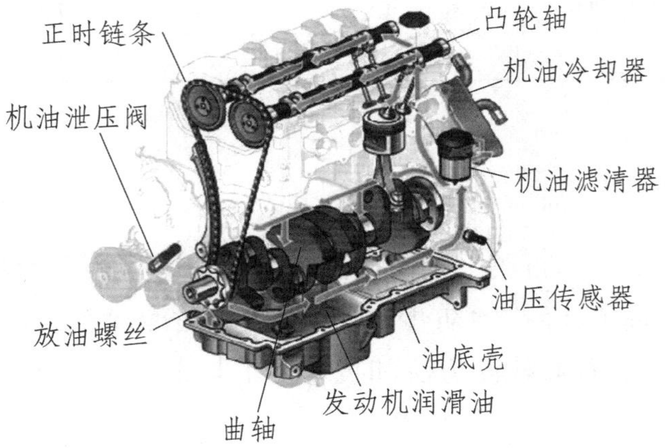

a) 压力润滑

b) 飞溅润滑

c) 润滑脂润滑

图6-23　发动机润滑形式

(1)压力润滑是以一定的压力把机油供入摩擦表面的润滑方式。这种方式主要用于主轴承、连杆轴承及凸轮轴承等负荷较大的摩擦表面的润滑。

(2)飞溅润滑是利用发动机工作时运动件溅泼起来的油滴或油雾润滑摩擦表面的润滑方式。该方式主要用来润滑负荷较轻的汽缸壁面和配气机构的凸轮、挺柱、气门杆以及摇臂等零件的工作表面。

(3)润滑脂润滑通过润滑脂嘴定期加注润滑脂来润滑零件的工作表面,如水泵及发电机轴承等。

引导问题2:润滑系统由哪些零部件组成?各组成部分是如何工作的?

1. 润滑系统的组成

润滑系统由机油泵、机油滤清器、机油冷却器、集滤器等组成。此外,润滑系统还包括机油压力表、温度表和机油管道等。润滑系统的组成及油路如图6-24所示。

2. 润滑系统的主要零部件

(1)机油泵。

机油泵的作用是保证机油在润滑系统内循环流动,并在发动机任何转速下都能以足够高的压力向润滑部位输送足够数量的机油。

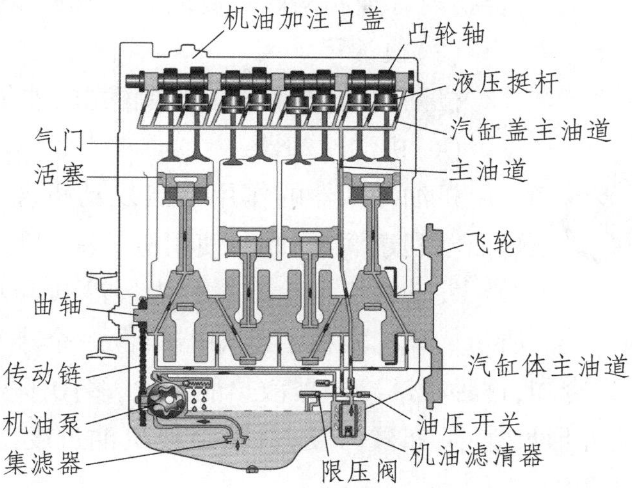

图 6-24　润滑系统的组成及油路

机油泵按结构形式，可分为齿轮式和转子式两类。齿轮式机油泵又分内接齿轮式和外接齿轮式，一般把后者称为齿轮式机油泵。

内、外啮合式齿轮、转子式机油泵实物及示意图如图 6-25 所示。

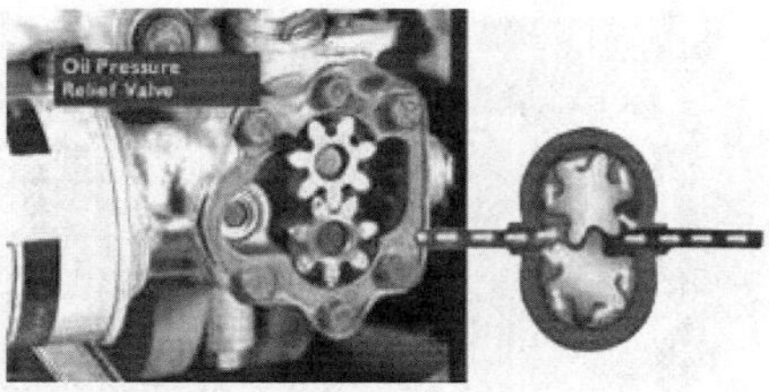

a) 齿轮式机油泵(外啮合)

b) 齿轮式机油泵(内啮合)

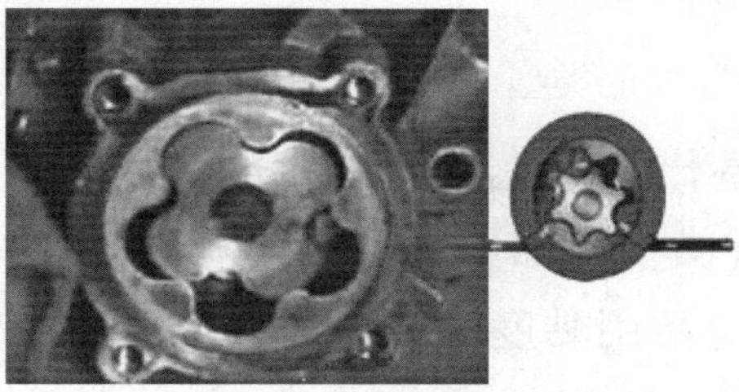

c) 转子式机油泵

图 6-25　机油泵的实物及示意图

(2) 机油滤清器。

机油滤清器使循环流动的机油在送往运动零件表面前，滤去机油中的金属屑和大气中的尘埃及燃油燃烧不完全所产生的炭粒。可以分为集滤器、滤清器。

①集滤器。

集滤器可以防止较大的机械杂质进入机油泵。它装在机油泵之前。其分为固定式和浮动式两种，目前多用固定式。

②机油滤清器。

机油滤清器由壳体、纸质滤芯、旁通阀、进油口和出油口等组成，如图 6-26 所示。滤芯

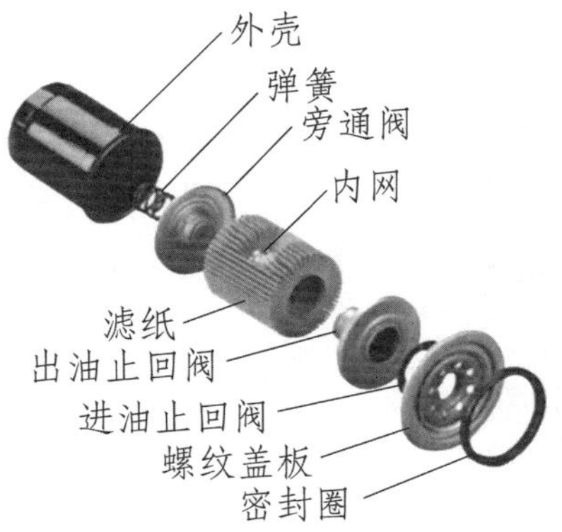

图6-26　机油滤清器

由经过树脂处理的多孔滤纸折叠而成,其两端由环形密封圈密封,内有金属网或带有网眼的薄铁皮作为骨架。

(3)机油尺。

机油尺的作用是检查油底壳内油量和油面的高低。

(4)机油冷却器。

机油冷却器的作用是当发动机温度过高时,机油黏度下降而不利于润滑,此时使用机油冷却器给机油降温。

发动机机油冷却器分为风冷式和水冷式两类,如图6-27所示。风冷式机油冷却器很像一个小型散热器,利用汽车行驶时的迎面风对机油进行冷却,这种机油冷却器散热能力大,多用于赛车及热负荷大的发动机上;水冷式机油冷却器外形尺寸小,布置方便,且不会使机油过度冷却,机油温度稳定,因而在增压汽车上应用较广。

(5)油底壳。

油底壳(图6-28)的作用是储存机油。其由油底壳垫、稳油挡板、垫圈、放油螺塞、连接螺栓组成。

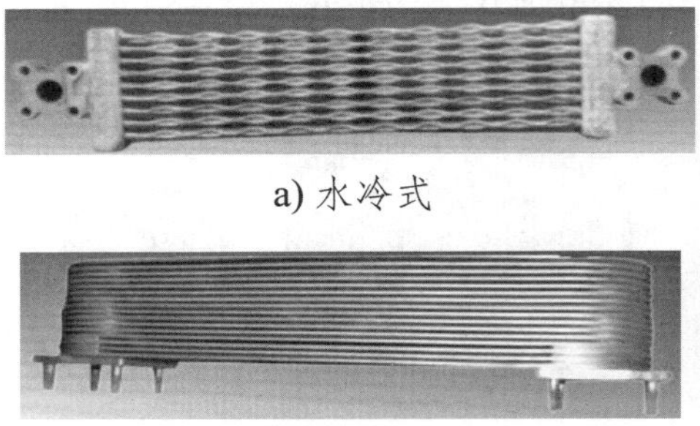

a) 水冷式

b) 风冷式

图6-27　机油冷却器的类型

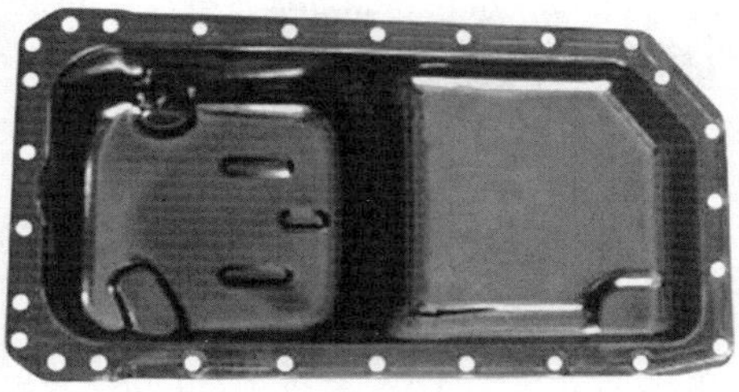

图6-28　油底壳

引导问题3:机油的功用是什么? 机油是如何分类的?

机油的功用主要有:润滑(减少零部件的直接接触,从而使磨损减少)、冷却、防腐蚀、密封、清洁等。如图6-29所示,通常用黏度等级分类法和质量等级分类法对发动机油进行分类,国际上广泛采用的美国汽车工程师协会(SAE)分类法和API美国石油协会(API)分类法。

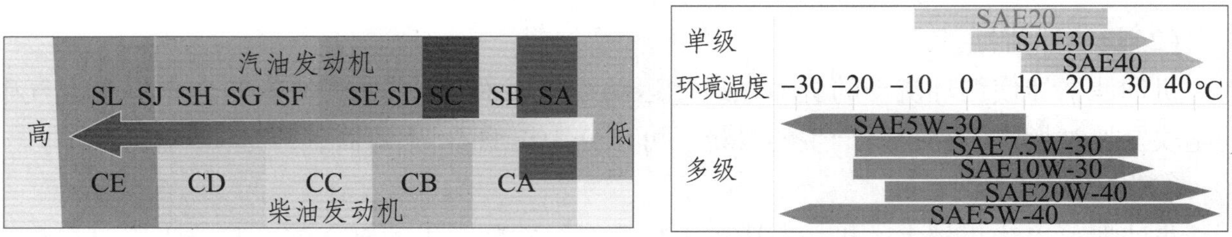

a) API等级　　b) SAE等级

图6-29　机油分类

API将机油划分为不同的级别,该标准以字母“S”代表汽油车用机油,然后对不同等级的机油按英文字母顺序分别排在字母“S”之后,如:SE、SF、SG、SH、SJ。而在字母“S”之后的字母,按英文字母顺序越靠后表示机油级别越高,

按 SAE 法分类机油,冬季用油有 6 种,夏季用油有 4 种,冬夏通用油有 16 种。冬季用油牌号分别为:0W、5W、10W、15W、20W、25W,符号 W 代表冬季用,W 前的数字代表机油低温黏度,W 前的数字越小,其低温黏度越小,低温流动性越好,适用的最低气温越低。W 后的数字代表正常运转温度条件下的机油黏度,机油的黏度随温度升高而降低;夏季用油牌号分别为:20、30、40、50,数字越大,其黏度越大,适用的最高气温越高;

常见的冬夏通用油牌号分别为:0W/20、0W/30、0W/40、5W/20、5W/30、5W/40、5W/50、10W/20、10W/30、10W/40、10W/50、15W/20、15W/30、15W/40、15W/50、20W/20、20W/30、20W/40、20W/50,代表冬用部分的数字越小,代表夏季部分的数字越大者,适用的气温范围越大。

高黏度的机油能够对磨损较大的轴承和其他部件提供保护;低黏度的机油流动性好,因此流动阻力小,这将有利于提高燃油经济性。机械状态好的发动机应该使用黏度低的机油。

建议客户每 5000km 更换机油,使用知名品牌的纯正机油保护发动机。

二、计划与实施

引导问题 4:为完成本学习任务,需要使用的工具、量具及检测设备有哪些?

在表 6-3 中填写本学习任务所需要使用的工具、量具。

工具、量具名称及型号 表 6-3

名称	型号

引导问题 5:如何检查机油液位?

(1)左手拿一块吸油纱布,右手拔机油尺,机油尺位置如图 6-30 所示。

(2)拔出机油尺时,机油尺一直包在纱布中,当机油尺拔出后,应从上往下擦净机油尺。

(3)将擦净的机油尺重新插入发动机中。

提示:在拔出机油尺的过程中,要防止机油的滴落。如果有机油滴落,则应立即清洁干净。

(4)再次拔出机油尺,检查机油尺上液面高度,使其在两个刻度线之间,如图 6-31 所示,如果不足,则加注到正常刻度。

(5)检查机油油质,查看机油是否变黑、机油中是否有颗粒。

(6)将检查完后的机油尺再次插入发动机中。

图 6-30　机油尺位置

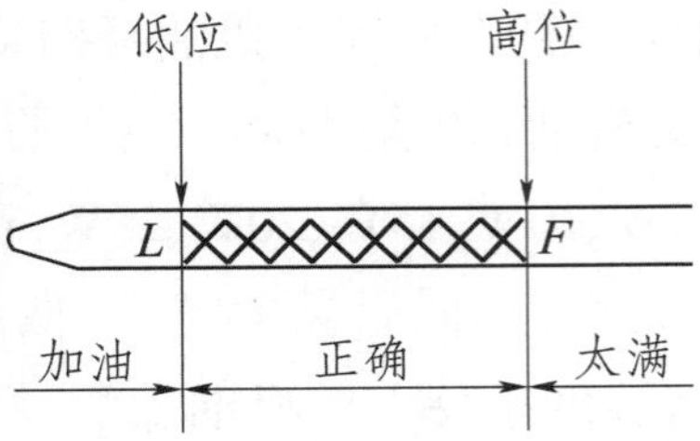

图 6-31　机油尺刻度

引导问题 6:如何更换发动机机油和机油滤清器?

机油回收机的使用

发动机机油更换

(1)检查机油排放塞周围是否漏油,检查油底壳和各配合表面是否漏油,检查发动机前后油封是否漏油,排放塞与油底壳结合面如图 6-32 所示。

图 6-32　排放塞与油底壳结合面位置

(2)将机油回收器调整好,移动到发动机油底壳的正下方。

(3)选择合适的梅花扳手(规格:19)拧松放油螺塞(图 6-33),将工具清洁后放回工具车。用手顶住螺塞并旋出螺塞(图 6-34),当发现螺塞螺纹已经全部旋出时,迅速移开排放塞,防止机油流落在手上,如果不慎沾到机油,要立即用毛巾擦拭干净。

图 6-33　拧松放油螺塞

图 6-34　用手拧下放油螺塞

(4)当机油排放到成线垂直向下滴落时,从工具车选择合适的机油滤清器扳手,套在机油滤清器上,将机油滤清器旋松(图 6-35)。将机油滤清器扳手清洁后放回工具车,戴上防护手套,拧下机油滤清器(图 6-36)。当机油滤清器旋出来后,应立即将其倒置,将滤清器中的机油滴滤干净。

(5)拿出预先准备好的新机油滤清器,将零件车中拿出的新机油倒进机油滤清器中,使机油滤清器中的机油达到 2/3 的位置(图 6-37)。盖好新机油桶的盖子,将机油桶放置在原来的位置上。用手沾一点机油均匀涂抹在机油滤清器的 O 形密封圈上(图 6-38)。

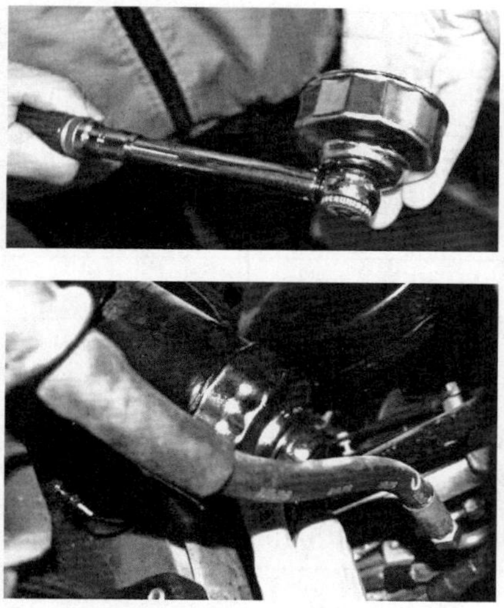

图 6-35　滤清器扳手及拆卸

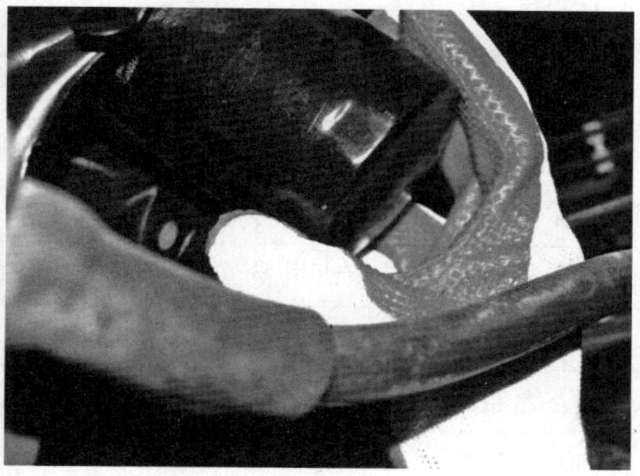

图 6-36　拧下机油滤清器

图 6-37　机油滤清器中倒入新机油

图 6-38　在密封圈上涂抹机油

(6)用纱布清洁机油滤清器安装表面,将机油滤清器拧到其安装座上(直到拧不动为止),然后再用机油滤清器拧 3/4 圈,或者按规定力矩(25N · m)拧紧。

(7)更换放油螺塞及垫片(图 6-39),用手拧上放油螺塞,再用扭力扳手拧紧放油螺塞(图 6-40),拧紧力矩为 30N · m。

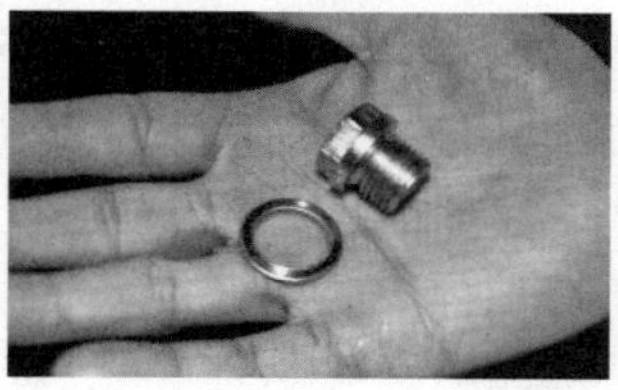

图6-39　放油螺塞及垫片

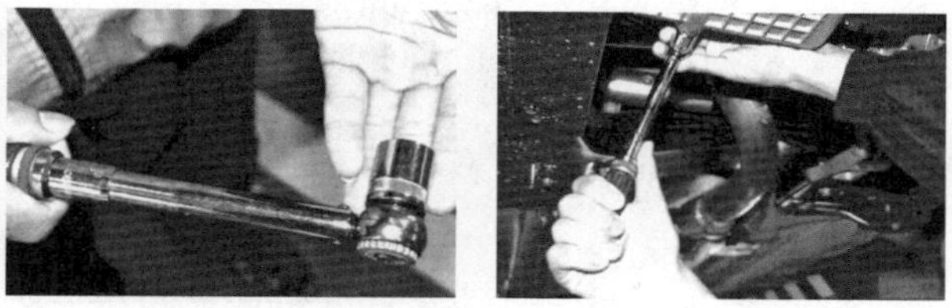

图 6-40　扭力扳手及拧紧放油螺塞

(8)利用纱布清洁机油排放塞和机油滤清器座周围,以便检查发动机是否有漏油现象;废机油和沾了机油的纱布要按规定处理,学会爱护环境。

三、评价反馈

通过学习,按照学习任务要求完成相应的工作任务,并通过任务提高自己解决问题的方法和能力,学生和教师展开各种评价,任务评价表见表6-4。

任务评价表 表6-4

序号	评价标准	分值(分)	自评(分)	互评(分)	师评(分)
1	是否服从组长安排,无迟到、早退和旷工	5			
2	着装是否符合标准	5			
3	能否完成小组分派的任务	5			
4	能否积极主动与小组成员沟通,发表自己意见	5			
5	语言表达是否准确,沟通是否顺畅	5			
6	能否大胆地在同学们面前展示自己学习的成果	5			
7	是否有工作岗位的责任心	5			
8	小组学习中能否主动与其他成员合作	5			
9	能否正确对待他人提出的肯定和否定意见	5			
10	是否合理规范使用工具和设备	5			
11	是否会正确安装车内五件套和车外三件套	5			
12	是否能正确检查机油是否正常	10			
13	是否能更换机油和机油滤清器	15			
14	是否能正确检查机油压力	10			
15	是否保持现场干净整洁	5			
16	能否按照安全和规范的规程操作	5			
合计		100			

四、学习拓展

现有一辆行驶了5000km的大众帕萨特汽车,请你对该车的机油和机油滤清器进行检测与更换。

自我检测

专业知识题

一、单选题(下列各题的四个备选答案中只有一个是符合题意的正确答案,请做出选择)

1. 机油机滤器是具有金属网的滤清器,安装于(　　)上。

A. 主油道　B. 机油泵油管　C. 机油滤清器　D. 发动机机体

2. 水冷式机油散热器安装时,与(　　)。

A. 冷却水道并联　B. 机油细滤器串联

C. 主油道串联　D. 机油粗滤器并联

3. 发动机润滑系中润滑油的正常温度是(　　)。

A. 40～50℃　　B. 50～70℃　　C. 70～90℃　　D. 大于100℃

4. 节温器中使阀门开闭的部件是(　　)。

A. 阀座　　B. 石蜡感应体　　C. 支架　　D. 弹簧

5. 加注冷却液时,最好选择(　　)。

A. 井水　　B. 泉水　　C. 雨、雪水　　D. 蒸馏水

二、判断题(请对下列各题判断正误,正确的打"√",错误的打"×")

1. 一般风扇的扇风量主要取决于发动机转速。(　　)

2. 蜡式节温器损坏,则冷却强度变大,使发动机产生过冷现象。(　　)

3. 油压警告灯是机油压力过低的警告装置。(　　)

三、多选题(下列各题的四个备选答案中有两个或两个以上符合题意的正确答案,请做出选择,错选、多选或漏选均不给分)

1. 水冷系统由冷却装置(　　)组成。

A. 水泵　　B. 风扇

C. 散热器　　D. 冷却液温度传感器

2. 水泵主要由(　　)组成。

A. 叶轮、水泵轴　　B. 水泵壳体、泵盖

C. 水泵轴、轴承　　D. 轴承、水封

3. 润滑系统的功用有防锈、(　　)。

A. 清洗　　B. 冷却　　C. 密封　　D. 润滑

技能操作题

一、冷却系统的拆装与维护

一台某型号的汽车,驾驶员反馈在行驶过程中发动机温度偏高,经检测,汽车的冷却液液面偏低,初步判定是发动机冷却系统有故障,现需进行发动机冷却系统进行检查和维护作业,请根据你所掌握的相关知识和技能,回答以下问题。

1. (单选题)下面是冷却系统密闭性检查的步骤,按照施工作业的先后顺序排序,正确的是:

①拆下补偿水桶盖。

②拧松补偿水桶盖,对冷却系统进行卸压。

③利用手电筒,检查补偿水桶中冷却液的高度。

④在补偿水桶盖子上包上抹布。

⑤如压力下降,观察是冷却系统泄漏的地方。

⑥将压力测试仪安装到补偿水桶上。

⑦使用手动真空泵产生约0.2MPa的压力(表压)。

⑧记录(泄漏位置或正常)。

A. ③④②①⑥⑦⑤⑧　　B. ③①②④⑤⑥⑦⑧

C. ②①③④⑥⑦⑤⑧　　D. ③①②④⑥⑦⑤⑧

2.(多选题)水泵在使用时常见的故障有(　　)。

A. 水泵皮带轮打滑　B. 水封损坏漏水　　C. 泵壳或叶轮破裂　D. 水泵旋转异响

3.(单选题)请使用万用表对冷却液温度传感器进行检测。根据检测情况判断该车使用的冷却液温度传感器属于哪种类型(　　)。

A. NTC　　　　B. CTR　　　　C. PTC　　　　C. PTR

4.(单选题)在散热器盖密封性检查时,小王同学说,要使用专用仪器将压力加压到约0.15MPa,观察限压阀是否打开;小张同学说,要使用专用仪器将压力加压到约0.15MPa,观察限压阀是否打开,然后使压力下降到0.09MPa,观察真空阀是否打开,你认为他们俩谁说得正确。

A. 小王正确　　　　B. 小张正确　　　　C. 两个都正确　　　　D. 两个都不正确

5.(判断题)在更换冷却液时,小王在添加冷却液时,由于冷却液液面高度还不满足要求,小王同学添加了不同公司生产的同一型号的冷却液,保证冷却液的液面高度满足要求,你认为小王同学的操作是(　　)

A. 正确　　　　B. 错误

二、润滑系统的拆装与维护

一台某型号的汽车,在行驶过程中发动机机油报警灯点亮,经检测,汽车的润滑油油位正常,初步判定是发动机润滑系统有故障,现需进行发动机润滑系统进行检查和维护作业,发动机润滑系统相关参数见表6-5。请根据你所掌握的相关知识和技能,回答以下问题。

发动机润滑系统相关参数　　　　表6-5

名称	参数	备注
发动机点火顺序	1-3-4-2	
机油型号	5W/40	
机油压力开关的额定力矩	25N·m	
机油压力最大值	7.0bar	
发动机2000rpm或机油温度在80℃时	不小于2.0bar	
机油更换周期	5000km(或6个月)	

1.(单选题)下面是机油压力开关的功能检查的操作步骤,按照施工作业的先后顺序排序,正确的是:

①断开机油压力开关连接器。

②将测试仪旋入到汽缸盖上机油压力开关的位置上。

③将测试仪的棕色导线接地。

④使用24mm扳手,拆下机油压力开关。

⑤起动发动机,缓慢地提高转速。

⑥拆卸机油压力测试仪。

⑦安装机油压力开关。

⑧继续增加发动机转速。在2000rpm时测量机油压力。

⑨持续增发动机转速,观察机油压力。

⑩连接机油压力开关连接器。

A. ①③④②⑤⑧⑨⑥⑦⑩ B. ②①③⑧⑥④⑤⑦⑨⑩

C. ①④②③⑤⑧⑨⑥⑦⑩ D. ④①②③⑥⑦⑤⑧⑨⑩

2.(单选题)在机油压力开关检测过程中,可选用下列哪种测量范围的扭力扳手。( )

A. 2～20N·m B. 10～40N·m C. 40～200N·m D. 70～350N·m

3.(判断题)在机油压力开关的功能检查时,小王说:只需要连接测试仪,起动发动机测试发动机怠速时机油压力正常,则表示机油压力正常,请判断此说法是否正确( )。

A. 正确 B. 错误

4.(单选题)发动机机油液面高度低,小王说有可能是发动机汽缸磨损间隙大,机油进入烧然室燃烧导致机油变少;小张说有可能是发动机内部零件磨损间隙过大,导致机油液面偏低;你认为他们俩谁说的正确?( )

A. 小王正确 B. 小张正确 C. 两个都正确 D. 两个都不正确

5.(多选题)发动机在更换机油时,机油型号为5W/40,以下关于该型号机油的说法正确的是( )

A. 5代表耐外部最低温度在－30℃以上

B. 5代表耐外部最低温度在5℃以上

C. 40指在100摄氏度工作状态下机油的黏稠度指数为40

D. 40指耐环境温度最高为40℃

项目七

进、排气系统

喷入发动机汽缸内的汽油或柴油需要有氧气才能被点燃,因此发动机必须同时吸入大量的空气才能发挥效用,进、排气系统是在发动机工作循环时,不断地将新鲜空气或可燃混合气送入燃烧室,又将燃烧后的废气排到大气中,从而保证发动机连续运转。

学习任务一　发动机空气滤清器更换及进气系统检查

学习目标

知识目标:

1. 掌握发动机进气系统的组成和作用;
2. 明确空气滤清器的作用和结构特点。

技能目标:

能够依据汽车维修安全规范操作要求,规范、熟练地清洁及更换空气滤清器并检查进气系统。

素养目标:

养成良好的维护习惯和环保意识。

任务描述

一辆行驶了15000km的丰田牌轿车,车主要求对整车进行维护。需要你按照"维护工艺要求"对空气滤清器进行清洁和更换,并检查进气系统。

一、资料收集

引导问题1:进气系统的作用及组成是什么?

进气系统的作用是为发动机提供清洁、干燥、充足的空气,并均匀地供给各个汽缸。进气系统主要由进气导流管、空气滤清器、进气总管和进气歧管等组成,其结构如图7-1所示。

引导问题2:空气滤清器的作用及组成是什么?

空气滤清器过滤空气中的杂质和水分,保证供给汽缸足够量的洁净空气。此外,优质的空气滤清器还能够降低发动机吸入气体时的噪声,节省燃油。

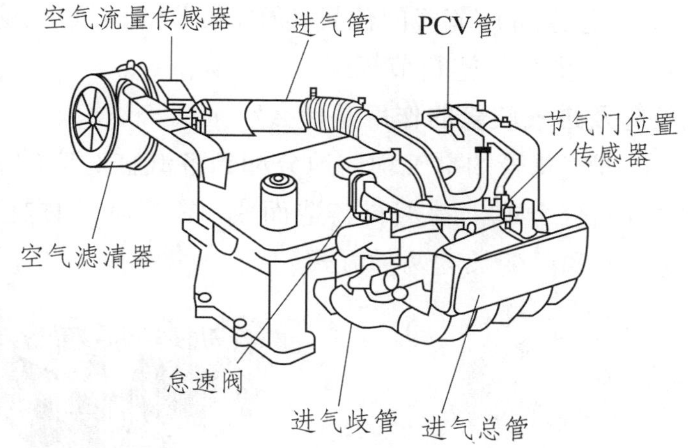

图 7-1　进气系统结构图

空气滤清器一般由外壳、盖、滤芯及密封圈等组成，其结构如图 7-2 所示。

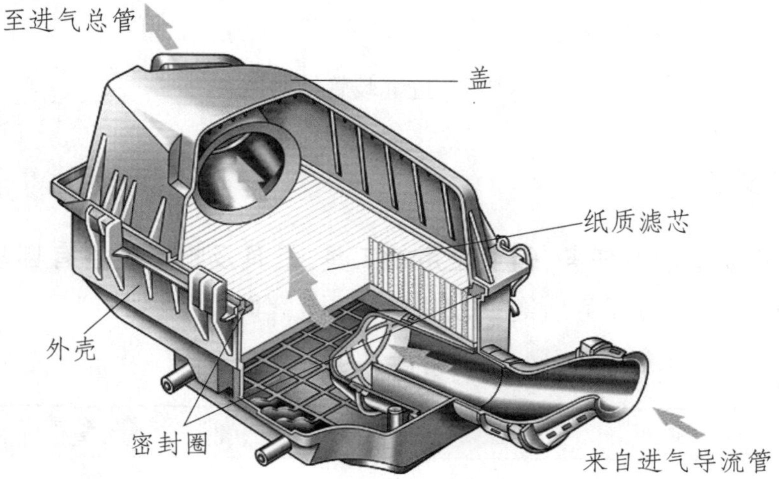

图 7-2　常见纸滤芯空气滤清器

引导问题 3：节气门体的功用及组成是什么？

节气门体是控制发动机进气量的一个阀门。节气门是一个圆形的钢片，中间有一根轴。节气门一般有机械式和电子式两种。早期机械式节气门（图 7-3）和加速踏板拉线连接，并由拉线控制。现在大多数电子节气门（图 7-4）上有电机，电机由发动机控制单元驱动，控制节气门开度。

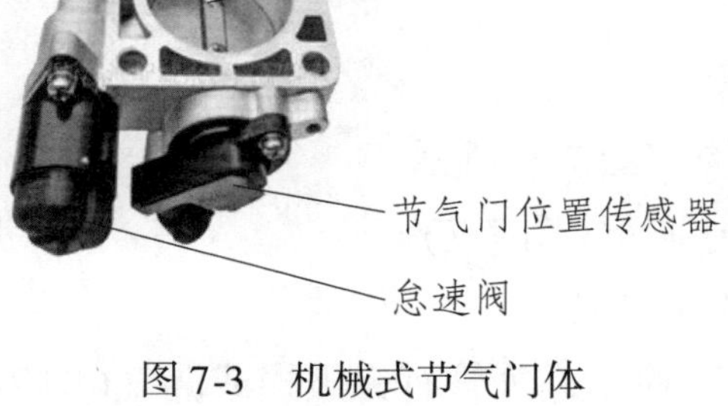

图 7-3　机械式节气门体

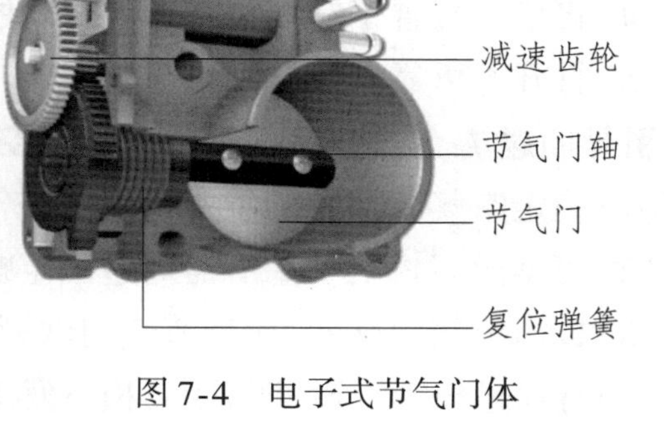

图 7-4　电子式节气门体

节气门体包括执行器(怠速阀)、节气门位置传感器、节气门轴等,它们一般被封装为一体。通常阀体都是铝质,也有少量的塑料节气门。

引导问题4:进气歧管及进气歧管的作用是什么?

进气歧管的作用是将进气总管的空气均匀地分配到各汽缸对应的进气道。进气歧管的主要作用是导流。通常由铝合金或工程塑料铸造而成(图7-5),用螺栓固装在汽缸盖的侧面。进气歧管有不可变长度和可变长度两种方式。

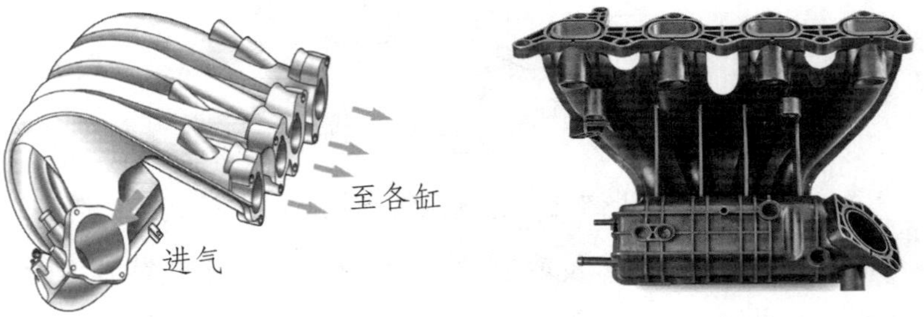

a) 铝合金式　　b) 工程塑料式

图7-5　进气歧管结构图

二、计划与实施

引导问题5:完成本学习任务,需要使用的工具、量具及检测设备有哪些?

在表7-1中填写本学习任务所需要使用的工具、量具。

工具、量具名称及型号　　表7-1

名称	型号

引导问题6:作业前的准备有哪些?

(1)汽车进入工位前,将工位清理干净,准备好相关的器材。

(2)将汽车停在举升机中央位置。

(3)安装防护五件套。

(4)将变速杆置于空挡位置,并拉紧驻车制动器操纵杆。

(5)打开并可靠支撑发动机舱盖。

引导问题7:怎样规范地清洁或更换空气滤清器?

(1)确定空气滤清器的位置,其中,进气系统结构如图7-6所示。

(2)用螺丝刀将空气滤清器周边固定螺钉拧开并取下(图7-7)。

(3)拔出节气门软管,检查节气门软管有无破损(图7-8)。

(4)拧松进气管卡箍(图7-9),拔下发动机进气管,检查进气管有无破损或漏气(图7-10)。

图 7-6　进气系统结构

图 7-7　取下固定螺钉

图 7-8　检查节气门软管

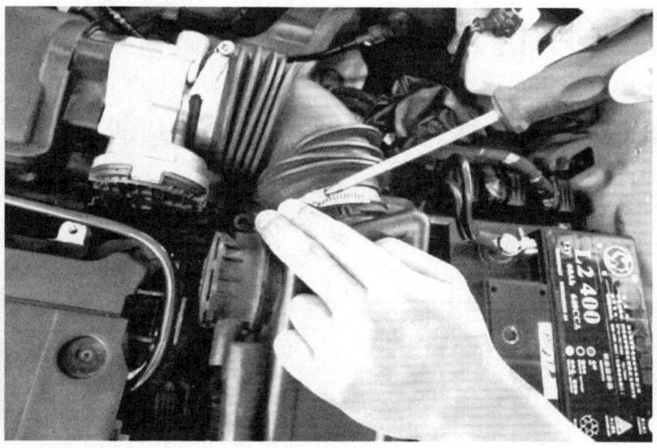

图 7-9　拧松进气管卡箍

(5)取下空气滤清器上盖(图 7-11),取出空气滤清器的滤芯(图 7-12)。

图 7-10　检查进气管

图 7-11　取下空气滤清器上盖

(6)安装清新的空气滤清器滤芯(图 7-13)。

注意:滤芯的正反,安装要到位。

(7)安装空气滤清器上盖,并拧紧空滤器固定螺钉。

(8)连接进气管,并拧紧节气门软管卡箍,检查与进气管连接的真空管、曲轴箱通风管等管路的安装情况及有无破损。

(9)连接节气门软管。

(10)取下车内、外防护用品;车辆复位,清洁车身;清洁并整理工具。

图7-12　取下空气滤清器滤芯

图7-13　安装滤芯

三、评价反馈

通过学习,按照学习任务要求完成相应的工作任务,并通过任务提高自己解决问题的方法和能力。学生和教师展开各种评价,评价表见表7-2。

任务评价表　　表7-2

序号	评价标准	分值(分)	自评(分)	互评(分)	师评(分)
1	是否服从组长安排,无迟到、早退和旷工	5			
2	着装是否符合标准	5			
3	能否完成小组分派的任务	10			
4	能否积极主动与小组成员沟通,发表自己意见	5			
5	语言表达是否准确,沟通是否顺畅	5			
6	能否大胆地在同学们面前展示自己学习的成果	5			
7	是否有工作岗位的责任心	5			
8	小组学习中能否主动与其他成员合作	5			
9	能否正确对待他人提出的肯定和否定意见	5			
10	是否合理规范使用工具和设备	10			
11	是否能完整完成作业前的准备工作	10			
12	是否规范清洁或更换空气滤清器	20			
13	能否按照安全和规范的规程操作	5			
14	是否保持现场干净整洁	5			
合计		100			

学习任务二 发动机排气系统及排放检查

学习目标

知识目标:

1. 叙述发动机排气系统的组成和作用;
2. 说出排气管、消声器、催化转化器的结构与功用;
3. 叙述电控汽油发动机排放控制系统的作用与组成。

技能目标:

使用设备和工具,按工艺规范对排气系统拆装及维护作业。

素养目标:

遵守环保法规,保证操作安全。

任务描述

一辆丰田轿车的发动机在起动后抖动严重,排气管有节奏地放炮,急加速时噪声极大。初步判定为排气系统堵塞,请你对排气系统进行检查,核实该现象是否由排气系统堵塞引起。

一、资料收集

引导问题1:排气系统的功用及组成是什么?

排气系统的功用是将燃烧产生的废气排出,降低排放噪声。它主要由排气歧管、排气管、催化转化器、消声器和尾管等组成(图7-14)。由于排气温度相比进气温度高了许多,所以排气歧管多用隔热板进行了遮挡。尽管如此,还是要小心,避免直接接触,以防烫伤。

挠性波纹管(图7-15)安装于发动机排气歧管和消声器之间的排气管中,使整个排气系统呈挠性连接,从而起到减振降噪、方便安装和延长排气消声系统寿命的作用。

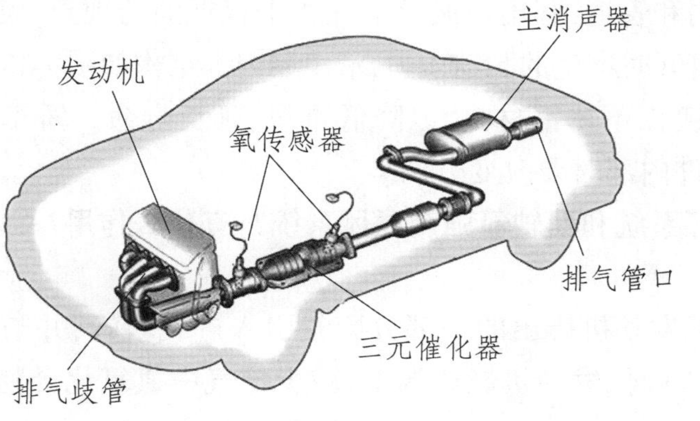

图7-14 排气系统结构图

图7-15 波纹管

引导问题2:排气系统的工作过程是什么?

排气系统的工作原理是汽缸中的废气由排气门排出后,经各缸排气歧管汇至排气总管,由三元催化转换器净化处理及消音器消声后从排气尾管排出车外。现代汽车为了对空燃比进行反馈控制,在废气到达三元催化转换器前还需由氧传感器对废气中氧的含量进行检测。

引导问题3:催化转换器的作用及组成是什么?

催化转换器安装在排气总管内。利用催化剂对汽车的废气进行转化,将废气中的有害物质转化为无害物质。催化式排气转化器有氧化型、双床型、三元型等多种形式,其中最常用的是三元型催化转换器。

三元型催化转换器壳体用耐高温的不锈钢制成,内部的蜂巢式通道上涂有催化剂,催化剂的成分有铂、钯和铑等稀土金属,汽车废气通过转化器的通道时,一氧化碳和碳氢化合物就会在催化剂(铂与钯)的作用下,与空气中的氧气发生反应,产生无害的水和二氧化碳,而氮氧化合物则在催化剂铑的作用下被还原为无害的氧和氮。

三元催化转换器一般由壳体、减振层、载体和催化剂涂层四部分组成,其结构如图7-16所示。

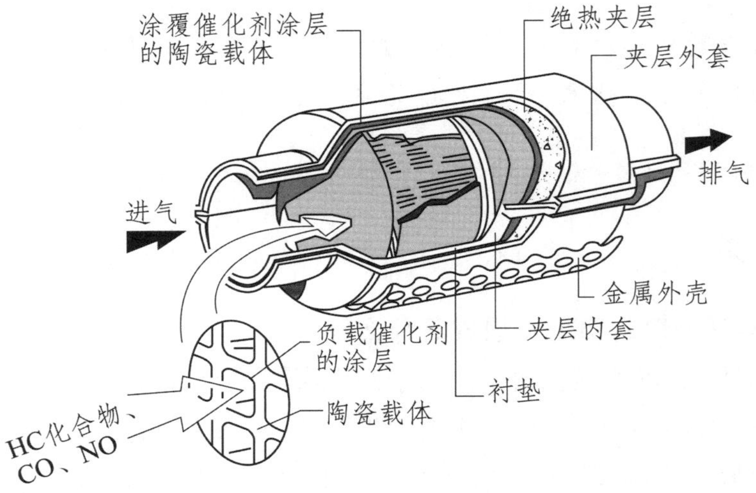

图7-16　三元催化转换器结构

引导问题4:消声器的作用及组成是什么?

消声器横截面是一个圆形或者椭圆形的物体,多用薄钢板焊制,装在排气系统的中部或者后部,内部有一系列隔板、腔室、孔洞和管道,利用声波反射互相干扰抵消的现象,使声能逐渐消弱,用以隔离和衰减排气门每次打开时产生的脉动压力,消声器内部结构如图7-17所示。

目前,越来越多的消声器采用镀铝不锈钢材料,以降低重量、延长寿命。轿车常用的消声器多是倒流式,即废气流通过元件内部时要改变方向。

引导问题5:什么是废气再循环系统和曲轴箱强制通风系统?有什么作用?

1.废气再循环(EGR)系统

废气再循环系统(图7-18)是把发动机排出的一部分废气引入进气歧管,并与新鲜混合气混合后重新进入汽缸参与燃烧,以降低发动机燃烧温度,减少排气中氮氧化合物(NO_x)等有害气体的排放。

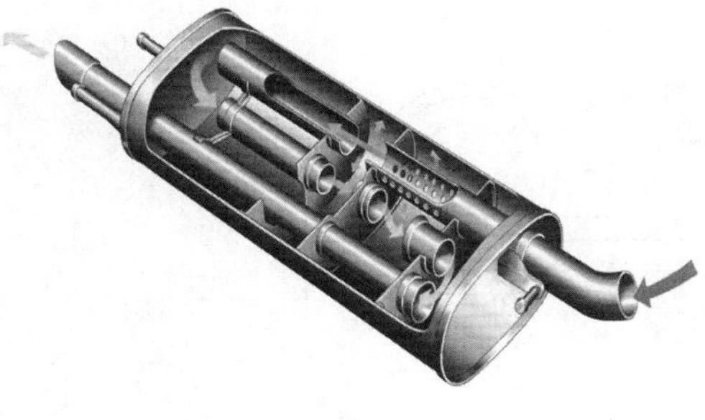

图 7-17　消声器内部结构

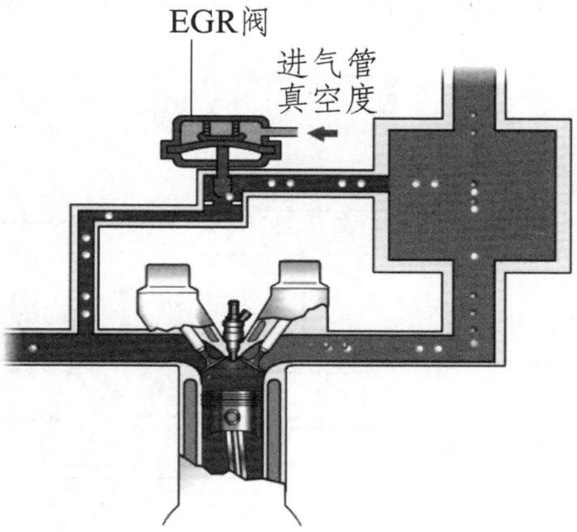

图 7-18　废气再循环系统

2. 曲轴箱强制通风系统

发动机工作时，燃烧室的高压可燃混合气和已燃气体或多或少会通过活塞组与汽缸之间的间隙漏入曲轴箱内，造成窜气。窜气会稀释机油，加速机油的氧化、变质，降低机油的使用性能；窜气还会使曲轴箱的压力过高而破坏曲轴箱的密封，使机油渗漏流失。因此，发动机曲轴箱强制通风系统（图 7-19）的作用是：防止机油变质；防止曲轴油封、曲轴箱衬垫渗漏；防止各种油蒸气污染大气。

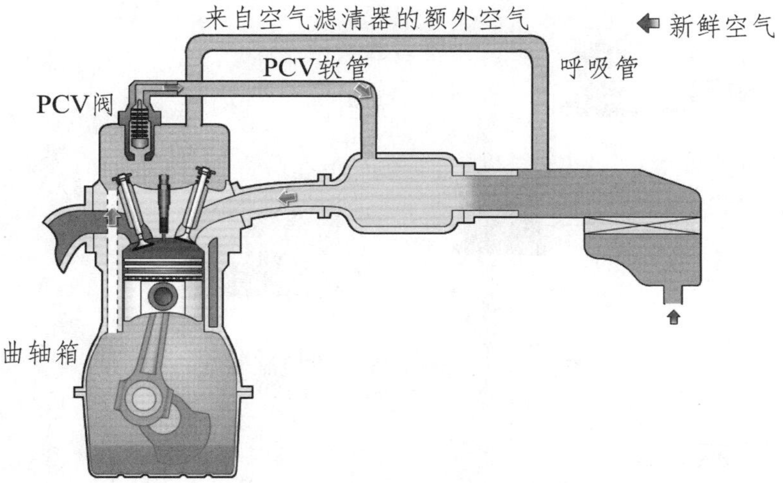

图 7-19　曲轴箱强制通风系统

引导问题 6：二次空气喷射系统和汽油蒸气回收控制系统是什么？有什么作用？

1. 二次空气喷射系统

很多汽车发动机装有二次空气喷射系统。虽然二次空气喷射系统有各种各样的结构，但其功用却基本相同，即利用空气泵将新鲜空气经空气喷射阀喷入排气道或催化反应器，使排气中的 CO 和 HC 进一步氧化或燃烧成为二氧化碳（CO_2）和水（H_2O），以减少 CO 和 HC 的排放。二次空气喷射系统主要由空气泵、空气喷射阀、空气分配管、空气喷管等组成（图 7-20）。

2. 汽油蒸气回收控制系统

为了防止汽油箱向大气中排放汽油蒸气所产生的污染，现代轿车普遍采用了由 ECU 控制的活性炭罐蒸气回收控制系统，将这些汽油蒸气收集和储存在炭罐内，在发动机工作时再将其送入汽缸参加燃烧,以降低 HC 排放量。

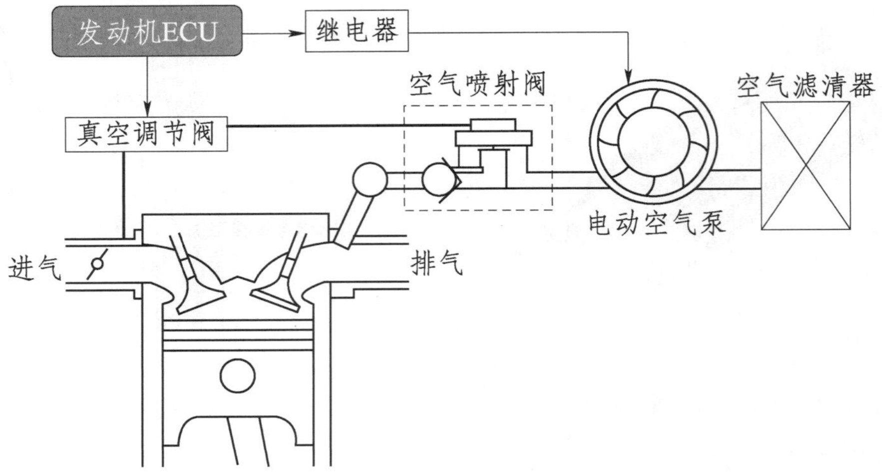

图 7-20　二次空气喷射系统

汽油蒸气回收控制系统主要由活性炭罐控制电磁阀、活性炭罐、排放控制阀、连接管等构成(图 7-21)。

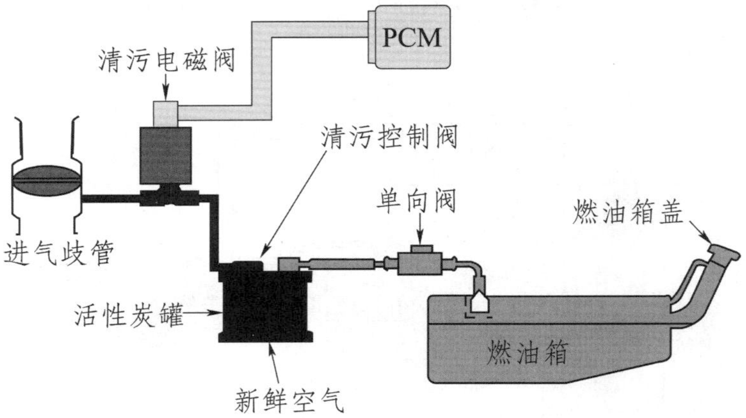

图 7-21　汽油蒸气回收控制系统

二、计划与实施

引导问题 7:完成本学习任务,需要使用的工具、量具及检测设备有哪些?

在表 7-3 中填写本学习任务所需要使用的工具、量具。

工具、量具名称及型号　　表 7-3

名称	型号

引导问题8:怎样规范地检查排气管安装状况?

(1)将车辆举升至最高位;

(2)戴上手套,拿着手电筒;

(3)检查橡胶吊耳是否存在脱落、损坏的现象;

(4)检查排气管连接处垫圈是否存在损坏、渗漏的现象(图7-22)。

引导问题9:怎样规范地检查排气系统外观?

(1)检查三元催化转换器是否损坏;

(2)检查排气管是否存在锈蚀、损坏、渗漏的现象(图7-23);

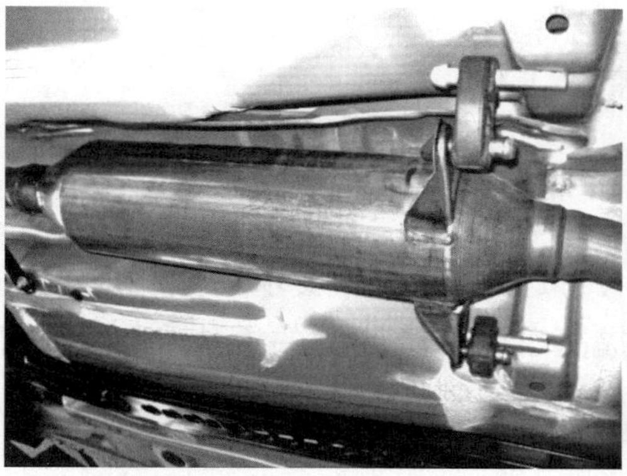

图7-22　检查垫圈

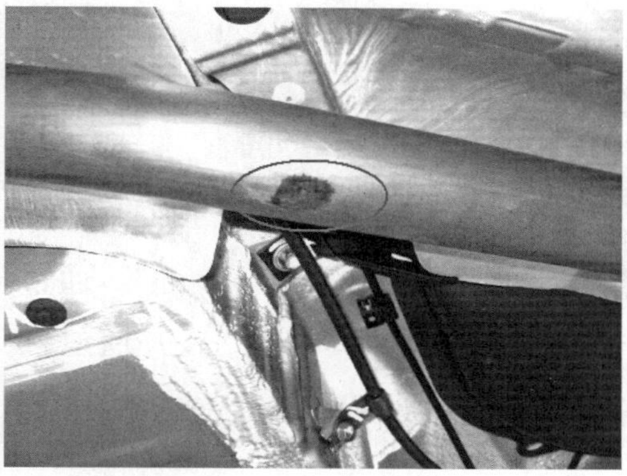

图7-23　检查排气管

(3)检查消音器是否存在锈蚀和漏气的现象。

注意:排气管如有渗漏需更换。

引导问题10:怎样规范地检查曲轴箱通风情况?

1. 检查管路情况

(1)拆下曲轴箱通风装置的出气软管和回流软管,拆下有关部件(呼吸器、止回阀或油气分离器)。

(2)检查管路有无压扁、坏、漏等情况,然后清洗干净,并用压缩空气吹净。

(3)按拆卸时相反的顺序装回。

2. 检查止回阀情况

在装有止回阀式的强制曲轴箱通风装置中重点检查止回阀。如果止回阀黏着而一直打开或阻塞,那么将不能保证曲轴箱的正常通风。当阀门阻塞时,发动机大负荷通风不足,箱内的油气将窜入大气,污染环境;当阀门一直打开时,就会使发动机的机油消耗量过大。

(1)检查阀的真空情况。

在发动机上取下止回阀(图7-24),然后接好通风软管,怠速运转发动机,把手指放在止回阀的开口端(图7-25),这时手指应有真空感,若抬起手指,阀口应有"啪、啪"的吸力响声。如果手指没有真空感或没有响声,应用清洗溶液清洗止回阀和通风软管后再检查,如仍不行,则应更换。

(2)检查阀的运动情况。

在发动机上拧下止回阀,用木质细杆插入止回阀,这时阀的柱塞应前后运动自如。如果阀的柱塞不动,应清洗或更换。

a)

b)

图 7-24　取下止回阀

图 7-25　手指检查真空感

3. 清洁、整理

清洁并整理工具。

三、评价反馈

通过学习,按照学习任务要求完成相应的工作任务,并通过任务提高自己解决问题的方法和能力。学生和教师展开各种评价,任务评价表见表 7-4。

任务评价表　　表 7-4

序号	评价标准	分值(分)	自评(分)	互评(分)	师评(分)
1	是否服从组长安排,无迟到、早退和旷工	5			
2	着装是否符合标准	5			
3	能否完成小组分派的任务	10			
4	能否积极主动与小组成员沟通,发表自己意见	5			
5	语言表达是否准确,沟通是否顺畅	5			
6	能否大胆地在同学们面前展示自己学习的成果	5			
7	是否有工作岗位的责任心	5			
8	小组学习中能否主动与其他成员合作	5			
9	能否正确对待他人提出的肯定和否定意见	5			
10	是否合理规范使用工具和设备	10			
11	是否完整做好作业前准备工作	5			
12	是否规范检查排气管安装情况	10			
13	是否规范检查排气系统外观	5			
14	是否规范检查曲轴箱通风情况	10			
15	能否按照安全和规范的规程操作	5			
16	是否保持现场干净整洁	5			
合计		100			

自我检测

专业知识题

一、单选题(下列各题的四个备选答案中只有一个是符合题意的正确答案,请做出选择)

1. 充气效率越高,进入汽缸内的新鲜气体的量就(　　)。

A. 越少　　B. 越多　　C. 不变　　D. 不确定

2. 下列装置中不属于进排气系统及排气净化装置的是(　　)。

A. 进气系统　　B. 排气净化装置

C. 燃油供给系　　D. 三元催化转换器

3. 发动机起动后,曲轴箱通风 PCV 阀(　　)关闭。

A. 起动时　　B. 闭环时　　C. 开环时　　D. 不

二、判断题(请对下列各题判断正误,正确的打"√",错误的打"×")

1. 三元催化转换器不属于进排气系统及排气净化装置。(　　)

2. 二次空气喷射系统只能用再氧化的方法对 HC、CO 和 NO_x 进行后处理技术。(　　)

3. 在采用三元催化转换器进行排气净化的轿车上,排气系统中除了安装三元催化转换器外,还要有氧传感器。(　　)

三、多选题(下列各题的四个备选答案中有两个或两个以上符合题意的正确答案,请做出选择)

1. 废气再循环装置主要用于减少废气中(　　)的含量。

A. HC　　B. CO　　C. NO_x　　D. CO_2

2. 曲轴箱通风不良会造成(　　)。

A. 发动机怠速上升　　B. 机油压力过高　　C. 机油消耗过多　　D. 发动机过冷

3. 排放控制系统中,属于燃烧前控制系统的是(　　)。

A. 蒸发污染控制系统　　B. 废气再循环系统

C. 曲轴箱强制通风　　D. 二次控制喷射系统

技能操作题

进行系统的拆装与维护。

有一台某型号的发动机,在保养期内需要更换空气滤芯。现需要对发动机空气滤芯进行拆装检查及更换,请根据所学内容回答下列问题。

1. (单选题)空气滤清器的更换操作顺序是(　　)。

①用抹布擦干净空气滤清器盖内部。

②拧下空气滤清器盖上部的固定螺栓。

③更换空气滤清器。

④安装时按拆卸的相反顺序进行。

⑤拆下滤清器盖夹子。

⑥清洁所有零部件。

A. ①-②-⑤-⑥-③-④　　B. ②-⑤-①-③-④-⑥

C. ①-⑤-②-③-⑥-④　　D. ②-⑤-③-①-④-⑥

2. (单选题)空气滤清器作用是什么?(　　)

A. 减小进入发动机的空气量　　B. 增大进入发动机的空气量

C. 清洁进入发动机的空气

3. (判断题)汽车上应用的大部分是纸质空气滤芯,你认为上述说法是否正确(　　)。

A. 正确　　B. 错误

4. (多选题)清洁纸质滤芯的方法有(　　)。

A. 轻轻拍打纸滤芯端面,使灰尘脱落

B. 轻轻拍打纸滤芯外表面,使灰尘脱落

C. 294~600kPa 压缩空气从滤芯内部向外吹,将灰尘吹净

D. 294~600kPa 压缩空气从滤芯外部向内吹,将灰尘吹净

5. (判断题)纸质空气滤芯安装方向如图7-26所示,是否正确(　　)。

A. 正确　　B. 错误

图7-26　纸质空气滤芯安装方向

项目八

点火系统

点火系统的作用就是根据发动机的工作状态,按照发动机的工作顺序,在适当的时刻供给火花塞足够能量的高压电,使其电极间产生火花,确保能点燃混合气,使发动机做功。

点火系统是汽油发动机各系统中故障率最高的系统。点火系统技术状况不仅严重影响发动机的动力性和排放性能,还决定了发动机能否正常工作。

点火能量不足或不点火,会导致发动机工作困难,严重时甚至不能工作。若点火时间不合适,过晚会导致发动机动力下降,油耗升高,发动机温度上升;点火时间过早,导致发动机爆震,甚至造成零部件损坏。

学习任务一　点火系统线路检测

学习目标

知识目标:

1. 能叙述汽车点火系统组成、功用及工作原理;
2. 能说出点火系检修流程。

技能目标:

能够正确使用工具对点火系线路故障进行检测。

素养目标:

1. 在任务实施过程中养成规范检修的习惯;
2. 通过线路检测使学生养成细心、用心、耐心的工作态度。

任务描述

一辆轿车不能起动,点火开关旋转到起动挡,能听到起动机旋转声音无力,经技术人员分析,需对起动机进行检修。你能完成起动机的拆装任务吗?

一、资料收集

引导问题1:点火系统的功用是什么?点火系统是怎么分类的?

1.点火系统的功用

点火系统的功用是将汽车的低压电变成高压电,按照汽油发动机工作的要求,适时送到点火缸的火花塞,击穿火花塞间隙产生电火花,点燃汽缸内的混合气,使发动机做功。

2.点火系统的分类

按点火的控制方式不同,点火系统可分为传统点火系统(图8-1)、电子点火系统(图8-2)和电控点火系统(图8-3)。目前,绝大多数汽油发动机汽车采用电控点火系统。

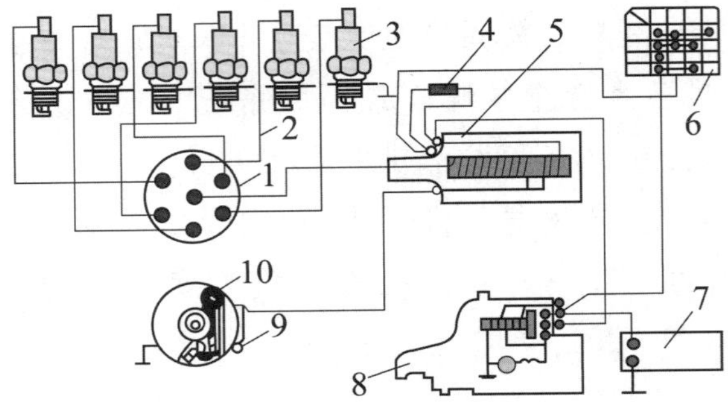

图8-1 传统点火系统

1-分电器;2-高压线;3-火花塞;4-附加电阻;5-点火线圈;6-点火开关;7-蓄电池;8-起动机;9-电容器;10-断电器

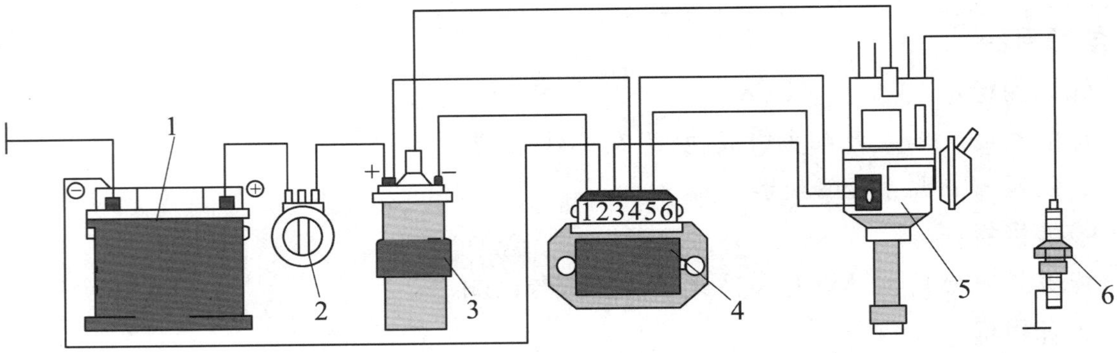

图8-2 电子点火系统

1-蓄电池;2-点火开关;3-点火线圈;4-点火器;5-带霍尔信号发生器的分电器;6-火花塞

3.发动机对点火的基本要求

无论汽车上采用何种点火系统,都必须满足发动机对点火的基本要求:①点火系应能够产生足以击穿火花塞间隙的高压电;②火花塞产生的电火花应具有足够的能量;③点火的时间应能适应发动机的工作情况;④工作可靠。

引导问题2:电控点火系统由哪些部件组成?是如何工作的?

1.电控点火系统的功能

电控点火系统的功能包括点火提前角控制、通电时间(闭合角)控制和爆燃控制三个方面。

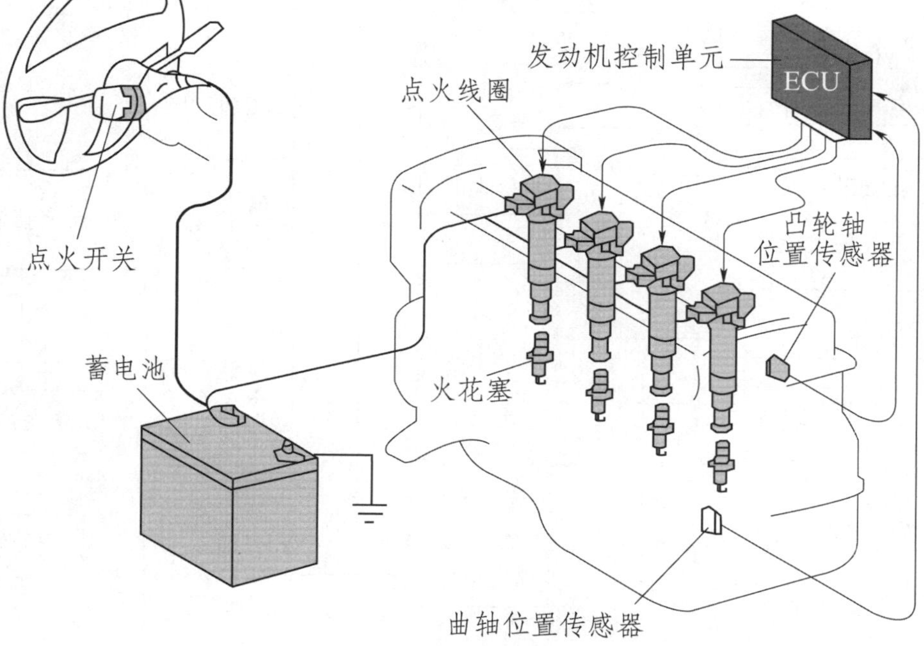

图 8-3 电控点火系统

2. 电控点火系统的分类

根据点火线圈的数量和高压电分配方式的不同,电控点火系统的点火方式有独立点火方式、同时点火方式和二极管配电点火方式三种。

独立点火方式的特点是每个汽缸一个点火线圈,即点火线圈的数量与汽缸数相等。

同时点火方式的特点是活塞同时到达上止点位置的两个汽缸(一个为压缩上止点,一个为排气上止点)共用一个点火线圈,即点火线圈的数量等于汽缸数的一半。

二极管配电点火方式的特点与同时点火方式相同,但对点火线圈要求比较高,而且发动机的汽缸数必须是数字 4 的整倍数,所以在应用上受到一定的限制。

3. 电控点火系统的组成

电控点火系统主要由各种传感器、发动机控制单元、执行器、点火线圈、火花塞等,如图 8-4 所示。

引导问题 3:电控点火系统主要零件的作用是什么?结构是怎样的?

1. 电源和点火开关

电源是给点火系统提供所需要的电能,点火开关则用来接通或断开电源电路。

2. 点火线圈的作用与分类

点火线圈的作用是将汽车低压电转变为 15000 ~ 40000V 的高压电,以满足火花塞跳火的需要。按铁芯形状不同可分为开磁路式(图 8-5)和闭磁路式(图 8-6)。按功能差异,分为普通型和高能型。

电控点火系统的点火线圈有双缸同时点火方式和独立点火方式。目前,在产汽油发动机汽车主要采用直接点火方式,且独立点火方式被广泛采用。点火线圈根据双缸点火和单缸点火的不同,结构上也有不同,如图 8-7 ~ 图 8-9 所示。

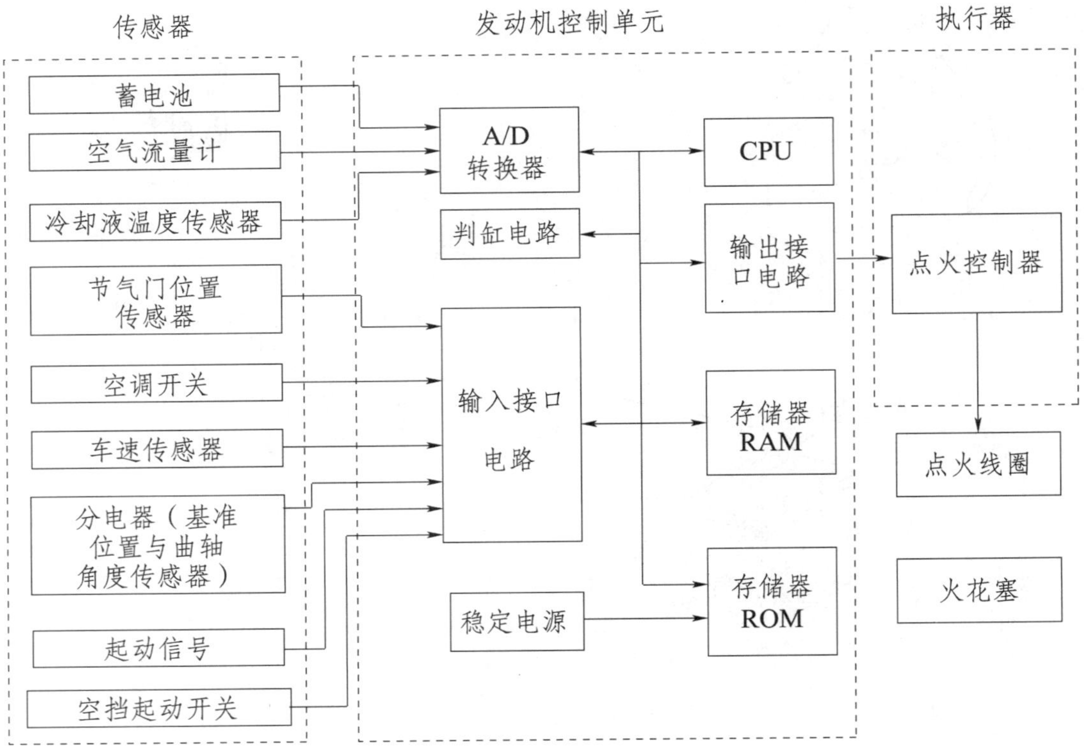

图8-4　电控点火系统组成

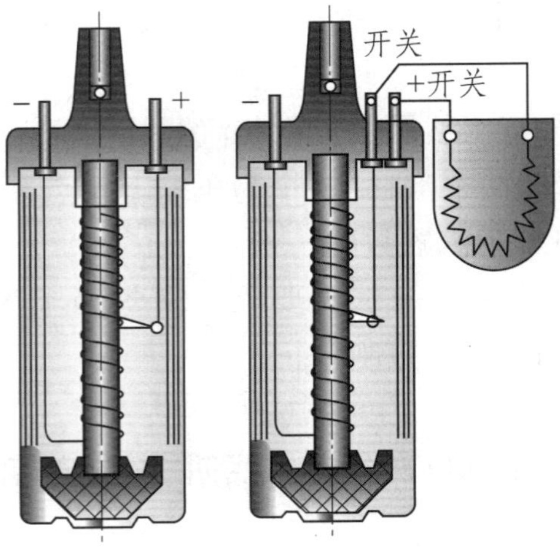

图8-5　开磁路点火线圈

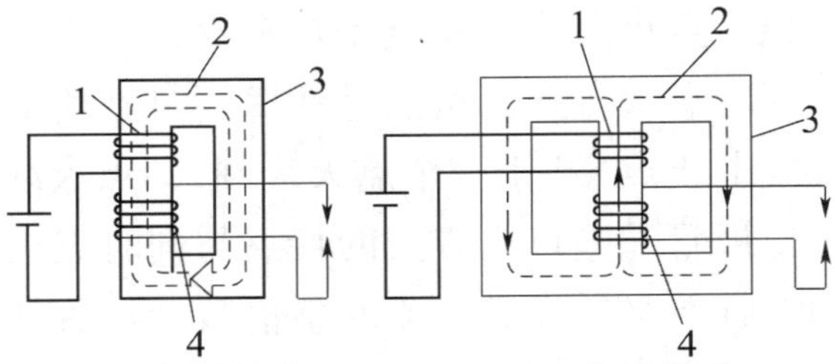

a)“口”字形铁芯　　b)“日”字形铁芯

图8-6　闭磁路点火线圈

1-初级线圈;2-磁场回路;3-铁心;4-次级线圈

图8-7　双缸点火的点火线圈

图8-8　四头点火线圈

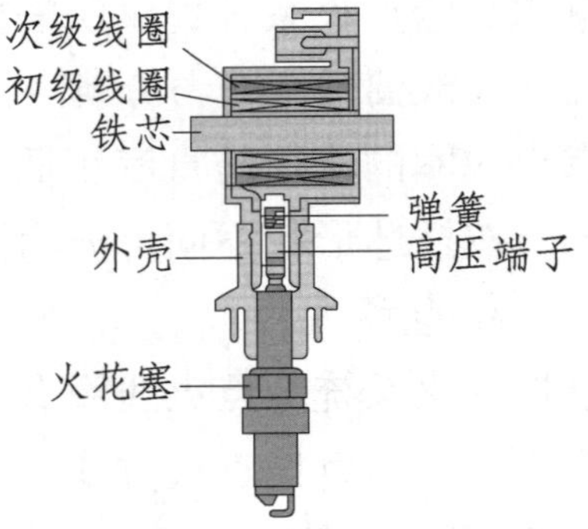

图8-9　单缸独立点火的点火线圈

3. 曲轴转速传感器结构

(1)曲轴转速传感器一般采用磁感应式,安装在曲轴箱内靠近离合器一侧的缸体上,获得发动机转速信号和曲轴转角位置信号,作为发动机点火和喷油的判缸信号之一。

(2)信号发生器本体用螺钉固定在发动机缸体上,由永久磁铁、传感线圈和线束插头组成。

(3)图 8-10 所示为曲轴位置传感器结构图。

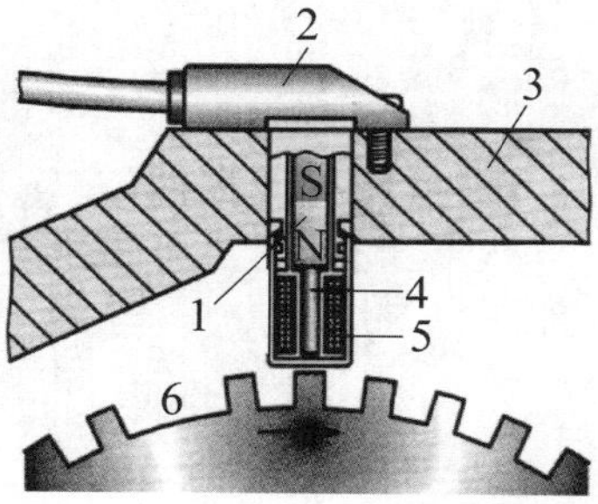

图 8-10 曲轴位置传感器结构

1-永久磁铁;2-插接器;3-缸体;4-铁芯;5-电磁线圈;6-信号转子

4. 凸轮轴位置传感器结构

凸轮轴位置传感器一般常采用霍尔式,安装在发动机配气凸轮轴的一端,主要由霍尔信号发生器(图 8-11)和信号转子(图 8-12)组成。

图 8-11 霍尔信号发生器

图 8-12 信号转子

5. 爆震传感器结构

爆震传感器安装于发动机缸体上,感知发动机爆燃情况,将信号反馈给控制单元,当发动机产生爆震时,适当的减小点火提前角,防止发动机爆震燃烧,图 8-13 所示为爆震传感器结构及工作原理图。

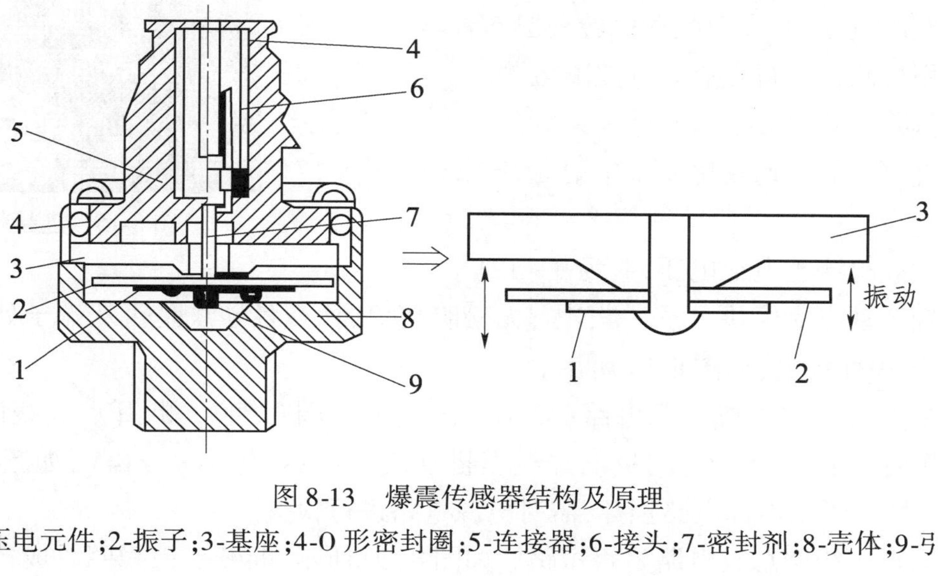

图 8-13 爆震传感器结构及原理

1-压电元件;2-振子;3-基座;4-O 形密封圈;5-连接器;6-接头;7-密封剂;8-壳体;9-引线

图 8-14　ECU

6. 发动机控制单元(ECU)

电子控制单元(ECU)一般由输入接口电路、微处理器和输出接口电路组成,如图 8-14 所示,另外还包括电源电路。

工作原理:ECU 是电控点火系统的中枢。在发动机工作时,ECU 不断地接收各传感器输送来的信号,并按内存的程序对接收到的信号进行运算、存储和分析处理,最后向点火器发出控制信号,以完成对点火提前角、通电时间和爆燃的控制。

二、计划与实施

引导问题 4:完成点火系统线路检测,需要使用的工量具有哪些?

在表 8-1 中填写本学习任务所需要使用的工具、量具。

工具、量具名称及型号　　表 8-1

名称	型号

引导问题 5:如何用检测仪对点火系统进行故障自诊断?

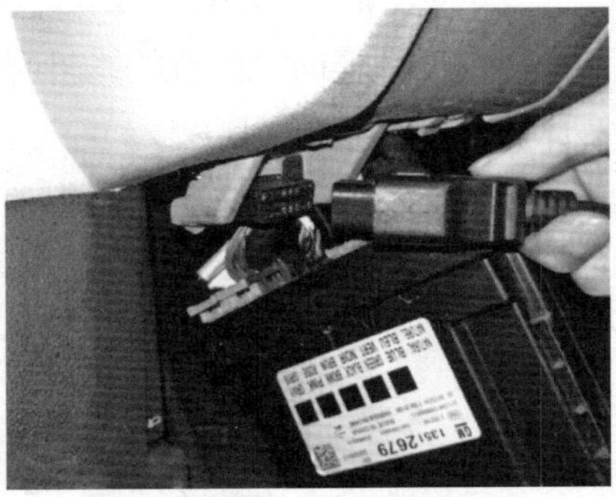

图 8-15　连接检测仪

(1)将检测仪连接到诊断插口,如图 8-15 所示。

(2)将发动机起动,发现起动机转动但不着车。

(3)利用检测仪进行点火系统故障检测。

(4)选择菜单项,如图 8-16 所示。

(5)读取数据流或故障码,并记录下来,如图 8-17 所示。

(6)万用表检测蓄电池电压,应为 9 ~ 12V。

(7)轻轻摇动点火模块,应安装牢固,无松旷现象,检查各导线是否从端子处脱开,线束外壳有无明显损坏痕迹,如图 8-18 所示。

(8)检测点火线圈总成电源电路(以第一缸点火线圈为例)。断开点火线圈总成插接器,将点火开关置于 ON 位置,测量电源线至搭铁之间电压,应为 9 ~ 14V,如图 8-19 所示。若检测结果异常,说明电源电路损坏,需对电源电路进行检查。

(9)检测点火线圈总成电路是否短路。如图 8-20 所示,断开点火线圈总成插接器,断开

ECM 插接器，检测点火线圈总成各端子至 ECM 端子之间的电阻，正常电阻应小于 1Ω。若检测结果异常，说明线路短路，需更换线束插接器，注意点火线圈与 ECM 插接器各端子要一一对应。

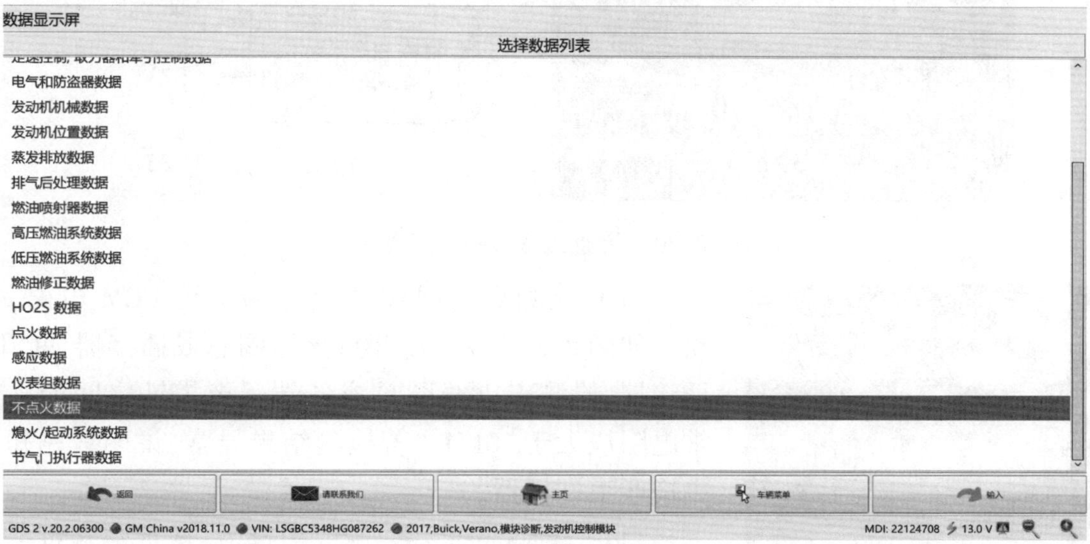

图 8-16　选择菜单

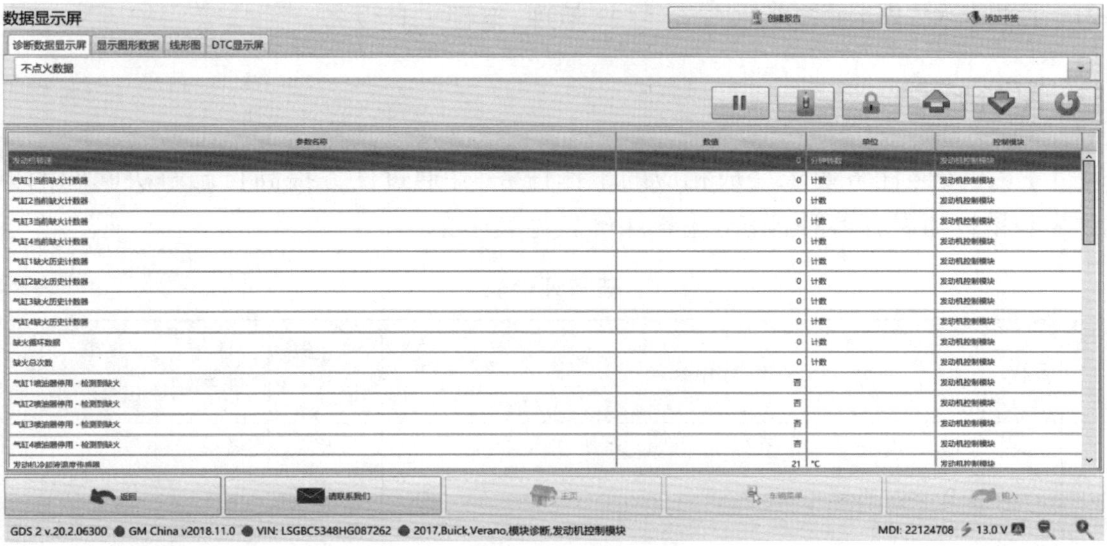

图 8-17　读取数据流

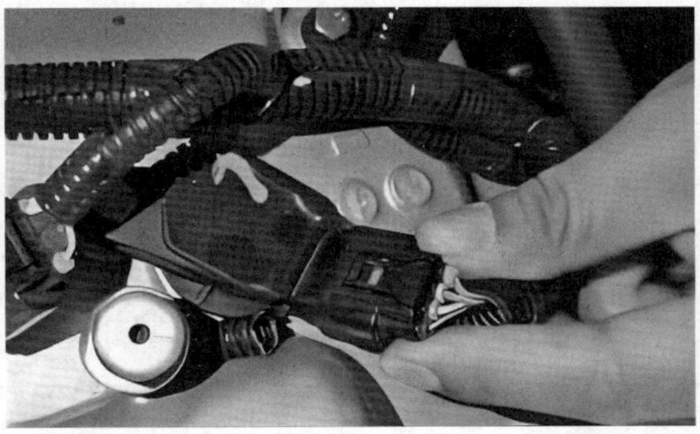

图 8-18　检查连接端子是否可靠

图 8-19　检查点火线圈电源电路

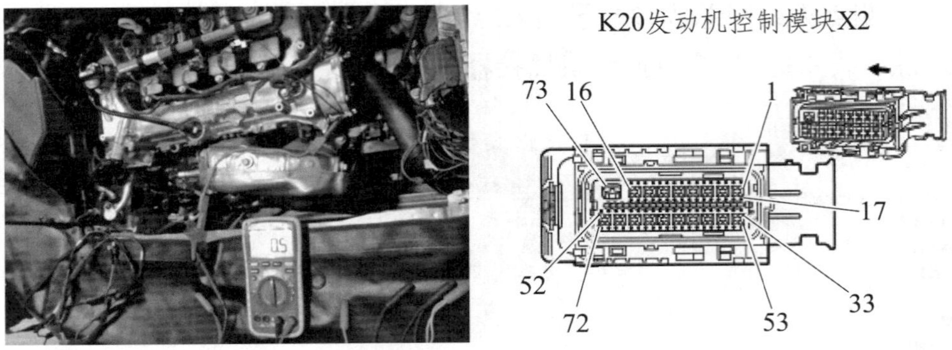

图 8-20　检查点火线圈电路短路

图 8-21　检测点火线圈电路短路

(10)检测点火线圈总成各端子至 ECM 电路是否短路。如图 8-21 所示,断开点火线圈总成插接器,断开 ECM 插接器,检测点火线圈总成各端子至搭铁之间的电阻,正常电阻应大于 10kΩ。若检测结果异常,说明线路短路,需更换线束插接器。

(11)对换点火线圈,读取数据流,数据流数据变化,点火线圈损坏,更换数据流数值增加的点火线圈。

(12)整理、整顿工具设备。

三、评价反馈

通过学习,按照任务要求完成相应的工作任务,并通过任务提高自己解决问题的方法和能力。学生和教师展开各种评价,任务评价表见表 8-2。

任务评价表　　　　表 8-2

序号	评价标准	分值（分）	自评（分）	互评（分）	师评（分）
1	是否服从组长安排,无迟到、早退和旷工	5			
2	着装是否符合标准	5			
3	能否完成小组分派的任务	5			
4	能否积极主动与小组成员沟通,发表自己意见	5			
5	语言表达准确,沟通顺畅	5			
6	能否大胆地在同学们面前展示自己学习的成果	5			
7	是否有工作岗位的责任心	5			
8	小组学习中能否主动与其他成员合作	5			
9	能否正确对待他人提出的肯定和否定意见	5			
10	是否合理规范使用工具和设备	5			
11	是否会正确安装车内五件套和车外三件套	5			
12	能否正确检查点火系统是否正常	10			

续上表

序号	评价标准	分值（分）	自评（分）	互评（分）	师评（分）
13	能否正确使用解码器	10			
14	能否正确检测点火线圈	15			
15	是否保持现场干净整洁	5			
16	能否按照安全和规范的规程操作	5			
合计		100			

四、学习拓展

现有一辆大众帕萨特汽车，发现动力下降，经判断是缺缸，请你对该车的点火系统进行检测，看看大众系列点火系统检测方法是否相同。

学习任务二　火花塞的更换

学习目标

知识目标：

1. 掌握火花塞的作用、结构组成；
2. 掌握火花塞的工作原理。

技能目标：

能够正确使用工具对火花塞进行更换。

素养目标：

1. 在任务实施过程中养成规范检修的习惯；
2. 任务完成后养成现场7S管理的习惯。

任务描述

一辆通用威朗轿车，在使用过程中出现发动机工作抖动、怠速不稳定，并且出现排气黑烟及油烟味浓的状况。根据维修经验，初步判断为发动机点火系统出现异常，导致发动机燃烧性能下降，发动机工作性能变差，需要对火花塞进行更换。

一、资料收集

引导问题1：火花塞的作用是什么，由哪些结构组成，有哪些分类？

火花塞的作用是把高压导线送来的脉冲高压电放电，击穿火花塞两电极间空气，产生电火花以此引燃汽缸内的混合气体。

火花塞由接线螺母、中央电极、接地电极、金属壳体和绝缘体等主要部件组成,如图8-22所示。火花塞上的接地电极与金属壳体连接,通过汽缸盖螺纹连接到发动机缸体上,如图8-23所示。绝缘体主要起到隔离金属壳体及中央电极的作用。接线螺母是火花塞上与高压线圈接触的部分,电流通过接线螺母和中央电极后,击穿中央电极与接地电极间的介质产生火花,从而点燃汽缸中的混合气。

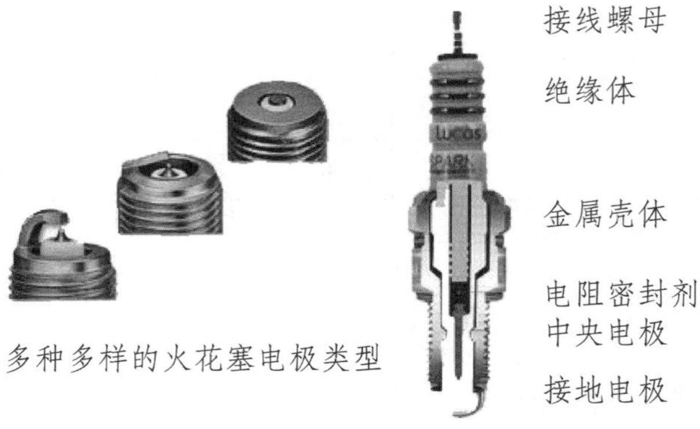

图8-22　火花塞结构

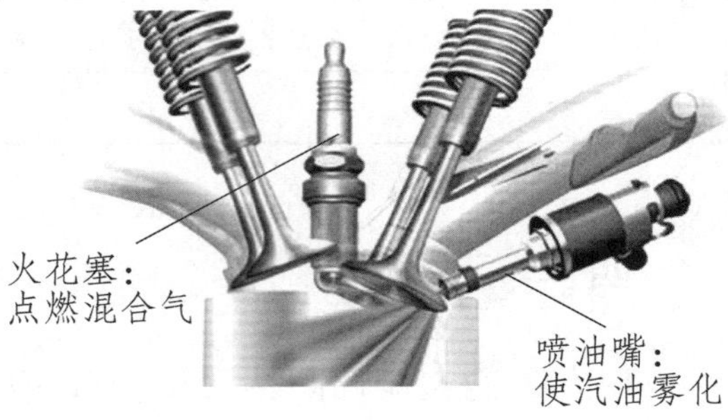

图8-23　火花塞的安装位置

火花塞由传统的标准型单侧极发展到突出型单侧极,由单侧极发展至多侧极,如图8-24所示。传统单侧极火花塞的火焰核位于中央电极与侧电极之间,热量较多地被侧电极吸收从而抑制了火焰核的增大,即"消焰作用"明显。这就降低了此类型火花塞的跳火性能。在20世纪20年代,开始出现了三侧极火花塞,三个接地电极位于中央电极四周,消除了单侧极火花塞中央电极被侧电极遮挡的缺点,削弱了"消焰作用",火花能量较大,拥有更好的跳火性能。这里要明确一点,虽然多电极火花塞有多个接地电极,但在火花塞跳火瞬间电流仅通过单一接地电极跳火,不会出现多电极同时跳火的情况。

图8-24　火花塞电极类型

火花塞在发展的过程中引入了各种稀有金属,以提供良好的散热能力、抗化学腐蚀能力、抗电腐蚀能力、跳火性能以及工作稳定性等性能。因此火花塞按照电极材料来分,有镍合金、银合金和铂合金等;按照热值高低来分,有冷型和热型。热型火花塞裙部长,传热距离长,散热慢;冷型火花塞裙部短,传热距离短,散热快,火花塞热特性如图8-25所示。

引导问题2:火花塞陶瓷变黄是怎么回事?

火花塞陶瓷变黄,在汽修行业的经典谣言就是火花塞漏气,而实际上这种黄色、茶色的污垢叫作电晕。电晕不影响火花塞性能,和火花塞的使用寿命没有直接联系,电晕不作为火花塞是否要更换的评价依据。

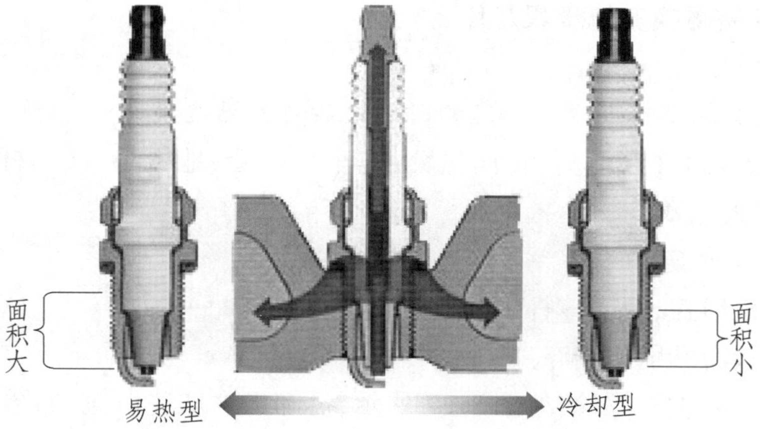

图 8-25　火花塞的热特性

火花塞电晕是由于火花塞内部的中心电极导通的是高压电,高压电对飘浮在空气中机油颗粒有吸附作用,吸附在白色绝缘体的表面产生,如图 8-26 所示。

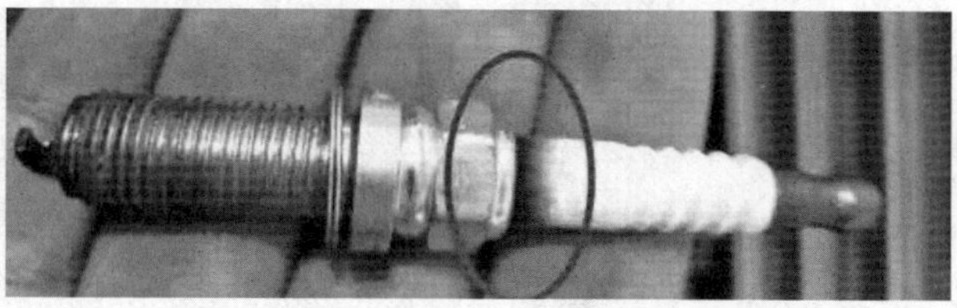

图 8-26　火花塞电晕

引导问题 3:火花塞间隙对发动机点火有哪些影响?

火花塞间隙是指汽车火花塞上中心电极(正极)和接地电极(负极)之间的最短距离叫作电极间隙,也叫点火间隙,火花塞间隙。汽车厂商及发动机制造商指定了相关的最佳电极间隙,以及每款车每个发动机都有自己相对应的最佳火花塞的电极间隙。一般来说,汽车火花塞间隙为 0.6 ~ 1.5mm,不正确的间隙会影响火花塞的点火性能。

火花塞间隙小,容易产生火花,但电极间产生出的电弧短,火花少,点火能力弱;火花塞间隙大,产生火花需要更强的电压,但电极间产生出的电弧长,火花多,点火能力强。

火花塞的拆卸

二、计划与实施

引导问题 4:完成火花塞更换,需要使用的工具设备有哪些?

在表 8-3 中填写本学习任务所需要使用的工具、量具。

工具、量具名称及型号　　表 8-3

名称	型号

引导问题5:花塞更换实施步骤是什么?

1. 火花塞的拆卸

注意:更换前,车辆要熄火冷却一定的时间之后再开始更换。

(1)安装防护五件套(座椅套、转向盘套、驻车手柄套、地板垫、换挡杆套)。(本次拆装的是别克威朗轿车火花塞)

(2)释放发动机舱盖释放杆。

(3)打开发动机舱盖,用支撑杆顶起发动机舱盖。

(4)安装翼子板布和前格栅布。

(5)拆卸发动机防护罩螺栓,如图8-27所示,拆卸加油加注口盖,如图8-28所示。

图8-27 拆卸发动机防护罩螺栓

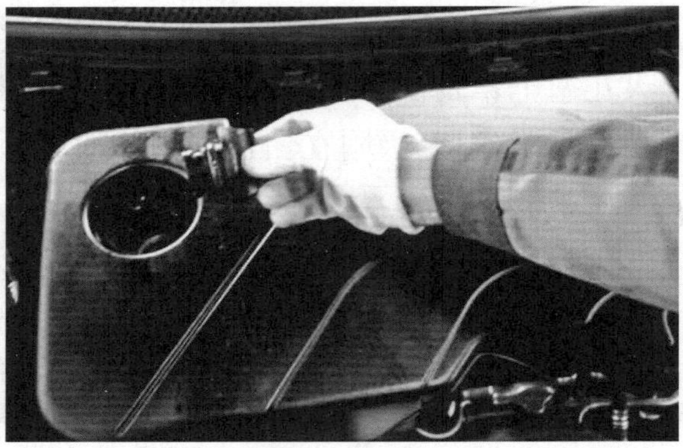

图8-28 拆卸加油加注口盖

(6)取下发动机防护罩螺栓,取下防护罩后就能看到点火线圈,如图8-29所示。

(7)断开4个缸点火线圈电气连接器接头,如图8-30所示,注意不要损坏连接器插头。

图8-29 取下防护罩

图8-30 断开四个缸连接器插头

图8-31 拆卸点火线圈螺栓

(8)按顺序拆卸点火线圈紧固螺栓,如图8-31所示。

(9)取下点火线圈,取的时候边晃动轻拧着边往上拔,不要用力过猛。如图8-32所示。

(10)观察火花塞周围有无污物,如果有,清除污物。

注意:整个操作中注意清洁情况,擦除点火线圈周围的灰尘、油污、如果灰尘、油污进入燃烧室内,会产生严重不良影响,养成严谨细心的工作作风。

(11)拆火花塞,利用火花塞套筒拆卸火花塞,如图 8-33 所示。(如果火花塞套筒没有磁性,无法取出时可以用点火线圈连接杆插入火花塞取出)

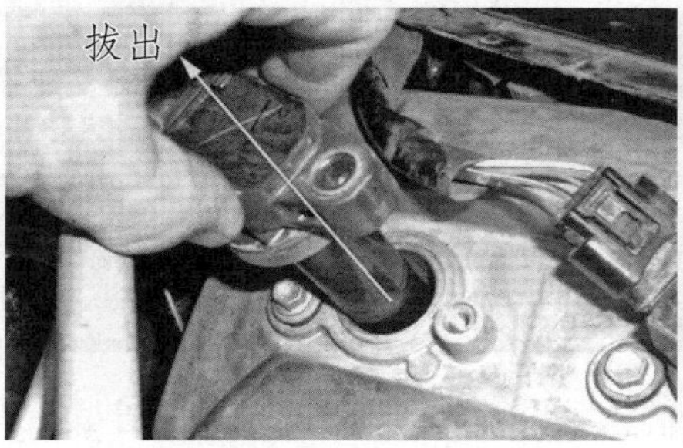

图 8-32　取下点火线圈

图 8-33　拆火花塞

注意:拧所有螺栓的时候,要力度均匀、直上直下,以免破坏螺栓。

(12)用新火花塞和旧火花塞进行对比检查,火花塞使用后出现的一些损坏形式如图 8-34 所示。

a) 正常状况　b) 油污　c) 过热　d) 瓷件表面闪络

e) 电极烧熔　f) 积炭　g) 电晕　h) MMT污损

图 8-34　火花塞常见损伤形式

①检查接线柱是否损坏。

②检查绝缘体是否击穿或有碳痕、炭黑。

③检查绝缘体有无裂纹。

④选用原型号的火花塞进行更换。

火花塞的检查　火花塞的安装

2. 安装新火花塞

火花塞的安装顺序按照拆卸的相反顺序进行完成。下面介绍一些安装时需要注意的步骤:

(1)火花塞安装时,应该把火花塞固定(磁性套筒或使用双面胶)在套筒上再把火花塞塞回原处安装。禁止把火花塞直接从安装孔放下,高度落差可能导致侧电极变形从而导致间隙变小,导致提前跳火影响发动机平顺性。

有条件的话,可以在新的火花塞螺纹上涂适量“螺纹防卡剂”再安装火花塞。如图 8-35 所示。

(2)用手拧连接杆使火花塞使螺纹拧紧,避免直接使用扳手拧紧,先带上几丝螺纹后再进行拧紧。

(3)使用扭力扳手进行拧紧,拧紧力矩为17N·m。如图8-36所示。

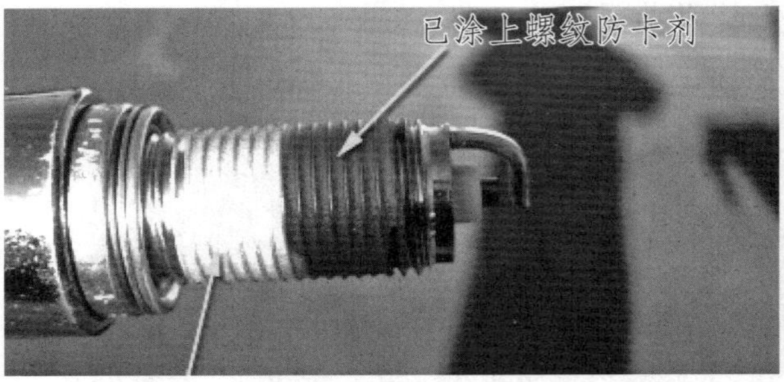

图8-35　涂抹螺纹防卡剂

图8-36　使用扭力扳手拧紧火花塞

(4)安装点火线圈,拧紧点火线圈的紧固螺栓,拧紧力矩为10N·m。

(5)连接点火线圈线路连接器。

(6)连接蓄电池负极,并且保证连接可靠,没有虚接情况。

(7)用解码器读取发动机故障码,看是否有故障码,清除故障码,再次读取故障码,无码正常。

(8)整理整顿工具设备。

注意整个操作的清洁情况,一定擦除点火线圈周围的灰尘油污,如果进入燃烧室内,会产生严重不良影响,尽量戴上手套操作。

安装完毕后整理、清理工量具,做好场地和车辆的清洁卫生。

三、评价反馈

通过学习,按照任务要求完成相应的工作任务,并通过任务提高自己解决问题的方法和能力。学生和教师展开各种评价,任务评价表见表8-4。

任务评价表　　表8-4

序号	评价标准	分值(分)	自评(分)	互评(分)	师评(分)
1	是否服从组长安排,无迟到、早退和旷工	5			
2	着装是否符合标准	5			
3	能否完成小组分派的任务	5			
4	能否积极主动与小组成员沟通,发表自己意见	5			
5	语言表达准确,沟通顺畅	5			
6	能否大胆地在同学们面前展示自己学习的成果	5			
7	是否有工作岗位的责任心	5			
8	小组学习中能否主动与其他成员合作	5			
9	能否三确对待他人提出的肯定和否定意见	5			
10	是否合理规范使用工具和设备	5			

续上表

序号	评价标准	分值（分）	自评（分）	互评（分）	师评（分）
11	是否会正确安装车内五件套和车外三件套	5			
12	是否能正确拆卸火花塞	10			
13	是否能正确检查火花塞	15			
14	是否能正确选用和安装火花塞	10			
15	是否保持现场干净整洁	5			
16	能否按照安全和规范的规程操作	5			
合计		100			

四、学习拓展

现有一辆大众帕萨特汽车，行驶了60000km，发现动力下降加速无力，初步判断是火花塞问题，请你制定该车火花塞检查和更换实施方案。

自我检测

专业知识题

一、单选题（下列各题的四个备选答案中只有一个是符合题意的正确答案，请做出选择）

1. 转速增加，点火提前角应（　　）。
   A. 增加　　B. 减少　　C. 不变
2. 火花塞裙部的自净温度为（　　）。
   A. 500～700℃　　B. 750～850℃　　C. 100～200℃
3. 发动机起动时反转和加速时爆震的原因是（　　）。
   A. 点火过早　　B. 点火过迟　　C. 没有点火
4. 电子控制点火系统由（　　）直接驱动点火线圈进行点火。
   A. ECU　　B. 点火控制器　　C. 分电器　　D. 转速信号
5. 拆下火花塞观察，如为赤褐色或铁锈色，表明火花塞（　　）。
   A. 积炭　　B. 生锈　　C. 正常　　D. 腐蚀

二、判断题（请对下列各题判断正误，正确的打“√”，错误的打“×”）

1. 火花塞只要跳火，就能点燃汽缸内的可燃混合气。（　　）
2. 发动机点火时刻要随发动机工况的变化而变化。（　　）
3. 普通点火系统中，只根据发动机转速和负荷的变化对点火提前角进行调节。（　　）
4. 发动机电控单元只根据发动机转速和负荷的变化确定点火时刻。（　　）
5. 电子点火控制器只具有控制点火线圈初级电流的功能。（　　）

三、多选题(下列各题的四个备选答案中有两个或两个以上符合题意的正确答案,请做出选择,错选、多选或漏选均不给分。)

关于双缸同时点火系统,下列(　　)说法是正确的。

A. 同组的一缸火花塞积炭会使另一缸点火电压下降

B. 双缸同时点火,则两缸同时工作

C. 双缸同时点火,其中一缸为有效点火,另一缸为无效点火

D. 如果某缸的分缸线脱落,则同组的另一缸不能正常点火

技能操作题

点火系统的拆装与维护。

有一台某型号的发动机,工作时抖动。经专业技师通过数据流发现4缸点火次数异常,初步诊断点火系统存在故障,现需进行点火系统的拆检作业,请根据你所掌握的相关知识和技能,回答以下问题。

该发动机维修手册提供的相关参数见表8-5。

点火系统相关参数　　表8-5

名称	参数	备注
点火线圈1与2电阻值	常温(0.5~0.64)Ω	
火花塞间隙	0.8~0.9mm	
点火线圈拧紧力矩	(8±1)N·m	
火花塞拧紧力矩	(27±2)N·m	

1. (单选题)下列为火花塞的拆检步骤:按照施工作业的先后顺序排序,正确的是(　　)。

①正确选用工具,规范使用工具,拆卸点火线圈固定螺栓。

②正确选用棘轮扳手、连杆、套筒,连接工具,拆下火花塞。

③使用气枪和无纺布清理点火线圈周围的尘土,以免拆装过程中,有异物掉入汽缸。

④用干净毛巾,盖好火花塞安装孔,以免异物掉入汽缸。

⑤检查其外观是否有积炭、淹缸、机油侵入、中心电极烧损、侧电极烧损、绝缘体破裂。

⑥使用塞尺检查火花塞电极间隙。

⑦用小刀或者废旧钢锯刮掉火花塞中心电极和侧电极的积炭。

⑧用手旋紧火花塞。

⑨用扭力扳手拧紧至27N·m。

⑩安装点火线圈并紧固点火线圈固定螺栓。

⑪将火花塞放进专用火花塞套筒内,要确认是否套牢火花塞。

A. ①②③⑦④⑤⑥⑪⑧⑨⑩　　B. ③①②⑦④⑤⑥⑧⑨⑩⑪

C. ③①②④⑤⑦⑥⑪⑧⑨⑩　　D. ①②③④⑤⑥⑦⑪⑧⑨⑩

2. (多选题)在点火系统的安装过程中,可选用下列哪种测量范围的扭力扳手。(　　)

A. 10~100N·m　　B. 0~5N·m　　C. 5~25N·m　　D. 40~200N·m

3. (多选题)小王同学在火花塞拆检工作中是如下操作的,请选出操作正确的步骤(　　)。

A. 使用开口扳手拆卸点火线圈固定螺栓

B. 取出火花塞之后,用干净毛巾盖住火花塞安装孔

C. 拆装火花塞时选用普通长套筒拆卸火花塞

D. 拆卸火花塞前,使用气枪清理点火线圈周围的尘土

4. (单选题)小王同学检测该缸火花塞间隙,该火花塞间隙值为0.65mm,根据所学知识判断,该缸不可能出现的现象有(　　)。

A. 产生的电弧过短

B. 需要较高的脉冲点火电压

C. 点火时燃烧不充分,造成动力损失

D. 点火能量过弱,无法点燃发动机

5. (单选题)根据所学知识判断下列选项中描述错误的是(　　)。

A. 火花塞的陶瓷的作用是绝缘和隔热

B. 火花塞的中心电极作用是产生电弧

C. 火花塞的接线柱是为了产生高压电

D. 火花塞的侧电极是为了引燃汽缸内的可燃混合气

第三篇　汽车底盘

项目九

传动系统

传动系统是位于发动机和车轮之间的动力传递装置,将汽车发动机输出的动力传递给车轮。传动系统的首要任务是与发动机协同工作,以保证汽车在各种行驶条件下正常行驶所必需的驱动力和车速,使汽车具有良好的动力性和燃油经济性。

1. 汽车传动系统的作用

汽车传动系统主要有以下作用:①减速增扭;②变速变矩;③倒车功能;④必要时中断传动系统的动力传递;⑤差速功能。

2. 汽车传动系统的组成

汽车传动系统主要由离合器、变速器、万向传动装置、驱动桥(主减速器、差速器、半轴)等部件组成,如图9-1所示。

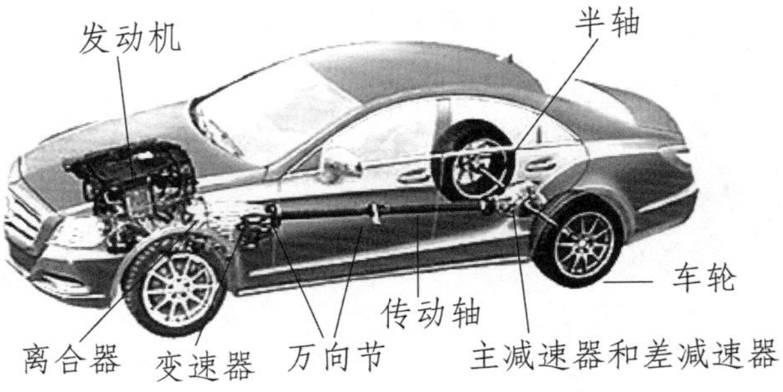

传动系统组成

图9-1　传动系统的组成

3. 汽车传动系统的分类

按结构和传动介质不同,汽车传动系统分为:机械式、液力机械式、静液式、电力式等。

4. 汽车传动系统的布置形式与特点

汽车传动系统布置形式如图9-2所示,主要有以下几种方式。

(1)前置前驱(FF)。发动机前置、前轮驱动。优点是操纵机构简单、发动机散热条件好。缺点是上坡时,汽车质量后移,使前驱动轮的附着质量减小,驱动轮易打滑;下坡制动时,由于汽车质量前移,前轮负荷过重,高速时易发生翻车现象。

(2)前置后驱(FR)。发动机前置、后轮驱动。优点是附着力大易获得足够的驱动力,整车的前后重量比较均衡,操控稳定性较好。缺点是传动部件多、传动系统质量大,贯穿乘坐舱的传动轴占据了舱内的地台空间。

(3)后置后驱(RR)。发动机后置、后轮驱动。优点是使前轴不易过载,并能更充分地利用车厢面积,可有效地降低车身地板的高度或充分利用汽车中部地板下的空间安置行李,也有利于减轻发动机的高温和噪声对驾驶员的影响。缺点是发动机散热条件差,行驶中的某些故障不易被驾驶员察觉。

(4)中置后驱(MR)。发动机中置、后轮驱动。优点是轴荷分配均匀,具有很中性的操控特性。缺点是发动机占去了座舱的空间,降低了空间利用率和实用性,因此使用 MR 的大都是追求操控表现的跑车。

(5)四轮驱动(4WD)。汽车的四个车轮都作为驱动轮。优点是四个车轮均有动力,地面附着率最大,通过性和动力性好。

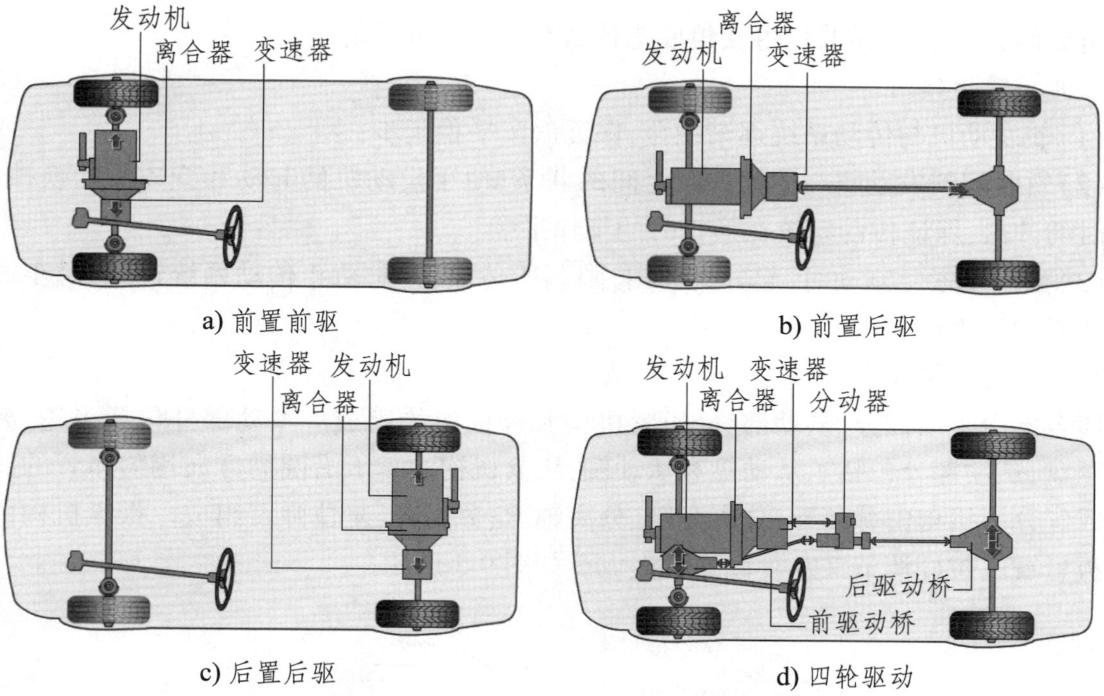

图 9-2　汽车传动系统布置形式

学习任务一　膜片弹簧式离合器拆装及检测

学习目标

知识目标:

1. 掌握离合器的功用、分类及组成;
2. 掌握膜片式弹簧离合器的组成并理解工作原理。

能力目标:

1. 能叙述膜片式弹簧离合器的检修内容及方法;
2. 能正确拆装及检测膜片式弹簧离合器。

素养目标：

1. 养成安全、文明生产以及环境保护意识；

2. 具有互助合作精神，能正确评价自我，豁达大度，积极乐观。

任务描述

一辆装有手动变速器的汽车，在行驶过程中换挡时，变速器会发出异响，初步判断为汽车离合器出现了分离不彻底的故障，需要对离合器进行检查。

一、资料收集

引导问题1：离合器的作用及组成是什么？是如何分类的？

1. 离合器的作用

(1)使发动机与传动系统逐渐结合，保证汽车平稳起步；

(2)暂时切断发动机与传动系统之间的联系，便于发动机的起动和变速器的换挡，减少换挡时的冲击，保证传动系统在换挡时的工作平顺；

(3)当汽车紧急制动时，起分离作用，限制所传递转矩，防止传动系统过载，对车辆起到一定的保护作用。

2. 离合器的组成

离合器由主动部分、从动部分、压紧机构和操纵机构组成。主动部分包括飞轮、离合器盖和压盘，从动部分包括了从动盘和从动轴，压紧机构由若干沿圆周方向均匀布置的压紧弹簧组成。分离机构由分离叉、分离套筒、分离轴承、分离杆、复位弹簧组成。操纵机构由离合器踏板、拉杆、拉杆调节叉及复位弹簧组成。如图9-3所示。

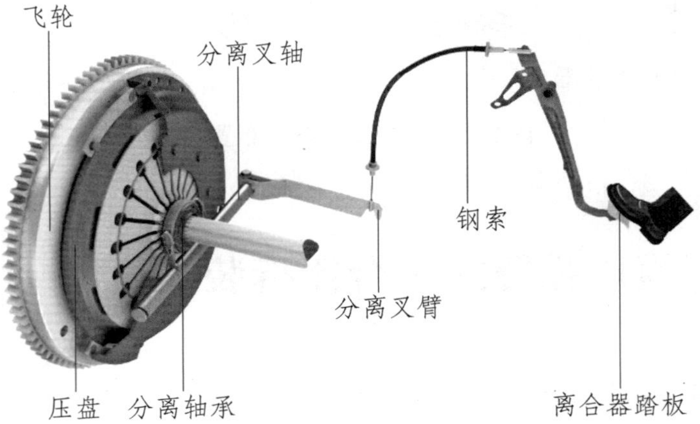

图9-3 离合器组成

3. 离合器的分类

汽车主要采用摩擦式离合器，有以下分类方式。

(1)按从动盘的数目不同，分为单片式(图9-4)、双片式和多片式(图9-5)三种。

(2)按压紧弹簧的类型及布置形式不同，分为周布螺旋弹簧式(图9-6)、中央弹簧式、膜片式(图9-7)和斜置弹簧式等。

图 9-4　单片式离合器

图 9-5　多片式离合器

图 9-6　周布螺旋弹簧式离合器

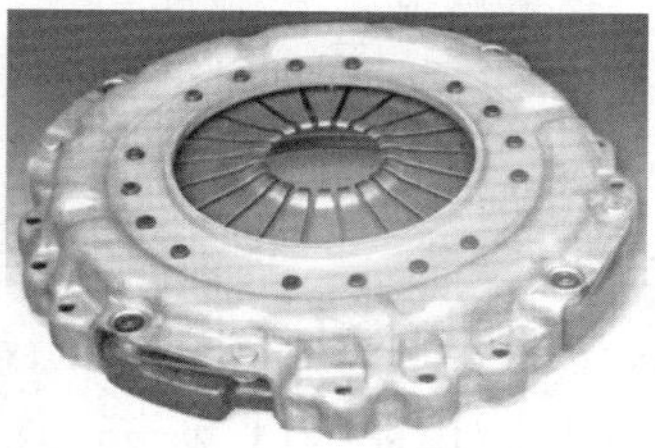

图 9-7　膜片式离合器

引导问题 2:离合器是如何工作的?

(1)结合状态。离合器在结合状态下,操纵机构在弹簧的作用下回到各自的位置,此时飞轮与从动盘、压盘结合在一起。发动机的转矩经过飞轮及压盘,通过从动盘两摩擦面的摩擦作用传给从动盘,再由从动轴输入变速器。

(2)分离过程。驾驶员踩下离合器踏板,分离套筒和分离轴承在分离拨叉的推动下,推动分离杆内端前移,使分离杆外端带动压盘克服压紧弹簧作用力后移,摩擦作用小时,离合器的主从动部分分离,中断动力传动,如图 9-8a)所示。

(3)结合过程。驾驶员抬起离合器踏板,在压紧弹簧的作用下,压盘向前移动并逐渐压紧从动盘,使接触面间的压力逐渐增加,摩擦力矩也逐渐增加;当飞轮、压盘和从动盘之间结合还不紧密时,离合器主、从动部分存在转速差,离合器处于打滑状态;随着离合器逐渐抬起,飞轮、压盘和从动盘之间的压紧程度逐渐紧密,主、从动部分的转速也逐渐相等,直到离合器完全结合而停止打滑,如图 9-8b)所示。

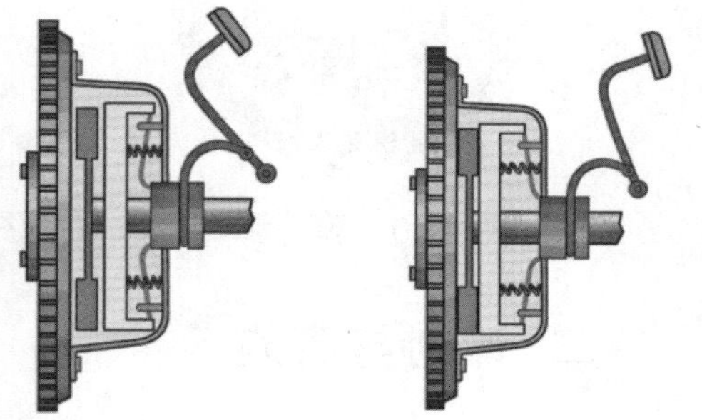

a) 离合器分离状态　　b) 离合器结合状态

图 9-8　离合器工作原理

引导问题 3:膜片弹簧式离合器的结构是怎样的?

膜片弹簧式离合器是用膜片弹簧代替了一般螺旋弹簧以及分离杠而做成的离合器,因此,膜片弹簧既是压紧机构,又是分离杆,使结构更加简单,膜片式弹簧离合器在汽车上应用广泛,它主要由膜片弹簧、离合器盖、压盘、传动片和分离轴承总成构成,如图 9-9 所示。

(1)离合器盖总成主要由铆钉、传动片、防失效铆钉、支撑簧、压盘、压盘盖、膜片弹簧等组成。

(2)膜片弹簧是离合器中重要的压紧元件,在其内孔圆周表面上开有许多均布的长径向槽,在槽的根部制成较大的长圆形或矩形窗孔,可以穿过支承铆钉,这部分称为分离指;从窗孔底部至弹簧外圆周的部分像一个无底宽边碟,其截面为截圆锥形,称为碟簧部分,如图 9-10 所示。

图 9-9　膜片弹簧离合器组成

(3)压盘的结构一般是环形盘状铸件,离合器通过压盘与发动机紧密相连。

(4)离合器的摩擦片如图 9-11 所示,其主要由复合材料制成,摩擦片的主要材料是石棉基摩擦材料,也有一些离合器片的材料是半金属型材料和复合纤维材料,还有一些采用了陶瓷纤维材料。离合器片中间有花键,其固定一根传动轴,该传动轴就是变速器的动力输入轴。

(5)分离轴承总成如图 9-12 所示,其主要由分离轴承、分离套筒等组成。分离轴承在工作时主要承受轴向分离力,同时还承受在高速旋转时离心力作用下的径向力。

图 9-10　膜片弹簧

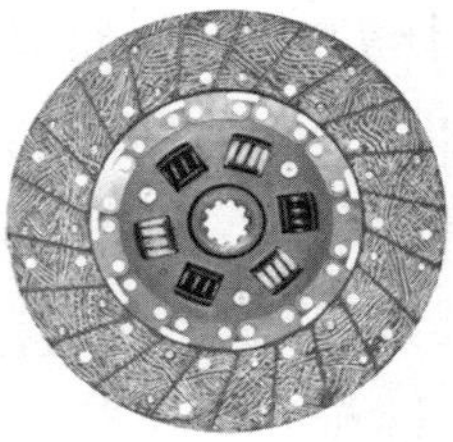

图 9-11　离合器摩擦片

图 9-12　离合器分离轴承

二、计划与实施

引导问题 4:完成本学习任务,需要使用的工具、量具及检测设备有哪些?

在下表 9-1 中填写本学习任务所需要使用的工具、量具。

工具、量具名称及型号　　表 9-1

名称	型号

引导问题5:如何拆装膜片弹簧式离合器?

1.膜片弹簧式离合器总成拆卸

(1)拆卸离合器前要先将汽车变速器与发动机进行分离,从变速器外壳上拆下离合器分离拨叉及分离轴承,如图9-13所示。

(2)在离合器盖总成及压盘与飞轮连接处做好装配标记,如图9-14所示。使用工具对角线拆卸离合器盖总成上的螺栓,如图9-15所示。取下离合器盖及压盘和从动盘。

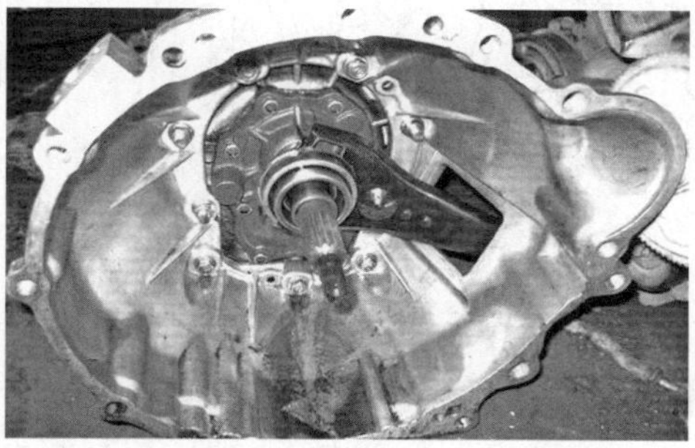

图9-13 拆卸离合器分离轴承及拨叉

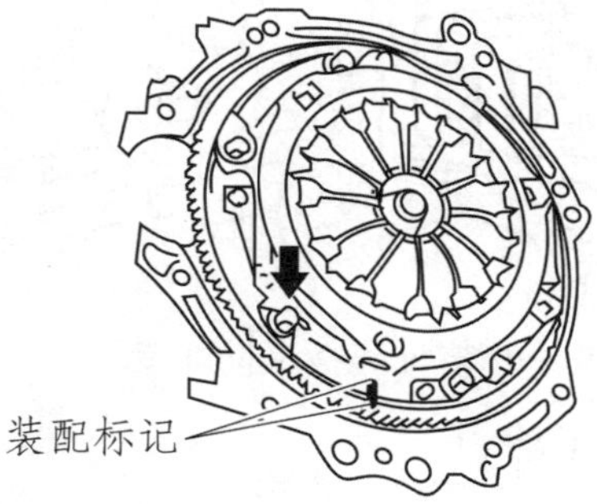

图9-14 做离合器装配标记

2.膜片弹簧式离合器总成的安装

(1)使用专用工具将离合器从动盘固定在飞轮上,如图9-16所示。

图9-15 拆卸离合器连接螺栓

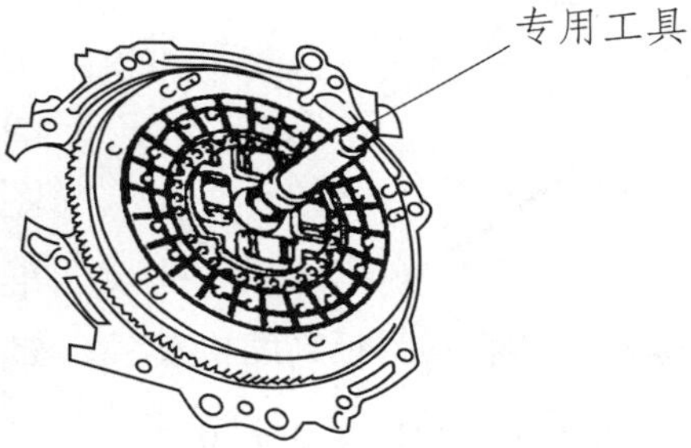

图9-16 离合器从动盘固定

(2)按照装配标记安装离合器盖及压盘,使螺栓孔对齐。

(3)按照图9-17的顺序紧固离合器盖螺栓,在拧紧过程中使用专用工具上下移动调整离合器从动盘的位置,使其保持在轴中心位置。

(4)安装分离拨叉及轴承,在安装前需在分离拨叉接触位置和变速器输出轴花键上涂抹少量润滑脂,如图9-18所示。

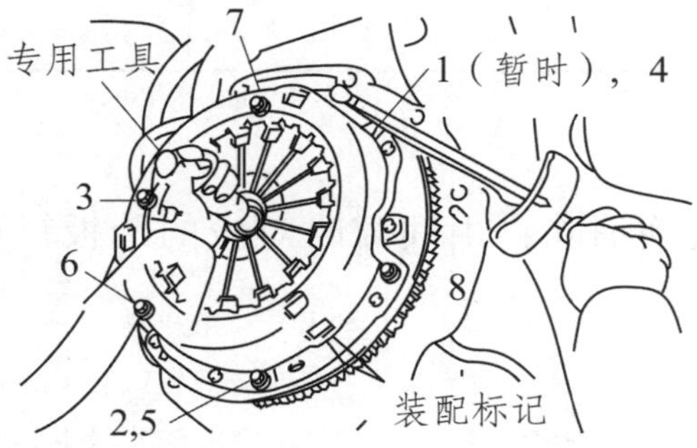

图9-17 离合器盖的安装

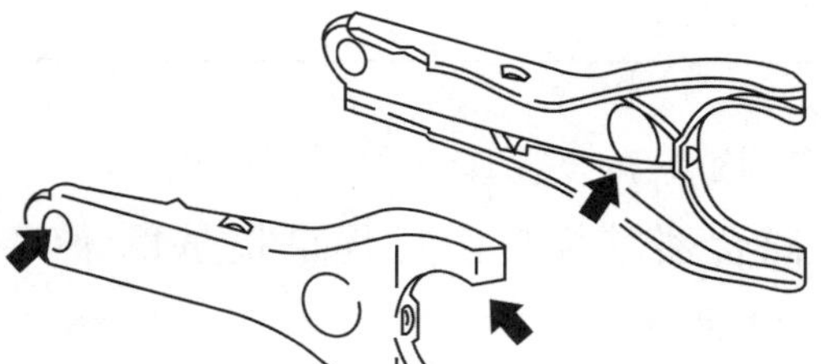

图9-18 分离拨叉涂抹润滑脂

(5)安装分离拨叉防尘套,如图9-19所示。

(6)安装分离拨叉支承件,如图9-20所示。

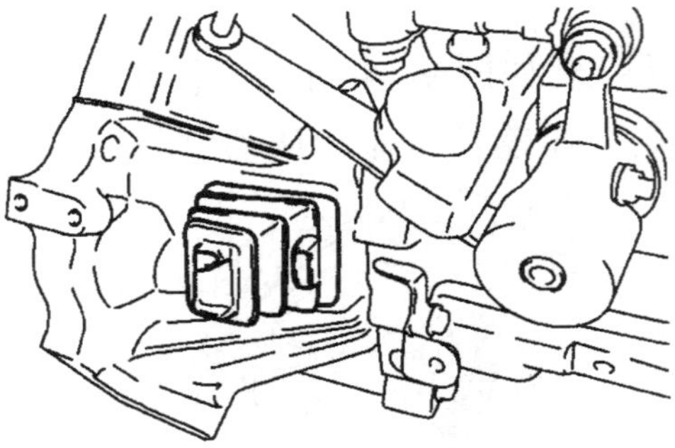

图9-19　安装分离拨叉防尘套

图9-20　安装分离拨叉支承件

离合器踏板高度和自由行程检查

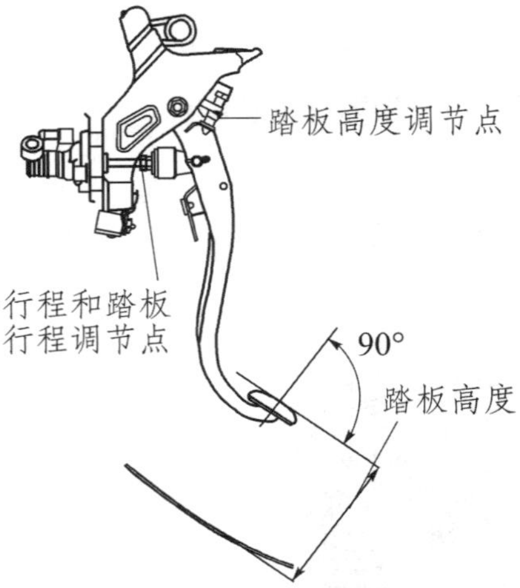

图9-21　离合器踏板高度检查

(7)用卡子将分离拨叉与轴承连接。

引导问题6:如何检测膜片弹簧式离合器?

离合器在使用过程中,从动盘会因磨损而变薄,使自由间隙变小,最终影响离合器的正常结合,所以离合器在使用一段时间后需检查其间隙,保证离合器具有合适的自由间隙。

1.离合器踏板行程的检查与调整

离合器踏板高度是指踏板距离车内地板的高度,如图9-21所示,使用直尺检查离合器踏板高度,使其在标准值内。如不符合标准,需松开踏板高度锁紧螺母,转动限位螺栓,直到正确的高度后,再拧紧螺母。离合器踏板高度检查与调整表见表9-2。

离合器踏板高度检查与调整　　表9-2

离合器踏板	测量值	标准值	极限值	判断	处理意见
踏板高度				(正常/异常)	
自由行程				(正常/异常)	
自由间隙				(正常/异常)	

2.检查离合器踏板的自由行程

离合器踏板自由行程是指从踩下离合器踏板到消除自由间隙时对应的踏板行程,如图9-22所示。

3.检查离合器从动盘

离合器从动盘是通过摩擦转换,把发动机的转矩传递给变速器,减小传动系的振动和冲击,是离合器中易损零部件。离合器从动盘检测见表9-3。

(1)检查铆钉有无松动,如有松动则需更换从动盘。使用游标卡尺测量从动盘表面与铆钉之间的距离,如果测量值小于极限值应更换从动盘,其极限值一般为 0.3mm,摩擦片的极限值为 0.5mm,如图 9-23 所示。

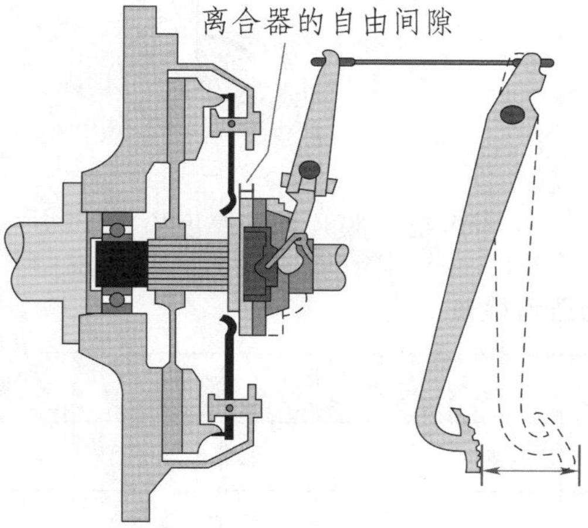

图 9-22 离合器踏板自由行程

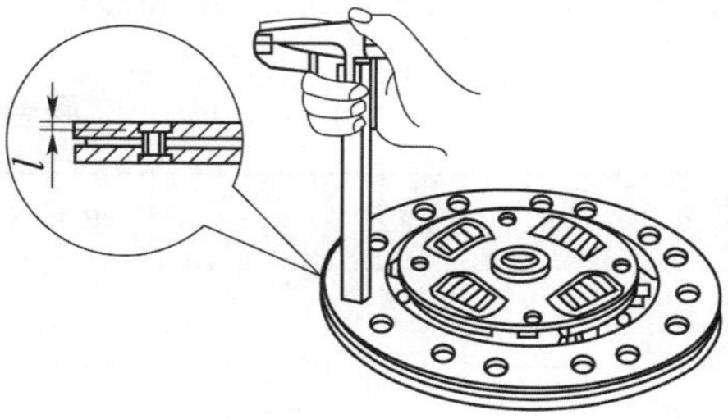

图 9-23 离合器从动盘检测

离合器从动盘检测

离合器从动盘检测　　表 9-3

<table>
<tr><th colspan="4">零部件</th><th colspan="2">结果(正常/异常)</th></tr>
<tr><td colspan="4">从动盘铆钉</td><td colspan="2"></td></tr>
<tr><td colspan="4">从动盘弹簧</td><td colspan="2"></td></tr>
<tr><td colspan="4">从动盘花键</td><td colspan="2"></td></tr>
<tr><td colspan="4">变速器输入轴花键</td><td colspan="2"></td></tr>
<tr><td colspan="4">从动盘花键与变速器输入轴花键配合</td><td colspan="2"></td></tr>
<tr><td colspan="4">摩擦片表面</td><td colspan="2"></td></tr>
<tr><th>离合器从动盘</th><th>测量值</th><th>标准值</th><th>极限值</th><th>判断</th><th>处理意见</th></tr>
<tr><td>从动盘表面
与铆钉深度</td><td></td><td></td><td></td><td>(正常/异常)</td><td></td></tr>
</table>

(2)检查减振弹簧是否磨损、松动、折断或弹力减弱。

(3)检查轮毂花键和变速器输入轴上的花键是否配合正常,是否有异常磨损。

(4)检查摩擦片表面是否有异常磨损或断裂。

离合器压盘检测

4. 检查离合器压盘

(1)检查离合器压盘的平面度,使用精密直尺和塞尺检测压盘表面的平面度,如图 9-24 所示。压盘和精密直尺之间的最大间隙应符合规范值,否则应更换离合器压盘。

(2)如图 9-25 所示,检查膜片弹簧厚度应符合规范值,检查膜片弹簧是否有折断、弯曲、异常磨损等。离合器压盘检查表见表 9-4。

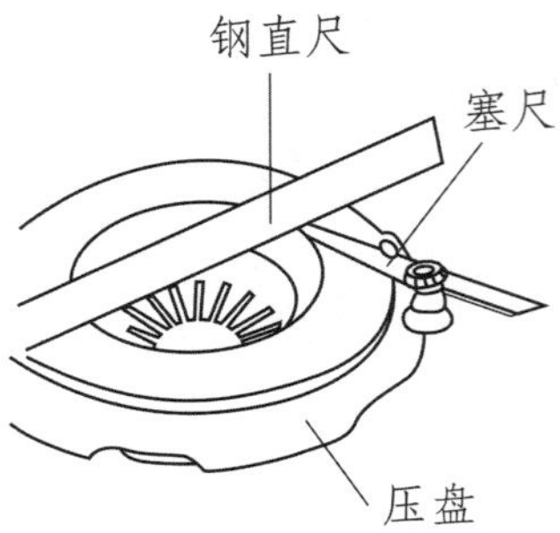

图 9-24　离合器压盘平面度检查

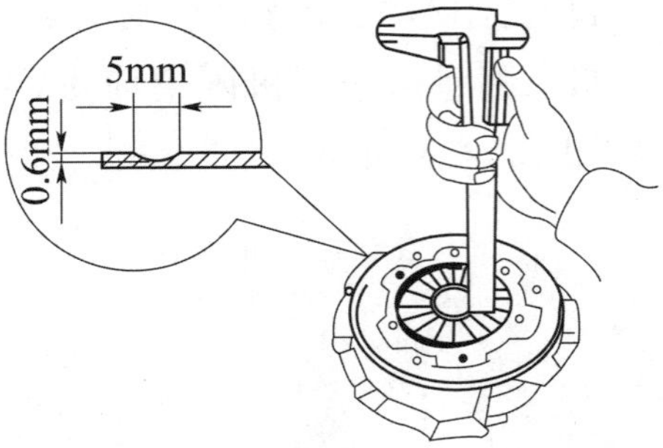

图 9-25　膜片弹簧厚度检查

离合器压盘检查　　表 9-4

离合器压盘	测量值	标准值	极限值	判断	处理意见
压盘平面度				(正常/异常)	
压盘弹簧厚度				(正常/异常)	

三、评价反馈

通过学习,按照学习任务要求完成相应的工作任务,并通过任务提高自己解决问题的方法和能力。学生和教师开展各种评价,任务评价表见表 9-5。

任务评价表　　表 9-5

序号	评价标准	分值(分)	自评(分)	互评(分)	师评(分)
1	是否服从组长安排,无迟到早退和旷工	5			
2	着装是否符合标准	5			
3	能否完成小组安排的任务	10			
4	能否积极与小组成员沟通,发表自己的意见	5			
5	语言表达是否准确,沟通是否顺畅	5			
6	能否大胆在同学们面前展示自己的学习成果	5			
7	是否有工作岗位的责任心	5			
8	小组学习中能否主动与其他成员合作	5			
9	能否正确对待他人提出的肯定和否定的意见	5			
10	是否合理规范使用工具和设备	5			
11	是否会准确测量并判断离合器零部件的结果	25			
12	是否会查阅维修手册并记录标准数据	10			
13	能否按照安全和规范的流程操作	5			
14	能否保持现场干净整洁	5			
合计		100			

四、学习拓展

一辆手动挡汽车,在行驶过程中出现了离合器打滑的故障,请你根据所学内容查阅相关维修资料,试着分析离合器打滑故障的检查方法和故障部件。

学习任务二　手动变速器拆装及检测

学习目标

知识目标:

1. 叙述手动变速器的功用及组成;
2. 掌握二轴式、三轴式手动变速器变速构造及工作原理。

能力目标:

1. 能独立完成手动变速器操纵机构的拆装;
2. 能独立完成手动变速器传动机构拆装。

素养目标:

1. 养成安全、文明生产以及环境保护意识;
2. 通过反复操作,锻炼学生抗挫能力和规范操作意识。

任务描述

一辆手动挡汽车在行驶了150000km后出现了换挡困难的现象,经过维修技师的诊断,需要你对手动变速器进行拆装与检查。

一、资料收集

引导问题1:手动变速器的作用与组成是什么? 是如何分类的?

1. 手动变速器的作用

(1)实现变速、变矩。

(2)实现倒车。

(3)中断动力传动。

2. 手动变速器的分类

(1)按前进挡数进行分类,可以分为三挡、四挡、五挡、多挡变速器。

(2)按照轴的形式可以分为固定轴式(齿轮的旋转轴线固定不动)和旋转轴式(齿轮的旋转轴线是转动的,如行星齿轮变速器)。

(3)固定轴式手动变速器可以根据轴数的不同,分为两轴式、三轴式、双中间轴式、多中间轴式。

3. 手动变速器的组成

手动变速器由变速传动机构、操纵机构组成,如图9-26所示。变速传动机构主要由输入轴、输出轴、倒挡轴、各挡齿轮、同步器、轴承及壳体等组成,有的还有中间轴,其作用是改变转矩和转速及方向;变速操纵机构主要由操纵装置、锁止装置及盖等组成,其作用是完成换挡操作。

(1)同步器。

同步器的作用是使接合套与待啮合的齿圈迅速同步,缩短换挡时间;且防止在同步前啮合而产生换挡冲击。

大多数汽车采用的同步器都是摩擦式惯性同步器。按锁止装置不同,可分为锁环式惯性同步器和锁销式惯性同步器。锁环式惯性同步器的结构如图9-27所示。

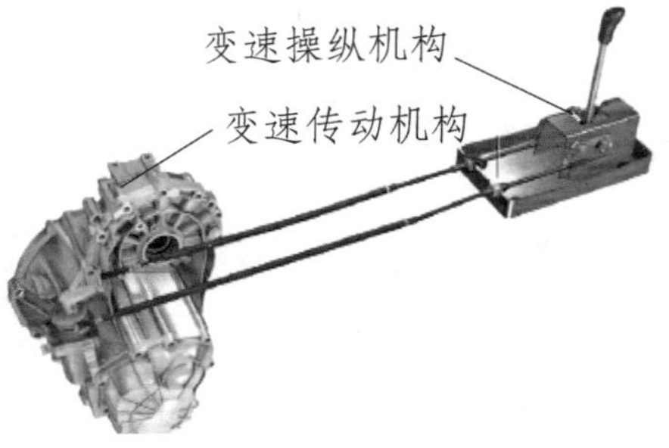

图9-26 手动变速器系统的组成

图9-27 锁环式惯性同步器

惯性锁环式同步器主要由同步器锁环、花键齿、定位滑块、接合套、锁环等零件组成。

(2)操纵机构。

手动变速器操纵机构的作用是使驾驶员根据汽车的运行状态和使用条件,准确地将变速器换入所需挡位。主要包括两种:直接操纵式和远距离操纵式。

直接操纵式的变速杆及所有换挡操纵装置都设置在变速器盖上,驾驶员可直接操纵变速杆来拨动变速器盖内的换挡操纵装置进行换挡,其结构紧凑、简单、操纵方便。

远距离操纵式一般在换挡手柄和变速器之间加装了一套传动杆件或钢索,它具有占据驾驶室的空间小、乘坐方便等优点。

操纵机构应保证变速器能够准确地挂入选定的挡位,并能可靠地在所选挡位上工作,故设置了自锁装置、互锁装置、倒挡锁装置。

①自锁装置。自锁装置能够防止自动挂挡及自动脱挡,并保证各挡传动齿轮以全齿长啮合。自锁装置主要由自锁钢球、自锁弹簧、拨叉轴等组成,如图9-28所示。

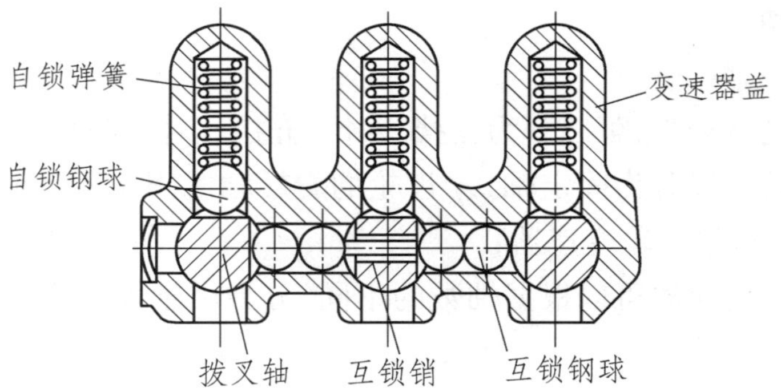

图9-28 自锁和互锁装置

②互锁装置。当驾驶员用变速杆推动某一拨叉轴时,互锁装置自动锁止其余拨叉轴,从而防止同时挂上两个挡位,避免同时啮合的两挡齿轮因其传动比不同而相互卡住,造成运动干涉甚至造成零件损坏,图9-29为其工作示意图。互锁装置主要由互锁钢球、互锁销、拨叉轴等组成。

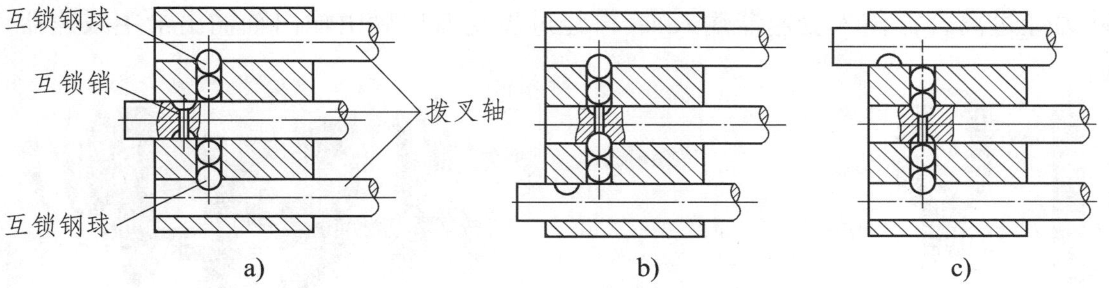

图9-29　互锁装置工作示意图

③倒挡锁装置。倒挡锁装置能够防止误挂倒挡,图9-30所示为常见的锁销式倒挡锁装置。当驾驶员想挂倒挡时,必须用较大的力才能使变速杆下端压缩弹簧将锁销推入锁销孔内,变速杆下端进入拨块的凹槽中进行换挡。由此可见,倒挡锁的作用是通过使驾驶员对变速杆施加更大的力以挂入倒挡,而起警示注意的作用,以防止误挂倒挡。

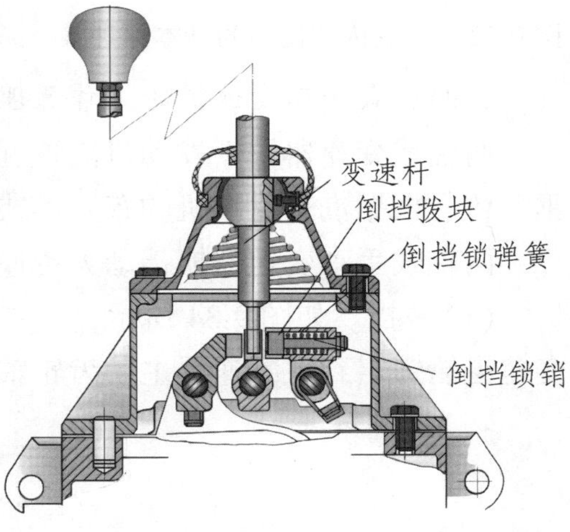

图9-30　锁销式倒挡锁装置

引导问题2:两轴式手动变速器的构造与工作原理是什么?

手动变速器的原理是利用不同齿数的齿轮啮合传动来实现转矩和转速的改变。齿轮传动变速的基本原理如图9-31所示,设主动齿轮转速为n_1,齿数为z_1,从动齿轮转速为n_2,齿数为z_2,主动齿轮(输入轴)转速与从动齿轮(输出轴)转速之比值称为传动比,用i_{12}表示,即由主动齿轮传到从动齿轮的传动比:$i_{12} = n_1/n_2 = z_2/z_1$。

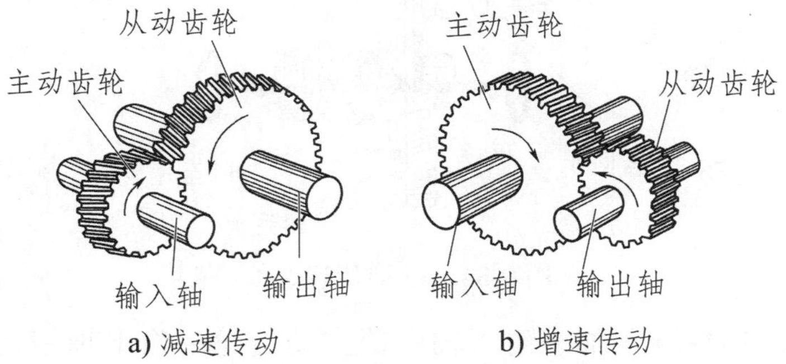

图9-31　齿轮传动变速的基本原理

当小齿轮为主动齿轮,带动大齿轮转动时,输出转速降低,即$n_2 < n_1$,称为减速传动,此时传动比$i > 1$,如图9-31a)所示;当大齿轮驱动小齿轮时,输出转速升高,即$n_2 > n$,称为增速传动,此时传动比$i < 1$,如图9-31b)所示。这就是齿轮传动的变速原理。汽车变速器就是根据这一原理,利用若干大小不同的齿轮副传动而实现变速。

变速器要实现倒挡换向,则在啮合的齿轮之间增加一个惰轮,此时只改变旋向,不改变传动比,如图9-32所示。

1. 两轴式手动变速器的构造

两轴式手动变速器如图9-33所示。其特点是输出轴与输入轴平行,没有中间轴,发动机的动力经过离合器传入变速器输入轴,再经过齿轮变速后由输出轴输出给主减速器。

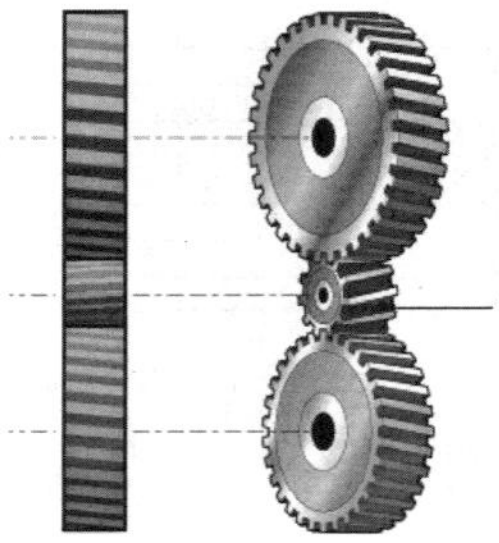

图9-32　齿轮传动换向的基本原理

图9-33　两轴式手动变速器

2. 两轴式手动变速器的工作原理

两轴式变速器用于发动机前置、前轮驱动的汽车,一般与驱动桥(前桥)合称为手动变速驱动桥。根据汽车发动机的布置形式不同,两轴式手动变速器有横置式和纵置式两种。

两轴式手动变速器换挡动力传递路线如下:

(1)一挡。如图9-34所示,一、二挡同步器使一挡齿轮与主减速器主动齿轮轴结合,将变速齿轮锁定到主减速器主动齿轮轴上。

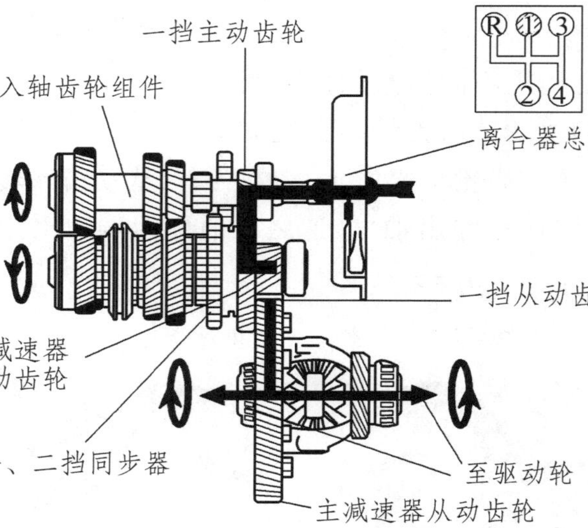

图9-34　一挡传递路线

一挡动力传递路线为:输入轴—输入轴一挡主动齿轮—输出轴一挡从动齿轮—主减速器主动齿轮—主减速器从动齿轮—驱动轮。

(2)二挡。如图9-35所示,从一挡向二挡换挡时,一、二挡同步器分离一挡从动齿轮,并结合二挡从动齿轮。

二挡动力传递路线为:输入轴—输入轴二挡主动齿轮—输出轴二挡齿轮—主减速器主动齿轮—主减速器从动齿轮—驱动轮。

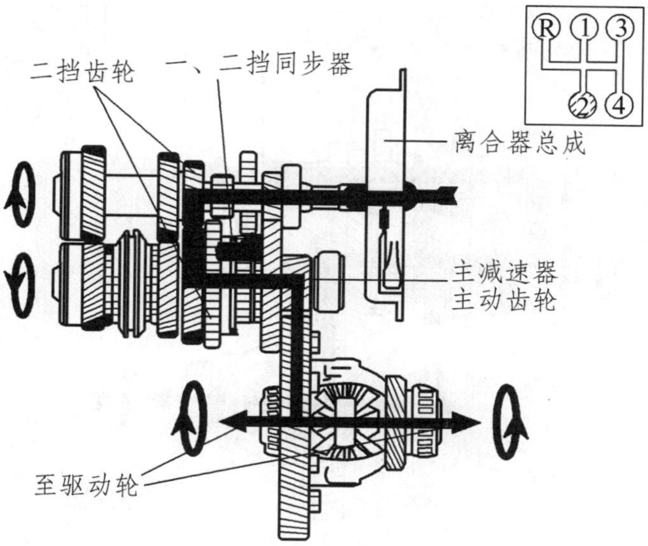

图 9-35　二挡传递路线

(3)三挡。如图 9-36 所示,二挡同步器接合套返回空挡后,将三、四挡同步器锁定到主减速器主动齿轮轴上的三挡齿轮上。

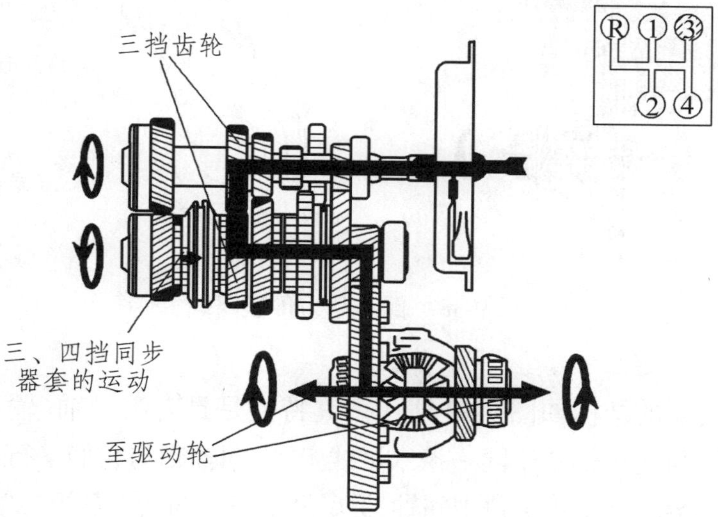

图 9-36　三挡传递路线

三挡动力传递路线为:输入轴—输入轴三挡齿轮—输出轴三挡齿轮—主减速器主动齿轮—主减速器从动齿轮—驱动轮。

(4)四挡。将三、四挡同步器接合套从三挡齿轮移开,移向四挡齿轮,将其锁定在主减速器主动轴上。

四挡动力传递路线为:输入轴—输入轴四挡齿轮—输出轴四挡齿轮—主减速器主动齿轮—主减速器从动齿轮—驱动轮,如图 9-37 所示。

(5)倒挡。变速杆位于倒挡时,倒挡惰轮换入与倒挡主动齿轮和倒挡从动齿轮啮合。倒挡惰轮改变变速齿轮的转动方向,汽车就可以实现倒车。

动力传递路线:输入轴—输入轴倒挡齿轮—惰轮—输出轴倒挡从动齿轮(一、二挡同步器齿轮)—主减速器主动齿轮—主减速器从动齿轮—驱动轮,如图 9-38 所示。

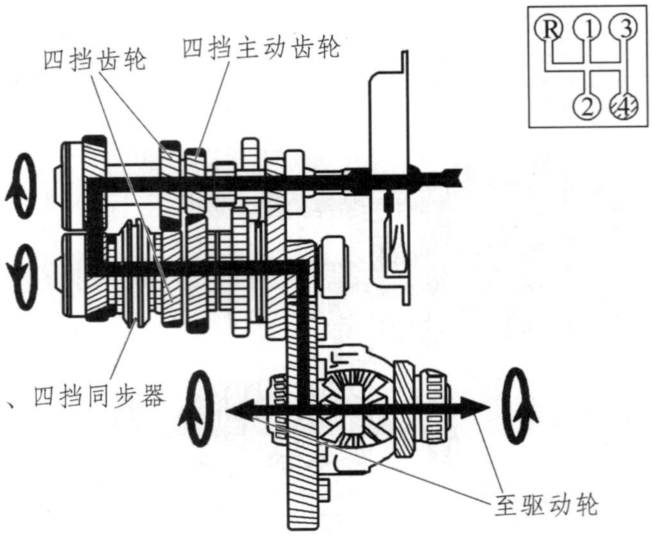

图 9-37　四挡传递路线

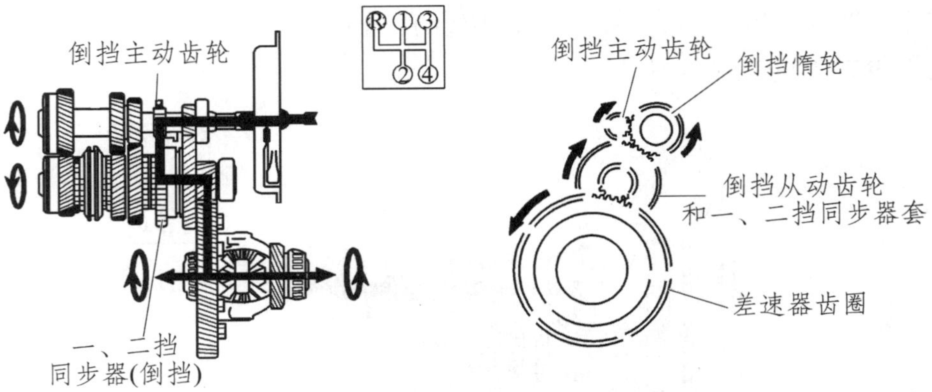

图 9-38　倒挡动力传递路线

3. 三轴式手动变速器

三轴式手动变速器的结构如图 9-39 所示。其特点是具有第一轴(输入轴)、第二轴(输出轴)和中间轴,输入轴与输出轴置于同一条水平线上,中间轴则与它们平行布置。发动机的动力经过离合器传入变速器第一轴,再经过中间轴,最后经变速后的动力从第二轴输出给驱动桥。

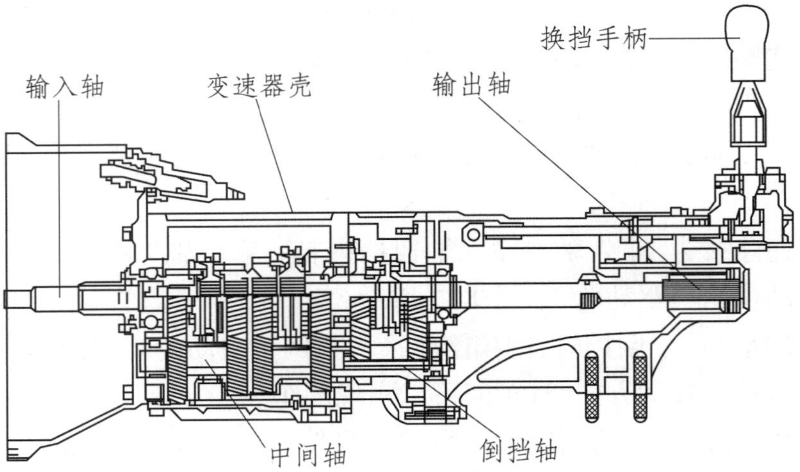

图 9-39　三轴式手动变速器结构

三轴式手动变速器的动力传递与二轴式手动变速器的原理基本相同,其不同在输出轴上有一个齿轮与中间轴常啮合齿轮啮合,只要输出轴旋转,中间轴就会旋转,增加了一级减速增矩传动。

二、计划与实施

引导问题3:完成本学习任务,需要使用的工具、量具及检测设备有哪些?

在表9-6中填写本学习任务所需要使用的工具、量具。

工具、量具名称及型号　　表9-6

名称	型号

引导问题4:如何拆卸手动变速器?

1.卡罗拉C50手动变速器壳体的分解

(1)拆卸换挡曲柄上的两个螺栓,取下换挡曲柄,如图9-40所示。拆卸1号锁止钢球总成,如图9-41所示。

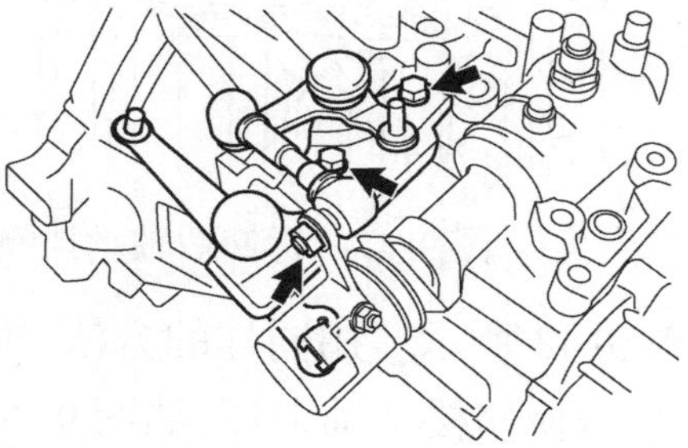

图9-40　拆卸换挡曲柄

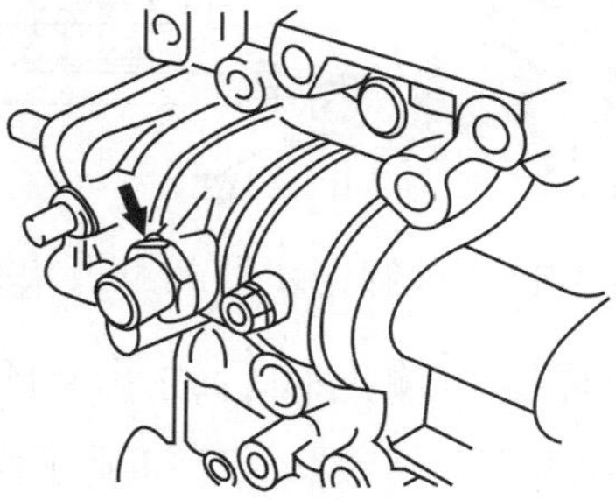

图9-41　拆卸1号锁止钢球

(2)将换挡控制轴罩上的4个螺栓和垫片从手动变速器壳上拆下,拆卸换挡控制轴罩,将换挡杆总成从变速器壳上拆下,如图9-42、图9-43所示。

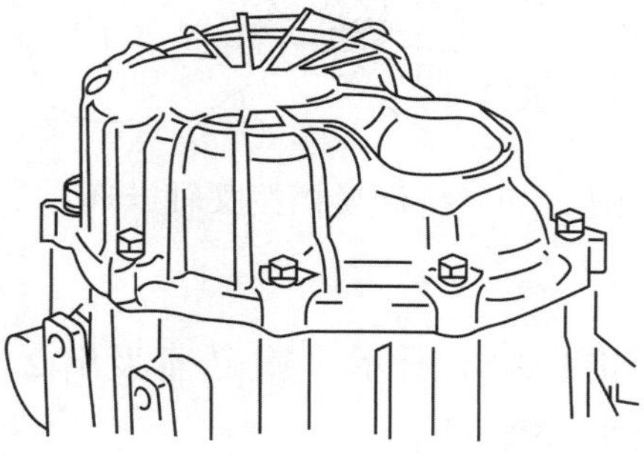

图9-42　拆卸后壳

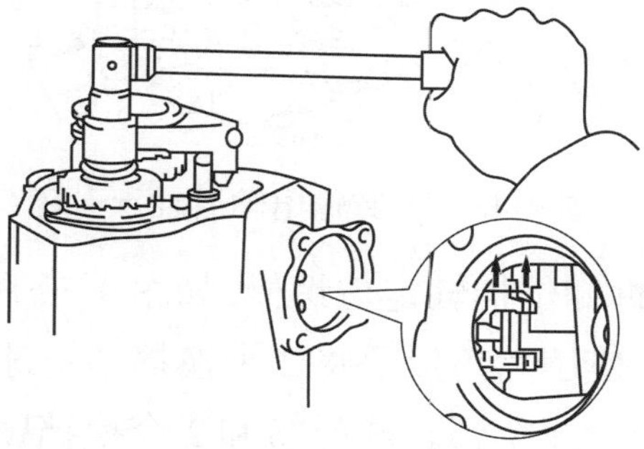

图9-43　拆卸输出轴锁紧螺母

(3)拆下后壳9个固定螺栓,用橡胶锤敲击后盖与主壳体接缝处的突出部分,拆下后盖。

(4)同时接合两个挡位,以锁定变速器,防止齿轮轴旋转。如图9-44所示,拆下变速器输出轴锁紧螺母,然后将之前接合的两个挡位复位为空挡状态。

(5)用两把螺丝刀和锤子敲出5挡输入轴卡环,如图9-45所示。敲击时使用布片遮挡,防止掉落拆卸拨叉上的螺栓,将5挡拨叉及相连的5挡同步器接合套一起拆下。

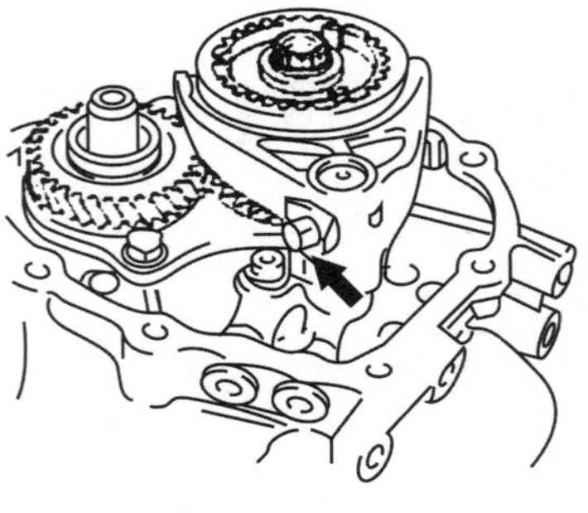

图9-44　拆下输出轴锁紧螺母

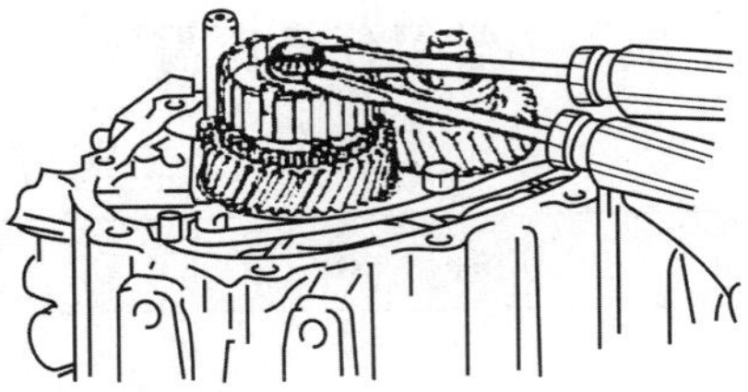

图9-45　拆卸5挡输入轴卡环

(6)用专用工具拆下5挡同步器毂与同步器滑块,然后取下5挡输入、输出轴齿轮及轴承,如图9-46所示。

(7)将5个螺栓和后轴承挡圈从变速器上拆下,如图9-47所示。

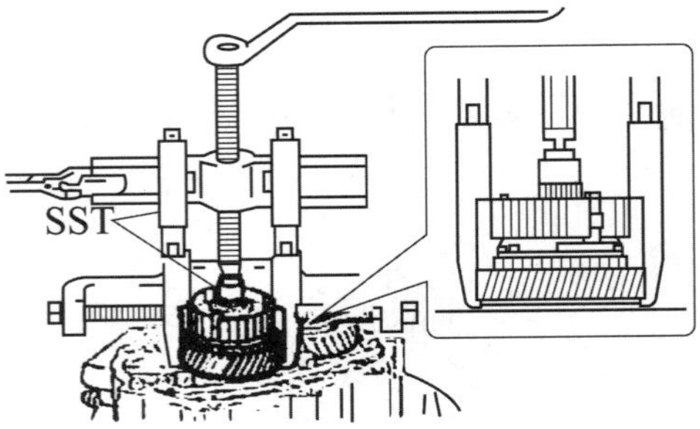

图9-46　拆卸同步器毂及滑块

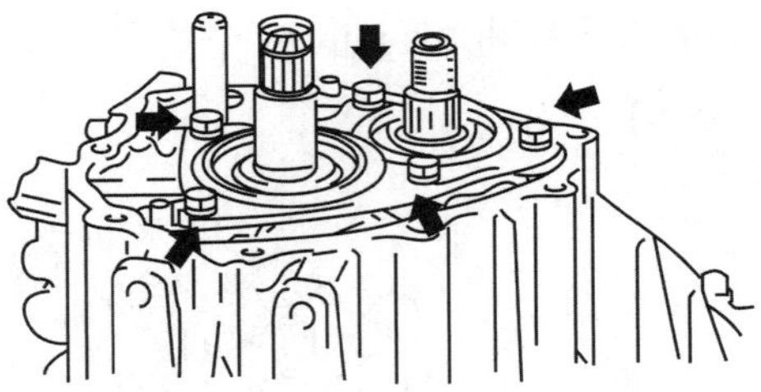

图9-47　拆卸后轴承挡圈

(8)用卡环钳将输出轴后轴承卡环拆下,如图9-48所示。用同样的方法,拆下输入轴后轴承卡环。用两把一字螺丝刀和锤子配合,拆下2号换挡拨叉轴卡环,如图9-49所示。

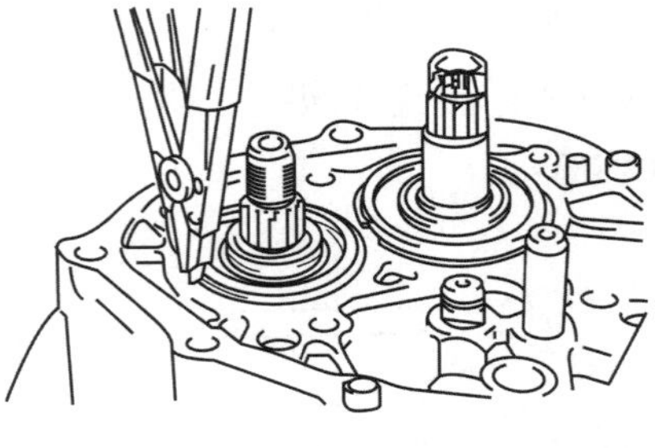

图9-48　拆卸输出轴后轴承卡环

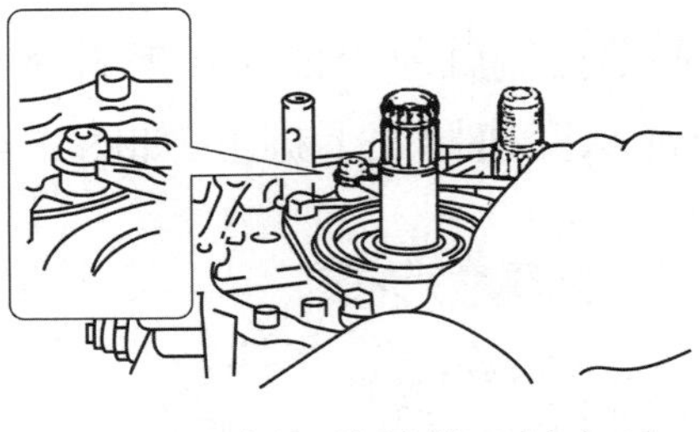

图9-49　拆卸换挡拨叉轴卡环

(9)拆卸倒挡轴定位螺栓,如图9-50所示。

(10)使用六角扳手将2个换挡锁止球塞拆下,如图9-51所示。用磁棒吸出2个换挡锁止球弹簧座、2个锁止球弹簧和2个换挡锁止球,如图9-52所示。

(11)使用六角扳手将换挡锁止球塞从前传动壳上拆下,如图9-53所示。用吸棒吸出弹簧座、弹簧及锁止球。

图 9-50　拆卸倒挡轴定位螺栓

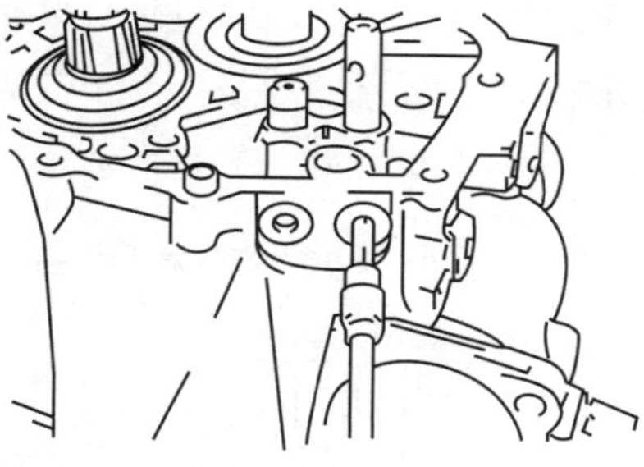

图 9-51　拆卸换挡锁止球塞

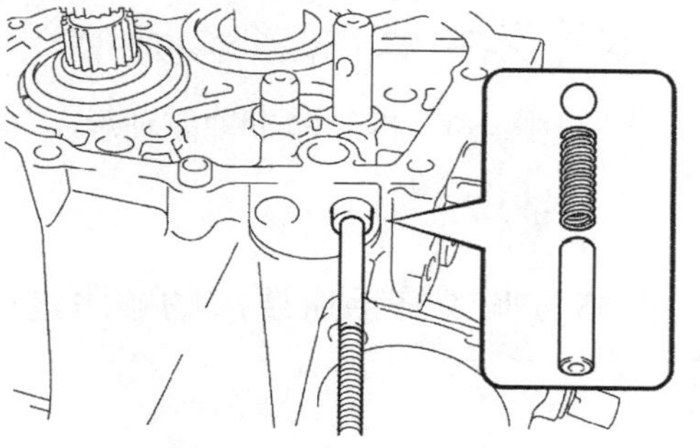

图 9-52　取出弹簧座、弹簧及锁止球

图 9-53　拆卸换挡锁止球塞

(12)使用六角扳手将 2 号锁止球总成从变速器主壳体上拆下。

(13)用铜棒和锤子敲击变速器主壳体连接处的凸起部位,将变速器主壳体从传动桥壳体上拆下。

(14)将倒挡惰轮及惰轮轴(图 9-54)从前传动桥壳上拆下,并拆下倒挡惰轮安装支架。

(15)依次拆下 1、2 号换挡拨叉轴,如图 9-55 所示。拆卸 3 号换挡拨叉轴,如图 9-56 所示,剩下输入、输出轴及差速器总成如图 9-57 所示。

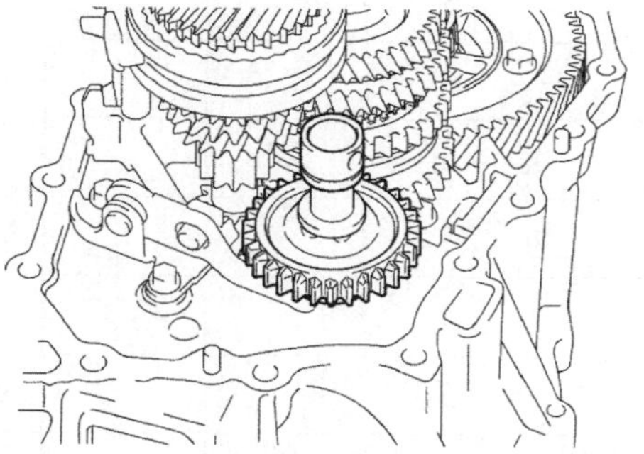

图 9-54　拆卸倒挡惰轮及惰轮轴

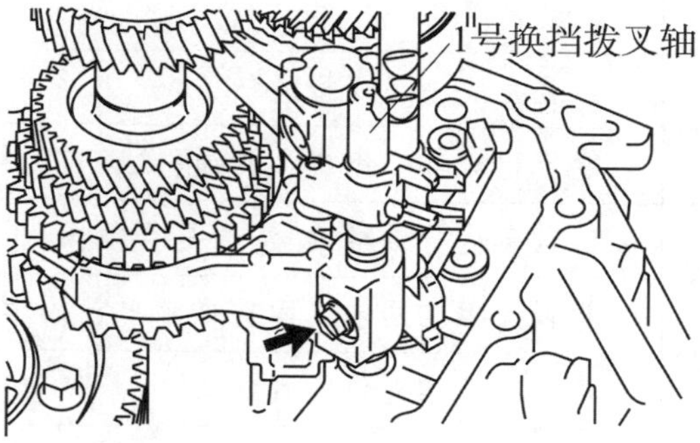

图 9-55　拆卸 1、2 号换挡拨叉轴

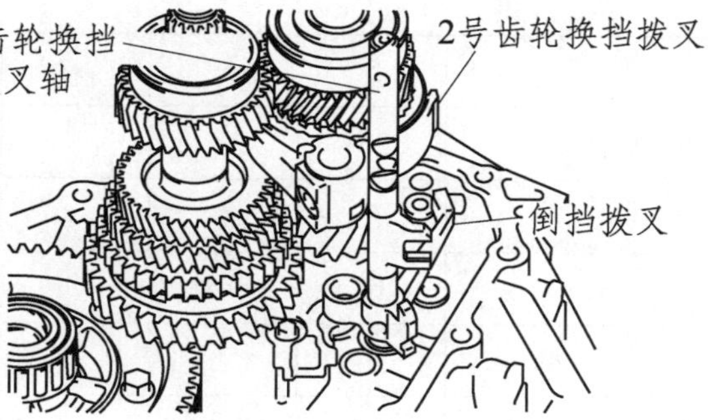

图 9-56　拆卸 3 号换挡拨叉轴

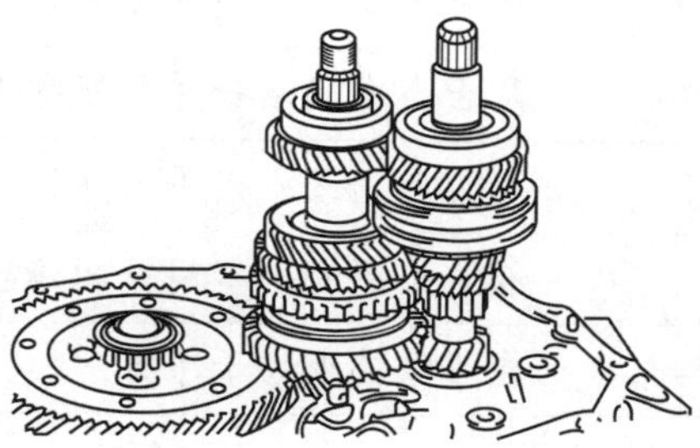

图 9-57　输入、输出轴及差速器总成

(16)取出差速器总成,用专用工具拆卸差速器轴承,如图9-58所示。拆卸输入及输出轴前轴承,如图9-59所示。

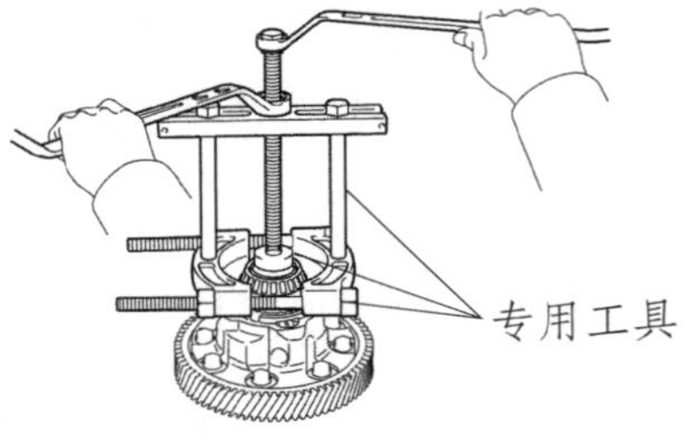

图9-58 拆卸差速器轴承

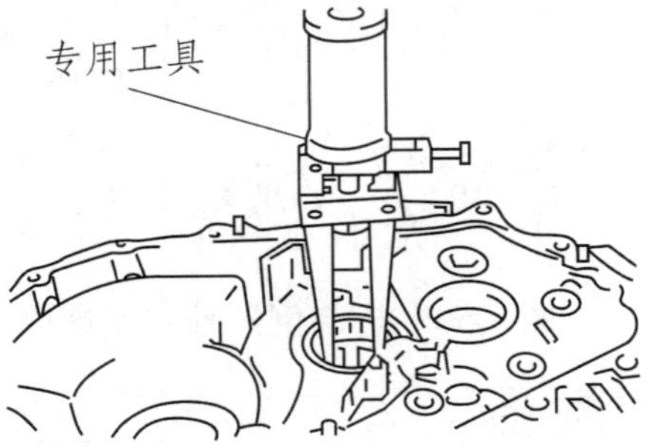

图9-59 拆卸输出轴前轴承

2. C50变速器的组装

在组装C50变速器前,应对各部件进行清洁,严格按照维修手册要求的顺序进行组装。

三、评价反馈

通过学习,按照学习任务要求完成相应的工作任务,并通过任务提高自己解决问题的方法和能力。学生和教师开展各种评价,任务评价表见表9-7。

任务评价表 表9-7

序号	评价标准	分值(分)	自评(分)	互评(分)	师评(分)
1	是否服从组长安排,无迟到早退和旷工	5			
2	着装是否符合标准	5			
3	能否完成小组安排的任务	10			
4	能否积极与小组成员沟通,发表自己的意见	5			
5	语言表达是否准确,沟通是否顺畅	5			
6	能否大胆在同学们面前展示自己的学习成果	5			
7	是否有工作岗位的责任心	5			
8	小组学习中能否主动与其他成员合作	5			
9	能否正确对待他人提出的肯定和否定的意见	5			
10	是否合理规范使用工具和设备	5			
11	是否会准确测量并判断变速器零部件的结果	25			
12	是否会查阅维修手册并记录标准数据	5			
13	能否按照安全和规范的流程操作	10			
14	能否保持现场干净整洁	5			
合计		100			

四、学习拓展

三轴式手动变速器也常用于汽车中，请你根据所学内容，试着分析三轴变速器换挡的动力传递路线。

学习任务三　自动变速器结构认识

学习目标

知识目标：

1. 了解自动变速器的功用与组成；
2. 了解行星齿轮机构的组成、类型及应用；
3. 了解单排行星齿轮机的工作原理。

能力目标：

1. 能叙述自动变速器换档手柄在P、R、N、D、2、L位置的功能；
2. 能认识电液控自动变速器各个零件。

素养目标：

1. 通过知识的延伸引导学生思考，提高让学生养成创新思维；
2. 锻炼学生表达能力和合作精神。

任务描述

一辆装用自动变速器的轿车，在自动变速器操纵手柄从P挡或N挡挂入D挡或R挡时，汽车会有明显的振动，而在汽车行驶时，自动变速器升挡瞬间，汽车驾驶员也会感到有明显的冲击。经维修人员检查，发现其主油路压力调节阀工作不正常，需要进行维修。

一、资料收集

自动变速器是汽车底盘传动系统的重要组成部分。随着汽车工业的不断发展，越来越多的先进技术被应用到汽车上，自动变速器技术就是其中之一。由于自动变速器具有更好的驾驶性能、行驶性能、行车安全性能以及其能降低废气排放和实现故障自我诊断功能，越来越多的驾驶员选择了自动变速器汽车。

引导问题1：自动变速器的作用与组成是什么？

1. 自动变速器的作用

(1)改变传动比。

(2)实现汽车倒退行驶。

(3)利用空挡，中断动力传递。

2. 自动变速器的组成

汽车自动变速器主要由液力变矩器、行星齿轮机构、液压控制系统、电子控制系统几部分组成。图9-60所示为自动变速器的结构。

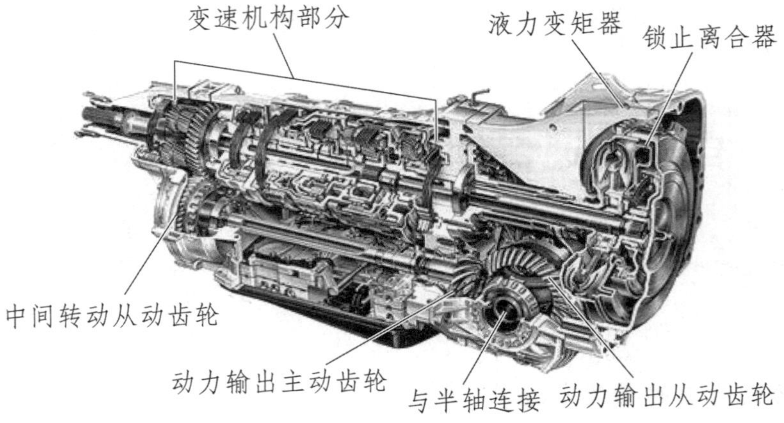

图9-60 自动变速器

(1)液力变矩器。

液力变矩器安装在发动机的飞轮上,其作用是在一定范围内自动地、无级地改变传动比和转矩比,具有一定的减速增矩功能。液力变矩器主要由泵轮、涡轮、导轮、单向离合器等组成,如图9-61所示。

图9-61 液力变矩器结构

液力变矩器结构

(2)行星齿轮机构。

行星齿轮机构的作用是改变传动比和传动方向,即构成不同的挡位。单个行星齿轮排主要由太阳轮、齿圈、行星架和行星齿轮组成。换挡执行元件的作用是实现挡位的变换,主要由离合器、制动器和单向离合器等执行元件组成。

(3)液压控制系统。

液压控制系统由各种阀体、滑阀、弹簧、钢球等组成,自动变速器液压阀体如图9-62所示。

(4)电子控制系统。

电子控制系统主要由各类传感器或开关、电子控制单元(ECU)、执行器等组成。

引导问题2:自动变速器的挡位有哪些?

自动变速器虽能实现自动换挡,但是仍设置了不同的换挡位置。自动变速器设置的挡位一般分为P、R、N、D、2(S)、1(L)等,如图9-63所示。

图9-62　自动变速器液压阀体

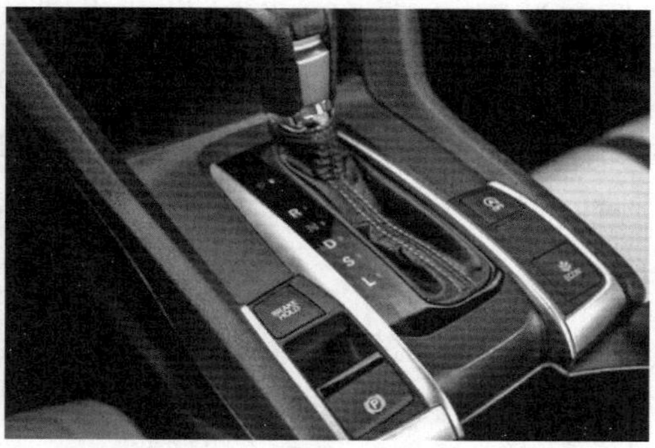

图9-63　自动变速器挡位

(1)P挡:驻车挡,在制动时选用。利用机械装置去锁止汽车的驱动轮,使汽车不能移动。

(2)R挡:倒挡,车辆需要后退时选用,实现车辆倒车功能。

(3)N挡:空挡,起动发动机时或等红绿灯时选用,需要短暂停车时也可选用“N”挡,但必须拉起驻车制动器。

(4)D挡:前进挡,一般在道路上行驶时使用。

(5)2挡:有些车标示为S挡,发动机制动挡,变速器只能升到2挡,用于发动机制动或松软打滑路面上行驶。

(6)1挡:有些车标示为L挡,此挡位变速器不进行升挡或仅升一次挡,一般在爬坡或下坡时选用。

引导问题3:单排行星齿轮机构的组成及工作原理是什么?

1. 单排行星齿轮机构的组成

单排行星齿轮机构简称行星排,主要由一个太阳齿轮(简称太阳轮)、一个齿圈、一个行星齿轮架(简称行星架)和几个行星齿轮组成。如图9-64所示。太阳轮位于系统的中心,行星齿轮与它相啮合,最外侧的是齿圈。通常有多个行星齿轮,它们均匀布置。各行星齿轮借助于滚针轴承和行星齿轮轴安装在行星架上。工作时,行星齿轮既可以绕其支撑轴自转,又可以绕太阳轮公转。

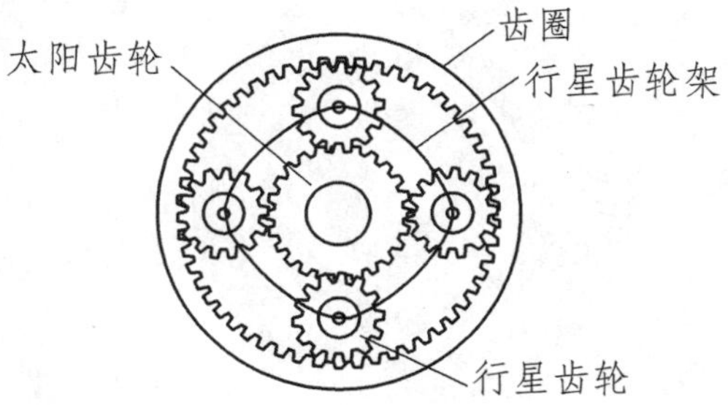

图9-64　单排行星齿轮机构

2. 单排行星齿轮机构的工作原理

由齿轮变速器原理可知,齿轮传动时:传动比 = 从动齿轮数/主动齿轮数。行星齿轮的传动比由行星架、太阳轮、齿圈齿数决定。

行星齿轮既可以绕其支撑轴自转,又可以绕太阳轮公转。如果不对行星齿轮传动元件(太阳轮、齿圈、行星架)进行约束,那么,单排行星齿轮就不能传递动力。单排行星齿轮可以提供减速挡、超速挡、直接挡、倒挡和空挡。

(1)空挡。

如果行星齿轮机构的所有元件都不受约束,均可以自由转动,那么动力无法输出。即行星齿轮机构处于空挡位置。

(2)倒挡。

当行星架被固定,太阳轮主动带动齿圈从动,此时的传动比 $i = z_2/z_1$ 大于1,这样行星齿轮机构就实现了一个降速传动的倒挡,如图9-65所示。事实上只要行星架被固定,那么太阳轮和齿圈任一主动单排行星齿轮都只能实现反向传动(倒挡)。

(3)减速前进挡。

①固定齿圈,太阳轮主动带动行星架从动,如图9-66所示。此时的传动比 $i = (z_1 + z_2)/z_1$ 大于1,单排行星齿轮排实现降速传动的前进挡,此时传动比最大,降速增矩效果强。

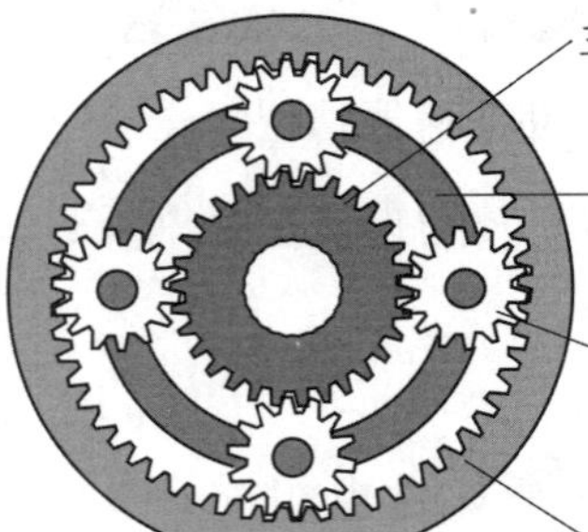

图9-65 倒挡齿轮传动情况

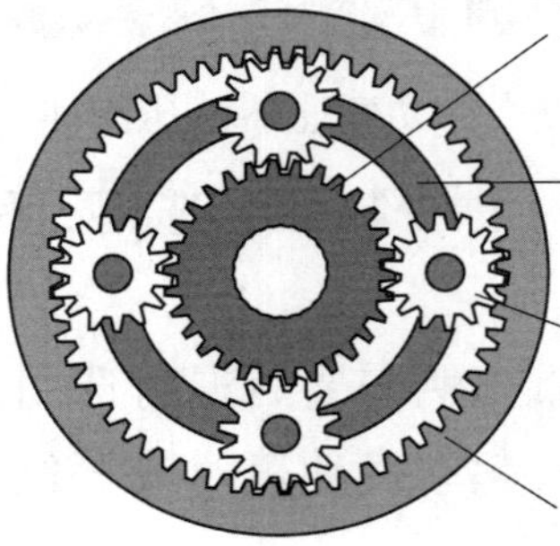

图9-66 减速前进挡传动情况

②固定太阳轮,齿圈主动带动行星架从动,如图9-67所示。此时的传动比 $i = (z_1 + z_2)/z_2$ 大于1,这样单排行星齿轮排就实现降速传动的前进挡。

(4)直接挡(前进挡)。

若连接任意两个元件为主动件,使之同向同速转动时,则第三个元件必然与前两者以相等的转速同向转动,如图9-68所示。主动件与从动件被锁在一起从而形成直接挡传动,输入转速等于输出转速。

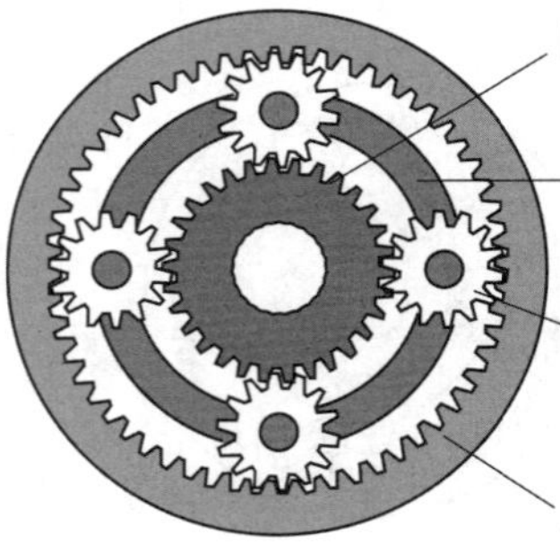

图9-67 减速前进挡传动情况

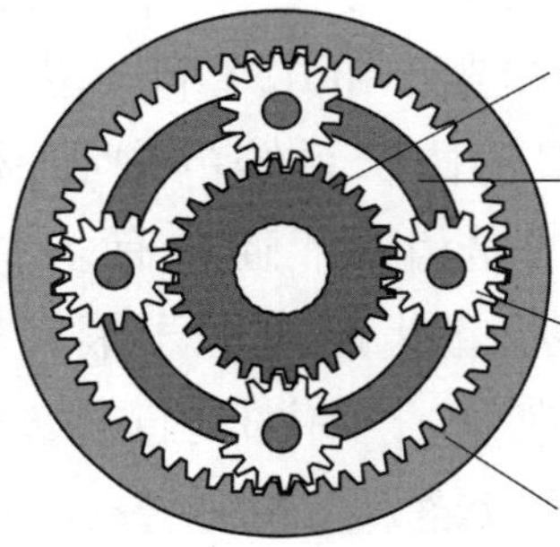

图9-68 直接挡传动情况

(5)超速挡。

①太阳轮固定,行星架主动带动齿圈从动,如图9-69所示。此时的传动比 $i = z_2/(z_1 + z_2)$ 小于1,这样单排行星齿轮排就实现较高的输出转速,而输出转矩较低的超速挡。

②齿圈固定,行星架主动带动太阳轮从动,如图9-70所示。此时的传动比 $i = z_2/(z_1 + z_2)$ 小于1,这样单排行星齿轮排就实现较高的输出转速,而输出转矩较低的超速挡。

当行星架顺时针方向转动时,迫使行星齿轮环绕着齿圈逆时针方向传动,从而驱动太阳轮与行星架同向转动,此时的传动比 $i = z_1/(z_1 + z_2)$ 小于1,可以提供一个更高的超速挡。

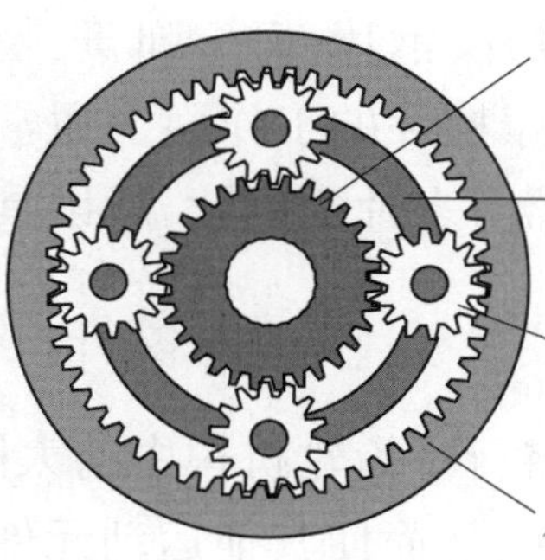

图 9-69 太阳轮固定超速挡传动

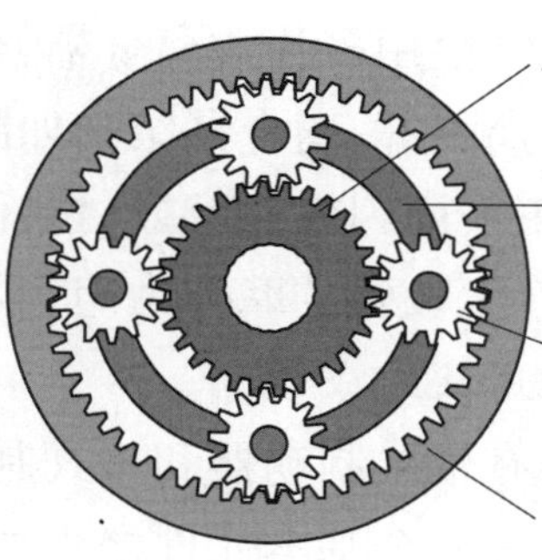

图 9-70 齿圈固定超速挡传动

引导问题 4:复合行星齿轮机构的类型有哪些?

自动变速器中常见的复合行星齿轮排有:辛普森式、拉维那式和平行轴式。

(1)辛普森式行星齿轮机构。辛普森式行星齿轮机构主要由前行星排和后行星排两个行星排组成,前、后行星排共用一个太阳轮,如图 9-71 所示。

(2)拉维那式行星齿轮机构。拉维那式行星齿轮机构由前行星排和后行星排两个行星排组成,前、后行星排共用一个齿圈和行星架,如图 9-72 所示。

图 9-71 辛普森式行星齿轮机构

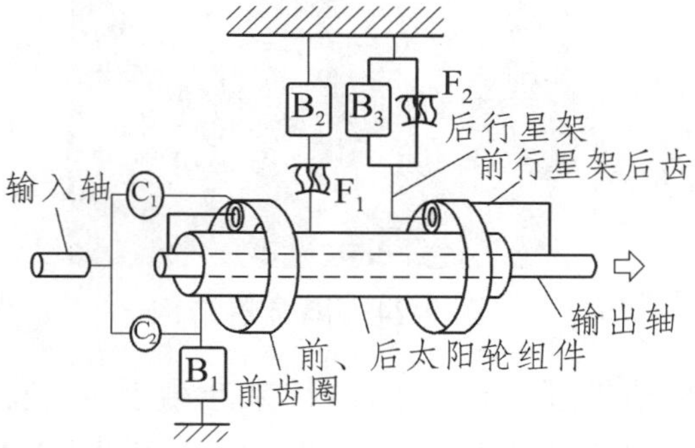

图 9-72 拉维那式行星齿轮机构

(3)平行轴式行星齿轮机构。常见于本田车型上使用。

引导问题 5:自动变速器执行元件的作用及组成是什么? 有哪些类型?

执行元件的作用是对行星齿轮机构中的运动部件进行连接或制动。自动变速器中的执行元件主要有离合器、制动器和单向离合器,如图 9-73 所示。

a) 离合器

b) 制动器

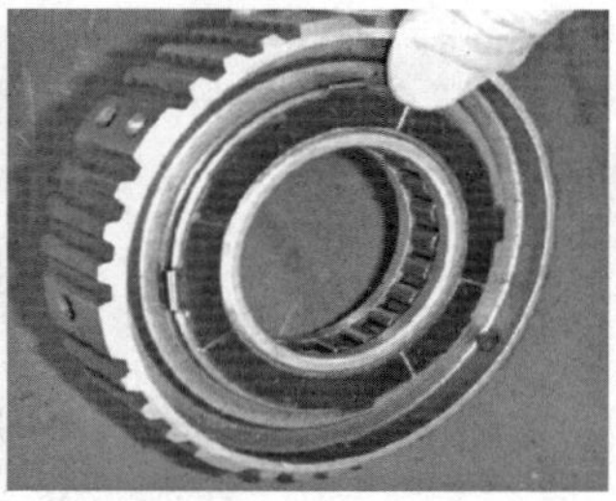

c) 单向离合器

图 9-73 自动变速器中的执行元件组成

1. 离合器的作用及组成

离合器的作用是连接轴和行星齿轮变速机构中的元件或连接行星齿轮变速机构中的不同元件。

自动变速器通常使用多片式离合器,包括离合器壳体、摩擦片、钢片、复位弹簧、复位弹簧座、油封、压盘和挡圈等,离合器结构如图9-74所示。离合器摩擦片的工作面上通常有摩擦材料,而钢片的工作面因没有摩擦材料而是光滑的。因离合器有多片摩擦片,所以具有较大的面积,从而能产生较强的摩擦力矩。

2. 制动器的作用及组成

常见的制动器有带式制动器和片式制动器两种,其作用是将行星齿轮机构中的太阳轮、行星齿轮和行星架等三个基本元件之一加以固定,使之不能旋转,从而使其他运动元件产生不同的旋转方向或速比。

片式制动器由制动器壳体、制动器活塞、复位弹簧、钢片、摩擦片等组成。片式制动器的制动壳体(相当于离合器壳体)通过钢片的外花键固定在变速器壳体上,其工作原理与多片湿式摩擦片离合器基本相同。

带式制动器主要由制动带、制动鼓、液压缸及活塞等组成,如图9-75所示。

图9-74 离合器结构

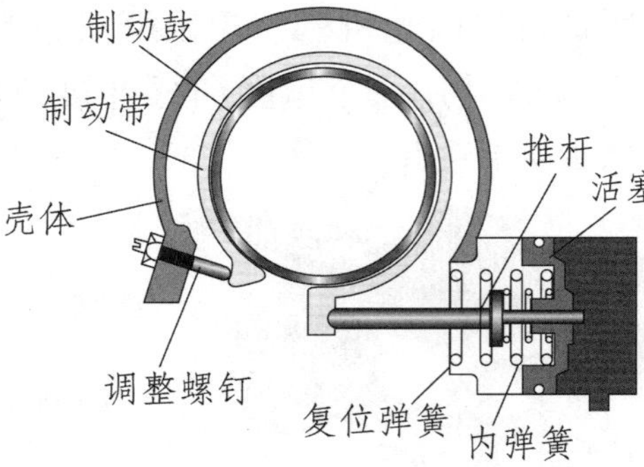

图9-75 带式制动器结构

制动带通过活塞的位移来改变其直径,使其与制动鼓抱紧或放松。制动带的一端支承在自动变速器壳体或制动带支柱调节螺栓上,另一端与液压缸活塞杆连接,液压缸被活塞分隔为进油腔和出油腔两部分,分别与各自的控制油路相连。

3. 单向离合器作用及组成

单向离合器是行星齿轮机构中的主要执行元件,但其不受液压系统控制。它以机械方式对行星齿轮变速机构的元件进行锁止,使其只能按一定方向转动,而另一方向锁止。单向离合器分为滚柱式和楔块式两种,其组成分别如图9-76、图9-77所示。

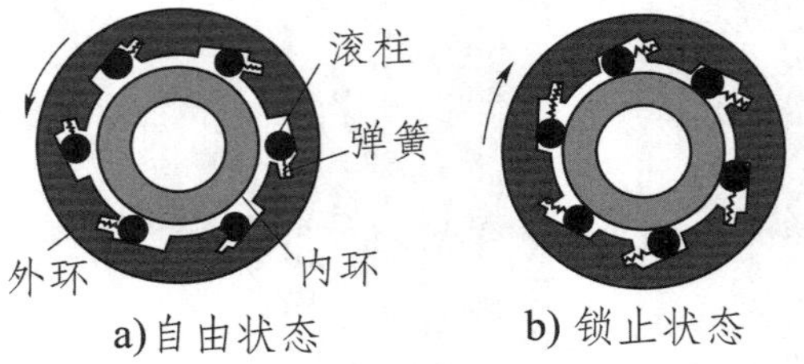

图9-76 滚柱斜槽式单向离合器

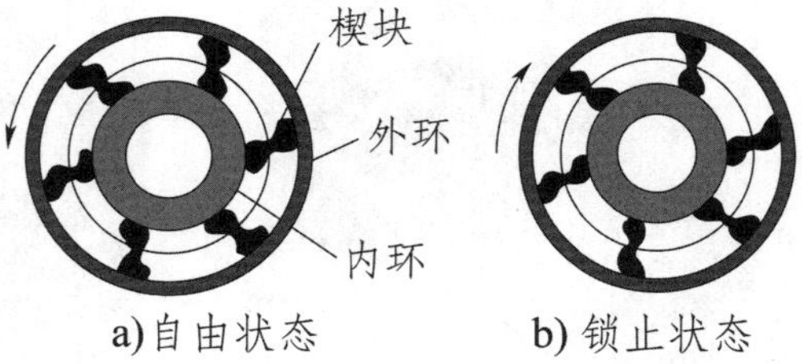

图9-77 楔块式单向离合器

二、计划与实施

引导问题6:自动变速器各挡位的定义及功能是什么?

(1)在表9-8中填写各挡位的功能。

自动变速器挡位及功能 表 9-8

挡位名称	功能
P 挡	
R 挡	
N 挡	
D 挡	
S 挡	
L 挡	

(2)认识自动变速器各总成件和各执行元件结构,利用小纸条把名字标识出来。

(3)说出各零件作用。

三、评价反馈

通过学习,按照学习任务要求完成相应的工作任务,并通过任务提高自己解决问题的方法和能力。学生和教师开展各种评价,任务评价表见表 9-9。

任务评价表 表 9-9

序号	评价标准	分值(分)	自评(分)	互评(分)	师评(分)
1	是否服从组长安排,无迟到早退和旷工	5			
2	着装是否符合标准	5			
3	能否完成小组安排的任务	10			
4	能否积极与小组成员沟通,发表自己的意见	5			
5	语言表达是否准确,沟通是否顺畅	5			
6	能否大胆在同学们面前展示自己的学习成果	10			
7	是否有工作岗位的责任心	5			
8	小组学习中能否主动与其他成员合作	5			
9	能否正确对待他人提出的肯定和否定的意见	5			
10	是否合理规范使用工具和设备	5			
11	是否会准确叙述自动变速器各挡位作用	15			
12	是否会准确叙述单排行星齿轮的工作原理	15			
13	能否按照安全和规范的流程操作	5			
14	能否保持现场干净整洁	5			
合计		100			

四、学习拓展

现有一辆2018款别克威朗汽车到厂维修,请你熟悉别克威朗汽车各挡位的作用,对比该汽车与丰田汽车自动变速器挡位的不同之处。

学习任务四　万向传动装置拆装

学习目标

知识目标:

1. 掌握万向传动装置的功用与组成;
2. 了解万向节的类型与构造。

能力目标:

能独立完成万向传动装置的拆装。

素养目标:

1. 养成安全、文明生产以及环境保护意识;
2. 锻炼学生的人际交流能力和服务客户意识。

任务描述

一辆汽车在高速行驶过程中,车身出现振动,初步判断为汽车传动轴动不平衡所致,需要对传动轴等进行检查。

一、资料收集

引导问题1:万向传动装置的作用与组成是什么?

万向传动装置是用于在工作过程中相对位置不断改变的两根轴间传递动力的装置。其作用是连接不在同一直线上的变速器输出轴和主减速器输入轴,并保证在两轴之间的夹角和距离经常变化的情况下,仍能可靠地传递动力。万向传动装置的位置如图9-78所示。

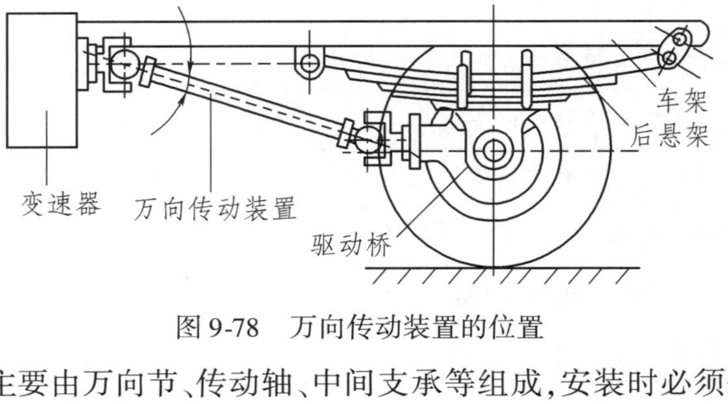

万向传动装置功用

图9-78　万向传动装置的位置

万向传动装置主要由万向节、传动轴、中间支承等组成,安装时必须使传动轴两端的万向节叉处于同一平面,如图9-79所示。

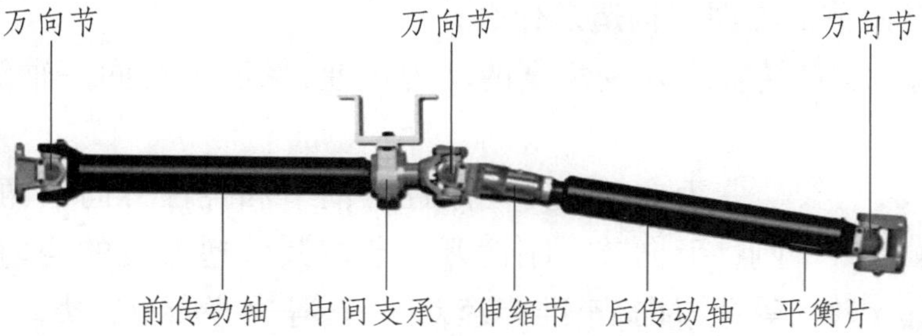

万向传动
装置组成

图 9-79　万向传动装置的组成

在汽车传动系统及其他系统中,为了实现轴线相交或相对位置经常变化的转轴之间的动力传递,必须采用万向传动装置。万向传动装置在汽车上的安装位置与形式如下。

(1)万向传动装置安装在变速器与驱动桥之间(4×2),如图 9-80 所示。

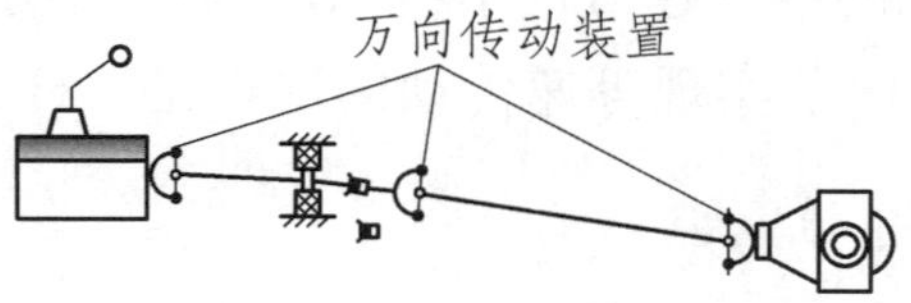

图 9-80　安装在变速器与驱动桥之间

(2)万向传动装置安装在变速器与分动器,分动器与驱动桥之间,如图 9-81 所示。

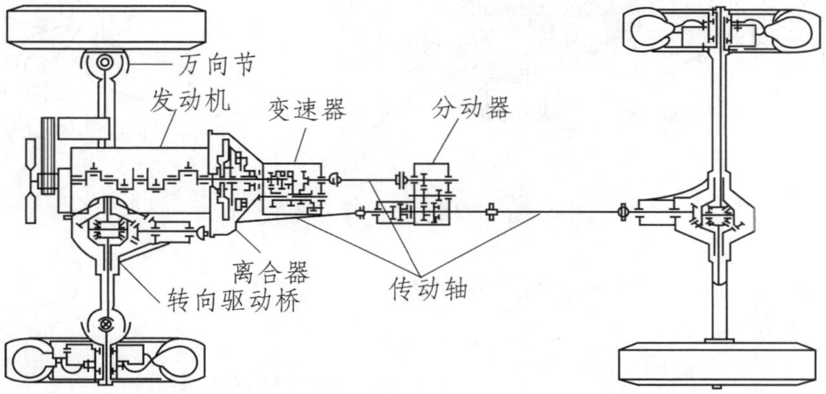

图 9-81　安装在变速器与分动器,分动器与驱动桥之间

(3)万向传动装置安装在转向驱动桥的内、外半轴之间,如图 9-82 所示。

(4)万向传动装置安装在断开式驱动桥的半轴之间,如图 9-83 所示。

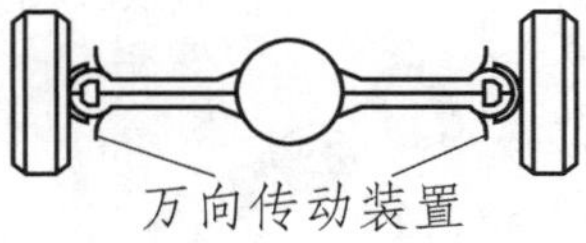

图 9-82　安装在内、外半轴之间

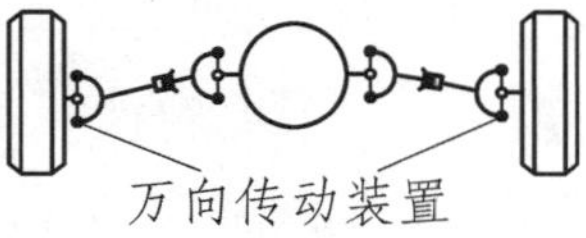

图 9-83　安装在断开式驱动桥的半轴之间

(5)万向传动装置安装在转向机构中的转向轴与转向器之间,如图 9-84 所示。

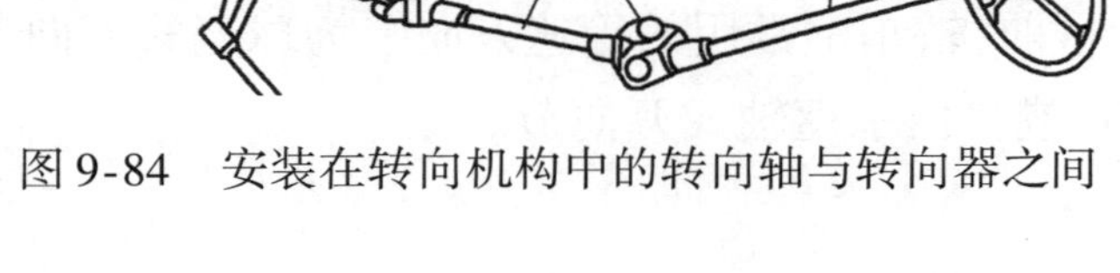

图 9-84　安装在转向机构中的转向轴与转向器之间

引导问题2:万向节的类型与构造是什么?

万向节的功用是实现转轴之间变角度的动力传递,保证不在同一轴线上的两轴之间可靠地传递动力。

图9-85 十字轴式刚性不等速万向节

万向节可分为刚性万向节和挠性万向节两种,汽车上均采用刚性万向节。刚性万向节按其传递速度的均匀性不同,可分为不等速万向节、准等速万向节、等速万向节三类。

(1)不等速万向节。十字轴式刚性万向节(图9-85)是汽车上广泛使用的不等速万向节,允许相邻两轴的最大交角为15°~20°。十字轴式万向节由一个十字轴、两个万向节叉和四个滚针轴承等组成。

(2)准等速万向节。常见的准等速万向节有双联式和三销轴式两种,如图9-86、图9-87所示,其与上述双十字轴式万向节实现等速传动的原理是一样的。

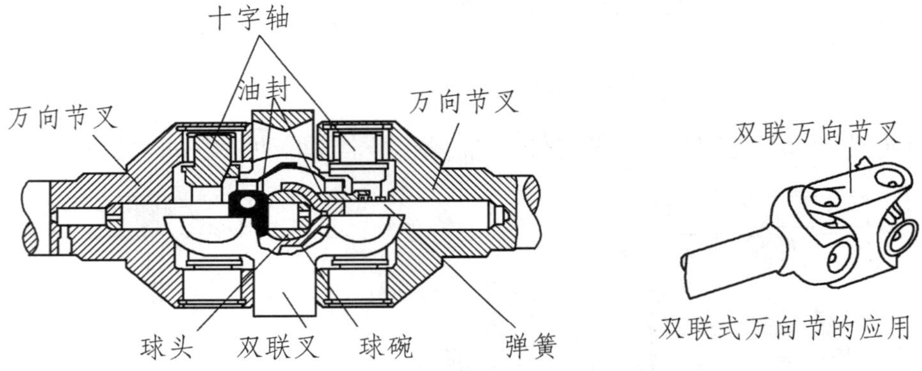

图9-86 双联式准等速万向节

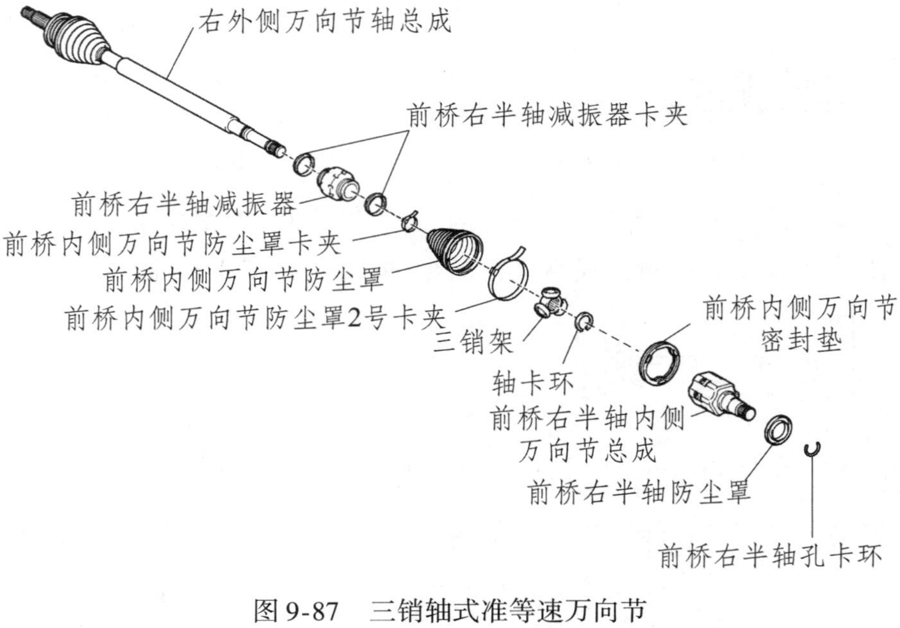

图9-87 三销轴式准等速万向节

(3)等速万向节。目前,轿车上常用的等速万向节为球笼式万向节(图9-88),也有采用球叉式万向节(图9-89)或自由三枢轴式万向节。

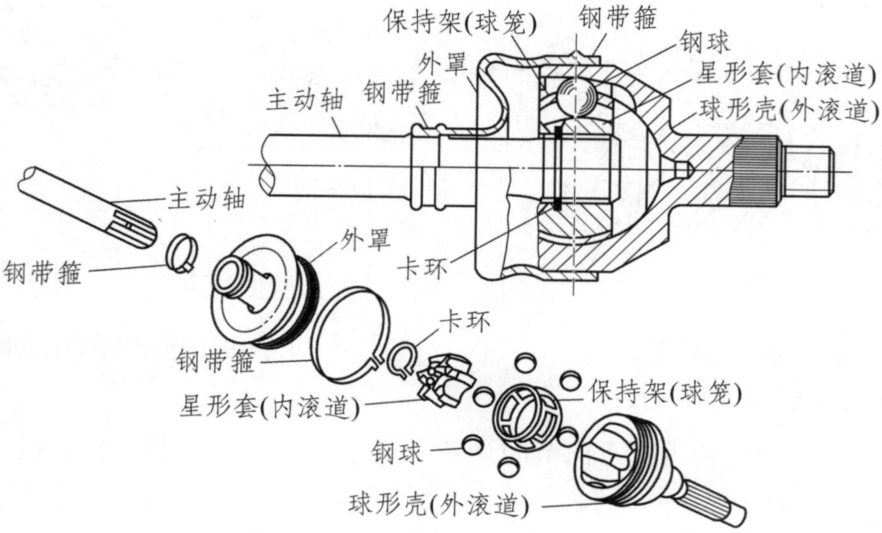

图9-88 球笼式等速万向节

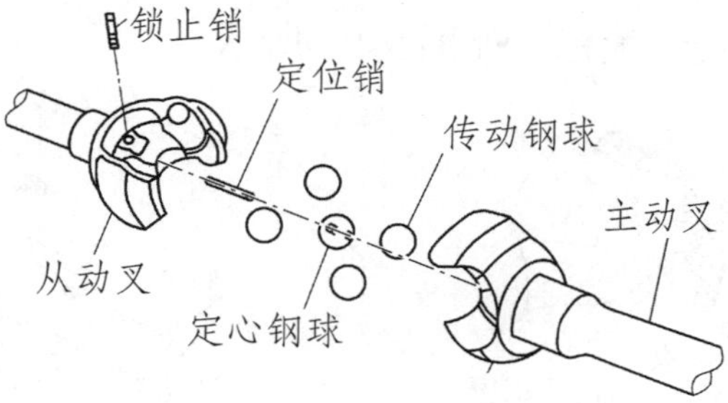

图9-89 球叉式等速万向节

二、计划与实施

引导问题3:完成本学习任务,需要使用的工具、量具及检测设备有哪些?

在表9-10中填写本任务所需要使用的工具、量具。

工具、量具名称及型号 表9-10

名称	型号

引导问题4:如何拆装万向传动装置?

1. 传动轴(半轴)总成的拆卸

(1)拆卸前桥轮毂螺栓。

(2)使用专用工具拆下前桥左半轴,如图9-90所示。

(3)使用螺丝刀和锤拆下前桥右半轴,如图9-91所示。

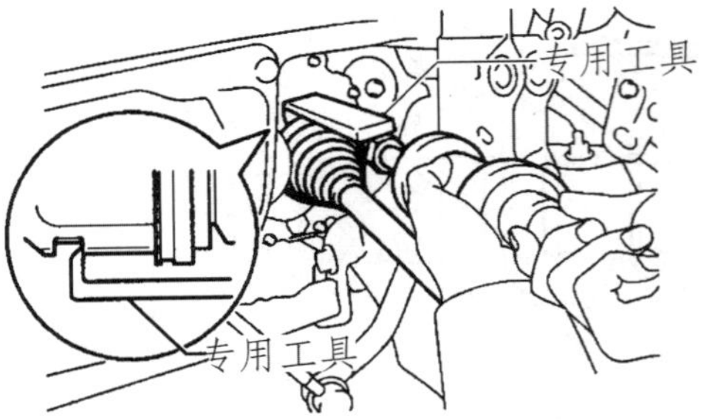

图 9-90　拆卸前桥左半轴

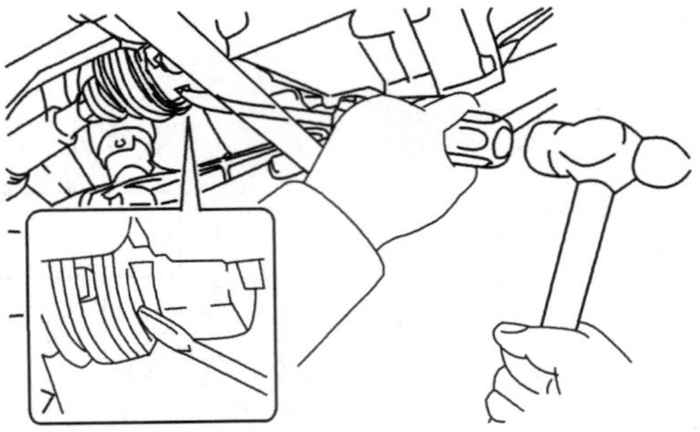

图 9-91　拆卸前桥右半轴

2. 万向节的分解

(1)用螺丝刀松开前桥内侧万向节防尘罩两端卡夹的锁紧部件,并分离防尘罩卡夹,如图 9-92 所示。

(2)从内侧万向节密封垫上分离万向节的防尘罩。

(3)擦除内侧万向节上的旧润滑脂,在内侧万向节和外侧万向节上做装配标记,从外侧万向节轴上拆下内侧万向节,装配标记如图 9-93 所示。

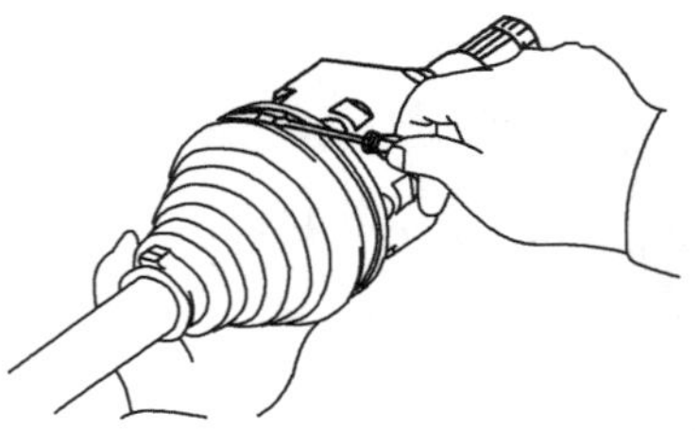

图9-92　拆卸前桥内侧万向节防尘罩卡夹

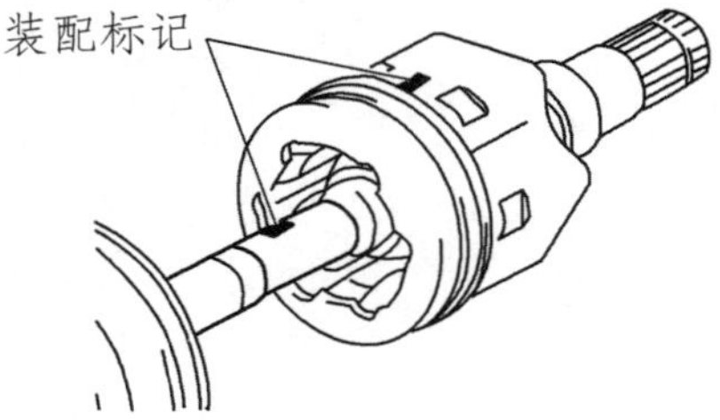

图 9-93　万向节上做装配标记

(4)将外侧万向节轴固定在台钳上,使用卡环扩张器拆下轴卡环,如图 9-94 所示。

(5)在外侧万向节轴和三销架上做装配标记,并使用铜棒和锤子将三销架从外侧万向节轴上敲出,如图 9-95 所示。

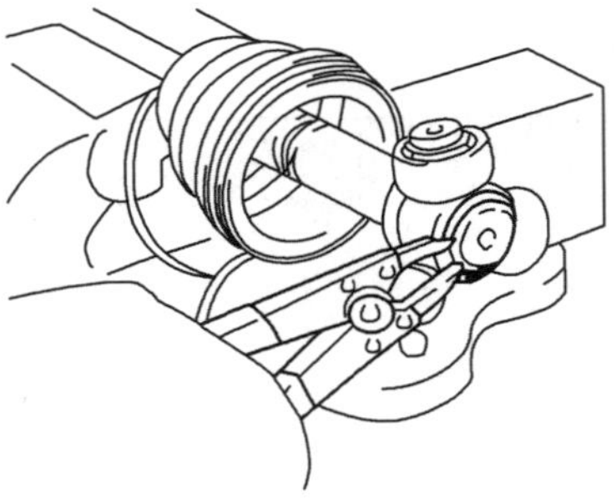

图 9-94　拆卸外侧万向节轴卡环

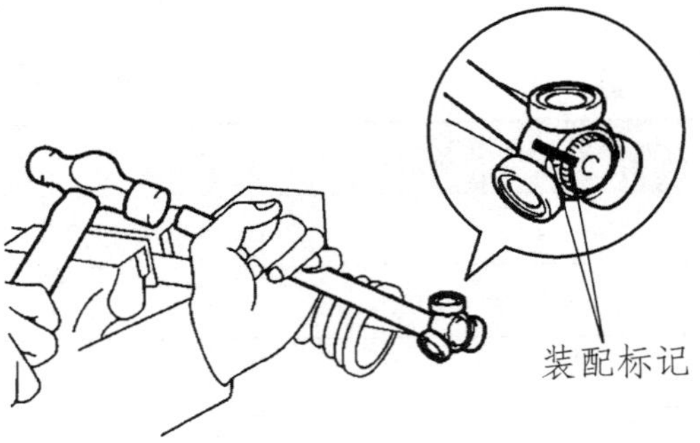

图 9-95　拆卸三销架

(6)从内侧万向节上拆下内侧万向节密封垫,拆下内侧万向节防尘罩及两端卡夹。

(7)使用尖嘴钳拆下 2 个半轴减振器卡夹,如图 9-96 所示,并从外侧万向节上拆下前桥半轴减振器。

(8)使用螺丝刀松开前桥外侧万向节防尘罩两端卡夹的锁紧部件,并拆下卡夹,从外侧万向节轴上拆下外侧万向节防尘罩,并去除外侧万向节上的所有旧润滑脂。

(9)使用螺丝刀拆卸前桥左、右半轴孔卡环,如图 9-97 所示。

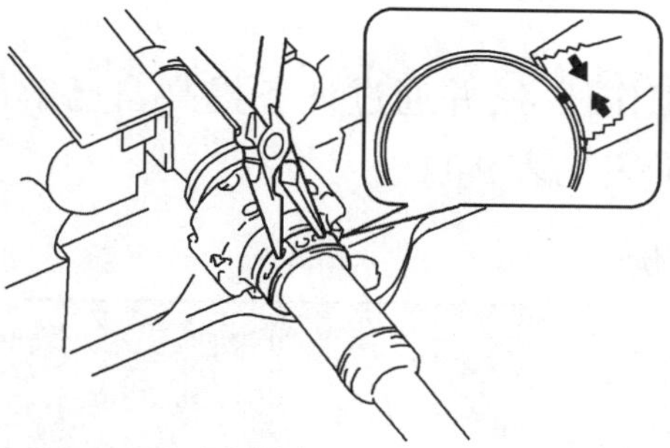

图 9-96 使用尖嘴钳拆下半轴减振器卡夹

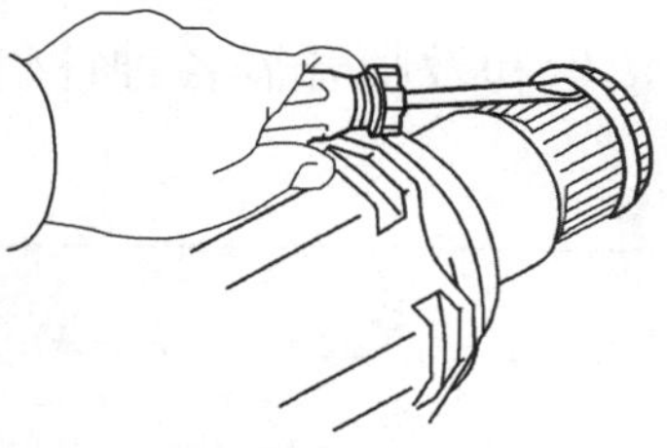

图 9-97 拆卸前桥半轴孔卡环

(10)使用专用工具和压力机压出前桥左右半轴防尘罩。

3. 万向节的装配

(1)使用专用工具和压力机,压入新前桥半轴防尘罩,如图 9-98 所示。

(2)安装新的前桥左右半轴孔卡环。

(3)用聚氧乙烯绝缘带缠住外侧万向节轴花键(防止防尘罩损坏),将外侧万向节防尘罩及两端卡夹套在外侧万向节轴上,将相应润滑脂(标准容量为 135 ~ 145g)涂抹在外侧万向节轴和防尘罩上,将万向节防尘罩安装到外侧万向节轴凹槽。

(4)锁紧前桥外侧万向节防尘罩两端卡夹。

(5)安装前桥半轴减振器及两端卡夹。

(6)用聚氧乙烯绝缘带缠住外侧万向节轴的花键,将内侧万向节防尘罩及两端卡夹套在外侧万向节轴上。

(7)将新内侧万向节密封垫安装到内侧万向节凹槽上,将三销架轴向花键的斜面朝向外侧万向节放置,对准装配标记,如图 9-99 所示。使用铜棒和锤子将三销式万向节敲至半轴上,将相应润滑脂(标准容量为 175 ~ 185g)涂抹在内侧万向节轴和防尘罩上,使用卡环扩张器安装新轴卡环。

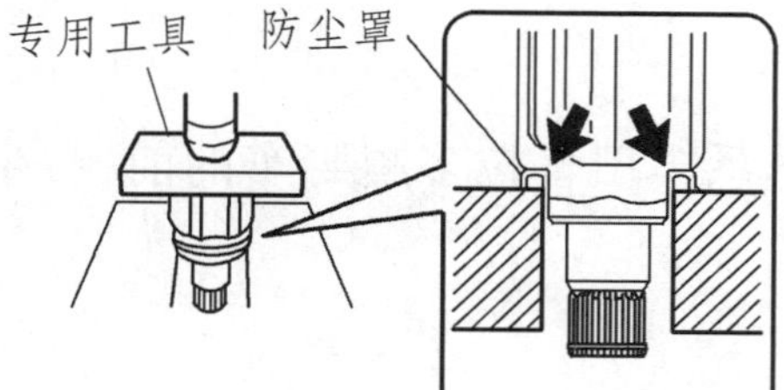

图 9-98 安装前桥半轴防尘罩

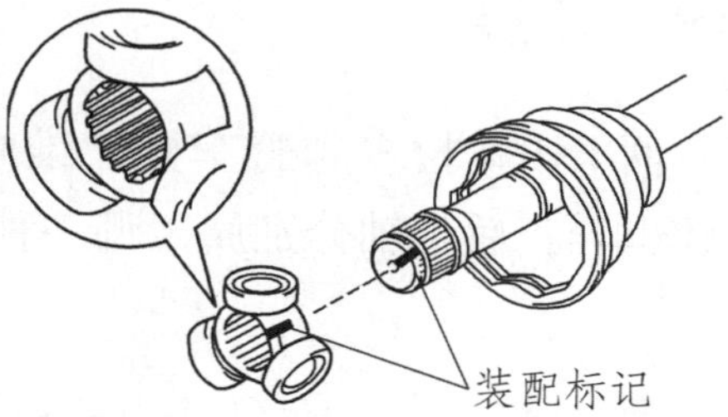

图 9-99 对准前桥半轴内侧万向节的装配标记

(8)将内侧万向节防尘罩安装到内侧万向节密封垫凹槽和外侧万向节轴上,并锁紧防尘罩两端的卡夹。

4. 传动轴(半轴)总成装配

(1)在内侧万向节轴的花键上涂抹齿轮油。

(2)对齐花键,用铜棒和锤子敲入半轴,左右半轴装配方法一致。

(3)拧紧前桥轮毂螺栓。

三、评价反馈

通过学习,按照学习任务要求完成相应的工作任务,并通过任务提高自己解决问题的方法和能力。学生和教师开展各种评价,任务评价表见表9-11。

任务评价表　　表9-11

序号	评价标准	分值(分)	自评(分)	互评(分)	师评(分)
1	是否服从组长安排,无迟到早退和旷工	5			
2	着装是否符合标准	5			
3	能否完成小组安排的任务	10			
4	能否积极与小组成员沟通,发表自己的意见	5			
5	语言表达是否准确,沟通是否顺畅	5			
6	能否大胆在同学们面前展示自己的学习成果	5			
7	是否有工作岗位的责任心	5			
8	小组学习中能否主动与其他成员合作	5			
9	能否正确对待他人的提出肯定和否定的意见	5			
10	是否合理规范使用工具和设备	5			
11	是否会检查半轴零部件的结果	20			
12	是否会查阅维修手册并记录标准数据	10			
13	能否按照安全和规范的流程操作	10			
14	能否保持现场干净整洁	5			
合计		100			

四、学习拓展

现有一辆丰田普拉多越野车到厂维修,请你熟悉丰田普拉多越野车的前、后半轴的结构,对比该汽车前、后半轴分别属于哪一种类型。

学习任务五　驱动桥结构认识及主减速器调整

学习目标

知识目标:

1. 掌握驱动桥的功用与组成;
2. 掌握主减速器的结构及工作原理;

3. 知道差速器的结构及工作原理。

能力目标：

1. 能独立完成主减速器的检查与调整；

2. 能独立完成差速器的检查与调整。

素养目标：

1. 养成安全、文明生产以及环境保护意识；

2. 通过对主减速器和差速器的拆检，养成规范作业的良好工作习惯。

任务描述

一辆汽车行驶时，在转弯的过程中出现了车辆异响的情况，现需要你对车辆的驱动桥进行检查。

一、资料收集

驱动桥位于传动系统末端，其能改变来自变速器的转速和转矩，并将它们传递给驱动轮。驱动桥还要承受作用于路面和车架或车身之间的垂直力、纵向力、横向力，以及制动力矩和反作用力。

引导问题1：驱动桥的作用及组成是什么？

驱动桥功用

驱动桥处于动力传动系的末端，其基本作用是：

(1)将万向传动装置传来的发动机转矩通过主减速器、差速器、半轴等传到驱动车轮，实现降速增矩；

(2)通过主减速器圆锥齿轮副改变转矩的传递方向；

(3)通过差速器实现两侧车轮差速作用，保证内、外侧车轮以不同转速转向；

(4)通过桥壳体和车轮实现承载及传力矩作用。

驱动桥外观如图9-100所示。其一般由主减速器、差速器、车轮传动装置和驱动桥壳等组成，转向驱动桥还有等速万向节。

图9-100 驱动桥外观

1. 主减速器

主减速器将输入的转矩增加，并改变动力传递的方向后传给差速器，主减速器类型较多，有单级、双级、双速、轮边减速器等。

(1)单级主减速器(图9-101)就是一个主动锥齿轮(俗称角齿)和一个从动锥齿轮(俗称盆角齿)，主动锥齿轮连接传动轴，顺时针旋转，由于主动锥齿轮直径小，从动锥齿轮直径大，因而可以达到减速的功能。

(2)双级主减速器(图9-102)的主动锥齿轮与轴制成一体,采用悬臂式支承。即主动锥齿轮轴支承在位于齿轮同一侧的两个相距较远的圆锥滚子轴承上,而主动锥齿轮悬伸在轴承之外。

图9-101　单级主减速器

图9-102　双级主减速器

2. 差速器

差速器连接左右半轴,可使两侧车轮以不同角速度旋转,同时传递转矩。保证车轮的正常滚动。部分多桥驱动的汽车,在分动器内或贯通式传动的轴间也装有差速器,称为桥间差速器,如图9-103所示。

3. 半轴

半轴是将由差速器传来的转矩传给车轮,驱动车轮旋转,推动汽车行驶的实心轴(图9-104)。由于轮毂的安装结构不同,半轴的受力情况也不同。所以,半轴分为全浮式、半浮式、3/4浮式三种。

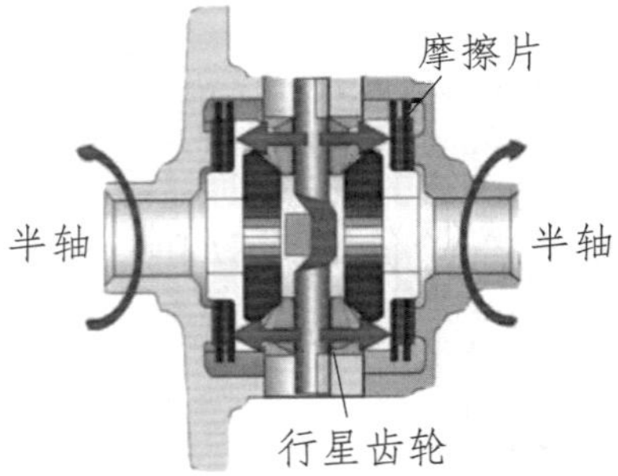

图9-103　差速器

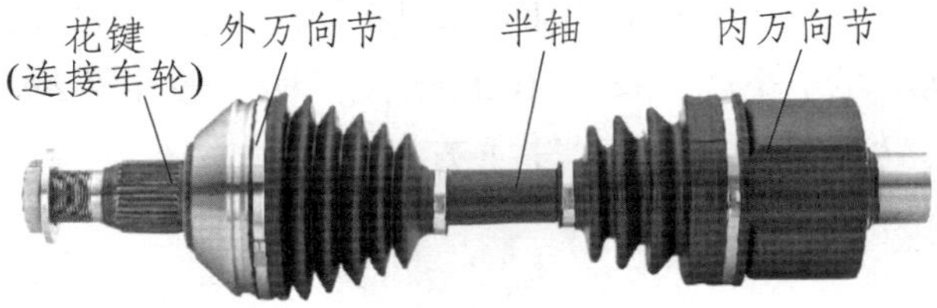

图9-104　半轴

(1)全浮式半轴。

一般大、中型汽车均采用全浮式结构。半轴的内端通过花键与差速器的半轴齿轮相连接,半轴的外端锻出凸缘,用螺栓和轮毂连接。

(2)半浮式半轴。

半浮式半轴的内端与全浮式的一样,不承受弯矩。其外端通过一个轴承直接支承在半轴外壳的内侧。

(3)3/4浮式半轴。

3/4浮式半轴受弯矩的程度介于半浮式和全浮式之间。此式半轴仅在个别小货车上应用。

4. 桥壳

桥壳可分为整体式和分段式两种。

(1)整体式桥壳。

整体式桥壳如图 9-105 所示,其因强度、刚度性能好,便于主减速器的安装、调整和维修,而得到广泛应用。整体式桥壳因制造方法不同,可分为整体铸造式、中段铸造压入钢管式和钢板冲压焊接式等。

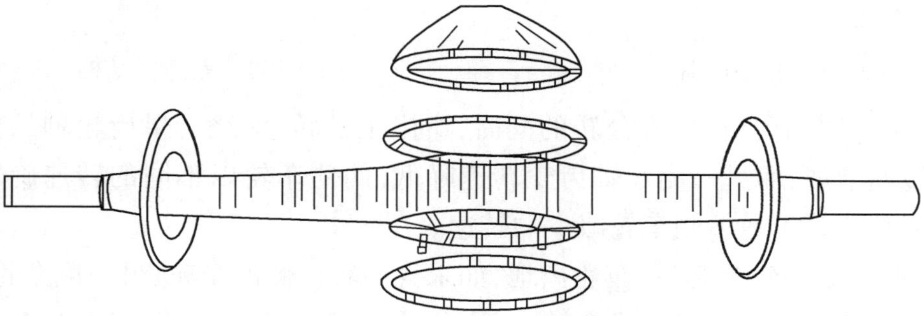

图 9-105 整体式桥壳

(2)分段式驱动桥壳。

分段式桥壳一般分为两段,由螺栓将两段连成一体,如图 9-106 所示。它由主减速器壳、盖、两根半轴套管及凸缘组成,分段式桥壳比较易于铸造和加工。

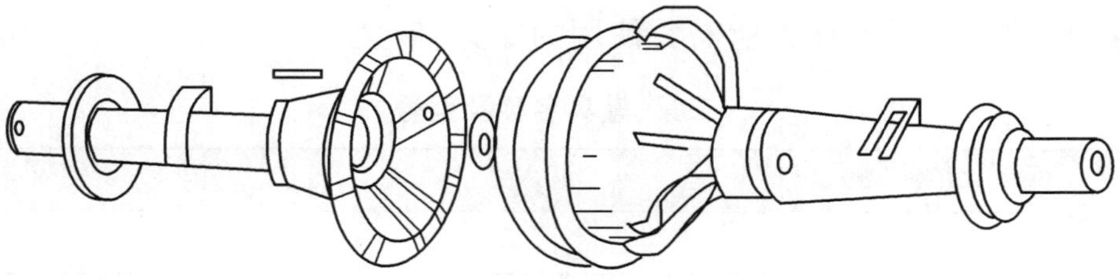

图 9-106 分段式桥壳

引导问题 2:主减速器、差速器的作用是什么?

1. 主减速器的作用

主减速器将变速器输出的动力再次减速,以增加转矩,之后将动力传递给差速器,二者关系如图 9-107 所示。

2. 差速器的作用

汽车在直线行驶时,左、右车轮转速几乎相同,而在转弯时,左、右车轮转速不同,差速器能实现左、右车轮转速的自动调节,即允许左、右车轮以不同的转速旋转,差速器结构如图 9-108 所示。

差速器工作时,行星齿轮绕行星齿轮轴的旋转称为行星齿轮的自转;差速器工作时,行星齿轮绕半轴轴线的旋转称为行星齿轮的公转。

(1)汽车直线行驶时,主减速器的从动锥齿轮驱动差速器壳旋转,差速器驱动行星齿轮轴旋转,行星齿轮轴驱动行星齿轮公转,半轴齿轮在行星齿轮的夹持下同速、同向旋转。此时,行星齿轮只公转,左、右车轮转速等于从动锥齿轮的转速。

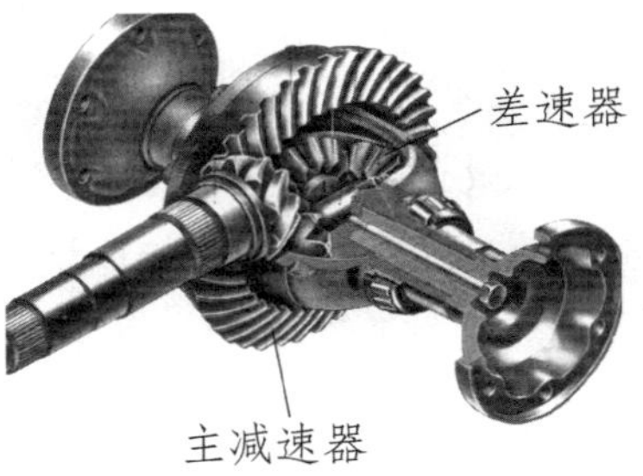

图 9-107　主减速器和差速器

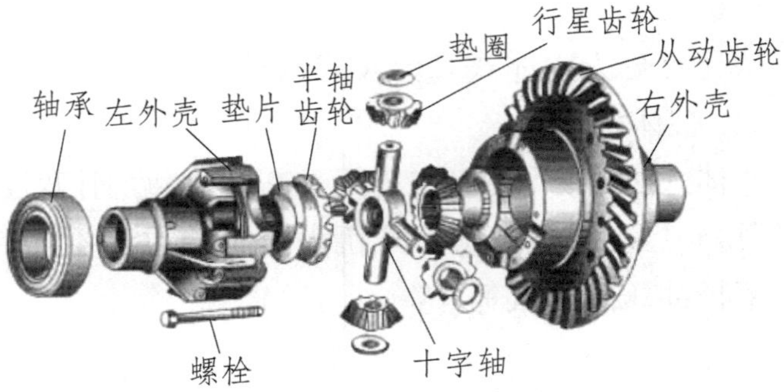

图 9-108　差速器结构

(2)汽车转弯时,行星齿轮在公转的同时,产生了自转,即绕行星齿轮轴的旋转,造成一侧半轴齿轮转速增加,而另一侧半轴齿轮转速降低,两侧车轮以不同的转速旋转。此时,一侧车轮增加的转速等于另一侧车轮减少的转速。

(3)当将两个驱动轮支起后,车轮离地,如果我们转一侧的车轮,另一侧车轮反方向同速旋转,这时,差速器内的行星齿轮只自转,而不公转,两侧半轴齿轮以相反的方向旋转,从而带动两侧车轮以同速反方向旋转。

二、计划与实施

引导问题3:完成本学习任务,需要使用的工具、量具及检测设备有哪些?

在表9-12中填写本学习任务所需要使用的工具、量具。

工具、量具名称及型号　　表9-12

名称	型号

引导问题4:如何调整主减速器?

1. 主、从动圆锥齿轮齿面检验

(1)检查前,必须把所有齿轮清洗干净,检查齿轮有无剥落,啮合印痕是否正确,磨损是否严重。

(2)若齿面上有轻微擦伤或毛刺,应用油石修磨后再使用。

(3)检查主动齿轮的花键部分是否磨损过度,如是应更换。

(4)如主、从动齿轮疲劳性剥落,轮齿损坏超过齿长的1/5和齿高的1/3时,主、从动齿轮应成对更换,不能新旧搭配使用。两齿轮同时更换时,应注意选择同一组编号的齿轮配对使用,厂家将配对编组号码刻在主、从动齿轮的端面上,选择齿轮时应注意。

2. 主减速器轴承检查

轴承应能自由转动,不应有受阻的感觉;如轴承内座圈、外座圈或滚柱损坏,磨损或间隙过大，应更换轴承；如剥落、支持架变形，也应更换轴承。

3. 主减速器轴承预紧度检查与调整

（1）检查方法。

轴承预紧度的调整在装配时十分重要，轴承应具有一定的预紧度。调整齿轮轴承预紧度的同时会影响主、从动锥齿轮的啮合印痕，首先应调整合适轴承预紧度（图 9-109），然后调整啮合间隙或啮合。

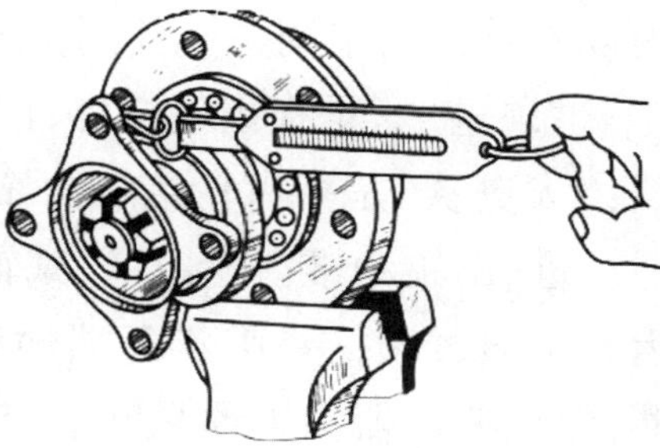

图 9-109　调整合适轴承预紧度

最简单方法是经验法：用手转动主、从动锥齿轮时，应该转动自如，轴向推动无间隙。另一个方法是测量法：用扭力扳手或弹簧秤拉动主、从动锥齿轮检查。凸缘螺母按标准力矩拧紧后，弹簧秤匀速旋转，主动锥齿轮的力矩应在规定值，否则需要对其进行调整。

（2）调整方法。

主动锥齿轮轴承预紧度的调整：一般情况下都是通过调整垫片厚度大小来调整的，部分主减速器是通过调整螺母来调整轴承与进度。不论用哪种方法调整，必须先检查和调整合适轴承预紧度后，再进行主、从动锥齿轮啮合印痕和啮合间检查与调整。

4. 主、从动锥齿轮啮合印痕检查与调整

主、从动锥齿轮啮合印痕大小和位置影响主、从动锥齿轮传递作用力和力矩，以及主减速器使用寿命，因此必须给予足够重视，并认真检查与调整。

（1）检查方法。

在从动锥齿轮上相隔 120°的 3 处齿面上薄薄地涂上一层红丹油或红丹粉与机油的混合物，在齿轮的正、反面各涂 2 ~ 3 个齿，如图 9-110 所示。再用手对从动锥齿轮稍施加阻力并正、反向转动主动齿轮数圈，观察从动锥齿轮上的啮合印痕。

正确的啮合印痕如图 9-111 所示，接触面应位于齿高的中部且接近小端，并占齿宽 60%以上。

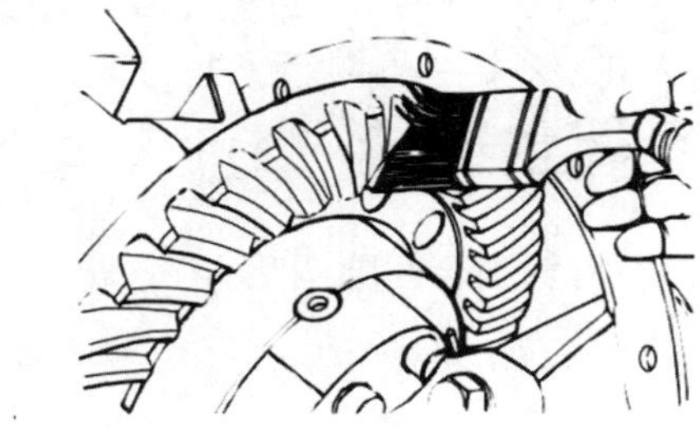

图 9-110　涂抹红丹油

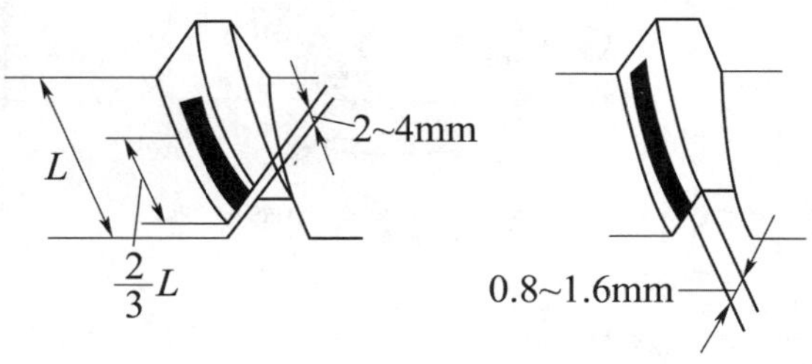

图 9-111　齿轮啮合印痕

（2）调整方法。

通过检查，不良的啮合印痕说明接触面调整不当，要重新调整垫片厚度或螺母，使其达到正常。

对于准双曲面齿轮，如果啮合印痕位置不正确，调整方法是移动主动锥齿轮。如果啮合间隙不符合要求，需要进行调整，方法是移动从动锥齿轮。

对于螺旋锥齿轮，先检查啮合印痕，若不符合要求，应进行调整。调整前先将主、从动锥齿轮安装并按规定调好轴承预紧度,然后根据检查所得的印痕情况,通过主、从动锥齿轮向内或向外移动来调整。其调整方法可概括为:顶进主、根出主、大进从、小出从。

"顶进主"是指齿轮接触面靠近齿轮顶部,则应使主动锥齿轮靠近从动锥齿轮,否则相反;"大进从"是指齿轮接触面靠近齿轮大端,就应使从动锥齿轮靠近主动锥齿轮,否则相反。

进、出主动锥齿轮由增、减轴承座与主减速器壳之间的调整垫片来实现。进、出从动锥齿轮是通过调整差速器两端的调整螺母来实现的,一端拧进多少圈,另一端就要拧出多少圈,保证差速器轴承预紧度不变。若需要通过调整垫片调整啮合间隙或啮合印痕时,一定要将减少一侧的垫片数如数地加到另一侧去,从而确保轴承预紧度不变。

5. 主、从动齿轮的啮合间隙检查与调整

(1)检查方法。

将装有百分表的支架固定于主减速器壳上,用百分表触针抵在从动锥齿轮正面的大端处,沿圆周均布不少于四个齿进行测量,并使百分表有一定的预压量。用手把住主动锥齿轮,周向往复摆转从动齿轮,百分表上反映的数值即为主、从动齿轮的啮合间隙,如图9-112所示。东风EQ1090汽车主减速器主、从动锥齿轮的正确啮合间隙为0.15~0.4mm,而一对齿轮的啮合间隙变动范围为0.15mm。

(2)调整方法。

间隙调整可通过交替拧动调整螺母或增、减调整垫片来使啮合间隙达到规定值。注意调整时不能改变已调好圆锥轴承的预紧度,两侧调整螺母或调整垫片必须等量地旋出或旋入,一侧拧入多少,另一侧就要拧出多少。主、从动齿轮的啮合间隙调整合适后,用规定扭紧力拧紧轴承盖或调整螺母,如图9-113所示。

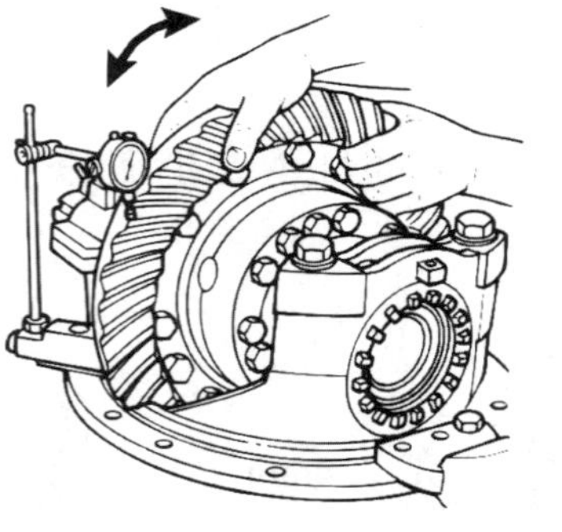

图9-112　从动齿轮啮合间隙检查

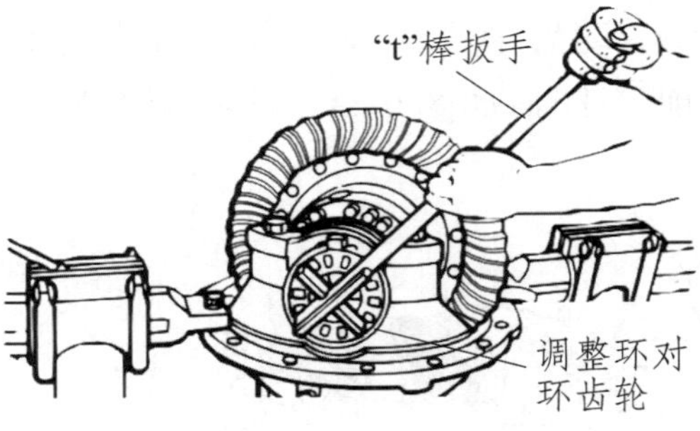

图9-113　齿轮啮合间隙调整

三、评价反馈

通过学习,按照学习任务要求完成相应的工作任务,并通过任务提高自己解决问题的方法和能力。学生和教师开展各种评价,任务评价表见表9-13。

任务评价表　　表9-13

序号	评价标准	分值(分)	自评(分)	互评(分)	师评(分)
1	是否服从组长安排,无迟到早退和旷工	5			

续上表

序号	评价标准	分值（分）	自评（分）	互评（分）	师评（分）
2	着装是否符合标准	5			
3	能否完成小组安排的任务	10			
4	能否积极与小组成员沟通，发表自己的意见	5			
5	语言表达是否准确，沟通是否顺畅	5			
6	能否大胆在同学们面前展示自己的学习成果	5			
7	是否有工作岗位的责任心	5			
8	小组学习中能否主动与其他成员合作	5			
9	能否正确对待他人提出的肯定和否定的意见	5			
10	是否合理规范使用工具和设备	5			
11	是否会准确测量主减速器齿隙、啮合印痕、轴承间隙	25			
12	是否会查阅维修手册并记录标准数据	10			
13	能否按照安全和规范的流程操作	5			
14	能否保持现场干净整洁	5			
合计		100			

四、学习拓展

现有一辆带双级主减速器的2018款汽车到厂维修，请你熟悉双级主减速器的结构，对比其与单级差速器的区别。

自我检测

专业知识题

一、选择题（下列各题的四个备选答案中只有一个是符合题意的正确答案，请做出选择）

1. 离合器由主动部分、从动部分、压紧机构和(　　)组成。

A. 电子控制装置　　B. 飞轮　　C. 操纵机构　　D. 分离机构

2. (　　)的作用是使接合套与待啮合的齿圈迅速同步，缩短换挡时间；且防止在同步前啮合而产生换挡冲击。

A. 同步器　　B. 分离器　　C. 离合器　　D. 制动器

3. (　　)的作用是改变传动比和传动方向，即构成不同的挡位。

A. 单向离合器　　B. 行星齿轮机构

C. 液压控制阀　　D. 电子控制装置

4. (　　)的功用是实现转轴之间变角度地传递动力，保证不在同一轴线上的两轴之间可靠地传递动力。

A. 差速器　　B. 万向节　　C. 传动轴　　D. 主减速器

二、判断题(请对下列各题判断正误,正确的打"√",错误的打"×")

1. 膜片弹簧式离合器使用膜片弹簧代替了一般螺旋弹簧以及分离杆。 (　　)

2. 互锁装置能够防止自动挂挡及自动脱挡。 (　　)

3. 汽车自动变速器主要由液力变矩器、行星齿轮机构、液压控制系统、电子控制系统等组成。 (　　)

4. 万向传动装置在安装时,必须使传动轴两端的万向节叉处于同一平面。 (　　)

三、多项选择题(下列各题的四个备选答案中有两个或两个以上符合题意的正确答案,请做出选择,错选、多选或漏选均不给分)

1. 属于自动变速器组成的是(　　)。

A. 液力变矩器　B. 行星齿轮机构　C. 液压控制阀　D. 电子控制装置

2. 操纵机构应保证变速器能够准确地挂入选定的挡位,并能可靠地在所选挡位上工作,故设置了(　　)。

A. 自锁装置　B. 互锁装置　C. 倒挡锁装置　D. 超速挡锁装置

技能操作题

离合器的拆装与检修

一台某型号的汽车,驾驶员反映汽车行驶中,车速不能跟随发动机转速的提高相应增高,行驶动力不足的现象。经专业技师进行试车诊断,初步判定离合器从动盘磨损严重,现需进行离合器拆装及检测作业,请根据你所掌握的相关知识和技能,回答以下问题。离合器相关技术参数见表9-14。

离合器的相关技术参数　　表9-14

名称	技术参数
离合器从动盘铆钉头最小深度	0.4mm
膜片弹簧磨损最大深度	0.4mm
膜片弹簧磨损最大宽度	0.5mm
离合器盖螺栓力矩	28±2N·m
踏板自由行程	10~15mm
离合器踏板高度	138±5mm

1. (单选题)下列为离合器的拆装与更换的操作步骤:按照施工作业的先后顺序排序,正确的是(　　)。

①安装分离拨叉防尘套。

②按照顺序紧固离合器盖螺栓,在拧紧过程中使用专用工具上下移动调整离合器从动盘的位置,使其保持在轴中心位置。

③按照装配标记安装离合器盖及压盘,使螺栓孔对齐。如图9-114所示。

④使用专用工具SST将离合器从动盘固定在飞轮上。

⑤安装分离拨叉及轴承,在安装前须在分离拨叉接触位置和变速器输出轴花键上涂抹

少量润滑脂,安装分离拨叉支承件。

⑥安装分离拨叉支撑件。

⑦用卡子将分离拨叉与轴承连接。

A. ④③②⑤①⑥⑦　　B. ③④⑤②①⑥⑦

C. ④③⑤①②⑥⑦　　D. ⑥③⑤①②④⑦

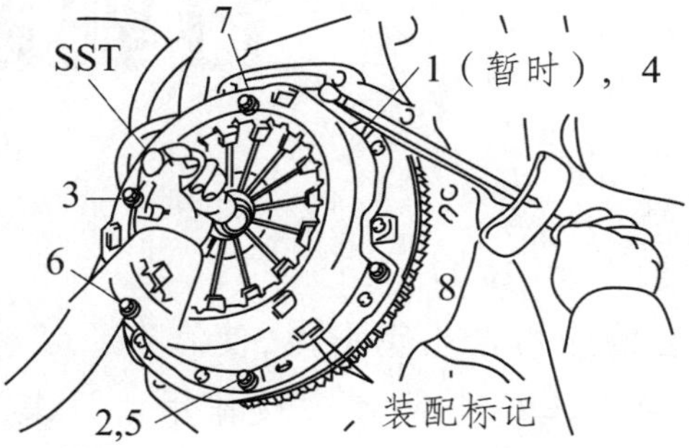

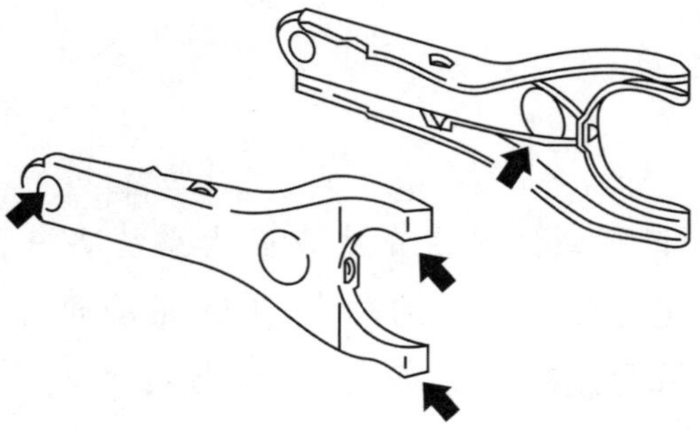

图 9-114　离合器盖的安装

2.(单选题)在检查离合器过程中需要检测离合器从动盘铆钉最小深度,应选用下列(　　)工具。

A. 千分尺　　B. 百分表　　C. 游标卡尺　　D. 钢直尺

3.(判断题)某同学在检查膜片弹簧磨损时,测量出宽度为 0.4mm,某同学认为该膜片弹簧测量值为正常,可以继续使用。你认为某同学说法(　　)。

A. 正确　　B. 错误

4.(多选题)汽车离合器盖安装拧紧时,需要的工具是(　　)。

A. 棘轮扳手　　B. 梅花扳手

C. 预置式扭力扳手　　D. 套筒扳手

5.(判断题)根据图 9-115 中所示的内容,李同学认为该图是检查离合器踏板自由行程的高度,你认为李同学的判断是(　　)。

A. 正确　　B. 错误

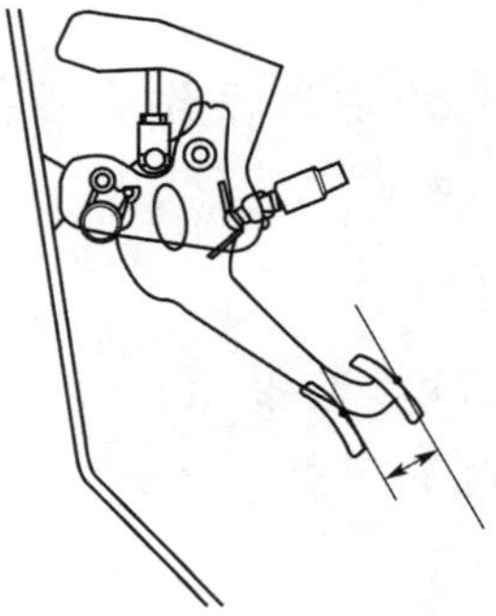

图　9-115

项目十

行驶系统

汽车行驶系统是汽车底盘四大系统之一,行驶系统的功用是:

(1)接受传动系统的动力,通过驱动轮与路面的作用产生牵引力,使汽车正常行驶;

(2)承受汽车的总重量,承受与传递路面作用于车轮上的各项反作用力及其所形成的力矩;

(3)缓和不平路面对车身造成的冲击,衰减汽车行驶中的振动,保持汽车行驶的平顺性;

(4)和转向系统配合,保证汽车的行驶稳定性。

汽车行驶系统按照结构形式可以分为轮式、全履带式、半履带式和车轮—履带式四种类型。其中轮式汽车行驶系统由车架、车桥、车轮和悬架组成。

学习任务一　车轮定位检查

学习目标

知识目标:

1. 能叙述车桥的功用、组成和类型;
2. 能叙述车轮定位的功用及内容。

技能目标:

1. 能通过查阅维修手册,明确车轮定位操作流程;
2. 能规范完成车轮定位检查和调整。

素养目标:

1. 在任务实施过程中养成规范检修的习惯;
2. 任务完成后养成现场7S管理的习惯。

任务描述

某品牌汽车行驶里程达50000km,车主反映该车在高速行驶时出现行驶偏摆,转向盘抖动,经检查确认该现象由前轮定位参数不正确造成,请你按照规范流程完成车轮定位。

一、资料收集

引导问题1:车桥的作用是什么?是怎样分类的?

车桥通过悬架与车架连接,并在两端安装车轮,其功用是传递车架(或承载式车身)与车轮间各方向的作用力及力矩。

按照悬架结构的不同,车桥可分为整体式车桥和断开式车桥。如图10-1所示,整体式车桥的中部是刚性实心或空心梁,多与非独立悬架配合使用;如图10-2所示,断开式车桥为活动关节式结构,与独立悬架配合使用。

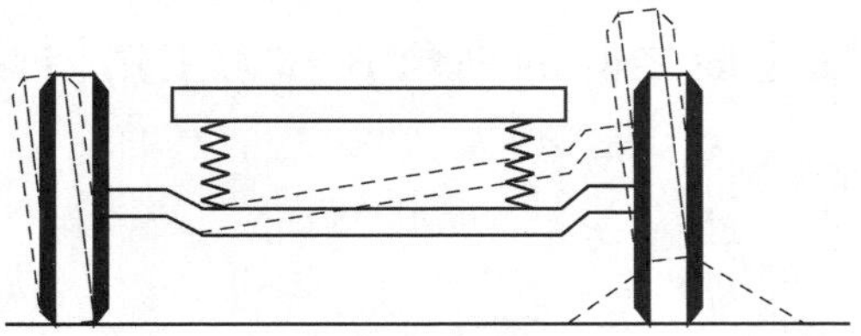

图10-1 整体式车桥

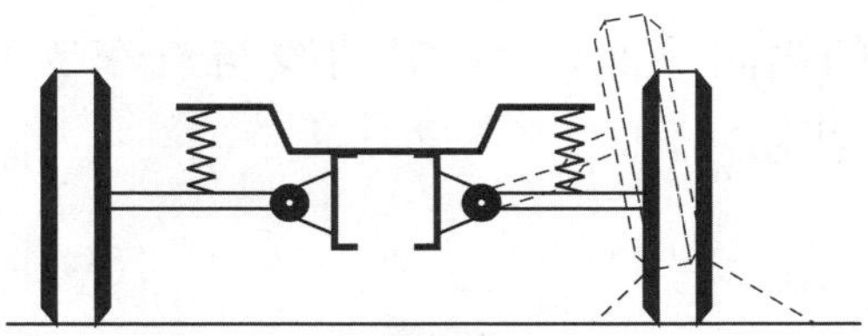

图10-2 断开式车桥

根据车桥上车轮的作用,车桥又可以分为转向桥、驱动桥、转向驱动桥和支持桥四种类型。

引导问题2:转向桥的结构是什么?

转向桥利用车桥中的转向节,使车轮可以偏转一定角度,实现汽车的转向。转向桥通常位于汽车前部,因此也常称为前桥。转向桥主要由前轴、转向节和主销等组成,如图10-3所示。

引导问题3:转向驱动桥的结构是什么?

越野汽车、前轮驱动汽车和全轮驱动(4WD)汽车的前桥既起转向桥的作用,又起驱动桥的作用,故称为转向驱动桥。

转向驱动桥结构如图10-4所示,它同一般的驱动桥一样,由主减速器、差速器、半轴和桥壳组成。

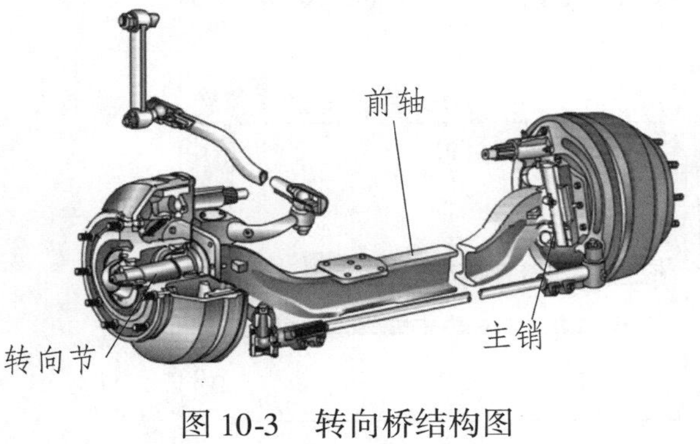

图10-3 转向桥结构图

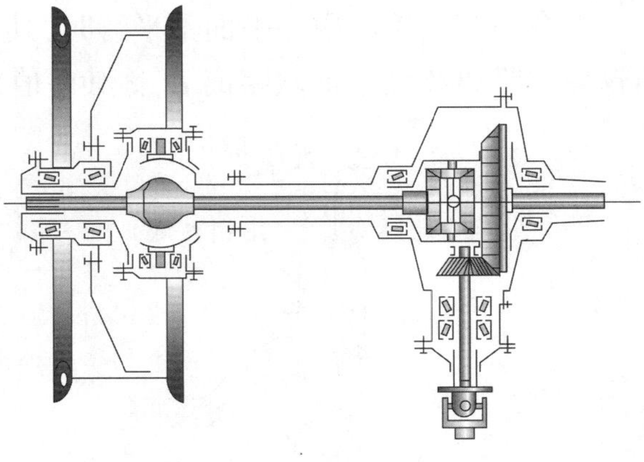

图10-4 转向驱动桥结构图

引导问题4:车轮定位的作用是什么?定位参数有哪些?

当转向轮在偶遇外力作用发生偏转时,一旦作用的外力消失后,应能立即自动回到原来直线行驶的位置。这种自动回正作用是由转向轮的定位参数来保证的。转向轮的定位参数主要有主销后倾、主销内倾、前轮外倾和前轮前束。

1. 主销后倾

主销后倾
基本原理

当汽车水平放置时,主销上端略向后倾斜,这种现象称为主销后倾。在垂直于汽车支承平面的纵向平面内,主销轴线与汽车支承平面垂线之间的夹角 γ 为主销后倾角,如图 10-5 所示。

主销后倾的功用是保证汽车直线行驶的稳定性,并使汽车转向后的回正操纵轻便。

2. 主销内倾

当汽车水平放置时,主销上端略向内侧倾斜,这种现象称为主销内倾。在垂直于汽车支承平面的横向平面内,主销轴线与汽车支承平面垂线之间的夹角 β 称为主销内倾角,如图 10-6 所示。

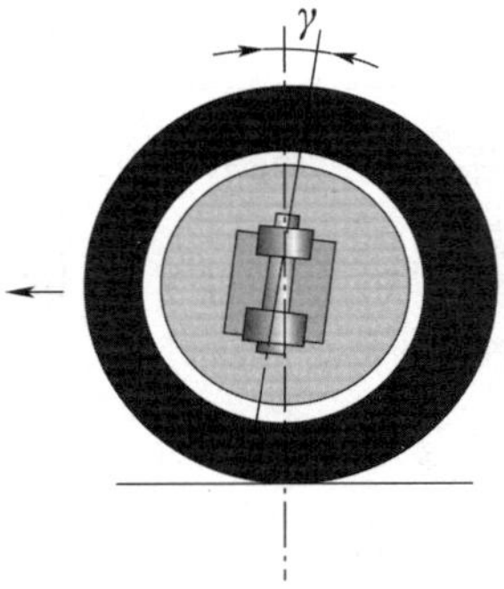

图 10-5　主销后倾

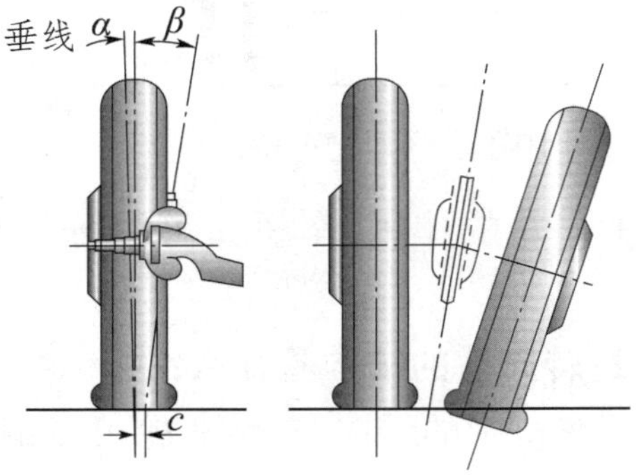

图 10-6　主销内倾

主销内倾的功用是使转向轮自动回正,并使转向操纵轻便。

3. 车轮外倾

当汽车水平放置时,转向轮旋转平面上端向外倾斜,这种现象称为转向车轮外倾。车轮旋转平面与垂直于车辆支承面的纵向平面之间的夹角 α 称为车轮外倾角,如图 10-7 所示。

车轮外倾角的功用是提高车轮工作的安全性和转向操纵的轻便性。

4. 前轮前束

汽车两前车轮的中心平面不平行时,其前端略向内侧收束,这种现象称为前轮前束。两前轮后端距离 A 大于前端距离 B,称其差值(A-B)为前轮前束值,如图 10-8 所示。

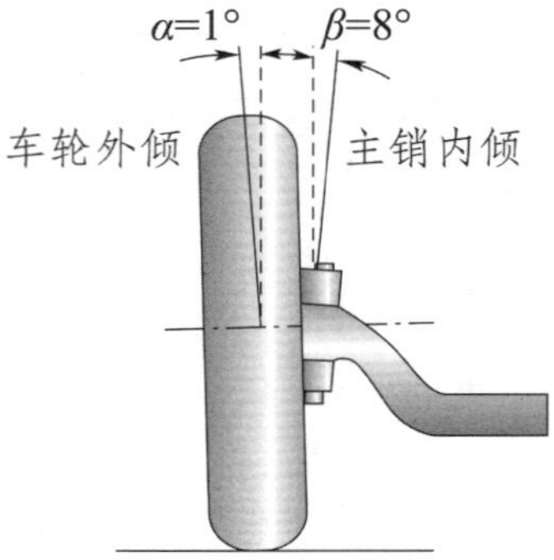

图 10-7　车轮外倾

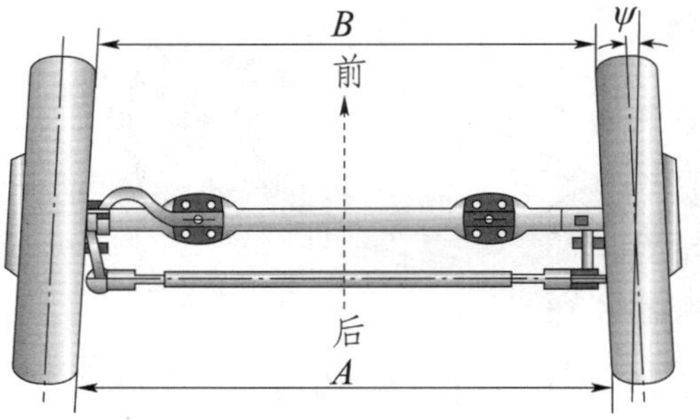

图 10-8　前轮前束

前轮前束的功用是消除因车轮外倾所造成的不良后果,保证车轮不向外滚动,以防止车轮侧滑，减轻轮胎的磨损。

二、计划与实施

引导问题5：完成本学习任务，需要使用的工具、量具及检测设备有哪些？

在表10-1中填写本学习任务所需要使用的工具、量具。

工具、量具名称及型号 表10-1

名称	型号

引导问题6：如何进行车轮定位检测与调整？

（1）检查举升机的转角盘（图10-9）、侧滑板是否转动或者滑动灵活，并锁定转角盘及侧滑板。

（2）使用举升机举升车辆，车身要正，转向盘要在中立位置，车轮中心平面与转角盘零刻度线要尽量相垂直，用力弹压车身前部和后部，使车轮处于自由状态。

（3）检查左、右车轮轮胎气压是否均衡，气压是否在标准范围内，左、右轮胎胎纹是否一致、胎纹的磨损程度是否一致，如图10-10所示。

图10-9 检查举升机的转角盘

图10-10 检查左、右车轮轮胎气压

（4）检查前轮各球头的间隙，检查衡拉杆胶套是否磨损，按“目视检测”项目逐项检查（底座及其部件、悬架装置及轮轴、转向系统、车轮及车胎）。

（5）安装制动器锁：按下弯角顶片上的按钮，将制动器锁的顶部顶在制动踏板上，并将弯角顶片用力顶在座椅上，然后松开按钮，依靠座椅的弹力即可顶住制动踏板，如图10-11所示。

（6）安装夹具：安装夹具时要将夹具调整手柄向上，尽量垂直于水平面安装，夹具四个爪定位平面要和轮辋外缘靠紧，须保证夹具爪定位面与轮辋边缘贴紧夹牢，如图10-12所示。

（7）如图10-13所示，把测量头装在夹具上时，测量头与夹具之间要靠紧，不允许出现间隙，测量头要按测量头上所贴的标牌位置准确安装，拧紧夹具上的测量头固定螺丝。开启各测量头电源，使各测量头处于工作状态。

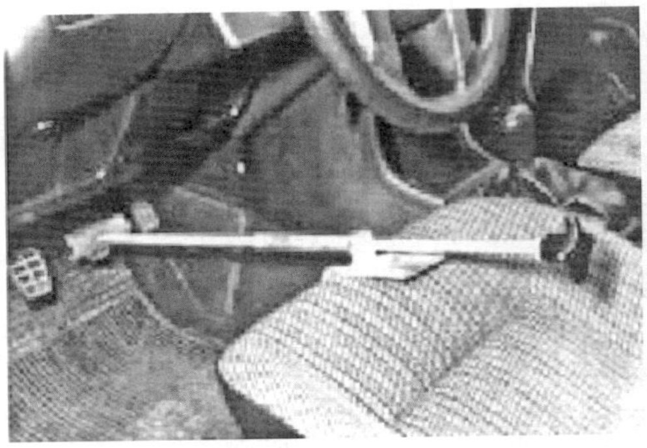

图 10-11　安装制动器锁

图 10-12　安装夹具

(8)在系统中设有各种不同的单位,程序会自动对相关的数据进行单位转换。

(9)在软件上选择所要检测车辆的生产地、厂商和型号。

(10)输入车主、车辆的相关信息。

(11)做“调整前检测”,其主要目的是准确测定被检车辆的各项定位参数,从而决定是否需要维修。

(12)如图 10-14 所示,按屏幕提示分别将转向盘向左和右各转动相应角度再回正,完成主销倾角的测量。

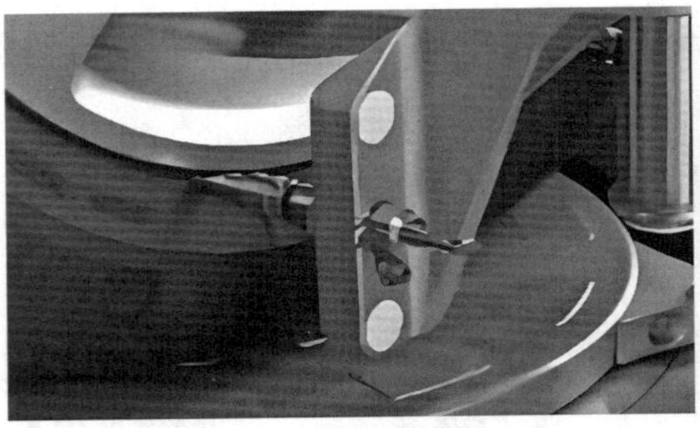

图 10-13　安装测量头

图 10-14　根据提示转动转向盘

(13)查看“调整前检测结果”,与车辆标准数据相对比,调整“调整前检测”,检测出定位参数不在范围内的项目。

(14)进行调整:选择“调整”功能,出现调整画面;将画面切换到前轮调整;进入到总前束调整,点击进入放大调整画面;升起车辆;最后按屏幕显示,把各参数调到最佳值,调整完毕,锁紧固定螺母,如图 10-15 所示;降下车辆,进行“调整后检测”,打印调整结果。

(15)取下测量头、测量头夹具,如图 10-16 所示,清点工具。

图 10-15　调整参数

图 10-16　取下测量头和测量头夹具

(16)恢复工位。

三、评价反馈

通过学习,按照学习任务要求完成相应的工作任务,并通过任务提高自己解决问题的方法和能力。学生和教师展开各种评价,任务评价表见表10-2。

任务评价表

表10-2

序号	评价标准	分值(分)	自评(分)	互评(分)	师评(分)
1	是否服从组长安排,无迟到、早退和旷工	5			
2	着装是否符合标准	5			
3	能否完成小组分派的任务	5			
4	能否积极主动与小组成员沟通,发表自己意见	5			
5	语言表达是否准确,沟通是否顺畅	5			
6	能否大胆地在同学们面前展示自己学习的成果	5			
7	是否有工作岗位的责任心	5			
8	小组学习中能否主动与其他成员合作	5			
9	能否正确对待他人提出的肯定和否定意见	5			
10	是否能正确检查车辆的基本情况	10			
11	是否能正确安装卡具和检测线速	15			
12	是否能正确检测定位参数	10			
13	是否能正确调整车辆定位参数	10			
14	能否按照安全和规范的规程操作	5			
15	是否保持现场干净整洁	5			
合计		100			

四、学习拓展

现有一辆2019款别克威朗汽车进厂维修,车主反映车辆在行驶过程中有跑偏现象,请你检查该车车轮定位是否正常,看看该汽车与实习用车的车轮定位检查有何不同。

学习任务二　轮胎检查、换位和动平衡

学习目标

知识目标:

1. 能叙述车轮与轮胎的功用、种类及规格;

2. 能叙述车轮与轮胎的构造。

技能目标:

1. 能通过查阅维修手册,明确车轮检查、换位和动平衡操作流程;
2. 能规范完成对车轮与轮胎进行检查、换位和动平衡检查。

素养目标:

1. 具备安全规范任务检修的意识;
2. 任务完成后养成现场7S管理的习惯。

任务描述

当汽车行驶一定时间或里程后,汽车轮胎达到磨损极限,为了保证汽车行驶安全,需要对轮胎进行更换。

一、资料收集

引导问题1:车轮的作用及组成是什么?

汽车车轮总成由车轮和轮胎两部分组成,其主要功用是:支承整车质量,缓和由路面传来的冲击载荷,通过轮胎和路面之间的附着作用,为汽车提供驱动力和制动力;产生平衡汽车转向离心力的侧向力,以便汽车顺利转向,并通过轮胎产生的自动回正力矩使车轮具有保持直线行驶的能力。

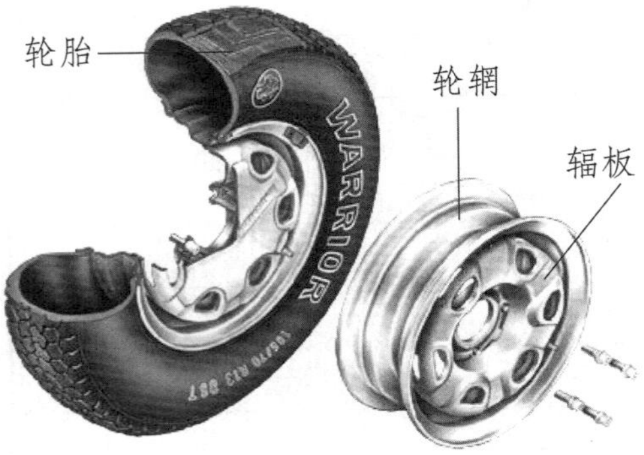

图10-17　车轮组成

车轮一般由轮毂、轮辋和轮辐组成,如图10-17所示。

1. 轮辐

按轮辐结构的不同,车轮可以分为两种形式:辐板式车轮和辐条式车轮,图10-18是辐板式车轮示意图,图10-19是辐条式车轮示意图。

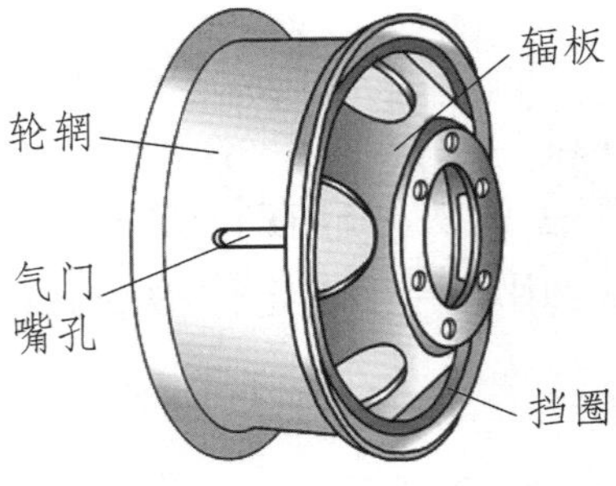

图10-18　辐板式车轮

图10-19　辐条式车轮

2. 轮辋

轮辋用于安装和固定轮胎。轮辋的常见结构形式有深槽轮辋、平底轮辋和对开式轮辋。此外,还有半深槽轮辋、深槽宽轮辋、平底宽轮辋、全斜底轮辋等。图10-20所示为深槽轮辋,图10-21所示为平底轮辋,图10-22所示为对开式轮辋。

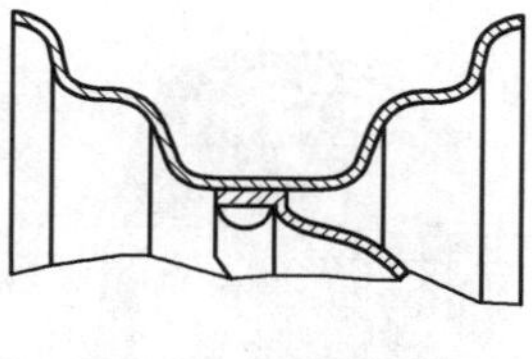

图 10-20　深槽轮辋

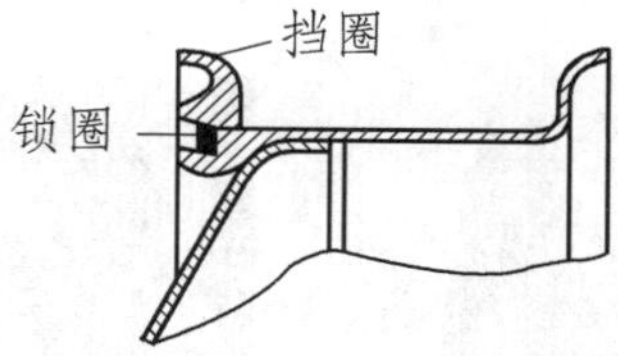

图 10-21　平底轮辋

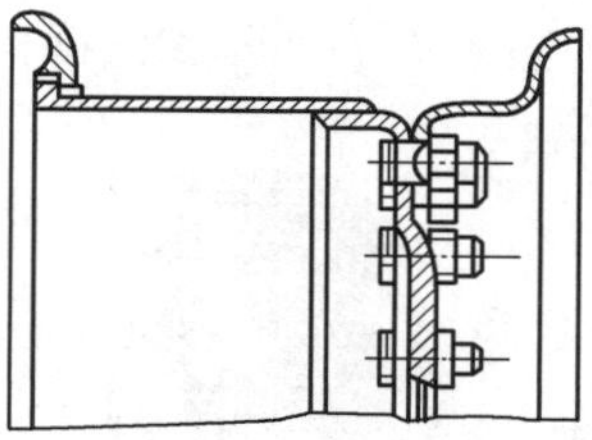

图 10-22　对开式轮辋

引导问题 2:轮胎的作用是什么?是怎样分类的?有哪些结构?

1. 轮胎的作用

支承汽车的质量,承受路面传来的各种载荷的作用;和汽车悬架共同来缓和汽车行驶中所受到的冲击,并降低由此而产生的振动;保证车轮和路面有良好的附着性。

2. 轮胎的类型

(1)按轮胎内空气压力的大小,可分为高压胎(0.5 ~0.7MPa)、低压胎(0.2 ~0.5MPa)和超低压胎(0.2MPa 以下)三种。

(2)按有无内胎,可分为有内胎轮胎和无内胎轮胎(俗称真空胎)两种。

(3)按胎体帘布层结构的不同,可分为斜交轮胎和子午线轮胎。

(4)按花纹不同,可分为普通花纹胎、混合花纹胎、越野花纹胎。

3. 轮胎的结构

(1)有内胎轮胎的结构。有内胎轮胎由外胎、内胎和垫带等组成,使用时安装在汽车车轮的轮辋上,如图 10-23 所示。

(2)无内胎轮胎的结构。无内胎轮胎俗称真空胎,在外观上与普通轮胎相似,但没有内胎及垫带。它的气门嘴通过橡胶垫圈和螺母直接固定在轮辋上,空气直接充入外胎中,其密封性由外胎和轮辋来保证,如图 10-24 所示。

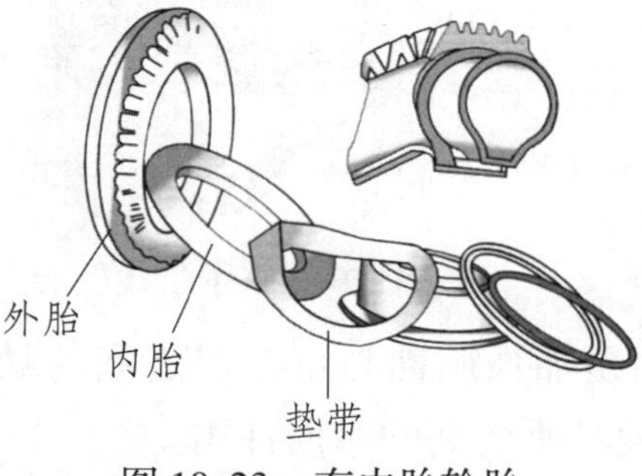

图 10-23　有内胎轮胎

图 10-24　无内胎轮胎

4. 外胎的结构

外胎由胎面、帘布层、缓冲层(或称带束层)和胎圈等组成,如图 10-25 所示。

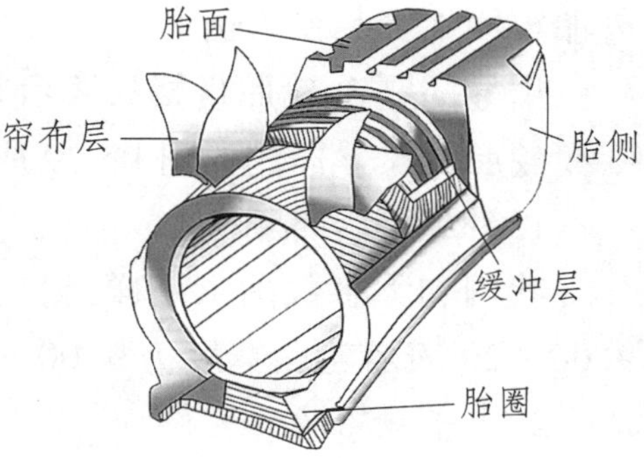

图 10-25　外胎结构

(1)胎面。胎面是轮胎的外表面,可分为胎冠、胎肩和胎侧三部分。

①胎冠与路面直接接触并产生附着力,使车辆能够行驶和制动。为使轮胎与地面具有良好的附着性能,防止纵、横向滑移,胎面上制有各种形状的花纹,如图 10-26

所示,主要有普通花纹、横向花纹、组合花纹、越野花纹等。

a) 普通花纹　　b) 横向花纹　　c) 组合花纹　　d) 越野花纹

图 10-26　胎面花纹

②胎肩是较厚的胎冠和较薄的胎侧间的过渡部分。

③胎侧由数层橡胶构成,覆盖在轮胎两侧,用于保护内胎免受外部损坏。

(2)帘布层。帘布层是外胎的骨架,主要用于承受载荷,保持外胎的形状和尺寸,并使其具有足够的强度。帘线可以是棉线、人造丝、尼龙和钢丝等。

斜交轮胎帘布层的帘线按一定角度交叉排列,帘线与轮胎横断面的交角通常为50°,如图 10-27 所示;子午线轮胎帘布层帘线排列的方向与轮胎横断面一致,即垂直于轮胎胎面的中心线,类似于地球仪上的子午线,如图 10-28 所示。

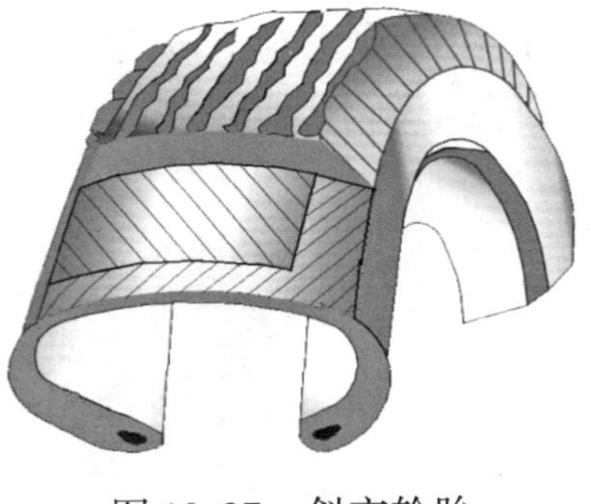

图 10-27　斜交轮胎

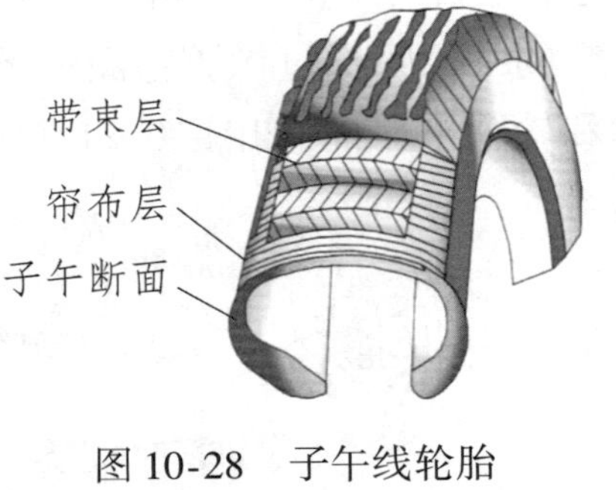

图 10-28　子午线轮胎

(3)缓冲层。缓冲层又称带束层,其作用是加强胎面与帘布层之间的结合,防止汽车紧急制动时胎面与帘布层脱离,并缓和汽车行驶时所受到的路面冲击。

(4)胎圈。胎圈由钢丝圈、帘布层包边和胎圈包布组成,具有很大的刚度和强度,可以使外胎牢固地安装在车辆上。

引导问题 3:轮胎规格的表示方法是什么?

轮胎的尺寸标注如图 10-29 所示。

1. 斜交轮胎的规格

我国和大多数国家一样,斜交轮胎的规格用 B—d 表示,使用英寸(inch)为单位,例如 9.00—20 表示轮胎宽度为 9.00 英寸、轮胎内径为 20 英寸的斜交轮胎。

2. 子午线轮胎的规格

下面以某轿车轮胎的规格 195/60R 1485H 为例进行说明。

(1)195 表示轮胎宽度为 195mm,货车子午线轮胎的宽度一般以英寸为单位。

(2)60 表示扁平比为 60%,扁平比为轮胎高度 H 与宽度 B 之比,有 60、65、70、75、80 这五个级别。

(3)R 表示子午线轮胎,即“Radial”的第一个字母。

(4)14 表示轮胎内径为 14 英寸。

(5)85 表示荷重等级,即最大载荷质量。荷重等级为 85 的轮胎的最大载荷质量为 515kg。

(6)H 表示速度等级,表明轮胎能行驶的最高车速。

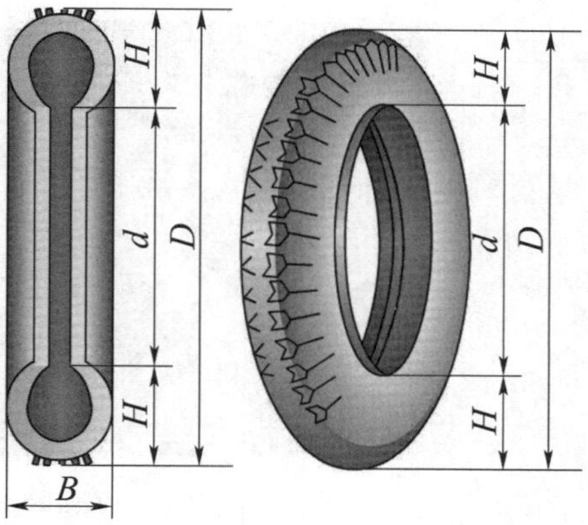

图 10-29 轮胎的尺寸标注

D-轮胎外径;d-轮胎内径或轮辋直径;B-轮胎宽度;H-轮胎高度

二、计划与实施

引导问题 4:完成本学习任务,需要使用的工具、量具及检测设备有哪些?

在表 10-3 中填写本学习任务所需要使用的工具、量具。

工具、量具名称及型号 表 10-3

名称	型号

引导问题 5:如何检查轮胎?

轮胎检查

(1)检查车辆是否处于空挡位置(手动挡)或 P 挡位置(自动挡)及驻车制动器是否处于拉紧状态。

(2)检查举升机摆臂与车辆的举升位置,初步确认是否可以举升车辆。

(3)初步举升车辆,并在车辆稍离地后继续检查一遍车辆举升稳定性。

(4)举升至合适高度并锁止举升机,再次确认锁止情况,养成安全意识,杜绝举升机举升不当导致安全事故的发生。

(5)目视检查轮胎:旋转轮胎,清除胎纹沟槽内的小石子等异物;检查胎面有无破损;轮辋有无变形或裂纹;胎侧有无鼓包,如图 10-30 所示。

(6)使用轮胎花纹深度尺检查轮胎花纹深度,检查轮胎有无异常磨损,如图 10-31 所示。

(7)检查轮胎气压是否正常,如图 10-32 所示。

(8)将肥皂水涂抹在气门嘴上,检查其是否漏气,如图 10-33 所示。

(9)下降举升的车辆。

引导问题 6:如何进行轮胎换位?

车轮更换

(1)用扭力杆配合合适的接杆及套筒拧松车轮螺栓,如图 10-34 所示。

图 10-30　目视检查轮胎

图 10-31　检查轮胎花纹深度

图 10-32　检查轮胎气压

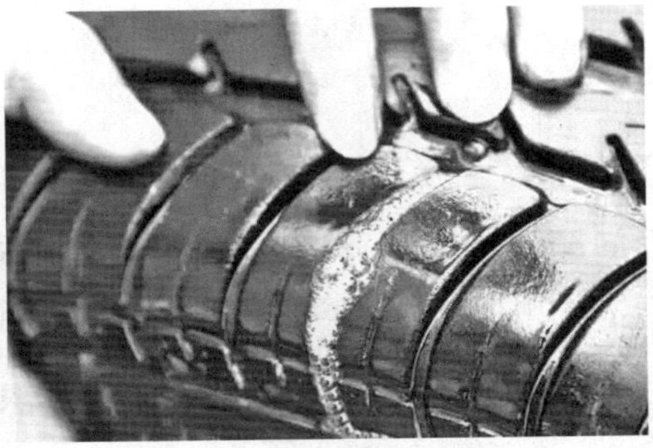

图 10-33　检查轮胎是否漏气

(2)再次检查举升位置举升车辆并上好举升机保险。

(3)用棘轮扳手配合合适的接杆及套筒逐个卸下车轮螺栓,并取下车轮,如图 10-35 所示。

图 10-34　拧松车轮螺栓

图 10-35　取下车轮

(4)对轮胎进行换位,轮胎换位方法常用的有交叉换位法(图 10-36)和单边换位法(图 10-37)。

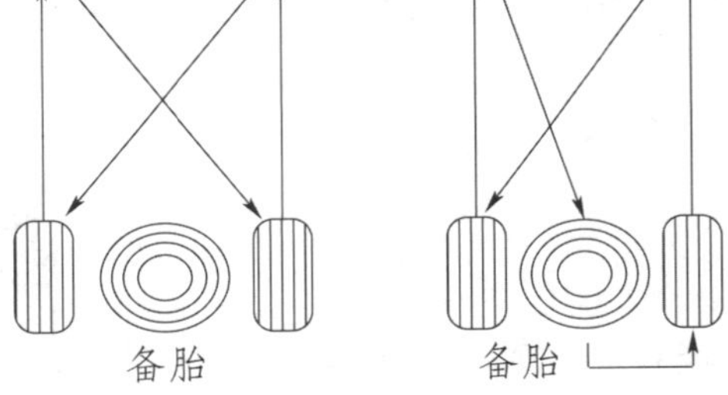

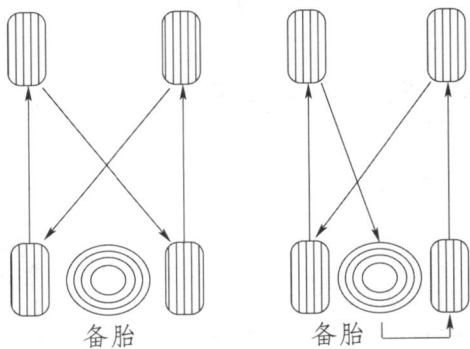

图 10-36　交叉换位法

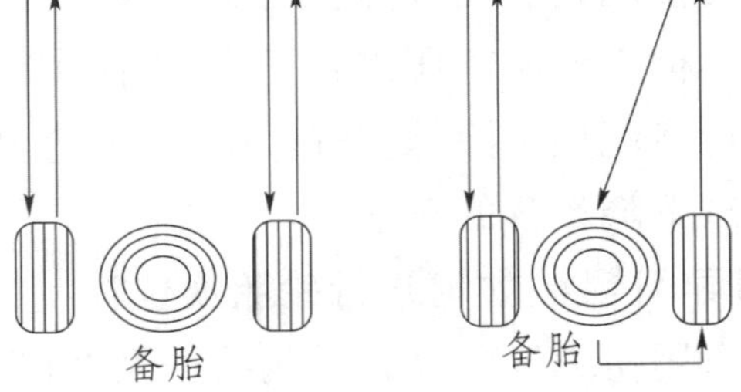

图 10-37　单边换位法

图 10-38 安装轮胎螺栓

(5)安装轮胎:先固定好车轮,再用手配合套筒将螺栓旋进去,用棘轮扳手将螺栓带紧。

(6)下降举升的车辆。

(7)用扭力杆配合合适的接杆与套筒,将车轮螺栓拧到规定力矩,如图 10-38 所示。

引导问题 7:如何进行轮胎动平衡?

(1)清除轮胎上的泥土、杂物等,取掉轮辋上的旧平衡块,检查并调整轮胎到规定胎压,如图 10-39 所示。

(2)安装适合轮辐中心孔尺寸的定位锥块;将轮胎安装在动平衡检测仪上,轮辐要朝向外侧,如图 10-40 所示。

图 10-39 清除轮胎杂物

图 10-40 安装定位锥块

(3)使用快速锁紧螺母,固定轮胎,用手轻轻晃动,转动轮胎,确保轮胎安装牢靠,如图 10-41 所示。

(4)打开动平衡检测仪,从机上拖出尺,测量轮辋边缘至机箱的距离 a,用卡尺卡住轮辋两侧并读取数值 b,在轮胎边缘找出轮胎规格读数 195/65R15,字母 R 后面是轮辋直径 d(15),如图 10-42 所示,并按照界面提示输入轮胎相关参数。

图 10-41 安装快速锁紧螺母

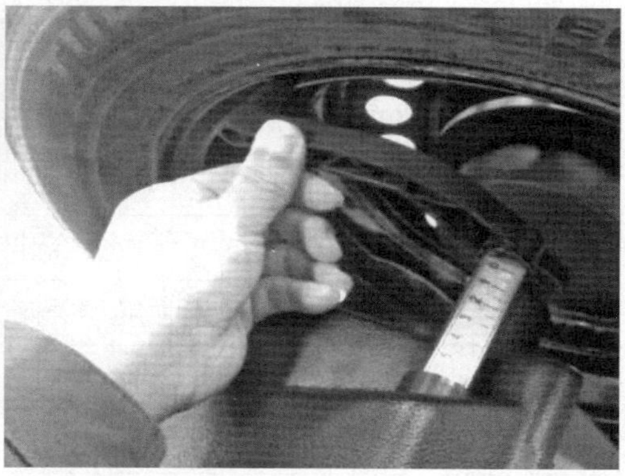

图 10-42 测量轮胎相关参数

(5)起动动平衡检测仪,轮胎开始转动,当仪器自动制动后,观察显示屏上显示数值。

(6)用手转动轮胎,观察显示屏,屏上显示的轮胎左侧数值为最大值时,在轮辋内左侧相应位置贴上相应数值平衡块,如图 10-43 所示。

(7)用手转动轮胎,观察显示屏,屏上显示的轮胎右侧数值为最大值时,在轮辋内右侧相应位置贴上相应数值平衡块。

(8)再次启动动平衡检测仪,观察显示屏左、右两侧的数值,当面板数值≤5时,表明车轮已经处于平衡,如显示结果≥5,需再打平衡块,直到数值合格为止,如图10-44所示。

图10-43　安装平衡块

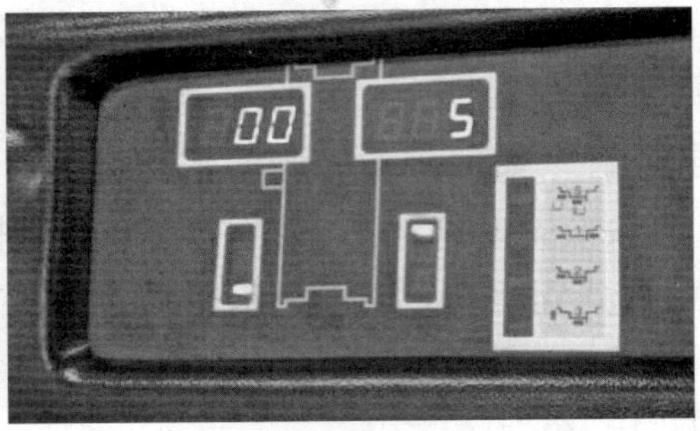

图10-44　再次测试轮胎动平衡

(9)松开车轮锁紧螺母,拆除定位锥块,取下轮胎。

(10)关闭并清洁动平衡检测仪。

三、评价反馈

通过学习,按照学习任务要求完成相应的工作任务,并通过任务提高自己解决问题的方法和能力。学生和教师展开各种评价,任务评价表见表10-4。

任务评价表　　表10-4

序号	评价标准	分值(分)	自评(分)	互评(分)	师评(分)
1	是否服从组长安排,无迟到、早退和旷工	5			
2	着装是否符合标准	5			
3	能否完成小组分派的任务	5			
4	能否积极主动与小组成员沟通,发表自己意见	5			
5	语言表达是否准确,沟通是否顺畅	5			
6	能否大胆地在同学们面前展示自己学习的成果	5			
7	是否有工作岗位的责任心	5			
8	小组学习中能否主动与其他成员合作	5			
9	能否正确对待他人提出的肯定和否定意见	5			
10	是否合理规范使用工具和设备	5			
11	是否正确检查轮胎外观和气压	10			
12	是否能正确进行轮胎换位	15			
13	是否能正确进行动平衡检查	15			
14	能否按照安全和规范的规程操作	5			
15	是否保持现场干净整洁	5			
合计		100			

四、学习拓展

现有一辆2019款别克威朗汽车进厂维修,该车达到轮胎更换周期,请你检查该车轮胎,并对比该车和卡罗拉汽车的轮胎动平衡操作过程的不同之处。

学习任务三　减振器更换

学习目标

知识目标:

1. 能叙述车架与车桥的功用、组成和类型;
2. 能叙述悬架的功用、组成、类型及特点。

技能目标:

能规范完成减振器的检查与更换。

素养目标:

1. 在任务实施过程中养成规范检修的习惯;
2. 任务完成后养成现场7S管理的习惯。

任务描述

一辆行驶了80000km的丰田卡罗拉汽车,客户反映该车减振器有漏油现象,现需要更换该车减振器,请制定实施方案并进行更换。

一、资料收集

车架的功用

引导问题1:车架的作用是什么?有哪些类型?

1.车架的作用

车架是汽车的装配基体,承受各零部件、总成,以及汽车行驶时来自路面的载荷的作用。

2.车架的类型

汽车上采用的车架有4种类型:边梁式车架、中梁式车架、综合式车架和无梁式车架。

(1)边梁式车架。边梁式车架如图10-45所示,它由两根纵梁和若干根横梁构成,纵梁和横梁之间通过铆接或焊接的方法连接起来。

(2)无梁式车架。无梁式车架是用车身兼做车架,汽车的所有零部件、总成都安装在车身上,车身要承受各种载荷的作用,因而这种车身又称为承载式车身,如图10-46所示。

(3)中梁式车架和综合式车架。中梁式车架和综合式车架分别如图10-47、图10-48所示,由于这两种车架结构复杂,制造及维修困难,所以目前很少使用。

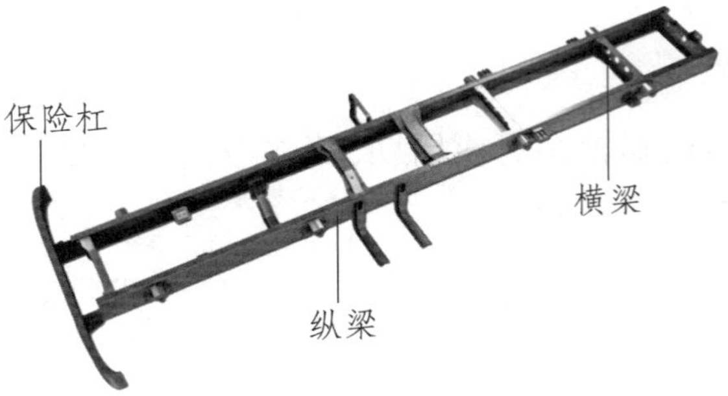

图10-45　边梁式车架

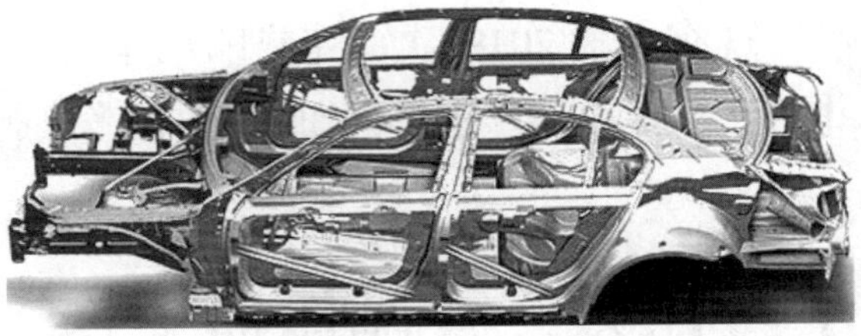

图10-46　无梁式车架(承载式车身)

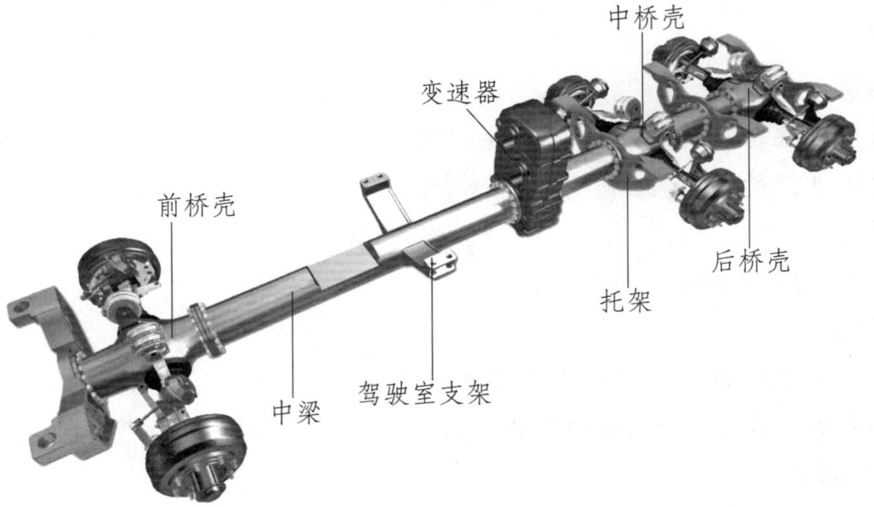

图10-47　中梁式车架

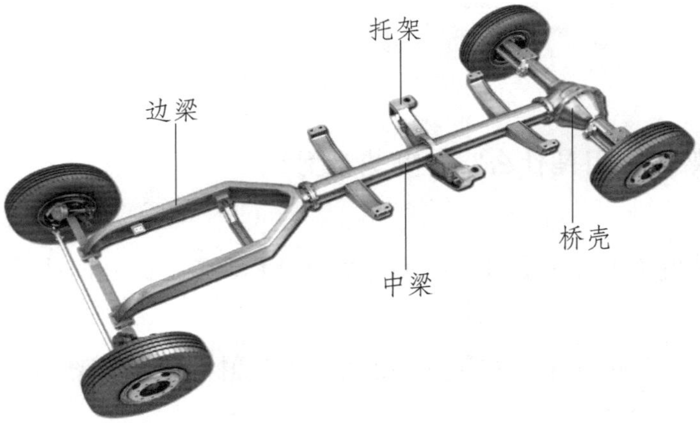

图10-48　综合式车架

引导问题2:悬架的作用及组成是什么? 有哪些类型?

1.悬架的作用

(1)传递作用在车轮和车身之间的一切力和力矩,保证乘员的舒适性;

(2)缓和由不平路面传给车身的冲击载荷,衰减由此引起的振动,保证乘员的舒适性,减小货物和车辆本身的动载荷;

(3)起导向作用,使车轮按一定轨迹相对于车身运动,保证汽车具有良好的操纵稳定性。

2. 悬架的类型

按照控制形式不同可分为被动式悬架和主动式悬架两大类。

根据悬架结构的不同可分为独立悬架和非独立悬架。非独立悬架的特点是两侧车轮安装于一整体式车桥上，车轮连同车桥一起通过弹性元件悬挂在车架或车身上，如图 10-49 所示。独立悬架的两侧车轮分别独立地与车架或车身进行弹性连接，当一侧车轮受到冲击时，其运动不会直接影响到另一侧车轮，如图 10-50 所示。

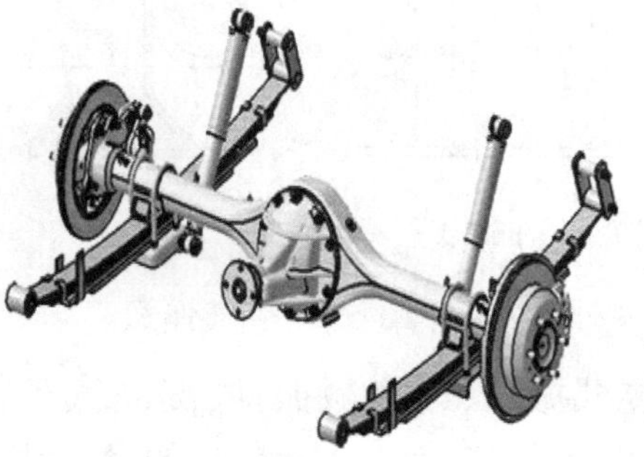

图 10-49　非独立悬架

图 10-50　独立悬架

3. 悬架的组成

悬架一般由弹性元件、导向机构、减振器和横向稳定杆组成，如图 10-51 所示。

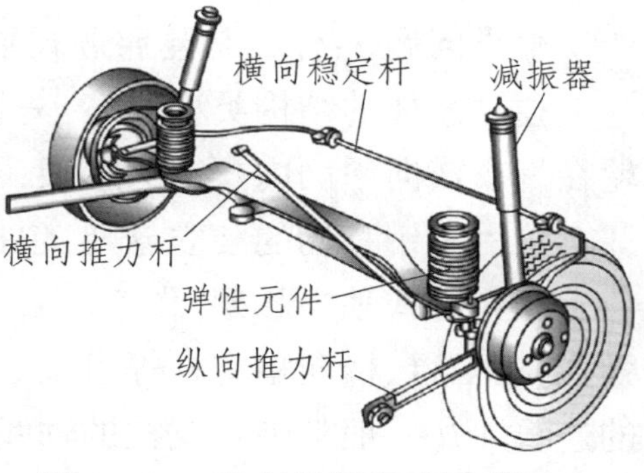

图 10-51　汽车悬架组成示意图

(1) 弹性元件。悬架采用的弹性元件常见有钢板弹簧、螺旋弹簧、扭杆弹簧和空气弹簧。

①钢板弹簧。钢板弹簧是由若干不等长的合金弹簧片叠加在一起，组成的一根近似等强度的梁，其构造如图 10-52 所示。

②螺旋弹簧。螺旋弹簧用弹簧钢料卷制而成，分为刚度不变的圆柱形螺旋弹簧和刚度可变的圆锥形螺旋弹簧。图 10-53 所示为螺旋弹簧悬架。

图 10-52　钢板弹簧悬架

图 10-53　螺旋弹簧悬架

③扭杆弹簧。扭杆断面常为圆形，少数是矩形或管状。当车轮跳动时，摆臂便绕着扭杆轴线摆动，使扭杆产生扭转弹性变形，在车轮与车架之间起弹性连接的作用，如图 10-54 所示。

④气体弹簧。气体弹簧主要有空气弹簧和油气弹簧两种。气体弹簧是以空气作弹性介

质,即在一个密闭的容器内装入压缩空气,利用气体的可压缩性弹簧的作用,如图 10-55 所示。空气弹簧又可分为囊式和膜式两种。

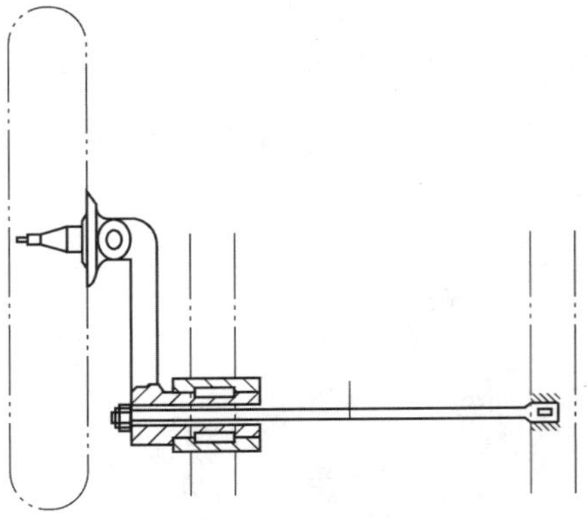

图 10-54　扭杆弹簧

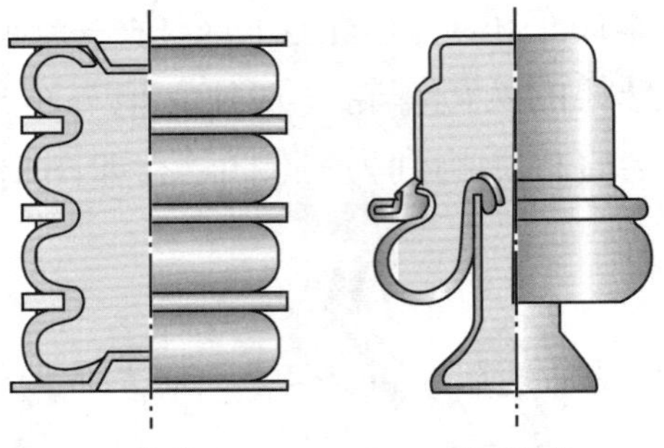

a) 囊式　　b) 膜式

图 10-55　空气弹簧

(2)减振器。在悬架中,与弹性元件并联安装减振器,以衰减振动,提高汽车行驶的平顺性。减振器一般有三个同心钢筒,最外层是防尘罩,中间层是储油缸筒,最内层是工作缸筒。如图 10-56 所示。

引导问题 3:什么是麦弗逊式独立悬架?

独立悬架的结构类型很多,一般可按车轮的运动方式分为三类。①横臂式独立悬架:车轮在汽车横向平面内摆动的悬架;②纵臂式独立悬架:车轮在汽车纵向平面内摆动的悬架;③车轮沿主销移动的独立悬架,包括烛式悬架和麦弗逊式悬架。

麦弗逊式独立悬架(图 10-57)目前在轿车中应用很广泛,该类悬架主要由减振器、螺旋弹簧、横摆臂、横向稳定杆等组成。该悬架没有传统的主销实体,转向轴线为上下绞接中心的连线 AB(一般与弹性支柱的轴线重合)。当车轮上下跳动时,B 点随横摆臂摆动,因而主销轴线 AB 随之摆动(弹性支柱也摆动),说明车轮沿着摆动的主销轴线运动。

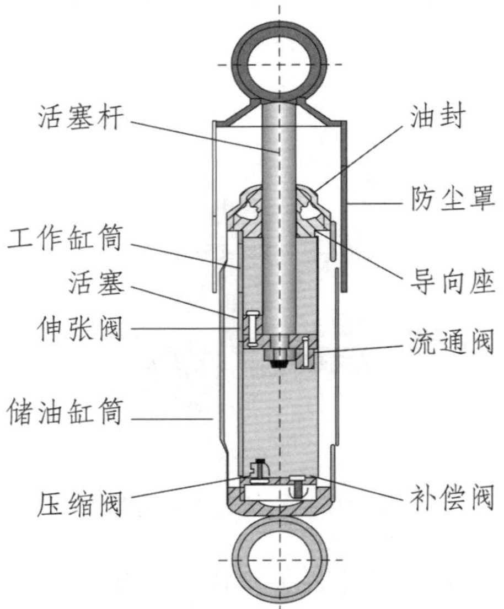

图 10-56　减振器结构

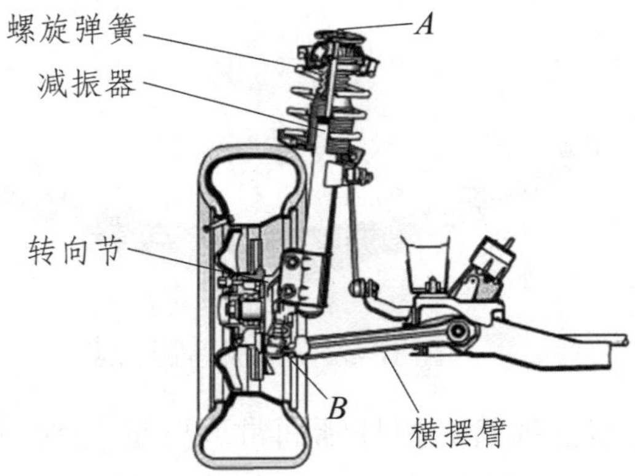

图 10-57　麦弗逊式独立悬架

二、计划与实施

引导问题4:完成本学习任务,需要使用的工具、量具及检测设备有哪些?

在表10-5中填写本学习任务所需要使用的工具、量具。

工具、量具名称及型号 表10-5

名称	型号

引导问题5:如何更换减振器?

更换减振器

(1)拆下车轮装饰外罩。

(2)在车轮着地的情况下拆下轮毂与传动轴的紧固螺母,举升一定高度后,拆下车轮,如图10-58所示。

(3)拆下减振器上安装的制动软管,注意不要损坏制动软管,如图10-59所示。

图10-58 拆卸轮胎

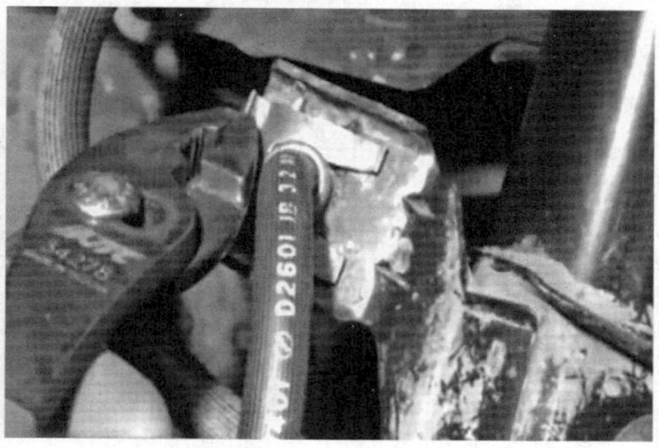

图10-59 拆下制动软管

(4)拆卸减振器上轮速传感器线束固定螺栓,如图10-60所示。

(5)拆卸减振器下部固定螺栓,如图10-61所示。

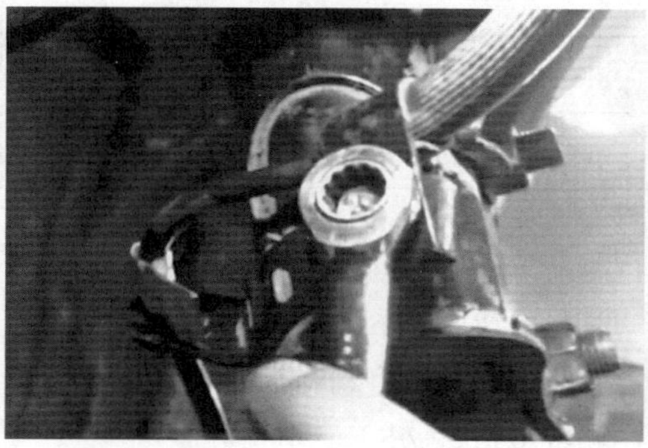

图10-60 拆卸轮速传感器线束固定螺栓

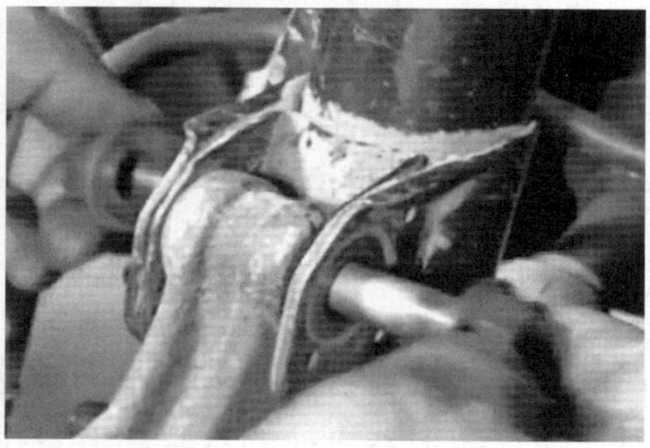

图10-61 拆卸减振器下部固定螺栓

(6)从发动机舱拆下减振器上部固定螺母,如图10-62所示。

(7)取下减振器。

图10-62　从发动机舱拆下减振器上部固定螺母

(8)安装减振器(该过程与拆卸过程的顺序相反)。

(9)车轮定位。

(10)整理工位。

三、评价反馈

通过学习,按照学习任务要求完成相应的工作任务,并通过任务提高自己解决问题的方法和能力。学生和教师展开各种评价,任务评价表见表10-6。

任务评价表　　表10-6

序号	评价标准	分值(分)	自评(分)	互评(分)	师评(分)
1	是否服从组长安排,无迟到、早退和旷工	5			
2	着装是否符合标准	5			
3	能否完成小组分派的任务	10			
4	能否积极主动与小组成员沟通,发表自己意见	5			
5	语言表达是否准确,沟通是否顺畅	5			
6	能否大胆地在同学们面前展示自己学习的成果	5			
7	是否有工作岗位的责任心	5			
8	小组学习中能否主动与其他成员合作	5			
9	能否正确对待他人提出的肯定和否定意见	5			
10	是否合理规范使用工具和设备	10			
11	是否能正确检查减振器	15			
12	能否正确更换减振器	15			
13	能否按照安全和规范的规程操作	5			
14	是否保持现场干净整洁	5			
合计		100			

四、学习拓展

现有一辆2019款别克威朗汽车进厂维修,车主反映该车减振器漏油,请你检查该车减振器,并对比该车减振器更换的步骤和卡罗拉汽车的不同之处。

自我检测

专业知识题

一、单选题(下列各题的四个备选答案中只有一个是符合题意的正确答案,请做出选择)

1. 车轮结构中,用于连接轮毂和轮辋的是(　　)。

A. 挡圈　　B. 轮体　　C. 轮辐　　D. 轮胎

2. 采用(　　)悬架汽车,其车桥一般是整体式。

A. 平衡　　B. 非平衡　　C. 独立　　D. 非独立

3. 轮式汽车行驶系统包含(　　)、车桥、车架和悬架。

A. 轮毂　　B. 前轮　　C. 车轮　　D. 轮胎

二、判断题(请对下列各题判断正误,正确的打"√",错误的打"×")

1. 车桥的基本功用是安装车轮和悬架,传递车架与车轮之间的各种作用力。(　　)

2. 主销在汽车的横向平面上部向后方倾斜的角度称为主销后倾角。(　　)

3. 车轮是介于轮胎和车轴之间承受负荷的旋转组件,主要由轮辋、轮辐和轮胎组成。(　　)

三、多选题(下列各题的四个备选答案中有两个或两个以上符合题意的正确答案,请做出选择,错选、多选或漏选均不给分)

1. 汽车行驶系统的类型有(　　)。

A. 轮式　　B. 半履带式　　C. 全履带式　　D. 车轮履带式

2. 行驶系统的组成有(　　)。

A. 车架　　B. 车桥　　C. 悬架　　D. 车轮(或履带)

3. 根据悬架结构的不同,车桥可分为(　　)。

A. 整体式车桥　　B. 驱动桥　　C. 断开式车桥　　D. 随动桥

技能操作题

行驶系统拆装与维护

某品牌汽车行驶里程达50000km,车主反映该车在高速行驶时出现行驶偏摆,转向盘抖动,经专业技师初步检测诊断认为该现象由前轮定位参数不正确造成,现需要按照规范流程完成车轮定位,请根据你所掌握的相关知识和技能,回答以下问题。

1.(单选题)下列为车轮定位部分操作步骤:按照施工作业的先后顺序排序,正确的是(　　)。

①检查举升机的转角盘、侧滑板是否转动或者滑动灵活,并锁定转角盘及侧滑板。

②使用举升机举升车辆,车身要正,转向盘要在中立位置,车轮中心平面与转角盘零刻度线要尽量相垂直,用力弹压车身前部和后部,使车轮处于自由状态。

③检查左、右车轮轮胎气压是否均衡,气压是否在标准范围内,左、右轮胎胎纹是否一致、胎纹的磨损程度是否一致。

④检查前轮各球头的间隙,检查衡拉杆胶套是否磨损,按"目视检测"项目逐项检查(底座及其部件、悬架装置及轮轴、转向系统、车轮及车胎)。

⑤安装制动器锁。

⑥安装夹具。

⑦把测量头装在夹具上,开启各测量头电源,使各测量头处于工作状态。

⑧在系统中设置单位,选择所要检测车辆的生产地、厂商和型号,输入车主、车辆的相关信息。

⑨做"调整前检测",根据屏幕提示完成相应操作。

⑩查看"调整前检测结果",分析定位参数是否需要调整。如果需要调整,则选择"调整"功能,按照屏幕提示,完成各参数调整操作。

⑪取下测量头、夹具,整理工具。

⑫恢复工位。

A. ①-②-③-④-⑤-⑥-⑦-⑧-⑨-⑩-⑪-⑫

B. ②-①-③-④-⑤-⑥-⑦-⑧-⑨-⑩-⑪-⑫

C. ①-②-③-④-⑥-⑦-⑤-⑧-⑨-⑩-⑪-⑫

D. ②-③-④-⑤-⑥-⑦-⑧-①-⑨-⑩-⑪-⑫

2.(单选题)检测轮胎气压时,标准轮胎气压范围是(　　)。

A. 0.25 ~ 0.32MP;　　B. 0.22 ~ 0.26MPa;

C. 0.210 ~ 0.32MPa;　　D. 0.30 ~ 0.34MPa

3.(判断题)将测量头装在夹具上时,测量头与夹具之间需要留1mm的间隙,测量头要按测量头上所贴的标牌位置准确安装,拧紧夹具上的测量头固定螺栓。你认为该操作(　　)。

A. 正确　　B. 错误

4.(单选题)在检查前轮轮胎时,轮胎花纹如图10-63所示,你认为是由于(　　)造成的。

A. 经常在低等级公路行驶

B. 轮胎气压过高

C. 轮胎气压过低

D. 前轮定位不符合要求

5.(多选题)使用深度尺检查图10-64中轮胎花纹深度,你认为至少需要测量(　　)点位。

A. 1　　B. 2　　C. 3　　D. 4

图10-63　检查轮胎花纹

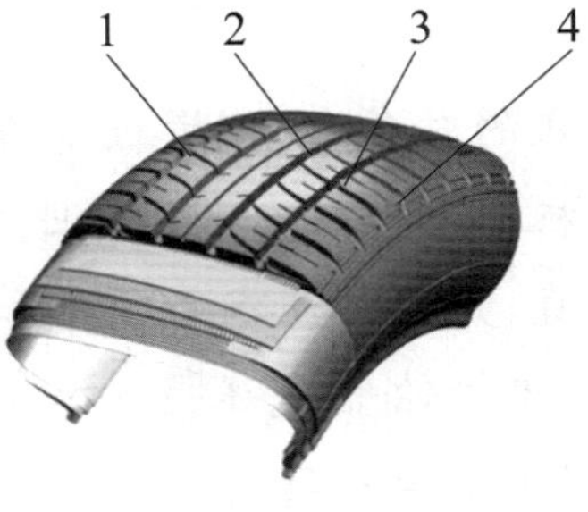

图10-64　检查轮胎花纹深度

项目十一

转向系统

转向系统是指由驾驶员操纵,能实现转向轮偏转和回位的一套机构。当汽车需要改变行驶方向时,必须使转向轮绕主销轴线偏转一定角度,直到新的行驶方向符合驾驶员的要求,再将转向轮恢复到直线行驶的位置。

学习任务一　机械式转向系统认识

学习目标

知识目标:

1. 能叙述机械式转向系统的作用;
2. 能叙述机械转向系统的组成。

技能目标:

1. 能通过查阅维修手册,辨识机械转向系统零部件;
2. 能规范完成机械转向系统零部件的检查。

素养目标:

1. 养成团队合作和安全操作的意识;
2. 通过转向机构的拆检,养成认真严谨、精细精准的习惯。

任务描述

一辆轿车累计行驶了150000km,该车经常在野外行驶,近期车主发现其转向操纵不稳,高速行驶时有左右摆动的现象,请按照规范流程对转向系统进行检查。

一、资料收集

引导问题1:机械转向系统的基本组成是怎样的?

汽车机械转向系统由转向操纵机构、机械转向器和转向传动机构三部分组成,如图11-1所示。转向操纵机构包括转向盘、转向轴、万向节、转向传动轴等;转向传动机构包括转向摇(垂)臂、转向直(纵)拉杆、转向节臂、转向梯形臂、转向横拉杆等。

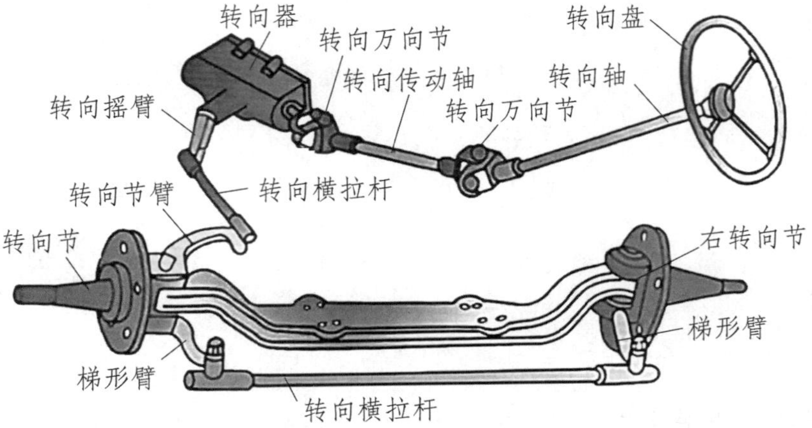

图 11-1　机械转向系统组成示意图

引导问题 2:转向器的结构是怎样的?

转向器的功用是增大由转向盘传到转向节的力,并改变力的传动方向。

转向器按传动副结构形式可以分为循环球式、齿轮齿条式、蜗杆曲柄指销式、蜗杆滚轮式等几种类型。

转向器按传动效率的不同可以分为可逆式转向器、极限可逆式转向器和不可逆式转向器。可逆式转向器是指正、逆传动效率都很高的转向器。极限可逆式转向器是指正传动效率远大于逆传动效率的转向器。不可逆式转向器是指逆传动效率很低的转向器。

1. 齿轮齿条式转向器

齿轮齿条式转向器如图 11-2 所示,其分两端输出式和中间(或单端)输出式两种,二者的工作原理相同,当转动转向器时,转向器主动齿轮转动,与之啮合的齿条随之沿轴向移动,从而使左右横拉杆带动转向节左右转动,转向车轮偏转,实现车辆转向。

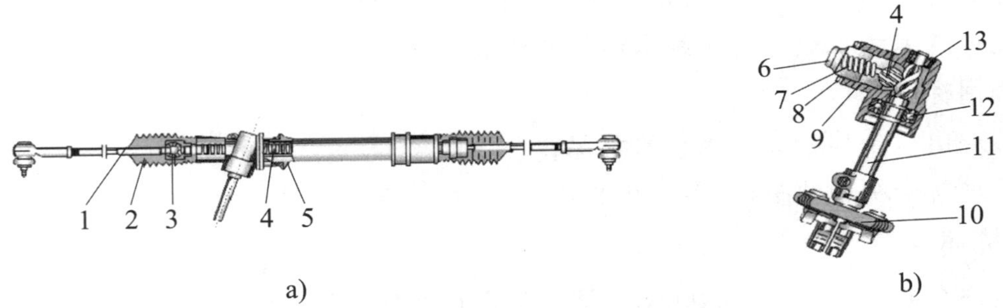

图 11-2　齿轮齿条转向器

1-转向横拉杆;2-防尘套;3-球头座;4-转向齿条;5-转向器壳体;6-调整螺塞;7-压紧弹簧;8-锁紧螺母;9-压块;10-万向节;11-转向齿轮轴;12-向心球轴承;13-滚针轴承

2. 循环球式转向器

循环球式转向器如图 11-3 所示,其是目前国内外应用最广泛的转向器之一,一般有两级传动副,第一级是螺杆螺母传动副,第二级是齿条齿扇传动副。

3. 蜗杆曲柄指销式转向器

蜗杆曲柄指销式转向器如图 11-4 所示,其传动副以转向蜗杆为主动件,其从动件是装在摇臂轴曲柄端部的指销。

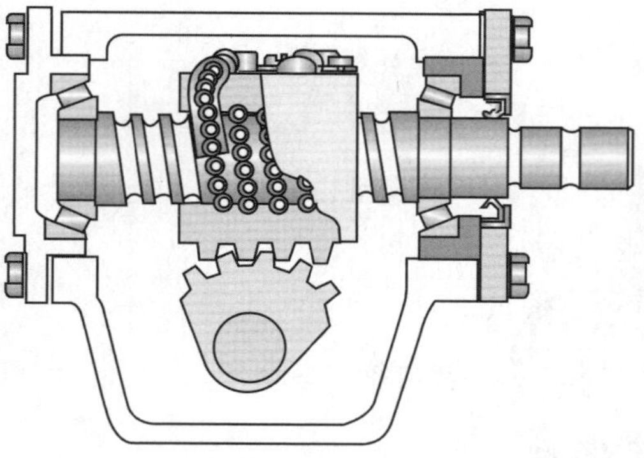

图 11-3　循环球式转向器

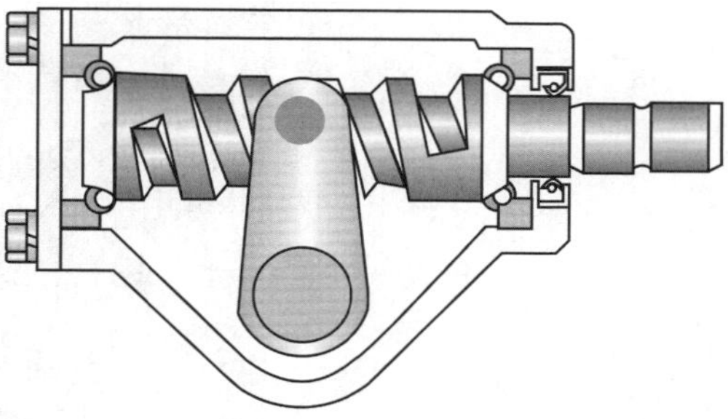

图 11-4　蜗杆曲柄指销式转向器

引导问题 3:转向操纵机构的结构是怎样的?

转向操作机构转向操纵机构的功用是产生转动转向器所必需的操纵力,并具有一定的调节和安全性能。

转向盘如图 11-5 所示,它主要由轮毂、轮辐和轮圈等组成。

转向轴(柱)是将驾驶员作用于转向盘的转向操纵力传给转向器的传力轴,它的上部与转向盘固定连接,下部装有转向器。

图 11-5　转向盘

引导问题 4:转向传动机构的作用及结构是怎样的?

转向传动机构的作用如下:

①将经过转向器放大了的转向力矩传递给转向车轮,使车轮偏转,达到转向的目的。

②承受转向轮在不平整道路上行驶所造成的振动和冲击,具有吸收振动和缓冲的作用,并能自动补偿各连接处磨损后造成的间隙。

1. 与非独立悬架配用的转向传动机构

与非独立悬架配用的转向传动机构如图 11-6 所示,它一般由转向摇臂、转向直拉杆、转向节臂、转向梯形臂和转向横拉杆等组成。

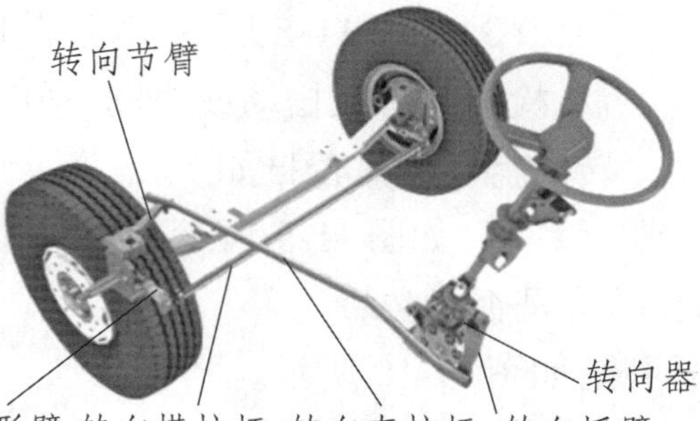

图 11-6　与非独立悬架配用的转向传动机构

2. 与独立悬架配用的转向传动机构

当转向轮采用独立悬架时,由于每个转向轮都需要相对车架(或车身)作独立运动,所以,转向桥必须是断开式的。与此同时,转向传动机构中的转向梯形也必须分成两段或三段。图 11-7 为与独立悬架配用的转向传动机构的示意图。

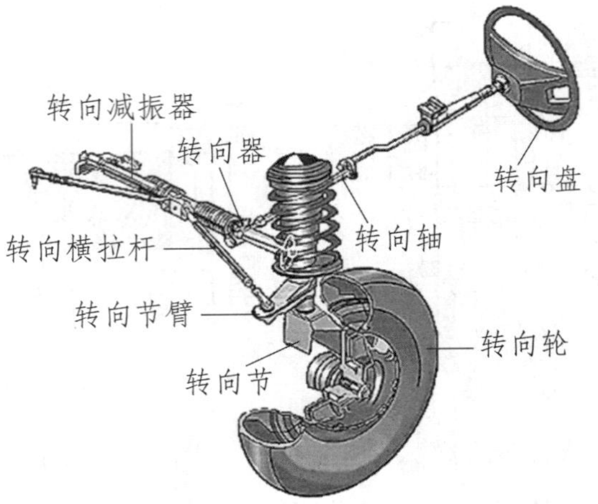

图 11-7　与独立悬架配用的转向传动机构

二、计划与实施

引导问题5:完成本学习任务,需要使用的工具、量具及检测设备有哪些?

在表11-1中填写本学习任务所需要使用的工具、量具。

工具、量具名称及型号　　　　表11-1

名称	型号

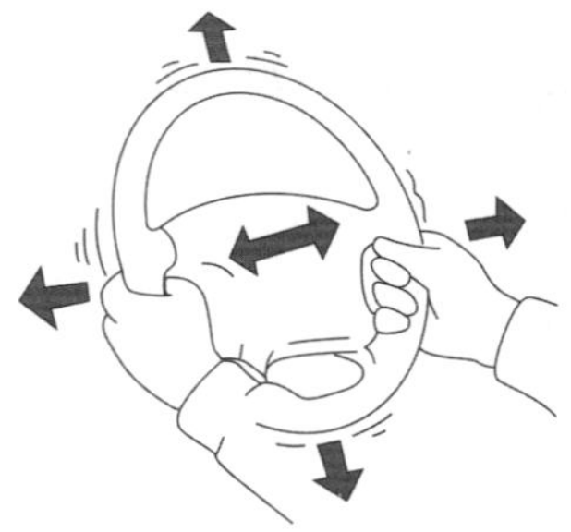

图 11-8　检查有无松动或摆动

引导问题6:如何检查转向盘的自由间隙?

(1)车辆解锁,打开车门,安装车内三件套。

(2)检查转向盘外观,转向盘外表应无腐蚀和损坏。

(3)如图11-8所示,双手握住转向盘,左右和上下晃动转向盘,检查其有无松动或摆动,逆时针和顺时针转动转向盘,检查转向盘转动是否自如。

(4)如图11-9所示,松开转向盘高度调整开关,上下调整转向盘,检查转向盘上下调整功能是否正常。

(5)检查转向盘自由间隙,如图11-10所示。

引导问题7:如何检查转向系统零部件?

(1)举升车辆至合适的高度并锁止举升机。

(2)检查横拉杆有无弯曲、损坏、松动,如图11-11所示。

(3)检查球头防尘罩有无老化、开裂,检查开口销是否变形和损坏,如图11-12所示。

(4)检查转向节有无变形和损坏,如图11-13所示。

(5)检查转向器防尘罩有无开裂、渗漏,检查卡箍有无松动,如图11-14所示。

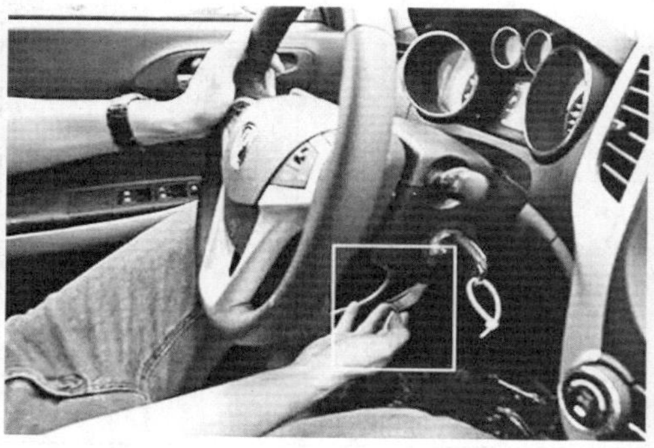

图 11-9　检查转向盘高度调节功能

图 11-10　检查转向盘有无松动和自由间隙

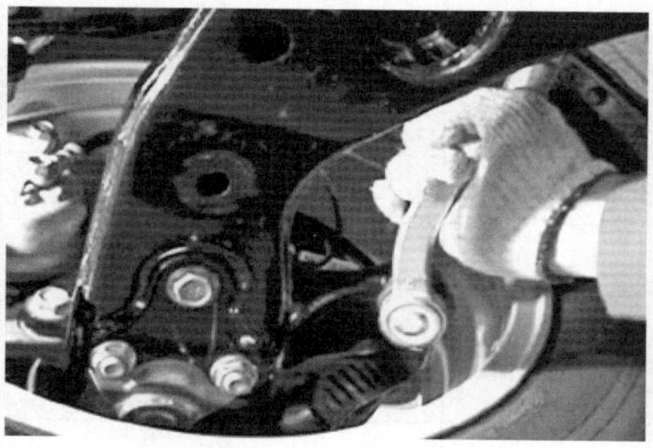

图 11-11　检查横拉杆

图 11-12　检查开口销

图 11-13　检查转向节

图 11-14　检查转向器防尘罩

(6)恢复工位。

三、评价反馈

通过学习,按照学习任务要求完成相应的工作任务,并通过任务提高自己解决问题的方法和能力。学生和教师展开各种评价,任务评价表见表 11-2。

任务评价表　　表 11-2

序号	评价标准	分值(分)	自评(分)	互评(分)	师评(分)
1	是否服从组长安排,无迟到、早退和旷工	5			
2	着装是否符合标准	5			

续上表

序号	评价标准	分值(分)	自评(分)	互评(分)	师评(分)
3	能否完成小组分派的任务	10			
4	能否积极主动与小组成员沟通,发表自己意见	5			
5	语言表达是否准确,沟通是否顺畅	5			
6	能否大胆地在同学们面前展示自己学习的成果	5			
7	是否有工作岗位的责任心	5			
8	小组学习中能否主动与其他成员合作	5			
9	能否正确对待他人提出的肯定和否定意见	5			
10	是否合理规范使用工具和设备	10			
11	是否会正安装车内防护五件套和车外防护三件套	5			
12	能否正确检查转向盘	10			
13	能否正确检查底盘下转向系统零件	15			
14	能否按照安全和规范的规程操作	5			
15	是否保持现场干净整洁	5			
合计		100			

四、学习拓展

现有一辆2019款别克威朗汽车进厂维修,车主反映该车转向沉重,请你检查该车转向机构,并对比该车和实训车辆转向系统的检查过程的不同之处。

学习任务二　转向系统油液更换

学习目标

知识目标:

1. 能叙述液压式、电动式动力转向系统的作用及结构组成;
2. 能叙述电动式动力转向系统的工作原理。

技能目标:

能规范完成更换转向系统油液。

素养目标:

1. 在任务实施过程中养成规范检修的习惯;
2. 任务完成后养成现场7S管理的习惯。

任务描述

一辆带液压式动力转向装置的轿车累计行驶100000km,车主反映发动机在怠速运转时,转向助力泵发出“嗡嗡”响声,左右转动转向盘时,异响加重。请根据车主反映的情况检查诊断液压式助力转向系统。

一、资料收集

引导问题1:动力转向系统有哪些类型?

将发动机输出的部分机械能转化为压力能(液压能或气压能),并在驾驶员控制下,对转向传动装置或转向器中某一传动件施加不同方向的液压或气压作用力,以辅助驾驶员施力不足的一系列零部件组成的系统,称为动力转向系统。

动力转向系统是在机械转向系统的基础上加一套转向助力装置而成,如图11-15所示。转向助力装置主要由转向油泵、转向油管、转向油罐及转向控制阀、机械转向器和转向动力油缸等组成。

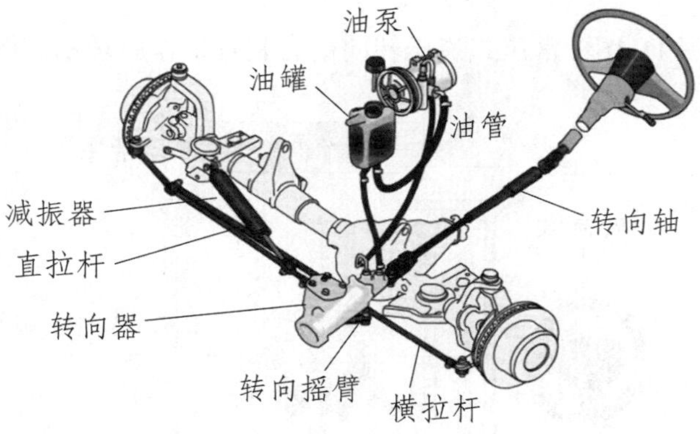

图11-15 液压助力转向装置

动力转向系统按动力介质的不同分为气压式、液压式和电动式三类。液压式动力转向系统按液流形式可以分为常流式动力转向系统和常压式动力转向系统;按转向控制阀的运动方式又可以分为滑阀式动力转向系统和转阀式动力转向系统。

引导问题2:常压式转向助力装置和常流式转向助力装置的结构和原理是怎样的?

1. 常压式助力装置

图11-16是常压式转向助力装置工作原理示意图。当转向盘处于中立位置时,转向控制阀是关闭状态,此时,转向油泵输出的压力油充入储能器内,当储能器的压力达到转向控制阀开启压力时,储能器中的压力油便流入转向动力缸,产生推力以助转向。当转向盘回位停止转动时,转向控制阀关闭,助力作用停止。该装置的特点是液压系统的工作管路总是保持高压状态。

2. 常流式助力装置

图11-17是常流式转向助力装置工作原理示意图。当转向盘处于中间位置时,流量控制阀保持开启,转向动力缸活塞两侧压力相等,油泵空转,油液处于低压流动状态。当驾驶

员转动转向盘时,机械转向器工作,同时带动转向控制阀动作,处于与某一转弯方向相应的工作位置,此时转向动力缸相应的工作腔与回油管路隔绝,压力急剧升高(此时与油泵输出管路相通),而另一工作腔仍然与回油管路相通,压力较低,转向动力缸活塞在压力差的作用下移动,从而产生推力。当转向盘停止转动后,转向控制阀随即回到中间位置,动力缸停止工作。该装置的特点是液压系统的工作管路中的油液一直处于流动状态,压力较低,只有在转向时才产生瞬间高压。

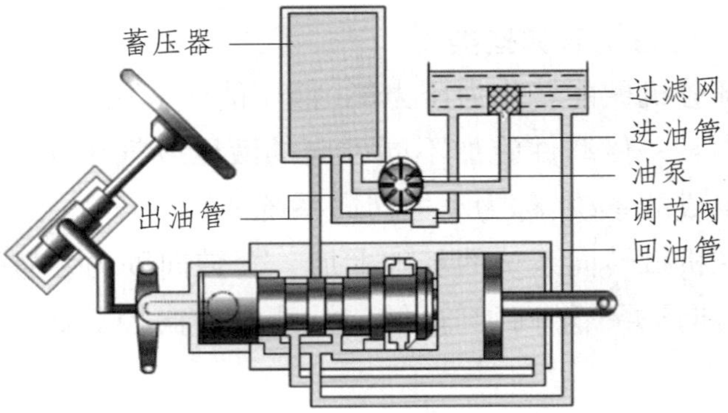

图 11-16　常压式液压转向助力装置工作原理示意图

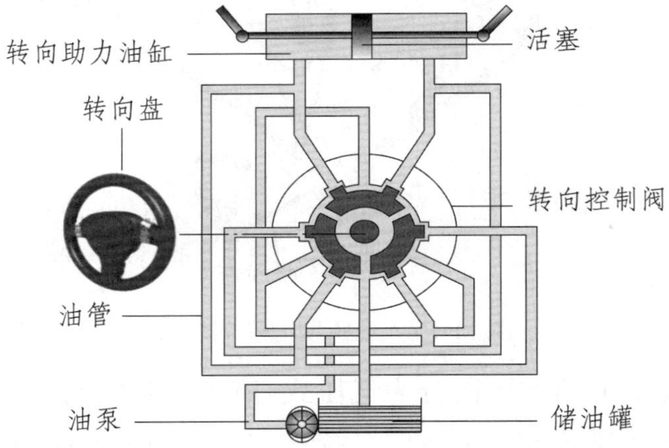

图 11-17　常流式液压转向助力装置工作原理示意图

引导问题3:转向助力装置主要零部件的结构和原理是怎样的?

1. 转向液压泵

转向液压泵是液压式动力装置的能源,一般由发动机驱动,其作用是将输入的机械能转换成液压能输出。根据内部结构不同可以分为齿轮泵、叶片泵和转子泵等形式。齿轮式液压泵的构造及工作原理与发动机润滑系统的齿轮式机油泵类似。叶片式液压泵如图 11-18 所示,转子式液压泵如图 11-19 所示。

2. 转向控制阀

转向控制阀按照控制阀阀芯的运动方式不同可分为滑阀式和转阀式。

(1)滑阀式转向控制阀。

滑阀的阀与阀体以轴向移动方式来控制油路的控制阀称为滑阀式控制阀。滑阀式控制阀主要由阀芯、阀套、壳体等组成,如图 11-20 所示。

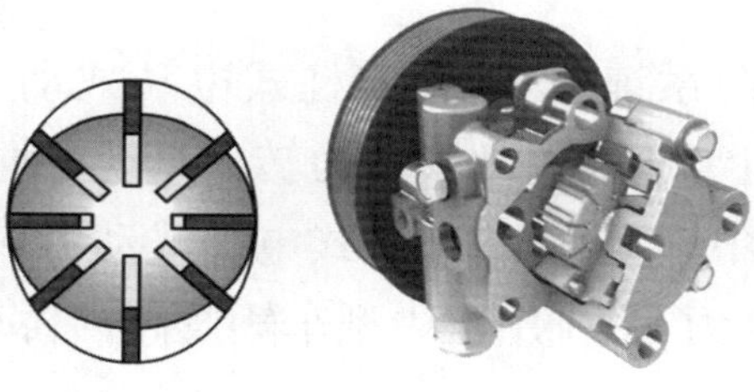
a)　b)

图 11-18　叶片式液压泵示意图

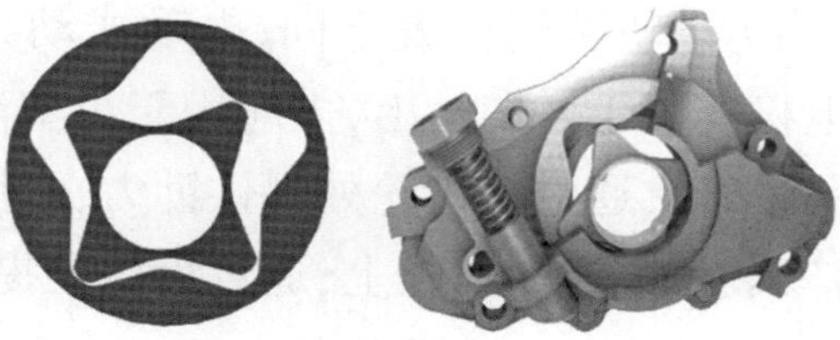
a)　b)

图 11-19　转子式液压泵示意图

当汽车直线行驶时,阀芯相对于阀套保持在中间位置,转向控制阀内各环槽相通,自油泵输送出来的油液进入阀体环槽,经油道分别流入动力缸的左腔和右腔,同时多余的油液经回油管道流回储油罐。这时,阀芯与阀套各环槽槽肩间的间隙大小相等,油路畅通,动力缸因左、右腔油压相等而不起助力作用,继而汽车保持直线行驶。当汽车左转时,阀芯与阀套的相对位置发生改变,液压油流入动力缸右腔,另一腔通油箱,产生压差,促进汽车左转。汽车右转时工作原理和左转时相反。

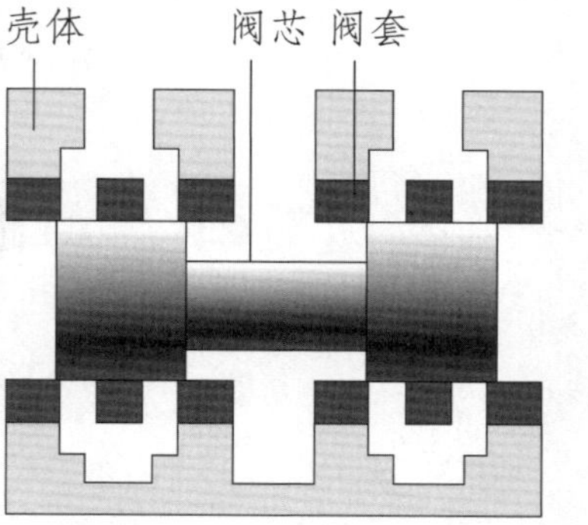

图 11-20　滑阀式转向控制阀的结构示意图

(2)转阀式转向控制阀。

阀体绕其圆心转动来控制油路的控制阀称为转阀式转向控制阀。其主要由阀体、阀套、阀芯和扭杆等组成,结构如图 11-21 所示。阀套和阀芯都制成圆筒形,并保持间隙配合,两者之间可相对转动。阀芯通过销与扭杆和转向轴相连。

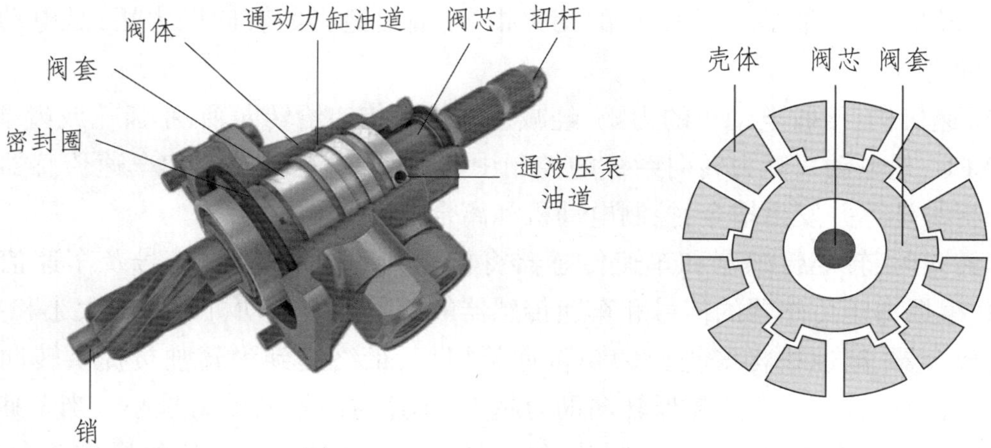

a)　b)

图 11-21　转阀式转向控制阀示意图

当汽车直行时,阀芯处于阀体对中位置,压力油同时通左、右两腔,并且与油箱相通,左、右动力缸油压相等,汽车保持直线行驶。当汽车左转向时,阀芯与阀套的相对位置发生改变,液压油流入动力缸右腔,另一腔通油箱,产生压差,促进汽车左转。右转时工作原理和左转时相反。

引导问题4:电动式动力转向系统的分类和工作原理是什么?

1. 电动式动力转向系统的分类

根据助力电机装配位置不同,电动式动力转向系统分为:转向柱式电动式动力转向系统,助力电机安装于转向柱上,多应用于小型汽车;齿轮式电动式动力转向系统,助力电机安装于齿轮齿条上,通过小齿轮处提供助力,多用于中小型汽车;齿条式电动式动力转向系统,助力电机安装于小齿轮齿条上,通过齿条处提供助力,多应用在中型车辆及高档轿车中。

2. 电动式动力转向系统的组成及工作原理

电动式动力转向系统由转向力矩传感器、车速传感器、控制单元(ECU)、助力电动机及减速机构等,有的还有电磁离合器,如图11-22所示。

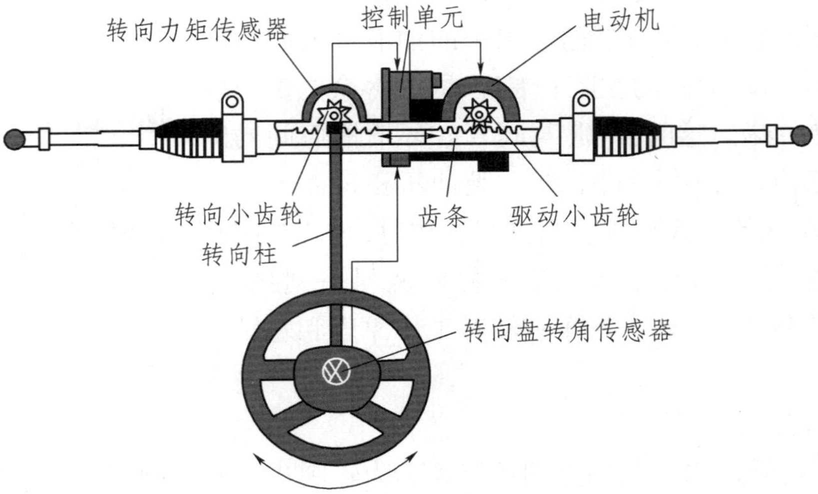

图11-22　电动式动力转向系统的组成

(1)转向力矩传感器,其作用是测定转向盘与转向器之间的相对力矩,并转化为电信号传递给ECU。

(2)电动机,其功能是根据ECU的相关指令,输出适宜的转向助力矩,是电动式动力转向系统的动力源。

(3)减速机构,接收电动机的力矩,经减速增矩后传递给转向轴、小齿轮或齿条。

(4)ECU,是电动式动力转向系统的控制中心,根据力矩传感器和车速传感器的信号进行逻辑分析与计算并发出指令,控制电动机和离合器。

汽车转向时,转矩传感器和车速传感器将检测到的力矩、方向信号及车速信号传递给ECU,ECU根据力矩传感器的信号和车速传感器的信号确定电动机力矩的大小和方向,电动机再通过离合器、减速机构等把此力矩传递给扭杆,最终起到为驾驶员提供转向助力的效果,使汽车转向更轻便。车速越低转向助力越大,车速越高转向助力越小。当车速大于一定值时,取消助力,将直流电动机反接制动,目的是在汽车高速行驶时增加操作转向盘的手感,保证行驶安全。

二、计划与实施

引导问题5:完成本学习任务,需要使用的工具、量具及检测设备有哪些?

在表11-3中填写本学习任务所需要使用的工具、量具。

工具、量具名称及型号　　表 11-3

名称	型号

引导问题 6:如何更换转向系统油液?

(1)检查举升机工作是否正常,安全机构工作是否正常。

(2)准备常用工具套件、车轮挡块,安装翼子板布和前格栅布。

(3)打开转向助力油加注盖,检查转向油的高度和油质(转向盘回正位置),如图 11-23 所示。

(4)使用抽油机进行抽油,如图 11-24 所示。

图 11-23　检查转向油的高度和油质

图 11-24　使用抽油机进行抽油

(5)拆卸回油管,加延长管至回收容器,如图 11-25 所示,堵回油管接口,起动车辆怠速运转。

(6)左右极限位置转动转向盘直到排尽。

(7)添加符合规格的新油,如图 11-26 所示。

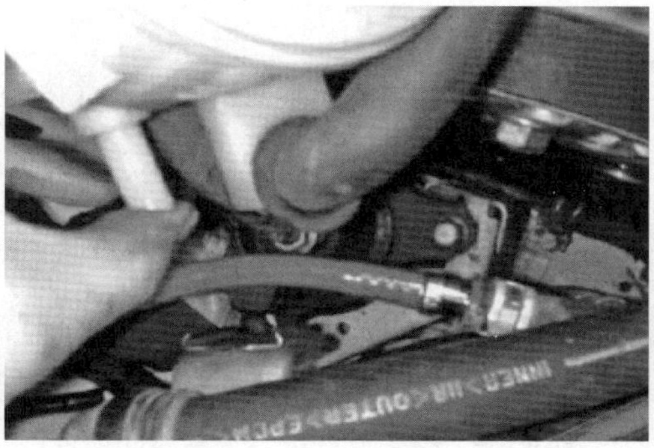

图 11-25　堵回油管接口

图 11-26　添加符合规格的新油

(8)起动车辆,左右反复极限转动转向盘。

(9)排出管道及助力泵内的空气。

(10)再次检查,必要时添加油液。

三、评价反馈

通过学习,按照学习任务要求完成相应的工作任务,并通过任务提高自己解决问题的方法和能力。学生和教师展开各种评价,任务评价表见表11-4。

任务评价表　　表11-4

序号	评价标准	分值（分）	自评（分）	互评（分）	师评（分）
1	是否服从组长安排,无迟到、早退和旷工	5			
2	着装是否符合标准	5			
3	能否完成小组分派的任务	10			
4	能否积极主动与小组成员沟通,发表自己意见	5			
5	语言表达是否准确,沟通是否顺畅	5			
6	能否大胆地在同学们面前展示自己学习的成果	5			
7	是否有工作岗位的责任心	5			
8	小组学习中能否主动与其他成员合作	5			
9	能否正确对待他人提出的肯定和否定意见	5			
10	是否合理规范使用工具和设备	10			
11	是否会正安装车内防护五件套和车外防护三件套	5			
12	是否正确检查转向系统油液高度和油质	10			
13	能否正确完成转向油液的更换	15			
14	能否按照安全和规范的规程操作	5			
15	是否保持现场干净整洁	5			
合计		100			

四、学习拓展

现有一辆2019款别克威朗汽车进厂维修,车主反映该车转向系统漏油,请你检查该车转向系统,判断是否需要更换,如需更换,请进行更换。

自我检测

专业知识题

一、单选题(下列各题的四个备选答案中只有一个是符合题意的正确答案,请做出选择)

1. 在转向系统中起减速增扭,并可以改变力的传递方向的是(　　)。

A. 转向盘　　B. 转向桥　　C. 转向器　　D. 转向操纵拉杆

2. 液压动力转向系统的油泵是由(　　)驱动的。

A. 发动机　　B. 电动机　　C. 变速器　　D. 人力

3. 汽车上用来改变或恢复其行驶方向的专设机构称为汽车(　　)系统。

A. 转弯　　B. 转向　　C. 行驶　　D. 传动

二、判断题(请对下列各题判断正误,正确的打“√”,错误的打“×”)

1. 采用动力转向系统的汽车,当转向助力装置失效时,汽车也就无法转向了。（　　）
2. 动力转向系统是在机械转向系统的基础上加设一套转向助力装置而形成的。（　　）
3. 用来改变或保持汽车行驶或倒退方向的一系列装置称为汽车转向系统。（　　）

三、多选题(下列各题的四个备选答案中有两个或两个以上符合题意的正确答案,请做出选择,错选、多选或漏选均不给分)

1. 整体式转向桥的组成包括(　　)。

A. 悬架导向臂　　B. 前梁　　C. 转向节　　D. 转向主销

2. 机械转向系统的构成包括(　　)。

A. 转向操纵机构　　B. 转向器　　C. 转向传动机构　　D. 转向梯形

3. 以下属于动力转向的转向助力装置的是(　　)。

A. 转向油泵　　B. 机械转向器　　C. 转向控制阀　　D. 转向动力缸

技能操作题

转向系统拆装与维护

某品牌汽车在行驶时出现转向沉重,经专业技师初步检测诊断认为该现象由液压油位过低造成,现需要按照规范流程完成转向系统油液更换,请你根据所掌握的相关知识和技能,回答问题1～5。

1. (单选题)下列为车轮定位部分操作步骤:按照施工作业的先后顺序排序,正确的是(　　)。

①检查举升机工作是否正常,安全机构工作是否正常。
②准备常用工具套件、车轮挡块,安装翼子板布和前格栅布。
③打开转向助力油加注盖,检查转向油的高度和油质(转向盘回正位置)。
④抽油机抽油。
⑤拆卸回油管,加延长管至回收容器,堵回油管接口,起动车辆怠速运转。
⑥左右极限位置转动转向盘直到排尽。
⑦添加符合规格的新油。
⑧起动车辆,左右反复极限打方向。
⑨排进管道及助力泵内的空气。
⑩再次检查,必要时添加。
⑪按照“7S”要求恢复工位。

A. ①－②－③－④－⑤－⑤－⑦－⑧－⑨－⑩－⑪
B. ②－①－③－④－⑤－⑤－⑦－⑧－⑨－⑩－⑪
C. ①－②－③－④－⑤－⑦－⑤－⑧－⑨－⑩－⑪
D. ②－③－④－⑤－⑤－⑦－⑧－①－⑨－⑩－⑪

2. (单选题)甲乙两人在讨论动力转向系统转向沉重的原因时,甲说:转向油泵皮带打滑可能会导致转向沉重;乙说:转向油位过低可能会导致转向沉重。谁正确?(　　)

A. 只有甲正确　　B. 只有乙正确　　C. 两人都正确　　D. 两人都不正确

3.(判断题)对转向器做调整或维修之前,先仔细检查前轮定位、减振器、轮胎气压等,消除其他可能导致转向问题的因素。(　　)

A. 正确　　B. 错误

4.(单选题)以下对于转向助力油描述错误的是(　　)。

A. 需定期检查其油质、油量　　B. 不需定期更换

C. 不同品牌的不可混用　　D. 不可混入空气及水分

5.(多选题)液压动力转向系的汽车转向沉重的原因可能有以下(　　)。

A. 回路中有空气　　B. 油泵磨损

C. 皮带太紧　　D. 以上都正确

项目十二

制动系统

制动系统是汽车最重要系统之一，是为使高速行驶的汽车减速或制动而设计的。汽车制动系统由行车制动和驻车制动两个系统组成，部分汽车还装有第二制动装置。

1. 汽车制动系统的作用

(1)汽车紧急制动时，在尽可能短的距离内将车速降为零。

(2)汽车下长坡时，将车速限制在一定安全值内，并保持稳定。

(3)汽车在坡道驻停时，使汽车可靠地驻留在原地。

2. 汽车制动系统的类型

(1)按照制动系统功用不同，可分为行车制动系统、驻车制动系统、第二制动系统和辅助制动系统。其中行车制动系统和驻车制动系统是各种汽车应具备的基本制动装置。

(2)按照制动系统的制动能源不同，可分为人力制动系统、伺服制动系统和动力制动系统。

(3)按照制动能量的传输方式不同，可分为机械式、液压式、气压式和电磁式等。

(4)按照制动系统使用的回路不同，可分为单回路制动系统和双回路制动系统。在双回路制动系统中，即使其中一个回路失效，还能利用另一回路来获得一定的制动力。

学习任务一　行车制动系统及驻车制动系统结构认识

学习目标

知识目标：

1. 了解制动系统的功用、类型及组成；

2. 了解液压制动传动装置及气压制动传动装置的功用与组成，知道液压制动传动装置主要零部件构造与工作原理；

3. 了解 ABS、ASR 系统的功用。

技能目标：

认识行车制动系统和驻车制动系统各零部件。

素养目标:

1. 能够在工作过程中与小组成员合作完成任务,养成合作意识;
2. 通过叙述锻炼学生的表达能力。

任务描述

现需要对一辆丰田卡罗拉汽车的制动系统进行检查,在检查前需要知道各零件的作用、结构和位置等,请根据任务清单完成丰田卡罗拉汽车制动系统的认识。

一、资料收集

引导问题1:行车制动控制系统和驻车制动控制系统由哪些零部件组成?是如何工作的?

1. 行车制动系统

(1)行车制动系统的组成。

行车制动系统由制动器和制动驱动机构组成。制动器能产生阻碍车辆运动或运动趋势的力(制动力)。制动驱动机构包括供能装置、控制装置、传动装置、制动力调节装置以及报警装置、压力保护装置等附加装置。控制装置产生制动动作并控制制动效果。传统轿车上的制动系统如图12-1所示。

(2)行车制动系统的工作原理。

目前,汽车的行车制动系统基本上采用液压管路控制。如图12-2所示,踩下制动踏板时,制动主缸使制动液流入制动系统管路和软管。制动液的压力驱动制动轮缸以及各车轮的制动器动作,制动蹄和制动鼓或制动衬块和制动盘之间的动摩擦会使车轮减速并停止旋转;轮胎和路面之间的摩擦使车辆制动。

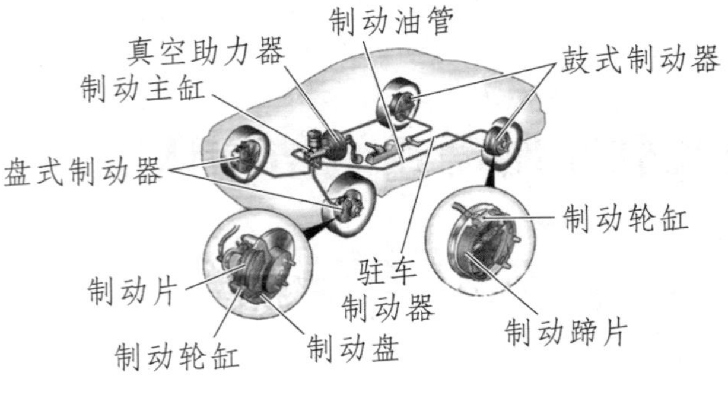

图12-1 制动系统的组成

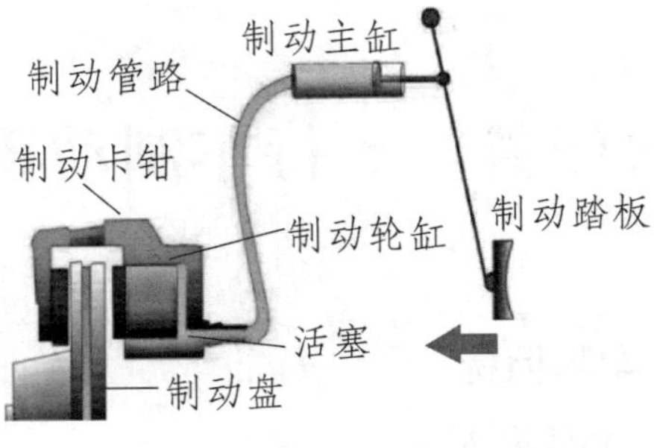

图12-2 制动系统工作原理示意图

对于控制制动液流动的液压制动回路,目前的汽车都采用双回路制动系统。双回路制动系统配有一个双活塞制动主缸、两个制动液储液罐以及两个独立的液压系统。一个液压系统控制两个车轮的制动器,另一个液压系统控制另外两个车轮。这种布置提高了安全系数,即一个系统失灵时,另一个系统还可继续工作。

2. 驻车制动系统

(1)驻车制动系统的作用。

驻车制动系统通常是指汽车安装的手动刹车。其在车辆停稳后稳定车辆,避免车辆在斜坡路面制动时由于溜车造成事故。常见的驻车制动器一般置于驾驶员右手下垂位置,便于使用。目前市场上部分采用自动变速器的车型均在驾驶员左脚外侧设计了功能与行车制动器相同的驻车制动器,个别高端车型亦加装了电子驻车制动系统。

(2)驻车制动系统的组成。

驻车制动系统是独立控制的制动系统,通常采用机械力操纵,主要的零部件包括:驻车制动操纵杆(或者驻车制动踏板,如图12-3所示)、驻车制动器、拉杆(索)、警告灯开关及警告灯等。

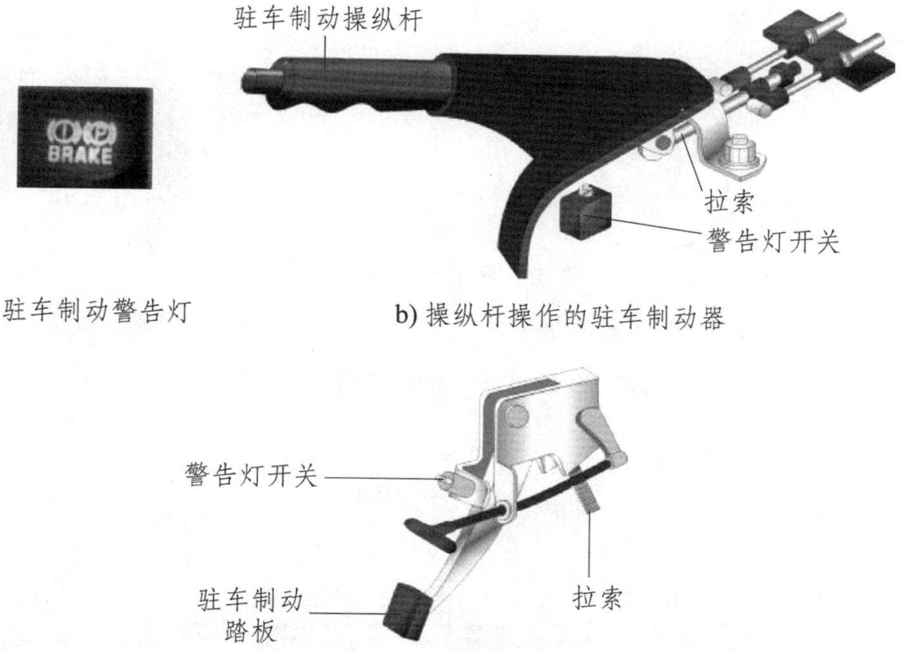

a) 驻车制动警告灯　　b) 操纵杆操作的驻车制动器

c) 脚踏操作的驻车制动器

图12-3　驻车制动系统

多数驻车制动器安装在变速器或分动器后,也有少数汽车将其安装在后驱动桥输入轴前端,还有部分汽车将后轮制动器兼作驻车制动器。

(3)驻车制动器的类型。

驻车制动器的常见类型如图12-4所示。

引导问题2:制动主缸、制动轮缸由哪些零部件组成?是如何工作的?

1.制动主缸的组成

制动主缸按活塞数分为单活塞制动主缸与串联双活塞制动主缸,由于单活塞制动主缸对应的单管路制动系统安全性较差,目前在双管路制动系统中常用串联双活塞制动主缸。其结构图和实物图分别如图12-5、图12-6所示。

2.制动主缸的工作过程

(1)不制动时。

如图12-7所示,1号活塞和2号活塞的活塞皮碗定位在进油孔与补偿孔之间,主缸与储油箱之间形成一个通道。由2号复位弹簧的力把2号活塞推到右边,但是,用一个止动螺栓防止其继续进去。

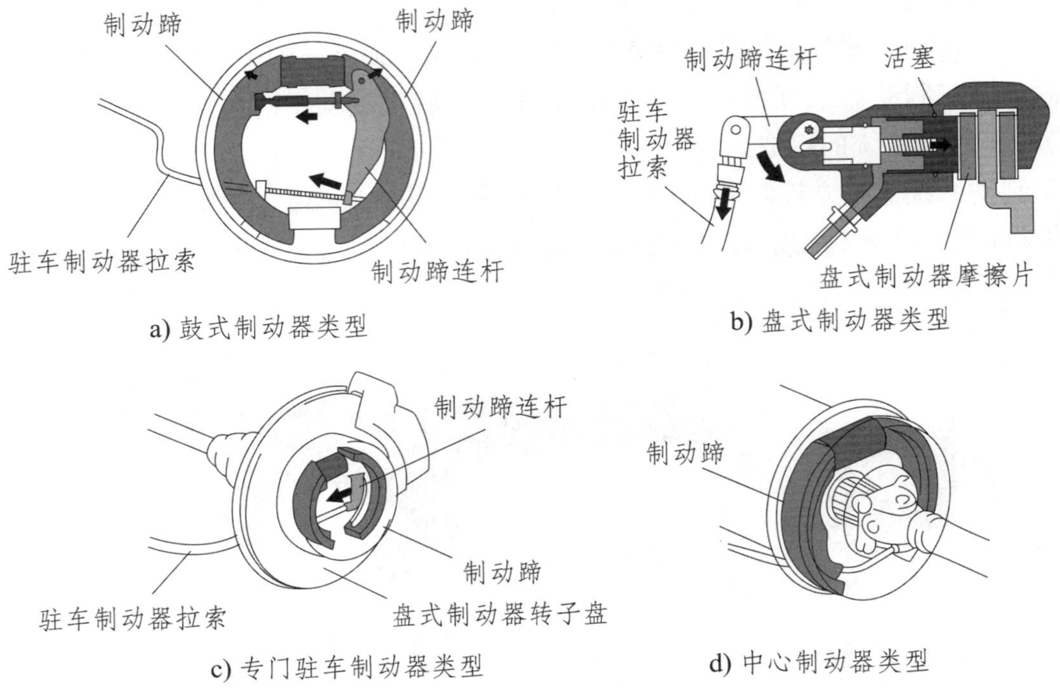

a) 鼓式制动器类型　b) 盘式制动器类型

c) 专门驻车制动器类型　d) 中心制动器类型

图 12-4　驻车制动器的常见类型

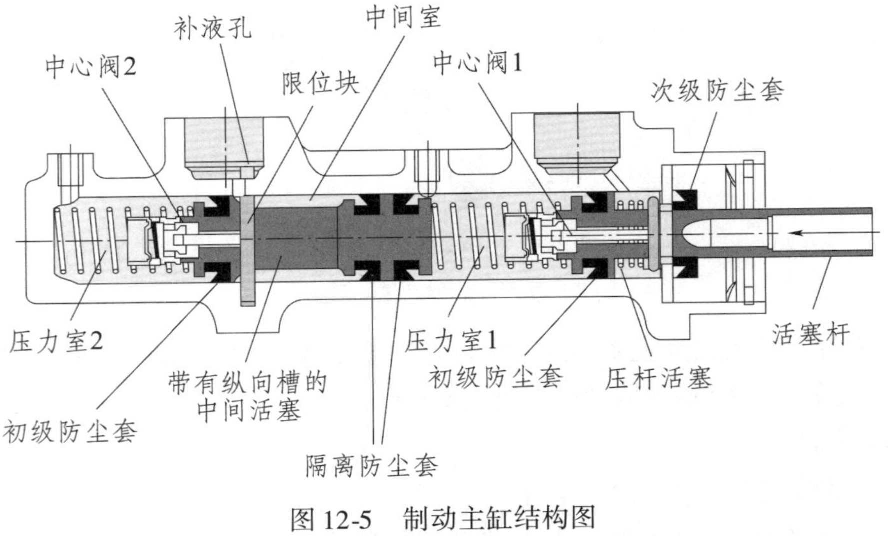

图 12-5　制动主缸结构图

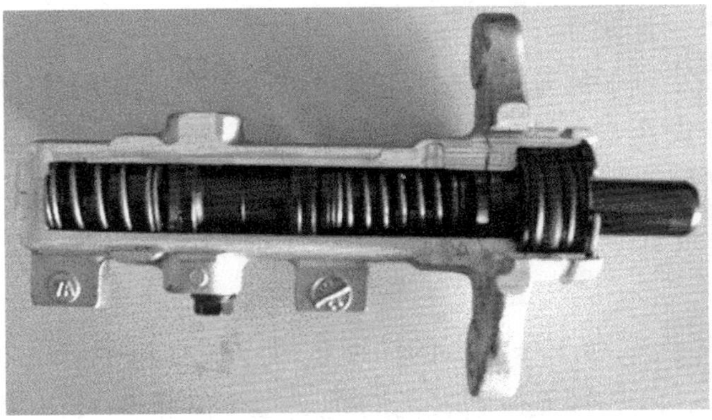

图 12-6　制动主缸实物图

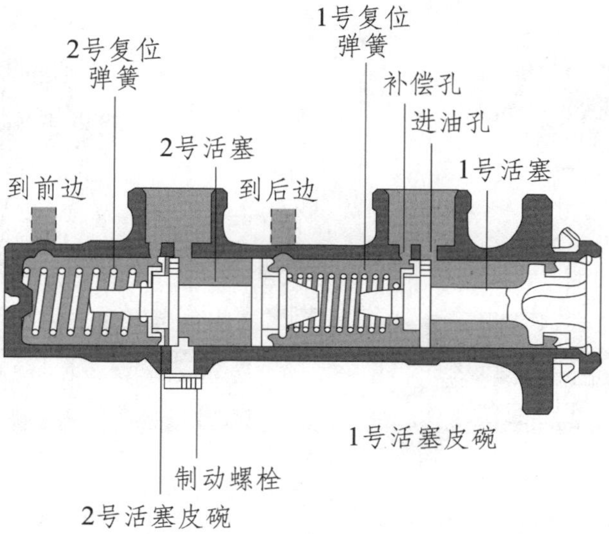

图 12-7　不制动时的主缸工作图

(2)踩下制动踏板时。

如图 12-8 所示,活塞向前移动,旁通孔被关闭,随着推杆的前移,活塞皮碗前端封闭的工作腔液压升高,活塞的后端通过补偿孔填充制动液,避免活塞的后部形成真空。2 号活塞在 1 号活塞的压力下向前移动。如果由于某种原因(如发生泄漏),1 号活塞将不能产生压力,1 号活塞前端的机械联动机构将与 2 号活塞接触,将其往前推进,并产生液压,以保证车辆仍然具有一半的制动能力。

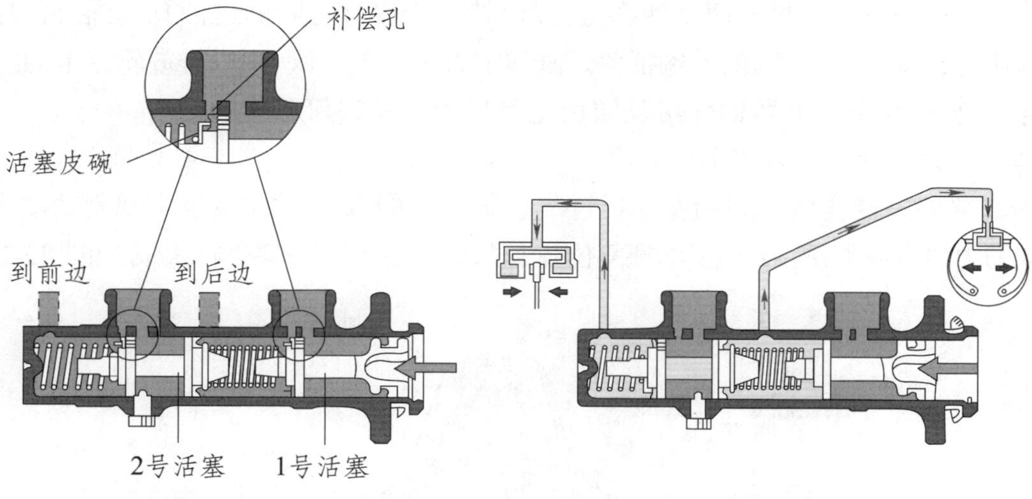

图 12-8　踩下制动时主缸工作图

(3)松开制动踏板时。

如图 12-9 所示。推杆和制动主缸活塞上的压力解除,制动踏板联动机构上的复位弹簧使踏板回到正常的静止状态。主缸前端的弹簧张开,将活塞往后推,同时整个制动系统的压力释放。在活塞向后移时,向前卷曲的皮碗使制动液流向活塞前。部分活塞上有一些小孔,可以使制动液的流动更加迅速。一旦活塞皮碗越过旁通孔,剩余的制动液将流回储液罐。

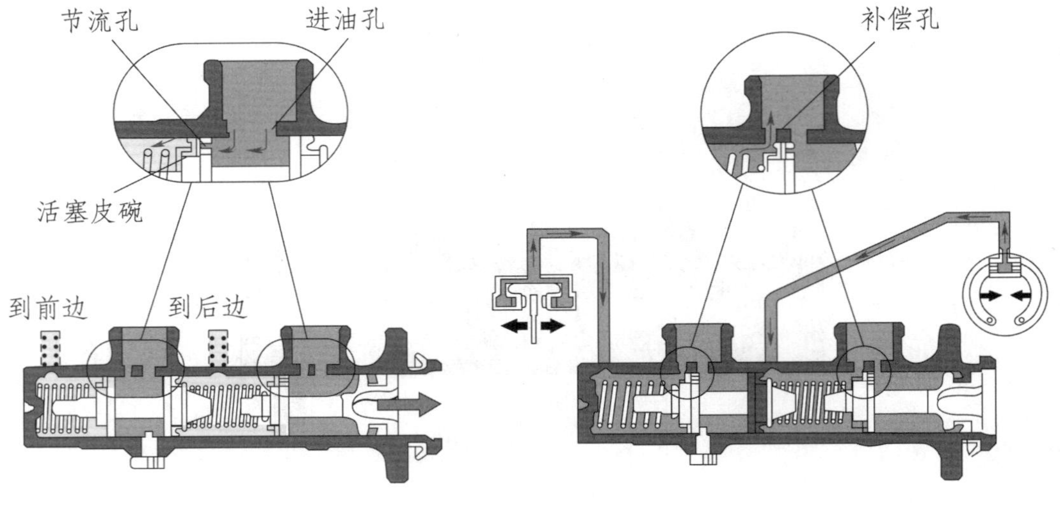

a) 制动踏板释放　　b) 制动踏板释放

图 12-9　松开制动踏板时主缸工作图

图 12-10　双活塞式制动轮缸实物图

3. 制动轮缸的作用及组成

制动轮缸的作用是将主缸传来的液压力转变为机械推力。对不同结构车轮制动器,轮缸的数目和结构形式也不同,通常分为双活塞式和单活塞式两类。图 12-10 为双活塞式制动轮缸实物图。

缸体用螺栓固定在制动底板上,缸内有两个活塞和两个皮碗。两个皮碗分别压靠在两个活塞上,以保持两个皮碗之间的进油孔畅通。活塞外端的凸台孔内压有顶块,与制动蹄的上端抵紧。缸体上方装有放气阀,用以排放轮缸中的空气。

引导问题 3:真空助力器的作用及结构是怎样的?是如何工作的?

1. 真空助力器的作用及结构

汽车真空助力器作用是利用发动机进气歧管产生的真空(负压)来实现制动助力。

真空助力器由隔膜、阀门活塞、活塞复位弹簧真空室、工作室等零部件组成,如图 12-11 所示。

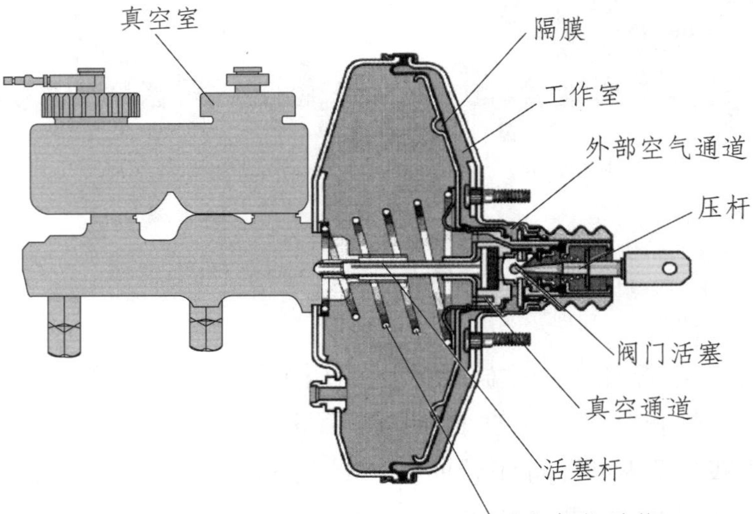

图 12-11　真空助力器结构

2. 真空助力器的工作过程

踩下制动踏板时，连杆打开一个气门，使空气进入助力器中膜片的一侧，同时密封另一侧真空。这就增大了膜片一侧的压力，从而有助于推动连杆，继而推动主缸中的活塞，如图 12-12 所示。

释放制动踏板时，阀将隔绝外部空气，同时重新打开真空阀。这将恢复膜片两侧的真空，从而使一切复位，如图 12-13 所示。

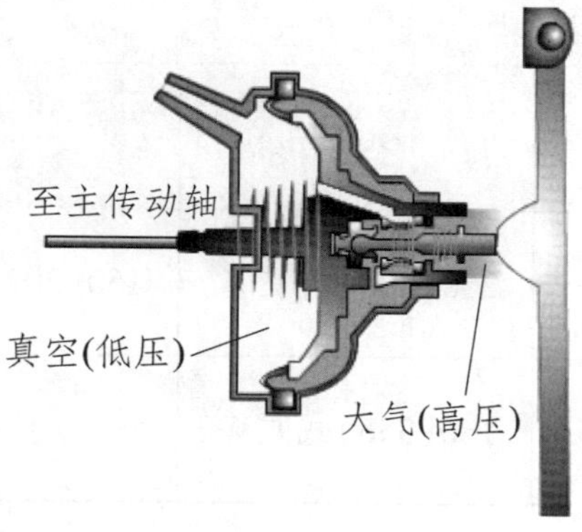

图 12-12　真空助力器踩下制动踏板时

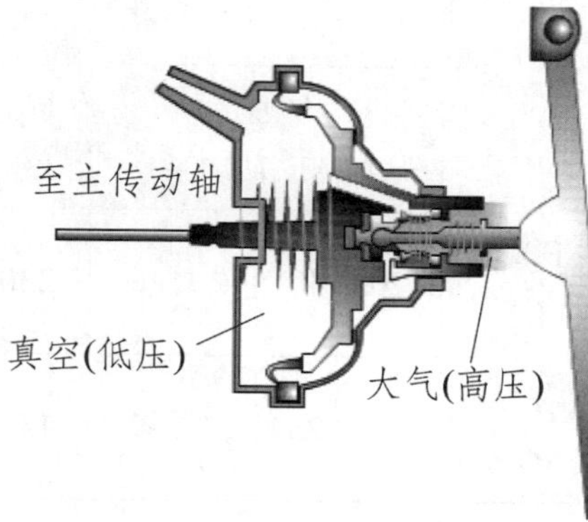

图 12-13　真空助力器释放制动踏板时

引导问题 4：什么是制动踏板自由行程？

汽车制动踏板自由行程是指踏板下移后，总泵活塞尚未开始动作前，踏板下移的距离，如图 12-14 所示。若自由行程过大，会造成制动作用滞后，导致制动效能降低；若自由行程过小，活塞皮碗则有可能堵住旁通孔，使制动作用不能彻底解除。液压制动的踏板自由行程一般在 15 ~ 20mm，在调整时应按车型规定的数值进行调整。

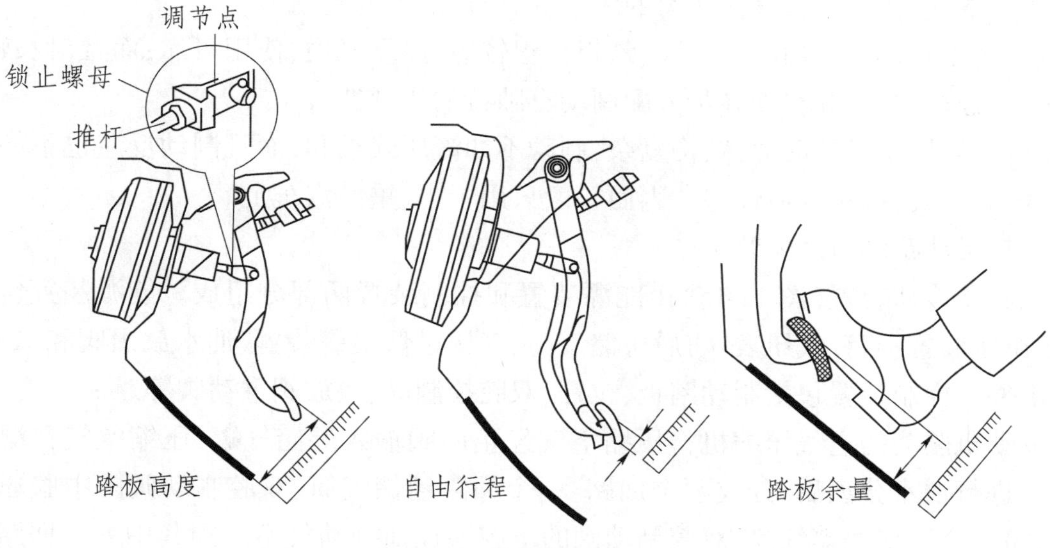

图 12-14　制动器踏板行程

当自由行程不合适时，可松开总泵推杆的锁止螺母，拧动推杆，通过改变其长度进行调整。

引导问题 5：什么是制动液？制动液有什么特性？

制动液是汽车液压制动系统和液压式离合器操纵机构中传递能量的液态工作介质，在采用液压制动系统的车辆中使用。制动液是液压制动系统不可缺少的部分，作为力传递的介质之一,因为液体是不能被压缩的,制动工作压力一般为2MPa,高的可达4～5MPa,所以从制动主缸输出的压力会通过制动液直接传递至各制动轮缸之中。

我国按汽车制动液使用级别,将制动液分为JG0、JG1、JG2、JG3、JG4、JG5等,国际制动液的标准有DOT3、DOT4、DOT5等级别;制动液型号对应的沸点见表12-1。我国轿车常用DOT4级别的制动液,与JG4相当。

制动液型号对应的沸点 表12-1

项目	类型			
	DOT3(SAE J1703)	DOT4	DOT5	SAE J1702(极冷区域)
沸点℃(℉)(水含量0%)	205(401)或更多	230(446)或更多	260(500)或更多	150(302)或更多
湿沸点℃(℉)(水含量3.5%)	140(284)或更多	155(311)或更多	180(356)或更多	—

一般情况下,每两年(50000km)更换制动液或清洗制动系统。更换制动液后一定要对制动系统进行排空气。每次检查时,都必须检查汽车中制动液的含水率。

引导问题6:气压制动系统有何特点?由哪些结构组成?

1.气压制动系统的作用与特点

气压制动是以发动机的动力驱动空气压缩机工作,然后将压缩空气的压力转变为机械推力,使车轮产生制动。驾驶员只需按不同的制动强度要求,控制踏板的行程,释放出不同数量的压缩空气,便可调整气体压力的大小,以获得所需的制动力。

优点:气压制动不但制动力矩大、踏板行程较短、操纵轻便、使用可靠;而且对长轴距、多轴和拖带半挂车、挂车等实现异步分配制动有独特的优越性。

缺点:消耗发动机的动力,结构复杂,制动不如液压式柔和,而且制动反应也不如液压式快、非簧载质量大,行驶舒适性差。因而一般只用于中、重型汽车上。

2.气压制动系统的总体结构

气压制动传动装置(图12-15)由能源装置和控制装置两部分组成。能源装置包括空气压缩机、调压装置、双针气压表、前后桥储气筒、气压过低报警装置、油水放出阀和取气阀、安全阀等部件。控制装置包括制动踏板、拉杆、双腔控制阀、快放阀继动阀等。

由发动机驱动的空气压缩机将压缩空气经止回阀输入湿储气罐,压缩空气在湿输气管内冷却并进行油水分离后,分成两个回路:一个回路经储气筒、双腔制动阀的中腔通向后制动气室;另一个回路经储气筒、双腔制动阀的下腔通往前制动气室。当其中一个回路发生故障而失效时,另一个回路仍能继续工作,以保证汽车具有一定的制动能力,从而提高了汽车行驶的安全性。

3.气压制动系统各部件结构

(1)空气压缩机。

空气压缩机的作用是产生压缩空气,是整个制动系统的动力源。最常见的结构是空气冷却往复活塞式空气压缩机，它与往复活塞式发动机结构相似。空气压缩机按其气缸的数量可分为单缸和双缸两种。

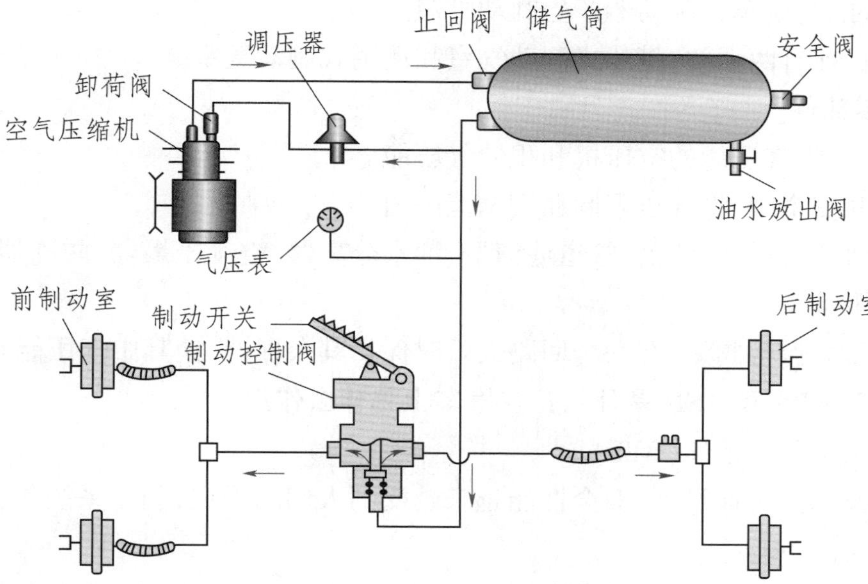

图 12-15　气压制动的组成结构

(2)调压器。

调压器的作用是使储气筒保持在规定的气压范围内，并在超过规定气压后实现空气压缩机的卸荷空转，以减少发动机的功率消耗。调压器在回路中的连接方法有两种：①一种是将调压器与空气压缩机和储气筒并联；②一种是将调压器串联在空气压缩机和储气筒之间，该种方式因浪费发动机功率而较少采用。

卸荷原理如图 12-16 所示，即：储气筒的压力达到一定值—调压阀膜片组件上移—芯管上移—芯管下阀门关闭—储气筒气压作用在卸荷柱塞上方—柱塞下移—顶开进气阀门—空压机处于空转状态。

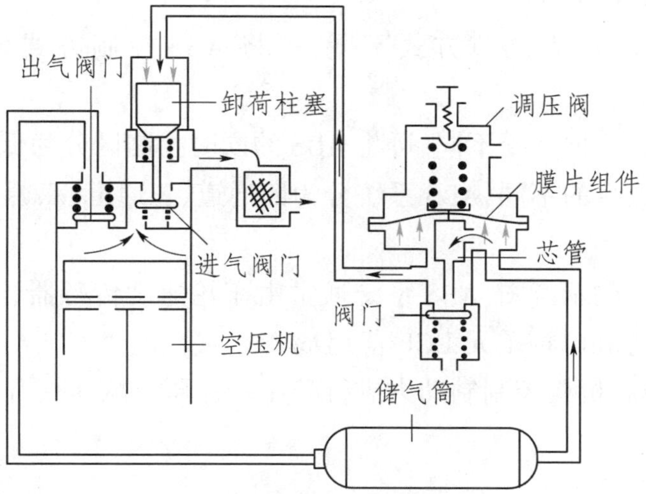

图 12-16　空压机卸荷装置与调压器工作原理示意图

储气筒的气压下降到一定值—膜片组件在弹簧作用下下移—芯管顶开阀门—卸荷柱塞上方的气压降低—柱塞上移—进气阀门正常开关—空压机向储气筒充气。

(3)制动气室。

制动气室相当于制动轮缸的作用,与制动器组合使用,将输入的空气压力转变为转动制动凸轮的机械推力,使车轮制动器产生制动力矩。

制动气室目前有两大类:膜片式制动气室和活塞式制动气室。

(4)其他零部件。

①储气筒:产生气压能的空压机和积储气压能。

②调压阀和安全阀:将气压限制在安全范围内。

③进气滤清器、排气滤清器、管道滤清器、油水分离器、空气干燥器、防冻器等:改善传能介质(空气)的状态。

④多回路压力保护阀等:在一个回路失效时保护其余回路,使其中气压能不受损失。

引导问题7:ABS和ASR是什么?在汽车上起什么作用?

1.汽车防抱死制动系统(ABS)

随着汽车技术的迅速发展,安全性能越来越受到人们的重视,制动系统作为主要主动安全件更是备受关注。

当汽车制动前轮抱死时,汽车会失去转向能力,后轮抱死时会造成汽车急转甩尾。因此,车轮理想状态是处于边滚边滑的滑转状态,车轮滑移率到15%滑移率时,附着系数最大。

汽车防抱死制动系统就是在制动过程中防止车轮被制动抱死,提高制动减速度、缩短制动距离,能有效地提高汽车的方向稳定性和转向操纵能力,保证汽车的行驶安全。

(1)ABS的作用。

①在制动过程中自动控制和调节制动力大小。

②防止车轮抱死,消除侧滑、跑偏、丧失转向能力。

③获得良好的制动性能、操纵性能和稳定性能。

④减少轮胎的磨损。

(2)ABS的控制及布置形式。

①按照系统对制动压力调节方式不同,可将ABS控制方式分为独立控制和同时控制。

②按照控制时控制依据选择不同,可将ABS的同时控制区分为低选控制和高选控制。

③按照控制通道数目的不同,ABS系统分为四通道、三通道、双通道和单通道。

(3)ABS的组成。

图12-17为ABS结构示意图,ABS系统通常由车轮速度传感器、液压控制单元(液压调节器、制动压力调节器)和电控单元ECU等组成。

在制动时,ABS控制机构控制制动力进行升压—保压—减压—升压的循环过程,直至汽车停车为止。

2.汽车驱动防滑系统

汽车驱动防滑系统,简称ASR或TCS(日本的车型称它为TRC或TRAC)是继ABS后采用的一套防滑控制系统,是ABS功能的进一步发展和重要补充。ASR系统和ABS系统密切相关,通常配合使用,构成汽车行驶的主动安全系统。

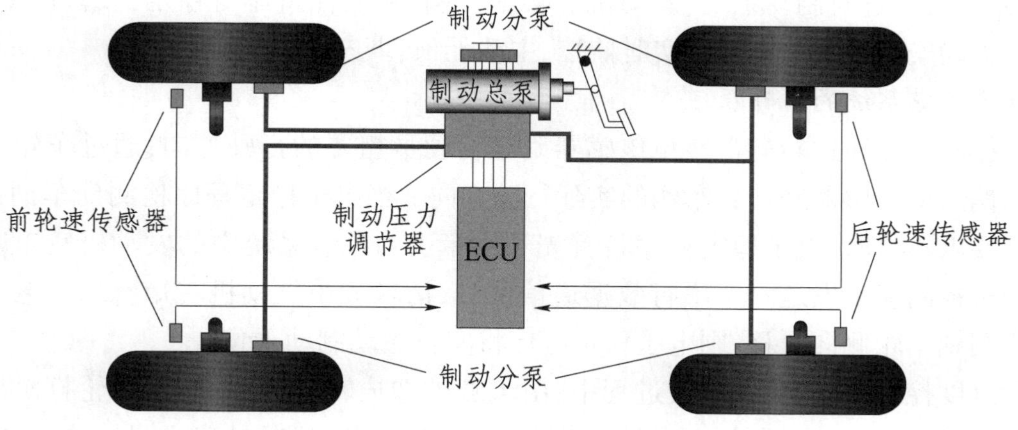

图 12-17　ABS 结构示意图

(1) ASR 系统的作用。

ASR 系统的作用是防止汽车加速过程中出现打滑的情况(图 12-18),特别防止汽车在非对称路面或在转弯时驱动轮的空转,保持方向稳定性、操纵性,维持最大驱动力的装置。

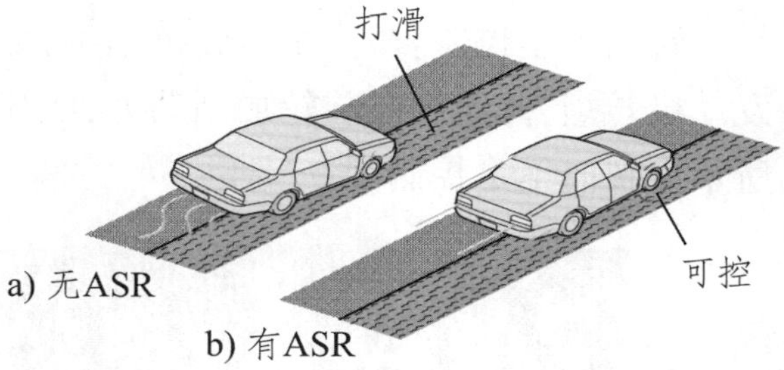

图 12-18　有无 ASR 系统车辆制动情况对比

由于 ASR 系统是 ABS 系统功能的延伸和补充。因此 ASR 与 ABS 之间有许多相同之处,主要部件可以通用或共用。

(2) ASR 系统的组成。

ASR 系统通常由车轮转速传感器、节气门位置传感器、ASR 选择开关、电子控制单元、制动压力调节器、节气门驱动装置等组成。

ASR 系统制动压力调节器作用是执行 ASR ECU 的指令,对滑转车轮施加制动力和控制制动力大小,以使滑转车轮的滑转率在目标范围内。

引导问题 8:ESP 由哪些组成,有什么作用? 是怎么样工作的?

ESP 是电子稳定系统,是 ABS 和 ASR 两种系统在功能上的延伸,能够有效提高汽车行驶稳定性的主动安全系统,并通过对制动系统、发动机管理系统和变速器管理系统实施控制,从而有针对性地弥补车辆滑动。

1. ESP 组成

电子稳定程序 ESP 系统由传感器、电控单元及执行器三部分组成。

ESP 系统的传感器在 ABS/ASR 基础上增加了转向盘转角传感器、偏转率传感器、加速度传感器等。

ESP 系统电子控制单元一般与 ABS/ASR 系统共用 ECU,将功能进行扩展后可进行 ABS/ASR/ESP 控制。控制单元出现故障,ABS/ASR/ESP 功能失效,但常规制动仍然有效。

ESP 系统执行器是在 ABS/ASR 系统执行器的基础上,改进了通往各车轮的液压通道,增加了 ESP 警告灯和 ESP 蜂鸣器等。

2. ESP 系统的作用

电子稳定程序 ESP 集成了 ABS、ASR 等系统的功能,ESP 能够识别车辆不稳定状态,在汽车急转弯时,通过对制动系统、发动机等实施控制,从而保持车身稳定,改善汽车操纵性,属于汽车主动安全系统。主要有实时监控、主动干预、事先提醒等特点。

3. 电子稳定系统的工作原理

电子控制单元通过转向盘转角传感器确定驾驶员想要的行驶方向;通过车轮速度传感器和横向偏摆率传感器来计算车辆的实际行驶方向。当电子稳定程序检测到车辆行驶轨迹与驾驶员要求不符时,电子稳定程序将首先利用牵引力控制系统中的发动机转矩减小功能并向发动机控制模块发送一个串行数据通信信号,请求减小发动机转矩。如果电子稳定程序仍然检测到车轮侧向滑移,则电子稳定程序将实行主动制动干预。

转向过度控制:当汽车在行驶过程中,由于意外造成转向过度,而使后轮打滑导致车辆偏离转弯曲线,此时 ESP 系统把制动力加到外侧前轮,使车辆的转弯力量减小,同时使后轮的打滑现象也减少。如图 12-19 所示为转向过度控制。

转向不足控制:当汽车行驶过程中,如果出现前轮打滑,电子控制单元会发出指令降低发动机转矩,并给内侧前轮加制动力,使其向内侧移动,以达到驾驶稳定的目的。如图 12-20 所示为转向不足控制。

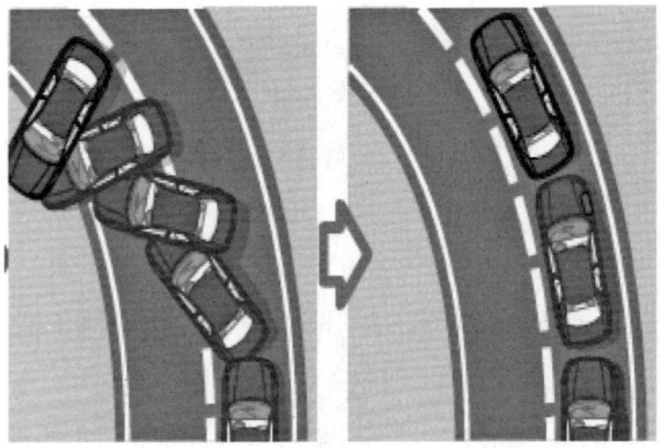

图 12-19 转向过度控制

图 12-20 转向不足控制

二、计划与实施

引导问题 9:完成本学习任务,需要使用的工具、量具及检测设备有哪些?

在表 12-2 中填写本学习任务所需要使用的工具、量具。

工具、量具名称及型号 表 12-2

名称	型号

引导问题 10:如何认识行车制动控制系统和驻车制动控制系统?

(1)车辆解锁,打开车门,安装车内防护五件套。

(2)释放发动机舱盖,打开发动机舱盖并有效支撑。

(3)安装翼子板布和前格栅布。

(4)根据行车制动控制系统和驻车制动控制系统组成结构图,在整车上找到对应的位置,并认真观察其结构。

(5)用剪裁好的小纸条写好组成结构名称并粘贴在相应的零部件上,便于教师检查、核实学生掌握的情况。

(6)认识完毕后收取纸条,恢复工位。

三、评价反馈

通过学习,按照学习任务要求完成相应的工作任务,并通过任务提高自己解决问题的方法和能力。学生和教师展开各种评价,任务评价表见表 12-3。

任务评价表　　表 12-3

序号	评价标准	分值(分)	自评(分)	互评(分)	师评(分)
1	是否服从组长安排,无迟到、早退和旷工	5			
2	着装是否符合标准	5			
3	能否完成小组分派的任务	10			
4	能否积极主动与小组成员沟通,发表自己意见	5			
5	语言表达是否准确,沟通是否顺畅	5			
6	能否大胆地在同学们面前展示自己学习的成果	5			
7	是否有工作岗位的责任心	5			
8	小组学习中能否主动与其他成员合作	5			
9	能否正确对待他人提出的肯定和否定意见	5			
10	是否合理规范使用工具和设备	10			
11	是否会正安装车内防护五件套和车外防护三件套	5			
12	是否能根据结构图找到零件在整车上的准确位置	25			
13	能否按照安全和规范的规程操作	5			
14	是否保持现场干净整洁	5			
合计		100			

四、学习拓展

现有一辆 2018 款别克威朗汽车进厂维修其制动系统,请你找找别克威朗汽车制动系统各零部件的位置,看看该汽车与丰田卡罗拉汽车制动系统结构的不同之处。

学习任务二　盘式制动器拆装及检测

学习目标

知识目标：

1. 了解盘式制动器的类型和特点；
2. 掌握盘式车轮制动器构造与工作原理。

技能目标：

1. 会正确拆装盘式车轮制动器；
2. 能完成盘式制动器主要零部件的检测。

素养目标：

1. 养成良好的沟通技巧，树立安全意识和环保意识；
2. 培养科学严谨的精益求精的职业作风。

任务描述

车辆使用很长一段时间后，用户发现其制动踏板行程变长，存在制动跑偏、制动有异响等现象，这时就应该对汽车制动器进行拆卸检查，看看制动器相关零部件的工作状况，如发生异常，应进行维修或更换，恢复其至正常工作状况。

一、资料收集

引导问题1：盘式制动器由哪些零部件组成？

盘式制动器又称为碟式制动器，顾名思义是取其形状而得名。它由液压控制，主要零部件有制动盘、制动摩擦片、分泵、制动钳、油管等。制动盘用合金钢制造并固定在车轮上，随车轮转动，盘式制动器已广泛应用于轿车。盘式制动器结构如图12-21所示。

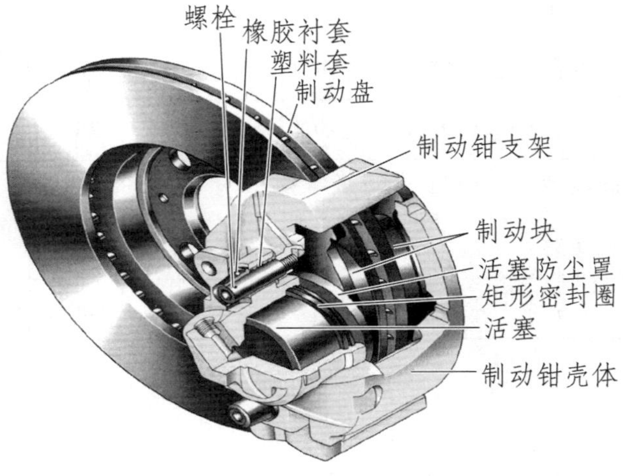

图12-21　盘式制动器结构

引导问题 2:盘式制动器有哪些特点?如何分类?

1. 盘式制动器的特点

(1)优点:散热能力强;浸水后制动效能减低较少;制动效能较稳定,平顺性好。

(2)缺点:制动时无助力;防污能力差,制动块摩擦面积小,磨损快;驻车制动结构复杂。

2. 盘式制动器的分类

(1)固定钳盘式制动器。盘式制动器的制动钳轴向位置固定,其轮缸分别布置在制动钳的两侧,除活塞和摩擦块外无滑动元件。这种结构轮缸间需要用油道或油管连通,钳体尺寸较大,外侧的轮缸散热差,热负荷大,油液容易汽化膨胀,制动热稳定性差。其结构如图 12-22 所示。

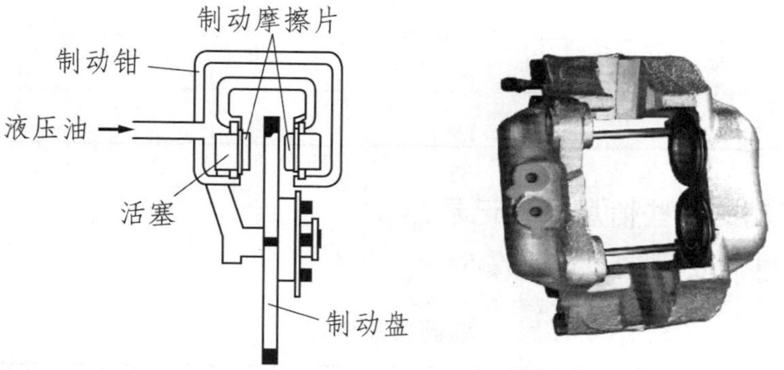

a) 结构图　　b) 实物图

图 12-22　固定钳盘式制动器

(2)浮钳盘式制动器。浮钳盘式制动器的制动钳体在轴向处于浮动状态,轮缸布置在制动钳的内侧,且数目只有固定式的一半,为单轮缸。制动时利用摩擦片的反作用力,推动制动钳体移动,使外侧的摩擦片也相继压紧制动盘,以产生制动力。其结构如图 12-23 所示。

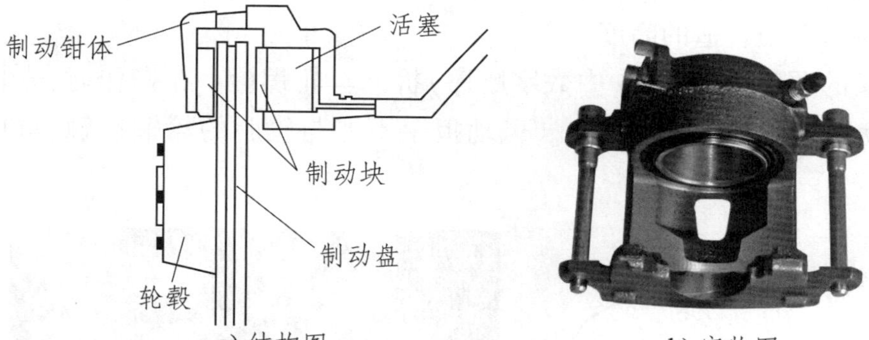

a) 结构图　　b) 实物图

图 12-23　浮动钳盘式制动器

引导问题 3:制动片有哪些结构特点?

制动片是由表面带摩擦材料的钢板制成。制动片所选用的摩擦材料一般来说比较硬,这是因为制动片的接触面小,需要承受更大的压力。制动片的边缘通常是斜面结构,这是为了减小制动时的噪声,如图 12-24 所示。

图 12-24　制动片实物

在盘式制动器和鼓式制动器是通过铆钉或者黏合剂,

或者两者组合的方式将摩擦材料附在制动片或制动蹄上。

二、计划与实施

引导问题4:完成本学习任务,需要使用的工具、量具及检测设备有哪些?

在表12-4中填写本学习任务所需要使用的工具、量具。

工具、量具名称及型号 表12-4

名称	型号

引导问题5:车辆的哪些信息需要记录?

车辆的以下信息需要记录,见表12-5。

车辆相关信息 表12-5

项目	内容	项目	内容
VIN		发动机型号	
生产年份		车型	
行驶里程		前后制动类型	

引导问题6:如何正确拆卸车轮?

(1)将车辆举升至合适的高度。

(2)按交叉的顺序(图12-25中数字顺序)拆卸车轮螺栓。在操作时,先将套筒套住螺栓,再按下风动扳手开关(图12-26)。风动扳手不能与轮胎的轮辋接触,防止破坏轮胎的轮辋。

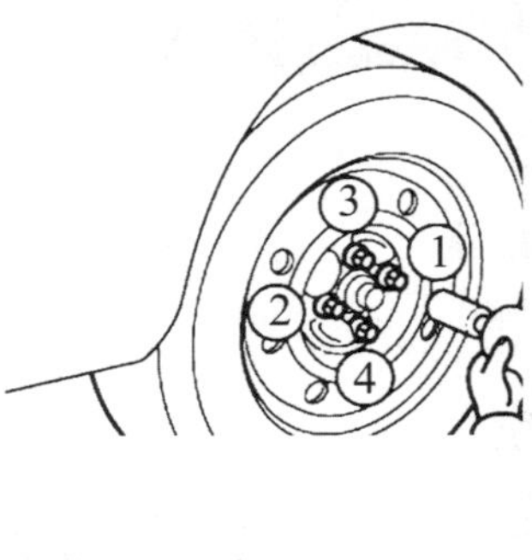

图12-25 拆卸轮胎顺序

图12-26 按下风动扳手开关

(3)当剩下一颗螺栓时,最好由两人配合来拆卸,防止轮胎掉下来,损坏轮辋或砸伤操作者。拆卸下来的螺栓要按顺序摆放整齐。

引导问题7:如何拆卸盘式车轮制动器?

(1)如图12-27所示,利用内六角扳手拆卸浮式制动钳的两颗浮动螺栓。

(2)拆卸制动钳固定卡子。如图12-28所示,如果卡子过紧,可以用平口螺丝刀轻轻撬开卡子,再用手取下。

盘式制动器拆卸

(3)拆卸制动钳,如果制动钳不易取下,可以用专用工具拆卸,如果没有专用工具,可以用平口螺丝刀放在制动活塞与制动片之间进行撬动(图12-29),使活塞复位,方便拆卸。

盘式制动器安装

图12-27 拆卸制动钳浮动螺栓

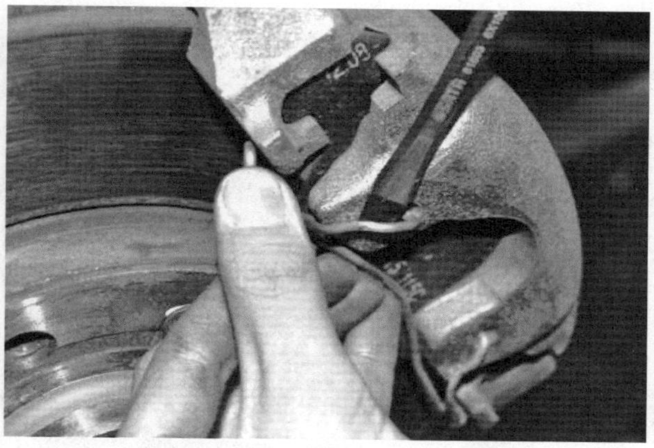

图12-28 拆卸制动钳固定卡子

(4)取下外侧制动摩擦片(图12-30),再拆卸内侧制动摩擦片(图12-31)。

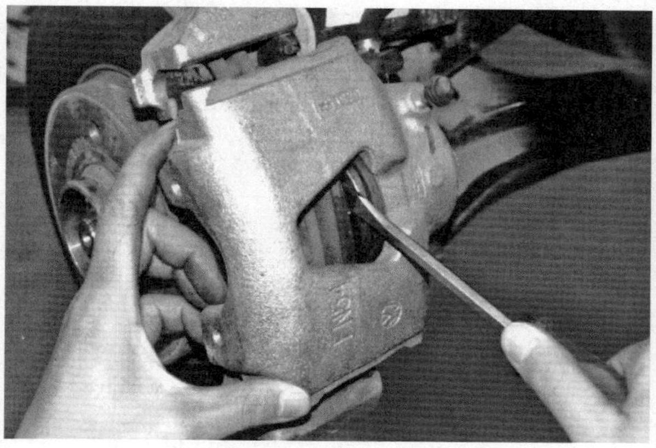

图12-29 撬动活塞使其复位

图12-30 取下外侧制动摩擦片

引导问题8:如何目视检测盘式车轮制动器?

(1)检查制动轮缸和制动轮缸密封圈是否存在泄漏(图12-32)。用挂钩将制动钳挂在减振弹簧上(图12-33)。

(2)清洁制动盘(图12-34)和制动摩擦片(图12-35)。检查制动盘和制动摩擦片有无异常磨损和损坏。检查制动盘表面有无不均匀磨损、裂纹和严重损坏。如果出现故障,请更换。将检查结果填入表12-6中。

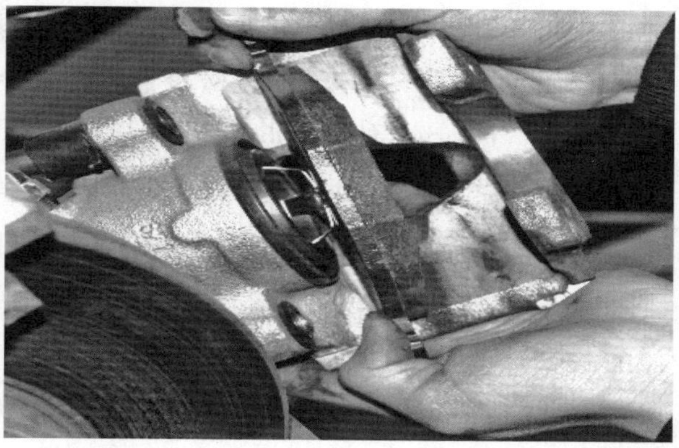

图12-31 取下内侧制动摩擦片

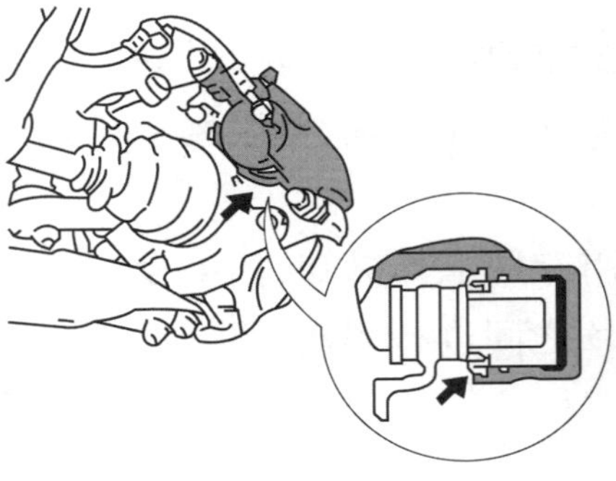

图 12-32　检查制动轮缸及密封圈

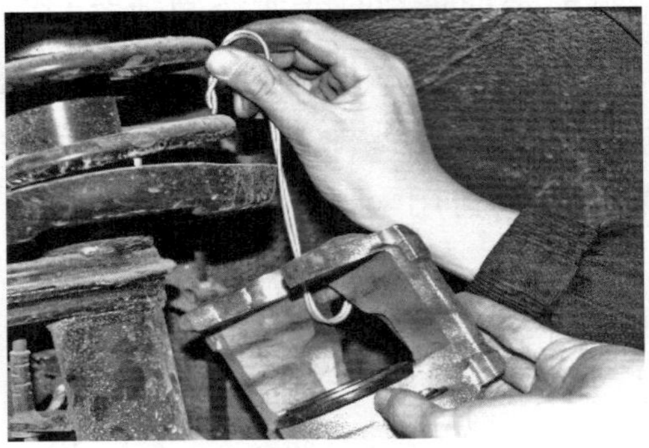

图 12-33　用挂钩挂起制动钳

图 12-34　清洁制动盘

图 12-35　清洁制动摩擦片

盘式制动器目视检查　　表 12-6

零件	结果(正常/异常)
防尘套(破裂、老化)	
活塞(锈蚀,卡滞)	
滑销(锈蚀,卡滞,弯曲)	
制动管路(软管)弯曲、异常磨损、老化	
制动块(厚度、磨损是否均匀;是否有局部硬点)	
制动器表面是否有油液泄漏	
附件(衬块支撑片、磨损指示器)	

引导问题9:如何利用量具检测盘式车轮制动器?

(1)清洁直尺,利用直尺检查制动摩擦片的厚度。按照图 12-36 所示的直尺位置和箭头所指位置,分别测量 4 个点制动摩擦片的厚度。一般情况下,内外摩擦片厚度偏差不大于 10% ~15%,摩擦片厚度极限为不小于新摩擦片厚度的 1/3。

(2)清洁外径千分尺(图 12-37),并将外径千分尺校零(图 12-38)。

(3)在制动盘离外边缘 10mm 处利用外径千分尺测量制动盘厚度(图 12-39),每错开 120°测量一次,共测量三次。

(4)检查盘式制动盘跳动量。组装磁力百分表(图 12-40),将磁力百分表吸在减振器上,百分表指针指在制动盘离外边缘 10mm 处,百分表校零,转动制动盘,观察百分表上指针摆动误差，检测制动盘跳动量（图 12-41）。将测量结果填入表 12-7 中，并进行结果分析处理。

图 12-36　测量制动摩擦片厚度

图 12-37　清洁外径千分尺

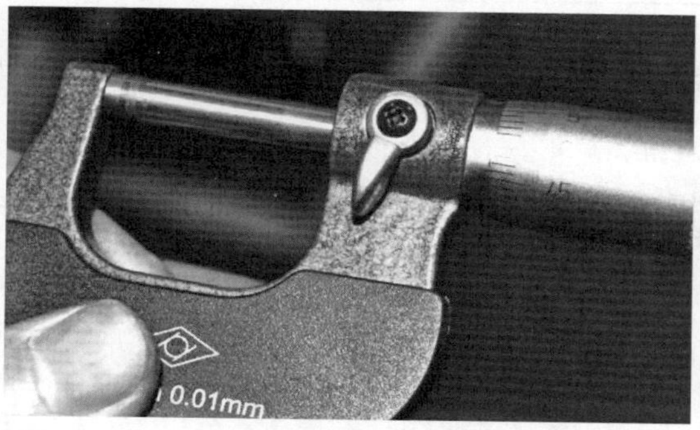

图 12-38　外径千分尺校零

图 12-39　测量制动盘厚度

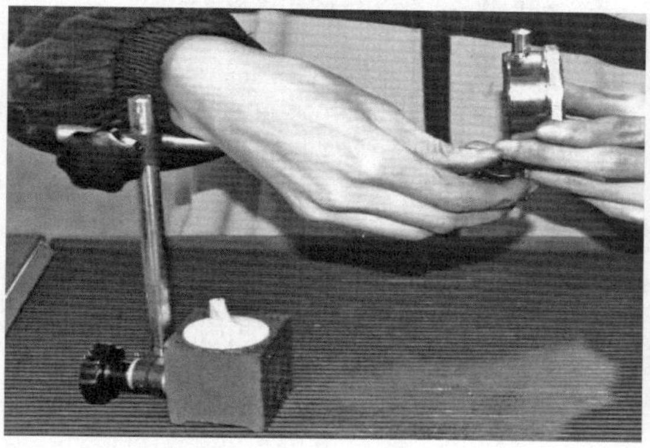

图 12-40　组装磁力百分表

图 12-41　检测制动盘跳动量

盘式制动器测量

表 12-7

盘式制动	测量值	标准值	极限值	判断	处理意见
制动片（内侧）				（正常/异常）	

续上表

盘式制动	测量值	标准值	极限值	判断	处理意见
制动片(外侧)				(正常/异常)	
制动盘厚度				(正常/异常)	
端面圆跳动				(正常/异常)	

引导问题10:如何按照检测盘式车轮制动器?

(1)检查制动软管有无裂纹、老化、鼓包和泄漏。

(2)在符合条件的摩擦片(或新摩擦片)背板上涂抹制动器专用高温润滑脂(图12-42),然后安装新的消音垫片和摩擦片指示板。

(3)在浮动销上涂抹专用润滑脂(图12-43)。

图12-42　涂抹高温润滑脂

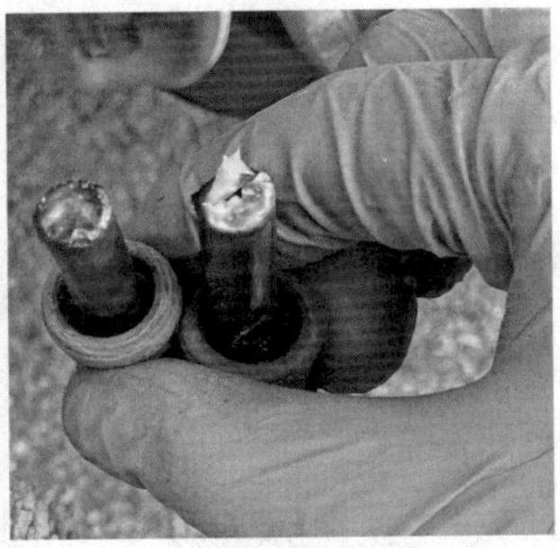

图12-43　浮动销涂抹润滑脂

(4)安装制动器及安装车轮,按拆卸的相反顺序将制动器安装到位。

(5)恢复工位。

三、评价反馈

通过学习,按照学习任务要求完成相应的工作任务,并通过任务提高自己解决问题的方法和能力。学生和教师展开各种评价,任务评价表见表12-8。

任务评价表　　表12-8

序号	评价标准	分值(分)	自评(分)	互评(分)	师评(分)
1	是否服从组长安排,无迟到、早退和旷工	5			

续上表

序号	评价标准	分值（分）	自评（分）	互评（分）	师评（分）
2	着装是否符合标准	5			
3	能否完成小组分派的任务	5			
4	能否积极主动与小组成员沟通，发表自己意见	5			
5	语言表达是否准确，沟通是否顺畅	5			
6	能否大胆地在同学们面前展示自己学习的成果	5			
7	是否有工作岗位的责任心	5			
8	小组学习中能否主动与其他成员合作	5			
9	能否正确对待他人提出的肯定和否定意见	5			
10	是否合理规范使用工具和设备	10			
11	是否会正确拆卸盘式制动器零部件	10			
12	是否能正确检测制动摩擦片和制动盘	15			
13	是否会正确安装盘式制动器零部件	10			
14	能否按照安全和规范的规程操作	5			
15	是否保持现场干净整洁	5			
合计		100			

四、学习拓展

现有别克威朗汽车客户反映其车在制动时有异响，经技师初步检测，判断该现象是制动盘磨损引起，请你对该车进行检测，看看检测方法和技术要求与丰田汽车的不同之处。

学习任务三　鼓式制动器拆装及检测

学习目标

知识目标：

1. 了解鼓式制动器的类型和特点；
2. 掌握鼓式制动器的构造与工作原理。

技能目标：

1. 会正确拆装鼓式车轮制动器；
2. 能完成鼓式制动器主要零部件的检测。

素养目标:

1. 养成自主学习能力、团队协作能力;
2. 养成自觉遵守汽修行业安全规程的习惯。

任务描述

正确合理地选择工具、量具及其他设备,对汽车鼓式制动器进行检查,并能作出正确的判断,通过正确的检查及修复操作,保证汽车鼓式制动器的正常状态。

一、资料收集

引导问题1:鼓式制动器由哪些零部件组成?

鼓式制动器制动摩擦片从内侧压紧制动鼓,其产生的摩擦控制车轮的转动,制动摩擦片从内侧压转动的制动鼓,获得制动力。当以制动鼓转动方向相同的方向压时,制动摩擦片通过与制动鼓的摩擦切入旋转方向,摩擦增加,称为自增力作用。图12-44所示为鼓式制动器结构。

引导问题2:鼓式制动器的间隙自调装置是如何工作的?

图12-45所示为带间隙自调装置的制动器,当衬块磨损时,制动蹄和制动鼓之间将产生更多的空间。汽车在倒车过程中停止时,会推动制动蹄,使它与制动鼓靠紧。当间隙变得足够大时,调节杆会摇动足够的幅度,使调节器齿轮前进一个齿。

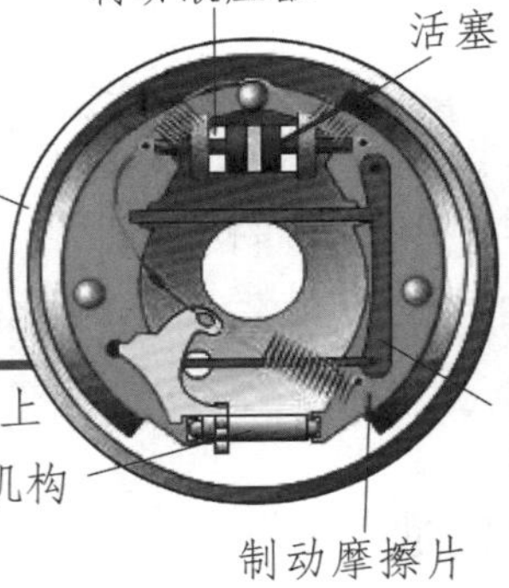

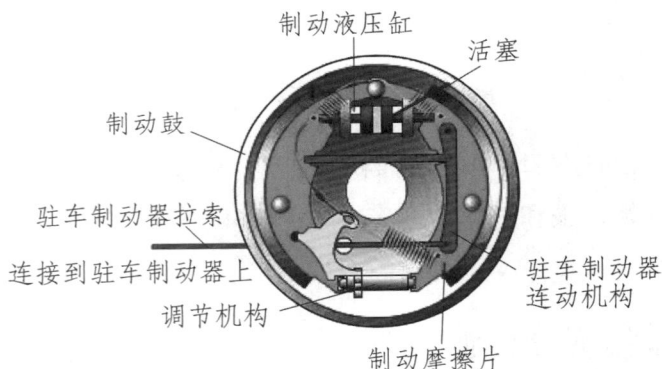

图12-44　鼓式制动器结构

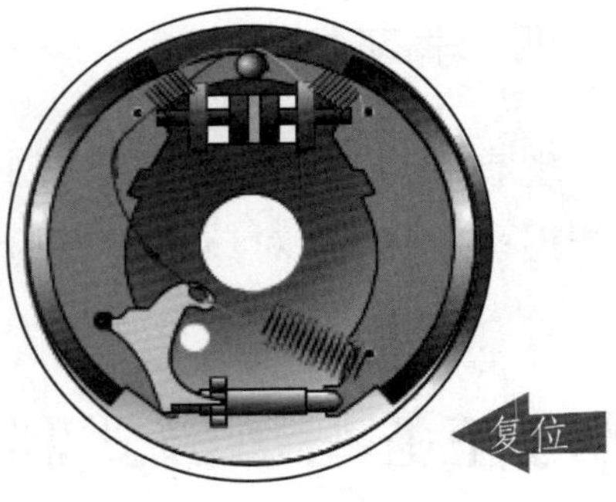

图12-45　带间隙自调装置的制动器

一些汽车的调节器在使用紧急制动器时会启动。如果紧急制动器较长时间未使用,则调节器可能无法再进行调整。因此,装有这类调节器的汽车在一周中应至少使用一次紧急制动器。

引导问题3:鼓式制动器有哪些特点?

鼓式制动器的特点主要如下。

(1)鼓式制动器结构简单,制造成本低。

(2)鼓式制动器内制动摩擦片与制动鼓之间产生的磨屑(可能含有石棉,人吸入后将导致癌症)将堆积在制动鼓内,在拆卸鼓式制动器时,如果安全保护措施不当,容易对技术人员导致伤害。

(3)鼓式制动器拆装工艺相对复杂。

(4)散热条件不好。

引导问题4:鼓式制动器有哪些类型？它们的结构特点是怎样的？

1.鼓式制动器的类型

(1)按促动装置不同分类。

鼓式制动器根据制动蹄张开装置(也称促动装置)形式的不同,可分为轮缸式制动器和凸轮式制动器,如图12-46所示。轮缸式制动器以液压制动轮缸作为制动蹄促动装置,多为液压制动系统采用;凸轮式制动器以凸轮作为促动装置,多为气压制动系统采用。

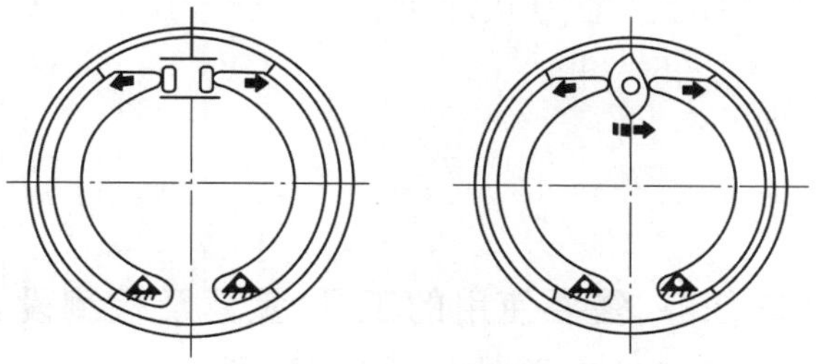

a)轮缸式制动器　　b)凸轮式制动器

图12-46　按促动装置不同分类

(2)按制动蹄受力不同分类。

轮缸式制动器按制动蹄的受力情况不同,可分为领从蹄式、双领蹄式(单向作用、双向作用)、双从蹄式、自增力式(单向作用、双向作用)等类型,如图12-47所示。

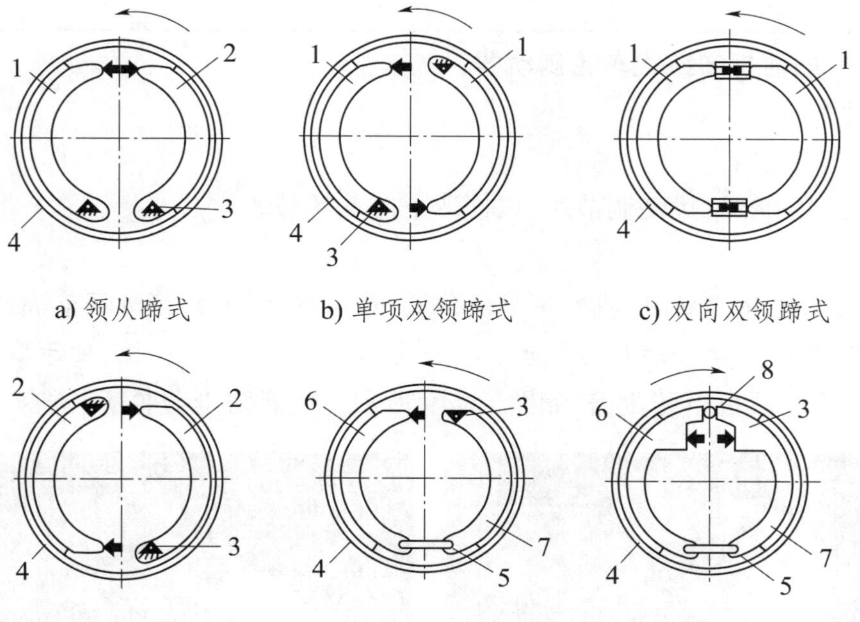

a)领从蹄式　　b)单项双领蹄式　　c)双向双领蹄式

d)双从蹄式　　e)单项自增力式　　f)双向自增力式

图12-47　按制动蹄受力不同分类

1-领蹄;2-从蹄;3-支撑销;4-制动鼓;5-顶杆;6-第一制动蹄;7-第二制动蹄;8-制动轮缸

2.鼓式制动器的结构特点

(1)双领蹄式制动器与领从蹄式制动器在结构上主要有两点不同:①双领蹄式制动器的

两制动蹄各用一个单活塞式轮缸,而领从蹄式制动器的两蹄共用一个双活塞式轮缸;②双领蹄式制动器的两套制动蹄、制动轮缸、支承销在制动底板上的布置是中心对称的,而领从蹄式制动器中的制动蹄、制动轮缸、支承销在制动底板上的布置是轴对称的。

(2)与领从蹄式制动器相比,双向双领蹄式制动器在结构上有三个特点:①采用两个双活塞式制动轮缸;②两制动蹄的两端都采用浮式支承,且支点的周向位置也是浮动的;③制动底板上的所有固定元件(如制动蹄、制动轮缸、复位弹簧等)都是成对的,而且既按轴对称、又按中心对称布置。

(3)双向自增力式制动器的特点是制动鼓正向和反向旋转时均能借蹄鼓间的摩擦起自增力作用。它的结构不同于单向自增力式之处主要是采用双活塞式制动轮缸,可向两蹄同时施加相等的促动力。

二、计划与实施

引导问题5:完成本学习任务,需要使用的工具、量具及检测设备有哪些?

在表12-9中填写本学习任务所需要使用的工具、量具。

工具、量具名称及型号 表12-9

名称	型号

引导问题6:如何拆卸鼓式车轮制动器?

鼓式制动器拆卸

(1)拆下后车轮。

(2)释放驻车制动杆。

(3)如图12-48所示,拨动调节块,以便取下制动轮毂。

注意:

①选择适当的一字螺丝刀,找准调节块位置,然后往上拨动,倾听调节块回位响声。

②主要目的是使制动摩擦片与制动鼓有一定间隙,以免产生摩擦,便于取下制动鼓。

(4)采用专用工具拆下防尘盖,如图12-49所示。注意防尘盖脱落。

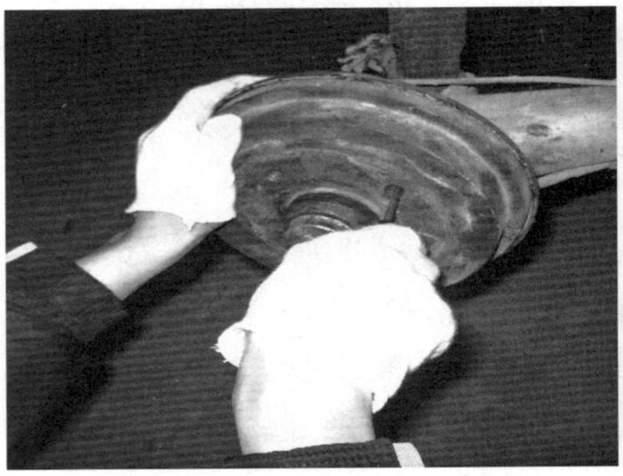

图12-48 拨动调节块

图12-49 拆下防尘盖

(5)拆下开口销、螺母、平垫圈,取下推力轴承,如图 12-50 所示。用钢丝钳拆开口销,选择 24mm 套筒拆螺母拆卸螺母,注意推力轴承滑落。

(6)拆下制动轮鼓,如图 12-51 所示。摆放时制动轮鼓空心面向上。

图 12-50 取下推力轴承

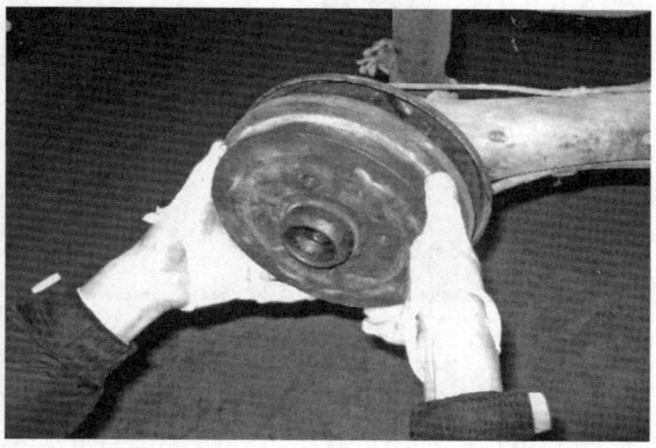

图 12-51 拆下制动鼓

(7)采用鲤鱼钳旋动稳定锁片,拆下稳定销,如图 12-52 所示。注意防止稳定销、弹簧、稳定锁片脱落。

(8)采用钢丝钳拉动制动中心线使它分离,拆下驻车制动拉线、制动蹄。如图 12-53 所示。

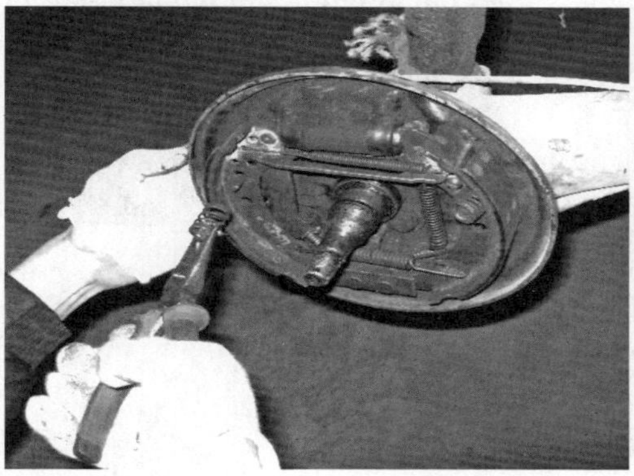

图 12-52 拆卸稳定销

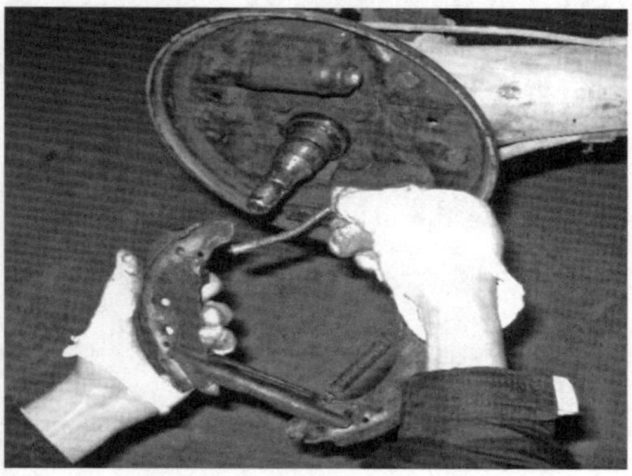

图 12-53 拆卸驻车制动接线,制动蹄

(9)分解制动蹄,如图 12-54 所示。

注意:防止弹簧飞出,造成人员伤害。

引导问题 7:目视检查鼓式制动器有哪些项目?如何检查?

(1)检查制动轮缸。

①如图 12-55 所示,拆开两边防尘套,检查有无渗漏现象,活塞是否灵活。(若有渗漏或活塞卡死现象,更换分泵总成)

②拆防尘套时应注意两端活塞弹出。(在两个活塞中间有一根压缩弹簧)

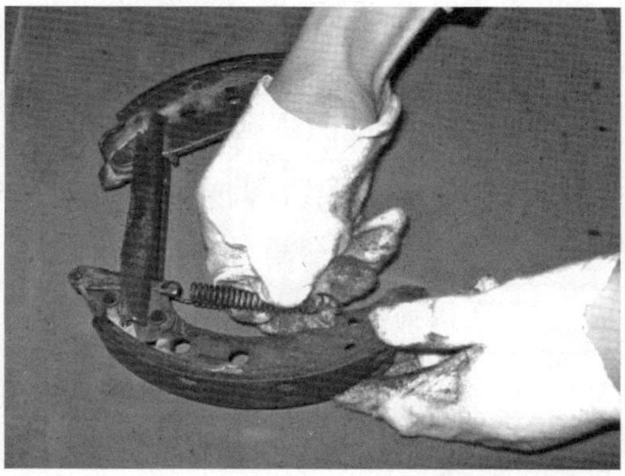

图 12-54 分解制动蹄

(2)如图 12-56 所示,清洁制动底板,防止油污、粉尘落入地上。

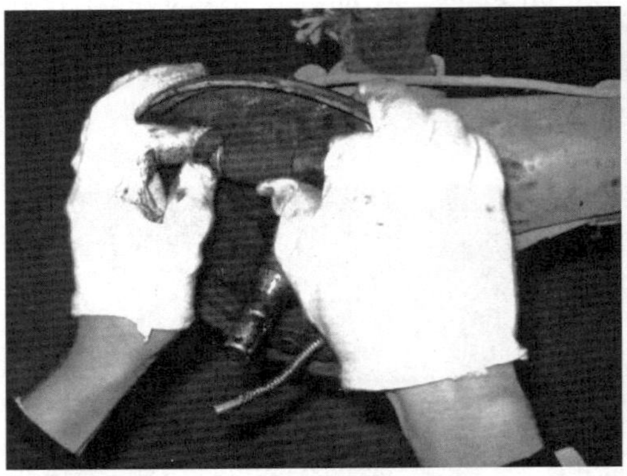

图 12-55　检查分泵防尘套

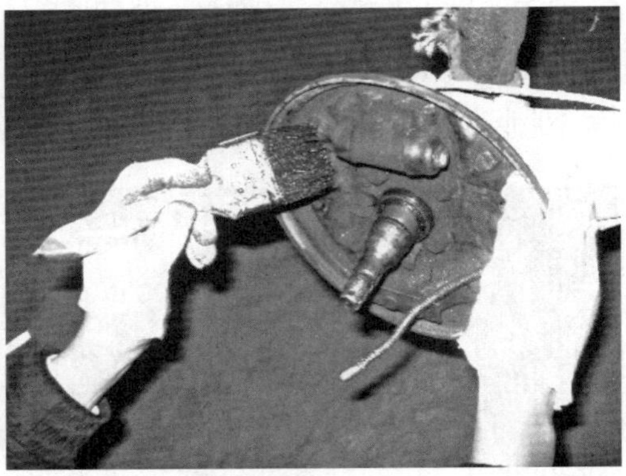

图 12-56　清洁制动底板

(3)采用240号细砂纸。打磨清洁制动摩擦片、制动鼓,然后用吹尘枪清洁,如图12-57、图12-58所示。

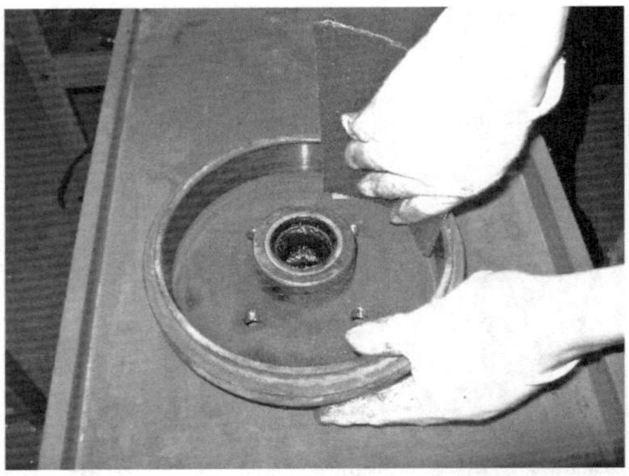

图 12-57　打磨制动鼓

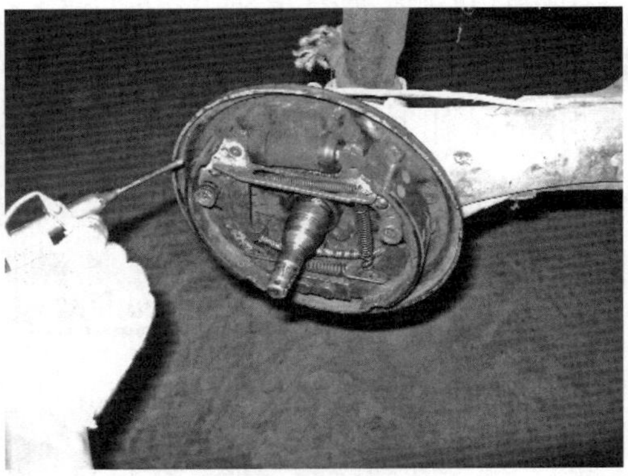

图 12-58　吹尘枪清洁

(4)目视检查制动摩擦片、制动鼓,将检查结果填入表12-10中。

鼓式制动器的检查　　表12-10

零件	结果(正常/异常)
防尘套(是否破裂、老化)	
活塞(是否锈蚀、卡滞)	
制动管路(软管)(是否弯曲、异常磨损、老化)	
制动摩擦衬片(厚度、磨损是否均匀、是否有局部硬点)	
制动器表面(是否有油液泄漏)	
弹簧(是否损坏、生锈或弹性变弱)	
制动鼓(是否裂纹、擦痕、深划槽)	

引导问题8:如何利用量具检查鼓式车轮制动器?

(1)检查制动摩擦片。如图12-59所示,利用游标卡尺测量制动摩擦片厚度。如制动摩擦片磨损程度超过了使用极限,应更换。如果一块制动摩擦片磨损程度达到了最大磨损极限，必须同时更换所有制动摩擦片。将检查结果填入表 12-11 中。

（2）如图 12-60 所示，通过测量制动鼓内径，检查其制动表面是否磨损。将测量结果填入表 12-11 中，并分析处理意见。

无论何时拆卸制动鼓，均应彻底清洁，并检查有无裂纹，擦痕，深划槽，图 12-61 所示为制动鼓产生裂纹。使用有裂纹的制动鼓是不安全的，必须及时更换。制动鼓裂纹绝不能焊接。

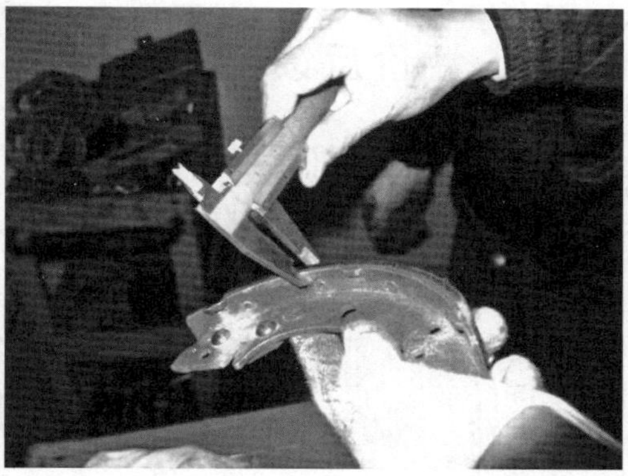

图 12-59　测量制动蹄摩擦片厚度

鼓式制动器的检查记录　　表 12-11

项目名称	项目记录			
制动鼓直径	位置 1		位置 3	
	位置 2		位置 4	
制动蹄直径				
制动蹄与制动鼓间隙	标准值		计算值	
	判定结果：	□合格　□不合格		
制动蹄摩擦衬片厚度	实测值		使用极限	
	判定结果：	□合格　□不合格		

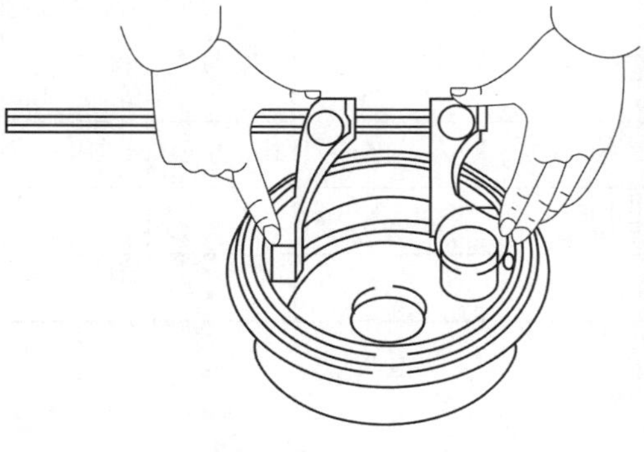

图 12-60　测量制动鼓直径

图 12-61　制动鼓产生裂纹

（3）检查弹簧。检查弹簧是否损坏、生锈或弹性变弱。如是，应更换。

（4）驻车制动蹄杆。检查制动蹄杆是否沿蹄缘平滑移动。如有损坏，应修理或更换。

引导问题 9：如何安装鼓式车轮制动器？

（1）组合制动摩擦片。将各种弹簧安装到相应位置，制动蹄组装好后整体装入。

鼓式制动器安装

（2）安装驻车拉线。采用钢丝钳、鲤鱼钳配合拉动驻车制动中心线，装入驻车制动杠杆，避免夹伤驻车制动中心线。

（3）安装稳定销。采用鲤鱼钳旋动稳定锁片，防止稳定销、弹簧、稳定锁片脱落。

（4）安装制动摩擦片、制动轮毂、推力轴承、平垫、螺母、防尘盖。

三、评价反馈

通过学习,按照学习任务要求完成相应的工作任务,并通过任务提高自己解决问题的方法和能力,学生和教师展开各种评价,任务评价表见表12-12。

任务评价表　　表12-12

序号	评价标准	分值（分）	自评（分）	互评（分）	师评（分）
1	是否服从组长安排,无迟到、早退和旷工	5			
2	着装是否符合标准	5			
3	能否完成小组分派的任务	5			
4	能否积极主动与小组成员沟通,发表自己意见	5			
5	语言表达是否准确,沟通是否顺畅	5			
6	能否大胆地在同学们面前展示自己学习的成果	5			
7	是否有工作岗位的责任心	5			
8	小组学习中能否主动与其他成员合作	5			
9	能否正确对待他人提出的肯定和否定意见	5			
10	是否合理规范使用工具和设备	10			
11	是否会正确拆卸鼓式制动器零部件	10			
12	是否能正确检测制动摩擦片和制动鼓	15			
13	是否会正确安装鼓式制动器零部件	10			
14	能否按照安全和规范的规程操作	5			
15	是否保持现场干净整洁	5			
合计		100			

四、学习拓展

现有一辆大众捷达汽车,驾驶员反映在制动时左后制动鼓有异响,请你对该车进行拆装检测,说出是什么零部件故障而导致异响,看看不同车检测方法和技术要求有何异同。

自我检测

专业知识题

一、单选题(下列各题的四个备选答案中只有一个是符合题意的正确答案,请做出选择)

1. 鼓式车轮制动器的旋转元件是(　　)。

A. 制动蹄　　B. 制动鼓　　C. 摩擦片　　D. 制动盘

2. ABS是指(　　)。

A. 电子差速锁　　B. 驱动防滑系统　　C. 电子稳定系统　　D. 防抱死制动系统

3. 汽车制动时，当车轮制动力 FB 等于车轮与地面之间的附着力 FA 时，则车轮（　　）。

A. 做纯滚动　　B. 做纯滑移　　C. 边滚边滑　　D. 不动

4. 在汽车制动过程中，当车轮抱死滑移时，路面对车轮的侧向力（　　）。

A. 大于零　　B. 小于零　　C. 等于零　　D. 不一定

二、判断题（请对下列各题判断正误，正确的打"√"，错误的打"×"）

1. 汽车制动的最佳状态是出现完全抱死的滑移现象。（　　）
2. 浮钳盘式制动器的两个制动蹄都是活动的，因而两侧都需设置促动装置。（　　）
3. 制动液需要定期更换，以保证汽车制动性能良好。（　　）
4. 根据旋转元件结构的不同，制动器可分为鼓式制动器和盘式制动器。（　　）
5. ABS 系统的作用是在制动过程中，通过调节制动轮缸的制动压力，使作用于车轮的制动力矩受到控制。（　　）

三、多选题（下列各题的四个备选答案中有两个或两个以上符合题意的正确答案，请做出选择，错选、多选或漏选均不给分）

1. 制动器按旋转元件的不同可分为（　　）。

A. 中央制动器　　B. 鼓式制动器

C. 盘式制动器　　D. 驻车制动器

2. 以下属于鼓式制动器元件的是（　　）。

A. 制动主缸　　B. 制动鼓　　C. 制动钳　　D. 制动盘

3. 制动系统由（　　）部分组成。

A. 供能装置　　B. 控制装置　　C. 传动装置

D. 制动器　　E. 轮胎

4. 车轮制动系按制动能源不同分为（　　）。

A. 人力制动　　B. 伺服制动　　C. 机械制动　　D. 动力制动

5. 关于液压制动系统，下列描述中正确的是（　　）。

A. 不允许有空气

B. 制动液可以用机油代替

C. 系统是封闭的

D. 真空助力器失效时，制动系统还可以起作用

技能操作题

盘式制动器的检查与维护

一辆汽车采用盘式制动器，在制动时有异响、解除制动后有节奏异响、在转弯时不增加异响，同时制动时车身有抖动现象，请根据你所掌握的相关知识和技能，回答以下问题。该车制动系统参数见表 12-13。

制动系统参数　　表 12-13

名称	技术参数
制动盘直径	300mm

续上表

名称	技术参数
前制动钳孔径	60mm
制动盘厚度	26mm
制动盘报废厚度	23mm
前制动盘螺栓	9N·m
制动盘修整后最小允许厚度	23.2mm
千分尺与制动盘外缘的距离	13mm

1. 在进行制动盘厚度检测时,要确保仅在摩擦面内进行测量,且每次测量时千分尺与制动盘外缘的距离相等,约(　　)。

A. 10mm　　B. 11mm　　C. 13mm　　D. 15mm

2. 在进行盘式制动器检查时,为确保测量的数据准确,测量并记录制动盘圆周上均匀分布的(　　)或更多个点的最小厚度。

A. 1 个　　B. 2 个　　C. 3 个　　D. 4 个

3. 甲同学认为如果制动盘的最小厚度测量值等于或小于表面修整后最小允许厚度规格,则可根据可能出现的表面状况和磨损情况对制动盘进行表面修整。你认为甲同学的说法(　　)。

A. 正确　　B. 错误

4. 以下是汽车盘式制动器制动盘跳动量的测量方法,请你结合所学知识,将盘式制动器制动盘跳动量的测量流程进行排序,正确的是(　　)。

①安装前制动盘。

②拆卸并更换前制动盘。

③使用 SST 固定制动盘,拧紧 3 个轮毂螺母。

④拆卸 3 个轮毂螺母。

⑤转动制动盘,观察并记录百分表的数据。

⑥使用百分表在制动盘边缘距离外侧 10mm 的位置测量制动盘跳动。

A. ④①②③⑤⑥　　B. ①③⑥⑤④②　　C. ①③④②⑥⑤　　D. ①④③②⑥⑤

5. 根据题干所述的故障现象推测,产生异响和车身抖动的原因是(　　)。

A. 制动摩擦片磨损不均匀　　B. 制动盘端面跳动量过大

C. 卡钳归位不正常　　D. 前轮轴轴承间隙过大

第四篇　汽车电气设备

项目十三

电源系统

汽车上采用的电源主要有两个:一个是蓄电池;另一个是发电机。蓄电池是一种将化学能转变为电能的装置。用于汽车上的蓄电池不仅必须满足起动发动机的需要,即在短时间内为汽车起动机提供足够大的电流;同时,还能为汽车上其他用电设备提供电能。由于使用电解液不同,蓄电池分为酸性和碱性蓄电池。铅酸蓄电池结构简单,价格低廉,易于满足汽车电气设备用电的需要;同时其内阻小,起动性能好,因此在汽车上得到广泛应用。

学习任务一　蓄电池拆装与维护

学习目标

知识目标:

1. 掌握汽车蓄电池的结构和组成;
2. 掌握汽车蓄电池的功用及类型。

技能目标:

能够正确使用工具对蓄电池进行拆装与维护。

素养目标:

1. 通过操作,培养学生安全用电意识;
2. 通过学习铅等重金属污染,培养学生环保意识。

任务描述

某车车主反映早上起来发动汽车时,只听到起动机带动发动机缓慢旋转而不能起动。根据故障现象,可能是蓄电池亏电,已经不能满足汽车起动需要,需要对蓄电池进行检测,如果不能继续使用需更换蓄电池,请你按标准完成这个任务。

一、资料收集

引导问题1:汽车蓄电池的组成有哪些?

汽车蓄电池,俗称电瓶,又称可充电电池,泛指所有在电量用到一定程度之后可以被再次充电、反复使用的化学能电池的总称。其主要由正(负)极板、隔板、电解液、槽壳、连接条和极桩等组成,如图13-1所示。

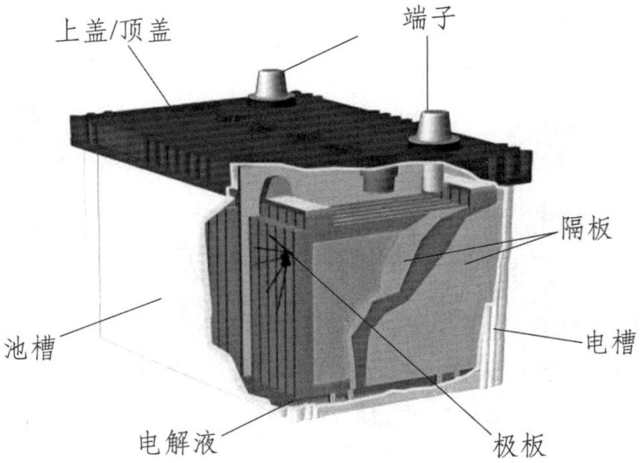

图13-1　蓄电池结构

1. 极板

极板分正、负极板两种,每种极板都由栅架和活性物质组成,如图13-2所示。其中,正极板上的活性物质为二氧化铅(PbO_2),呈深棕色,负极板上的活性物质为海绵状纯铅(Pb),呈深灰色。

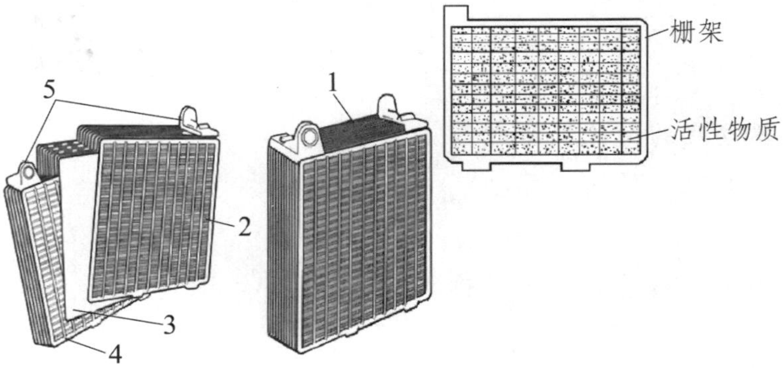

图13-2　蓄电池极板

1-极板组总成;2-负极板;3-隔板;4-正极板;5-极板联条

一片正极板和一片负极板浸入电解液中,可得到2.1V左右的电动势。为增大蓄电池容量,常将多片正、负极板分别并联,焊接成正极板组和负极板组(图13-3),安装时各片正、负极板相互嵌合,中间插入隔板后装入蓄电池单格内形成单格电池。把6个单格电池串联起来后,就构成了12.6V电压的汽车蓄电池,即通常标称12V的蓄电池。

2. 隔板

隔板是指隔在正、负极板之间的绝缘板,防止正负极板接触短路。隔板耐酸而且多孔,便于电解液自由渗透。

图 13-3　极板组

3. 电解液

电解液在蓄电池化学反应中起离子间导电作用，由纯硫酸和蒸馏水配制而成。电解液的相对密度对蓄电池有重要影响，相对密度大，可以减少结冰的危险，提高电池容量；但是密度过大，电解液黏度增大，反而会降低电池容量，缩短电池寿命。电解液相对密度一般在 $1.24 \sim 1.31 g/cm^3$，电解液的密度对蓄电池的电气性能和使用寿命有重要影响。

4. 壳体

壳体用于盛装电解液和极板组，如图 13-4 所示。蓄电池壳体为整体式结构，壳体上有加液孔盖、肋条和极柱。每个单格电池设有一个加液孔，可以加注电解液或检测电解液密度，孔盖上设有通气孔，便于排出蓄电池内部气体，防止壳体胀裂。

在蓄电池内，极板浸入电解液后，两极板之间的活性物质与电解液发生电化学反应，产生电动势。当蓄电池接入电路后，视情完成放电或充电过程。当接通用电设备时，蓄电池对外放电。此时，极板上的活性物质与电解液发生电化学反应，把内部的化学能转变为电能，其内部的导电依靠离子运动实现。当发电机向蓄电池充电时，把外部输入的电能转变为化学能，充电过程发生的电化学反应使得蓄电池恢复到原来状态。

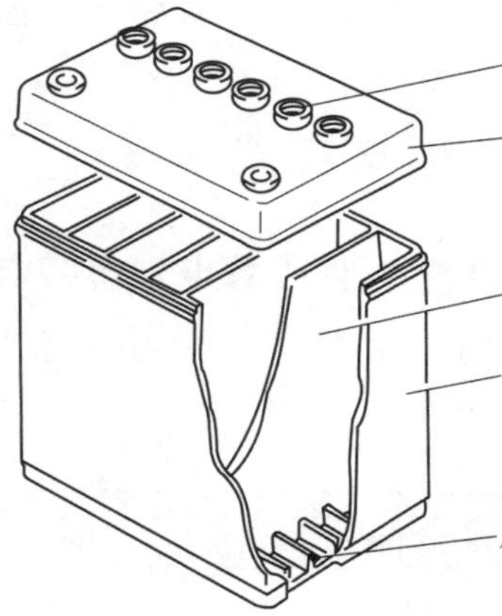

图 13-4　蓄电池外壳

引导问题 2：汽车蓄电池的作用有哪些？

汽车蓄电池是一种将化学能转变成电能的装置，属于直流电源，它的作用如下：

(1) 在发动机停止运转的情况下，为车辆电器附件提供电能；

(2) 起动发动机时，为起动机、点火及燃油系统等提供电能；

(3) 当发电机过载时，可以协助发电机向用电设备供电；

(4) 蓄电池还是一个大容量电容器，可以保护汽车的用电器；

(5) 当发电机端电压高于铅蓄电池的电动势时，将一部分电能转变为化学能储存起来进行充电。

引导问题3:汽车蓄电池的类型有哪些?

蓄电池是汽车的主要电源之一,根据其结构的不同可分为普通铅酸蓄电池和免维护型蓄电池。

(1)普通铅酸蓄电池。这是一种传统的蓄电池,其极板由铅和铅的氧化物构成,电解液是硫酸的水溶液。它的优点包括电压稳定、价格便宜,缺点是比能低、使用寿命短、需要日常维护,如图13-5所示。

(2)免维护蓄电池。这种蓄电池由于结构上的优势,电解液消耗量非常小,在使用寿命内基本不需要补充蒸馏水。它还具有耐震、耐高温、体积小、自放电小的特点,使用寿命一般为普通铅酸蓄电池的两倍,如图13-6所示。

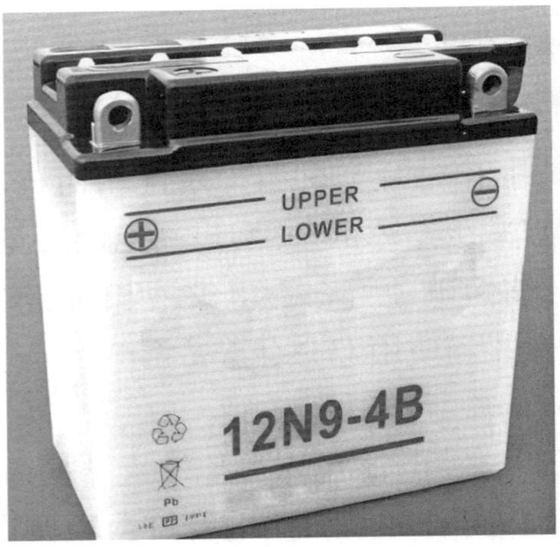

图13-5　普通铅酸蓄电池

图13-6　免维护蓄电池

二、计划与实施

引导问题4:完成蓄电池拆装与维护,需要使用的工、量具及检测设备有哪些?

在表13-1中填写本学习任务需要使用的工具和量具。

工具、量具名称及型号　　表13-1

名称	型号

引导问题5:如何对蓄电池进行拆装与维护?

1. 蓄电池的拆装

(1)将汽车点火开关置于断开(OFF)位置,使全车用电设备与电源断开。

(2)松开蓄电池负极螺栓(图13-7),将负极桩头上的搭铁电缆取下。

(3)松开蓄电池正极螺栓,将正极桩头上的电缆取下。

(4)松开蓄电池固定支架螺栓,将蓄电池从汽车上取下来,不得倾斜或倒放。

(5)选择型号一致的蓄电池,安装在汽车上,并固定支架螺栓。

(6)安装蓄电池正极桩头电缆,并按照规定力矩进行紧固。

(7)安装蓄电池负极桩头及搭铁电缆,并按照规定力矩进行紧固。

2. 蓄电池的维护

当发现车辆起动机起动缓慢、前照灯暗淡及进行常规电器系统检查时,需要对蓄电池进行检测,检测时请按照以下步骤执行,具体方法如下。

(1)检查蓄电池外观。如图 13-8 所示,检查蓄电池极桩处有无腐蚀,蓄电池有无电解液渗漏;摇晃蓄电池有无松动。发现异常应维修或更换。

图 13-7 松开蓄电池负极螺栓

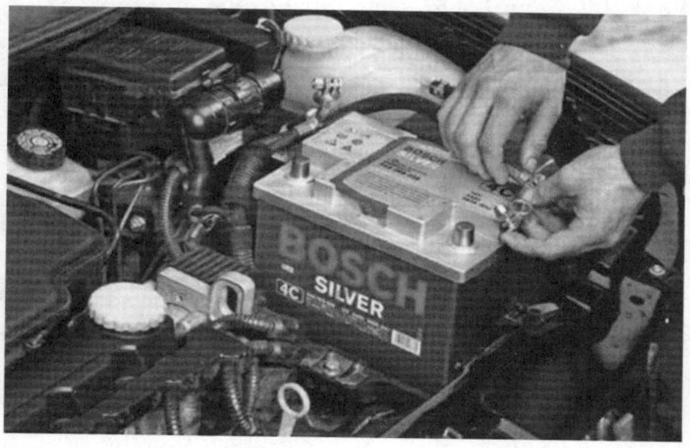

图 13-8 外观检查蓄电池

警告:在检查过程中,避免手接触到极桩的腐蚀物和渗漏的电解液。

(2)检查蓄电池端电压。用万用表测量蓄电池开路端电压。如图 13-9 所示,将万用表置于直流 20V 挡位,正表笔接蓄电池的正极端,负表笔接蓄电池的负极端,读出指示电压值,12V 以上为正常值,如电压值低于 12V,表明蓄电池已放电,须进行补充充电。

蓄电池检查及测量

万用表的使用

蓄电池充电

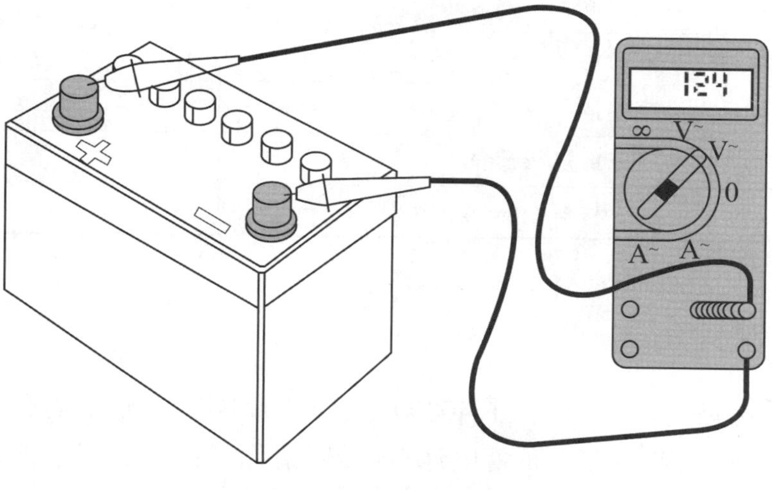

图 13-9 测量蓄电池开路电压

(3)蓄电池性能检测。如图 13-10 所示,清洁蓄电池桩头,保证良好接触,将检测仪红色

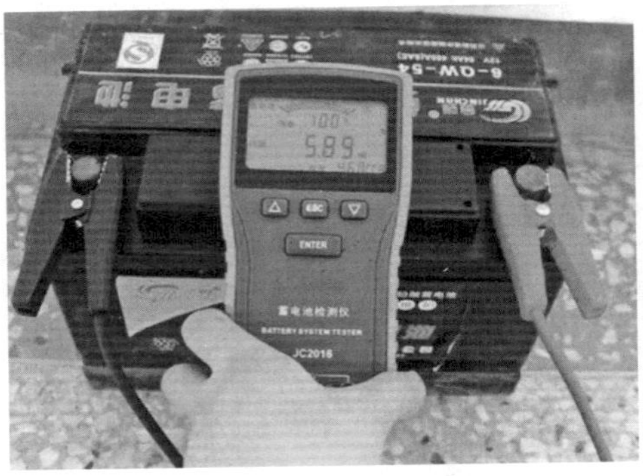

图 13-10　用蓄电池检测仪测量

夹子连接到蓄电池的正极端,黑色夹子连接到蓄电池的负极端,按检测仪屏幕提示进行测试,检测仪会显示蓄电池目前的性能状态。

三、评价反馈

通过学习,按照任务要求完成相应的工作任务,并通过任务提高自己解决问题的方法和能力。学生和教师展开各种评价,任务评价表见表13-2。

任务评价表　　表13-2

序号	评价标准	分值(分)	自评(分)	互评(分)	师评(分)
1	是否服从组长安排,无迟到、早退和旷工	5			
2	着装是否符合标准	5			
3	能否完成小组分派的任务	5			
4	能否积极主动与小组成员沟通,发表自己意见	5			
5	语言表达是否准确,沟通顺畅	5			
6	能否大胆地在同学们面前展示自己学习的成果	5			
7	是否有工作岗位的责任心	5			
8	小组学习中能否主动与其他成员合作	5			
9	能否正确对待他人提出的肯定和否定意见	5			
10	是否合理规范使用工具和设备	5			
11	是否能说出蓄电池的作用及类型	5			
12	是否能正确检查蓄电池是否正常	10			
13	是否能拆装更换蓄电池	15			
14	是否能正确维护蓄电池	10			
15	是否保持现场干净整洁	5			
16	能否按照安全和规范的规程操作	5			
合计		100			

四、学习拓展

现有一辆大众帕萨特汽车,行驶了40000km,车主反映有时候车辆有起动困难,需要起动两三次才能起动现象,初步考虑是蓄电池有问题,请你对该车的蓄电池进行检测与充电,看看该车蓄电池与别克威朗车蓄电池有何不同,检测和充放电要求是否一致?

学习任务二　发电机的拆装与维护

学习目标

知识目标：

1. 掌握发电机的结构、功用及类型；
2. 理解发电机的工作原理。

技能目标：

能正确使用工具对发电机进行拆装。

素养目标：

1. 通过操作培养学生安全用电意识；
2. 通过7S规范管理培养学生良好的作业习惯。

任务描述

一辆轿车，因发电机不发电进厂报修。请你更换发电机。

一、资料收集

引导问题1：发电机的总体构造是怎样的？检测方法有哪些？

1. 交流发电机的作用

汽车交流发电机是汽车的主要电源，由发动机驱动，它在正常工作时，对所有用电设备供电，若还有过余能量，再向蓄电池充电。

2. 交流发电机的组成

带有电刷的交流发电机（下面简称交流发电机）一般由转子总成、定子总成、整流器总成、端盖、皮带轮、风扇等组成，如图13-11所示。

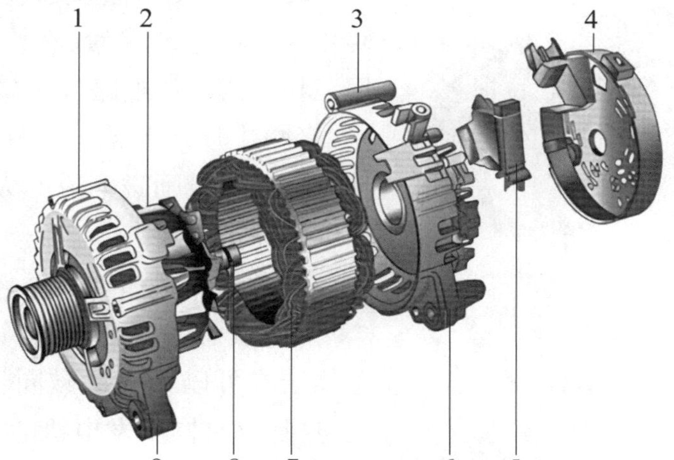

图13-11　交流发电机的组成

1-前部轴承盖；2-转子；3、9-固定装置；4-罩盖；5-调节器；6-后部轴承盖；7-定子及绕组；8-滑环

(1)转子总成。转子的功用是产生旋转磁场。转子由爪极、磁轭、磁场绕组、导电滑环、转子轴组成,如图13-12所示。

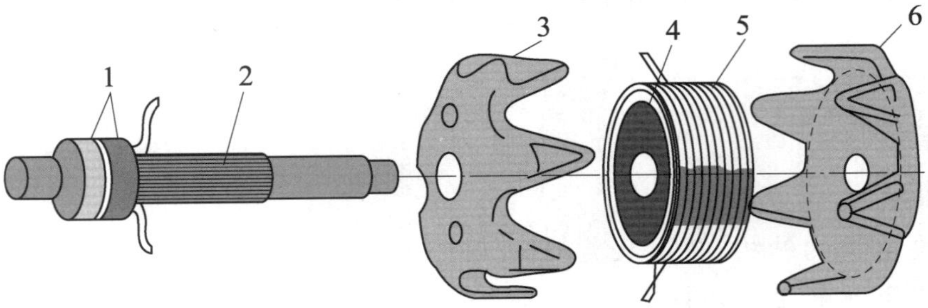

图13-12　转子结构图

1-导电滑环;2-转子轴;3、6-爪极;4-磁轭;5-磁场绕组

(2)定子。定子的功用是产生三相交流电,定子由定子铁芯和定子绕组成,定子铁芯由内圈带槽的硅钢片叠成,定子绕组的导线就嵌放在铁芯的槽中,如图13-13所示。定子绕组有三个线圈,又称为三相绕组。三个线圈的连接方式有星形接法(Y接)或三角形接法,都能产生三相交流电。

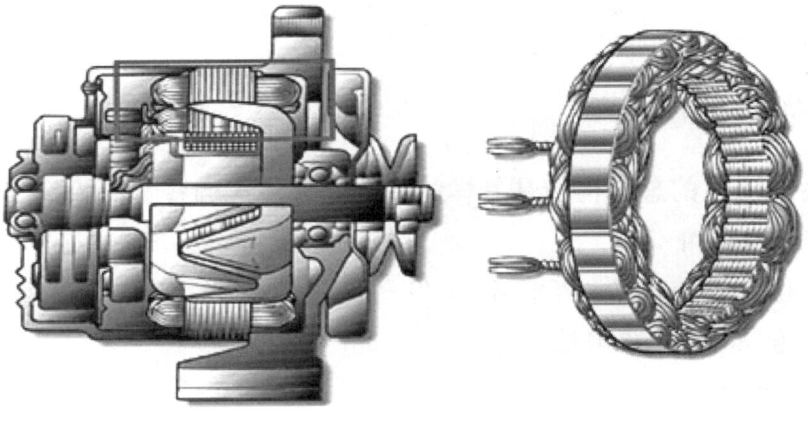

图13-13　定子

图13-14　整流器

(3)整流器。整流器(图13-14)是将交流电转化为直流电的装置,在汽车发电机中,一般采用三相桥式整流电路作为整流器。

(4)电压调节器。在转速变化时,调节器自动调节发电机励磁电流的大小,从而使发电机输出电压保持恒定。

3.交流发电机的分类

(1)按总体结构分类。汽车交流发电机按照总体结构可以分为永磁同步发电机和励磁同步发电机,永磁同步发电机通常采用永磁体作为励磁源,具有结构简单、体积小、质量轻的特点,适用于小型车辆和混合动力车型。而励磁同步发电机则通过外部的励磁系统提供励磁电流,具有输出电流稳定、适应性强的特点,适用于大型车辆和商用车型。

(2)按整流器结构分类。汽车交流发电机的整流器结构主要包括普通整流器和电子调节整流器两种类型。普通整流器采用机械式整流器,其输出电压和电流相对稳定,但效率较低。而电子调节整流器则采用电子元件进行整流和调节,具有输出稳定、效率高、响应速度快等优点,适用于高端车型和新能源汽车。

(3)按搭铁形式分类。汽车交流发电机的搭铁形式主要包括单搭铁和双搭铁两种类型。单搭铁发电机只有一个正极和一个负极,结构简单、成本低廉,但在高负载和高温环境下容易产生电气噪声和电气故障。双搭铁发电机则采用两组正极和负极,分别接地,具有电气噪声低、电气稳定性强的特点,适用于高端车型和豪华车型。

4. 交流发电机产生三相交流电的原理

(1)转子线圈必须通电产生磁场。如图 13-15 所示,通过 F 和 E 接柱为转子线圈供电,转子线圈通电产生磁场。

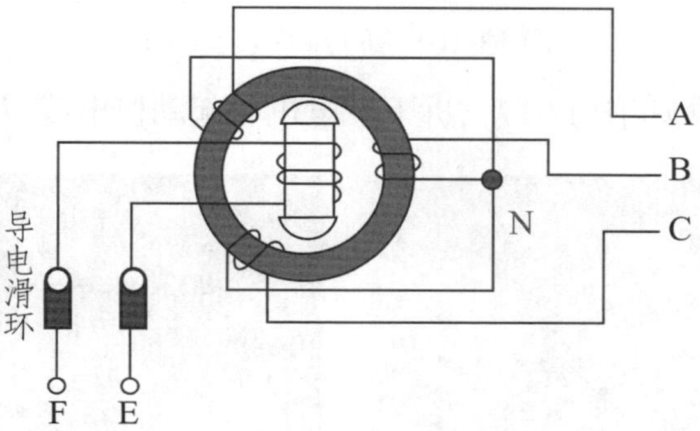

图 13-15　发电机的定子和转子图

(2)发动机工作驱动转子旋转。即磁场旋转,定子线圈切割磁力线,在定子线圈中产生交流电。因三个定子线圈的布置决定了三个线圈产生的交流电相位互错 120°,称为三相交流电。

(3)定子线圈输出的交流电压的幅值与发电机转速成比例增大。调节器调控转子线圈的通电电流的大小从而控制发电机的输出电压。

二、计划与实施

引导问题 2:完成汽车交流发电机的拆装与维护,需要使用的工具、量具及检测设备有哪些?

在表 13-3 中填写本学习任务所需要使用的工具和量具。

工具、量具名称及型号　　表 13-3

名称	型号

引导问题3:如何更换发电机?

(1)断开蓄电池负极电缆,移除传动皮带。

(2)举升和顶起车辆,如图13-16所示。

图13-16 举升和顶起车辆

(3)断开发电机线束插头(图13-17),拆下发电机和起动机电缆发电机导线螺母(图13-18)。

图13-17 断开发电机线束插头

图13-18 拆卸导线螺母

(4)拆下2个发电机螺栓,并拆下发电机螺母,如图13-19所示。

(5)如图13-20所示,拆卸发电机,并摆放整齐。

图13-19 拆下发电机螺栓

图13-20 拆下发电机

(6)更换新发电机,并安装发电机,安装2个发电机螺栓,并紧固至22N·m。

(7)安装发电机螺母并紧固至22N·m。

(8)安装发电机和起动机电缆,安装发电机和起动机电缆发电机导线螺母并紧固至12.5N·m。

(9)连接发电机线束插头。

(10)安装前排气管,降低车辆,安装传动皮带。

(11)连接蓄电池负极电缆。

发电机充电电压测量

三、评价反馈

通过学习,按照任务要求完成相应的工作任务,并通过任务提高自己解决问题的方法和能力。学生和教师展开各种评价,评价表如表13-4所示。

任务评价表　　表13-4

序号	评价标准	分值(分)	自评(分)	互评(分)	师评(分)
1	是否服从组长安排,无迟到、早退和旷工	5			
2	着装是否符合标准	5			
3	能否完成小组分派的任务	5			
4	能否积极主动与小组成员沟通,发表自己意见	5			
5	语言表达是否准确,沟通顺畅	5			
6	能否大胆地在同学们面前展示自己学习的成果	5			
7	是否有工作岗位的责任心	5			
8	小组学习中能否主动与其他成员合作	5			
9	能否正确对待他人提出的肯定和否定意见	5			
10	是否合理规范使用工具和设备	5			
11	是否会正确安装车内防护五件套和车外防护三件套	5			
12	是否能正确检查发电机是否正常	10			
13	是否能检查发动机零部件	15			
14	是否能正确检查发电机充电电压	10			
15	是否保持现场干净整洁	5			
16	能否按照安全和规范的规程操作	5			
合计		100			

四、学习拓展

现有一辆大众帕萨特汽车,仪表盘充电指示灯亮,充电系统出现故障,请你对该车的充电系统进行检测,排除充电系统故障,看看检测方法与威朗车是否相同。

自我检测

专业知识题

一、单选题(下列各题的四个备选答案中只有一个是符合题意的正确答案,请做出选择)

1. 蓄电池在充电时时将(　　)转换为(　　)。

A. 化学能　　B. 电能　　C. 风能　　D. 太阳能

2. 干荷电蓄电池在规定的保存期内两年使用,只要加入适当的密度的电解液,静止(　　)后,调整好电解液就可使用。

A. 10 ~ 20min　　B. 20 ~ 30min　　C. 30min 以上　　D. 1 小时以上

3. 从汽车上拆卸蓄电池时,应先拆(　　),后拆(　　)。

A. 负极、正极　　B. 正极、负极　　C. 正极、正极　　D. 负极、负极

4. 一般硅整流发电机都采用(　　)连接,即每相绕组的首端分别与整流器的硅二极管相接,每相绕组的尾端在一起,形成中性点 N。

A. 星型　　B. 串连　　C. 三角型　　D. 并连

5. 整流器的作用是把三相同步交流发电机产生的(　　)电转换成(　　)电输出,它一般用六个硅二极管接成三相桥式全波整流电路。

A. 交流电　　B. 直流电　　C. 低压　　D. 高压

6. 当发电机低速运转,电压(　　)蓄电池电动势时,蓄电池向调压器磁化线圈供电,同时进行他励发电。

A. 低于　　B. 高于　　C. 等于　　D. 忽高忽低

二、判断题(请对下列各题判断正误,正确的打"√",错误的打"×")

1. 交流发电机调节器的功用就是一定的转速范围内,当发动机转速变化时,能自动保持发电机的电压在额定值不随转速变化而变化。(　　)

2. 定压充电不能确保蓄电池完全充足电。(　　)

3. 蓄电池初充电的特点是充电电流小,充电时间长。(　　)

4. 当发电机端电压高于蓄电池电动势而低于调节器电压时,磁化线圈电流和励磁电流均由蓄电池供给。(　　)

技能操作题

蓄电池的拆装与维护

某型号的汽车在行驶 60000km 后,检查汽车蓄电池,发现蓄电池的技术状况较差,已不能满足车辆起动要求,需要对蓄电池进行更换,请根据所学内容,回答以下问题。

1. (单选题)下列是更换蓄电池的步骤,请你选出正确的操作顺序(　　)。

①安装蓄电池负极桩头及搭铁电缆,并按照规定力矩进行紧固。

②松开蓄电池负极螺栓,将负极桩头上的搭铁电缆取下。

③将汽车点火开关置于断开(OFF)位置,使全车用电设备与电源断开。

④安装蓄电池正极桩头电缆，并按照规定力矩进行紧固。
⑤选择型号一致的蓄电池，安装在汽车上，并固定支架螺栓。
⑥松开蓄电池固定支架螺栓，将蓄电池从汽车上取下来，不得倾斜或倒放。
⑦松开蓄电池正极螺栓，将正极桩头上的电缆取下。

A. ⑦②③⑥⑤④①　　B. ③⑦②⑥⑤④①
C. ③②⑦⑥⑤④①　　D. ②⑦③⑥⑤①④

2.（多选题）检测蓄电的技术状况，可以使用（　　）工具。

A. 万用表　　B. 绝缘测试仪　　C. 诊断仪　　D. 蓄电池检测仪

3.（单选题）使用万用表检测蓄电池电压时，应选择（　　）挡位。

A. 直流电压挡　　B. 交流电压挡　　C. 电阻挡　　D. 电流挡

4.（单选题）更换蓄电池时，应先拆卸蓄电池的（　　）。

A. 正极螺栓和电缆　　B. 负极螺栓和电缆　　C. 外壳　　D. 极柱

5.（判断题）安装蓄电池时，应先安装蓄电池的负极，该同学说法（　　）。

A. 正确　　B. 错误

项目十四

起动系统

汽车装用的汽油发动机或柴油发动机属于内燃机,其本身不能起动,必须借助外力引导发动机完成最初最基本的进气、压缩、燃烧做功及排气等工作过程,如图14-1所示。

发动机所借助的外力一般是指以蓄电池为电源的直流电动机,人们把起动发动机用的这种电动机称为起动机,起动机一般由直流电动机、传动机构和控制装置(也称电磁开关)三部分组成,如图14-2所示。

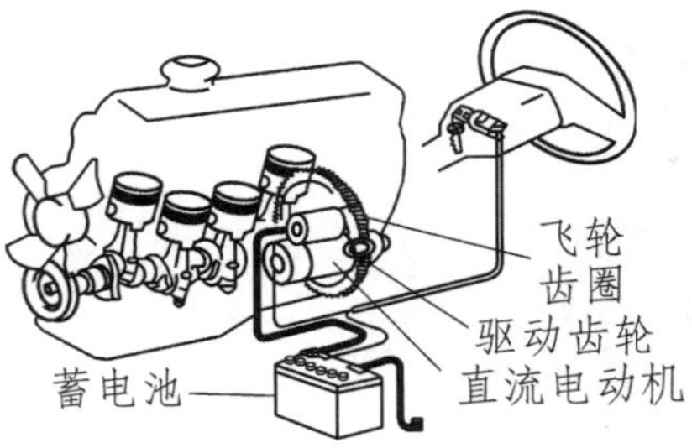

图14-1　起动系统示意图

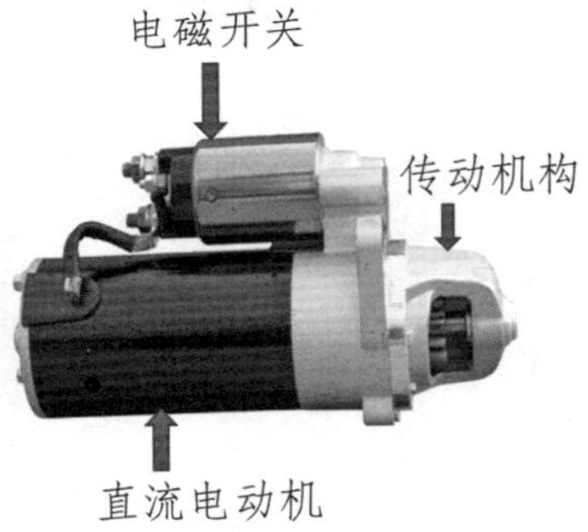

图14-2　起动机

起动系统的作用是将蓄电池提供的电能转化为机械能,通过起动机驱动齿轮与发动机飞轮齿圈的啮合传递动力。

学习任务　起动机总成检测

学习目标

知识目标:

1. 了解起动机的结构组成;
2. 掌握起动机检修方法。

技能目标:

能够正确使用工具对起动机进行拆装与检测。

素养目标:

1. 能够在工作过程中与小组成员合作完成任务,养成合作意识;
2. 通过对起动机的规范检测,养成规范作业的良好工作习惯。

任务描述

一辆轿车不能起动,点火开关旋转到起动挡,能听到起动机旋转声音无力,经技术人员分析,需对起动机进行检修。请你完成起动机的拆装任务。

一、资料收集

引导问题1:起动系统是由哪些部件组成?起动系统的功用是什么?起动系统有哪些类型?

起动系统是由蓄电池、起动机、起动继电器、点火开关等组成,如图14-3所示。起动系统的作用是使汽车发动机由静止状态转为运转状态。蓄电池的作用是在车辆起动时向起动机和点火装置供电,在短时间内为起动机提供强大的起动电流。起动机的作用是起动发动机,发动机起动之后,起动机便立即停止工作。

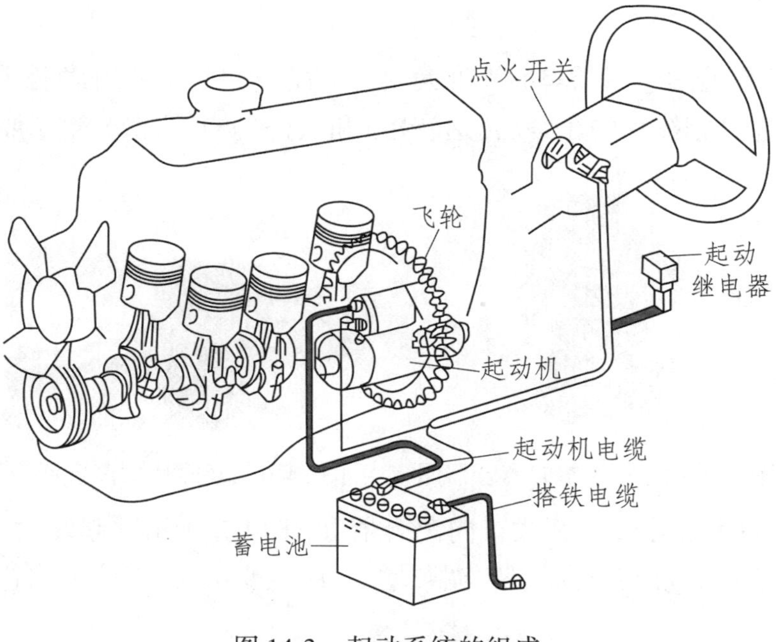

图14-3　起动系统的组成

根据起动机磁场产生的方式分为励磁式起动机,永磁式起动机;根据起动时起动机的操纵方式分为直接操纵式起动机,电磁操纵式起动机;根据驱动齿轮啮入方式分为惯性啮合式,电枢移动式,磁极移动式,齿轮移动式,强制啮合式;根据传动机构结构分为普通起动机,减速起动机。

引导问题2:直流电动机是由哪几部分组成?分别起什么作用?

直流电动机的作用是产生转矩。发动机起动用电动机主要有直流串励式电动机和复励式电动机。汽车上普遍采用的是直流串励式电动机。直流串励式电动机的励磁绕组与电枢绕组相串联,电枢电流等于励磁绕组电流,并与总电流相等。

直流串励式电动机由磁极、电枢、换向器等组成,如图14-4所示。

引导问题3:起动机传动机构是由哪几部分组成?

传动机构由驱动齿轮、单向离合器、拨叉、啮合弹簧等组成,安装在起动机轴的花键部分。传动机构中,结构和工作情况比较复杂的是单向离合器,它的作用是传递电动机力矩,常用的单向离合器主要有以下几种。

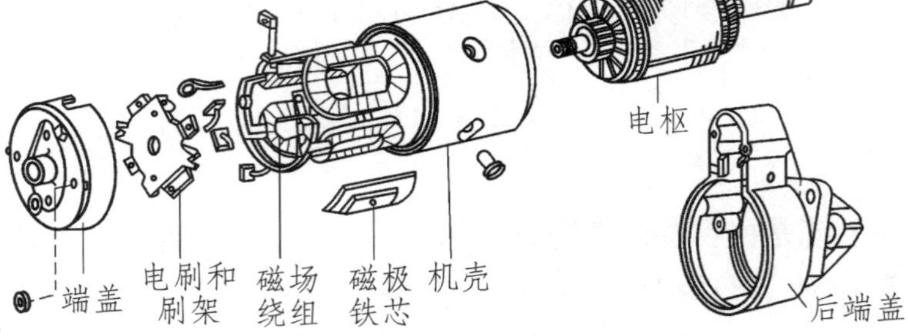

图 14-4　直流串励式电动机的结构

(1)滚柱式单向离合器。滚柱式单向离合器的外形如图 14-5 所示,驱动齿轮与外壳制成一体,外壳内装有十字块和四套滚柱、压帽和弹簧。十字块与花键套筒固连,壳底与外壳相互扣合密封。

(2)摩擦片式离合器。中等功率和大功率的起动机多采用摩擦片式单向离合器(图 14-6)。它是通过摩擦片的压紧(传递转矩)和放松(防止飞散)来实现离合的。

图14-5　滚柱式单向离合器图

图 14-6　摩擦片式离合器

(3)弹簧式单向离合器。弹簧式单向离合器如图 14-7 所示。起动时,电枢轴带动连接套筒旋转,扭力弹簧顺其旋转方向扭转,圈数增加,内径变小,将齿轮柄与连接套筒包紧成为整体。

引导问题 4:起动机控制装置结构是怎么样的?

控制装置的作用是控制驱动齿轮与飞轮齿圈的啮合与分离,并控制电机电路的接通与切断。在现代汽车上,起动机均采用电磁控制装置控制电路,由电磁铁机构操纵拨叉,控制离合器驱动齿轮。电磁控制装置在起动机上称为电磁开关,图 14-8 所示为电磁开关结构图。

图 14-7　弹簧式单向离合器

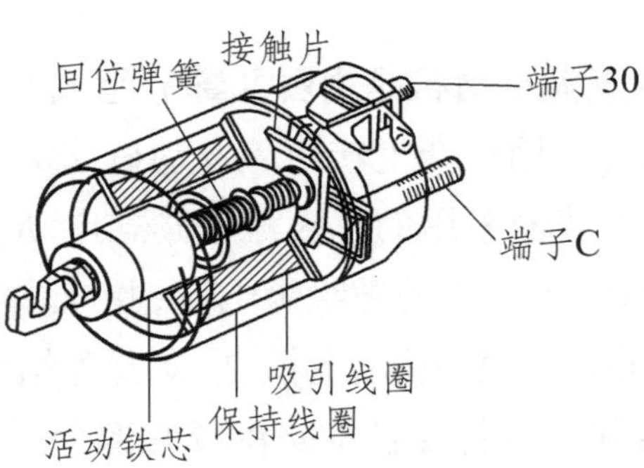

图 14-8　电磁开关结构图

电磁开关上有4个接线柱，分别是两个主电路接线柱，附加电阻短路接线柱和起动机接线柱；两个线圈，吸引线圈和保持线圈，两线圈的公共端接起动开关或起动机接线柱，吸引线圈的另一端接起动机开关主接线柱，保持线圈的另一端搭铁。活动铁芯与拨叉通过调节螺钉相连，固定铁芯的中心装有推杆，其上套有接触盘，接触盘上装有复位弹簧。

引导问题5：起动机的工作原理是什么？工作过程是什么？

直流电动机是将电能转变为机械能的设备，它是根据通电导体在磁场中受到电磁力作用这一基本原理进行工作的，其原理示意如图14-9所示。

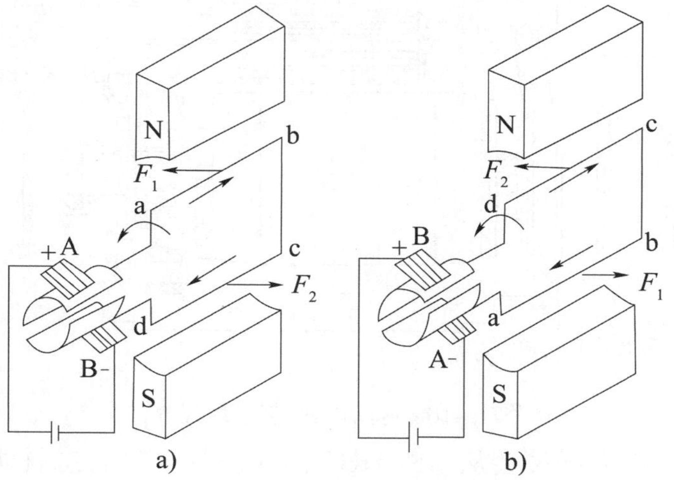

图14-9 直流电动机工作原理

当电路接通时，线圈abcd中电流的方向是：蓄电池正极→励磁绕组→电刷→换向片A→线圈(a→d)→换向片B→电刷→搭铁，此时励磁绕组中产生电磁场，磁场磁极如图中所示。根据左手定则可知，线圈中的有效边ab与cd所受磁场力F的方向如图中所示，此时线圈产生的转矩方向为逆时针，驱动电机转子转动。当线圈转过半周后，线圈abcd中的电流方向发生改变，电流方向是：蓄电池正极→励磁绕组→电刷→换向片B→线圈(d→a)→换向片A→电刷→搭铁，此时线圈中的电流方向虽改变为d→a，但线圈中的有效边ab与cd所受的磁场力F的方向同时改变，故线圈产生的转矩方向不变，仍为逆时针方向，继续驱动电机转子转动。

以丰田AE系列轿车起动机为例讲述其起动机的工作过程。

起动时，将点火开关打到起动挡(ST)，电磁开关通电，其电路如下：蓄电池"+"→点火开关起动开关→端子50→保持线圈→搭铁。同时吸引线圈中也通过电流，方向为：蓄电池"+"→点火开关→端子50→吸引线圈→端子C→励磁线圈→电枢→搭铁。此时，由于吸引线圈和励磁线圈中的电流非常小，电动机低速运转。同时，吸引线圈和保持线圈中产生的磁场吸引活动铁芯向右运动，克服复位弹簧的作用力，拉动拨叉向左运动，拨叉使离合器的小齿轮向左与飞轮的齿圈啮合。这个过程电动机的转速低，可以保证齿轮之间平顺啮合，如图14-10所示。

当小齿轮和飞轮齿圈完全啮合以后，与活动铁芯连在一起的接触片向右运动，与端子30及端子C接触，从而接通了主开关，通过起动机的电流增大，电动机的转速升高。而电枢轴上的螺纹使小齿轮和飞轮齿圈更加牢固地啮合。此时，吸引线圈两端的电压相等，所以无电流通过。保持线圈产生的磁场力使活动铁芯保持在原位不动，此时的电流方向分别为：蓄电池"＋"→点火开关起动开关→端子50→保持线圈→搭铁;蓄电池"＋"→端子30接触片→端子C→励磁线圈→电枢绕组→搭铁。

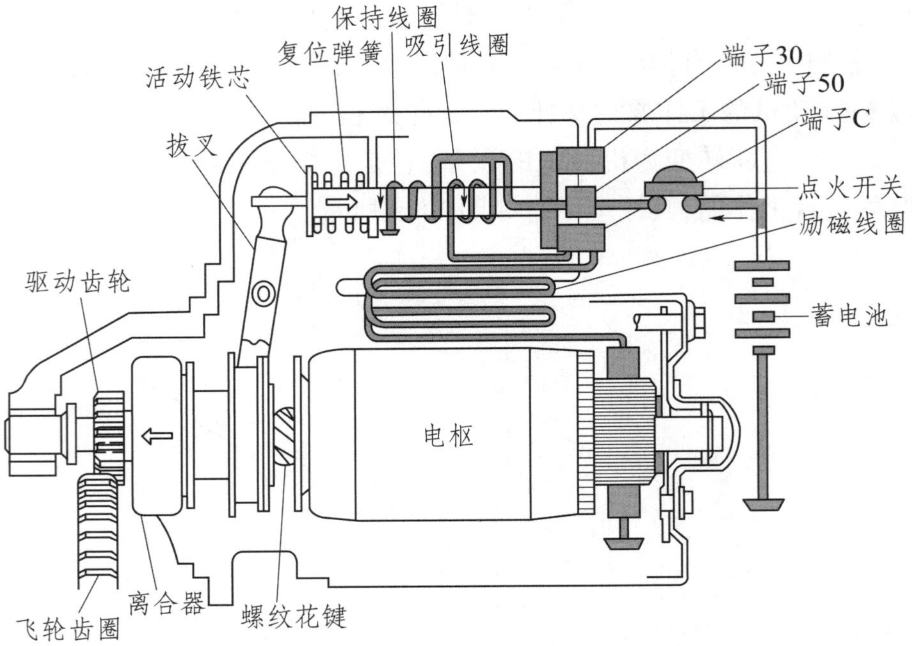

图14-10　起动机控制系统结构

发动机起动以后,点火开关会从"START"挡回到"ON"挡,这就切断了端子50上的电压。这时,接触片和端子30及端子C仍保持接触。电路中的电流为:蓄电池"＋"→端子30→接触片→端子C→吸引线圈→保持线圈→搭铁。同时,电流还经过端子C→励磁线圈→电枢→搭铁。由于此时吸引线圈和保持线圈的电流方向相反,产生的磁场力相互抵消,在复位弹簧的作用下,活动铁芯向左运动,使得小齿轮与飞轮齿圈脱离,同时,接触片和两个端子断开,切断电动机中的电流,整个起动过程结束。

二、计划与实施

引导问题6:完成起动机拆装与检测,需要使用的工具、量具及检测设备有哪些?

在表14-1中填写本学习任务所需要的工具和量具。

工具、量具名称及型号　　表14-1

名称	型号

引导问题7:起动机拆卸方法和步骤是什么?

起动机从汽车上拆下前,应确认点火开关关闭。(本拆装使用的车辆是别克威朗)其步骤如下。

(1)打开后备厢盖,取出备用轮胎。

(2)找到蓄电池,断开蓄电池负极电缆。

(3)打开发动机舱盖,用支撑杆顶起发动机舱盖。

(4)安装翼子板布和前格栅布。

(5)举升和顶起车辆。

(6)找到起动机的位置,断开起动机线束,如图 14-11 所示。

(7)拆下发电机和起动机电缆起动导线螺母,如图 14-12 所示。

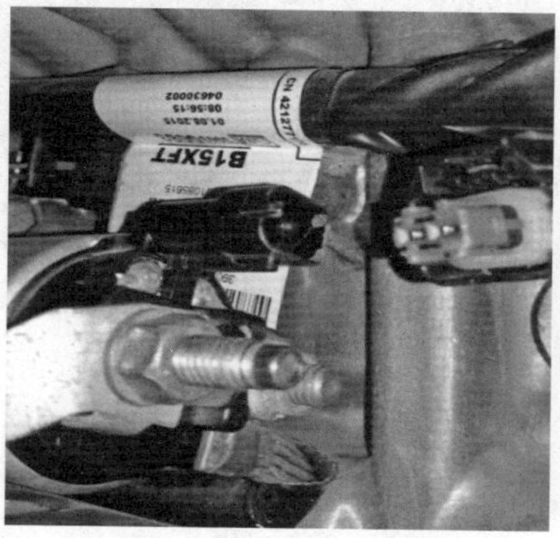

图 14-11　断开起动机线束

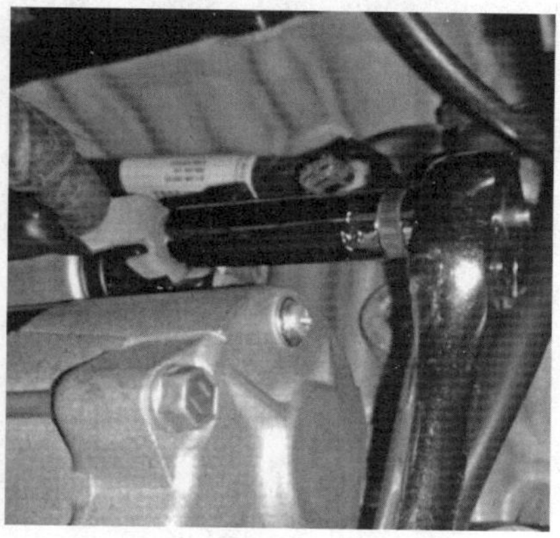

图 14-12　拆起动导线螺母

(8)拆下发电机和起动机起动电缆,如图 14-13 所示。

(9)拆下起动机搭铁电缆螺栓如图 14-14 所示。

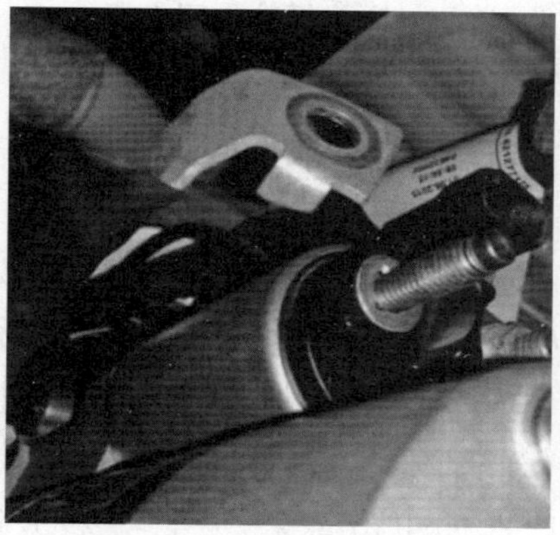

图 14-13　拆下起动电缆

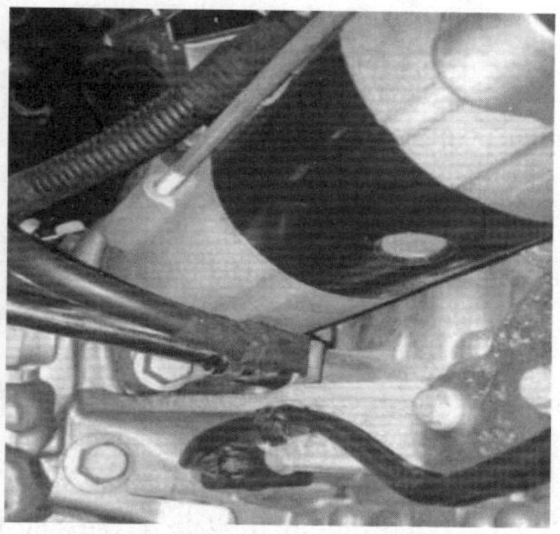

图 14-14　拆搭铁电缆螺栓

(10)拆下起动机搭铁电缆。

(11)松开线束固定件。

(12)拆下 2 个起动机托架螺栓,如图 14-15 所示。

(13)拆下起动机托架。

(14)拆卸起动机螺栓,如图 14-16 所示。

(15)拆下起动机螺母。

(16)拆下起动机,并摆放整齐。

引导问题 8:怎样进行起动机检测?

1. 进行电磁开关线圈电阻的检测

如图 14-17 所示,用万用表测量吸引线圈和保持线圈的电阻,吸引线圈的电阻值一般在

0.6Ω 以下,而保持线圈的阻值一般在 1Ω 左右。如果万用表指示电阻无穷大,说明线圈断路;如果万用表指示电阻值小于规定值,说明线圈有短路,均需更换电磁开关。

图 14-15　拆托架螺栓

图 14-16　拆起动机螺栓

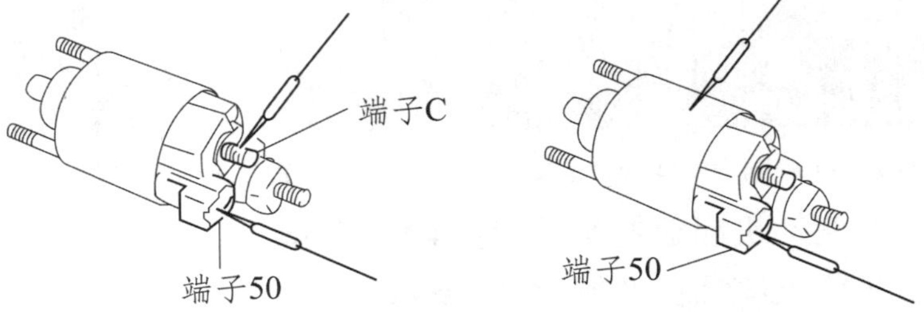

a) 测量吸引线圈电阻　　b) 测量保持线圈电阻

图 14-17　电磁开关线圈电阻检查

2. 起动机吸引动作和保持动作的测试

(1) 将起动机固定在台虎钳上。

(2) 如图 14-18 所示,拆下起动机端子 C 上的电缆引线;用带夹子的电缆将起动机端子 C、电磁开关的壳体与蓄电池的负极相连;用带夹子的电缆将起动机端子 50 与蓄电池正极连接,驱动齿轮应向外移动;若不移动,说明电磁开关有故障,应进行修理或更换。

(3) 起动机保持动作的测试。当驱动齿轮保持在伸出位置时,拆下起动机端子 C 上的电缆引线,如图 14-19 所示,此时驱动齿轮应保持在伸出位置不动,若驱动齿轮回位,说明保持线圈断路,应进行维修。

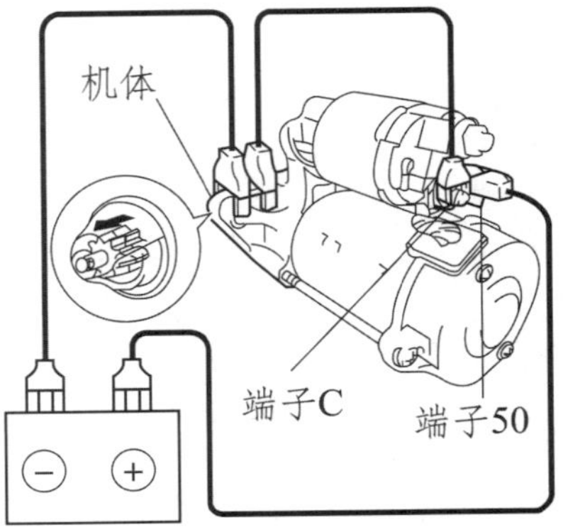

图 14-18　起动机吸引动作测试

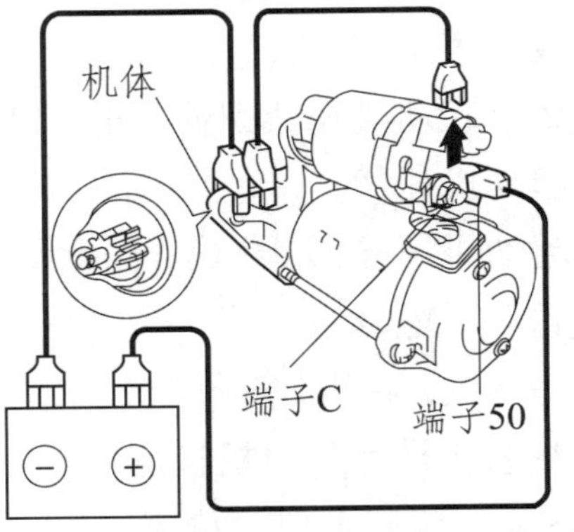

图 14-19　起动机保持动作的测试

3. 驱动小齿轮的退回情况的检查

在保持动作的基础上，拆下起动机壳体上的电缆夹，如图 14-20 所示，拆开起动电机外壳的搭铁线。若驱动小齿轮未立刻退回，应检查复位弹簧及柱塞等。

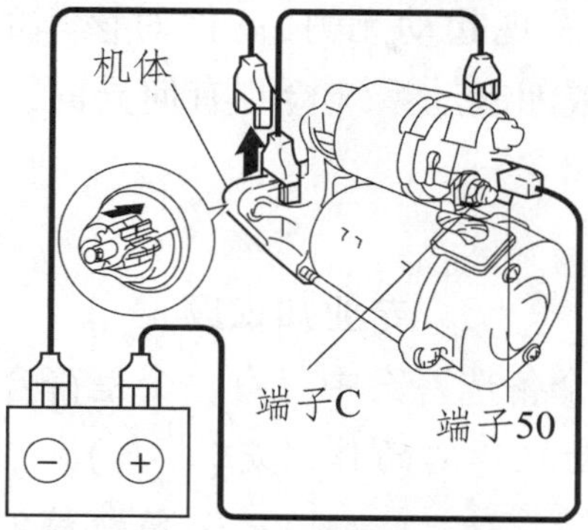

图 14-20 驱动小齿轮的退回检查

三、评价反馈

通过学习，按照任务要求完成相应的工作任务，并通过任务提高自己解决问题的方法和能力。学生和教师展开各种评价，任务评价表见表 14-2。

任务评价表

表 14-2

序号	评价标准	分值（分）	自评（分）	互评（分）	师评（分）
1	是否服从组长安排，无迟到、早退和旷工	5			
2	着装是否符合标准	5			
3	能否完成小组分派的任务	5			
4	能否积极主动与小组成员沟通，发表自己意见	5			
5	语言表达是否准确，沟通顺畅	5			
6	能否大胆地在同学们面前展示自己学习的成果	5			
7	是否有工作岗位的责任心	5			
8	小组学习中能否主动与其他成员合作	5			
9	能否正确对待他人提出的肯定和否定意见	5			
10	是否合理规范使用工具和设备	5			
11	是否会正确安装车内防护五件套和车外防护三件套	5			
12	是否能正确检查启动系是否正常	10			
13	是否能拆装起动机	15			
14	是否能正确维护启动系	10			
15	是否保持现场干净整洁	5			
16	能否按照安全和规范的规程操作	5			
合计		100			

四、学习拓展

现有一辆大众帕萨特汽车,发现起动无力,请你对该车的起动系进行检测,看看大众帕萨特汽车起动系统检测与别克威朗起动系统检测有何异同,总结检测方法。

自我检测

专业知识题

一、单选题(下列各题的四个备选答案中只有一个是符合题意的正确答案,请做出选择)

1. 起动机中直流串励式电动机所起的作用是(　　)。

　A. 将电能转化为机械能　　B. 将机械能转化为电能

　C. 将电能转化为化学能

2. 起动机中(　　)提供电机旋转磁场。

　A. 定子磁轭　　B. 转子电枢　　C. 电磁开关

3. 减速起动机与常规起动机的主要区别在于(　　)不同。

　A. 直流电动机　　B. 控制装置　　C. 传动机构

二、判断题(请对下列各题判断正误,正确的打"√",错误的打"×")

1. 起动机换向器的作用是使直流电动机维持定向运转。(　　)
2. 直流串励式电动机中,励磁绕组和电枢绕组是串联的。(　　)
3. 电磁开关中有吸引线圈和保持线圈。(　　)
4. 起动机上的控制装置也称为电磁开关。(　　)

项目十五

照明和信号系统

为保证汽车夜间行驶的安全,以及提高其行驶速度,减少交通事故的发生,汽车上都装有多种照明设备和灯光信号装置,称为照明和信号系统,俗称灯系,它已成为汽车上不可缺少的一部分。汽车照明和信号系统根据安装位置和用途不同,一般可分为:外部照明灯具、内部照明灯具和汽车灯光信号装置。信号系统除了灯光信号装置外,汽车上都装有喇叭,用以引起行人和其他车辆的注意,保证行车安全。

学习任务一　照明系统的拆装与维护

学习目标

知识目标:

能叙述照明系统的组成、功用及应用。

技能目标:

能规范完成照明系统的拆装和维护。

素养目标:

1. 在任务实施过程中养成规范检查的习惯;
2. 通过7S规范管理培养学生良好的作业习惯。

任务描述

某轿车的前照灯出现无法点亮的故障,经技术人员检测分析,确定是前照灯灯泡损坏,需对汽车照明系统进行拆装与维护。

一、资料收集

引导问题1:汽车照明系统有哪些,它们的功用分别是什么?

汽车照明系统的作用是在夜间或能见度低的情况下,向驾驶人、乘客和交通管理人提供照明。汽车照明系统主要由灯具、电源和电路(包括控制开关)三大部分组成。汽车照明灯根据安装位置和用途的不同,一般可分为:外部照明灯具、内部照明灯具。

外部照明灯具包括前照灯、雾灯和牌照灯等。车上使用的照明灯具数量和结构形式以及安装位置因车型而异。内部照明灯具包括顶灯、阅读灯、行李舱灯、门灯、踏步灯、仪表照明灯等。汽车照明系统各灯具作用、安装位置等特点见表 15-1。

汽车照明系统各灯具的特点　　表 15-1

类别	名称	功用及特点
外部照明灯具	前照灯	前照灯用来照明车前道路,分为近光灯和远光灯,多为白色,安装在汽车头部两侧
	雾灯	雾灯分为前、后雾灯,分别安装在汽车的头部和尾部。前雾灯一般为明亮的黄色,可以提供高亮度散射光源,穿透力强,能够穿透浓雾,在雨雾天气中起到照明道路的作用,同时提醒对面的驾驶员,提高行车安全性。后雾灯是发光强度比尾灯更大的红色信号灯,在雾、雪、雨或尘埃弥漫等能见度较低的环境中,能够让后方的车辆驾驶员和其他交通参与者易于发现自己的车辆,从而保持安全行车距离
	牌照灯	牌照灯安装在汽车尾部拍照的上方或左右两侧,作用是照亮车辆牌照,使车牌号码在夜间或视线不佳的情况下清晰可见,有助于识别车辆身份,确保交通法规的遵守和道路安全
内部照明灯具	顶灯	顶灯用于车内乘客照明,还有监视车门是否可靠关闭的作用
	阅读灯	阅读灯用于乘客阅读时照明
	行李舱灯	当行李舱盖打开时,自动点亮行李舱灯,当行李舱盖关闭时,自动关闭行李舱灯,当行李舱盖关闭不严,行李舱灯仍然点亮
	仪表照明灯	仪表照明灯用于夜间照亮仪表盘,使驾驶员能迅速看清仪表

引导问题 2:前照灯的电路组成?

前照灯电路主要由灯光开关、变光开关、前照灯继电器及前照灯组成。

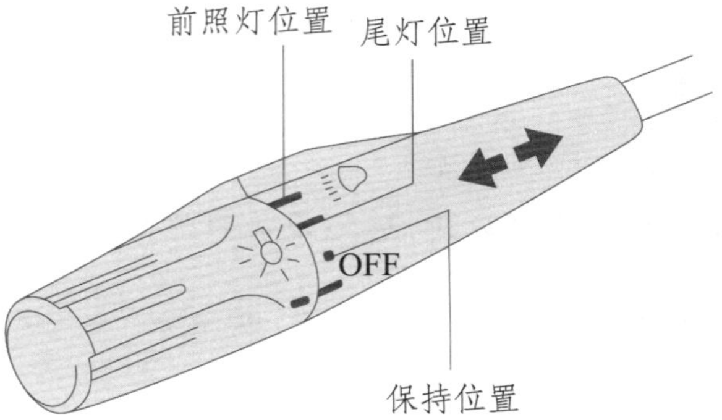

图 15-1　组合开关

1. 灯光开关

灯光开关的形式有拉钮式、旋转式和组合式等多种,现代汽车上用得较多的是将前照灯、尾灯、转向灯及变光等开关制成一体的组合式开关,如图 15-1 所示。

通过转动、上下、前后操纵开关便可依次接通尾灯、前位灯、前照灯、左右转向灯,而且也能实现近光与远光的相互转换。

2. 变光开关

变光开关又称变光器,其作用是根据汽车行驶的需要,变换近光和远光。目前车辆上多采用组合开关式变光开关。

3. 前照灯继电器

前照灯的工作电流较大,特别是四灯制的汽车,如用车灯开关直接控制前照灯,车灯开关易烧坏,因此在灯光电路中设有灯光继电器。图 15-2 所示为触点常开式前照灯继电器的结构和引线端子,端子 SW 与前照灯开关相连,端子 E 接地,端子 B 与电源相连,端子 L 与变光开关相连。当接通前照灯开关后,继电器线圈通电,触点闭合,通过变光开关向前照灯供电。

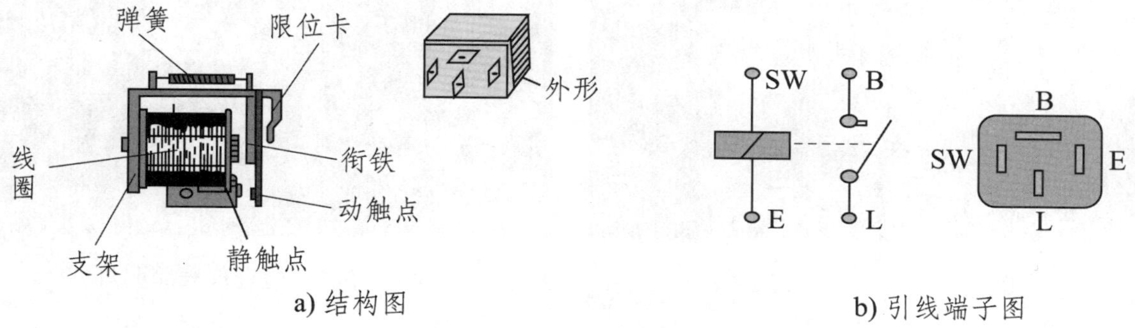

图 15-2　前照灯继电器

二、计划与实施

引导问题 3:完成本任务,需要使用的工具、量具及检测设备有哪些?

在表 15-2 中填写本学习任务所需要使用的工具、量具。

工具、量具名称及型号　　表 15-2

名称	型号

引导问题 4:如何拆装与维护照明系统?

(1)穿戴防护用品,准备和清洁工具和量具。

(2)车辆解锁,打开车门,安装车内三件套。

(3)正确起动发动机。此步骤也可以将钥匙开关直接置于“ON”挡而不起动发动机,但由于灯光检查耗电量较大,作业时应运转发动机。

(4)牌照灯、仪表照明灯检查。将灯光总开关置于小灯位置,车后观察牌照灯点亮状态,如图 15-3 所示;驾驶室内观察仪表照明灯点亮状态,如图 15-4 所示。

(5)雾灯检查。将灯光总开关置于小灯位置,打开雾灯开关,在车前、后分别观察前、后雾灯点亮状态,如图 15-5 所示。

(6)近光灯检查。将灯光总开关从小灯位置置于前照灯位置,车前观察近光灯点亮状态,如图 15-6 所示。

图 15-3　检查牌照灯

图 15-4　检查仪表照明灯

图 15-5　检查雾灯

图 15-6　检查近光灯

(7)远光灯检查。灯光总开关位于前照灯位置时,将灯光总开关向上拉至远光灯位置,车前观察远光灯点亮状态,如图 15-7 所示。检查完毕后将灯光总开关置于关闭位置。

更换远光灯

(8)顶灯检查。将顶灯开关打开,观察顶灯点亮状态。将顶灯开关置于"DOOR"位置,观察打开车门时,顶灯点亮状态,如图 15-8 所示;观察关闭车门时,顶灯熄灭状态。

(9)行李舱灯检查。打开行李舱时,观察行李舱灯点亮状态,如图 15-9 所示;关闭行李舱时,观察行李舱灯熄灭状态。

图 15-7　检查远光灯

图 15-8　检查顶灯

(10)关闭发动机,释放发动机舱盖,打开发动机舱盖并有效支撑。

(11)安装翼子板布和前格栅布。

(12)断开蓄电池负极,在车上找到照明灯具的位置,按照维修手册拆下照明灯具。

(13)利用万用表检查新照明灯具是否完好无损。

(14)将完好无损的新照明灯具按照维修手册安装。

(15)再次控制灯光开关,观察更换的照明灯具点亮和熄灭状态。

(16)关闭发动机。

(17)收拾工具和量具,进行7S作业。

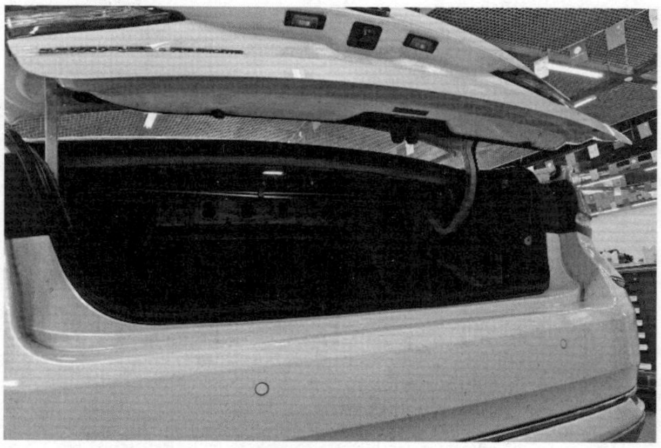

图 15-9 检查行李舱灯

三、评价反馈

通过学习,是否按照任务要求完成相应的工作任务,并通过任务提高自己解决问题的方法和能力。学生和教师展开各种评价,任务评价表见表15-3。

任务评价表 表15-3

序号	评价标准	分值(分)	自评(分)	互评(分)	师评(分)
1	是否服从组长安排,无迟到、早退和旷工	5			
2	着装是否符合标准	5			
3	能否完成小组分派的任务	10			
4	能否积极主动与小组成员沟通,发表自己意见	5			
5	语言表达是否准确,沟通顺畅	5			
6	能否大胆地在同学们面前展示自己学习的成果	5			
7	是否有工作岗位的责任心	5			
8	小组学习中能否主动与其他成员合作	5			
9	能否正确对待他人提出的肯定和否定意见	5			
10	是否合理规范使用工具和设备	10			
11	是否会正安装车内防护五件套和车外防护三件套	5			
12	是否能根据维修手册规范完成拆装与维护照明系统的操作	25			
13	操作过程是否安全、有无掉落工具或零件	5			
14	是否保持现场干净整洁	5			
合计		100			

四、学习拓展

现有一辆大众帕萨特汽车,阅读灯不亮,请你利用所学知识,检测该车的照明系统,并对损坏的元件进行更换。

学习任务二　信号系统的拆装与维护

学习目标

知识目标:

了解信号系统的组成、功用及应用。

技能目标:

能规范完成信号系统的拆装和维护。

素养目标:

1. 在任务实施过程中养成规范检查的习惯;
2. 通过7S规范管理培养学生良好的作业习惯。

任务描述

某轿车的一个左转信号灯出现无法点亮的故障,经技术人员检测分析,确定是前照灯灯泡损坏,需对汽车照明系统进行拆装与维护。

一、资料收集

引导问题1:汽车信号系统有哪些?它们的功用分别是什么?

汽车信号系统的作用是通过声、光信号向其他车辆的驾驶员和行人发出有关车辆运行状况或状态的信息以引起有关人员注意,确保车辆行驶安全。汽车信号装置分为声音信号装置和灯光信号装置。声音信号包括倒车提示、安全带未佩戴提示、车门未关提示、喇叭等。灯光信号装置包括制动灯、倒车灯、转向灯、仪表上的指示灯等。

(1)转向信号灯。转向信号灯又称为转向灯。转向信号灯的功用是当汽车转弯时,向其他车辆和行人发出明暗交替的闪烁信号,指示汽车向左或向右的行驶方向。汽车的前部、后部及侧面各设有左右两组,一般为四只或六只,受转向灯开关和闪光器控制。

(2)转向指示灯。转向指示灯的功用是向驾驶员指示汽车转向方向和转向信号灯工作情况。转向指示灯安装在驾驶室仪表盘上。

(3)危险报警灯。危险报警灯是在紧急情况下发出闪光信号用来报警。当打开危急报警开关时,前、后、左、右及两侧转向信号灯和仪表盘上的转向指示灯同时闪烁,向其他车辆和行人发出危急报警信号。

(4)制动信号灯。制动信号灯的功用是在汽车制动时,向跟进车辆发出红色信号,提醒跟进车辆驾驶员采取相应措施(减速或躲避),以免发生追尾事故。

(5)示廓灯。示廓灯又称为小灯,安装在汽车前、后部两侧边缘上。示廓灯配装在载货汽车和大客车上,安装在汽车前后左右外侧顶部能够指示车身高度和顶部宽度位置。

(6)尾灯。尾灯用于夜间或雨雾天气提示后方车辆,避免追尾事故的发生。

(7)倒车灯。倒车灯用于倒车时照亮后方路面,提醒后方车辆或行人注意。

(8)喇叭。喇叭用以警告行人和其他车辆,保证行车安全。喇叭按发音动力有气动和电动之分。

二、计划与实施

引导问题2:完成本任务(信号系统的拆装与维护),需要使用的工具、量具及检测设备有哪些?

在表15-4中填写本学习任务所需要使用的工具、量具。

工具、量具名称及型号 表15-4

名称	型号

引导问题3:如何拆装与维护信号系统?

(1)穿戴防护用品,准备和清洁工具和量具。

(2)车辆解锁,打开车门,安装车内防护三件套。

(3)仪表指示灯检查。正确起动发动机,观察所有指示灯是否同时亮起,自检后除驻车制动器指示灯之外的所有警示灯是否熄灭。

(4)示廓灯检查。将灯光总开关置于小灯位置,车前、后分别观察示廓灯点亮状态,如图15-10所示。

(5)前照闪光检查。将灯光总开关置于关闭位置,快速上拉和释放灯光总开关,在车前观察前照闪亮状态,如图15-11所示。

图15-10 检查示廓灯

图15-11 检查前照闪光

(6)左转向灯检查。将转向灯开关置于左转向位置,在车辆左侧观察前后左转向灯闪亮状态,如图15-12所示,观察仪表盘上左转信号指示灯闪亮状态;将转向盘向右侧转动,观察转向开关能否自动回位。

转向灯更换

(7)右转向灯检查。将转向灯开关置于右转向位置,在车辆右侧观察前后右转向灯闪亮状态,如图15-13所示,观察仪表盘上右转信号指示灯闪亮状态;将转向盘向左侧转动,观察转向开关能否自动回位。

图15-12　检查左转向灯

图15-13　检查右转向灯

(8)危险报警灯检查。将危险报警灯打开,观察车辆前后左右所有的转向灯闪亮状态,如图15-14所示,观察仪表盘上危险报警指示灯闪亮状态。

(9)制动灯检查。踩下制动踏板时,观察制动灯点亮状态,如图15-15所示;释放制动踏板时,观察制动灯熄灭状态。

图15-14　检查危险报警灯

图15-15　检查制动灯

(10)倒车灯检查。将变速器挡位置于倒挡位置,观察倒车灯点亮状态,如图15-16所示;将变速器挡位置于空挡或驻车挡位置,观察倒车灯熄灭状态。

(11)根据仪表指示灯的作用,分别进行相应操作,观察对应仪表指示灯点亮和熄灭状态。

(12)按下喇叭开关,如图15-17所示,注意听是否有喇叭响声。

(13)关闭发动机,释放发动机舱盖,打开发动机舱盖并有效支撑。

图 15-16　检查倒车灯

图 15-17　按下喇叭开关

(14)安装翼子板布和前格栅布。

(15)断开蓄电池负极,在车上找到照明灯具的位置,按照维修手册拆下照明灯具。

(16)检查新信号灯具是否完好无损。

(17)将完好无损的新信号灯具按照维修手册安装。

(18)再次控制灯光开关,观察更换的信号灯具点亮和熄灭状态。

(19)关闭发动机。

(20)收拾工具和量具,进行7S作业。

三、评价反馈

通过学习,按照任务要求完成相应的工作任务,并通过任务提高自己解决问题的方法和能力。学生和教师展开各种评价,评价表见表15-5。

任务评价表　　表15-5

序号	评价标准	分值(分)	自评(分)	互评(分)	师评(分)
1	是否服从组长安排,无迟到、早退和旷工	5			
2	着装是否符合标准	5			
3	能否完成小组分派的任务	10			
4	能否积极主动与小组成员沟通,发表自己意见	5			
5	语言表达是否准确,沟通顺畅	5			
6	能否大胆地在同学们面前展示自己学习的成果	5			
7	是否有工作岗位的责任心	5			
8	小组学习中能否主动与其他成员合作	5			
9	能否正确对待他人提出的肯定和否定意见	5			
10	是否合理规范使用工具和设备	10			
11	是否会正安装车内防护五件套和车外防护三件套	5			

续上表

序号	评价标准	分值（分）	自评（分）	互评（分）	师评（分）
12	是否能根据维修手册规范完成拆装与维护信号系统的操作	25			
13	操作过程是否安全、有无掉落工具或零件	5			
14	是否保持现场干净整洁	5			
合计		100			

四、学习拓展

现有一辆大众帕萨特汽车，制动灯不亮，请你利用所学知识，检测该车的信号系统，并对损坏的元件进行更换。

自我检测

专业知识题

一、单选题(下列各题的四个备选答案中只有一个是符合题意的正确答案，请做出选择)

1. 当顶灯开关置于“DOOR”时，顶灯应(　　)。

A. 顶灯常亮　　B. 顶灯常灭　　C. 开门时顶灯亮　　D. 以上均不对

2. 制动灯灯光的颜色应为(　　)。

A. 红色　　B. 黄色　　C. 白色　　D. 蓝色

3. 车辆行驶时，驾驶员没有系好安全带，此时，仪表盘上(　　)。

A. 安全带指示灯不亮　　B. 安全带指示灯亮

C. 安全带指示灯闪动　　D. 以上均不正确

二、判断题(请对下列各题判断正误，正确的打“√”，错误的打“×”)

1. 制动灯属于汽车照明系统装置。(　　)
2. 牌照灯属于汽车照明系统装置。(　　)
3. 示廓灯属于汽车信号系统装置。(　　)
4. 牌照灯属于汽车信号系统装置。(　　)

三、多选题(下列各题的四个备选答案中有两个或两个以上符合题意的正确答案，请做出选择，错选、多选或漏选均不给分)

1. 下列属于汽车信号装置的是(　　)。

A. 转向灯　　B. 危险警告灯　　C. 制动灯　　D. 雾灯

2. 下列属于汽车照明装置的是(　　)。

A. 远光灯　　B. 阅读灯　　C. 制动灯　　D. 雾灯

技能操作题

一辆轿车，在使用过程时，发现远光灯不能正常工作。请根据你所掌握的相关知识和技能,回答以下问题。

1.(多选题)远光灯不能正常工作可能的原因是(　　)。

A. 蓄电池电压不足

B. 与远光灯相关的熔断器损坏

C. 与远光灯相关的继电器损坏

D. 前照灯总成松动

2.(判断题)检查远光灯是否工作时,如果远光灯正常点亮,可以不用检查闪光状态。(　　)

A. 正确　　　　B. 错误

3.(单选题)关于远光灯的说法正确的是(　　)。

A. 拆卸远光灯需要先断开蓄电池负极

B. 在夜间行车时,可以长时间开启远光灯

C. 当倒车时,远光灯必然点亮

D. 远光灯的灯具总成稍微松动,可以不用管

4.(单选题)关于更换远光灯的说法,正确的是(　　)。

A. 更换新灯具时可用瓦数大点的灯泡进行替换,以增强灯的亮度

B. 拆卸灯具时应立即将新灯具装上,以防灯具总成有湿气进入

C. 可以用手直接触摸灯具玻璃

D. 远光灯更换完成后,拨动灯光总开关,只要远光灯能点亮,就可以直接交给车主使用

5.(单选题)对前照灯拆装与维护的正确步骤是(　　)。

①穿戴防护用品,准备和清洁工具和量具。

②车辆解锁,打开车门,安装车内防护三件套。

③正确起动发动机。

④将灯光总开关从小灯位置置于前照灯位置,车前观察近光灯点亮状态,驾驶室内观察仪表盘上近光灯指示灯点亮状态。

⑤灯光总开关位于前照灯位置时,将灯光总开关向上拉至远光灯位置,车前观察远光灯点亮状态,驾驶室内观察远光灯指示灯点亮状态。

⑥将灯光总开关置于关闭位置。快速上拉和释放灯光总开关,在车前观察前照灯闪亮状态。

⑦关闭发动机,释放发动机舱盖,打开发动机舱盖并有效支撑。

⑧安装翼子板布和前格栅布。

⑨断开蓄电池负极。

⑩在车上找到前照灯总成的位置,按照维修手册拆下照明灯具。

⑪利用万用表检查新照明灯具是否完好无损。

⑫将完好无损的新照明灯具按照维修手册安装。

⑬再次控制灯光总开关,观察更换的照明灯具点亮和熄灭状态。

⑭关闭发动机。

⑮收拾工具和量具,进行7S作业。

A. ①-②-③-⑩-⑪-⑫-④-⑤-⑥-⑦-⑧-⑨-⑬-⑭-⑮

B. ①-②-③-④-⑤-⑦-⑧-⑨-⑩-⑪-⑫-⑬-⑥-⑭-⑮

C. ①-②-⑧-⑨-③-④-⑤-⑥-⑦-⑩-⑪-⑫-⑬-⑭-⑮

D. ①-②-③-④-⑤-⑥-⑦-⑧-⑨-⑩-⑪-⑫-⑬-⑭-⑮

项目十六

仪表与报警系统

汽车仪表与报警系统是驾驶员与汽车进行信息交流的重要窗口，是汽车安全行驶的重要保证。

汽车仪表所需显示的信息量逐渐增多，对信息与人的交互性、网络共享性及精确度提出更高的要求，仅仅显示里程、车速、发动机转速、冷却液温度等的传统仪表已经很难满足现代汽车的需求。如今汽车电子化程度越来越高，ABS、ASR、SRS、ESP、EFI、胎压监测等技术不断应用到汽车上，汽车电子控制装置必须迅速、准确地处理各种信息，并通过汽车仪表显示出来，使驾驶员及时了解并掌握汽车的运行状态，妥善处理各种情况。

随着现代电子技术的发展，汽车仪表通过不断升级逐渐向智能化、电子化、数字化、网络化方向发展。

学习任务一　仪表系统构造与拆装

学习目标

知识目标：

了解汽车仪表与系统的作用与组成。

技能目标：

1. 能正确认识仪表；
2. 能够对汽车仪表盘进行更换。

素养目标：

1. 通过仪表显示引导学生了解汽车新技术发展，培养学生创新意识；
2. 养成良好的沟通技巧，树立安全操作意识。

任务描述

一辆哈弗 M6 plus 车的仪表盘在使用过程中由于撞击使仪表盘破损，现在需要更换仪表盘，请你按维修标准完成更换任务。

一、资料收集

引导问题1:汽车仪表系统的作用是什么?

汽车仪表报警系统是反映车辆各个系统工作状况的装置。为了使驾驶员随时观察与掌握汽车各系统的工作状态,在驾驶室仪表板上设有各种指示仪表。图16-1所示为哈弗M6汽车仪表盘。

图16-1　哈弗M6汽车仪表盘

随着汽车排放、节能、安全和舒适性等使用性能不断提高,使得汽车电子控制装置的应用程度也越来越高。汽车电子仪表不仅具有现有的车速、里程、发动机转速、燃油、水温、转向灯指示等指示功能,还具有轮胎气压、制动装置、安全气囊、发动机自检等报警功能。

引导问题2:汽车仪表系统的组成是什么?

仪表总成主要由电路板、仪表面罩、底壳组成。主体部分是电路板。电路板上安装有指示灯、控制器、步进电机。哈弗M6汽车仪表盘结构如图16-2所示。

a) 仪表面罩

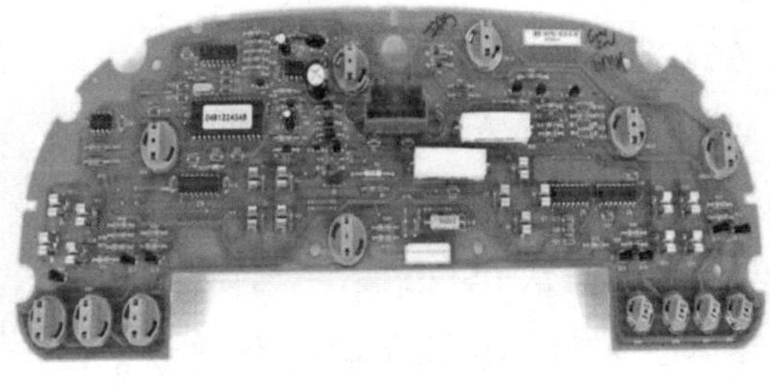

b) 电路板

图16-2　哈弗M6汽车仪表盘结构

引导问题3:汽车仪表系统的组成是什么?

汽车仪表主要包括:车速里程表、发动机转速表、水温表、燃油表、机油压力表等。

报警系统主要包括:蓄电池及发电系统报警灯、制动液液面报警、机油压力报警、燃油量报警、水温报警、倒车报警、座椅安全带未系报警、前照灯未关及点火钥匙未拔报警等。汽车仪表及报警系统如图16-3所示。

(1)车速里程表。如图16-4所示,车速里程表是用来指示汽车行驶速度和累计行驶里程数的仪表,它由车速表和里程表两部分组成。

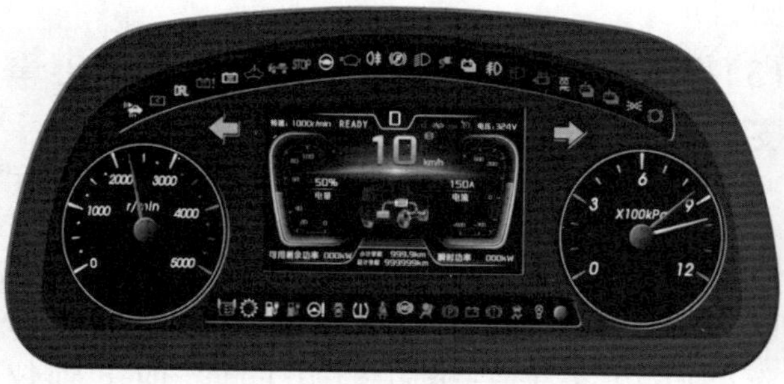

图 16-3 汽车仪表及报警系统示意图

图 16-4 汽车仪表实物图

(2)发动机转速表。如图 16-4 所示,发动机转速表用来指示发动机运转速度的仪表,通常设置在仪表板内,与车速里程表对称地放置在一起。一般转速表单位是 kr/min 即显示发动机每分钟转多少千转。驾驶员可以通过该表了解发动机的运转情况,并据此决定挡位和节气门的配合,使车辆处于最佳运行状态,减少油耗,延长发动机寿命。

(3)水温表。如图 16-5 所示,水温表用来指示发动机内部冷却液温度的仪表,单位是摄氏度。由于传统汽车发动机都是用水来充当冷却液,所以称为水温表。现代汽车基本上都已用上了专门的冷却液。水温表由装在气缸盖水套中的温度传感器和装在仪表板上的水温指示表组成。

(4)燃油表。燃油表是用来指示燃油箱内燃油储存量的仪表,它由装在燃油箱内的传感器和装在仪表板上的燃油指示表组成。燃油表中的“1/1”“1/2”和“0”分别表示满油、半箱油和无油,也有车型用“F”表示满油、“E”表示无油。

图 16-5 水温、燃油表实物图

二、计划与实施

引导问题 4:完成汽车仪表盘拆装,需要使用的工具、量具有哪些?

将本学习任务中所用的工具和量具填写入表 16-1。

工具、量具名称及型号 表 16-1

名称	型号

引导问题 5:汽车仪表盘拆装流程是什么?

(1)断开蓄电池负极。

注意事项:断开电缆后请等待 90s,以防止安全气囊引爆。

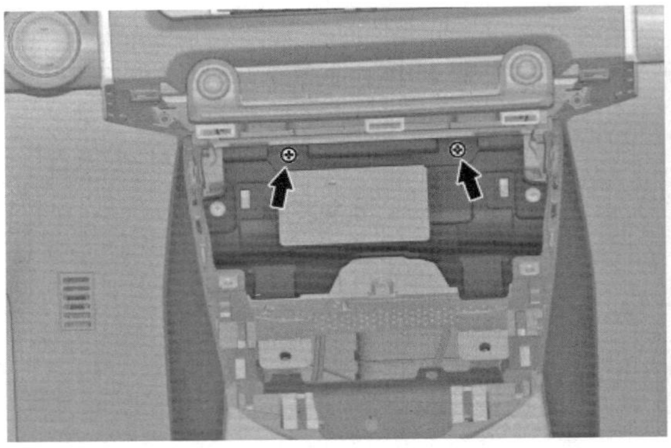

图16-6　前端螺钉位置图

(2)拆卸换挡手球,分离11个卡子,取下中控面板总成。

(3)拆下8个螺钉、分离6个卡子,取下中控面板支架总成,拆卸换挡器总成。

(4)如图16-6所示,拆下前端2个螺钉,打开副仪表板肘枕总成。

(5)如图16-7a)所示,拆下2个螺钉,从后向前依次分离13个卡子,断开线束插件,取下副仪表板控制面板总成。

(6)如图16-7b)所示,拆下2个螺栓,取出扶手箱胶垫,如图16-7c)所示拆下胶垫下2个螺栓。

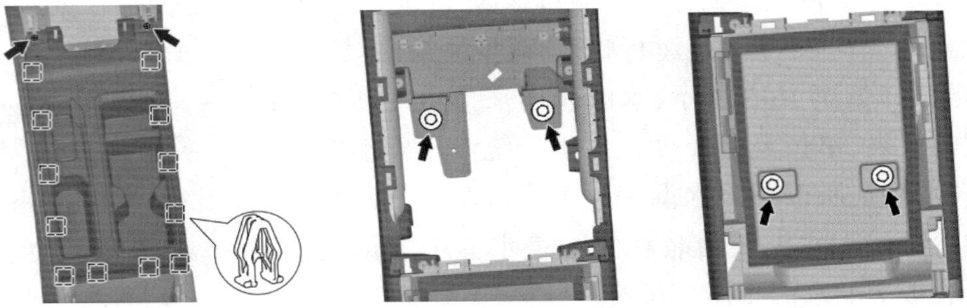

a)　　b)　　c)

图16-7　前端螺钉位置图

(7)如图16-8所示,分离1个卡扣、3个卡子,断开线束插件,取下副仪表板左前护板,拆下副仪表板左前护板下1个螺栓。

(8)如图16-9所示,分离1个卡扣、3个卡子,取下副仪表板右前护板,拆下副仪表板右前护板下1个螺栓。

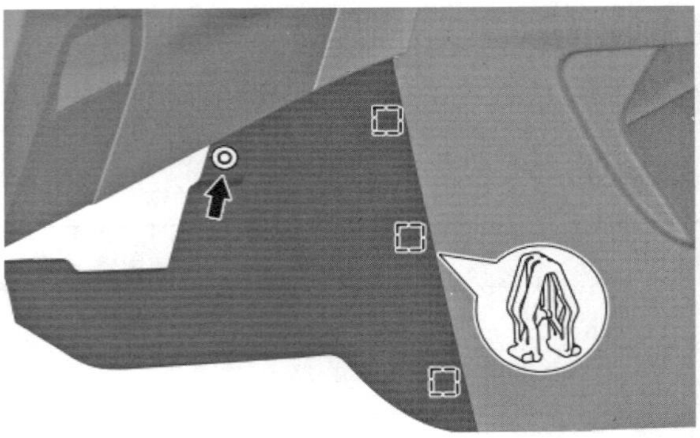

图16-8　卡扣卡子位置图

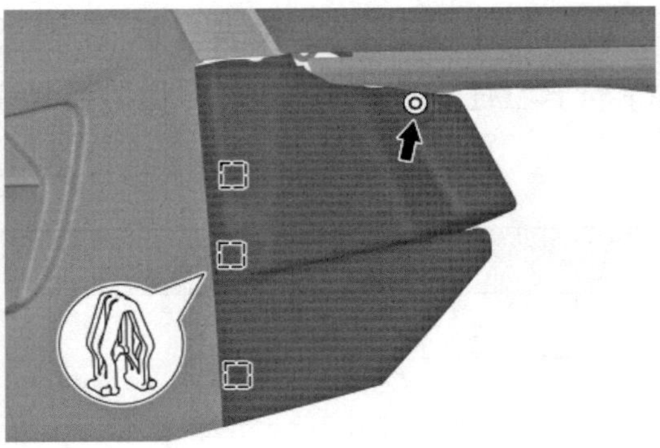

图16-9　卡扣卡子位置图

(9)断开线束插件,取下副仪表板。

(10)如图16-10所示,分离8个卡爪,取下组合仪表面罩,拆下组合仪表。

(11)安装组合仪表,安装组合仪表面罩,安装8个卡爪。

(12)接通线束,安装副仪表板,接通蓄电池负极。

(13)安装完毕后整理、清理工具和量具,做好场地和车辆的清洁卫生。

三、评价反馈

通过学习,按照任务要求完成相应的工作任务,并通过任务提高自己解决问题的方法和能力。学生和教师展开各种评价,任务评价表见表16-2。

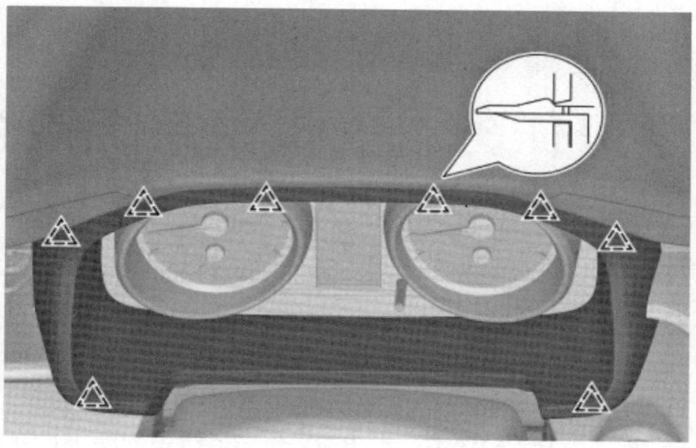

图16-10　仪表盘的拆卸

任务过程评价表

表16-2

序号	评价标准	分值(分)	自评(分)	互评(分)	师评(分)
1	是否服从组长安排,无迟到、早退和旷工	5			
2	着装是否符合标准	5			
3	能否完成小组分派的任务	5			
4	能否积极主动与小组成员沟通,发表自己意见	5			
5	语言表达是否准确,沟通顺畅	5			
6	能否大胆地在同学们面前展示自己学习的成果	5			
7	是否有工作岗位的责任心	5			
8	小组学习中能否主动与其他成员合作	5			
9	能否正确对待他人提出的肯定和否定意见	5			
10	是否合理规范使用工具和设备	5			
11	是否会正确安装车内防护五件套和车外防护三件套	5			
12	是否能正确拆卸副仪表板	10			
13	是否能正确拆卸仪表盘	10			
14	是否能正确安装仪表盘及副仪表板	15			
15	是否保持现场干净整洁	5			
16	能否按照安全和规范的规程操作	5			
合计		100			

四、学习拓展

现有一辆纯电动汽车,发现仪表盘损坏,请你制订该仪表盘更换实施方案。

学习任务二　报警系统检查与维护

学习目标

知识目标：

了解汽车仪表报警系统的作用与组成。

技能目标：

能够对仪表报警系统进行检查与维护。

素养目标：

1. 通过仪表显示引导学生了解汽车新技术发展，培养学生创新意识；
2. 养成良好的沟通技巧，树立安全操作意识。

任务描述

一辆轿车的仪表盘在使用过程中水温报警灯一直闪烁，现在需要对仪表报警进行检查维护，请你按标准完成更换任务。

一、资料收集

引导问题4：汽车仪表报警系统的作用是什么？

仪表报警系统的主要功能是监控发动机和汽车的工作状况，以便驾驶员能够通过仪表和报警装置迅速获取汽车及发动机的运行参数和任何异常信息，从而确保汽车的安全与稳定运行。

引导问题5：汽车仪表报警系统的组成是什么？

汽车常见的报警灯见表16-3。

常见报警灯　　表16-3

图标	名称	作用
	发动机报警灯	该指示灯用来监测车辆发动机的工作状况，如常亮则说明车辆的发动机出现了机械或电控故障，需要维修
	机油报警灯	该指示灯用来监测发动机内机油的压力状况。该指示灯常亮，说明该车发动机机油压力超出规定标准，需要维修
	燃油报警灯	该指示灯用来监测车辆内储油量的多少，如起动后该指示灯点亮，则说明车内油量已不足

续上表

图标	名称	作用
	电子节气门报警灯	常见于大众品牌车型中。如车辆起动后仍不熄灭，说明车辆电子节气门的机械与电子系统出现故障
	水温报警灯	该指示灯用来监测发动机内冷却液的温度，水温指示灯常亮，说明冷却液温度超过规定值，须立刻暂停行驶。水温正常后熄灭
	驻车制动报警灯	该指示灯用来监测车辆驻车制动的状态，平时为熄灭状态。当驻车制动起作用时，该指示灯自动点亮。当驻车制动未起作用时，该指示灯自动熄灭。有的车型在行驶中驻车制动起作用会伴随有警告音
	制动片报警灯	该指示灯是用来监测车辆制动片磨损的状况。一般该指示灯为熄灭状态，当制动片出现故障或磨损过度时，该灯点亮，修复后熄灭
	ABS 报警灯	该指示灯用来监测 ABS 工作状况。起动后点亮，表明 ABS 出现故障，需维修
	充电报警灯	该指示灯用来监测充电系统。打开点火开关，车辆开始自检时，该指示灯常亮。起动后自动熄灭。如果起动后指示灯常亮，说明充电系统出现问题，需要维修
	车门报警灯	该指示灯用来监测车辆各车门关闭状况，任意车门未关上，或者未关好，该指示灯都点亮相应的车门指示灯，提示车主车门未关好，当车门关闭或关好时，相应车门指示灯熄灭
	风窗玻璃清洗液报警灯	该指示灯是用来监测车辆风窗玻璃清洗液的多少，平时为熄灭状态，该指示灯点亮时，说明车辆所装载风窗玻璃清洁液已不足，需添加清洗液
	安全气囊报警灯	该指示灯用来监测安全气囊的工作状态，如果常亮，则表示安全气囊出现故障
	安全带报警灯	该指示灯用来监测安全带是否处于锁止状态，当该灯点亮时，说明安全带没有及时地扣紧。有些车型会有相应的提示音。当安全带被及时扣紧后，该指示灯自动熄灭

引导问题3:汽车仪表报警系统常见的报警是什么?

汽车仪表盘上的故障灯有几十种,其中比较常见的有:机油报警灯、发动机故障灯、制动系统故障灯、胎压报警灯、水温报警灯、充电报警灯、风窗玻璃清洗液报警灯、车门未关报警灯、安全带未系报警灯、ABS 报警灯等。

二、计划与实施

引导问题4:完成汽车仪表报警系统的维护,需要使用的工具、量具有哪些?

在表16-4中填写本学习任务所需要使用的工具和量具。

工具、量具名称及型号 表16-4

名称	型号

引导问题5:汽车仪表报警系统(以水温报警为例)检查与维护流程是什么?

提示:当水温警报灯亮起的时候,则说明发动机温度过高。其本质是发动机散热效果不好,需要停车检查车辆故障,如果再继续行驶的话,有可能导致发动机损坏。

(1)供电电压检测。断开传感器的插头,然后利用万用表测量两线间的电压。标准的读数应为基准电压5V左右(某些车型可能直接提供12V电压给水温传感器,如给水温表的)。这一步骤的目的是确保传感器接收正确的电压。

(2)数据流读取。通过诊断工具读取水温传感器的数据流。正常情况下,水温信号应大致在95℃(高温发动机可能在115℃)。如果发现异常信号,如读数显示为-40℃(可能指示断路或对负极短路),或持续显示为130℃不变(可能指示对正极短路),则需要进行进一步的检修。

(3)电阻检测。对水温传感器进行加热,并在此过程中测量其电阻值的变化。在外部环境温度为30℃时,传感器的电阻通常应在1.4kΩ至1.9kΩ之间。此测试可帮助确定传感器是否对温度变化作出正确响应。

(4)检查水箱表面是否脏污和散热风扇是否损坏,如有则清洗水箱或维修散热风扇。

(5)检查冷却液液位是否正常,如缺少冷却液则添加冷却液或维修冷却系统。

(6)检查冷却系统是否渗漏冷却液,有渗漏则维修渗漏部位。

(7)检查水泵是否正常运转,不正常则维修或更换水泵。

(8)检查汽缸垫是否损坏,如有损坏则维修或更换。

三、评价反馈

通过学习,按照任务要求完成相应的工作任务,并通过任务提高自己解决问题的方法和能力。学生和教师展开各种评价,任务评价表见表 16-5。

任务过程评价表

表 16-5

序号	评价标准	分值(分)	自评(分)	互评(分)	师评(分)
1	是否服从组长安排,无迟到、早退和旷工	5			
2	着装是否符合标准	5			
3	能否完成小组分派的任务	5			
4	能否积极主动与小组成员沟通,发表自己意见	5			
5	语言表达是否准确,沟通顺畅	5			
6	能否大胆地在同学们面前展示自己学习的成果	5			
7	是否有工作岗位的责任心	5			
8	小组学习中能否主动与其他成员合作	5			
9	能否正确对待他人提出的肯定和否定意见	5			
10	是否合理规范使用工具和设备	5			
11	是否会正确安装车内防护五件套和车外防护三件套	5			
12	是否能正确检查汽车仪表报警系统	10			
13	是否能正确检查水温报警系统	10			
14	是否能正确排除水温报警故障	15			
15	是否保持现场干净整洁	5			
16	能否按照安全和规范的规程操作	5			
合计		100			

四、学习拓展

现有一辆汽车,发现机油压力报警,请你制定机油报警系统检查与故障排除实施方案。

自我检测

专业知识题

一、单选题(下列各题的四个备选答案中只有一个是符合题意的正确答案,请做出选择)

1. 若负温度系数热敏电阻水温传感器的电源线直接搭铁,则水温表(　　)。

A. 指示值最大　　B. 指示值最小　　C. 没有指示　　D. 来回摆动

2. 若通向燃油传感器的线路搭铁,则对于电磁式燃油表的指示值(　　)。

A. 为“零 ”　　B. 为“1”　　C. 摆动　　D. ∞

3. 若稳压器工作不良,则(　　)。

A. 只有电热式水温表和双金属式机油压力表示值不准

B. 只有电热式燃油表和双金属式机油压力表示值不准

C. 只有电热式水温表和电热式燃油表示值不准

D. 所有工作表示值都不准

4. 燃油传感器的可变电阻采用末端搭铁是为了(　　)。

A. 便于连接导线　　B. 避免产生火花　　C. 搭铁可靠　　D. 安装美观

二、判断题(请对下列各题判断正误,正确的打"√",错误的打"×")

1. 拧装油压传感器时,必须保证箭头向下方。(　　)

2. 油压表在发动机正常工作情况下应指示在20～40kPa。(　　)

3. 发动机处于正常的工况下,油压表指示值应超过5kPa。(　　)

4. 发动机正常工作时,水温表应在75～90℃之间。(　　)

5. 燃油表指针指在"1/2"时,表示油箱无油。(　　)

6. 仪表稳压器不能使输出电压保持稳定。(　　)

7. 当机油压力低于6～10kPa时,机油压力警告灯亮。(　　)

三、多选题(下列各题的四个备选答案中有两个或两个以上符合题意的正确答案,请做出选择,错选、多选或漏选均不给分)

1. 汽车上常见仪表有(　　)。

A. 发动机转速表　　B. 冷却液温度表

C. 燃油表　　D. 车速里程表

2. 下列属于汽车报警装置的有(　　)。

A. 燃油不足报警灯　　B. 冷却液温度过高报警灯

C. 气压过低报警灯　　D. 转向指示灯

3. 电子仪表板最常用的显示器是(　　)。

A. 发光二极管　　B. 液晶显示器

C. 真空荧光显示器　　D. 阴极射线管

技能操作题

汽车仪表与报警系统的检查与维护

某车主到店进行维护保养,对仪表进行检查与维护时发现仪表有指示不正常现象,请根据你所掌握的相关知识和技能,回答以下问题。

1. (多选题)在仪表检查过程中,发现两个仪表同时不工作,应(　　)。

A. 检查仪表熔丝是否损坏

B. 电源稳压器是否有故障

C. 检查对应仪表传感器

D. 检查对应仪表线路

2. (多选题)仪表板上如图6-11所示的灯长亮,表示(　　)。

图6-11　仪表板上某灯

A. 安全气囊系统故障　　B. 安全带预紧系统故障

C. 未系安全带　　　　　　　　　　D. 乘坐人超重

3.（单选题）当充电指示灯亮起时，通常意味着（　　）。

A. 电池或电路故障　　　　　　　　B. 充电系统出现问题

C. 蓄电池正常发电　　　　　　　　D. 充电系统正常充电

4.（判断题）系统进行自检后，如系统无故障，仪表板上所有的灯都会熄灭（　　）。

A. 正确　　　　B. 错误

5.（多选题）机油压力警告灯亮后，正确的操作是（　　）。

A. 立即停止行驶，并关闭发动机

B. 检查机油情况，如果机油液位过低或没有机油，应及时添加

C. 检查机油泵和滤清器是否存在问题

D. 更换机油和滤清器

项目十七

车身辅助电器系统

汽车辅助电器设备在现代汽车中扮演着至关重要的角色,它们的作用广泛而多样,汽车辅助电气设备在提高汽车性能、提供舒适性和便利性、增强娱乐性和安全性以及实现监测和报警功能等方面都发挥着不可或缺的作用。随着汽车技术的不断发展,辅助电气设备的功能和性能也将不断提升,为驾驶者和乘客带来更加美好的用车体验。

辅助电器设备包括电动车窗、电动后视镜、电动刮水器及洗涤器、中控门锁、电动座椅、电动天窗、空调系统等。汽车辅助电器设备有不断增加的趋势,主要在舒适性、娱乐性、安全性等方面发展。

学习任务一　电动车窗的拆装与维护

学习目标

知识目标:

1. 掌握电动车窗的基本构造;
2. 了解电动车窗的主要部件的功能。

技能目标:

能够安全、规范地拆卸和安装电动车窗组件。

素养目标:

培养安全意识、细致耐心、团队合作、责任感及客户服务意识等职业素养。

任务描述

一辆别克君威轿车的驾驶侧车窗玻璃不能升降了,检测发现是车窗电机损坏,现在需更换车窗电机,请你按标准完成这个任务。

一、资料收集

引导问题1:汽车电动车窗的作用是什么?

为了使驾驶员更加集中精力驾车,方便驾驶员及乘客的操作,许多轿车采用了电动车窗。驾驶员和乘客只需操纵车窗升降开关,就可以使汽车门窗玻璃自动上升或者下降。

电动车窗系统是通过开关操作开闭车窗的系统。当电动车窗开关操作时,电动车窗电动机旋转,车窗开闭调节器把电动车窗马达的旋转运动转换成上下运动打开或关闭车窗。所以电动车窗系统包括下面的功能。

(1)手动开/关的功能:当电动车窗开关被推或拉到一半时,窗户打开或关闭直至开关被松开。

(2)单触式自动开/关功能:当电动车窗开关被推或拉到底时,窗户全开或全关。

(3)车窗锁止功能:当车窗锁止开关打开时,除驾驶员车窗,所有车窗打开和关闭功能失效。

引导问题2:电动车窗由哪些部件组成?

电动车窗由车窗玻璃、玻璃升降器、电机、继电器、开关和ECU等装置组成。其中,玻璃升降器是电动车窗的主要部件,如图17-1所示。

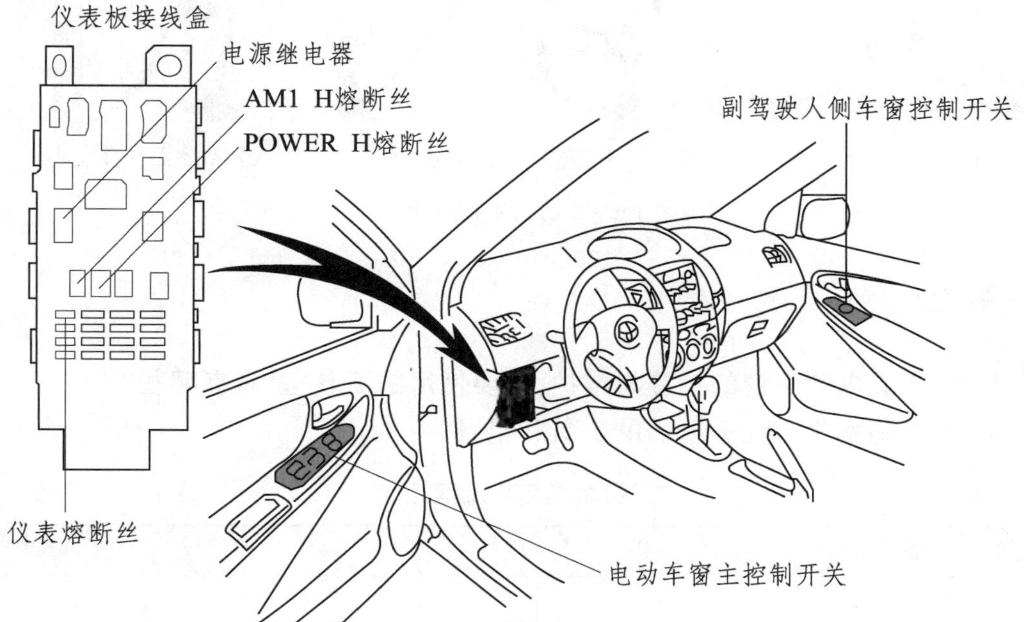

a) 电器元件位置图

b) 总体结构位置图

图17-1 电动车窗部件在车上的布置

电动车窗上的电动机是双向的,有永磁式的,也有双绕组串励式的。每个车门各有一个电机,通过开关控制电动机中的电流方向从而控制玻璃的升降。控制开关一般有两套,一套为总开关,装在仪表板或驾驶员侧的车门上,这样驾驶员就可以控制每个车窗玻璃的升降。另一套为分开关,分别安装在每个车窗上,这样乘客也可以对各个车窗进行升降控制。

常见的电动车窗升降机构有绳轮式、交臂式和软轴式(图17-2)等几种,其中绳轮式和交臂式电动车窗升降机构使用较为广泛。

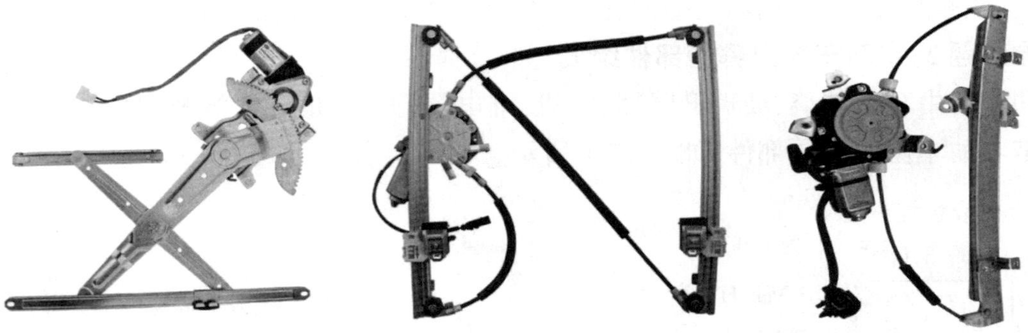

a) 交臂式升降机构　　b) 绳轮式升降机构　　c) 软轴式升降机构

图17-2　玻璃升降机构

二、计划与实施

引导问题3:完成电动车窗的拆装与维护,需要使用的工具、量具有哪些?

在表17-1中填写本学习任务所需的工具和量具。

工具、量具名称及型号　　表17-1

名称	型号

引导问题4:电动车窗的拆装步骤是什么?

(1)将车窗玻璃调整至一半的位置。

(2)断开蓄电池负极。

(3)用平刃塑料工具拆下前侧门装饰板固定螺栓盖,拆下前侧门装饰板固定螺栓,如图17-3所示。

(4)用平刃塑料工具拆下前侧门装饰板内外卡夹。

(5)向上拉动门锁固定件拉线以便分离,如图17-4所示。

(6)断开前侧门装饰板上附件开关总成电气连接和装饰板线束连接。

(7)取下前侧门装饰板。

(8)用平刃塑料工具拆下前侧门车窗装饰条,如图17-5所示。

a) 拆装饰板螺栓盖

b) 拆装饰板螺栓

图 17-3 拆装饰板螺栓盖和螺栓

(9)拆前侧门挡水板,如图 17-6 所示。(将电气连接器和车门锁止拉线从车门上拆下时,将其穿过挡水板。注意:确保前侧门挡水板防漏)

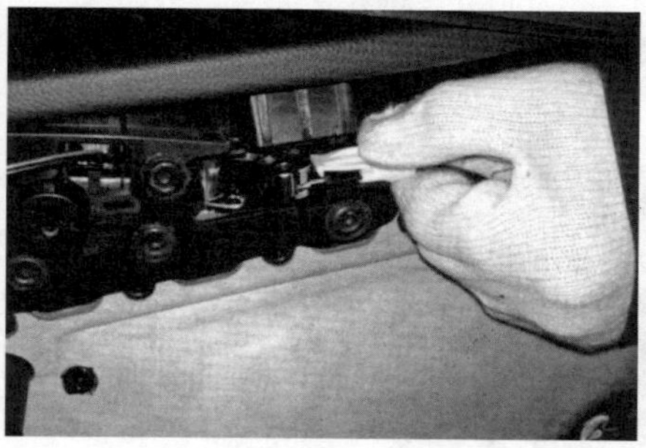

图 17-4 分离门锁固定拉线

图 17-5 前侧门装饰条

图 17-6 拆前侧门挡水板

(10)使用合适的冲头工具并推第一个车窗玻璃升降器窗框,将车窗向上拉以将其从窗框分离,如图 17-7 所示。

(11)将车窗举至足够高并使用合适的冲头工具并推第二个车窗玻璃升降器窗框,将车窗向上拉以将其从窗框分离。

(12)必要时旋转前侧门车窗,将其从前侧门上拆下。

(13)断开车窗电机电气连接,如图 17-8 所示。

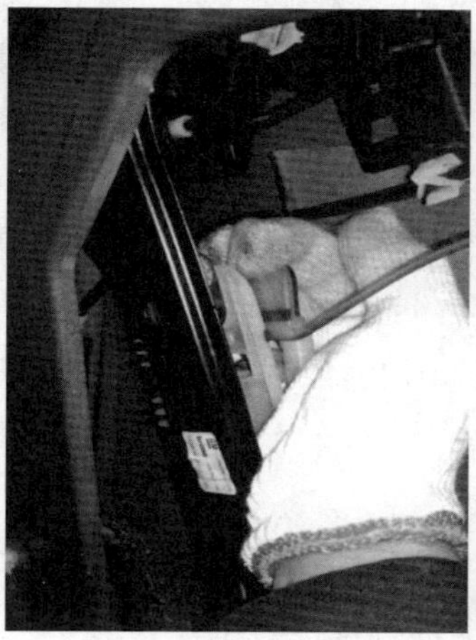

图 17-7 取出窗框

图17-8 断开车窗电气连接

(14)拆前车窗升降器螺栓(5 颗),取出车窗玻璃升降器,如图 17-9 所示。

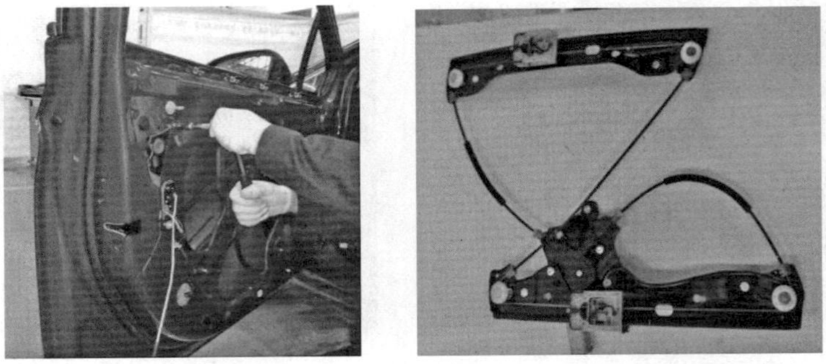

a) 拆卸车窗升降器螺栓　　b) 取出车窗玻璃升降器总成

图 17-9　拆车窗升降器螺栓

(15)从前侧门玻璃升降器上拆下车窗电机螺栓(3 颗),取下车窗电机,如图 17-10 所示。

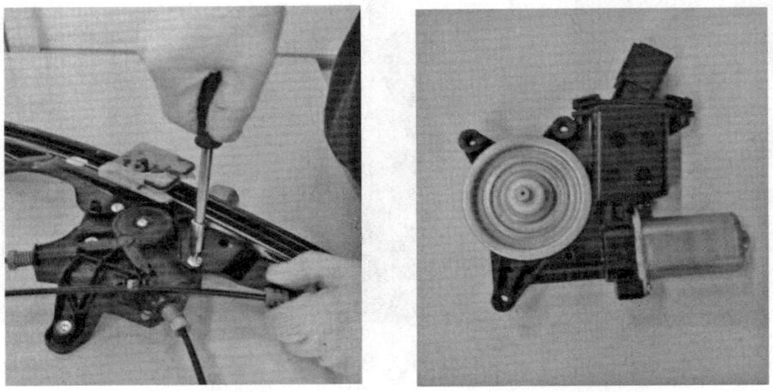

a) 拆车窗电机　　b) 车窗电机

图 17-10　拆车窗电机

(16)将车窗电机安装到玻璃升降器上,按规定力矩拧好螺栓,如图 17-11 所示。

(17)安装玻璃升降器,按规定力矩拧紧玻璃升降器螺栓,如图 17-12 所示。

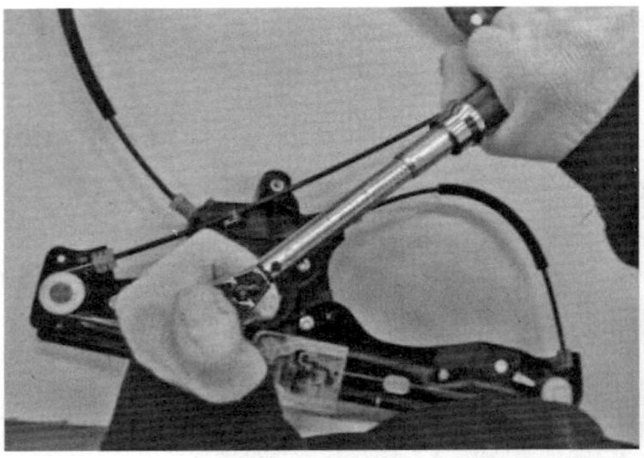

图 17-11　安装车窗电机

图 17-12　紧固车窗玻璃升降器螺栓

(18)连接车窗电机电气连接,安装车窗玻璃。

(19)安装挡水板和安装前侧门车窗装饰条。

(20)将前侧门装饰板的附件开关总成电气连接和装饰板线束连接好。

(21)安装门锁固定拉线,将前侧门装饰板板线束装回固定卡夹。

(22)安装前侧门装饰板,安装前侧门装饰板螺栓。

(23)安装前侧门装饰板螺栓盖,连接蓄电池负极,打开点火开关至 ACC 挡,将车窗开关分别置于上升或下降位置，检测车窗电机安装是否正确。

(24)安装完毕后整理、清理工具和量具，做好场地和车辆的清洁卫生。

三、评价反馈

通过学习，按照任务要求完成相应的工作任务，并通过任务提高自己解决问题的方法和能力。学生和教师展开各种评价，任务评价表见表 17-2。

任务过程评价表

表 17-2

序号	评价标准	分值(分)	自评(分)	互评(分)	师评(分)
1	是否服从组长安排，无迟到、早退和旷工	5			
2	着装是否符合标准	5			
3	能否完成小组分派的任务	5			
4	能否积极主动与小组成员沟通，发表自己意见	5			
5	语言表达是否准确，沟通顺畅	5			
6	能否大胆地在同学们面前展示自己学习的成果	5			
7	是否有工作岗位的责任心	5			
8	小组学习中能否主动与其他成员合作	5			
9	能否正确对待他人提出的肯定和否定意见	5			
10	是否合理规范使用工具和设备	5			
11	是否会正确安装车内防护五件套和车外防护三件套	5			
12	是否能正确拆卸车门内饰	10			
13	是否能正确拆卸电动车窗电机	10			
14	是否能正确安装电动车窗电机及车门内饰	15			
15	是否保持现场干净整洁	5			
16	能否按照安全和规范的规程操作	5			
合计		100			

四、学习拓展

现有一辆混合动力电动汽车，发现车窗下降时，电动玻璃突然不能升降，请你制订该系统检查和更换实施方案。

学习任务二　电动后视镜拆装与维护

学习目标

知识目标：

掌握电动后视镜的作用和基本构造。

技能目标：

能够安全、规范地拆卸和安装电动后视镜组件。

素养目标：

1. 在实施任务过程中养成规范作业的习惯；
2. 养成科学严谨的精益求精的职业作风。

任务描述

一辆轿车的电动后视镜不能调节了，检测发现是后视镜电机损坏，现在需更换后视镜电机，请你按标准完成这个任务。

一、资料收集

引导问题1：汽车后视镜的作用是什么？

汽车后视镜，反映汽车后方、侧方的情况，大型商用车(大货车和大客车)还有下后视镜用于察看车前部的死角，使驾驶者可以间接看清楚这些位置的情况。汽车后视镜，通常分为车外和车内两种。对于车外后视镜(图17-13)，汽车左右两侧都有，其功用主要是让驾驶人观察汽车后侧的行人、车辆以及其他障碍物的情况，确保行车或倒车安全。车内后视镜主要供驾驶人观察和注视车内乘员、物品以及车后路面的情况。当车辆夜间行驶时，车内后视镜还具有防止后随车辆前照灯光线所引起的眩目功能。

图17-13　汽车后视镜

引导问题2：汽车后视镜有哪些类型？

(1)车内后视镜(带防眩目功能)。自动防眩目后视镜一般安装在车厢内，是由一面特殊镜子和两个光敏二极管组成。当强光照在后视镜上时，镜上的光敏二极管把光信号传给微机，经过信号处理，控制电路使镜面变色以吸收强光，削弱强光的反射，避免反射的强光照在驾驶人的眼睛上，防止产生炫目，如图 17-14 所示。

图 17-14 车内后视镜及防眩目效果示意图

（2）车外电动后视镜。车外电动后视镜一般由镜片、驱动电动机、控制电路及控制开关组成。在每个电动后视镜的背后装两个可逆电机和驱动机构，可调整后视镜上下及左右转动。上下方向的转动由一个电机控制；左右方向的转动由另一个电机控制。通过改变电机的电流方向，即可完成后视镜的位置调整，但一个后视镜的两个电机不能同时运行。后视镜控制开关位于主驾驶室门把手附近。车外后视镜的结构和典型开关分别如图 17-15 所示。

a) 结构　　b) 控制开关

图 17-15 车外电动后视镜结构和控制开关示意图

二、计划与实施

引导问题 3：完成电动后视镜的拆装与维护，需要使用的工具、量具有哪些？

在表 17-3 中填写本学习任务所需的工具和量具。

工具、量具名称及型号　　表17-3

名称	型号

引导问题4:电动后视镜的拆装步骤是什么?

(1)从蓄电池负极端子断开电缆。

(2)拆卸前门内把手框、拆卸前扶手座上板、断开连接器取下前扶手座上板、拆卸前门装饰板分总成、拆卸前门装饰板分总成。

(3)脱开卡子和卡夹,并拆下前门下门框支架装饰条。

(4)断开车外后视镜电动机连接器。

(5)选用10mm套筒,分两次拆下车外后视镜总成固定螺栓。

(6)拆下带盖的车外后视镜总成。先把车外后视镜上提,解除其定位卡爪。取下车外后视镜总成时,注意勿拉到其导线。

(7)将保护性胶带贴到车外后视镜的遮阳板底部,推动后视镜镜面的上部,使其倾斜,用防护条拆卸工具脱开2个卡爪,取下车外后视镜玻璃。

(8)用十字螺丝刀松开车外后视镜电动机的4个固定螺栓,断开电动机总成两个连接器,取下电机总成。

(9)选用与本车车外后视镜电动机型号一致的电机,并测试其工作性能是否正常。

(10)安装车外后视镜电机总成。连接电机两个连接器,安装车外后视镜电机总成的4个固定螺栓,将车外后视镜玻璃上部的2个导销接合到车外后视镜,将车外后视镜玻璃下部的2个卡爪接合到车外后视镜,在车外后视镜玻璃的上、下部轻轻挤压,检查其是否安装到位及灵活转动。

(11)拽出车外后视镜遮阳板底部的保护性胶带,接合卡爪,临时安装车外后视镜总成。

(12)选用10mm套筒,分3次安装固定螺栓,拧紧力矩为9N·m。

(13)连接连接器,接合卡子和卡爪,并安装前门下门框支架装饰条。

(14)将前门锁止遥控拉索和前门内侧锁止拉索连接到前门内把手分总成上,接合2个卡爪,并安装前门内把手分总成。

(15)安装前门装饰板分总成。用前门玻璃内密封条上的5个卡爪接合装饰板,接合10个卡子,将前门装饰板安装至前门板。安装2个固定螺栓,接合卡爪,连接车门扶手盖。

(16)安装前扶手座上面板。连接连接器,接合2个卡子和6个卡爪,安装前扶手座上面板,接合3个卡爪,安装前门内把手框,连接蓄电池负极。

(17)操作电动后视镜位置调整开关,观察电动后视镜的工作情况。

三、评价反馈

通过学习,是否按照任务要求完成相应的工作任务,并通过任务提高自己解决问题的方法和能力。学生和教师展开各种评价,任务评价表见表17-4。

任务过程评价表

表17-4

序号	评价标准	分值（分）	自评（分）	互评（分）	师评（分）
1	是否服从组长安排,无迟到、早退和旷工	5			
2	着装是否符合标准	5			
3	能否完成小组分派的任务	5			
4	能否积极主动与小组成员沟通,发表自己意见	5			
5	语言表达是否准确,沟通顺畅	5			
6	能否大胆地在同学们面前展示自己学习的成果	5			
7	是否有工作岗位的责任心	5			
8	小组学习中能否主动与其他成员合作	5			
9	能否正确对待他人提出的肯定和否定意见	5			
10	是否合理规范使用工具和设备	5			
11	是否会正确安装车内防护五件套和车外防护三件套	5			
12	是否能正确拆卸车门内饰	10			
13	是否能正确拆卸电动后视镜及电机	10			
14	是否能正确安装电动后视镜、电机及车门内饰	15			
15	是否保持现场干净整洁	5			
16	能否按照安全和规范的规程操作	5			
合计		100			

四、学习拓展

现有一辆轿车,在调整电动后视镜时,发现左右位置不能调整,请你制订该车电动后视镜系统检查和更换实施方案。

学习任务三　中控门锁及防盗系统的拆装与维护

学习目标

知识目标:

1. 掌握中控门锁及防盗系统的作用和基本组成;
2. 了解中控门锁及防盗系统的主要部件的功能。

技能目标:

能够安全、规范地拆卸和安装中控门锁。

素养目标:

1. 养成自主学习能力、团队协作能力;

2. 养成自觉遵守汽修行业安全规程的习惯。

任务描述

某客户驾车到单位,发现用遥控钥匙锁车时中央控制门锁(简称中控门锁)突然失效,按下遥控器的闭锁按钮,驾驶员侧中控门锁不动作,其他三个车门则在落锁后又自动打开。客户要求排除故障,修复此汽车。

一、资料收集

引导问题1:汽车中控门锁的作用是什么?

中控门锁的作用

为了方便驾驶员和乘客开关车门,现在车辆都安装了中央控制门锁系统,简称中控门锁或中央门锁。驾驶员可以在锁住和打开自己车门的同时锁住或打开其他的车门,而除了中控门锁控制外,乘客还可以利用各车门的机械式弹簧锁开关车门。

传统的中控门锁是指电动门锁,其开闭由门锁开关通过门锁继电器控制。电动中控门锁则是由电子模块根据各个开关信号控制门锁的开闭,而且常常和汽车防盗系统结合在一起,提高了汽车的防盗性能。

引导问题2:汽车中控门锁的由哪些部件组成?

1. 控制开关

门锁控制开关又分以下几种,具备不同的功能。

(1)门锁控制开关。门锁控制开关一般安装在驾驶员侧门内的扶手上,通过门锁控制开关可以同时锁上和打开所有车门,如图17-16所示。

(2)钥匙控制开关。钥匙控制开关安装在每个前门的钥匙门上,如图17-17所示。当从外面用钥匙开门和关门时,钥匙控制开关就发出开门或锁门的信号给门锁控制ECU或门锁继电器。

图17-16　门锁控制开关

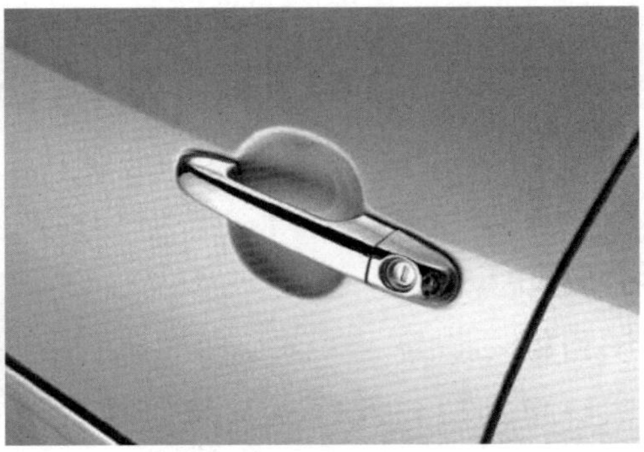

图17-17　钥匙控制开关

(3)行李舱门开启器开关。行李舱门开启器开关一般安装于仪表板下面或驾驶员座椅左侧车厢底板上,拉动此开关便能打开行李舱门。这时拉行李舱开启器才能打开行李舱。否则需要使用钥匙或触发遥控钥匙上的行李舱开启按键才能打开行李舱。

(4)门锁(门锁位置)开关。门锁开关安装于车门锁总成中,用于检测车门的开闭情况,当车门关闭,门锁开关断开;车门开启,门锁开关接通。

2. 门锁总成

门锁总成主要由门锁传动机构、门锁位置开关和外壳等组成。门锁传动机构主要由门锁电机和蜗轮齿轮组成,门锁电动机是门锁的执行器,当门锁电机转动时,蜗杆带动蜗轮转动,蜗轮推动锁杆,车门被锁上或打开,然后蜗轮在复位弹簧的作用下返回原位置,防止操纵门锁时电动机工作。

3. 中控门锁的控制

中控门锁系统由车身 ECU 进行控制,车身 ECU 向各门锁电动机输出信号。主开关或门锁控制开关发送"锁止或解锁"请求信号至车身 ECU,然后车身 ECU 立即将这些输入信号做出反应并向各个车门的门锁电机发出这些请求信号以锁止或解锁所有车门。使用机械钥匙操作驾驶员门锁,可向车身 ECU 发送锁止或解锁的请求信号。

引导问题 3:汽车中控门锁的工作原理是什么?

中控门锁基本原理:控制直流电动机的正反电流方向,使电机正反向运转来完成门锁的开、关动作。

当用钥匙来开门、锁门时,控制器被触发,门锁电机运转,通过电机至门锁的连杆操纵门锁动作。由于在锁门或开门时给控制器的触发不同,因此门锁电机通过电流的方向相反,这样利用电机的正转或反转,就可完成车门的闭锁和开锁动作。

引导问题 4:汽车防盗系统的功能是什么?

车辆防盗系统的功能主要包括以下三个方面:防止非法进入汽车;防止破坏或非法搬运汽车;防止汽车被非法开走。即汽车防盗一般应从三个方面考虑:门锁的工作可靠性、发动机的防盗性、汽车的防盗报警功能。

引导问题 5:汽车防盗系统的组成是什么?

电子防盗系统一般由防盗系统 ECU、仪表盘上故障报警灯、点火开关上的识读线圈(天线)、点火钥匙(送码器)和发动机 ECU 组成。在使用未授权的钥匙起动发动机时,防盗系统 ECU 将锁止发动机 ECU,禁止发动机起动。该系统能识别用户所持钥匙是否合法,只有使用合法的钥匙才能起动发动机。其识别功能是通过一系列电信号的传递来实现的,只能用专用的工具和仪器对钥匙进行匹配。

二、计划与实施

引导问题 6:完成电动后视镜的拆装与维护,需要使用的工具、量具有哪些?

在表 17-5 中填写本学习任务所需的工具和量具。

工具、量具名称及型号　　表17-5

名称	型号

引导问题7:电动后视镜的拆装步骤是什么?

(1)拆下前侧门内饰板。

(2)拆下挡水板。

(3)使用套筒扳手(T30),拧松门锁机构总成与车门框的2颗固定螺栓。

提示:

①固定螺栓为内花键式,拆卸时,注意要使梅花套筒扳手要与螺栓花键完全结合,再施加扭力拧松,防止损坏花键。

②拆卸门锁机构总成固定螺栓时,注意要交叉均匀地分次拧松,防止变形。

(4)将车门锁拉线固定件从车门上松开,断开门锁电气连接器。将门锁机构总成向下移动,并取下门锁机构总成(图17-18)。

提示:

①如果连接器配合较紧时,可用一字螺丝刀轻轻撬动门锁机构总成连接器插座。

②连接器锁止扣未松开时,禁止拉拔线束,防止损坏。

(5)检查门锁系统的工作是否正常,门锁应没有卡滞、开关要活动自如,如有上述现象应润滑门锁锁体。

(6)用手握住门锁总成,将控制开关连接器插入门锁总成座孔内(图17-19)。

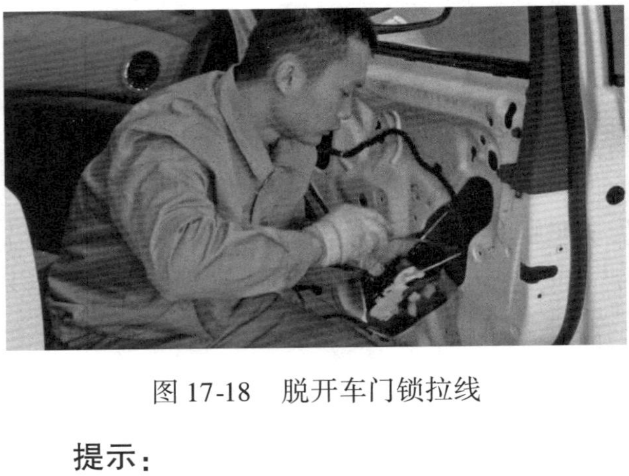

图17-18　脱开车门锁拉线

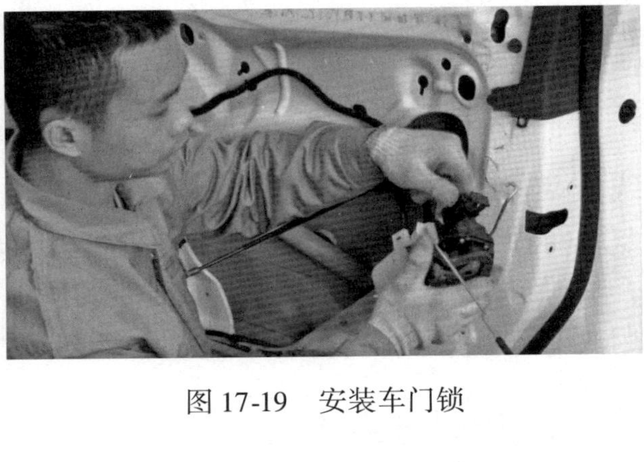

图17-19　安装车门锁

提示:

①重复使用已拆下的门锁总成时,须更换新的连接器密封圈,防止连接部位进水,导致门锁总成发生故障。

②连接器安装到位后,能听到连接器锁止扣发出"嗒"的声响。

(7)将门锁总成放入车门框内,并将位置调整好,用一手轻轻托住固定。

提示：

①门锁机构总成装入前，在滑动部位涂抹通用润滑脂。

②门锁机构总成装入时，要将外把手车门框分离板安装到门锁机构固定位置上，否则拉动外把手总成开启车门会失效。

(8)用手将门锁总成2颗固定螺栓拧入车门框内。

提示：用手拧入时，如遇到阻力，应将固定螺栓旋出，检查螺钉和螺钉孔是否有损伤。

(9)使用梅花套筒扳手(T30)，拧紧门锁机构总成与车门框的2颗固定螺栓。

提示：

①拧紧门锁机构总成固定螺栓时，注意要交叉均匀地分次拧松，防止变形。

②门锁机构总成固定螺栓拧紧力矩为10N·m。

(10)使用十字螺丝刀将门锁机构总成闭合，然后拉动外把手总成和锁止遥控拉索，并观察锁闩能否正常开启门锁总成。

提示：

①闭合门锁机构总成锁闩时，用力要适当，防止滑落，损伤周围的漆膜。

②拉动外把手总成和锁止遥控拉索，要均能开启门锁总成，如不能正常开启，则检查安装是否正确。

(11)安装挡水板。

(12)安装前侧门内饰板。

(13)安装完成后清理、整理工具，做好卫生。

三、评价反馈

通过学习，按照任务要求完成相应的工作任务，并通过任务提高自己解决问题的方法和能力。学生和教师展开各种评价，任务评价表见表17-6。

任务过程评价表 表17-6

序号	评价标准	分值(分)	自评(分)	互评(分)	师评(分)
1	是否服从组长安排，无迟到、早退和旷工	5			
2	着装是否符合标准	5			
3	能否完成小组分派的任务	5			
4	能否积极主动与小组成员沟通，发表自己意见	5			
5	语言表达是否准确，沟通顺畅	5			
6	能否大胆地在同学们面前展示自己学习的成果	5			
7	是否有工作岗位的责任心	5			
8	小组学习中能否主动与其他成员合作	5			

续上表

序号	评价标准	分值(分)	自评(分)	互评(分)	师评(分)
9	能否正确对待他人提出的肯定和否定意见	5			
10	是否合理规范使用工具和设备	5			
11	是否会正确安装车内防护五件套和车外防护三件套	5			
12	是否能正确拆卸车门内饰	10			
13	是否能正确拆卸门锁总成	10			
14	是否能正确安装门锁总成及车门内饰	15			
15	是否保持现场干净整洁	5			
16	能否按照安全和规范的规程操作	5			
合计		100			

四、学习拓展

现有一辆轿车,在使用中控门锁时不能解锁,请你制订该车中控门锁系统检查和更换实施方案。

学习任务四　电动刮水器及风窗玻璃清洗系统的拆装与维护

学习目标

知识目标:

1. 掌握电动刮水器系统和风窗玻璃清洗系统的作用和组成;
2. 了解电动刮水器系统的工作原理。

技能目标:

1. 能够安全、规范地拆卸和安装电动刮水器系统;
2. 能够检查和判别刮水器使用效果。

素养目标:

1. 在任务实施过程中养成规范操作的职业习惯;
2. 通过7S规范管理培养学生良好的作业习惯。

任务描述

一辆轿车的刮水器不能工作,通过技术诊断分析可能是刮水器电机坏了,现在需要更换刮水器电机,请完成刮水器系统的拆装工作。

一、收集资料

引导问题 1:汽车电动刮水器系统的作用是什么?

电动刮水系统的作用是除去风窗玻璃上的水、雪及灰尘等影响视线的杂物,保证驾驶员有良好的驾驶视线。两厢轿车后风窗玻璃也安装有刮水系统。

引导问题 2:电动刮水器系统是由哪些零部件组成的?

电动刮水系统由直流电动机、刮水器传动机构和刮水片等组成,如图 17-20 所示,其中刮水器传动机构由蜗轮箱、连杆、摆杆、摆臂等组成。

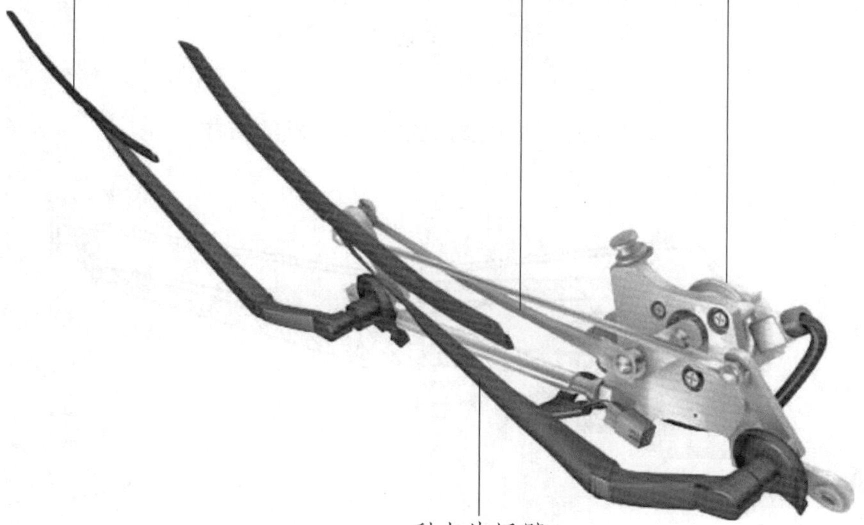

图 17-20　电动刮水系统的组成

刮水电动机有绕线式和永磁式两种。绕线式刮水电动机的磁极绕有励磁绕组,通电流时产生磁场,而永磁式刮水电机的磁极用永久磁铁制成。永磁式电动机体积小、质量轻、结构简单,使用广泛,其外形如图 17-21 所示。

图 17-21　刮水器电机

引导问题 3:电动刮水器是如何工作的?

永磁刮水器电动机的结构如图 17-22 所示,由外壳及磁铁总成、电枢、电刷安装板及复位开关、输出齿轮以及蜗轮等组成。

当拨动刮水器开关至任一(非 OFF 档)挡位时,刮水器电机中电枢转动,经蜗杆把动力传给蜗轮,蜗轮转动带动拉杆和摆杆做来回往复摆动,使刷架上的刮水片实现刮水动作,如图 17-23 所示。

引导问题 4:风窗清洗装置的作用是什么? 由什么组成?

1. 风窗玻璃清洗装置的作用

风窗玻璃清洗装置的作用是在需要时向风窗玻璃喷水。当风窗玻璃上有污物(如灰尘、泥土等)需要清洁时,清洗装置向风窗玻璃喷水与刮水器配合使用,可以快捷清洁风窗玻璃,保证驾驶员有良好的视野。

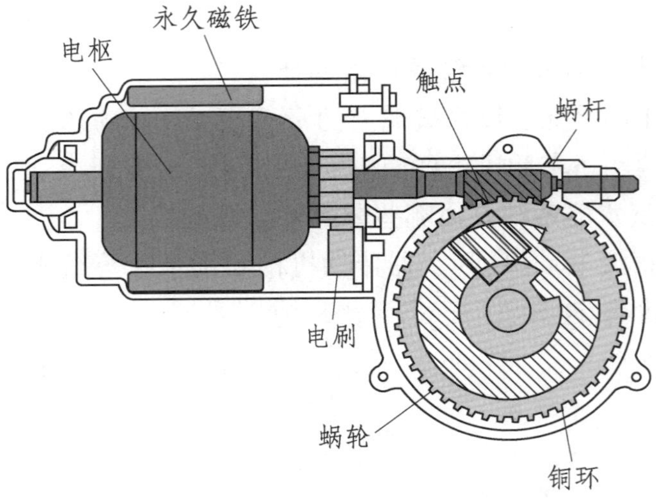

图 17-22　永磁式刮水器电动机的结构

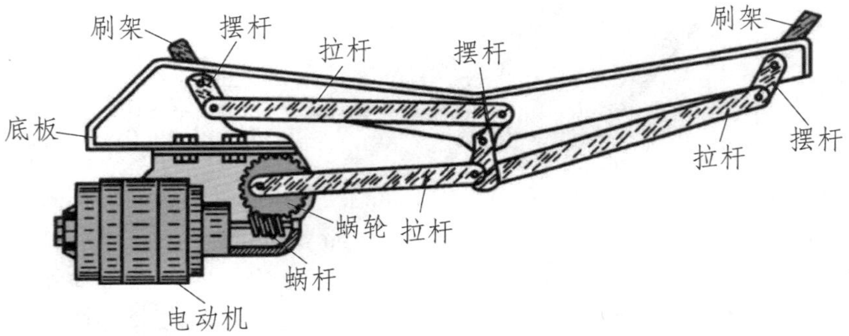

图 17-23　刮水器的传动装置

2. 风窗玻璃清洗装置的组成

如图 17-24 所示，主要由贮液罐、洗涤泵、输液管、喷嘴等组成。洗涤泵由永磁直流电动机和离心叶片泵组装成为一体，喷射压力可达 70 ~ 88kPa。洗涤泵一般直接安装在贮液罐上。

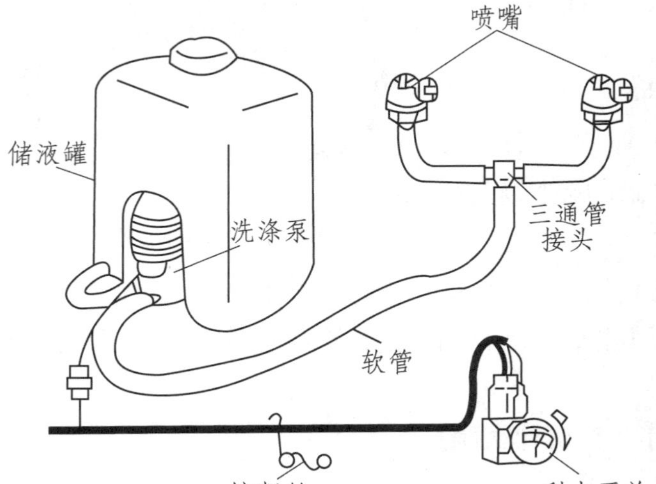

a) 风窗玻璃清洗装置示意图

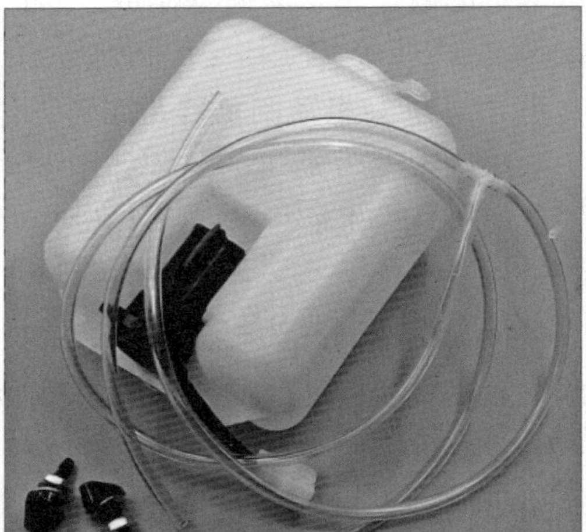

b) 风窗玻璃清洗装置实物图

图 17-24　风窗玻璃清洗装置

洗涤泵喷嘴安装在风窗玻璃的下面，其喷嘴方向可以根据使用情况调整，喷嘴直径一般为0.8～1.0mm，能够使洗涤液喷射在风窗玻璃的适当位置。对于刮水和喷水分别控制的汽车，应先开洗涤泵，再接通刮水器，以避免刮片刮伤风窗玻璃。喷水停止后，刮水器应继续刮动3～5次，以便达到良好的清洁效果。

二、计划与实施

引导问题5：完成电动刮水器的拆装与维护，需要使用的工具、量具有哪些？

在表17-7中填写本学习任务所需要使用的工具和量具。

工具、量具名称及型号 表17-7

名称	型号

引导问题6：如何规范拆卸电动刮水器电机及传动机构？

（1）拆卸刮水器臂端盖。如图17-25所示，使用一字螺丝刀，用胶布将螺丝刀头部包好，拆卸刮水器臂端盖。

（2）拆卸刮水器臂及刮水器片总成。如图17-26所示，使用棘轮扳手拆卸左前刮水器臂和刮水器片总成的锁止螺母，然后用一定的力按下刮水器臂下端，拆下刮水器臂和刮水器片总成；用同样的方法拆卸右前刮水器臂和刮水器片总成。

图17-25 拆卸左刮水器臂端盖

图17-26 取下左侧刮水器臂总成

（3）拆卸前围板上的通风栅板。如图17-27所示。脱开7个卡子并拆下至发动机舱盖至前围上板密封条；脱开卡子和14个卡爪，并拆下右前围板上通风栅板，用同样的方式拆下左前围板上通风栅板。

（4）断开刮水器电机线束连接器。如图17-28所示，松开刮水器电机线束固定卡夹，断开刮水器电机线束连接器。

（5）拆卸刮水器电机及连杆总成。如图17-29所示，使用棘轮扳手拆下2个固定螺栓和刮水器电机及连杆总成。

图 17-27　拆卸左右前围板上通风栅板

图 17-28　取下刮水器电机线束插接器

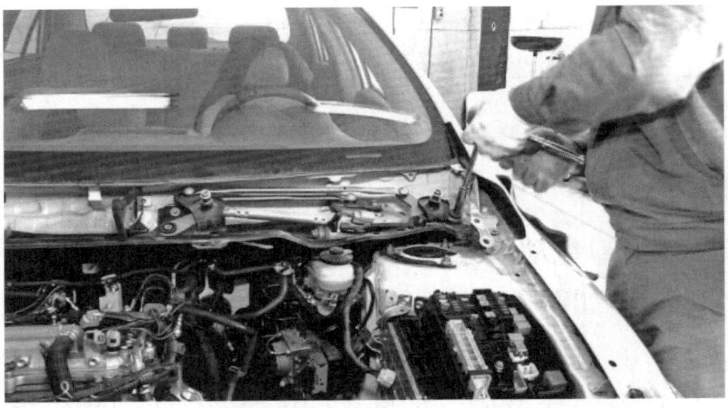

图 17-29　拆卸刮水器电机及连杆总成固定螺栓

刮水器电机拆卸

引导问题 7:如何规范安装电动刮水器电机及传动机构

(1)安装刮水器电机及连杆总成。如图 17-30 所示。对准位置安装刮水器电机和连杆总成,安装 2 个固定螺栓;使用扭力扳手,以规定力矩紧固刮水器电机和连杆总成的 2 个固定螺栓。

图 17-30　安装刮水器电机总成

刮水器电机安装

(2)安装刮水器电机线束。如图 17-31 所示,插接刮水器电机线束连接器,并卡上线束固定卡夹,确保连接牢固。

(3)安装前围板上通风栅板。如图 17-32 所示,接合卡子和 8 个卡爪,并安装左前围板上通风栅板。用同样的方法安装右前围板上通风栅板。

图 17-31 安装刮水器电机线束

图 17-32 安装前围板上通风栅板

(4)安装发动机舱盖至前围上板密封条。如图 17-33 所示，接合 7 个卡子并安装发动机舱盖至前围上板密封条。

(5)安装刮水器臂及刮水器片总成。如图 17-34 所示，对准安装位置安装刮水器臂和刮水器片总成；拧上固定螺母，使用扭力扳手，以规定的力矩紧固刮水器臂和刮水器片总成固定螺栓；依次安装左前、右前 2 个刮水器臂端盖。

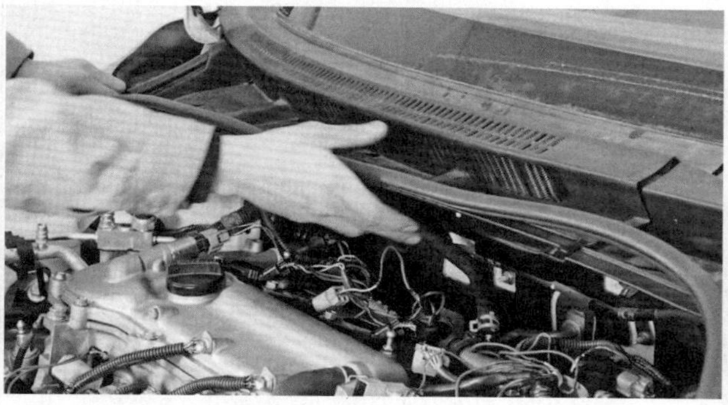

图 17-33 安装前围上板密封条

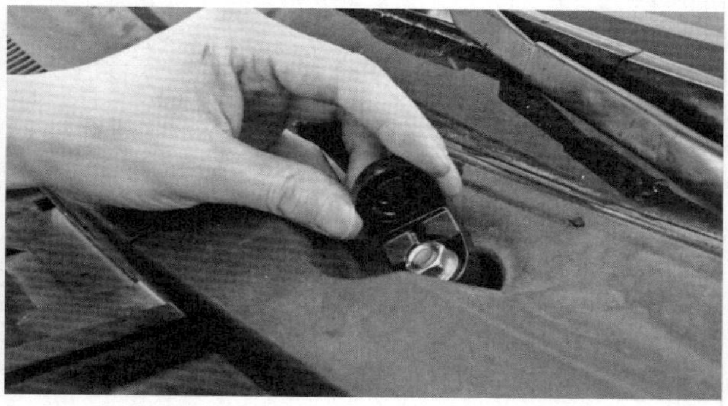

图 17-34 安装刮水器臂端盖

(6)整理整顿工具设备。安装完毕后整理、清理工具和量具，做好场地和车辆的清洁卫生。

引导问题 8：电动刮水器系统如何维护？

(1)启动风窗玻璃洗涤系统，检查喷射水液位置是否恰当，有无堵塞。若位置不当，则需要调整；若有堵塞，则需要检修。

(2)启动刮水器系统，检查刮水过程中是否在玻璃上留下水痕。若有则应更换刮水器片(因未能及时清除玻璃窗上水渍，影响驾驶员视线，从而提高了行车风险)；检查刮动过程中是否发出轻微的异响，若有则也应更换刮片(说明刮片变硬，导致擦拭过程中变得不平整，故应更换)。

(3)检查刮片刮动过程中位置是否恰当，若不当，则应检修电机或传动装置。

(4)检查当刮水器开关关闭时，刮水器能否自动停止在初始位置。若不是，则应检修电动刮水器系统。

(5)查看储液罐内的风窗玻璃清洗水是否足够，不够应立即添加。风窗玻璃清洗水应选用纯净水或专用玻璃水，避免造成堵塞。

(6)在非下雨时启动刮水器前,应先启动洗涤系统喷水,再启动刮水系统,如清洗前风窗玻璃污物时。

三、评价反馈

通过学习,是否按照任务要求完成相应的工作任务,并通过任务提高自己解决问题的方法和能力。学生和教师展开各种评价,任务评价表见表17-8。

任务评价表 表17-8

序号	评价标准	分值(分)	自评(分)	互评(分)	师评(分)
1	是否服从组长安排,无迟到、早退和旷工	5			
2	着装是否符合标准	5			
3	能否完成小组分派的任务	5			
4	能否积极主动与小组成员沟通,发表自己意见	5			
5	语言表达是否准确,沟通顺畅	5			
6	能否大胆地在同学们面前展示自己学习的成果	5			
7	是否有工作岗位的责任心	5			
8	小组学习中能否主动与其他成员合作	5			
9	能否正确对待他人提出的肯定和否定意见	5			
10	是否合理规范使用工具和设备	5			
11	是否会正确安装车内防护五件套和车外防护三件套	5			
12	是否能正确检查刮水器系统是否正常	10			
13	是否能正确拆卸刮水器机械部分	10			
14	是否能正确安装刮水器机械部分	15			
15	是否保持现场干净整洁	5			
16	能否按照安全和规范的规程操作	5			
合计		100			

四、学习拓展

现有一辆斯柯达轿车,发现刮水器关闭时,刮片停留在前风窗玻璃中间位置,请你制订该车刮水器系统检查和更换实施方案。

学习任务五　电动座椅构造与拆装

学习目标

知识目标：

1. 掌握电动座椅的作用和基本组成；
2. 掌握电动座椅各主要部件的作用和组成；
3. 了解新型电动座椅的功能。

技能目标：

1. 能够调试和检查手动和电动座椅的运行状态；
2. 能够安全、规范地拆卸和安装电动座椅。

素养目标：

1. 通过新型电动座椅的学习引导学生了解新技术发展，培养学生创新意识；
2. 在任务实施过程中养成规范操作的职业习惯。

任务描述

一辆别克君威轿车的驾驶位座椅不能前后调节了，检测发现是座椅电机损坏，现在需更换座椅电机，请你按标准完成这个任务。

一、资料收集

引导问题1：座椅的作用及组成是什么？

汽车座椅的作用是支撑驾驶员和乘客身体。座椅直接关乎乘车人员的乘坐舒适性，特别是驾驶位座椅更是关乎行车安全。若座椅位置可调节，乘坐人员能在不适时改变体位，则大大增加了乘坐舒适性，提高行车安全性。从乘坐舒适性和保证驾驶安全等人体工程学的角度来看，座椅是很重要的一项装置。

汽车座椅一般由骨架、填充层和表皮三部分组成。骨架主要用金属材料制作，起到定型和支撑人体的作用；填充层增加乘坐时的舒适感，使用发泡塑料等材料；表皮层则是座椅质量和装饰的亮点，使用的材料包括纺织布料、人造革材料和优质的真皮材料等。

可调节座椅再加装其他装置，如电动座椅，则需加装电机、传动机构等，如图17-35所示。

引导问题2：汽车座椅是如何分类的？

按座椅调节方式不同，可分为手动座椅和电动座椅。

1. 手动座椅

手动座椅调节方式需要成员先通过手柄放松座椅的锁止机构，然后通过改变身体的坐姿和位置来带动座椅移动，最后将锁止机构的手柄放松，将座椅固定在所选择的位置上。这种调节方式的主动施力方是座椅上的乘客，座椅调节起来也不方便。

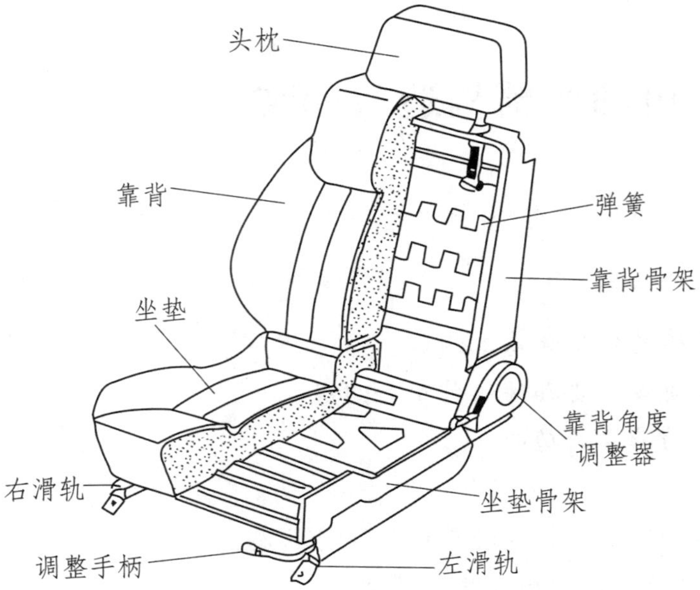

图 17-35　座椅的组成

2. 电动座椅

电动座椅的调节方式是靠电动机的工作来改变座椅的位置。具体调节方式是乘客只需扳动相应控制键就可以令座椅位置改变,能使乘车人快速便捷地找到最舒适的座椅位置,能为驾驶员提供良好的视野,提高了行车安全性并能有效减轻驾驶疲劳。

引导问题3:电动座椅的组成及作用是什么?

电动座椅由座椅开关、电动机、控制器(ECU)、传动机构和座椅等组成,如图17-36所示。

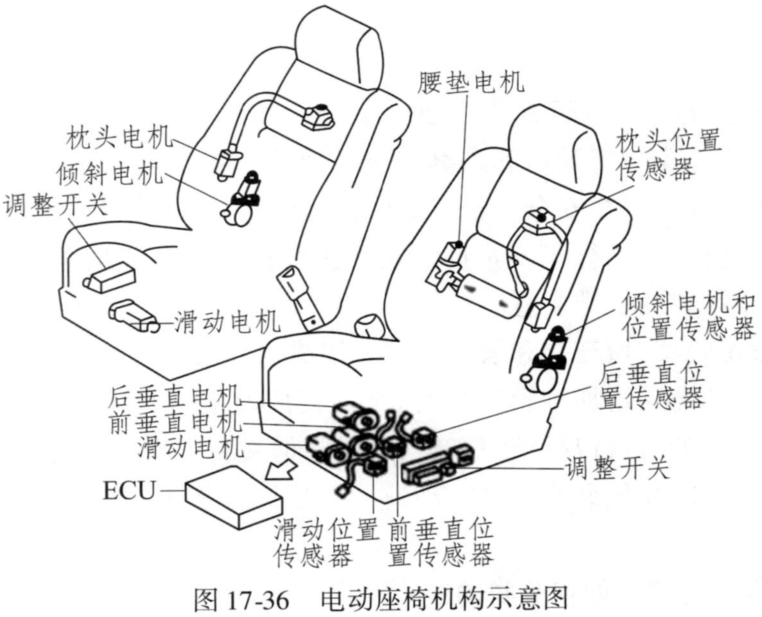

图 17-36　电动座椅机构示意图

1. 电动机

座椅电动机(图17-37)一般是双向直流电动机,即一个电动机可以调节两个方向,如座椅的前移和后退。在4向系统上通常使用两个电动机,而在6向系统上则使用三个电动机。

电动座椅根据能调整的方向数,可分为4向、6向、8向、10向等。目前市场上调整方向最多的座椅已做到可调整16个方向。在4向系统中,整个座椅可以升降和前后移动。更多向的电动座椅还可以控制倾斜、前后移动、高度和座椅靠背角度以及头枕的高度、倾斜度等。

2. 座椅传动机构

将座椅电动机的动力传递至座椅相应位置并使之改变的装置，称为电动座椅的传动机构（图 17-38）。座椅不同方向的传动机构由不同传动装置组成。

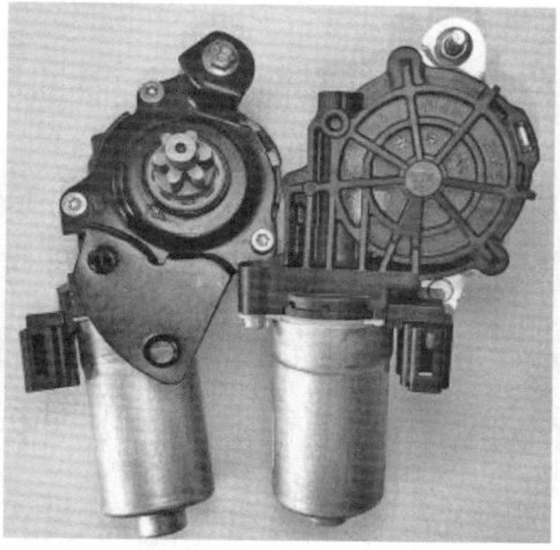

图 17-37　电动机

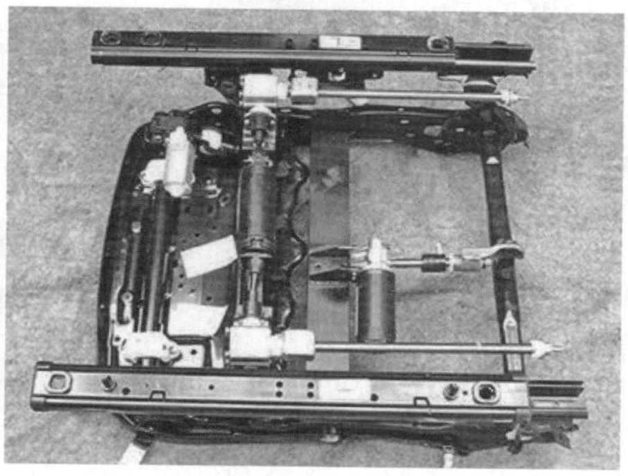

图 17-38　传动机构

座椅水平方向移动的传动装置由，蜗杆、蜗轮、导轨、齿条和支撑导向器等组成。座椅高度方向的传动装置由蜗杆轴、蜗轮、心轴等组成。座椅靠背倾斜调节装置主要由铰链销钉、链轮、内齿轮、外齿轮、电动机等组成。座椅腰部支撑调节装置主要由电动机、螺母、扭力弹簧、压板等组成。座椅头枕高度调节装置主要由电动机、外壳、螺杆及固装在座椅靠背框架上的轴等组成。

随着电子技术的发展，汽车座椅的功能越来越多样化，如座椅加热、腰部支撑、存储记忆和按摩等多项功能。

引导问题 4：目前市面上座椅还有哪些附加功能？

新型座椅的其他功能请扫描二维码查看。

1. 通风加热座椅

在一些天气特别寒冷的地区，如我国东北部地区，很多客户愿意选装加热座椅。该系统依赖于坐垫内的加热线圈和由继电器和开关控制的靠背。

由于乘员身体与座椅紧密接触，接触部分空气不流通，不利于汗液排出，会使人感觉不舒服，故有的座椅有独立通风系统。通风系统将新鲜空气从座椅坐垫与靠背上的小孔流出，防止臀部与后背积汗，提供舒适的乘坐环境，有效改善了人体与椅面接触部分的空气流通环境，即使长时间乘坐，身体和座椅的接触面也会干爽舒适，如图 17-39 所示。

按压座椅相应功能控制开关，则开启或关闭座椅相应功能，如图 17-40 所示。

图 17-39　通风加热式座椅

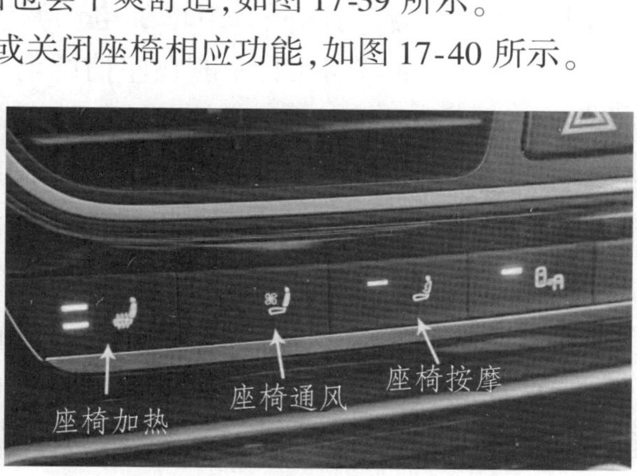

图 17-40　多功能座椅控制开关

图 17-41　座椅调节控制和座椅存储器按钮

2. 电动腰部支撑

电动腰部支撑允许驾驶员对位于座椅靠背下部的囊状物进行充气或放气。调节该支撑可以提高驾驶员的舒适度,并为脊柱的腰部下部提供支撑。

3. 座椅存储器

座椅存储器选装件可自动将驾驶员座椅调节为不同的位置,通常情况下最多有3个可编程位置(图17-41)。通过系统自动调节位置,该装置可使不同的驾驶员都拥有自己所需的座椅位置。此外,还允许每个驾驶员根据不同的驾驶情况设定不同的位置。

4. 按摩式座椅

为了帮助缓解驾驶员的疲劳,驾驶员按下控制按钮时,座椅靠背内的一排排滚柱将会上下移动。

二、计划与实施

引导问题5:完成电动座椅的拆装与维护,需要使用的工具、量具有哪些?

在表17-9中填写本学习任务所需的工具和量具。

工具、量具名称及型号　　表17-9

名称	型号

引导问题6:怎样规范检查手动座椅?

电动座椅是在手动座椅的基础上增加电动调节功能,首先熟悉普通手动座椅调节方法。

(1)找到座椅前后调节手柄,一般在座椅的前下方。

(2)往前拉动手柄并保持住,同时滑动座椅至需要位置时,松开手柄。再次滑动座椅,使座椅锁止在此位置,有些座椅锁止时有声音发出。不同品牌,不同车型,调节方式有细微区别,但都大同小异。若松开手柄后或不拉动手柄,座椅还能滑动较大距离,则说明调节装置有故障,需检修;若拉动手柄后,座椅不能滑动,此时也需检修调节装置。

(3)找到手动座椅靠背倾斜度调节手轮,一般在座椅的左后方或右后方(副驾驶位)。

(4)旋转靠背倾斜调节手轮,同时按压或拉动座椅靠背,使座椅靠背达到乘坐人员需要的倾斜位置,再松开手轮即可。若手轮转不动,或转动手轮但靠背不动,则说明调节装置有故障,需检修。

(5)按下头枕下方的锁止按钮并保持,上下拉动头枕根据身高调节头枕高度到合适位置。若解除锁止后,头枕高度不可调或保持锁止状态时头枕高度可调,都说明头枕高度调节装置有故障,需检修。

引导问题7:怎样规范检查电动座椅?

(1)使用控制开关A沿箭头所指的各个方向按动这个开关可以进行座椅调节:①座椅前后调节;②座椅前部向上/向下调节;③座椅后部向上/向下调节;②和③同时同方向按动-座椅整体上下调节,如图17-42所示。

(2)使用控制开关B沿箭头所指的各个方向按动这个开关进行座椅靠背的调节:①靠背向后倾斜;②靠背向前倾斜,如图17-43所示。

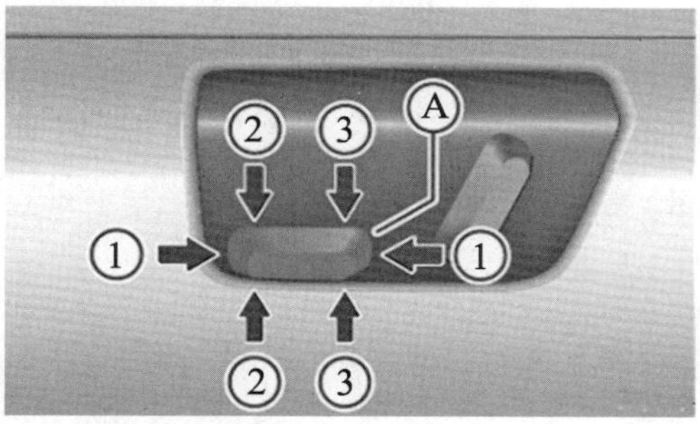

图17-42 电动座椅控制开关A

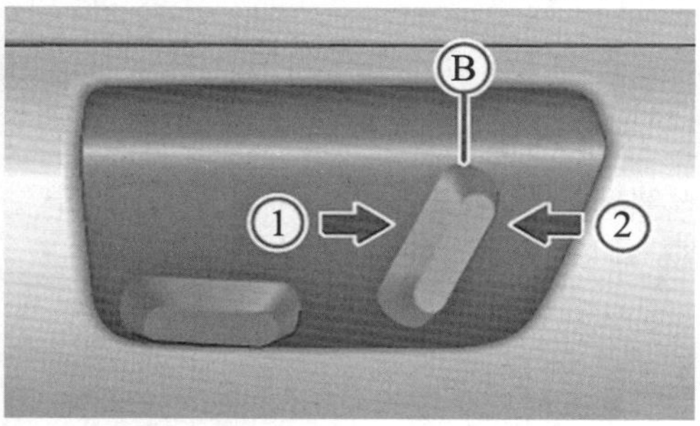

图17-43 电动座椅控制开关B

引导问题8:怎样规范拆装电动座椅(本次拆装使用的车辆是别克君威)?

1. 电动座椅的拆卸

(1)将座椅向后移动,露出座椅前方安装螺栓,如图17-44所示。

(2)拆下前方座椅螺栓,如图17-45所示。

图17-44 向后移动座椅

图17-45 拆座椅前方螺栓

(3)将座椅向前方移动,露出座椅后方安装螺栓;

(4)拆下座椅后方螺栓。

(5)断开蓄电池负极。

(6)断开座椅线束连接。

(7)在助手的帮助下,将前排座椅从前滑轨上拆下。

电动座椅拆卸

2. 电动座椅的安装

(1)在助手的帮助下将前排座椅安装至车身底板,连接座椅线束,如图17-46所示。

(2)连接蓄电池负极。

(3)安装座椅前方螺栓,并紧固至规定力矩45N·m,如图17-47所示。

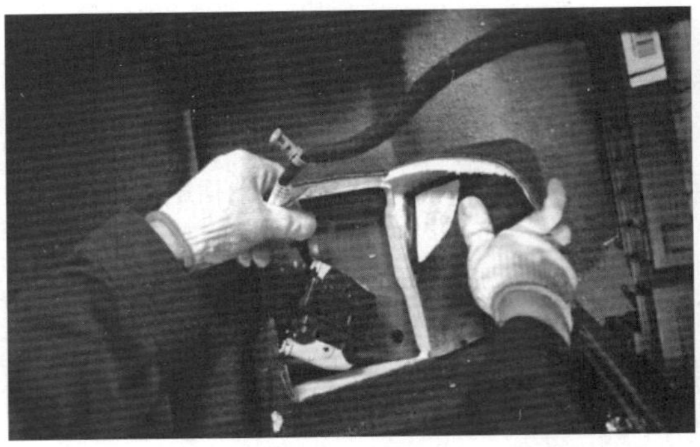

图17-46　连接座椅线束

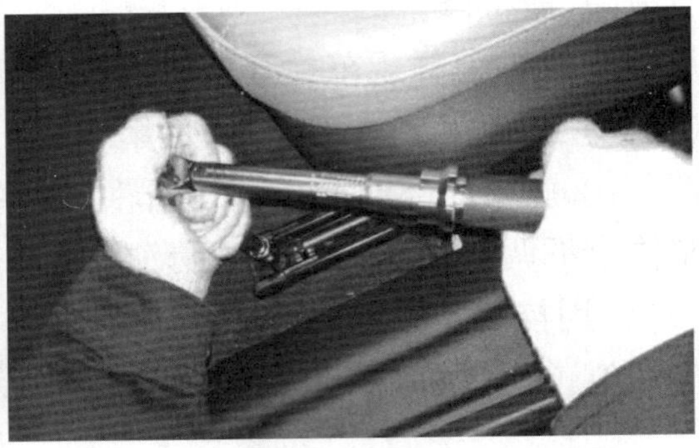

图17-47　紧固座椅螺栓

注意:座椅安装螺栓经过微胶囊化处理,因此拆卸后的螺栓不能再次使用,需更换新的。

(4)安装座椅后方螺栓,并紧固至规定力矩45N·m,如图17-48所示。

(5)按动座椅开关,检查安装是否无误,如图17-49所示。

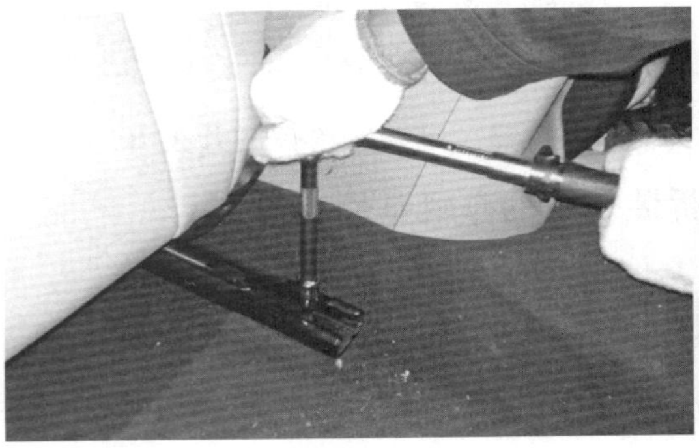

图17-48　紧固座椅后方螺栓

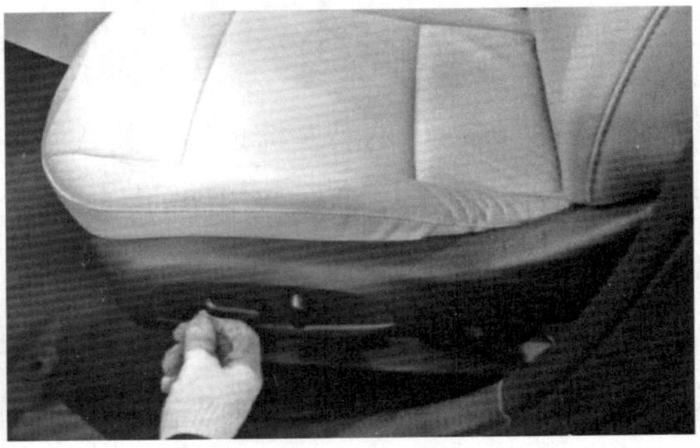

图17-49　测试座椅

(6)安装检查无误后,清理、整理工具等;清扫地面卫生。安装完毕后整理、清理工具和量具,做好场地和车辆的清洁卫生。

电动座椅安装

三、评价反馈

通过学习,按照任务要求完成相应的工作任务,并通过任务提高自己解决问题的方法和能力。学生和教师展开各种评价,任务评价表见表17-10。

任务评价表　　表17-10

序号	评价标准	分值(分)	自评(分)	互评(分)	师评(分)
1	是否服从组长安排,无迟到、早退和旷工	5			
2	着装是否符合标准	5			
3	能否完成小组分派的任务	5			
4	能否积极主动与小组成员沟通,发表自己意见	5			

续上表

序号	评价标准	分值（分）	自评（分）	互评（分）	师评（分）
5	语言表达是否准确，沟通顺畅	5			
6	能否大胆地在同学们面前展示自己学习的成果	5			
7	是否有工作岗位的责任心	5			
8	小组学习中能否主动与其他成员合作	5			
9	能否正确对待他人提出的肯定和否定意见	5			
10	是否合理规范使用工具和设备	5			
11	是否会正确安装车内防护五件套和车外防护三件套	5			
12	是否能正确拆卸电动座椅	10			
13	是否能正确检查座椅功能	15			
14	是否能正确安装电动座椅	10			
15	是否保持现场干净整洁	5			
16	能否按照安全和规范的规程操作	5			
合计		100			

四、学习拓展

现有一辆大众帕萨特汽车，配置电动座椅，发现座椅前后移动受阻，请你制订该车座椅检修实施方案。

学习任务六　安全气囊系统的拆装与维护

学习目标

知识目标：

1. 掌握安全气囊系统的作用和组成；
2. 了解安全气囊系统的主要部件的功能和工作原理；
3. 了解拆装和维护中的潜在危险及防护措施。

技能目标：

能够安全、规范地拆卸和安装安全气囊系统组件。

素养目标：

1. 能够在工作过程中与小组成员合作完成任务，养成合作意识；
2. 通过安全气囊的拆检，养成规范作业的良好工作习惯。

任务描述

一辆丰田卡罗拉轿车的安全气囊警告灯亮，用检测仪器读取故障代码，根据故障代码内容检测后发现，是转向盘上的气囊异常，需更换。请你根据维修手册，规范标准地更换转向盘上安全气囊。

一、收集资料

引导问题1:汽车安全气囊系统的作用是什么?

汽车安全装置可分为两类，一类是主动安全装置，如防抱死制动装置ABS、驱动防滑装置ASR等，即在车辆行驶过程中主动作为，提升行车安全性，以保障车辆及车内人员安全；另一类是被动安全装置，如安全带、安全气囊等，当异常状况出现时，被动装置发挥作用，尽可能保护车内人员安全。

安全气囊的作用是车辆发生碰撞时，保护驾驶员头部、胸部以及膝部，大大地减少了驾驶员的死亡率和减轻了乘员的损伤程度。但安全气囊只是辅助保护系统，只有与安全带配合使用才能起到预想的保护效果。交通事故统计数据表明，“三点式安全带+安全气囊”的防护效果最好。

引导问题2:汽车安全气囊有哪些类型?

按结构形式的不同，汽车安全气囊可分为机械式安全气囊和电子式安全气囊两种，目前大多数轿车采用电子式安全气囊。按保护对象和方位的不同，汽车安全气囊可以分为驾驶员侧安全气囊、前乘客侧安全气囊和后排乘客侧安全气囊、防侧撞安全气囊，一些轿车还安装了下肢用安全气囊和行人安全气囊。

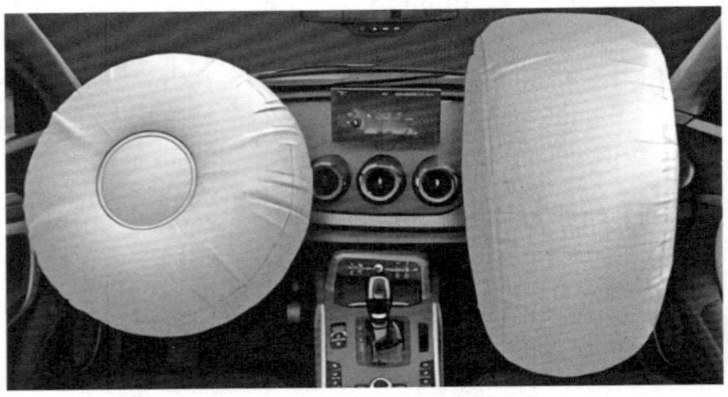

图17-50　前排安全气囊效果图

(1)正面安全气囊。正面安全气囊又称主气囊，是所有车辆的必备装置，当汽车正面碰撞时对驾驶员和副驾驶位乘员的头面部和胸部起防护作用，如图17-50所示。

(2)膝部安全气囊。当车辆发生正面碰撞时，膝部安全气囊对驾驶员和乘客的下肢、小腿、和膝部起防护作用。

(3)前排侧部安全气囊。前排座是汽车主要的乘客座席，在发生碰撞事故时，前排座乘客可能会与前风窗玻璃、窗框及门框等发生碰撞，前排侧气囊可以对前排乘客左右两侧提供安全保护。

(4)防侧撞安全气囊。目前越来越多的汽车都在采用防侧撞安全气囊，主要包括座椅侧气囊、B柱侧气囊、幕帘式安全气囊(气帘)。

引导问题3:汽车安全气囊系统的组成和结构是什么?

安全气囊系统主要由传感器、电子控制单元、警告灯和气囊模块(包括气体发生器、气囊、点火器)等组成。

(1)传感器。

汽车安全气囊用传感器按功能来分主要是碰撞传感器和安全传感器两大类。碰撞传感器是安全气囊中用来检测碰撞时的加速度变化，并将碰撞信号传给气囊电脑，作为气囊电脑的触发信号，一般安装在汽车前方左右两侧，以分别检测前方左右两侧，如果安装有侧面安全气囊，则侧面也有碰撞传感器，如图 17-51 所示；安全传感器，它与碰撞传感器串联，用于防止气囊系统在非碰撞状况下引起气囊的误动作。

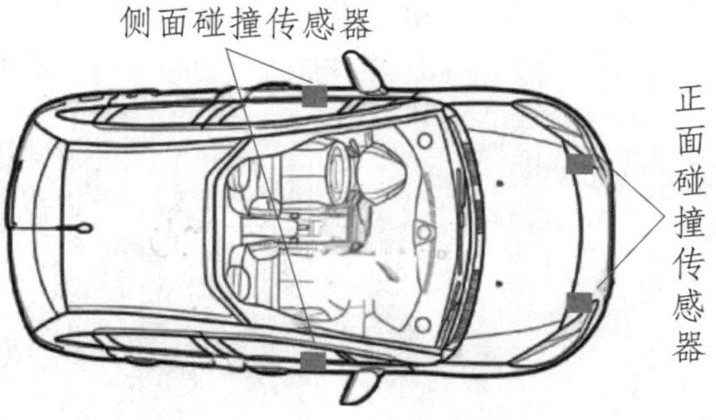

图 17-51　传感器位置

碰撞传感器有滚球式、滚轴式、偏心锤式、压电效应式四种类型，目前广泛应用的压电式碰撞传感器。

压电效应式碰撞传感器是利用压电效应制成的传感器。压电效应是指压电晶体在压力作用下，晶体外形发生变化而使其输出电压发生变化的效应。

(2)电子控制单元。

安全气囊电子控制单元(SRS ECU)的主要功能是实时监控汽车的状态，对碰撞防护传感器输送来的信号进行判断，其减速度值是否已达阈值，对安全气囊气体发生器进行控制，必要时对其点火驱动。安全气囊电控单元(图 17-52)一般安装在汽车中控面板下方的位置。

图 17-52　安全气囊控制单元

(3)安全气囊警告灯。

安全气囊警告灯位于组合仪表上，如图 17-53 所示。在正常情况下，当点火开关转至 ON 位时，此警告灯先常亮约 5s，然后再熄灭。当安全气囊 ECU 总成的自诊断电路发现故障时，气囊警告灯便点亮，通知驾驶员安全气囊系统存在故障，直至专业维修人员解决故障，借助专业设备清除故障代码，此警告灯才会熄灭。

图 17-53　安全气囊警告灯位置示意图

(4)气囊模块。

①驾驶员安全气囊模块。

驾驶员安全气囊模块安装在转向盘中央饰盖内,不可分解,如图17-54所示。在正常的使用状态下,当发生一定强度的碰撞时,气囊模块接收到SRS ECU(安全气囊电子单元)发出的点火信号,触发气体发生器迅速产生大量气体使气囊展开,从而达到保护驾驶员的目的。驾驶员安全气囊模块包括气体发生器、点火器、气囊、装饰盖以及支架等零部件。

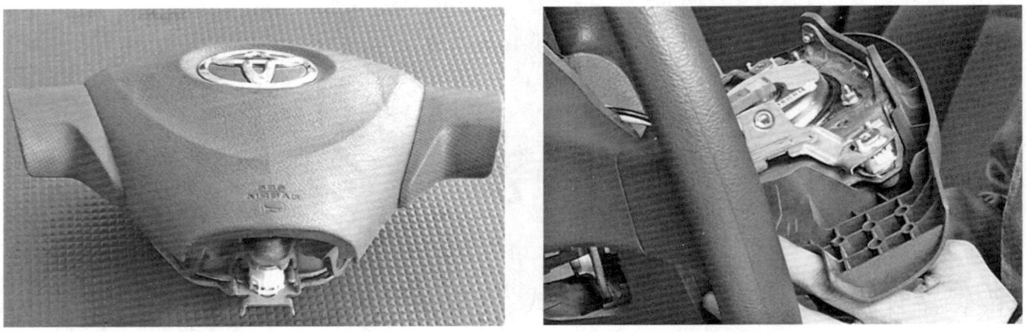

图17-54　驾驶员侧安全气囊模块安装位置

气体发生器根据接收到的信号指示产生点火动作,点燃固体燃料,产生气体给气囊充气,使气囊迅速膨胀。

点火器外包铝箔,安装在气体发生器内部中央位置,其功用是在前碰撞传感器和防护传感器将气囊电路接通时引爆点火剂,产生热量使充气剂分解。它的所有部件均装在药筒内。

安全气囊发生器的充气气体通常采用氮气,因为氮气具有不易燃烧和化学稳定的特点,能够在发生碰撞时迅速充气并保持一定的气囊压力,为乘车人员提供有效的保护。此外,安全气囊发生器的设计也考虑到了充气后的排气问题,通常会设置排气孔或阀门,如图17-55所示,确保气囊能够在一定时间内缓慢排气,以减缓乘车人员受到的冲击力,避免二次伤害。

气囊由尼龙丝制成,折叠存放在气囊模块内,如图17-56所示,当气体发生器向气囊内充气后,气囊冲破装饰盖迅速膨胀。

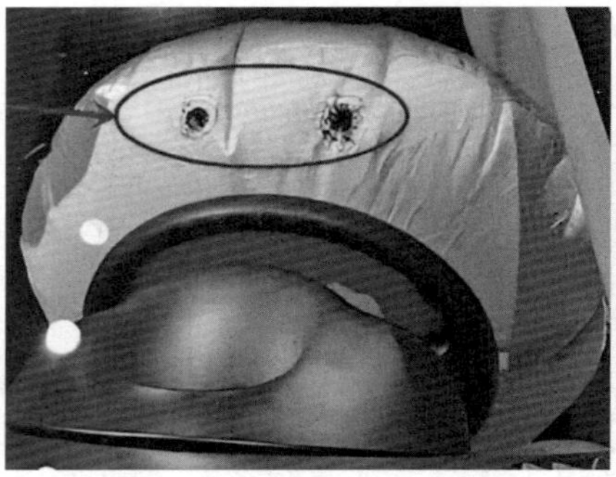

图17-55　气囊排气孔

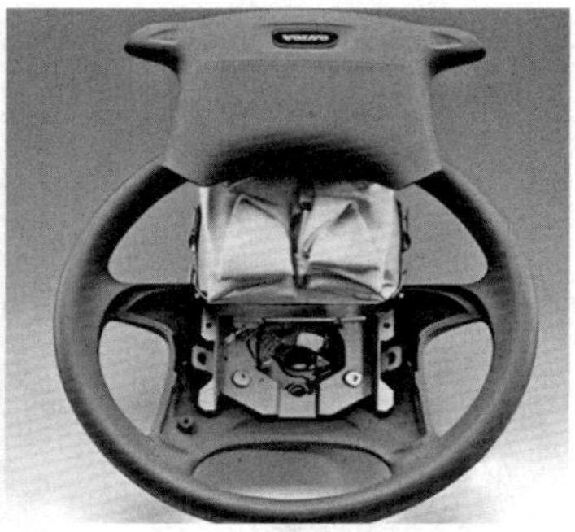

图17-56　未充气的气囊

②前排乘员安全气囊模块。

前排乘员安全气囊模块,安装在仪表板杂物盒上方。在正常的使用状态下,当发生一定强度的碰撞时，气囊模块接收到SRS ECU（安全气囊电子控制单元）发出的点火信号，触发气体发生器迅速产生大量气体使气囊展开，从而达到保护前排乘员的目的。

除饰盖与仪表板制成一体，前排乘员安全气囊模块的组成与驾驶员安全气囊模块基本相似。

③安全气囊螺旋电缆。

驾驶员安全气囊模块安装在转向盘上，与转向盘一起转动，它与ECU之间的导线连接是通过安全气囊螺旋电缆来实现的。安全气囊螺旋电缆主要用于连接安全气囊线束与驾驶员安全气囊模块以及转向盘按键和整车相应功能模块的实时通信，确保静止端（下端线束等）和活动端（转向盘）之间随时随地的可靠连接，如图17-57所示。

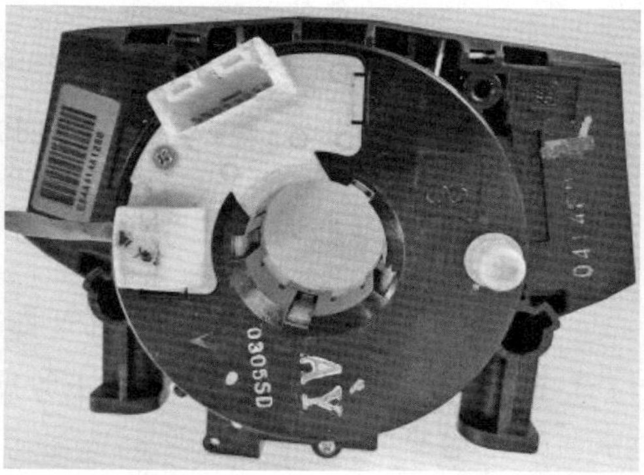

图17-57　安全气囊螺旋电缆

④电源。

汽车安全气囊两个电源：一是汽车电源（蓄电池和交流发电机），另一是备用电源。备用电源电路由电源控制电路和若干个电容器组成。

备用电源功用：当汽车电源与SRS电脑之间的电路切断后，在一定时间（一般为6s）内，维持安全气囊系统供电，保持安全气囊系统的正常功能。

引导问题4：汽车安全气囊系统的工作原理是什么？

如图17-58所示，为安全气囊控制原理图。当车辆发生正面碰撞事故时，碰撞传感器将产生碰撞信号，安全气囊ECU将检测到碰撞信号，并对其进行分析，判断是否达到点火要求。一旦达到要求，立即发出点火脉冲，由此引燃各安全气囊模块内的点火管，点火管再引燃各安全气囊模块内部的固体燃料，产生大量气体，在极短的时间内给气囊充气使其急剧膨胀，冲开装饰盖，形成饱满的气囊，以缓冲碰撞事故对驾驶员及乘员的冲击，从而保护驾驶员及乘员免受或减少伤害，如图17-59所示。

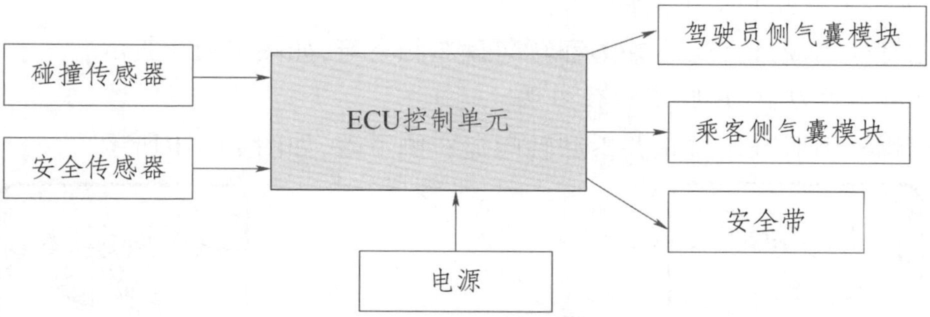

图17-58　安全气囊工作原理图

正面安全气囊仅当车辆相对于刚性固定障碍物碰撞速度高于30km/h、车辆发生严重的碰撞而且从车辆前面的纵轴的碰撞角度小于30°时，SRS才展开安全气囊。车辆发生侧面撞击、后面撞击或翻车碰撞时以及正面碰撞中车辆速度小于安全气囊展开的最低速度时，安全气囊不工作。

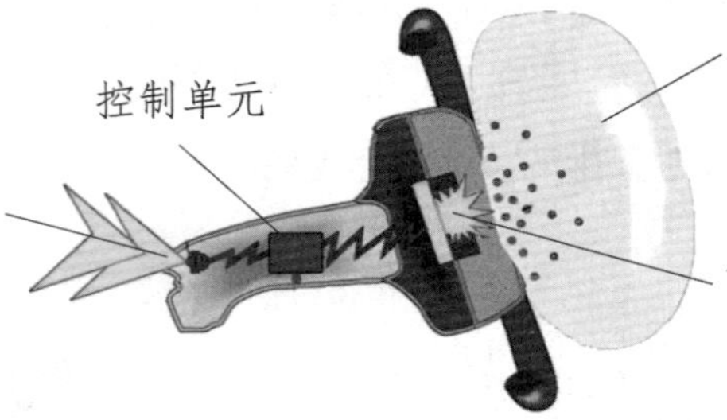

图 17-59　安全气囊展开过程图

二、计划与实施

引导问题 5:完成驾驶员侧气囊拆装,需要使用的工具和量具有哪些?

在表 17-11 中填写本学习任务所需的工具和量具。

工具、量具名称及型号　　表 17-11

名称	型号

引导问题 6:安全气囊的拆卸步骤是什么?

(1)关闭点火开关且断开蓄电池负极电缆,等待至少 90s,再开始工作。

(SRS 备有备用电源,因此若在断开蓄电池负极(－)端子上的电缆后 90s 以内就开始操作,则 SRS 可能会引爆。)

(2)安装防护五件套(座椅套、转向盘套、驻车手柄套、地板垫、换挡杆套)(本次拆装的是丰田卡罗拉轿车驾驶侧安全气囊)。

(3)使用螺丝刀脱开定位爪并拆卸转向盘左侧下盖,如图 17-60 所示。

建议:使用螺丝刀前,用胶带缠住刀头。

(4)使用螺丝刀脱开定位爪并拆卸转向盘右侧下盖,如图 17-61 所示。

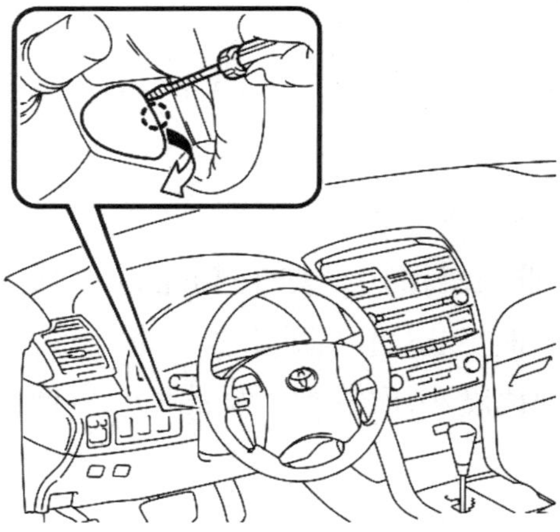

图 17-60　拆转向盘左侧下盖

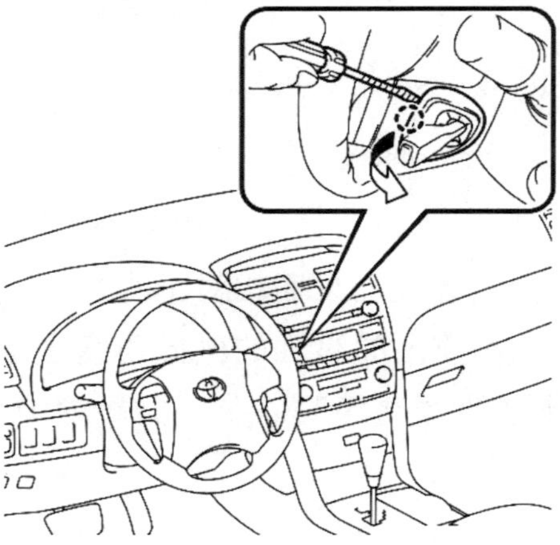

图 17-61　拆转向盘右侧下盖

建议:使用螺丝刀前,用胶带缠住刀头。

(5)用套筒(梅花)松开2个"TORX"螺钉,直到螺钉周边的凹槽接上螺钉壳,如图17-62所示。

(6)从转向盘总成上拉出转向盘衬垫并用一只手撑住转向盘衬垫,如图17-63所示。

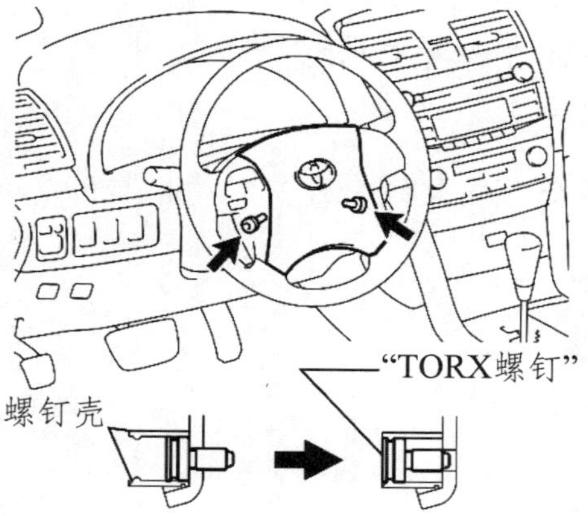

图17-62 拆卸螺钉

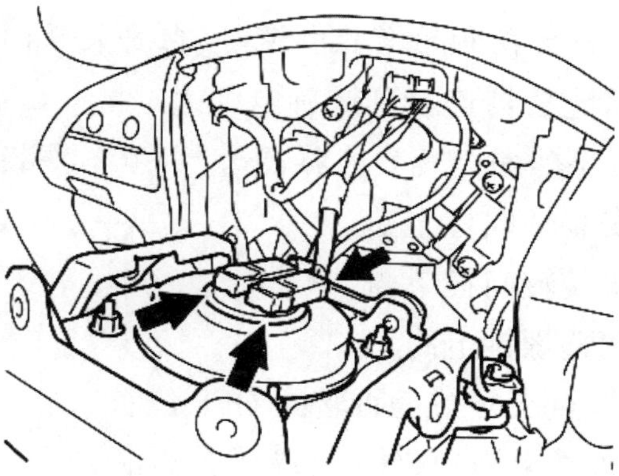

图17-63 拆下转向盘衬垫

备注:当拆卸转向盘衬垫时,不要拉安全气囊线束。

(7)从转向盘衬垫上断开喇叭连接器。

(8)断开2个空气囊连接器并拆下转向盘衬垫。

备注:操作安全气囊连接器时,小心不要损坏安全气囊线束。

(9)拆卸转向盘总成。

(10)拆卸转向柱下盖。

(11)拆卸转向柱上盖。

(12)从螺旋电缆上断开连接器。

备注:操作安全气囊连接器时,小心不要损坏安全气囊线束。

(13)脱开3个定位爪并拆卸螺旋电缆,如图17-64所示。

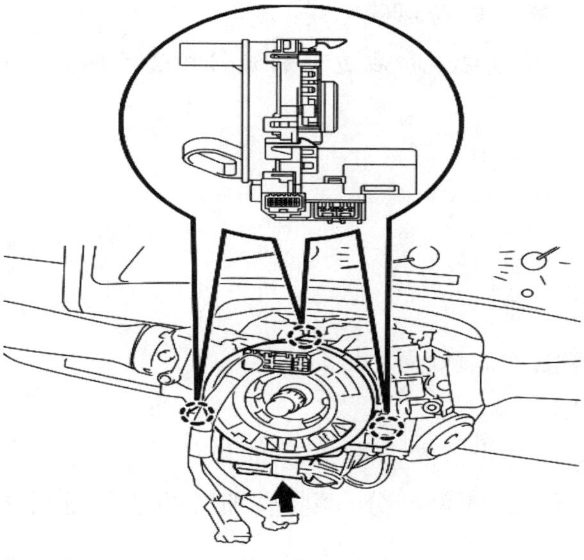

图17-64 螺旋电缆三个定位爪位置

引导问题7:安全气囊的安装步骤是什么?

(1)检查前轮是否朝向正前方。

(2)将转向信号开关设定在空挡位置。

备注:如果不在空挡位置,则转向信号开关销可能被折断。

(3)接合3个定位爪并安装螺旋电缆。

备注:当更换新的螺旋电缆时,在安装转向盘总成前拆下锁销。

(4)将连接器连接到螺旋电缆上。

备注:操作安全气囊连接器时,小心不要损坏安全气囊线束。

(5)安装转向柱上盖。

(6)安装转向柱下盖。

(7)调整螺旋电缆。

①检查点火开关是否转到OFF位置。

②检查蓄电池负极(-)端子是否断开。

注意事项:断开电缆后请等待90s,以防止空气囊引爆。

③用手逆时针慢速旋转螺旋电缆,直到感觉拧紧为止,如图17-65所示。

备注:不要用安全气囊线束转动螺旋电缆。

④顺时针旋转螺旋电缆约2.5圈以对准标记,如图17-66所示。

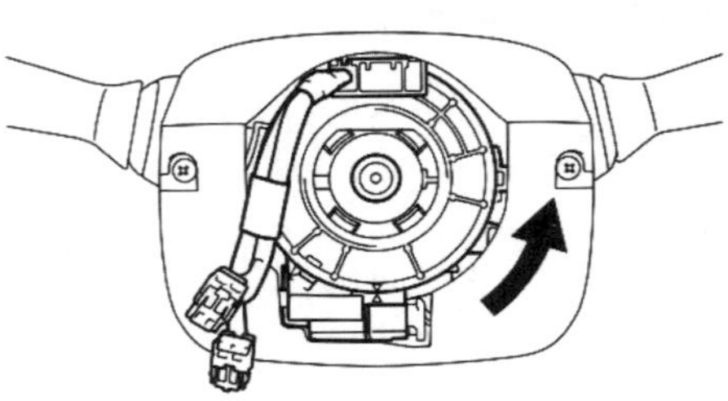

图17-65　逆时针旋转螺旋电缆

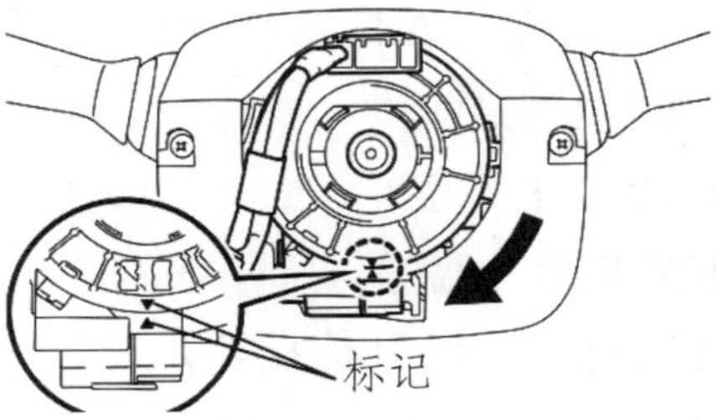

图17-66　螺旋电缆记号

备注:不要用安全气囊线束转动螺旋电缆。

建议:螺旋电缆将从中心向左边和右边分别旋转约2.5圈。

(8)安装转向盘总成。

(9)检查转向盘对中。

(10)安装转向盘衬垫。

(11)安装转向盘左侧下盖。

(12)安装转向盘右侧下盖。

(13)将电缆连接到蓄电池负极端子上。

(14)检查转向盘衬垫。

①目视检查安装在车辆内的转向盘衬垫。如果出现以下任一缺陷,则更换一个新的转向盘衬垫:转向盘衬垫的顶面或凹槽部分有划痕、细微的裂纹或明显的污点。

②确认喇叭鸣响。

建议:如果喇叭不响,则检查喇叭系统。

(15)检查 SRS 警告灯。

(16)整理整顿工具设备。

三、评价反馈

通过学习,按照任务要求完成相应的工作任务,并通过任务提高自己解决问题的方法和能力。学生和教师展开各种评价,任务评价表见表 17-12。

任务评价表　　表 17-12

序号	评价标准	分值(分)	自评(分)	互评(分)	师评(分)
1	是否服从组长安排,无迟到、早退和旷工	5			
2	着装是否符合标准	5			
3	能否完成小组分派的任务	5			
4	能否积极主动与小组成员沟通,发表自己意见	5			
5	语言表达是否准确,沟通顺畅	5			
6	能否大胆地在同学们面前展示自己学习的成果	5			
7	是否有工作岗位的责任心	5			
8	小组学习中能否主动与其他成员合作	5			
9	能否正确对待他人提出的肯定和否定意见	5			
10	是否合理规范使用工具和设备	5			
11	是否会正确安装车内防护五件套和车外防护三件套	5			
12	是否能正确检查安全气囊警告灯是否正常	5			
13	是否能正确拆卸安全气囊	15			
14	是否能正确安装安全气囊	15			
15	是否保持现场干净整洁	5			
16	能否按照安全和规范的规程操作	5			
合计		100			

四、学习拓展

现有一辆大众帕萨特汽车,安全气囊警告灯常亮,请你对该车的安全气囊系统进行检测,给出检测方案。

自我检测

专业知识题

一、单选题(下列各题的四个备选答案中只有一个是符合题意的正确答案,请做出选择)

1. 风窗洗涤器由(　　)、洗涤泵、输液管、喷嘴等组成。

A. 电动机　　B. 连杆装置　　C. 摆臂　　D. 储液罐

2. 风窗玻璃洗涤液,又叫(　　)。

A. 自来水　　B. 清洁水　　C. 玻璃水　　D. 都是

3. 电动车窗中的电动机一般为(　　)。

A. 单向直流电动机　　B. 双向交流电动机

C. 永磁双向直流电动机　　D. 串励式直流电动机

4. 在电动座椅中,一般一个电机可完成座椅的(　　)。

A. 1 个方向的调整　　B. 2 个方向的调整

C. 3 个方向的调整　　D. 4 个方向调整

5. 每个电动后视镜的后面都有(　　)电动机驱动。

A. 1 个　　B. 2 个　　C. 4 个　　D. 3 个

6. 中控门锁系统中的门锁控制开关用于控制所有门锁的开关,安装在(　　)。

A. 驾驶员侧门的内侧扶手上　　B. 每个门上

C. 门锁总成中　　D. 防盗控制器中

二、判断题(请对下列各题判断正误,正确的打"√",错误的打"×")

1. 洗涤泵安装在洗涤储液箱上。(　　)
2. 在点火开关未打开时,能操作刮水器系统。(　　)
3. 当前风窗玻璃窗外侧干燥状况下,不能直接启动刮片,擦拭玻璃。(　　)
4. 安全气囊系统只要接收到碰撞传感器的信号,都将会引爆安全气囊。(　　)
5. 有了安全气囊,就可以不用系安全带了。(　　)
6. 将安全气囊放到台架上时,使装饰件和安全气囊朝下放置。(　　)
7. 拆卸了蓄电池桩头,就可以立即拆卸和检修安全气囊。(　　)

三、多选题(下列各题的四个备选答案中有两个或两个以上符合题意的正确答案,请做出选择,错选、多选或漏选均不给分)

1. 电动刮水器由(　　)等组成。

A. 电动机　　B. 连杆

C. 摆臂　　D. 蜗轮总成

2. 对于电动座椅的保养与维护,下列说法正确的是(　　)。

A. 定期使用吸尘器吸除座椅表面的灰尘和污垢

B. 使用柔软的湿布擦拭座椅表面,避免使用含有化学物质的清洗剂

C. 定期检查座椅轨道和电机,确保无异响和卡滞

D. 可以用带水(未拧干)的毛巾湿洗座椅

3. 电动座椅的调节功能检查重点应(　　)。

A. 检查座椅的调节功能正常工作，包括座椅前后、高低、靠背角度等。

B. 检查座椅的电机和传动机构是否正常，有无异响或卡滞现象。

C. 定期清洁座椅表面，保持干净整洁，避免污垢和灰尘影响调节功能。

D. 在保养过程中，遵循汽车制造商的推荐，使用适当的清洁剂和保护剂。

4. 选用电动座椅滑轨润滑时，选择润滑的特性有(　　)。

A. 低温性能　　B. 胶体安定性　　C. 润滑性能

D. 防锈蚀性能　　E. 安全环保

技能操作题

一、电动刮水器系统的拆装与维护

一辆轿车，在使用刮水器时，关闭刮水器后不能自动回位，喷射刮水器水压力较低，不能正确喷射到风窗玻璃正确区域。请考生根据所掌握的相关知识和技能，回答以下问题。

1. 在更换刮水器电机时，在驱动电机上做标记是用于(　　)。

A. 确认拧紧到位　　B. 确认摆臂安装正确

C. 确认拧紧力矩正确　　D. 确认电机轴回到驻停位置

2. (单选题)在检查与维护刮水器喷水系统时，电机运转和洗涤液液位都正常，但是储液罐有些脏污，题干描述的故障可能的原因是(　　)。

A. 洗涤液管道堵塞　　B. 传动装置异常

C. 洗涤液选型错误　　D. 不同品牌玻璃水混用

3. (判断题)在检查喷水器时，需要起动发动机(　　)。

A. 正确　　B. 错误

4. (多选题)在检查与维护刮水器喷水系统时，需要检查的内容有(　　)。

A. 检查刮水器控制开关　　B. 检查喷射功能

C. 检查风窗洗涤液量　　D. 检查刮水器联动功能

5. (单选题)如果对刮水器电机从整车上拆卸下来进行检查，下面拆卸步骤正确的是(　　)。

①将刮水器运行至复位位置，关闭启动停止按键及所有用电器。

②撬下驾驶员刮水器臂的固定螺母盖帽，旋出刮水器臂固定螺母，使用合适的工具拆下前刮水器臂。

③拆下蓄电池盖板，旋松蓄电池负极电缆固定螺母接头，脱开负极电缆，等待15min。

④拆卸通风饰板附件，拆卸通风饰板本体。

⑤拆卸前机舱后装饰板总成，拆卸前机舱前装饰板总成。

⑥旋出前刮水器电机及连杆总成的固定螺栓。

⑦脱开前刮水器电机线束卡子。

⑧断开刮水器电机及连杆总成连接插头，取下刮水器电机及连杆总成。

A. ①-③-②-⑤-④-⑥-⑦-⑧

B. ①-②-③-⑤-④-⑦-⑥-⑧

C. ①-③-②-⑤-④-⑦-⑥-⑧

D. ①-②-③-④-⑥-⑤-⑦-⑧

二、电动车窗系统的拆装与维护

一辆轿车,在使用电动车窗时,电动车窗不能正常工作。请根据你所掌握的相关知识和技能,回答以下问题。

1.(多选题)对于电动车窗玻璃升降电路来说,下列说法正确的是(　　)。

A. 每个车门必须设有一个分控制开关,但主控制开关可不设

B. 在电路中必须设有断电器,当玻璃达到上下极限位置时,自动切断电路

C. 玻璃升降电机是可逆的,改变通电方向,就可以改变转动方向

D. 车上可装一个延时开关,在点火开关断开约10min后,仍有电流供应

2.(判断题)一个车窗只能朝一个方向运动,应检查分开关到总开关连接导线是否断路。(　　)

A. 正确　　B. 错误

3.(单选题)汽车单个门玻璃升降有故障时,下列说法错误的是(　　)。

A. 先检查熔断器　　B. 先检查继电器

C. 先检查该车门的玻璃升降开关　　D. 先检查该车门的玻璃升降电机

4.(单选题)不管使用主开关还是分开关,乘员侧电动车窗不能升降,甲认为故障出在失效的主开关。乙认为故障出在磨损的电动机。你认为(　　)。

A. 甲正确　　B. 乙正确　　C. 甲乙都正确　　D. 甲乙都不正确

5.(单选题)维修过程中,需要取下电动车窗电动机,步骤正确的是(　　)。

①断开蓄电池负极。

②将车窗玻璃调整至一半的位置。

③用平刃塑料工具拆下前侧门装饰板固定螺栓盖。

④用平刃塑料工具拆下前侧门装饰板内外卡夹。

⑤拆下前侧门装饰板固定螺栓。

⑥向上拉动门锁固定件拉线以便分离。

⑦断开前侧门装饰板上附件开关总成电气连接和装饰板线束连接。

⑧取下前侧门装饰板。

⑨用平刃塑料工具拆下前侧门车窗装饰条。

⑩使用合适的冲头工具并推第一个车窗玻璃升降器窗框,将车窗向上拉以将其从窗框分离。

⑪拆前侧门挡水板,将电气连接器和车门锁止拉线从车门上拆下。

⑫将车窗举至足够高并使用合适的冲头工具推第二个车窗玻璃升降器窗框,将车窗向上拉以将其从窗框分离。

⑬必要时旋转前侧门车窗,将其从前侧门上拆下。

⑭拆前车窗升降器螺栓(5颗)。

⑮断开车窗电动机电气连接。

⑯取出车窗玻璃升降器。

⑰从前侧门玻璃升降器上拆下车窗电动机螺栓(3 颗),取下车窗电机。

A. ②-①-③-⑤-④-⑥-⑦-⑧-⑨-⑪-⑩-⑫-⑮-⑬-⑭-⑯-⑰

B. ②-①-③-⑤-④-⑥-⑦-⑧-⑨-⑪-⑩-⑫-⑬-⑮-⑭-⑯-⑰

C. ①-②-③-⑤-④-⑥-⑦-⑧-⑨-⑪-⑩-⑫-⑮-⑬-⑭-⑯-⑰

D. ①-②-③-⑤-④-⑥-⑦-⑧-⑨-⑪-⑩-⑮-⑫-⑬-⑭-⑯-⑰

项目十八

空调系统

汽车空调系统是已是现代汽车必备装置之一。汽车空调系统为车内提供舒适温度、高品质的空气。使车内乘员乘坐舒适性大大提高,同时也极大地提高了行车安全性。作为汽车行业从业人员,必须熟悉汽车空调系统安装位置、掌握正确使用和简单故障检修。

学习任务一　空调系统的零部件认识与拆装

学习目标

知识目标:

1. 掌握汽车空调系统的作用和组成;
2. 掌握汽车空调各系统主要部件的功能和结构特点;
3. 了解汽车空调主要部件的工作原理。

技能目标:

能够安全、规范地拆卸和安装汽车空调系统主要部件。

素养目标:

1. 能够在工作过程中与小组成员合作完成任务,养成合作意识;
2. 通过对制冷剂加注回收操作,使学生养成爱护环境的意识。

任务描述

夏季即将来临,来4S店给空调做保养的车越来越多,现需对一辆乘用车进行空调专项保养,在保养前需要认识空调系统组成、功用和零部件等,请根据任务清单完成对轿车空调系统的零部件认识。

一、资料收集

引导问题1:汽车空调系统有哪些类型?是如何分类的?

(1)按照驱动压缩机的动力源不同,可分为独立式空调和非独立式空调。

独立式空调其压缩机是由专门的发动机(又称副发动机)驱动,一般用于长途货运和大中型巴士等车型上;非独立式空调其压缩机是由驱动车辆行驶的发动机来带动工作的,这种空调系统消耗发动机功率,影响发动机的动力性。一般用于车内空调较小的轿车、面包车、小型巴士等车型。

(2)按照功能模式不同,可分为单一式空调和组合式空调。

单一式是冷风、暖风各自独立,自成系统,一般用于大中型客车上;组合式是冷暖风合用一台鼓风机、一套操纵机构。这种结构又可分为冷、暖风分别工作和冷暖风同时工作两种方式,多用于轿车上。

(3)按控制方式不同,可分为手动空调和自动空调。

手动空调系统。手动空调系统不具备车内温度和空气配送自动调节功能,制冷、采暖和风量的调节需要使用者按照需要调节,控制电路简单,通常使用在普及型轿车和中、大型货车上,操作面板如图 18-1 所示;自动空调系统。自动空调系统具有自动调节和控制车内温度、风量以及空气配送方式的功能,保护系统完善,并具有故障诊断和网络通信功能,工作稳定可靠,目前广泛应用在中、高档轿车和大型豪华客车上,操作面板如图 18-2 所示。

图 18-1 手动空调操作面板

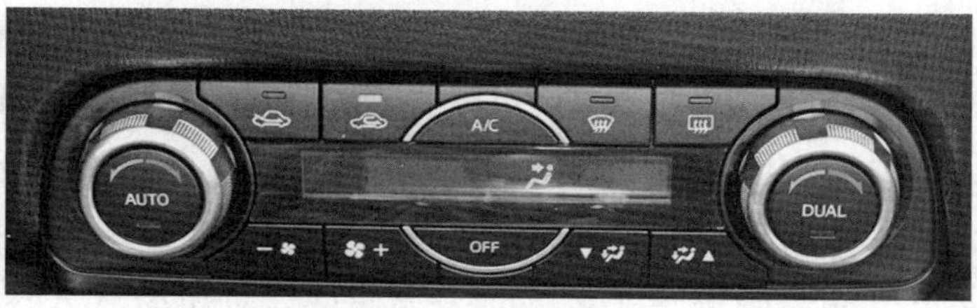

图 18-2 自动空调的操作面板

(4)按照温度可调节区域可分为单区、双区和四区空调。

单区空调系统通过温度调节使整个车内保持一个合适温度;双区空调系统通过两个温度翻版单独控制驾驶员侧和副驾驶侧的温度,如图 18-2;四区空调系统在一些高级轿车上加装,可以对车内左前、右前、左后、右后四个区域进行单独的温度调节。

引导问题 2:汽车空调的功能是什么?

汽车空调是汽车车内空气调节系统的简称,它的主要功能是对在汽车封闭空间内空气的温度、湿度、空气流速以及空气的清洁度进行调节控制。

(1)温度调节。这是汽车空调的主要功用。汽车空调能调节车厢内空气的温度,既能将进入车内的空气加热,也能将进入车内的空气冷却,以便把车厢内的温度调节至舒适的水平。

(2)湿度调节。湿度对车内的乘员的热舒适感觉有很大影响。汽车空调能够排出进入车厢内空气中的湿气,降低车厢内空气湿度,以营造更舒适的车内环境。车厢内的湿度一般应保持在 30% ~70% 。

(3)流速调节。气流的流速和方向对人的舒适性影响很大。根据乘客的生活环境、年龄、健康状况、冷热习惯等可以适当改变流速的大小。

(4)洁净度调节。可过滤空气,排除空气中的灰尘和花粉,使车厢内空气的质量提高。

引导问题 3:汽车空调由什么组成?其主要零部件的结构、类型是什么?

汽车空调系统主要由制冷系统、采暖装置、通风系统和空气净化系统等组成。

1. 汽车空调通风系统

1)通风系统类型

将新鲜空气送进车内,取代污浊空气的过程,称为通风。汽车空调的通风方式一般有动压通风、强制通风两种。

(1)动压通风。动压通风也称自然通风,它利用汽车行驶时对车身外部所产生的风压为动力,在适当的地方开设进风口和排风口,如图18-3所示,以实现车内的通风换气目的。由于动压通风不消耗动力,且结构简单,通风效果也较好,因此,轿车大都设有动压通风口。

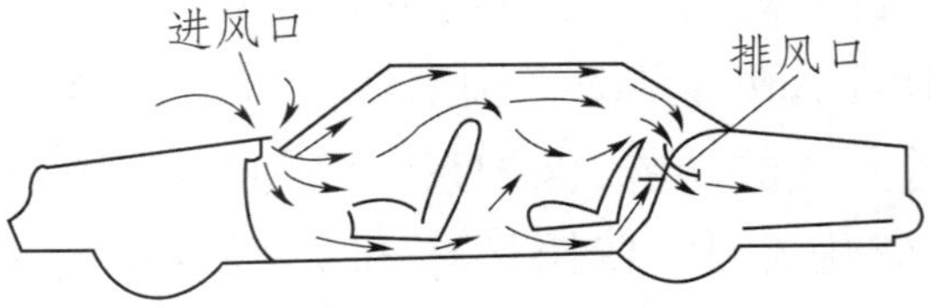

图18-3 轿车进、排风口位置图

(2)强制通风。在强制通风装置中,用电风扇或类似装置迫使空气流过车辆内部。进气口和排气口的安装位置,与自然通风装置相同。强制通风装置一般与暖风装置或冷气装置一起使用。强制通风利用鼓风机强制将车外空气送入车内进行通风换气。这种方式需要能源和通风设备,在冷暖一体化的汽车空调上,大多采用通风、供暖和制冷的联合装置,将车外空气与空调冷暖空气混合后送入车内,鼓风机安装在副驾驶位储物箱后方,如图18-4所示。

a) 鼓风机

b) 鼓风机安装位置

图18-4 鼓风机

2)通风系统工作原理

如图18-5所示,车外(内)空气被鼓风机吸入风道,流经蒸发器、加热器芯子,再由车内各出口吹向车内不同位置。当制冷系统工作时,流经蒸发器的空气在此发生热交换,使空气的温度降低了,变成凉风从出口吹出;当采暖系统工作时,流经加热器芯子的空气在此发生热交换,使空气的温度提高了,变成暖风从出口吹出。当制冷系统、采暖系统都不工作时,鼓风机将车外(内)空气引入车内,此时各出风口空气温度不会变化,只起到通风换气的作用。

2. 汽车空调制冷系统

1)制冷系统的作用

汽车空调制冷系统的作用是适时为车厢内提供舒适凉爽的气流。

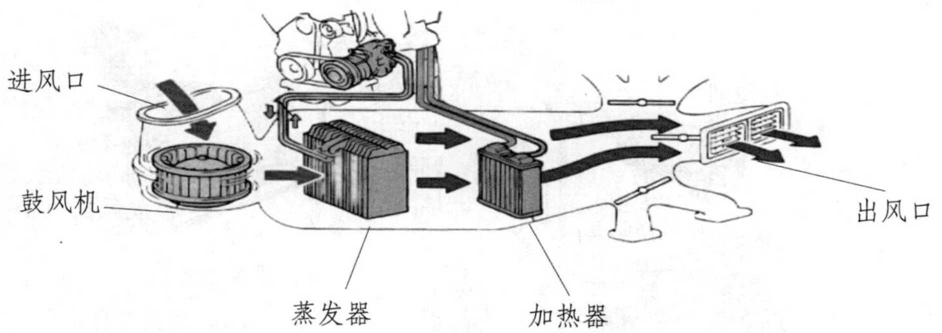

图 18-5　通风系统示意图

2)制冷系统的组成

汽车空调制冷系统由压缩机、冷凝器、储液干燥器、膨胀阀和蒸发器等组成,如图 18-6 所示。

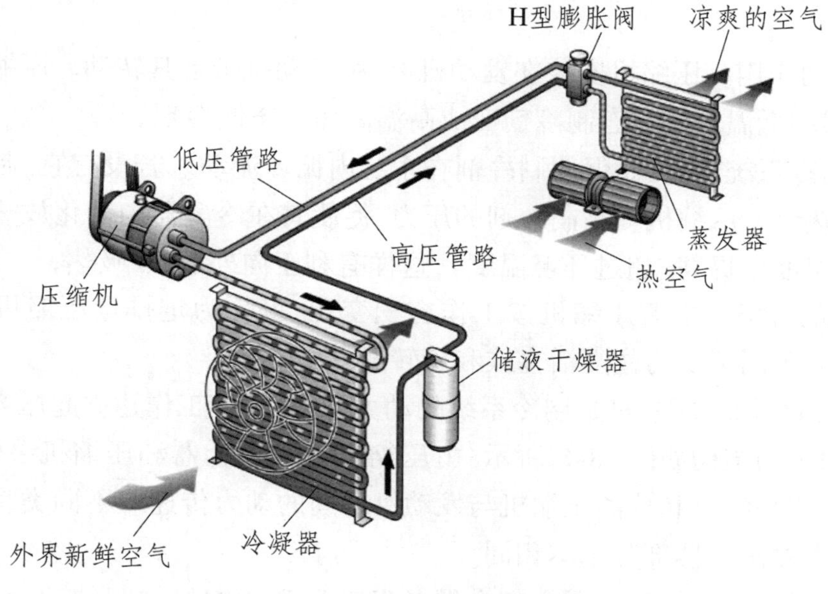

图 18-6　汽车空调制冷系统的组成

3)制冷系统的工作原理

汽车空调制冷系统主要是压缩过程、冷凝过程、膨胀过程、蒸发过程四个过程循环工作,如图 18-7 所示。

(1)压缩过程:压缩机吸入蒸发器出口处的低温低压气态制冷剂将其压缩成为高温高压气态排出压缩机。

(2)冷凝过程:高温高压气态制冷剂进入冷凝器,由于压力及温度的降低,气态制冷剂冷凝变为液态制冷剂,并排出大量的热量。

(3)膨胀过程:温度和压力较高的制冷剂液体通过膨胀装置后体积变大,压力和温度急剧下降,以雾状排出膨胀装置。

(4)蒸发过程:雾状制冷剂进入蒸发器,此时制冷剂沸点远低于蒸发器内的温度,故液体制冷剂蒸发变为气态。在蒸发过程中大量吸收蒸发器周围的热量后以低温低压气态的制冷剂蒸气再次进入压缩机。

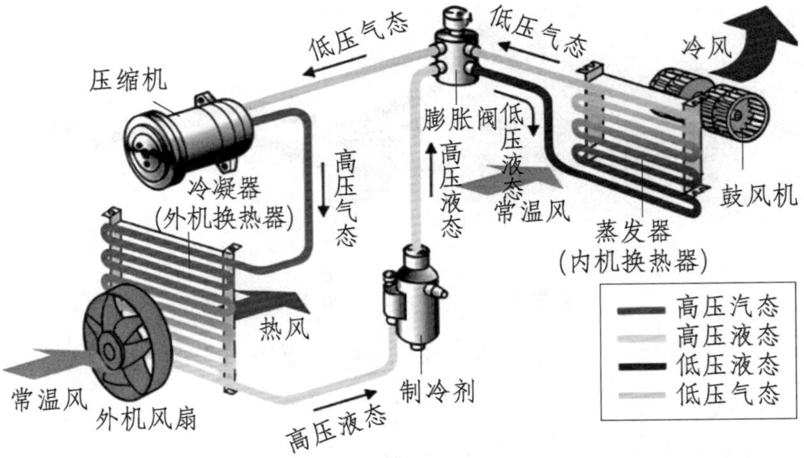

图18-7　制冷系统工作过程

上述过程周而复始地进行,达到降低蒸发器周围空气温度的目的。

4)压缩机

(1)压缩机的作用。压缩机安装在发动机上,由发动机带动其转动。压缩机的主要作用是将来自蒸发器的低温低压气态制冷剂变成高温高压气态制冷剂。

压缩机是制冷系统动力源,促使制冷剂在系统内循环流动。若没有它,制冷剂则无法流动,更不能转移热量。压缩机提高制冷剂的压力,促使其在冷凝器中液化放热。提高制冷剂压力后,制冷剂温度也提高(超过环境温度),这样有利于向外散热/吸热。

(2)压缩机的分类。空调压缩机按工作容积变化,可分为定排量压缩机和变排量压缩机;按工作原理的不同可分为往复活塞式和旋转式。

(3)压缩机的结构。压缩机是制冷系统的动力源,压缩机工作建立起压力使制冷剂循环流动起来。压缩机的结构如图18-8所示,由压缩机电磁离合器和压缩机泵体两部分组成。电磁离合器的作用是结合和分离压缩机与发动机之间的动力传递。不同类型压缩机泵体部分结构不同,但电磁离合器部分基本相同。

①压缩机电磁离合器结构。电磁离合器是发动机和压缩机之间的动力传递机构,受空调A/C开关及其他控制元件控制,在需要时接通或切断发动机与压缩机之间的动力传递。如图18-9所示,电磁离合器由压板、皮带轮和电磁绕组等组成。压板与带轮之间的间隙A大约为0.3~0.6mm。

②摆盘式压缩机。摆盘式压缩机是一种轴向往复活塞式压缩机,属于第二代产品,它最大的优点是工作平稳,体积小,适用于车厢空间狭小的车型使用。摆盘式压缩机的主要零件有缸体,前、后缸盖,阀板,活塞等,如图18-10所示。主轴每转一周,就有一个气缸完成压缩、排气、膨胀和吸气的一个循环。

③旋叶式压缩机。旋叶式压缩机又称刮片式压缩机,是旋转式压缩机的一种。旋叶式压缩机的主要零部件有缸体、转子、主轴、叶片、排气阀、后端盖、带有离合器的前端盖和主轴的油衬。后端盖和前端盖上有两个滚动轴承支撑主轴转动,后端还有一个油气分离器,如图18-11所示。旋转式压缩机基本上无余隙容积,其工作过程一般只有进气、压缩、排气三个过程,所以它的容积效率比往复式压缩机高得多。

图 18-8 压缩机

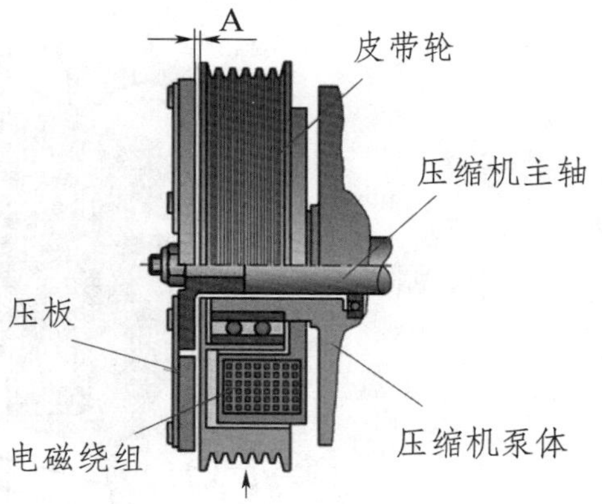

图 18-9 电磁离合器

图 18-10 摆盘式压缩机结构示意图

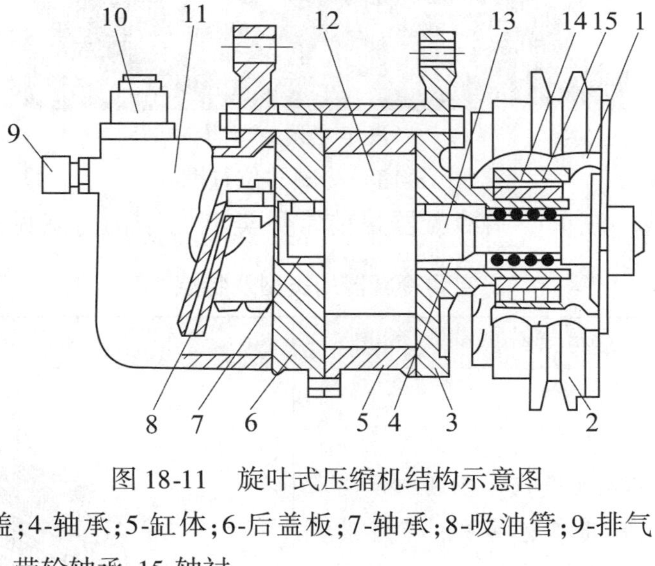

图 18-11 旋叶式压缩机结构示意图

1-前板；2-带轮；3-前端盖；4-轴承；5-缸体；6-后盖板；7-轴承；8-吸油管；9-排气口；10-进气口；11-后端盖；12-转子；13-主轴；14-带轮轴承；15-轴衬

④涡旋式压缩机。涡旋式压缩机是一种新型压缩机。它与往复式压缩机相比，具有效率高、噪声低、振动小、质量小、结构简单等优点，是一种先进的压缩机。涡旋式压缩机主要由固定涡旋盘、动涡旋盘、机架、联接器和曲轴等组成，如图 18-12 所示。其工作过程是进气、压缩、排气三个过程。

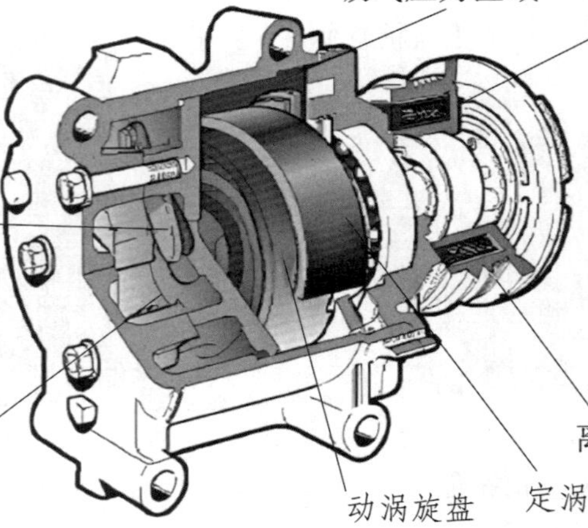

图 18-12　涡旋式压缩机的结构

5)冷凝器

(1)冷凝器作用。汽车空调冷凝器的作用是把压缩机排出的高温高压制冷剂气体,通过冷凝器将热量散发到车外空气中,从而使高温、高压的制冷剂气体冷凝成较高温度的高压液体。冷凝器一般安装在车辆前方(保险杠后),如图 18-13 所示。

图 18-13　冷凝器位置图

(2)冷凝器的类型。汽车空调冷凝器目前常见类型的结构特点见表 18-1。

空调冷凝器的类型及特点　　表 18-1

类型	结构特点	图片
管片式	管片式冷凝器结构是汽车空调中早期采用一种冷凝器,制造工艺简单。即用胀管法将铝翅片胀紧在紫铜管上,管的端部用U形弯头焊接起来,这种冷凝器清理焊接氧化皮较麻烦,而且其散热效率较低	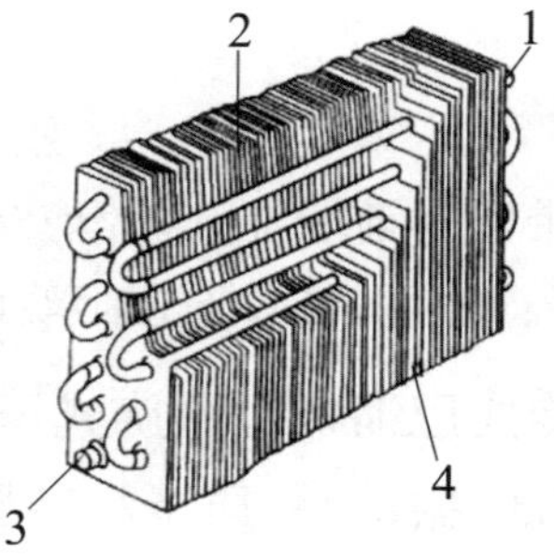 1-进口;2-圆管;3-出口;4-翅片

续上表

类型	结构特点	图片
管带式	将宽度为 22mm、32mm、44mm、48mm 的扁平管弯成蛇管形,在其中安置散热带(即三角形翅板或其他类型板带),此类冷凝器散热效率比管片式更高	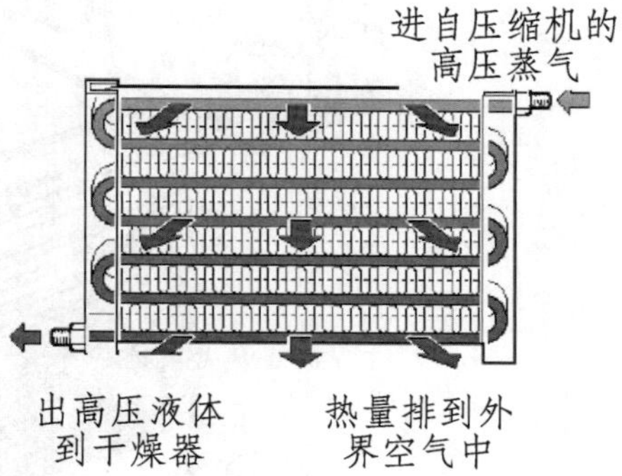
平行流式	平行流式冷凝器由圆筒集管、铝制内肋管、波形散热翅片及连接管组成,此类冷凝器压力损失更小,液化效率更高。是专为 R134a 而研制的新结构冷凝器,得到了广泛应用	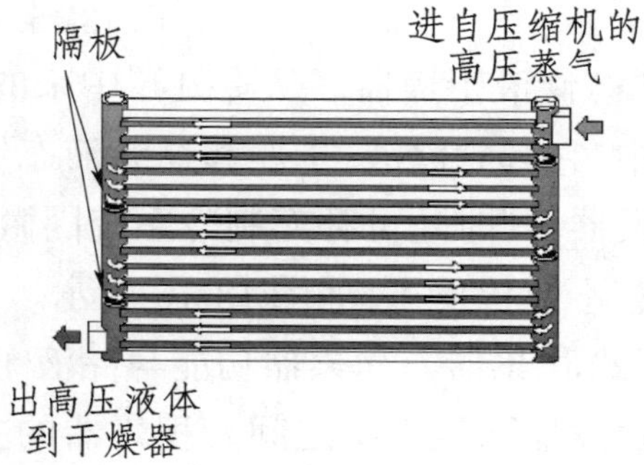

6)储存装置

不同类型制冷系统制冷剂罐安装位置不同。如图 18-14 所示的制冷系统中,储液干燥器串联在冷凝器与膨胀阀之间的管路上,此类储液罐与热力膨胀阀搭配使用。如图 18-15 所示制冷系统中,储存罐(积累器)串联在蒸发器与压缩机之间的管路上,此类储存装置与固定孔径的节流管搭配使用。

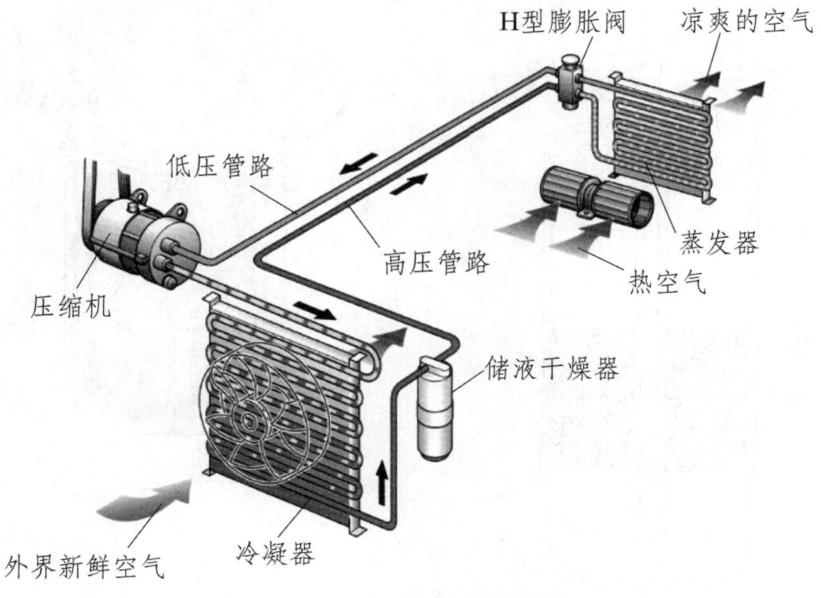

图 18-14　热力膨胀阀式制冷系统

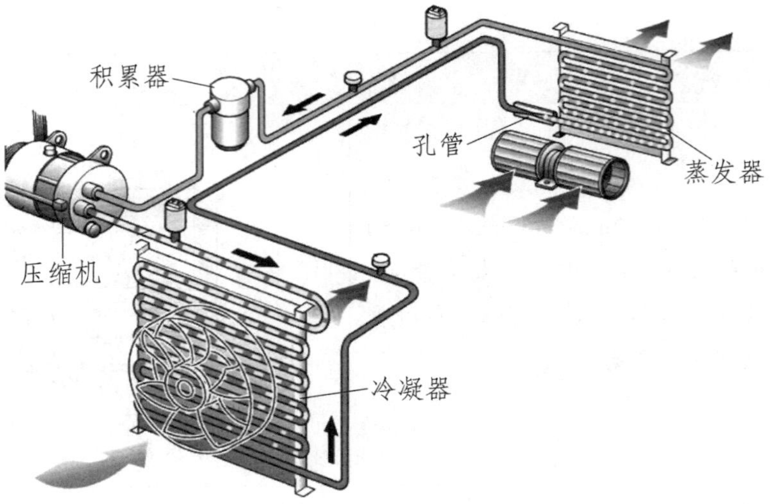

图 18-15　节流管(孔管)式制冷系统

(1)储液干燥器。从冷凝器中来的高压制冷剂液体经过滤、干燥后流向膨胀阀。在制冷系统中,它起到储液、干燥和过滤液态制冷剂的作用。并根据制冷负荷的大小需要,随时供给蒸发器,同时还可补充制冷系统因微量渗漏的损失量。储液干燥器进出管口都在顶部,一定注意不能接反了,如图 18-16 所示。

(2)积累器。积累器功能与储液干燥器相同,二者的区别在于安装位置不同,积累器安装在蒸发器与压缩机之间。积累器的主要功能是防止液态制冷剂液击压缩机,因为压缩机是容积式泵,设计上不允许压缩液体。积累器也用于储存过多的液态制冷剂,内含干燥剂,过滤剂,起存储、干燥、过滤的作用,如图 18-17 所示。

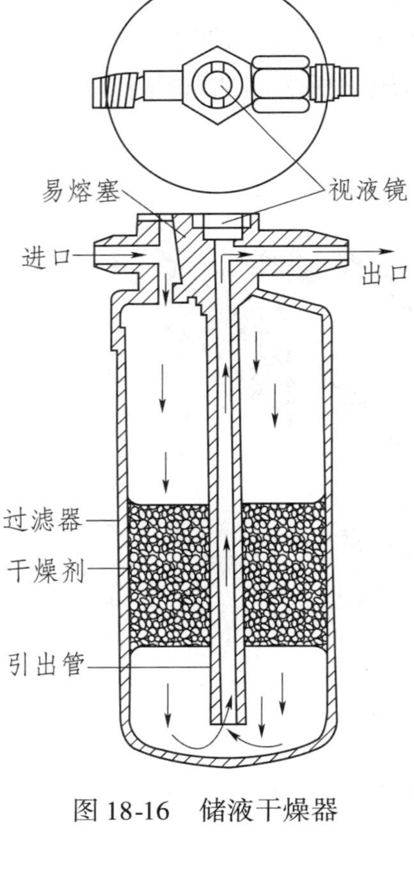

图 18-16　储液干燥器

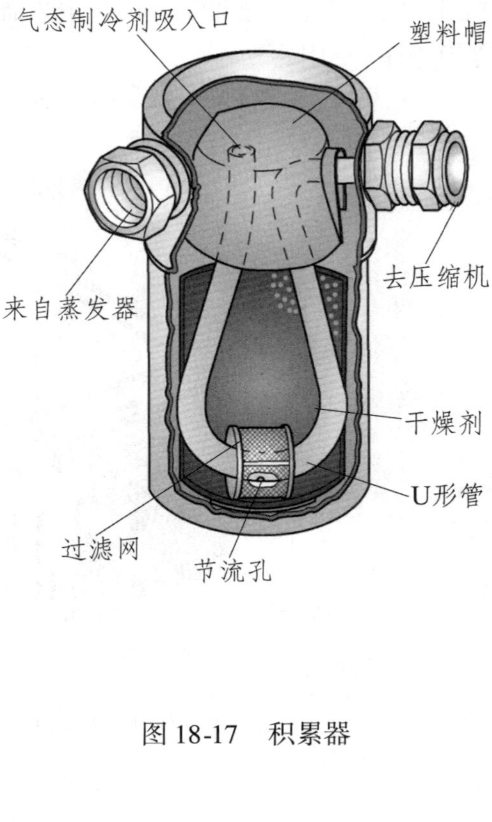

图 18-17　积累器

7)节流装置

汽车空调节流装置是汽车空调制冷装置的主要部件。其功用是:把来自储液干燥器的高压液态制冷剂节流减压,调节和控制进入蒸发器中的液态制冷剂量,使之适应制冷负荷的变化,同时可防止压缩机发生液击现象和蒸发器出口蒸气异常过热。常用的节流装置有热力膨胀阀和膨胀管两种。

(1)热力膨胀阀。

①热力膨胀阀的分类。

按外形分膨胀阀有F型和H型,按平衡方式F型有内平衡和外平衡型。

②膨胀阀的结构。

a. F型内平衡式膨胀阀。内平衡式热力膨胀阀,其结构主要由阀门、膜盒、膜片、调节弹簧、毛细管(连感温包)等器件组成,如图18-18所示,有的在进口处还加设了过滤网。内平衡式热力膨胀阀的金属膜片受到三个力的作用,上表面受到感温包内蒸气压力 P_f,产生向下的推力,欲打开阀芯;下表面受到向上的蒸发压力(节流后的液体压力)P_e 和弹簧力 P_S,力图关闭孔口。

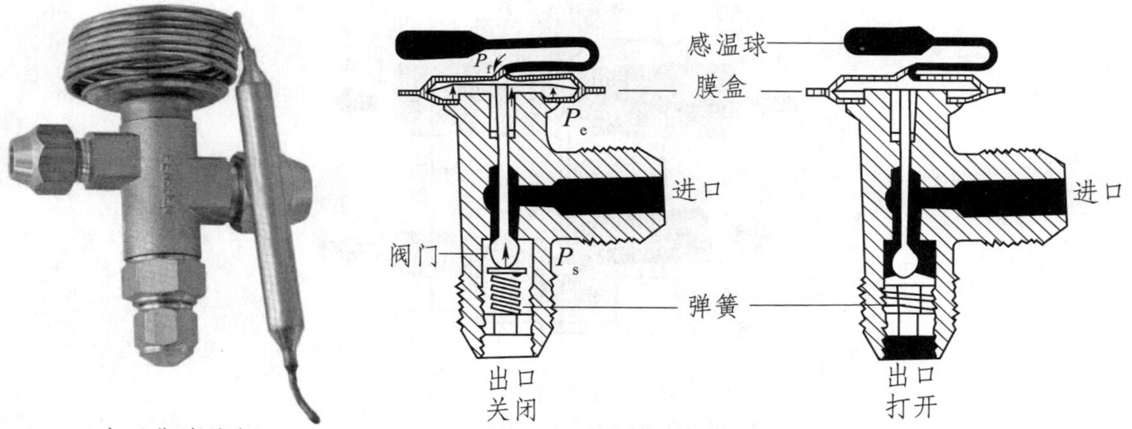

a) 内平衡膨胀阀　b) 内平衡膨胀阀结构示意图

图18-18　内平衡膨胀阀

b. F型外平衡式膨胀阀。其结构主要由热敏管、压力弹簧、膜片、均衡管、膜片室、阀门、毛细管等组成,如图18-19所示。外平衡式膨胀阀的金属膜片受到三个力的作用,上表面受到感温包内蒸气压力 P_{f1},产生向下的推力,欲打开阀芯;下表面受到向上的蒸发器出口处用平衡管导入的压力 P_{e1} 和弹簧力 P_{s1},力图关闭孔口。当三个力平衡时,膜片、阀芯和节流孔位置一定,开度也一定,这样流入蒸发器的制冷剂的流量也一定。

c. H型膨胀阀。如图18-20所示,H形膨胀阀系统回气直接通过阀体内腔作为感受信号,因此,它不仅可以省去外平衡管、毛细管和感温包,而且感受系统灵敏度得以提高。无感温包、毛细管和外平衡接管,可免除因汽车颠簸、振动而使充注系统断裂外漏以及感温包包扎松动而影响膨胀阀的正常工作,提高了膨胀阀的抗震性能。

(2)膨胀节流管。

膨胀节流管是一种固定孔径的节流装置,其两端都装有过滤网,以防堵塞,如图18-21所示。膨胀节流管直接安装在冷凝器出口和蒸发器进口之间。

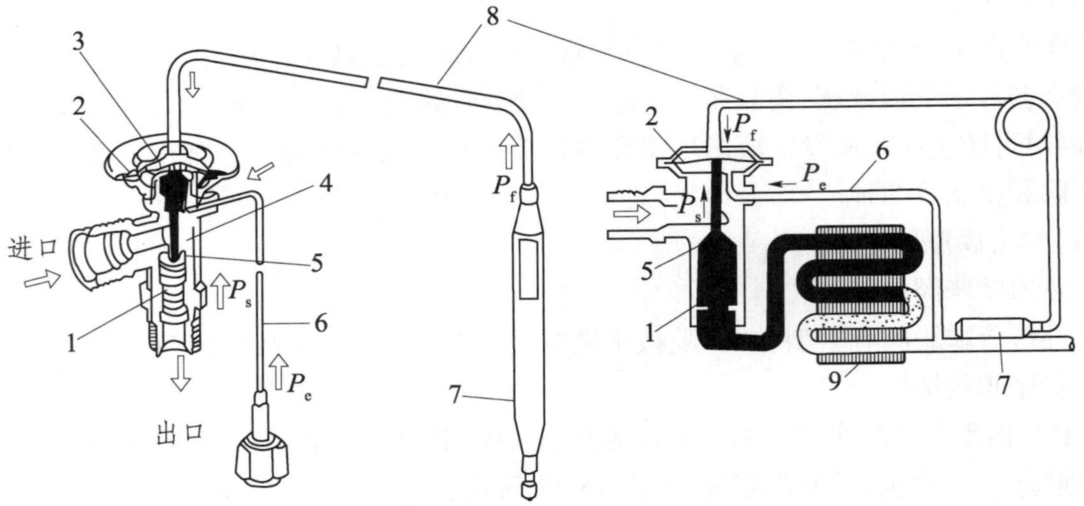

图 18-19　外平衡膨胀阀

1-压力弹簧;2-膜片;3-膜片室;4-均衡管路;5-阀;6-外平衡管;7-热敏管;8-毛细管;9-蒸发器

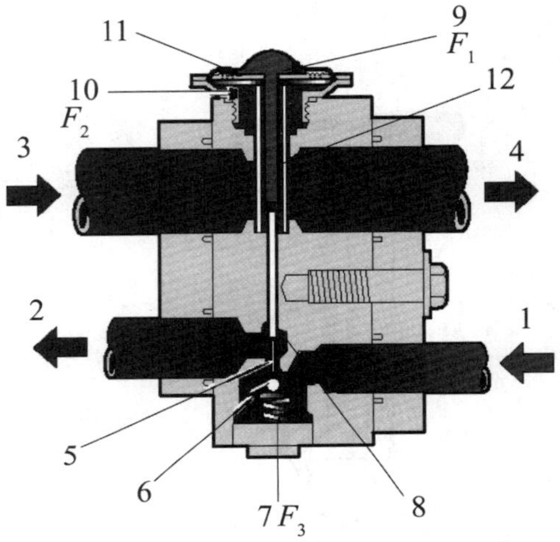

图 18-20　H 型膨胀阀

1-自过滤干燥器;2-到蒸发器;3-自蒸发器;4-到压缩机;5-测量孔;6-球;7-弹簧;8-活动脚;9-制冷剂;10-薄膜下压力补偿;11-金属薄膜;12-感温元件;F_1-制冷剂压力;F_2-补偿压力;F_3-弹簧压力

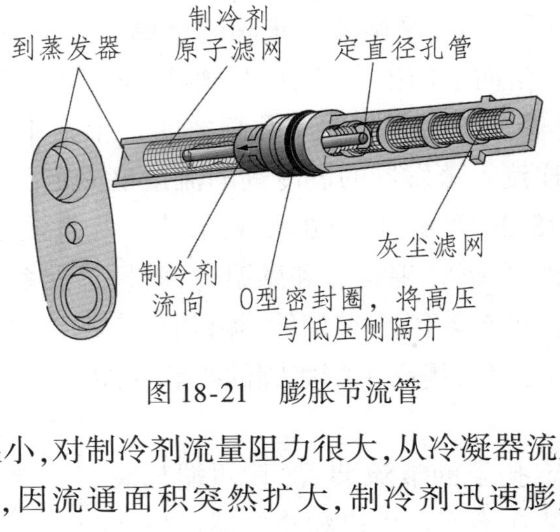

图 18-21　膨胀节流管

由于节流孔管内径很小,对制冷剂流量阻力很大,从冷凝器流来的高压液体的压力迅速降低,制冷剂流出细管后,因流通面积突然扩大,制冷剂迅速膨胀汽化吸热,达到制冷的目的。

由于膨胀节流管没有运动部件,结构简单、成本低、可靠性高,同时节省能耗,得到了广泛应用。

8)蒸发器

(1)蒸发器的作用。汽车空调蒸发器如图18-22所示,是一个热交换器。膨胀阀喷出的雾状制冷剂气体在蒸发器中蒸发,鼓风机将空气吹过蒸发器,制冷剂气体吸收流经此处的空气的热量,达到降温和制冷的目的。蒸发器与膨胀阀安装在车厢内仪表台后方,需拆卸仪表台后方可看到。

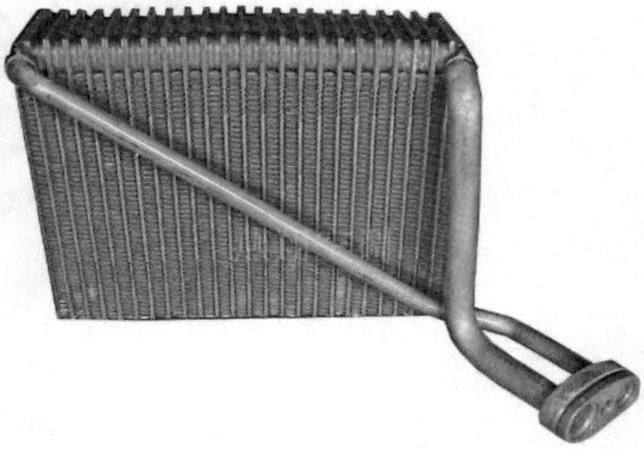

图18-22　汽车空调蒸发器

(2)蒸发器的类型。汽车空调蒸发器目前常见类型的结构特点见表18-2。

空调蒸发器的类型及特点

表18-2

类型	结构特点	图片
管带式蒸发器	由多孔扁管、蛇形散热铝带及散热片组成	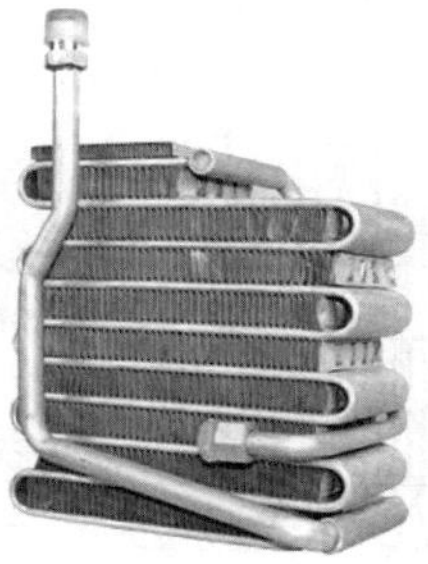
层叠式蒸发器	由两片冲压形成的铝板叠在一起组成,每两片之间夹有蛇形散热铝带	

3.汽车空调采暖系统

(1)采暖系统的作用。汽车空调采暖系统的作用是适时为车厢内提供舒适暖和的气流,以及为风窗玻璃除霜除雾。

(2)采暖系统的类型。汽车空调采暖系统常见的有发动机余热式、PTC加热式及余热+PTC加热式。轿车、载货汽车和小型客车多采用发动机余热水暖式取暖系统。PTC加热式采暖系统,是利用电加热方式提供热源,这类采暖系统应用在新能源车上。余热+PTC式制暖系统为了更快地取得取暖效果,部分内燃机汽车、混合动力汽车采用余热+PTC式取暖方式。

(3)余热式采暖系统的组成。汽车空调暖风系统由加热器、热水控制阀、加热器进、回水管和冷却液等组成,如图18-23所示。

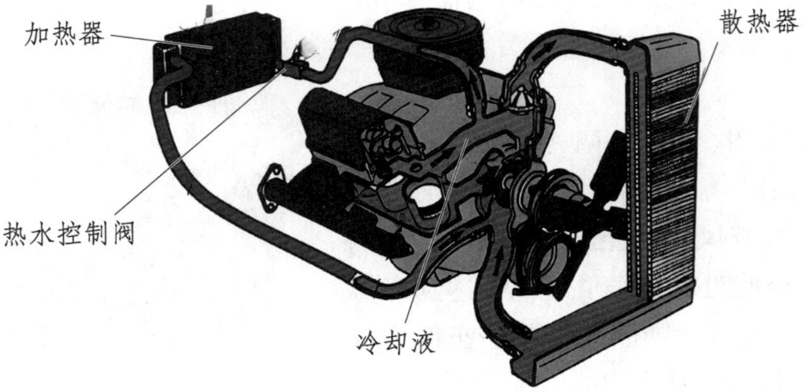

图18-23 汽车空调暖风系统

(4)采暖系统的工作原理。采暖系统的工作原理如图18-24所示,将发动机的冷却液通过加热器进水管引入至加热器中,此时加热器的温度就是冷却液的温度即90℃左右,鼓风机将车外的低温空气吹至加热器,低温空气与加热器两者发生热交换,低温空气升温变成舒适的暖风,加热器中的冷却液降温后通过加热器回水管回到发动机继续给发动机降温。

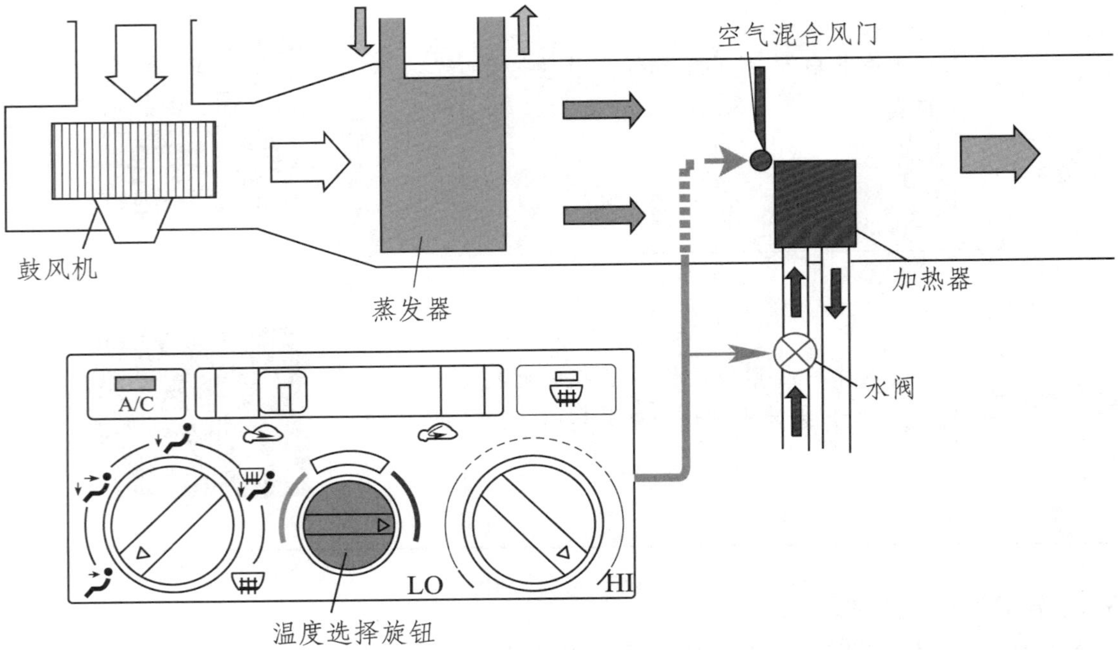

图18-24 采暖系统工作示意图

(5)热水控制阀。热水控制阀安装加热器进水管口处,如图18-25所示。用于控制进入加热器的发动机冷却液流量。通过调节控制面板上的温度开关控制水阀的开度,调节进入加热器中冷却液量的大小,实现调节采暖系统的供热量。

(6)加热器。加热器安装在车厢内仪表台下方,如图18-26所示。加热器的作用是与吹至此处的空气发生热交换,将空气升温。加热器的结构与蒸发器、冷凝器相似,如图18-27所示。

图 18-25　热水控制阀

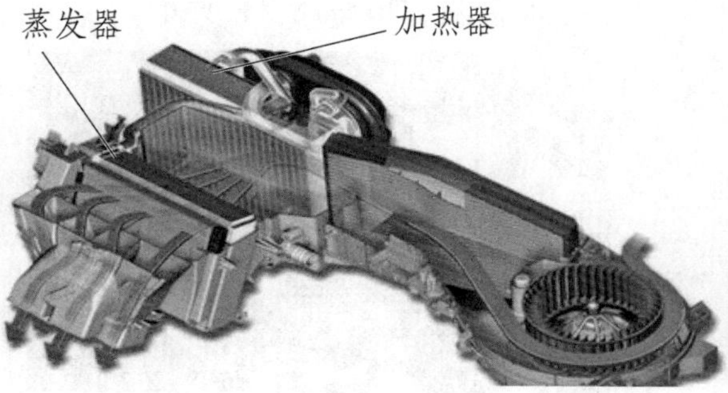

图 18-26　加热器位置图

图 18-27　加热器

二、计划与实施

引导问题 4：完成压缩机的拆装，需要使用的工具、量具有哪些？

在表 18-3 中填写本学习任务所需要使用的工具和量具。

工具、量具名称及型号　　表 18-3

名称	型号

引导问题 5：空调压缩机的拆装步骤是什么？

1. 空调压缩机的拆卸

(1)安装车内、车外防护装备(座椅套、转向盘套、翼子板布和前格栅布等)。

(2)操作空调制冷剂回收设备进行制冷剂回收，如图 18-28 所示。

注意：在拆卸压缩机前要将制冷剂排空。

(3)断开蓄电池负极电缆。

(4)举升车辆到所需位置。

(5)拆除前舱防溅罩。

图 18-28　空调制冷剂回收

(6)拆除右前轮罩衬板。

(7)利用工具逆时针方向拧松传动皮带张紧器并保持张力,如图 18-29 所示。

(8)拆除传动皮带。

(9)缓慢释放传动皮带张紧器的张力。

(10)断开空调压缩机线束连接器,如图 18-30 所示。

(11)拆卸压缩机上高、低压空调管接头,并用新的防水胶带密封管口,避免异物杂质等进入管道,如图 18-31 所示。

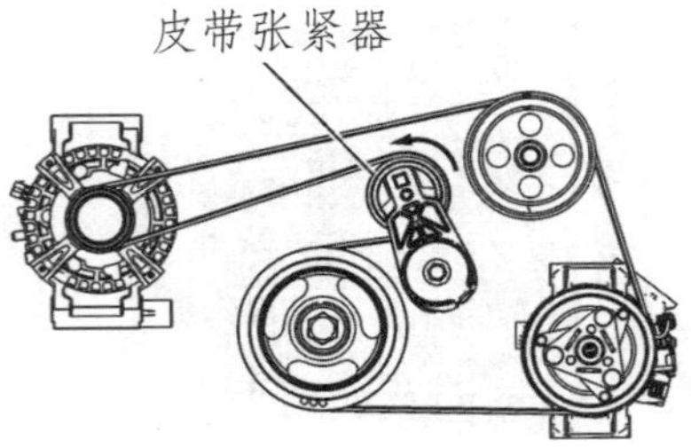

图 18-29　拧松传动皮带张紧器

图 18-30　断开压缩机线束连接器

(12)拆卸压缩机固定螺栓,取下压缩机,如图 18-32 所示。

图 18-31　拆卸高、低压管接头

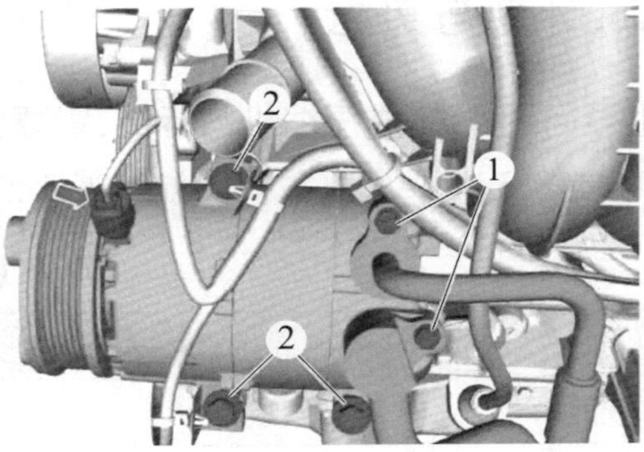

图 18-32　拆卸压缩机固定螺栓

1-空调压缩机软管固定螺栓;2-压缩机固定螺栓

注意:双头螺栓需要保持在孔内,以从发动机舱上拆下压缩机。

2.空调压缩机的安装

空调压缩机安装顺序按照拆卸的相反顺序进行完成。下面介绍一些注意的步骤:

(1)安装空调压缩机,按规定力矩拧紧压缩机固定螺栓。

(2)更换空调压缩机软管连接密封圈。连接压缩机上高、低压空调管接头(注意更换新的密封垫圈),并按规定力矩拧紧空调压缩机软管螺栓。

(3)安装传动带,检查传动皮带的安装和定位是否正确,紧固传动皮带张紧器,按规定力矩拧紧张紧器螺栓。

(4)操作空调制冷剂加注设备进行制冷剂加注。

(5)安装右前轮罩衬板、前舱防溅罩。

(6)起动车辆,待水温正常后,开启空调制冷,检查制冷功能是否恢复。

(7)整理整顿工具设备。

(8)安装完毕后整理、清理工具和量具,做好场地和车辆的清洁卫生。

引导问题6:空调制冷系统其他零部件的拆装步骤是什么?

制冷系统主要零部件冷凝器、储液干燥器、膨胀阀和蒸发器的拆装步骤基本相同。

(1)铺设车内、车外保护套。

(2)回收制冷剂。

(3)拆除影响拆卸空调零部件的其他装置,如拆冷凝器前需拆卸保险杠;拆卸蒸发器前需拆卸仪表台。

(4)拆下制冷系统需更换的零部件。

(5)用新的防水胶带密封管口,避免异物杂质等进入管道。

(6)将新的空调制冷零部件,连接至相应管道。

注意:

①使用新的密封垫圈。

②注意连接管道时,进、出管一定不能接反了。

③立式储液罐应垂直安装(倾角不得大于15°)。

(7)对制冷系统加注制冷剂。

(8)起动车辆,待水温正常后,开启空调制冷,检查制冷功能是否恢复。

(9)整理整顿工具设备。

(10)安装完毕后整理、清理工具和量具,做好场地和车辆的清洁卫生。

三、评价反馈

通过学习,按照任务要求完成相应的工作任务,并通过任务提高自己解决问题的方法和能力。学生和教师展开各种评价,任务评价表见表18-4。

任务评价表 表18-4

序号	评价标准	分值(分)	自评(分)	互评(分)	师评(分)
1	是否服从组长安排,无迟到、早退和旷工	5			
2	着装是否符合标准	5			
3	能否完成小组分派的任务	5			
4	能否积极主动与小组成员沟通,发表自己意见	5			
5	语言表达是否准确,沟通顺畅	5			
6	能否大胆地在同学们面前展示自己学习的成果	5			
7	是否有工作岗位的责任心	5			
8	小组学习中能否主动与其他成员合作	5			
9	能否正确对待他人提出的肯定和否定意见	5			

续上表

序号	评价标准	分值(分)	自评(分)	互评(分)	师评(分)
10	是否合理规范使用工具和设备	5			
11	是否会正确安装车内防护五件套和车外防护三件套	5			
12	是否能正确拆卸空调制冷系统零部件	15			
13	是否能正确拆装制冷系统零部件	15			
14	是否保持现场干净整洁	10			
15	能否按照安全和规范的规程操作	5			
合计		100			

四、学习拓展

现有一辆大众帕萨特汽车,发现不制冷,经检查判断是压缩机进管口处泄漏,请你对该车的空调压缩机密封垫圈进行更换,制订更换实施方案。

学习任务二　空调系统的维护

学习目标

知识目标:

1. 掌握汽车空调净化系统的作用和组成;
2. 了解制冷剂和冷冻油的作用和特点。

技能目标:

1. 能够规范检测空调系统泄漏;
2. 能规范保养空调系统。

素养目标:

1. 通过学习,养成团队合作和安全操作的意识;
2. 通过空调系统的维护保养,养成细心严谨、精细精准的工作作风。

任务描述

一辆通用威朗轿车,开启空调制冷后发现,制冷效果不如以往好。根据维修经验,初步判断为冷凝器散热片堵塞,导致制冷效果不佳,现需要对制冷系统进行维护。

一、资料收集

引导问题1:空调净化系统的作用是什么?由哪些部件组成?有哪些类型?

1. 空调净化系统的作用

汽车空调净化系统的作用是除去进入车内空气中的灰尘、异味等,使空气变得更清洁、干净,有助于驾乘人员的身心健康。

2. 空调净化系统的组成

汽车空调净化系统由空调滤清器、高级净化装置(中高档车配置)和鼓风机等组成。

3. 空调净化系统的类型

汽车行驶过程中,粉尘是最大的污染物,空调净化系统对室外空气中粉尘进行净化,净化装置有初级净化装置和高级净化装置。

1)初级净化装置

初级净化装置主要有过滤除尘和静电除尘两种形式。

(1)过滤除尘式空调滤清器。过滤除尘是在空调系统的送风和回风口处设置空气滤清器,一般安装在副驾驶位储物箱后方,如图 18-33 所示,主要是对尘埃等颗粒物进行过滤。一般由一种特定的环保过滤材料经过加工折叠后做成,多为白色单层,如图 18-34 所示。

图 18-33 空调滤清器位置图

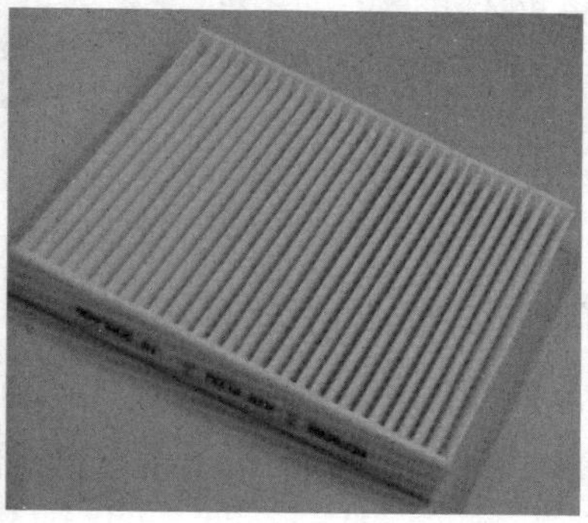

图 18-34 空调滤清器

(2)静电除尘式滤清器。静电除尘是在空气进口的过滤器后面再设置一套静电除尘装置。静电除尘是利用高压电极产生高压电场,对空气进行电离,使尘粒带电,然后在电场作用下产生定向运动,沉降在正负电极上而实现对空气的过滤除尘,如图 18-35 所示。

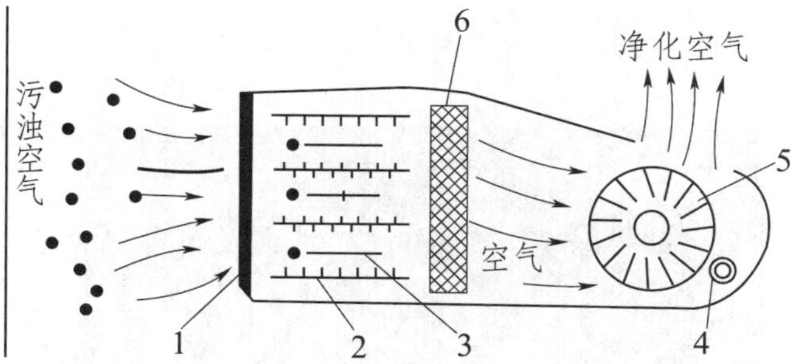

图 18-35 静电除尘原理

1-粗滤器;2-集尘电极;3-充电电极;4-负离子发生器;5-鼓风机;6-过滤器

2)高级净化装置

空调高级净化装置有去除异味和有毒气体功能,主要有活性炭和负离子发生器等。

(1)活性炭滤清器。利用活性炭去除异味是汽车空调净化系统的主要方法,活性炭能够吸附空气中有毒有气味的成分,如汗臭,烟味和人体发出的各种异味,另外还能吸收有害的氯化物和硫化物。活性炭系列空调滤清器,是由两面非织造布(无纺布)复合中间夹有微小的活性炭颗粒做成的活性炭滤布,再深加工制作成空调滤清器。如图 18-36 所示,白色正面为滤纸,背面呈黑色蜂窝状,每个蜂窝网格中都有一些活性炭颗粒,留有一定间隙,使得活性炭可以在蜂窝中自由移动。

(2)负离子发生器。空气中含有三类离子,为轻离子、中离子、重离子,这些离子都是带电的,其中带负电荷的离子称为负离子,负离子对人体健康有利。负离子发生器就是利用电晕放电使空气负离子化的装置,如图18-37所示。

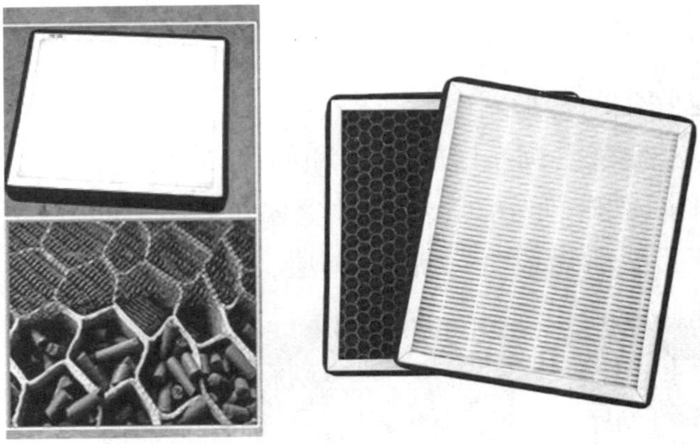

图18-36　活性炭滤清器

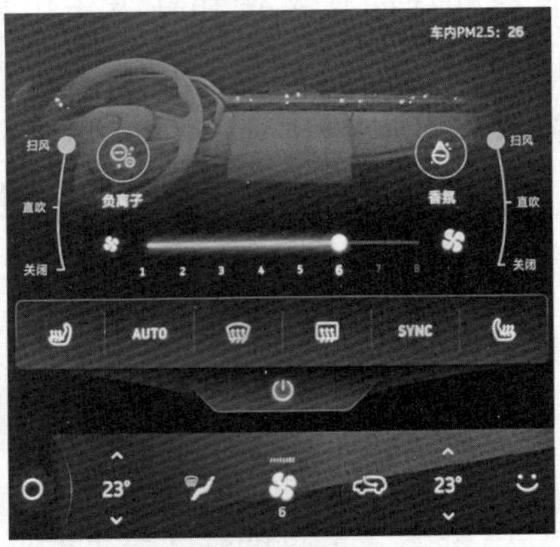

图18-37　负离子发生器调节示意图

引导问题2:如何开启空调各项功能?

不管需要使用汽车空调系统的哪个功能,都需要通过操作空调控制面板才能实现。汽车空调控制面板根据空调性能可分为两种类型,一种是手动控制面板,一种是自动控制面板。

1. 手动空调控制面板

图18-38所示为手动空调控制面板,通过调节温度旋钮开关与其他空调开关的配合可实现吹到车内空气,在冬季为暖和的热风;在夏季为凉爽的冷风。通过调节风速开关,可实现吹到车内的空气流速变化。通过调节出风模式开关,可实现吹到车内的空气从不同出风口处吹出,如当前风窗玻璃有雾时,可选择风只吹向风窗玻璃尽快除雾,以保证行车安全。

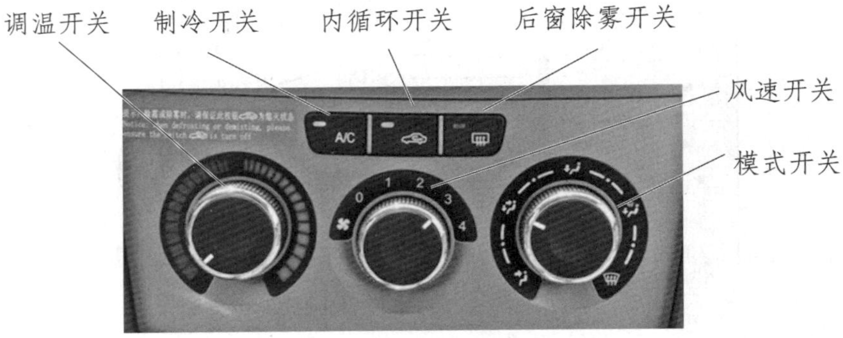

图18-38　手动空调控制面板

2. 自动空调

自动空调利用传感器随时检测车内温度及车外环境温度的变化,并把检测到的信号输送给空调的电子控制单元(ECU),ECU则按预先编制的程序对信号进行处理,并通过伺服电动机等执行元件,不断地对风机转速、出风温度、送风模式及压缩机工作情况等进行调节,从而使车内空气温度及流动状况,始终保持在驾驶员设定的水平上,如图18-39所示。

(1)自动空调的组成。自动空调与手动空调的最大结构组成差别是在控制系统。自动空调电子控制系统主要由空调电控单元(ECU)、传感器和执行元件等三部分构成。

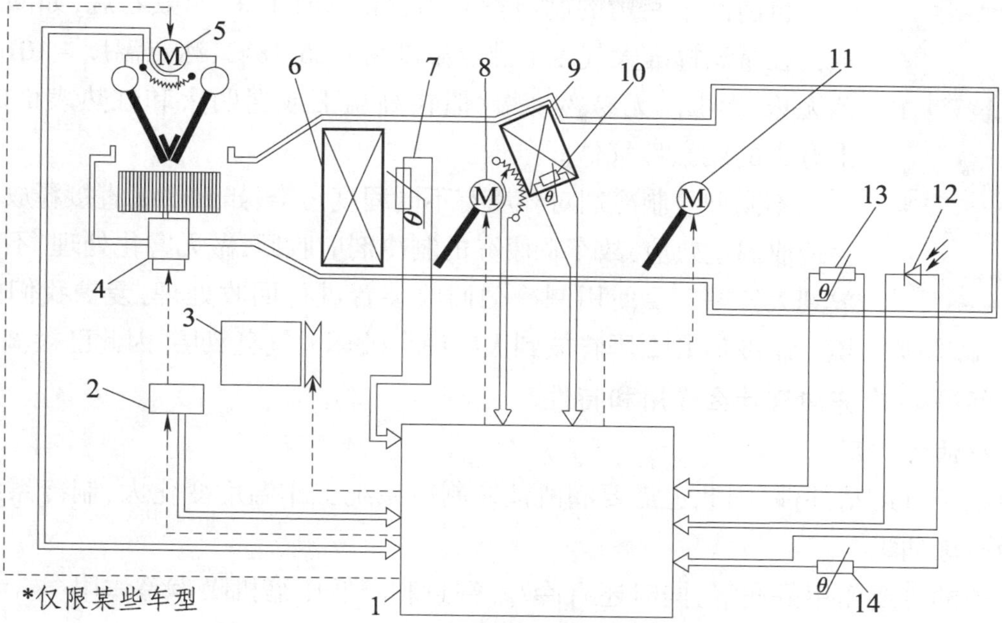

图 18-39 自动空调的组成及控制示意图

1-汽车空调电子控制单元;2-功率晶体管;3-压缩机;4-鼓风机;5-进气控制伺服电机;6-蒸发器;7-蒸发器温度传感器;8-空气混合控制伺服电机;9-加热器;10-水温传感器;11-气流方式控制伺服电机;12-光照传感器;13-车内温度传感器;14-车外温度传感器;θ-温度

(2)自动空调控制面板。自动空调控制面板的温度调节开关、风速调节开关和出风模式调节开关与手动空调控制面板基本相同。最大区别是,自动空调有“AUTO”开关,手动空调没有,如图 18-40 所示,为双区自动空调控制面板。当按压“AUTO”按钮开启自动空调模式;再次按压“AUTO”按钮,退出自动空调模式,进入手动空调模式。

图 18-40 自动空调控制面板

引导问题 3:制冷剂有什么作用和特性?

制冷系统各零部件通过管道连成了一个封闭的循环系统,在这个循环系统内流通的物质就是制冷剂。

1. 制冷剂的作用

制冷剂的作用是在蒸发器处快速蒸发吸收热量,使经过蒸发器的空气变成凉风吹进车内,达到制冷的目的。因此要求制冷剂在常温下很容易汽化,加压后很容易液化,在状态变化时尽可能地多吸收和放出热量。

图 18-41　制冷剂

2. 制冷剂的特性

目前汽车使用的制冷剂是 R134a(CH_2FCF_3四氟乙烷,如图 18-41 所示),在常温标准大气压下沸点温度为 -26.18℃,冰点温度 -101.6℃。无色无味,无毒。无易燃易爆,但在高温下或遇明火和红热表面时将分解出有毒的刺激性气体。

不同型号制冷剂对环境有不同程度污染,如 R134a 直接释放到大气中会造成温室效应,故车辆废弃的制冷剂应收回,做无害化处理,不能直接释放到大气中。要使用制冷剂回收装置进行回收处理,爱护我们的生活环境。制冷剂 R12 因释放到大气中会破坏大气臭氧层,因此已被淘汰。

引导问题 4:冷冻油有什么作用和特性?

1. 冷冻油的作用

制冷系统有运动部件,因此也需要润滑油。制冷系统工作温度变化大,制冷系统的润滑油又称为冷冻油。

冷冻油的主要作用是润滑,同时还有冷却、密封和降低压缩机噪声等作用。

2. 冷冻油的特性

冷冻油与制冷剂有较好的互溶性。与系统材料(金属、合成橡胶、塑料)相容性好。凝固点低,在低温下具有良好的流动性。有合适的黏度,受温度影响小。要有高的油膜强度。

引导问题 5:制冷系统的保养要求是什么?

(1)每月清理一次空气滤清器上的脏物。

(2)每月清理一次冷凝器上的污物,外表积污、若冷凝器散热片被堵塞,应用水清洗或用压缩空气吹,注意不要损伤冷凝器散热片,如发现散热片弯曲,使用螺丝刀或手钳加以矫正,不必拆卸冷凝器。

(3)每半年清理一次蒸发器散热片上的脏物。

(4)经常检查鼓风机电动机工作情况,检查是否有噪声,运转是否正常。

(5)经常检查制冷管道是否有泄漏痕迹。

(6)按原车空调压缩机所规定的润滑油牌号补充或更换润滑油。

二、计划与实施

引导问题 6:完成空调系统维护,需要使用的工具设备有哪些?

在表 18-5 中填写本学习任务所需要使用的工具和量具。

工具、量具名称及型号　　表 18-5

名称	型号

引导问题7:汽车空调系统维护的实施步骤是什么?

(1)做好车内、车外防护措施。

(2)检查空调滤清器,清理其上污物;到期则更换滤清器。

注意:更换空调滤清器时,注意安装方向,箭头方向为气体流通方向,如图18-42所示。

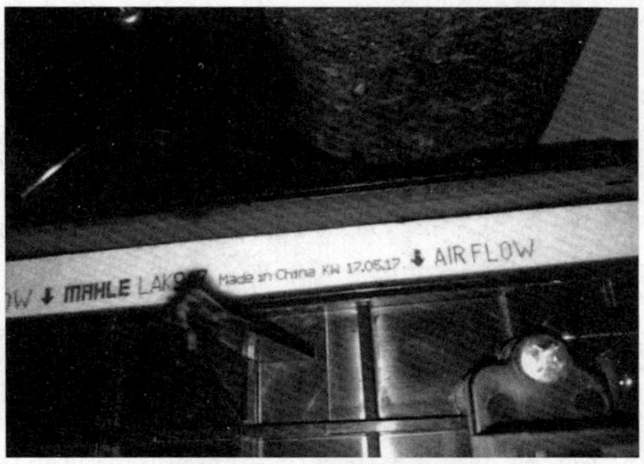

图18-42　空调滤清器安装方向

空调系统的维护

(3)起动车辆,待水温正常后,按表18-6的顺序检查空调制冷、采暖等功能是否正常。

空调功能检查　　表18-6

检查步骤	检查结果及处理措施
(1)将空调温度选择开关调至暖风区域	□无异常 □开关不能转动,则需检修
(2)将风速开关选至"上半身和脚下"出风口(或其他出风口挡,应选择便于测量的挡位),用手感知出风处吹出的风是否是暖风	□对应出风口处有暖风 □是常温风,不是暖风,应检修
(3)调节温度开关(在暖风范围内)	□暖风温度有变化 □暖风温度无变化,应检修
(4)将空调温度选择开关调至冷风区域	□无异常 □开关不能转动,则需检修
(5)将风速开关选至"上半身和脚下"出风口(或其他出风口挡,应选择便于测量的挡位),按压A/C开关	□A/C开关亮起 □A/C开关未亮,应检修
(6)用手感知出风处吹出的风是否是冷风	□对应出风口处有冷风吹出 □是常温风,不是冷风,应检修
(7)调节温度开关(在冷风范围内)	□冷风温度有变化 □冷风温度无变化,应检修

(4)清理空调进风口异物,进风口位于发动机舱前风窗玻璃下侧外部,如图18-43所示。

(5)检查发动机冷却液是否浑浊。

(6)检查发动机冷却液储液罐液面高度是否合适。

图 18-43　空调进风口

(7)借助手电筒检查采暖系统冷却液软管、制冷系统软管是否有裂纹,老化及泄漏痕迹(油迹),当检查发现管道某处局部过脏有油污时,此处可能曾泄漏过,如图 18-44 所示。

(8)检查压缩机工作时是否有异响。

(9)检查压缩机皮带张力是否合适,张力一般为 320~420N,如图 18-45 所示;还有一种简便的检查方法,用手翻转皮带,如果皮带能翻转 90°,张力基本正常。

图 18-44　制冷管道泄漏痕迹

图 18-45　检查皮带张力

(10)检查冷凝器、散热器散热片是否有脏堵。

(11)检查冷凝器、散热器是否变形,是否有泄漏痕迹。

(12)若冷凝器、散热器散热片弯曲变形,则应用翅片梳(或尖嘴钳)等工具矫正散热片,如图 18-46 所示。

(13)用清洗气枪连接压缩空气(也可用清水清洁),清洁冷凝器、散热器外表面的污物,如图 18-47 所示。

图 18-46　梳理散热片

图 18-47　清洁冷凝器、散热器

注意:

①清洁时,气枪(或水枪)不能接触散热片,避免散热片变形,导致散热效果不佳;

②气压(或水压)压力不能过高,避免散热片变形,导致散热效果不佳。

(14)整理设施设备,收拾工具和量具,清洁工作现场。

三、评价反馈

通过学习,按照任务要求完成相应的工作任务,并通过任务提高自己解决问题的方法和能力。学生和教师展开各种评价,任务评价表见表18-7。

任务评价表　　表18-7

序号	评价标准	分值(分)	自评(分)	互评(分)	师评(分)
1	是否服从组长安排,无迟到、早退和旷工	5			
2	着装是否符合标准	5			
3	能否完成小组分派的任务	5			
4	能否积极主动与小组成员沟通,发表自己意见	5			
5	语言表达是否准确,沟通顺畅	5			
6	能否大胆地在同学们面前展示自己学习的成果	5			
7	是否有工作岗位的责任心	5			
8	小组学习中能否主动与其他成员合作	5			
9	能否正确对待他人提出的肯定和否定意见	5			
10	是否合理规范使用工具和设备	5			
11	是否会正确安装车内防护五件套和车外防护三件套	5			
12	是否能正确检查空调系统功能是否正常	10			
13	是否规范完成空调系统维护作业	10			
14	是否能正确清洁冷凝器、散热器	15			
15	是否保持现场干净整洁	5			
16	能否按照安全和规范的规程操作	5			
合计		100			

四、学习拓展

现有一辆大众帕萨特汽车,发现动力下降,经判断是缺缸,请你对该车的点火系统进行检测,看看大众系列点火系统检测方法是否相同。

自我检测

专业知识题

一、单选题(下列各题的四个备选答案中只有一个是符合题意的正确答案,请做出选择)

1. 汽车空调压缩机一般安装在(　　)。

A. 发动机上　B. 保险杠后方　C. 发动机舱　D. 仪表台后方

2. 冷凝器一般安装在(　　)。

A. 发动机上　B. 保险杠后方　C. 发动机舱　D. 仪表台后方

3. 下列零部件中不属于空调系统热交换元件的是(　　)。

A. 蒸发器　B. 冷凝器　C. 压缩机　D. 加热器

4. 冷冻油的主要作用是(　　)。

A. 润滑　B. 冷却　C. 降温　D. 降低噪声

5. 节流管的主要作用是(　　)。

A. 使制冷剂完全蒸发　B. 使制冷剂压力降低

C. 过滤制冷剂杂质　D. 限制制冷剂过热

二、判断题(请对下列各题判断正误,正确的打"√",错误的打"×")

1. 手动空调,A/C 开关指示灯亮起,表示制冷系统在工作中。(　　)
2. 鼓风机一般安装在发动机舱。(　　)
3. 测量汽车空调制冷功效时,不用起动车辆。(　　)
4. 手动空调开启暖风时,需启动 A/C 开关。(　　)
5. 压缩机皮带张力不符合要求,应更换皮带。(　　)
6. 汽车空调制冷系统冷冻油与制冷剂二者是互相融合的。(　　)
7. 汽车空调采暖系统的热源一般来自发动机冷却水。(　　)

三、多选题(下列各题的四个备选答案中有两个或两个以上符合题意的正确答案,请做出选择,错选、多选或漏选均不给分)

1. 汽车空调系统由(　　)组成。

A. 制冷系统　B. 采暖系统　C. 通风系统　D. 空气净化系统

2. 汽车空调的功能有调节温度和(　　)。

A. 湿度　B. 空气流速　C. 空气洁净度　D. 以上都对

3. 汽车空调制冷系统由压缩机和(　　)等组成。

A. 冷凝器　B. 加热器　C. 蒸发器　D. 膨胀阀

技能操作题

压缩机拆装与维护

一辆轿车,在夏季行驶过程中,出现空调制冷系统不制冷故障现象。故障表现为启动发动机,打开制冷功能,能正常出风,风扇正常工作,但无冷气。经维修技师分析并对系统压力进行初步检查,高低压侧压力一致,请根据你所掌握的相关知识和技能,回答以下问题。

1.(单选题)查看空调管路发现某处局部有油污痕迹明显,说明此处可能存在泄漏点,你认为该判断(　　)。

A. 正确　　　　B. 错误

2. (多选题)利用量具对压缩机电磁离合器进行检查,最重要的是检查(　　)。

A. 离合器的外观　　　　B. 皮带轮与压盘之间的间隙

C. 励磁线圈的电阻　　　　D. 离合器的转动情况

3. (单选题)在安装新压缩机时没有排掉车辆管道内剩下的(　　),将阻碍制冷剂循环中的热交换,并引起制冷系统故障。

A. 冷冻油　　　　B. 机油　　　　C. 润滑脂　　　　D. 制冷剂

4. (单选题)如果对压缩机从整车上拆卸进行检查,下面拆卸步骤正确的是(　　)。

①安装五件套(座椅套、转向盘套、驻车手柄套、地板垫、换挡杆套)。

②释放发动机舱盖释放杆,打开发动机舱盖,用支撑杆顶起发动机舱盖,安装翼子板布和前格栅布。

③安装举升垫块,举升车辆到所需位置。

④操作空调制冷剂回收设备进行制冷剂回收。

⑤断开蓄电池负极电缆。

⑥拆除前舱防溅罩,右前轮罩衬板。

⑦断开空调压缩机线束连接器。

⑧缓慢释放传动皮带张紧器的张力。

⑨利用工具逆时针方向拧松传动皮带张紧器并保持张力,拆除传动皮带。

⑩拆卸压缩机上高、低压空调管接头。

⑪拆卸压缩机固定螺栓取下压缩机。

A. ①-②-③-⑤-④-⑥-⑦-⑧-⑨-⑩-⑪

B. ①-②-③-⑤-④-⑧-⑥-⑦-⑨-⑩-⑪

C. ①-②-④-⑤-③-⑥-⑨-⑧-⑦-⑩-⑪

D. ①-②-④-⑤-③-⑥-⑨-⑧-⑩-⑦-⑪

附录

本教材配套数字资源列表

序号	资源名称	所在页码	序号	资源名称	所在页码
1	灭火器检查及使用	6	33	发动机机油更换	120
2	发动机类型(按行程数分类)	17	34	火花塞的拆卸	149
3	发动机类型(按着火方式分类)	17	35	火花塞的检查	151
4	发动机总体构成	18	36	火花塞的安装	151
5	发动机基本名词术语	20	37	传动系统组成	156
6	汽油发动机工作原理(四冲程)	23	38	离合器踏板高度和自由行程检查	162
7	汽缸体结构	34	39	离合器从动盘检测	163
8	汽缸垫功用	34	40	离合器压盘检测	163
9	缸盖拆卸	36	41	液力变矩器结构	176
10	缸盖安装	36	42	万向传动装置功用	182
11	汽缸磨损检测	38	43	万向传动装置组成	183
12	气环的主要功用	42	44	驱动桥功用	189
13	油环的主要功用	42	45	主销后倾基本原理	200
14	活塞连杆组拆卸	43	46	轮胎检查	207
15	活塞检测	46	47	车轮更换	207
16	飞轮功用	49	48	车架的功用	211
17	曲轴拆卸	50	49	更换减振器	215
18	曲轴检测	51	50	盘式制动器拆卸	249
19	推杆功用	73	51	盘式制动器安装	249
20	凸轮轴的拆卸	74	52	鼓式制动器拆卸	256
21	凸轮轴凸轮磨损检查	74	53	鼓式制动器安装	259
22	凸轮轴轴颈磨损检查	75	54	蓄电池检查及测量	267
23	凸轮轴的安装	75	55	万用表的使用	267
24	气门组组成	78	56	蓄电池充电	267
25	气门的安装	79	57	发电机充电电压测量	273
26	气门检查	80	58	更换远光灯	288
27	气门弹簧的检查	82	59	转向灯更换	292
28	节气门位置传感器功用	102	60	刮水器电机拆卸	326
29	冷却液冰点检查	112	61	刮水器电机安装	326
30	冷却液的更换	113	62	电动座椅拆卸	333
31	冷却系统渗漏检查	114	63	电动座椅安装	334
32	机油回收机的使用	120	64	空调系统的维护	369

参考文献

[1] 刘冬生,金荣,袁涛生. 汽车发动机构造与维修[M]. 2 版. 北京:机械工业出版社,2023.

[2] 阮为平,李国君,罗泽飞. 汽车发动机构造与维修一体化教材[M]. 北京:电子工业出版社,2023.

[3] 占百春,徐兴振. 汽车底盘构造与拆装[M]. 北京:高等教育出版社,2021.

[4] 张嫣,苏畅. 汽车发动机构造与维修[M]. 4 版. 北京:人民交通出版社股份有限公司,2021.

[5] 潘承炜. 汽车电器与空调系统检修[M]. 2 版. 北京:人民交通出版社股份有限公司,2023.

[6] 齐忠志,林志伟. 汽车构造[M]. 2 版. 北京:人民交通出版社股份有限公司,2021.

[7] 宁斌. 汽车底盘构造与维修一体化教材[M]. 北京:电子工业出版社,2022.

[8] 江国奋. 汽车电气结构与拆装[M]. 北京:高等教育出版社,2022.

[9] 刘冬生,黄国平,黄华文. 汽车电气设备构造与维修[M]. 北京:机械工业出版社,2023.

[10] 王家青,孟华霞,陆志琴. 汽车底盘构造与维修[M]. 4 版. 北京:人民交通出版社股份有限公司,2021.

[11] 周建平,悦中原. 汽车电气设备构造与维修[M]. 北京:人民交通出版社股份有限公司,2021.

[12] 王小娟. 汽车底盘构造与维修[M]. 北京:机械工业出版社,2024.

[13] 陈东锋,闫菲菲. 汽车底盘构造与维修[M]. 北京:机械工业出版社,2025.